Barbara den Ouden
Translation und Emotion:
Untersuchung einer besonderen Komponente des Dolmetschens

Transkulturalität – Translation – Transfer, Band 27
Herausgegeben von
Dörte Andres / Martina Behr / Larisa Schippel / Cornelia Zwischenberger

Barbara den Ouden

Translation und Emotion: Untersuchung einer besonderen Komponente des Dolmetschens

Frank & Timme

Verlag für wissenschaftliche Literatur

Umschlaggestaltung unter Verwendung einer Fotografie von Jörg Bongartz, Berlin

ISBN 978-3-7329-0304-7
ISSN 2196-2405

© Frank & Timme GmbH Verlag für wissenschaftliche Literatur
Berlin 2017. Alle Rechte vorbehalten.

Das Werk einschließlich aller Teile ist urheberrechtlich geschützt.
Jede Verwertung außerhalb der engen Grenzen des Urheberrechtsgesetzes ist ohne Zustimmung des Verlags unzulässig und strafbar.
Das gilt insbesondere für Vervielfältigungen, Übersetzungen,
Mikroverfilmungen und die Einspeicherung und Verarbeitung in
elektronischen Systemen.

Herstellung durch Frank & Timme GmbH,
Wittelsbacherstraße 27a, 10707 Berlin.
Printed in Germany.
Gedruckt auf säurefreiem, alterungsbeständigem Papier.

www.frank-timme.de

Zugl. Dissertation Ruprecht-Karls-Universität Heidelberg 2015

Danksagung

Die vorliegende Arbeit hat mich über eine geraume Zeit beschäftigt und ich danke allen Wegbegleitern, Mentoren und Freunden, die mich in diesen Jahren mit Rat und Tat unterstützt und ermutigt haben.

Mein besonderer Dank gilt den beiden Gutachtern, Frau Prof. Dr. Jekaterina Lebedewa und Herrn Prof. Dr. Joachim Kornelius, für ihr Interesse an dem von mir gewählten Thema und ihre Aufgeschlossenheit gegenüber meiner Vorgehens- und Arbeitsweise.

Meine Eltern haben meine akademische Laufbahn und meinen beruflichen Werdegang von Anfang an mit liebevoller Anteilnahme verfolgt und vorbehaltlos gefördert. Ihnen ist diese Arbeit gewidmet.

Inhaltsverzeichnis

Einleitung 13

1 Der Dolmetscher als Mittler zwischen Sprachen und Kulturen: Translation – Kultur – Emotion 23

  1.1 Translationswissenschaft: Ansatz der vorliegenden Arbeit 23
  1.2 Kultur in der Translation 24
    1.2.1 Der Begriff der Kultur 24
    1.2.2 Kultur und interkulturelle Kommunikation 25
    1.2.3 Kulturkompetenz als translatorische Teilkompetenz 26
    1.2.4 Kultur(en) und Emotion(en) 28
      1.2.4.1 Annäherung an das Thema: Kultur als Zeichensystem 28
      1.2.4.2 Kulturspezifität vs. kulturelle Universalität 29
      1.2.4.3 Wechselwirkung von Emotionen und Codes in der menschlichen Informationsverarbeitung 31
      1.2.4.4 Emotionen als Komponente der interkulturellen Kommunikation 35
    1.2.5 Emotionale Kompetenz als Element der Kulturkompetenz 37

2 Emotionen in der deutschen und in der russischen Kultur 41

  2.1 Emotionsausdruck als Komponente von Nationalcharakter und Mentalität 41
  2.2 Eigen- und Fremdwahrnehmung im deutsch-russischen und russisch-deutschen Verhältnis 46
    2.2.1 Emotionalität und Emotionsausdruck als Bestandteil des deutschen Nationalcharakters: Einzelaspekte 48
      2.2.1.1 Typisch deutsche Eigenschaften und Formen der Emotionalität aus deutscher Sicht 48
      2.2.1.2 Typisch deutsche Eigenschaften und Formen der Emotionalität aus russischer Sicht 50

2.2.2 Emotionalität und Emotionsausdruck als Bestandteil
des russischen Nationalcharakters: Einzelaspekte 51
  2.2.2.1 Typisch russische Eigenschaften und Formen
  der Emotionalität aus russischer Sicht 51
  2.2.2.2 Typisch russische Eigenschaften und Formen
  der Emotionalität aus deutscher Sicht 55
2.3 Metabilder 56
2.4 Pathos – eine kulturspezifische Sonderform von Emotionalität 57
  2.4.1 Der Begriff des Pathos 57
    2.4.1.1 Entstehung von Pathos 58
    2.4.1.2 Einsatz, Rezeption und Funktion von Pathos 59
  2.4.2 Charakteristika von deutschem und russischem Pathos 60

3 Emotionen aus dem Blickwinkel der Emotionspsychologie 65
3.1 Begriffsbestimmung 65
  3.1.1 Vorverständnis 66
    3.1.1.1 Emotionen im Alltagskontext 66
    3.1.1.2 Emotionen in der Alltagssprache 70
    3.1.1.3 Allgemeinsprachliche Definitionen 72
  3.1.2 Wissenschaftlicher Ansatz 73
    3.1.2.1 Abgrenzung gegenüber anderen emotionalen
    Zuständen 74
    3.1.2.2 Arbeitsdefinitionen 79
    3.1.2.3 Aspekte von Emotionen: Ausdruckserscheinungen 81
    3.1.2.4 Funktionen von Emotionen 82
  3.1.3 Relevanz für das Dolmetschen 84
  3.1.4 Arten von Emotionen 85
    3.1.4.1 Kategorisierung 85
    3.1.4.2 Darstellung ausgewählter Emotionen 86
  3.1.5 Relevanz für das Dolmetschen 94
3.2 Emotionstheorien 96

3.2.1 Zur Geschichte der Emotionsforschung: erste
philosophische Ansätze 96
3.2.2 Weiterentwicklung durch die Psychologie und Entstehung
verschiedener Emotionstheorien 97
3.2.3 Darstellung einzelner Theorieansätze im Rahmen
dieser Arbeit 98
    3.2.3.1 Evolutionstheoretische Ansätze 98
    3.2.3.2 Der psychoanalytische Ansatz von Sigmund Freud ... 101
    3.2.3.3 Psychophysiologische Emotionstheorien 101
    3.2.3.4 Behavioristische (lernpsychologische)
             Emotionstheorien 103
    3.2.3.5 Kognitive Emotionstheorien 104
    3.2.3.6 Sozialkonstruktivistische Emotionstheorien 107
    3.2.3.7 Forschungsstand 109
3.2.4 Relevanz für das Dolmetschen 112

4 Emotionen und Emotionsausdruck (nonverbal/verbal) 115

4.1 Nonverbale Formen des Emotionsausdrucks 118
    4.1.1 Nonvokale nonverbale Manifestationen 120
    4.1.2 Vokale nonverbale Manifestationen 121
    4.1.3 Verbalisierungsbegleitende Phänomene 121
4.2 Verbale Formen des Emotionsausdrucks 122
    4.2.1 Emotionserleben und Emotionsthematisierung 125
    4.2.2 Mitteilbarkeit von Emotionen: interindividuelle
          Unterschiede beim emotionalen Erleben 126
    4.2.3 Sprachliches Inventar zur Äußerung von Emotionen 127
        4.2.3.1 Emotionsanzeigende sprachliche Mittel
             im Deutschen 128
        4.2.3.2 Emotionsanzeigende sprachliche Mittel
             im Russischen 134
4.3 Schlussfolgerungen 142

5 Exkurs zur Geschichte und Gegenwart des Dolmetschens 145

    5.1 Dolmetscharten 145

    5.2 Translationswissenschaft und Dolmetschwissenschaft:
        Entwicklung und Schwerpunkte 148

    5.3 Rolle und Rollenverständnis des Dolmetschers 150

    5.4 Kompetenzerwerb und Ausbildungsstätten 157

    5.5 Die Dolmetschsituation als emotionale Situation 160

        5.5.1 Emotionen in der Arbeitswelt 160

            5.5.1.1 Emotionales Erleben am Arbeitsplatz 160

            5.5.1.2 Deutungsleistung 164

        5.5.2 Die Dolmetschsituation als konkrete Arbeitssituation 166

            5.5.2.1 Der situative Kontext (Setting) 166

            5.5.2.2 Ablauf von Emotionen 167

            5.5.2.3 Intensität von Emotionen 168

6 Darstellung von Emotionen in Autobiografien 171

    6.1 Gedächtnis, Erinnerung, Sprache, Wirklichkeit: Klärung
        der Begriffe 172

    6.2 Emotionen und Gedächtnis 174

    6.3 Gedächtnisformen auf kultureller und sozialer Ebene 175

        6.3.1 Grundsätzliches 175

        6.3.2 Nutzbarmachung für das Dolmetschen 176

    6.4 Vergegenwärtigung von Erinnerungen durch Verschriftlichung 177

        6.4.1 Begrifflichkeit: Autobiografien vs. Memoiren 177

        6.4.2 Charakteristika von Memoiren 179

            6.4.2.1 Autorenperspektive 179

            6.4.2.2 Leserperspektive 180

            6.4.2.3 Glaubwürdigkeit 181

        6.4.3 Dolmetschermemoiren als autobiografische Sonderform 182

7 Dolmetschermemoiren ... 185

7.1 Untersuchungsmaterial ... 185
7.2 Reihenfolge der untersuchten Texte ... 186
7.3 Untersuchungskriterien ... 187
7.4 Die Memoiren im Einzelnen ... 188
7.4.1 Dolmetscher mit Deutsch als Muttersprache ... 188
7.4.1.1 Paul Schmidt ... 188
7.4.1.2 Gustav Hilger ... 210
7.4.1.3 Hans Jacob ... 216
7.4.1.4 Eugen Dollmann ... 227
7.4.1.5 Erich F. Sommer ... 238
7.4.1.6 Nikolaus Ehlert ... 244
7.4.1.7 Hermann Kusterer ... 251
7.4.1.8 Werner Eberlein ... 262
7.4.1.9 Wolfgang Ganthus ... 271
7.4.1.10 Richard W. Sonnenfeldt ... 279
7.4.1.11 Siegfried Ramler ... 289
7.4.2 Bilinguale Dolmetscher mit Deutsch als einer ihrer Muttersprachen ... 300
7.4.2.1 Erwin Weit ... 300
7.4.2.2 Ivan Ivanji ... 309
7.4.3 Dolmetscher mit Russisch als Muttersprache ... 319
7.4.3.1 Tamara Solonevič ... 319
7.4.3.2 Valentin Berežkov ... 328
7.4.3.3 Tat'jana Stupnikova ... 342
7.4.3.4 Viktor Suchodrev ... 360
7.4.3.5 Aleksandr Švejcer ... 374
7.4.3.6 Michail Zwilling ... 383

8 Auswertung und Zusammenfassung ... 393

Literaturverzeichnis ... 409

Einleitung

AUSGANGSPUNKT

Am 23.9.1960 kam es auf der 15. Vollversammlung der Vereinten Nationen in New York zu einer Szene, die in etlichen Darstellungen und Kommentaren ihren Niederschlag fand. Der sowjetische Parteichef und Ministerpräsident Nikita Chruščëv[1] hatte seinen rechten Schuh ausgezogen. Was dann geschah, wird widersprüchlich beschrieben: Laut Benjamin Welles, Korrespondent der New York Times, stand Chruščëv mit dem Schuh in der Hand auf, schwang ihn drohend in Richtung der philippinischen Delegation und hämmerte dann mit dem Schuh auf den Tisch.[2] Ein anderer Zeuge der Szene, der Fotojournalist John Loengard, gab an, Chruščëv habe den Schuh lediglich auf den Tisch gestellt, nicht jedoch damit gedroht oder gar auf den Tisch geschlagen.[3] Auch über den Anlass für Chruščëvs Empörung herrscht Unklarheit. Während die einen Autoren sie mit dem Auftreten eines Mitglieds der philippinischen Delegation in Verbindung bringen, das gesagt hatte, die Sowjetunion habe den Menschen in Osteuropa ihre politischen und bürgerlichen Rechte geraubt,[4] stellen andere einen Zusammenhang mit Forderungen nach einer Umstrukturierung der UNO her[5] oder sehen sie als Reaktion auf die Rede des britischen Premiers Macmillan[6]. Chruščëvs Dolmetscher Viktor Suchodrev wiederum

---

1   Sofern keine durch Autoren oder Verlage festgelegte Schreibweise vorliegt, erfolgt die Wiedergabe der russischen Personennamen in Übereinstimmung mit DIN 1460:1982.

2   „According to Welles, Khrushchev 'pulled of his right shoe, stood up and brandished the shoe at the Philippine delegate on the other side of the hall. He then banged his shoe on the desk.'", zit. nach Taubman (2003).

3   „John Loengard, former picture editor for Life magazine, wrote me that he was in a General Assembly booth, along with 10 or so photographers from New York city dailies and national wire services. Loengard is 'certain' that Khrushchev 'did not bang his shoe on the desk,' but that 'he certainly meant to do so.' According to Loengard, Khrushchev 'reached down and took off a brown loafer from his right foot and put it on the desk. He grinned to delegates from the United Arab Republic who sat across the aisle and mimed (with an empty hand) that the next time he'd use the shoe to bang. I can assure you that every camera in the booth was trained on Khrushchev, waiting for him to use the shoe. He only put it on again and left. None of us missed the picture — which would have been a serious professional error. The event never occurred.'" (Taubmann: 2003)

4   Vgl. Geißler (2005).

5   Vgl. Lappenküper 2001: 1384.

6   „Es war jene Sitzung der UNO-Vollversammlung, die durch Chrustschows peinlichen Auftritt Berühmtheit erlangte, als er mit seinem ausgezogenen Schuh auf den Tisch klopfte, um die Rede des britischen Premierministers Harold Macmillan zu stören." (Piok 2003: 60)

berichtete in einem Interview, der Parteichef habe aus Ärger über einen spanischen Vertreter zuerst mit der Faust auf den Tisch der sowjetischen Delegation im Sitzungssaal geschlagen und dann eine seiner Sandalen ausgezogen.[7]

Ganz abgesehen davon, dass Schuhe, die in der islamischen oder in der hinduistischen Welt als unrein gelten, in letzter Zeit vermehrt als Wurfgegenstand bei politischen Protestaktionen dienten und damit Anlass zu Aussagen über das Entstehen neuer, kulturüberschreitender Gesten gaben[8], steht der oben beschriebene Vorfall bei den Vereinten Nationen beispielhaft für Situationen, in denen ein Redner den Bereich sachbezogener, vermeintlich rationaler Aussagen verlässt, Emotionen zeigt und seine Zuhörer – darunter den Dolmetscher[9] – zwingt, sich sowohl mit dem Inhalt seiner Aussage und der verbalen „Verpackung" als auch mit den nonverbalen Aspekten der Präsentation (Stimme, Mimik, Gestik, Körperhaltung) auseinander zu setzen.

Neben den politischen Implikationen ist die geschilderte Situation auch als Dolmetschsetting von Interesse: Wie hat diese Geste auf die Zuhörer, in erster Linie die Vertreter der Mitgliedstaaten und die Dolmetscher, gewirkt?[10] Wie wurde sie in den Dolmetschkabinen aufgenommen und verarbeitet?

DOLMETSCHEN UND EMOTIONEN

Emotional geprägte, wenn auch nicht ganz so dramatische Situationen wird jeder Dolmetscher in seinem Berufsleben kennen lernen: In Vertragsverhand-

---

7 Smirnov 2001. Chruščëv habe, so Suchodrev im Interview, an warmen Tagen besonders gern Sandalen getragen. In seinen Memoiren schreibt der Dolmetscher, Chruščëv selbst habe den Vorfall in zwei unterschiedlichen Versionen geschildert (vgl. Suchodrev 2008: 129 ff.).

8 Den Anfang bildete der „Schuhwerfer von Bagdad", ein irakischer Journalist, der im Dezember 2008 den amerikanischen Präsidenten George W. Bush bei dessen Irak-Besuch mit Schuhen bewarf. Es folgten die Schuhattacken eines deutschen Studenten auf Chinas Regierungschef Wen Jiabao in Cambridge, auf IWF-Direktor Strauss-Kahn in Istanbul und auf den türkischen Ministerpräsidenten Recep Tayyip Erdogan in Südspanien; der israelische Botschafter wurde in Stockholm beworfen und die französische Forschungsministerin in Straßburg. Vgl. „Eklat in Istanbul: Schuhwerfer attackiert IWF-Direktor Strauss-Kahn" (2009). Jeanne Berrenberg, Ethnologin an der Freien Universität Berlin, deutet dies als Herausbildung einer neuen „transkulturellen Geste": „Mit Schuhen zu werfen, das ist zunächst nur eine für die muslimische Gesellschaft verständliche Form, Ablehnung und Verachtung auszudrücken. [...] Ein vergleichbarer Akt in der westlichen Welt wäre es, mit faulen Eiern oder Tomaten zu werfen. [...] In einer globalisierten und mediatisierten Welt machen sich auch kulturelle Handlungsformen auf die Reise. Sie werden in anderen Gesellschaften aufgegriffen und übernommen". Zit. nach Anger (2009) .

9 Die männliche Form ist hier und im Folgenden inkludierend zu verstehen. Dies gilt sowohl für die Bezeichnung „Dolmetscher" als auch für alle weiteren Personen- und Berufsbezeichnungen.

10 Man kann von zwei Kategorien von Zuhörern ausgehen: Diejenigen, die des Russischen mächtig waren und Chruščëv unmittelbar verstanden (Dolmetscher und Delegationsmitglieder), und diejenigen, die den Tonfall und die Gestik des Redners zwar interpretieren konnten, für ein genaues Textverständnis aber einer Verdolmetschung des Gesagten bedurften.

lungen bringen Gesprächspartner ihren Ärger über schlechte Konditionen zum Ausdruck oder äußern Freude und Erleichterung über den Abschluss einer Vereinbarung. Im Zusammenhang mit nationalen Katastrophen oder privaten Trauerfällen werden Mitgefühl und Anteilnahme kommuniziert.[11] Wenn es um zwischenstaatliche Beziehungen geht, sind Zorn und Empörung über bestimmte Äußerungen von Politikern ebenso denkbar wie Sympathiebekundungen bei der Präsentation von Verhandlungsergebnissen oder das Gefühl der Scham, wenn ein Kommunikationsteilnehmer sich unangemessen verhält und ausdrückt. Nicht nur auf offizieller oder hochoffizieller und protokollarisch geregelter Ebene können Äußerungen emotional gefärbt sein, sondern auch im Behördenalltag, vor Gericht, beim Arbeitsamt oder beim Sozialamt. Dolmetscher haben beispielsweise Gerichtsverfahren zu Sexual- oder Gewaltdelikten zu bewältigen[12], bei denen sowohl der Verhandlungsgegenstand selbst eine emotionale Belastung für sie darstellen kann als auch die zu dolmetschende Verhandlungssituation mit Verlesung der Anklage, Aussagen von Opfern und Zeugen usw.

Arbeitet der Dolmetscher im medizinischen Bereich, so hat er es in der Experten-Laien-Kommunikation nicht nur mit Aspekten wie der – per se nicht einfachen, zumeist hierarchisch geprägten – Beziehung zwischen Arzt und Patient sowie den besonderen Anforderungen des medizinischen Fachwortschatzes zu tun, sondern muss sich darüber hinaus stärker als bei anderen Settings mit seiner eigenen Rolle und Position in der Gesprächssituation auseinandersetzen. Dabei geht es um Fragen wie Empathie und das Ausloten der (emotionalen) Distanz zu den beiden anderen Kommunikationspartnern:

---

11 Aus meiner persönlichen Erfahrung im Sprachendienst der Deutschen Botschaft Moskau kann ich als Beispiel die eher inoffiziellen, spontanen Gratulationen von Vertretern sowjetischer Behörden zur deutschen Wiedervereinigung nennen. Man äußerte direkt und sehr persönlich seine Freude über die Beendigung dieses – sinngemäß – unnatürlichen Zustands der Teilung eines Landes, was mich damals sehr wohl überraschte, wurde und wird das Bild des deutschen Aggressors im nationalen Bewusstsein der Sowjetunion bzw. der Russischen Föderation doch bis heute bewahrt. Äußerungen der Trauer und Anteilnahme hatte ich zu übermitteln, als ich nach dem schweren Erdbeben im Dezember 1988 Vertreter der Botschaft auf einer Informationstour durch Armenien begleitete.

12 Der Bundesverband der Dolmetscher und Übersetzer e. V. trägt mittlerweile dem heutigen umfassenden Verständnis Rechnung, dass Translation als Sprach- und Kulturmittlung auch Kompetenz im Bereich der Emotionen erfordert, und bietet für Dolmetscher und Übersetzer, die bei Strafprozessverhandlungen, bei der Polizei und bei Behörden tätig sind, spezielle Seminare zum Thema „Gerichts- und Behördendolmetschen – Umgang mit emotional belastenden Situationen" an. Ähnliche Angebote existieren für das Dolmetschen im Gesundheitswesen. Vgl. Ankündigung des BDÜ-Landesverbands Hessen für ein Seminar am 4.7.2009 in Frankfurt am Main bzw. der BDÜ-Weiterbildungsgesellschaft für den 7/8.8.2014 in Berlin.

„Er (der Dolmetscher) soll nicht nur Worte übertragen, sondern auch Gefühle. Gleichzeitig soll er sich in seinen eigenen Gefühlen zurückhalten, sich neutral verhalten."[13]

Aus den wenigen skizzierten Beispielen wird deutlich, wie vielschichtig und kontextabhängig der Vorgang des Dolmetschens ist. Mit seiner scheinbar trivialen Frage „Was dolmetscht der Dolmetscher, wenn er dolmetscht?"[14] hat Hans J. Vermeer schon 1985 die grundsätzlichen dahinter stehenden Fragen gestellt: Was bedeutet Translation zwischen Angehörigen verschiedener Kulturen? Und weiter: Was ist „Kultur"? Vermeers Forderung lautete, ein Dolmetscher dürfe seinen Text nicht nur von einer Ausgangssprache A in eine Zielsprache Z transkodieren, sondern müsse vielmehr das Gesamtverhalten der Partizipanten einer Kommunikationssituation interkulturell interpretierend so transferieren, dass „eine der Ausgangskultur äquivalente Einschätzung des Partners und seines Textes möglich wird"[15]. Anknüpfend an den Gedanken, dass für eine funktionssichernde Kommunikation nicht nur textliche, sondern auch situative Elemente übertragen werden müssen, beschäftigt sich diese Arbeit mit der Frage, wie ein Dolmetscher mit den emotionalen Anteilen solcher situativen Elemente umgeht.

Es gilt zu klären, wie der Dolmetscher reagiert, wenn ein Redner nicht mehr nüchtern und „rational" vorträgt, sondern „irrational", vermeintlich vernunftwidrig, emotionsbetont (erregt, gefühlsbewegt) spricht und agiert.[16] In

---

13 Dörte Andres: Dolmetschen im medizinischen Bereich oder: die Hoffnung stirbt zuletzt. Vortrag im Rahmen der internationalen Fachkonferenz des BDÜ „Übersetzen in die Zukunft" am 13.9.2009 in Berlin. Die viel zitierte „Neutralität des Dolmetschers" im Sinne einer permanent ausgewogenen, objektiven Brückenbauerfunktion, die eine identische Entfernung des Dolmetschers zu beiden Kommunikationsteilnehmern und ihren Intentionen gewährleistet, hat im Zuge der neueren Dolmetschforschung allerdings der Erkenntnis Platz gemacht, dass dieses Ideal angesichts der Tatsache, dass es sich bei Dolmetschern um sozialisierte Individuen mit Standpunkten, Wertvorstellungen etc. handelt, nicht mehr der Realität entspricht. Vgl. Andres 2012: 13 f.

14 Vermeer 1985: 475 ff.

15 Vermeer 1985: 481.

16 An dieser Stelle werden bereits die definitorischen Abgründe erkennbar: Der hier bewusst angeführte Kontrast zwischen *rational* und *irrational* sowie die daraus abgeleitete Gleichsetzung von *irrational* und *emotional* fußt auf der laienhaften Vorstellung, *Ratio* und *Sentiment* seien grundsätzlich gegensätzliche Phänomene. Die Wissenschaft sieht das anders: *irrational* und *emotional* sind keine Synonyme und beschreiben nicht ein und denselben Zustand. Vgl. dazu Engelen (2007: 20 f.): „Emotionen sind also zwar grundsätzlich rational oder vernünftig, weil sie sich von Überlegungen beeinflussen lassen, behalten aber dennoch häufig eine emotionale Widerständigkeit. Auch daran zeigt sich, dass das Moment der Einschätzung, das mit einem emotionalen Prozess einhergeht, kein rein kognitiver Vorgang ist, sondern oft ein unmittelbarer, intuitiver Prozess, der erst durch die Gefühlsempfindung bewusst wird."

Konfliktsituationen – und um solche handelt es sich in der Regel, wenn Gefühle manifest werden – stellt sich die Frage nach einem korrekten Verhalten des Dolmetschers mit besonderer Brisanz, denn Ziel der gemittelten Kommunikation ist schließlich Verständigung, und um „das Schaffen von Verstehen"[17] zu gewährleisten, bedarf es einer situationsgerechten, wirkungsadäquaten, kohärenten Verdolmetschung durch einen verantwortungsbewussten, kompetenten Translator.

An dieser Stelle kommt der Aspekt der Dolmetschqualität ins Spiel. Was aus Sicht der Rezipienten, die einer Verdolmetschung ihren jeweiligen Sinn zuweisen, aber auch der Dolmetscher selbst sowie ihrer Kollegen eine „gute" Dolmetschleistung ausmacht, ist seit 1971 (Barik) bzw. 1986 (Bühler) in verschiedenen Studien untersucht worden, die hier nicht ausführlich diskutiert werden können.[18] Ungeachtet der allgemeinen Definitionsproblematik herrscht jedoch Konsens darüber, dass es sich bei (Dolmetsch-) Qualität um ein kontext-, zeit- und kulturgebundenes, d. h. variables Konstrukt handelt. Das Ranking der Qualitätskriterien wird von der jeweiligen Arbeitssituation (Medienereignis, internationale Konferenz, Tischrede, Gerichtsverhandlung, Seminar, Arzt-Patienten-Gespräch usw.) bestimmt.[19] Dabei rangieren inhaltsbezogene Parameter wie Übereinstimmung mit dem Original (sense consistency with the original message) und Stringenz der Formulierung (logical cohesion) gemeinsam mit Vollständigkeit der Information (completeness of information) an der Spitze der von den Befragten genannten Parameter.[20] Die

---

17 Kalverkämper/Schippel 2008: 10. Kalverkämper weiter zur Herausforderung der Verständigung und der Bedeutung der „Verstehensmacher", wie er die Dolmetscher nennt: „Kommunikation, die ein gemeinsames Ziel in gemeinsamem Handeln in gemeinsamem Verständnis ermöglichen sollte, mußte das Trennende überwinden, nämlich die Fremdsprachigkeit." Hier ist Folgendes kritisch anzumerken: Der Aspekt der Gemeinsamkeit, was Ziele und Handeln betrifft, gilt zwar für den Nürnberger Prozess und die Entschlossenheit der Siegermächte, „die Sühne von kapitalen Verbrechen durch ein ordentliches Gericht der Weltengemeinschaft" (Kalverkämper/Schippel 2008: 10) zu gewährleisten, kann aber jenseits dieser Ereignisse des Jahres 1945 nicht generell für Dolmetschsituationen behauptet werden. Des Weiteren besteht heute Konsens darüber, dass Übersetzen und Dolmetschen eben nicht nur Überwindung der Fremdheit der Sprachen bedeutet, sondern auch Überwindung der Fremdheit der Kulturen.

18 Vgl. u. a. Kopczyński (1994), Kurz (1996), Collados Aís (1998/2002 und 2011), Mack (2002), Angelelli (2004), Kalina (1998 und 2004), Pöchhacker/Zwischenberger (2010), Pöchhacker (2012), Behr (2013), Zwischenberger (2013), Reithofer (2014).

19 Vgl. Kurz 1999: 392 f. sowie Kurz 1996: 51 ff. Kurz prägte den Begriff der *Situationalität* zur Beschreibung des Umstands, dass analog zur Einzigartigkeit von interlingualen Kommunikationssituationen auch die Qualitätskriterien keine allgemeine Gültigkeit besitzen, sondern individuell auf das jeweilige Kommunikationsereignis anzuwenden sind.

20 Zur Gleichsetzung von Qualität und Perfektion vgl. Zwischenberger 2010: 127 ff. Auch Prunč spricht sich in seinen Ausführungen zur Translationsethik für eine Aufhebung der apodiktischen Bewertung von Translaten als *richtig* und *falsch* aus (vgl. Prunč 2005: 173).

äquivalenzorientierte Vorstellung, die Qualität einer Dolmetschleistung bemesse sich ausschließlich an deren inhaltlicher Vollständigkeit in Kombination mit grammatikalischer und lexikalischer Fehlerfreiheit, mag zwar in den Köpfen mancher Lehrenden noch dominieren, ist jedoch im Blick auf die neueren Forschungsergebnisse zu revidieren.

KONZEPT UND ZIEL DER ARBEIT

Die Dolmetschwissenschaft hat sich in den vergangenen Jahrzehnten einem breiten Themenkreis geöffnet und verfolgt in immer stärkerem Maße interdisziplinäre und multiperspektivische Ansätze, denn „(d)as Dolmetschen ist ein überaus komplexer interlingualer Transfervorgang, bei dessen Beschreibung nicht nur sprachliche, sondern u. a. auch kognitive, psychologische und neurophysiologische Faktoren zu berücksichtigen sind".[21] In der letzten Zeit werden zunehmend soziokulturelle Erkenntnisse in die Dolmetschforschung integriert und ermöglichen einen neuen Blick auf Aspekte wie Rollenverhalten, Qualität und Qualitätssicherung, Translationskultur und Berufsethik.

Die vorliegende Arbeit nähert sich der Translationswissenschaft bzw. der Dolmetschwissenschaft mit emotionspsychologischem Interesse. Ausgehend davon, dass auch in diesen Disziplinen die Emotion im Gegensatz zur Ratio nach wie vor eher eine nachgeordnete Rolle spielt[22], will sie das Forschungsspektrum um einen weiteren, bislang nicht untersuchten Ansatz ergänzen und fragt nach dem Verhalten des Dolmetschers in einem emotional auffälligen Setting. Als Datenbasis dienen Dolmetschermemoiren, die im Hinblick auf den Umgang ihrer Autoren mit emotional geprägten Dolmetschsituationen ausgewertet werden. Dabei kann die Vielzahl von Möglichkeiten, emotionspsychologische mit translatorischen Fragestellungen zu verknüpfen, zwangsläufig nicht in toto dargestellt werden; Themen wie die Bedeutung von Emotionen für den Fortgang einer Dolmetschsituation (Interaktionsforschung) oder die neuro- und psychophysiologischen Hintergründe des Entstehens von Emotionen bleiben ausgespart.[23]

---

21 Kurz 1996: 16. Zur „Faszination der Empirie" vgl. Prunč 2012: 199 ff., für eine umfassende Darstellung von Texten zur Dolmetschforschung vgl. Pöchhacker/Shlesinger 2002. Ausführliche Darstellung der Forschungsgeschichte und des aktuellen Forschungsstands: Behr 2013: 23 ff. sowie Andres 2008: 223 ff.

22 Vgl. Vermeer 2009: 92 f.

23 Zur Erläuterung: Neurophysiologische Theorien gehen der Frage nach, welche zentralnervösen Gehirnprozesse an der Entstehung spezifischer Emotionen beteiligt sind, psychophysiologische Theorien fragen nach dem Zusammenhang zwischen unterschiedlichen Emotionen und spezifi-

„Dolmetscher" ist für diese Untersuchung ein Sprach- und Kulturmittler deutscher bzw. russischer Muttersprache, der konsekutiv und/oder simultan dolmetscht. Gegenstand der Untersuchung sind in erster Linie Emotionen Dritter, mit denen er konfrontiert wird und die er zu verarbeiten hat, und nur am Rande die Gefühlszustände, die möglicherweise in ihm persönlich dadurch entstehen. Emotionen werden somit vorrangig als *„öffentliche Phänomene in sozialen Situationen interpersoneller Interaktion"*[24] betrachtet und weniger als Elemente des individuellen Innenlebens Einzelner. Dabei erscheint fraglich, ob es nicht im Einzelfall zu Überlagerungen kommt, so dass sich fremde bzw. eigene Gefühle nicht immer klar gegeneinander abgrenzen lassen.

Wie gestaltet sich der mündliche Translationsprozess als Akt sprachmittlerischen und kulturspezifischen Handelns im Zusammenspiel mit der menschlichen Psyche? Von diesem Ausgangsgedanken lassen sich folgende Hypothesen und Untersuchungsfragen ableiten:

- Memoiren sind Schilderungen persönlicher Erlebnisse, und es ist davon auszugehen, dass die Autoren von Memoiren nicht nur historische Momente, sondern auch Gefühlserlebnisse thematisieren. In welchem Umfang beschreiben die Dolmetscher-Memoiristen bei anderen wahrgenommenes bzw. persönliches Gefühlserleben? Welche Emotionsarten spielen dabei eine zentrale, welche eine nachgeordnete oder überhaupt keine Rolle?
- Emotionen sind Reaktionen auf Reize und manifestieren sich in bestimmten verbalen bzw. nonverbalen Ausdrucksformen, können aber vor allem in durch Normen und Konventionen geregelten Situationen auch unterdrückt werden. Es ist anzunehmen, dass der Umgang mit Emotionen Rückschlüsse darauf ermöglicht, wie sich die Dolmetscher-Memoiristen im Kommunikationsgeschehen verorten und welche Einstellung sie gegenüber den Kommunikationspartnern (Redner/Kunde/Auftraggeber bzw. Adressat/Rezipient/Publikum) und dem jeweils behandelten Kommunikationsgegenstand vertreten. Nach welchen Kriterien definieren sie ihren Handlungsspielraum?
- Die so getroffenen Dolmetschentscheidungen folgen einem bestimmten Rollenverständnis, das wiederum mit berufsethischen Grundsät-

---

schen peripher-physiologischen Veränderungen. Vgl. Zimmer (1994: 50): „Die Frage, was Gefühle seien, muß darum immer auch eine nach ihrer Physiologie sein. Jeder psychische Vorgang muß ganz und gar in einen neurophysiologischen Vorgang rückübersetzbar sein."
24 Fiehler 1990: 1, Hervorhebung im Original.

zen korreliert. Da es sich bei den Autoren um eine außerordentlich heterogene Gruppe handelt, zu der sowohl ausgebildete Translatoren als auch bilingual aufgewachsene Seiteneinsteiger ohne einschlägige Vorbildung gehören, wird zu untersuchen sein, inwieweit sich ihre Ausgangsposition auf ihr Rollenverhalten und auf den Umgang mit dolmetschethischen Grundfragen wie Neutralität, Loyalität und Verantwortung auswirkt. Welche Kompetenzen schreiben sie sich zu bzw. erachten sie für wichtig?

- Als Schnittstelle im Verhältnis zwischen Individuum und Gesellschaft geben Memoiren u. a. Auskunft über die gesellschaftlichen Machtverhältnisse. Welche Rückschlüsse lassen sich, ausgehend vom Umgang des Dolmetschers mit Emotionen, auf die Balance zwischen Rolle, Verantwortung und Macht in der gemittelten Kommunikation ziehen?

AUFBAU DER ARBEIT

Ausgehend von den oben formulierten Forschungsfragen werden die relevanten wissenschaftlichen Disziplinen beleuchtet und Detailaspekte angesprochen. Die theoretischen Ansätze und Gedanken dienen als Ausgangspunkt für die Ableitung konkreter Einzelfragen, die anhand des Textmaterials beantwortet werden sollen.

In **Kapitel 1** werden zunächst Überlegungen zum Zusammenhang zwischen Translation und Kultur sowie Kultur und Emotionen angestellt. Wenn Kulturkompetenz als eine translatorische Teilkompetenz gilt und Emotionen als Teilaspekt von Kultur betrachtet werden, lässt sich daraus emotionale Kompetenz als Teilaspekt interkultureller Kompetenz ableiten.

Um den Stellenwert von Emotionen in verschiedenen Kulturen, insbesondere in der deutschen und der russischen Kultur, sowie um Fragen der Eigen- und der Fremdwahrnehmung geht es in **Kapitel 2**. Welche Rolle spielen Mentalität und Nationalcharakter, wie äußern „die Deutschen" bzw. „die Russen" ihre Gefühle und wie nimmt man jeweils sich und den anderen dabei wahr?

Eine derartige Diskussion erfordert eine hinreichende Auseinandersetzung mit der Emotionspsychologie, ihren Ansätzen, Theorien und Definitionsversuchen. **Kapitel 3** beschreibt deshalb zunächst das Gewicht des Faktors Emotionen für gesellschaftliche und politische Prozesse und geht anschließend der Frage nach, wie sich das Verständnis von Emotionen in der einschlägigen

Forschung entwickelt hat und welche Erkenntnisse dieser Disziplin für das Thema der vorliegenden Arbeit genutzt werden können.

Kapitel 4 schlägt den Bogen von den Wissensbeständen aus dem Bereich der Emotionspsychologie zur Sprache: Wie werden Emotionen generell kommuniziert und wie verhält es sich mit der Verbalisierung von Emotionen im Deutschen und im Russischen?

Diese Fragestellung berührt unmittelbar die interkulturelle Kompetenz des Dolmetschers als eines Experten für Sprache, Kultur und Kommunikation. **Kapitel 5** befasst sich daher mit dem Dolmetschen als solchem, stellt die unterschiedlichen Arten des Dolmetschens kursorisch vor, zeichnet die grundlegenden Entwicklungslinien der Translationswissenschaft und der Dolmetschwissenschaft nach und beleuchtet die Wandlung der Rolle und des Rollenverständnisses von Dolmetschern. Nach einer kurzen Präsentation der zentralen Ausbildungsstätten in Deutschland und Russland bzw. der Sowjetunion wird abschließend das Dolmetschen unter dem Gesichtspunkt der Emotionalität einer Arbeitssituation betrachtet.

Bei den Texten, die den Korpus der vorliegenden Arbeit bilden, handelt es sich um Memoiristenliteratur. Um eine möglichst umfassende Betrachtung dieser Thematik zu gewährleisten, wird in **Kapitel 6** mit der Gedächtnisforschung und der Autobiografik (Memoiristik) auf zwei weitere relevante Wissenschaftsdisziplinen zugegriffen.

Die Betrachtung der einzelnen Memoiren erfolgt in **Kapitel 7**. Die Werke werden hinsichtlich der expliziten Aussagen ihrer Autoren zu emotional geprägten Dolmetschsituationen sowie der ggf. impliziten Repräsentation ihres Selbstbildes und ihres Rollenverständnisses untersucht.

Kapitel 8 enthält eine Auswertung und Zusammenfassung der gewonnenen Erkenntnisse. Dabei ist zu erwarten, dass Hypothesen, die aus der Auseinandersetzung mit den erwähnten Disziplinen resultieren, präzisiert oder auch korrigiert werden. Darüber hinaus werden Forschungsdesiderata formuliert und mögliche Anregungen für die Lehre genannt.

1 Der Dolmetscher als Mittler zwischen Sprachen und Kulturen: Translation – Kultur – Emotion

1.1 Translationswissenschaft: Ansatz der vorliegenden Arbeit

Die vorliegende Arbeit befasst sich aus vorrangig translationswissenschaftlicher Perspektive mit dem Aspekt Emotion. Der Begriff der Translation wurde 1968 von Otto Kade als Hyperonym für Übersetzen und Dolmetschen eingeführt und zunächst als ein in einen zweisprachigen Kommunikationsakt eingebetteter komplexer Prozess beschrieben, bei dem ein Ausgangstext in einen Zieltext umkodiert wird[25]. Im wissenschaftlichen Bewusstsein und bei der nachfolgenden Theoriebildung hat sich seit den 1980er Jahren ein erweitertes Verständnis von translatorischem Handeln durchgesetzt: Heute besteht Konsens darüber, dass es mit einem Kodierungswechsel von der Ausgangssprache zur Zielsprache, den Kade als wichtigste Phase des Prozesses bezeichnete[26], nicht getan ist und dass sich die Translationswissenschaft mit Faktoren auseinandersetzen muss, die über die Sprache hinausgehen. Zu diesen Faktoren zählt die Kultur, denn „zum einen ist die Sprache selbst ein Teil der Kultur, und zum andern findet die Translation innerhalb einer außersprachlichen Kommunikationssituation statt, die in eine Kultur eingebettet ist"[27]. Reiß/Vermeer folgen dem Gedanken, dass eine funktionsorientierte Translation mehr ist als nur sprachliche Mittlertätigkeit, und beschreiben Translation als „Sondersorte kulturellen Transfers"[28]. Erich Prunč befürwortet angesichts der Anforderungen, die in einer globalisierten Welt an eine sich permanent fortentwickelnde, mediengestützte interkulturelle Kommunikationspraxis

---

25 Vgl. Prunč 2012: 15 f. sowie Snell-Hornby 1999: 37.
26 Vgl. Prunč 2012: 16.
27 Snell-Hornby 2008: 96. Vgl. dazu Vermeer (1985: 477): „Sprache sei als eine Untermenge von Kultur gefasst" und „Reden sei [...] zweifach kulturspezifisch: (1) durch die sprachspezifische Grammatik, (2) durch sprachgrammatische und kulturspezifische Selektion zu verbalisierender und bewertender Situationsteile in gegebener Situation."
28 Reiß/Vermeer 1991: 13.

gestellt werden, ein „überkulturelles" (dynamisches) Konzept von Translation und versteht diese als „historisch in Konventionen gefasstes und dynamisch in neue Konventionen zu fassendes transkulturelles und doch kulturspezifisches Handeln"[29], das neben der rein sprachlichen Mittlertätigkeit noch weitere Teilelemente umfasst.

1.2 Kultur in der Translation

1.2.1 Der Begriff der Kultur

Wofür steht nun der Begriff der Kultur? Während die Translationswissenschaft, wie oben beschrieben, die Interdisziplinarität sucht, um einzelne translatorische Forschungsschwerpunkte mit dem spezifischen Blickwinkel der jeweiligen anderen Disziplin zu verknüpfen, bieten die Kulturwissenschaften als Metadisziplin eine Vielzahl solcher Anknüpfungspunkte, „um neue Phänomene zu untersuchen, die mit den alten Disziplingrenzen nur schwer zu erfassen wären"[30]. Fachbereiche wie Soziologie, Pädagogik, Ethnologie, Politikwissenschaft und Literaturwissenschaft haben diese Möglichkeit genutzt und im Zuge der „cultural turns" relevante Themen mit kulturellen Fragestellungen verbunden. Diese reichen von der kulturellen Deutung gesellschaftlicher Prozesse unter Aspekten wie „Erfahrung", „Sprache", „Handlung", „Geltung", „Identität" und „Geschichte"[31] über die Auseinandersetzung mit spezifischen aktuellen Phänomenen wie Jugend-, Populär- und Subkultur oder Genderfragen bis hin zur sozialwissenschaftlichen Beleuchtung des Interdependenzverhältnisses zwischen Medien, Kultur und Kommunikation[32]. Auch Aspekte der menschlichen Lebensführung wie Umwelt und Natur oder Unbewusstes, Verdrängtes und Emotionen werden seit geraumer Zeit u. a. kulturell beleuchtet.[33] Dies alles geschieht vor dem Hintergrund eines sich wandelnden Kulturverständnisses:

---

29 Prunč 2012: 13.
30 Kittsteiner 2004: 8 f.
31 Vgl. Jaeger/Liebsch 2004: V ff.
32 Vgl. Hepp et al. 2009: 11. Bei allen Unterschieden in der Konzeptualisierung von Kultur herrsche doch Einigkeit darüber, so die Autoren, dass „Kultur nicht als etwas homogenes Ganzes zu begreifen ist, sondern eher als konfliktärer Prozess".
33 Vgl. Jaeger/Rüsen 2004: X sowie Labouvie 2004: 79 ff.

Nach der Öffnung hin zu einer „Kultur des Lebens", die nicht mehr nur das Hohe und Hehre meinte, sondern auch die sozialen Umstände und Logiken des alltäglichen Lebens einschloss, dessen symbolische Formen und soziale Ordnungen, erfolgte seit den 1970er Jahren ein zweiter Emanzipationsschritt, der Kultur als zentrales Identitäts- und Repräsentationskonzept des Individuums wie von Gruppen und Gesellschaften akzeptierte.[34]

Die Darstellung dreier grundlegender Kulturbegriffe bei Hans-Jürgen Lüsebrink scheint mir besonders geeignet, den Bogen von „cultura": Pflege, Landbau[35] zum Kulturfaktor in der Translation und zu den Eckpunkten der vorliegenden Arbeit – Emotion, Sprache, Kultur, Translation – zu schlagen. Neben dem mit Begriffen wie „Bildung" und „Kunst" eng verknüpften traditionellen intellektuell-ästhetischen Kulturbegriff und dem materiellen (instrumentellen) Kulturbegriff, der Begriffe und Wirklichkeitsbereiche wie *Unternehmenskultur* und *Gastronomiekultur* umfasst[36], führt Lüsebrink den anthropologischen Kulturbegriff an, der mit seinem Verständnis von Kultur als „Gesamtheit der kollektiven Denk-, Wahrnehmungs- und Handlungsmuster einer Gesellschaft"[37] der Interkulturellen Kommunikation zugrunde liegt.

1.2.2 Kultur und interkulturelle Kommunikation

Auf die Kulturanthropologie (Goodenough 1964)[38] greift auch Heinz Göhring zurück, erweitert jedoch den Begriff der Kultur für Übersetzer und Dolmetscher als Akteure in interkulturellen Kommunikationssituationen:

Kultur ist all das, was man wissen, beherrschen und empfinden können muß, um beurteilen zu können, wo sich Einheimische in ihren verschiedenen Rollen erwartungskonform oder abweichend verhalten, und um

---

34 Kaschuba 2004: 135.
35 Detaillierte Beschreibung der Entwicklung des Begriffspaars *Kultur* und *Zivilisation* und des Kulturbegriffs bei Nünning 2005: 105 ff. bzw. 112 ff. Zur Begriffsgeschichte vgl. Reckwitz 2004: 3 ff.
36 Prunč (2012: 340) spricht von der „Translationskultur" als einem gesellschaftlichen Konstrukt, „das als relativ selbständige Subkultur in den jeweiligen kulturellen Rahmen eingebettet ist (und das) zum jeweils aktuellen Zeitpunkt und im jeweils gegebenen Interaktionsraum den gesellschaftlichen Konsens und Dissens über zulässige, empfohlene und obligatorische Formen der Translation wider(spiegelt)" und folgert: „Translationskulturen können von der Translationswissenschaft analysiert und davon Handlungsableitungen für die Translatoren abgeleitet werden."
37 Vgl. Lüsebrink 2008: 10.
38 Vgl. Snell-Hornby 2008: 96.

sich selbst in der betreffenden Gesellschaft erwartungskonform verhalten zu können, sofern man dies will und nicht etwa bereit ist, die jeweils aus erwartungswidrigem Verhalten entstehenden Konsequenzen zu tragen.[39]

Er regt an, der Dolmetscher möge in sich eine *kulturanthropologische Perspektive* entwickeln, d. h. „die auf die Entdeckung von Kulturmustern geeichte Neugier, Sensibilität und Sichtweise des Kulturanthropologen" an den Tag legen und für den Ausbau seiner fremdkulturellen kommunikativen Kompetenz nutzen.[40] Ähnlich versteht Vermeer Kultur: nicht als materielles Phänomen, sondern als „Programmierung des Geistes" für den Umgang mit Menschen und Dingen nach bestimmten, sozial akzeptierten Regeln, gleichsam als ein für eine Gesellschaft typisches Orientierungssystem. Seine Formulierung ist knapp, aber inhaltlich umfassend und betont den Aspekt der Normen und Konventionen, von denen die Gesamtheit – bei aller jeweiligen Individualität – geprägt ist:

Kultur sei die Menge aller Verhaltensnormen und -konventionen einer Gesellschaft und der Resultate aus den normbedingten und konventionellen Verhaltensweisen.[41]

Das so formulierte Kulturverständnis scheint geeignet, als Anknüpfungspunkt für die Fragestellungen und Betrachtungen der vorliegenden Arbeit zu dienen, die der Auffassung folgt, dass translatorisches – in diesem Falle dolmetscherisches – Handeln situativ gebunden ist und Kommunikation über kulturelle Barrieren hinweg ermöglichen soll.

1.2.3 Kulturkompetenz als translatorische Teilkompetenz

Was muss nun der Dolmetscher „wissen, beherrschen und empfinden können", wie sieht die oben erwähnte translatorische Kulturkompetenz aus?

Die Kulturkompetenz des Translators gilt als integraler Bestandteil translatorischer Handlungskompetenz: Nach Reiß/Vermeer muss der Translator „bikulturell" sein, um auf der Grundlage seiner Kenntnisse der Ausgangs- und

---

39 Göhring 2002: 108.
40 Göhring 1999: 114, Hervorhebung im Original. Vgl. dazu Bahadır 2007: 194 ff.
41 Vermeer 1990: 36. Zur Verortung von *Kultur* in Bezug auf Translation vgl. auch Witte 2000: 49 ff. sowie Vermeer 2006: 164.

der Zielkultur eine Translationssituation einschätzen und eigenständig entscheiden zu können, „ob, was, wie übersetzt/gedolmetscht wird"[42] bzw. „welche Situationsteile zur Erreichung von Funktionskonstanz zu transferieren sind"[43]. Diese „bikulturelle Kompetenz" geht über die Kenntnis fremdkultureller Phänomene[44] und deren professionelle Wahrnehmung und Bewertung hinaus und umfasst als zweite Komponente das Bewusstsein der Gebundenheit an die eigene Kultur (Primärkultur):

Im interkulturellen Kontakt geschehen Wahrnehmung, Interpretation und Bewertung der Fremdkultur letztlich im und durch den Vergleich mit der Eigenkultur.[45]

Die Reflexion der eigenen kulturellen Bedingungen bildet den Ausgangspunkt für die Deutung fremden Verhaltens; das so erworbene „Wissen" über die fremde Kultur ist jedoch „letztlich das Resultat eigenkulturbedingter Rezeption [...]. In diesem Sinn bleibt ‚Fremdkulturwissen' immer eigenkulturspezifisch"[46]. Zusammengefasst heißt dies: Von translatorischer Kulturkompetenz als *Kompetenz in und zwischen Kulturen*[47] kann in dem Moment gesprochen werden,

- wenn der Dolmetscher über intrakulturelles Wissen (als Kompetenz jeweils in seiner Eigenkultur <u>und</u> in der Fremdkultur)[48] verfügt;
- wenn er interkulturelle Kompetenz (als Kompetenz zwischen Eigenkultur und Fremdkultur) besitzt;

---

42 Reiß/Vermeer 1991: 87. Angewendet auf die Fragestellung der vorliegenden Arbeit sollen „der Übersetzer" sowie die Spezifika des schriftlichen Sprachmittelns an dieser Stelle und im Folgenden ausgeklammert werden. In einer anderen Beschreibung der „bikulturellen Kompetenz" (Vermeer 1986: 41) nennt Vermeer eine weitere zu berücksichtigende Komponente: Der Translator müsse „die Welten des Auftraggebers, seine eigene und die des Zielrezipienten unterscheiden können und alle drei kennen und in Relation zueinander bringen können."

43 Vermeer 1985: 476.

44 Witte 2000: 162. Unter *Phänomenen* versteht Witte (2000: 76) „sowohl Gegenstände und Sachverhalte (als komplexe Gegenstände) wie auch Verhaltensweisen und deren ‚Resultate', und zwar jeweils auf materieller und immaterieller Ebene".

45 Witte 2000: 77.

46 Witte 2000: 80, Hervorhebung im Original. Dabei ist unerheblich, wie dieses Wissen erworben wurde und ob es auf para-, dia- oder idiokulturellen Erfahrungen aufbaut.

47 Löwe 2002: 152.

48 Hervorhebung d. Verf. Anders als bei Volkmann (2000: 169), der unter *intrakultureller Kompetenz* ausschließlich die „Kommunikationsfähigkeiten in der eigenen, deutschen oder europäischen Kultur" versteht, ist hier ausdrücklich eine zweifache Kompetenz in der Primär- und der Sekundärkultur gemeint.

- wenn er sich der Verankerung in seiner Eigenkultur und seiner Rolle bewusst ist und
- wenn er für sich selbst und für seinen Auftraggeber den Perspektivenwechsel zwischen Eigen- und Fremdkultur, Primär- und Sekundärkultur vollziehen kann.[49]

1.2.4 Kultur(en) und Emotion(en)

1.2.4.1 Annäherung an das Thema: Kultur als Zeichensystem

Befasst man sich mit dem Begriff der Kultur und der Frage, wie dort die Emotion verortet ist, stößt man auf den Kulturbegriff von Heinz-Günter Vester. Als Sozialpsychologe betrachtet er ebenso wie Clifford Geertz (1987) Kultur als Zeichensystem und versteht unter dieser Konzeption „nicht nur Symbole, sondern auch Weltanschauungen, Orientierungen und Werte [...], sofern diese in individueller und kollektiver Informationsverarbeitung de facto durch Zeichensysteme repräsentiert bzw. repräsentierbar und kommunizierbar sind".[50] Dieser Kulturbegriff umfasst u. a. Gesten und Stile des emotionalen Ausdrucks und der emotionalen Erfahrung der Individuen, die im Rahmen dieser Kultur miteinander kommunizieren. Emotionen sind nach Vester „in Zeichensystemen repräsentiert, kommen durch semiotische Prozesse zum Ausdruck und werden mittels Zeichen ‚interpretiert'".[51] Eine Kultur als ein solches Zeichensystem lässt sich mithilfe von polarisierenden Begriffspaaren beschreiben und klassifizieren und dadurch von anderen Kulturen unterscheiden. Diese Begriffspaare heben z. B. auf die Wertsetzungen ab, die für eine Kultur charakteristisch und für die Herausbildung emotionaler Muster und Regelsysteme verantwortlich sind, und beschreiben unterschiedliche Verhaltenstypen wie etwa *engagiert – distanziert*. Der Kontrast *kollektivistisch – individualistisch* beschreibt die Unterschiede zwischen kollektivistischen Kulturen wie den Ländern Ostasiens und Südamerikas, die eher auf das Wohl der Gemeinschaft (vor allem der Familie) bezogen sind, und individualistischen Kulturen wie den westlichen Industrieländern, die die Unabhängigkeit und Einzigartigkeit des Individuums betonen. Das kollektivistische Modell existier-

---

49 Vgl. Löwe 2002: 154 f. Bredella et al. (2000: XIII) sprechen vom *Fremdverstehen*: „[...] es gibt Situationen, in denen wir einen fremden Kontext im Gegensatz zum eigenen berücksichtigen müssen, um bestimmte Phänomene angemessen in den Blick zu bekommen. [...] Es kommt dann zu einem Wechselspiel zwischen Eigenem und Fremdem bzw. zwischen Innen- und Außenperspektive, aus denen beide nicht unverändert hervorgehen."
50 Vester 1991: 98.
51 Vester 1991: 98 ff.

te im Übrigen auch in der ehemaligen Sowjetunion, wo das gemeinschaftliche emotionale Erleben höchste Wertschätzung genoss, sofern es im staatlich gelenkten Kollektiv der Werktätigen (und nicht in der Privatheit der Familie) stattfand und sich nach einem vorgegebenen Muster abspielte. Mitglieder individualistischer Kulturen legen demgegenüber großen Wert auf die Subjektivität ihrer Emotionen als identitätsstützendes Merkmal ihrer Einzigartigkeit.[52]

Die Annahme, es gebe einen Zusammenhang zwischen soziokultureller Komplexität und emotionalen Ausdrucksformen, konnte jedoch aufgrund der beträchtlichen Variabilität von emotionenbezogenen Einstellungen und Verhaltensweisen nicht nachhaltig belegt werden.[53] Zwar sind, so Vester, zentrale (charakteristische) Probleme wie der Umgang mit Krankheit und Gesundheit universal, doch die Kulturen unterscheiden sich darin, welchen Stellenwert sie diesen Themen beimessen und welche Lösungswege sie zur Bewältigung einschlagen.

1.2.4.2 Kulturspezifität vs. kulturelle Universalität

Es geht also zum einen um den Stellenwert von Emotionen in einer bestimmten Kultur, wobei davon auszugehen ist, dass emotionale Zustände in unterschiedlichen historischen Epochen unterschiedlich bewertet wurden und emotionale Muster über Jahrhunderte hinweg auch im Hinblick auf geschlechts-, alters-, schicht- oder generationsspezifische Aspekte Veränderungen durchliefen. Zum anderen gilt als gesichert, dass Emotionen in unterschiedlichen Kulturen durch unterschiedliche Dinge ausgelöst werden können und nicht automatisch überall dieselbe Wertigkeit besitzen.[54] Darüber hinaus wird postuliert, dass bestimmte kulturspezifische emotionale Skripts (Muster, Schemata) nur in einer bestimmten Kultur existieren und in anderen Kulturen ohne Entspre-

---

52 Vgl. Mees 2006: 104 ff.
53 Vester 1991: 101 ff. Es gibt zahlreiche kulturanthropologische und ethnologische empirische Untersuchungen zu diesem Thema, die sich aber in der Regel mit dem Kontrast zwischen europäischen bzw. nordamerikanischen Kulturen und den Kulturen kleiner autochthoner (afrikanischer, pazifischer) Völker befassen. Russland als Vergleichsparameter taucht in dem mir vorliegenden Material zur emotionalen Erfahrung nicht gesondert auf. Abschließend sei daher nur das vielleicht überraschende Fazit eines interkulturellen Vergleichs emotionaler Erfahrung aus dem Jahr 1986 zitiert: Die Unterschiede zwischen den Kulturen, darunter Belgien, Frankreich, Italien, Spanien und die Schweiz, fielen geringer aus als erwartet.
54 Vgl. Fiehler 1990: 86 f.

chung sind.[55] Diese Aussagen werden nachfolgend anhand konkreter Untersuchungskonzepte verdeutlicht.

Am Beispiel der Emotionen Furcht, Angst und Ärger stellen Ulich/Mayring dar, wie Menschen in unterschiedlichen Epochen und unterschiedlichen Kulturkreisen diesen Emotionen gegenüber eingestellt waren und wie sich die jeweilige Kultur einer Gesellschaft – Wertmaßstäbe, Erziehungsphilosophien, Interaktionsmuster – etwa auf die emotionale Entwicklung von Kindern auswirkt. Sie kommen zu folgendem Schluss:

In verschiedenen Kulturen hält man unterschiedliche Emotionen für wertvoll, wichtig und sozialisationswürdig, und zwar entsprechend den in diesen Kulturen geltenden Wertvorstellungen und Werten. Die unterschiedlichen Akzentsetzungen drücken sich auch im Wortschatz für Emotionsbegriffe aus [...]. Je nach Bedeutung von Emotionen in einer Kultur sind diese sprachlich über- oder unterrepräsentiert.[56]

Den Zusammenhang zwischen kultureller Formung und emotionalem Empfinden beleuchtet Eva Engelen am Beispiel der Prüfungsangst. Der Gefühlszustand *Prüfungsangst* ist ein komplexes, nicht angeborenes emotionales Phänomen, das auf der angeborenen, basalen Reaktion der Angst basiert; es geht mit kognitiven Prozessen (Einschätzungsprozessen) einher, die wiederum Teil eines kulturellen Konzepts sind, d. h. Teil sozialer Erwartungen, die etwa auf ein erfolgreiches Abschneiden bei Prüfungen abzielen. Darüber hinaus handelt es sich bei dem Phänomen Prüfungsangst um ein sogenanntes semantisiertes Phänomen. Nicht in allen Gesellschaften existiert das Konzept der Prüfung – *Prüfungsangst* stellt die begriffliche Formung dessen dar, was in einer mit Prüfungsangst vertrauten Gesellschaft in einer bestimmten affektiv konnotierten Situation verwendet („gesagt") wird.[57] Engelen schreibt Sprache und zwischenmenschlichem Umgang eine gestaltbildende Funktion bei der Entstehung von Emotionen zu, verweist aber auch darauf, dass unterschiedliche Semantisierungen nicht automatisch dazu führen, dass Menschen aus unterschiedlichen Kulturen emotionale Reaktionen nicht wiedererkennen können, wenn diese in einer anderen Kultur anders semantisiert werden. Gefühlszu-

....
55 Weber 2000: 142.
56 Ulich/Mayring 2003: 59 und 135 ff.
57 Vgl. Engelen 2007: 13 ff.

stände wie Angst gehen in der Regel mit einem bestimmten Gesichtsausdruck, einer bestimmten Körperhaltung oder einer bestimmten Stimmfärbung einher. Diese Art der nichtsprachlichen Kommunikation funktioniert evolutionsbedingt auch über kulturelle Grenzen hinweg. Parallel zu den jeweils angeborenen Mechanismen entstehen kulturelle und semantische emotionale Schemata; der entsprechende Habitus wird im Laufe der Sozialisation unbewusst derart verinnerlicht, dass Emotion und Begriff sich nicht mehr voneinander trennen lassen.[58] Emotionen sind folglich einerseits zwar sehr private Zustände einer Person, müssen andererseits aber als kulturell vermittelt und geformt gelten.

Den beiden Polen, zwischen denen sich die Thesen – Kulturspezifität vs. kulturelle Universalität von Emotionen – bewegen, begegnet man heute in Kombination in vielen Lehrmeinungen zur Genese von Emotionen. Die Kulturspezifität von Emotionen spricht dafür, dass Emotionen soziale Konstrukte sind, dass jede Kultur ihre eigenen Darstellungsregeln für Gefühlsausdrücke hat und dass soziale Regelsysteme über die Angemessenheit oder Unangemessenheit des emotionalen Ausdrucks in bestimmten Situationen entscheiden. Die interkulturelle Universalität von Emotionen, die in kulturvergleichenden Studien seit Charles Darwin vor allem anhand des mimischen Ausdrucks immer wieder festgestellt wurde, gilt hingegen als Beleg für die biologische Herkunft emotionaler Mechanismen.[59] Mit anderen Worten: Bestimmte Gefühle führen in allen Kulturen automatisch zu identischen Gefühlsausdrücken, die jedoch durch Darstellungsregeln, die von Kultur zu Kultur differieren, moduliert und verändert werden können.

1.2.4.3 Wechselwirkung von Emotionen und Codes in der menschlichen Informationsverarbeitung

Emotionen wirken sich auch auf die menschliche Informationsverarbeitung aus. Eine Möglichkeit, diesen Zusammenhang darzustellen, bietet der Code-Begriff, der ursprünglich aus der Informationstheorie stammt und von Niklas Luhmann 1982 erstmals für ein Gefühlskonzept verwendet wurde.

---

58 Vgl. Engelen 2007: 33. Vgl. dazu Fiehler (1990: 73): „In der Sozialisation wird gelernt, wie handlungsregulative Impulse als Emotionen zu deuten und zu typisieren sind. Dabei werden die Heranwachsenden zugleich in das für eine bestimmte Kultur relevante System von Erlebensformen und Emotionen, das sich im Erlebenswortschatz widerspiegelt, einsozialisiert."
59 Vgl. Reisenzein/Horstmann 2006: 480 sowie Zimbardo/Gerrig 2008: 456 und Gerhards 1988: 90.

Verhalten, kognitive Prozesse, soziale Strukturierung und kulturelle Tiefenschichten werden als codiert oder von Codes reguliert vorgestellt und diskutiert. [...] Emotionen in ihrer Gesamtheit als einen Code oder ein System von Subcodes zu konzipieren, ist allerdings nur eine Möglichkeit, den Code-Begriff auf Emotionen anzuwenden. In einem weiteren Sinne von Codierung stellen sich die Emotionen selbst als codiert dar, als ein von Codes geregeltes System.[60]

Diesem Konzept zufolge interagieren Menschen mit ihren Umwelten durch bewusste und unbewusste Verarbeitung von Informationen, und Emotion ist neben Kognition eine der Modalitäten der Informationsverarbeitung. Die Informationsaufnahme, sei sie gezielt oder ungezielt, geschieht mit Hilfe existierender Codes, über „überindividuelle, wenn auch von Individuen kommunizierte, relativ persistente und kohärente Zeichensysteme"[61]. Mithilfe dieser Erkennungsmuster wird neue Information encodiert bzw. decodiert und damit speicher- und abrufbar. Individuen können zwar bei der Informationsverarbeitung Codes modifizieren, arbeiten aber insgesamt im Rahmen vorgegebener Programmierungen, die sowohl auf biologischen Systemen (Nervensystem) als auch auf gesellschaftlich und kulturell tradierten Informationssystemen (Zeichen- und Sprachsysteme) aufbauen. Die Informationsverarbeitung ist somit kein rein persönlicher, individueller Akt, sondern kulturell und sozial codiert.

Stellt man sich nun ein menschliches Informationsverarbeitungsmodell vor, das neben einem verbalen noch einen bildlichen sowie einen emotionalen Code umfasst, somit drei verschiedene, relativ autonome „Sprachen", dann erhebt sich die Frage nach ihrer Kompatibilität und Übersetzbarkeit sowie nach der Reaktion bei Störungsfällen. Vester stellt fest:

[...]; dabei schließen Versuche, emotionale Prozesse in Sprache zu fassen oder mit Hilfe anderer nichtsprachlicher Codes, z.B. der bildlichen Darstellung, auszudrücken, nicht aus, daß es bei dieser Übersetzung von Informationen zu Informationsverlusten kommen kann. Eine einhun-

---

60 Vester 1991: 74 bzw. 76. Vgl. Eming 2006: 66 f.
61 Vester 1991: 94. Fiehler (1990: 80) führt den Gedanken fort. Er formuliert Kodierungsregeln und versteht darunter die Konventionen, „die beschreiben und festlegen, welche Verhaltensweisen als Manifestation einer Emotion gelten".

dertprozentige Weitergabe von Information bei der Übersetzung von einem Code in einen anderen ist äußerst unwahrscheinlich.[62]

Noch gravierender dürfte das Problem werden, wenn man diese innersprachliche Fragestellung um den Aspekt der intersprachlichen Übertragbarkeit erweitert. Viktor Šachovskij geht davon aus, dass es in der interkulturellen Kommunikation unausweichlich zu Verlusten in der Expressivität kommt:

При межкультурном общении эмотивные потери неизбежны [...] еще и потому, что иноговорящий реципиент при восприятии транслированных из русской лингвокультуры смыслов оперирует, т.е. переводит их с помощью code switching на свой культурный код, исключительно своими культурными коннотациями.[63]

Diese Aussage lässt sich dahingehend interpretieren, damit sei das Verständnis in einer interkulturellen Kommunikationssituation von vornherein in Frage gestellt. Šachovskij räumt jedoch ein, dass bei aller Lückenhaftigkeit, die durch die nicht zu hundert Prozent deckungsgleichen Emotionsszenarien in unterschiedlichen Kulturen entsteht, die Sprache der Emotion dennoch eher verbindend denn trennend wirkt, da die Variationsbreite der kognitiv-expressiven Dominante in der interkulturellen Kommunikation so geringfügig ausfällt, dass der emotionale Gehalt einer Aussage erhalten bleibt. Somit ist eine Äquivalenz der Reaktionen gewährleistet.[64]

Zur Beschreibung der Wechselwirkung zwischen Codes und Emotionen formuliert Vester fünf Thesen.[65] Erstens repräsentieren Codes das kollektive Wissen über Emotionen, unterliegen aber einer historischen Veränderbarkeit und Relativierung. Die Repräsentation von Emotionen muss dabei nicht

---

62 Vester 1991: 76. Die Frage, die sich in diesem Zusammenhang aufdrängt, ist natürlich, wie die „Informationsübersetzung" dann zwischen Individuen unterschiedlicher Kulturen funktioniert und wie groß dort ggf. die Verluste sein können.

63 Šachovskij 2008: 315. Als Beleg zitiert der Autor Vladimir Nabokov und dessen Klage über die unzureichenden Ausdrucksmöglichkeiten für das russische Konzept *пошлость* in anderen Sprachen.

64 Šachovskij (2008: 319): „[...]: когнитивно-эмотивная доминанта варьируется в межкультурной коммуникации в пределах сохранения эмоционального смысла модусов отношения и состояния межкультурных коммуникантов. Этот факт обеспечивает эмоционально-динамическую эквивалентность реакций."

65 Vgl. Vester 1991: 94 ff.

zwangsläufig auf individuellen Erfahrungen beruhen, sondern kann auch in prototypischer Form etwa durch die Medien erfolgen (vgl. 4.1.1.1).

Zweitens werden Emotionen durch Codes geformt: Im Zuge der Anhäufung von Wissen über Emotionen bilden sich bestimmte emotionale Prototypen heraus, an denen sich die Individuen in ihrem emotionalen Erleben und Verhalten orientieren – das Wissen verleiht dem Emotionserleben und dem Emotionsausdruck Gestalt (zum Beispiel wird eine Gesellschaft, die häufig von außen bedroht wird und sich Auseinandersetzungen stellen muss, andere Ausdrucksformen für Aggression und Gewalt zur Verfügung haben als eine Gesellschaft, die diese Situation nicht kennt).

Drittens aktualisieren Codes die Emotionen: Bestimmte Bedingungen für das Auftreten von Emotionen werden bestimmten Emotionen zugeordnet, d. h. es muss eine bestimmte Konstellation vorhanden sein, damit die entsprechende Emotion nach einem Muster ablaufen kann. Vester führt hier das Beispiel Wald an und nennt die Emotionen, die sich damit assoziieren lassen: Zunächst muss in einer Gesellschaft Wald vorhanden sein, um überhaupt Gefühle damit verbinden zu können. Ist dies der Fall, öffnet sich das Spektrum von Umweltschutz (Besorgnis um den Wald, Thematik des Waldsterbens) über Märchen, Mythen, Sagen einer Kultur (Angst vor Verlaufen im Wald) bis hin zum Wald als Erholungsraum (Freude über markierte Wanderwege im Wald).[66]

Viertens kontrollieren Codes die Emotionen. Sie setzen Normen für menschliches Verhalten, markieren den Spielraum für Abweichungen sowie mögliche Sanktionen, gewährleisten die Einteilung von Emotionen in „gute", „natürliche", „angebrachte" (und vice versa) und legitimieren bzw. delegitimieren Emotionen, indem sie institutionelle Kontexte und soziale Ressourcen zueinander in Beziehung setzen:

So wird beispielsweise in auf Zweckrationalität ausgerichteten Organisationen zu heftiger oder zu impulsiver Ausdruck von Emotionen als unan-

---

[66] Einige der typisch deutschen Assoziationen mit dem Thema Wald sind nach Demandt (2008: 166 ff.): deutsche Eiche als deutscher Nationalbaum, Hänsel und Gretel, saurer Regen, Wandervereine usw. Bausinger (2005: 74) sagt dazu: „Der deutsche Wald – das ist nicht dasselbe wie die Wälder in Deutschland. Es handelt sich nicht um eine geographische Größe, sondern um eine Gefühlsqualität (sic!), die sich erst spät herausbildete." Die russische Kulturgeschichte kennt hingegen eine ganz andere Symbolik: die Birke als Nationalbaum, Birkenwäldchen in der Weite des Raums, das herbstliche Pilzesammeln als gemeinschaftsstiftendes kollektives Erlebnis und entsprechend andere emotionale Prägungen. Vgl. Kočetkov 2002: 94 ff.

gemessen empfunden. In Subkulturen derselben Organisationen bzw. unter Sonderbedingungen, wie sie Betriebsfeste und -ausflüge darstellen, wird hingegen emotionale Neutralität als deplaziert angesehen.[67]

Fünftens ist das Verhältnis zwischen dem System der Codes und dem der Emotionen dadurch gekennzeichnet, dass der Code niemals vollständig aufgeht. Es kommt zu Über- und Untercodierungen; eine übercodierte Emotion – z. B. die Beschreibung eines Liebesgefühls in der Lyrik – weist eine Vielzahl von Bedeutungselementen und -assoziationen auf und birgt die Gefahr der Redundanz. Untercodierung – z. B. ein spontanes Lachen in einem kulturellen Kontext, der an dieser Stelle kein Lachen vorsieht – kann zu Missverständnissen führen. „Das ‚emotionale Klima' in einer Gesellschaft ist davon geprägt, welche Emotionen über-, welche untercodiert sind."[68]

1.2.4.4 Emotionen als Komponente der interkulturellen Kommunikation

Wenn derartige Missverständnisse bereits innerhalb einer Kulturgemeinschaft auftreten können, in der alle Mitglieder identischen Verhaltensregeln und Konventionen unterworfen sind, dürfte ihre Wahrscheinlichkeit im interkulturellen Kontakt, wo Individuen unterschiedlicher kultureller Prägung aufeinandertreffen und über eine Sprachbarriere hinweg kommunizieren sollen, noch zunehmen. Nikolaj Krasavskij entwickelt in diesem Zusammenhang ein Modell von emotionalen Konzepten (ЭК)[69], d. h. mentalen Konstrukten, innerhalb derer sowohl gefühlsbezogene menschliche Vorstellungen als auch emotionales menschliches Wissen in der Sprache ihren Niederschlag finden und damit ein „emotionales sprachliches Weltbild"[70] entstehen lassen. Angesichts der Kulturgebundenheit dieser Konzepte fragt er nach der Übertragbarkeit (транслируемость) solcher Vorstellungen von einer Sprache bzw. Kultur in

---

67 Vester 1991: 96, vgl. auch Vester 1991: 203. Russell Hochschild (2006: 15) verwendet für diese über die Sozialisation vermittelten Deutungs- und Verhaltensmuster den Begriff der „feeling rules".
68 Vester 1991: 96.
69 Vgl. Krasavskij 2008: 49: „[...], понятие ‚эмоциональный концепт' мы дефинируем как этнически, культурно обусловленное сложное структурно-смысловое, ментальное, как правило, лексически и/или фразеологически вербализованное образование, базирующееся на понятийной основе, включающее в себя помимо понятия образ, культурную ценность и функционально замещающее человеку в процессе рефлексии и коммуникации предметы (в широком смысле) мира, вызывающие пристрастное отношение к ним."
70 Krasavskij 2008: 59.

eine andere: Aufgrund unterschiedlicher „Regeln" im Kultur- und Begriffssystem kann es bisweilen zum Verlust bestimmter „peripherer" Sinnkomponenten kommen („недотранслируемость").[71]

Nach Šachovskij können Fehleinschätzungen in der Kommunikation zwischen Sprechern unterschiedlicher Sprachen beispielsweise auch dann entstehen, wenn eine Emotionswortlücke (эмотивная лакуна) vorliegt, d. h. ein adäquates Emotionswort in der Zielsprache fehlt, oder wenn ein Bruch im emotionalen Kontakt (эмоциональный дисконтакт) entstanden ist. Darunter versteht der Autor eine Beeinträchtigung der Kommunikation zum einen im intersprachlichen Bereich aufgrund von Emotionswortlücken, zum anderen im innersprachlichen Bereich aufgrund unterschiedlicher emotionaler und sprachlicher Kompetenzen der Kommunikationsteilnehmer.[72] Nicht zu unterschätzen ist nach Šachovskij die emotionale Komponente der interkulturellen Kommunikation auch deshalb, weil sie sich im „Nationalcharakter" sowie den nationalen Stereotypen widerspiegelt.

При этом исследователи долгое время не уделяли внимания изучению эмоционального компонента межкультурного общения, который, как представляется, всегда выступает в качестве специфического доминантного тренда в национальном характере и в национальных стереотипах любой культуры.[73]

Welche Auswirkungen es haben kann, wenn die aufgezeigte enge Wechselwirkung von Emotionalität, Sprache (sprachlichem Ausdruck) und Kultur (kultureller Prägung im Sinne von Mentalität) gezielt und missbräuchlich eingesetzt wird, belegt Šachovskij am Beispiel der künstlichen, politisch verordneten Implantierung der russischen Sprache in den nicht-russischen Teilrepubliken der ehemaligen Sowjetunion:

Виртуальный мир в этих республиках сознательно строился на языковых нормах русского языка (и глубже, русской культуры, и

---

71 Krasavskij 2008: 61.
72 Šachovskij 2009b: 28 f., vgl. auch Šachovskij 2008: 299. Das Phänomen der Lücke oder „Leckage" taucht interessanterweise auch in einem anderen Bereich der Emotionsbeschreibung auf: Argyle (2002: 110 f.) verwendet ihn für Zustände, in denen Individuen ihren nonverbalen Emotionsausdruck nicht unter Kontrolle haben und ggf. versuchen, mit anderen gestischen oder mimischen Mitteln oder mithilfe ihres Tonfalls darüber hinwegzutäuschen.
73 Šachovskij 2008: 287.

еще глубже – русского менталитета). А бессознательно он – этот мир – все время конфликтовал с реальным, т.е. национальным духом (его культурой и народным менталитетом).[74]

Letztlich setzten sich die ursprüngliche kulturelle Identität und die jeweils eigene nationale Sprache durch: Das Russische diente, ähnlich wie das Englische im internationalen Kontext, als Kontaktsprache, konnte aber die Nationalsprachen der Unionsrepubliken nicht vollwertig ersetzen.

1.2.5 Emotionale Kompetenz als Element der Kulturkompetenz

Wenn wir Emotionen als einen Bestandteil von Kultur und Kulturkompetenz als eine Teilkompetenz der translatorischen Kompetenz verstehen, dann muss sich der Dolmetscher zwangsläufig auch mit diesem Phänomen auseinandersetzen und vertraut machen, denn:

Emotionen zählen zum kulturellen Wissen einer Zeit und manifestieren sich in verschiedenen Zeichen- und Handlungszusammenhängen einer Kultur, u.a. in Literatur.[75]

Vermeer versteht die Emotivität[76] und den Emotionsausdruck als „Untermenge von Situation"[77], die es folglich ebenfalls zu transferieren gilt, und postuliert:

Jede Kultur hat einen spezifischen Normal- oder Neutralpegel der Emotivität und einen damit korrelierten neutralen Handlungs- und Verbalisierungsmodus der Emotivität.[78]

Auch wenn ein kompetentes Mitglied einer Gesellschaft generell Aussagen über den in einer Gesellschaft üblichen Emotionsgrad und Emotionsausdruck machen kann, existieren doch gewisse Vagheitsspielräume, die sich in der interkulturellen

---

74 Šachovskij 2008: 298 f.
75 Nünning 2005: 31.
76 Vermeer (2006: 393) verwendet *Emotion* als Oberbegriff und spricht im vorliegenden Kontext von *Emotivität*, was soviel bedeutet wie „erhöhte Gemütserregbarkeit" oder „Neigung zur gefühlsmäßigen Erregung" (vgl. http://www.duden.de/rechtschreibung/Emotivitaet [03.08.2015] bzw. Wahrig 2005: 410).
77 Vermeer 1985: 477.
78 Vermeer 1985: 478.

Arbeit, etwa in der Translation, als problematisch erweisen können, da sie das Auffinden von „Äquivalenten" erschweren können.[79] Nach Vermeer müssen

für eine konfrontative interkulturelle Beschreibung von Emotivitäten [...] der Emotivitätsgrad und sein Ausdruck [...] zunächst interkulturell festgestellt werden; ansonsten kann es geschehen, daß eine Verfälschung durch Translation und Bewertung aufgrund der jeweiligen Heterokultur eintritt[80].

Führt man den oben dargelegten Gedanken weiter, dass die Kompetenz „zwischen den Kulturen" erst aus dem zweifachen intrakulturellen Wissen (in Ausgangs- und Zielkultur) erwächst, dann wäre die Darstellung Vermeers um den Aspekt der intrakulturellen Feststellung zu ergänzen: Nur wenn sich der Dolmetscher den durchschnittlichen Grad an Emotivität seiner Mutterkultur bewusst macht, die „normale", übliche emotionale Prägung der Fremdkultur kennt und entsprechende Emotionsäußerungen erkennt, kann er eine emotional geprägte Situation als solche wahrnehmen und angemessen damit umgehen.

Auch Göhrings Definition von Kultur und seine Beschreibung dessen, wie sich das Verhältnis zwischen dem Dolmetscher und den Kulturen, zwischen denen er vermittelt, im Idealfall gestalten sollte, betont die Bedeutung der emotionalen Kompetenz als Element translatorischer Kulturkompetenz:
- der Dolmetscher soll nicht nur über Wissen zu Ausgangskultur und Zielkultur(en) verfügen, sondern auch in der Lage sein, Dinge nachzuvollziehen (Göhring spricht von „empfinden"[81]);
- der Dolmetscher soll mit den sozialen Normen und Erwartungen der Kulturen, zwischen denen er mittelt, vertraut sein (nach Göhring soll dieses Wissen den Dolmetscher befähigen, das Rollenverhalten von Einheimischen – sei es erwartungskonform oder abweichend – zu

---

79 Vgl. Vermeer 1985: 479 f., Hervorhebung im Original.
80 Vermeer 1985: 480.
81 Vgl. die Definition von Göhring unter 2.2.2. Bei diesem „Empfinden" geht es allerdings um das Kennen und Verstehen von emotional geprägten Situationen in der Sekundärkultur und nicht um ein Mitempfinden im Sinne des Mit(er)leidens. Letzteres ist für eine funktionsgerechte Verdolmetschung nicht erforderlich. Vgl. Löwe (2010). Vermeer (2006: 159) schwächt das Empfinden-Können ebenfalls ab: „Die eigene kon- und denotative Überformung dürfte ein holistisches Einleben (Eintauchen) in fremde Konnotationen geradezu unmöglich machen. Es würden sowieso allemal andere."

beurteilen) und auch die aus einem nichtkonformen Verhalten resultierenden Konsequenzen kennen;
- der Dolmetscher soll sein eigenes Verhalten danach ausrichten (Göhring gibt zu bedenken, dass Konsequenzen, eventuell Sanktionen drohen).

Worin besteht nun diese emotionale Kompetenz als Komponente der translatorischen Kulturkompetenz? Zum einen geht es darum, die oben erwähnten Darstellungsregeln zu kennen. Sie gehören zu den sozialen Normen und somit zu den expliziten und impliziten sozialen Regeln, die vorschreiben, wie sich die Mitglieder einer Gruppe verhalten sollen, um den Erwartungen der anderen Gruppenmitglieder zu entsprechen.[82] Dabei kann es sich um grobe Richtlinien handeln, aber auch um spezifische Verhaltensstandards. Für die Zugehörigkeit zu einer Gruppe ist es entscheidend, sich an diese Normen anzupassen, indem man einerseits dieselbe Verhaltensweise zeigt wie die anderen Gruppenmitglieder (Uniformität bestimmter Verhaltensweisen) und andererseits die negativen Konsequenzen kennt, die aus der Missachtung von Normen resultieren.

Normen bilden Werte ab, die in unterschiedlichen Kulturen nicht zwangsläufig gleich gewichtet sein müssen. Für den Dolmetscher bedeutet dies, dass er mit dem fremden Wertesystem vertraut sein und sich der Tatsache bewusst sein muss, dass es sich dabei um kontext-, kultur- und zeitabhängige Parameter handelt:

Суждениям и действиям в „чужом" стане должна предшествовать информация (знания) о морально-этических и культурных правилах этого стана, их корнях, этнокультурных отличиях и о последствиях их игнорирования для успешной коммуникации.[83]

Zur Verdeutlichung stellt Šachovskij die Semantik des Lächelns bei Amerikanern und Russen einander gegenüber: Während das Lächeln im russischen Kontext Ausdruck echter Freude sei, signalisiere es bei Amerikanern in erster Linie Höflichkeit gegenüber dem Kommunikationspartner.[84]

---

82 Zu den folgenden Ausführungen vgl. Zimbardo/Gerrig 2008: 673 ff. Zum Einfluss von Normen auf die Verwendung von Emotionswörtern in einer Kommunikationssituation vgl. Šachovskij 2008: 148 f.
83 Šachovskij 2008: 290.
84 Šachovskij 2008: 291. Weitere Beispiele des Autors für „typisch amerikanisches" Verhalten sind die häufig genannte (vermeintliche) expressive Offenheit oder der (nach europäischem Empfinden) demonstrativ zur Schau gestellte Optimismus. Vgl. Kutz 2002b: 149.

2 Emotionen in der deutschen und in der russischen Kultur

2.1 Emotionsausdruck als Komponente von Nationalcharakter und Mentalität

Die Art und Weise, wie Emotionen geäußert werden, kann als Bestandteil des Nationalcharakters oder der Mentalität (der Deutschen, der Russen, ...) betrachtet werden, denn nach Raulff umschreiben Mentalitäten „kognitive, ethische *und* affektive Dispositionen"[85]. Wenn es darum geht, die Mentalität eines Volkes oder der Menschen eines bestimmten Kulturraums zu beschreiben, wird der Emotionsausdruck oft als Kriterium oder Beleg für typische Handlungsweisen oder Denkmuster herangezogen.

Phänomene wie *Nationalcharakter/Volkscharakter, Mentalität, historische Denkmuster* oder auch Redeweisen wie „typisch deutsch" (russisch, japanisch, ...) sind Gegenstand unzähliger wissenschaftlicher Betrachtungen, deren große Bandbreite an Ansätzen und Aussagen in dieser Arbeit zwangsläufig nicht abgebildet werden kann.[86] Aus diesem Grund seien hier nur die folgenden zwei Begriffsbestimmungen herausgegriffen:

Unter dem Begriff „Nationalcharakter" werden gemeinhin jene historisch gewachsenen individuellen Persönlichkeitsstrukturen verstanden, die bei

---

85 Raulff 1987: 10, Hervorhebung im Original.
86 Zum russischen Nationalcharakter aus russischer Sicht vgl. Lewada 1993 sowie Kočetkov 2002: 15. Der Autor verweist besonders auf Kas'janova (1994), die erste empirische Untersuchung des russischen Nationalcharakters. Autoren, die das Thema aus deutscher Perspektive beleuchten: Baumgart/Jänecke (2000), Smith (1976).
Zum deutschen Nationalcharakter aus deutscher Sicht vgl. Goethes Charakteristik der Deutschen, aufgenommen u. a. von Demandt 2008: 471 ff.; Publikationen und Reden von Thomas Mann zum Thema Deutschland und die Deutschen; Hellpach (1954), dessen Konzept auf der Intuition und den eigenen Überzeugungen des Autors beruht; Hofstätter (1980); Szarota (1998); Bausinger (2005).
Zum deutschen Nationalcharakter aus russischer Sicht ebenfalls Kočetkov 2002: 16 und 42 ff.; zum Deutschlandbild in der Welt z. B. Blau/Selene (2007).
Zur Spiegelung des deutsch-russischen Verhältnisses vgl. die Arbeiten von Lev Kopelev im Rahmen des Wuppertaler Projekts zur Erforschung der Geschichte Deutsch-Russischer Fremdbilder.

den Mitgliedern einer Nation besonders häufig auftreten und eine Determinante des Sozialverhaltens darstellen.[87]

Im Unterschied zum eher statisch verstandenen *Nationalcharakter*, der beschreibt, wie Menschen sind, bezieht sich der Begriff *Mentalität* stärker auf die Art und Weise, wie Menschen handeln:

Historische Mentalität ist das Ensemble der Weisen und Inhalte des Denkens und Empfindens, das für ein bestimmtes Kollektiv in einer bestimmten Zeit prägend ist. Mentalität manifestiert sich in Handlungen.[88]

Wenn man bedenkt, dass Nationalcharakter, Mentalität und typische Denkmuster im Zusammenhang mit einer Vielzahl von Faktoren stehen, zu denen die natürlichen Gegebenheiten wie geografische Lage, Ausdehnung und Klima ebenso gehören wie die staatlich-historische und die geistesgeschichtliche Entwicklung, die Religion, das Selbstverständnis eines Landes und sein Verhältnis zu anderen Ländern,[89] wird auch klar, welcher Interpretationsspielraum sich hier bietet, zumal die Betrachtungsweise der Phänomene *Nationalcharakter* oder *Mentalität* darüber hinaus zeitgeschichtlichen und politischen Stimmungslagen unterworfen ist.[90] Ein Beispiel aus der russischen Literatur zur

---

87 Lexikoneintrag des Omnia-Verlags. Dort heißt es weiter, in Bezug auf Deutschland gelte der Begriff *Nationalcharakter* allerdings heute weitgehend als diskreditiert. Die Mehrzahl der Sozialwissenschaftler betrachte es als unseriös, einzelne Bevölkerungsgruppen zu stereotypisieren und individualpsychologische Modelle auf ganze Gesellschaften anzuwenden; statt dessen unterscheide man eher nach soziokulturellen und lebensweltlichen Milieus. Die spezifisch deutsche Zurückhaltung bei der Verwendung des Begriffs hängt demnach auch mit dem Missbrauch des Begriffs in der Zeit des Nationalsozialismus zusammen.
Kočetkov (2002: 16) definiert: „Собственно под **национальным характером** (по определению Ю. В. Бромлея) понимаются *специфические для данной этнической общности социально-психологические черты.*" und grenzt den Begriff der *Mentalität* folgendermaßen ab: „[...] понятие **менталитета**, отражающее *своеобразие видения окружающего мира и специфику реагирования на него, детерминирующиеся экономическими и политическими условиями в историческом аспекте.*" (Hervorhebung im Original).

88 Dinzelbacher 2008: XXIV. Nünning (2005: 150) differenziert über die bewusst wahrgenommenen Konzepte und Ideen hinaus und sieht Mentalität als „komplexes Phänomen, das sowohl Konzepte und Ideen als auch unbewußte Motive umfaßt".

89 Vgl. Löwe (2008/2009) sowie Baumgart/Jänecke 2000: 50 ff.
Ausführliche Darstellung der Einflussfaktoren bei Gruševickaja et al. 2003: 284 ff.

90 In der Sowjetunion war das Thema des *национальный характер* beispielsweise tabu, zielte doch die kommunistische Ideologie darauf ab, ein homogenes Sowjetvolk zu schaffen, in dem nationale Besonderheiten von Russen, Weißrussen, Ukrainern, Tataren usw. aufgingen. Vgl. dazu die Schilderung der psychologischen Besonderheiten des Sowjetmenschen und analog dazu die Charakteristik der „neuen Russen" bei Kočetkov 2002: 98 ff. bzw. 105 ff., ebenso die Ergebnisse der Umfrage „Der Sowjetmensch" aus dem Jahr 1989 in der Analyse durch Juri Lewada.

interkulturellen Kommunikation soll die Differenzen in der west-östlichen Wahrnehmung verdeutlichen. So lautet eine Aussage Kočetkovs, kennzeichnend für die russische Mentalität seien Offenheit, Assimilationsbereitschaft und Empfänglichkeit für äußere Einflüsse, die Russen zwängen niemandem ihre Ansichten auf und diese Haltung sei in der unendlichen Weite des russischen Raums begründet.[91] Während der erste Teil der Aussage kein besonderes Reibungspotenzial bietet, enthält der zweite deutlich mehr Brisanz und dürfte bei dem einen oder anderen deutschen bzw. westlich enkulturierten und politisch geprägten Rezipienten auf spontanen Widerspruch stoßen. Eine solche vielleicht unreflektierte (emotionale) Reaktion entspricht einem der (deutschen) Geschichtsbilder über Russland, die Barbara Löwe als Teilelemente von Mentalität beispielhaft für den deutschen Blick auf das Land und seine Bevölkerung anführt:

- Russlands Abwehr ist stets Expansion, zumal nach Westen.
- Russlands Expansion ist eine Gefahr für den Westen.
- Russlands Expansion bedeutet Unterdrückung und Russifizierung.[92]

Nach Löwe kann die rationale Seite von Geschichtsbildern (und Mentalität) gelehrt und gelernt werden, wohingegen die emotionale Seite sich zwar dem Lehren und Erlernen entzieht, zumindest aber benannt und nachvollzogen werden sollte.[93] Dieser Ansatz ließe sich ebenfalls auf die dritte Aussage Kočetkovs

---

Bei Hellpach (1954: 171 ff.), der Schaffensdrang, Gründlichkeit, Ordnungsliebe, Formabneigung, Eigensinn und Schwärmseligkeit als „Partialkonstanten des deutschen Nationalcharakters" anführt und beschreibt, lassen sich der Geist der Zeit und die damals herrschenden Umstände anhand der behandelten Themen und ihrer sprachlichen Verarbeitung eindrucksvoll ablesen. Zum Unterschied zwischen „Volksgehorsam" und „slawischem Gehorsam" heißt es dort (Hellpach 1954: 192): „Unser preußisch=deutscher Gehorsam hat aber seine produktive Stärke gerade darin, daß er die innerliche Anerkennung des Befehls einschließt, er ist ausgewogen zweiseitig, Anordnung und Vollzug sind in ihm einander ‚adäquat'. Er ist, anders gesagt, ‚vollzugswillig', ja er ist voller Eifer, das Angeordnete möglichst genau und möglichst vortrefflich auszuführen." 50 Jahre später lautet ein Kommentar zum selben Thema (Vates 2005): „Soldaten müssen gehorchen. Ohne dieses Prinzip funktioniert keine Armee. [...] Dennoch gilt in der Bundeswehr nicht der bedingungslose Gehorsam. Soldaten sollen Staatsbürger in Uniform sein, also nicht nur einsatzbereit, sondern auch freie und verantwortungsbewusste Persönlichkeiten. "

91 Kočetkov 2002: 344. Das Thema der kulturspezifischen Raumvorstellungen und das Faktorenpaar *Raum – Enge* taucht auch bei Bausinger (2005: 49) auf, hier in Bezug auf das „typisch Deutsche": „‚Eng und wohl ist besser als weit und wehe', lautet ein früher oft gebrauchtes Sprichwort. Bis zu einem gewissen Grad läßt sich das, was auf den Nenner der Enge gebracht wird, aus den politischen Bedingungen erklären, die über eine sehr lange Zeitstrecke fast nur kleinräumige Erfahrungen zuließen."

92 Löwe 2010: 85.
93 Vgl. Löwe 2010: 90.

anwenden, zumal dieses Argument gerade in der Diskussion über Russlands Modernisierungsrückstand gegenüber dem Westen immer wieder auftaucht.

Beschreibt man Elemente eines Nationalcharakters oder einer Mentalität, läuft man folglich stets Gefahr, die Dinge subjektiv darzustellen, sie zu vereinfachen oder zu verallgemeinern und Klischeebildung[94] zu betreiben: Auf der Basis allgemeiner Vorstellungen über die Lebens- und Denkweisen von Angehörigen einer anderen Kultur entstehen simplifizierte mentale Repräsentationen verschiedener Kategorien von Menschen, wobei die Aspekte, in denen diese sich ähneln, überbetont und vorhandene Unterschiede negiert werden.[95] Das Resultat ist eine Typisierung des Fremden, die wiederum dem so Urteilenden Entlastung bietet, denn er meint nun, das Fremde verstanden zu haben, obwohl er ihm im Grunde nur einen Namen gegeben hat.[96] Beispielhaft für fest verwurzelte, letztlich in ihrer Pauschalität jedoch nicht zutreffende (westliche) Vorstellungen über bestimmte Phänomene der russischen Kultur nennt Jekatherina Lebedewa das Stereotyp der prinzipiellen Körperfeindlichkeit, das sie anhand von Belegen sowohl aus vorrevolutionärer als auch aus sowjetischer und postsowjetischer Zeit auflöst, wobei sie auf die duale Struktur der russischen Kulturdynamik mit ihrem Nebeneinander von heidnischen und christlichen Bräuchen und deren Ausprägung in der *hohen Kultur* bzw. der *Volkskultur* verweist.[97]

Für das Gelingen von interkultureller Kommunikation ist jedoch nach Göhring, Vermeer und anderen genau das Gegenteil erforderlich: eine translatorische Kulturkompetenz, die sich zusammensetzt aus dem aktiven Wissen des Dolmetschers über das Denken, Verhalten und Handeln in einer fremden Kultur, der bewussten Wahrnehmung der eigenen kulturellen Geprägtheit (sowie des daraus resultierenden Denkens, Verhaltens und Handelns) und der Fähigkeit, diese beiden Komponenten zueinander in Beziehung zu setzen und

---

94 Zum Begriff des Stereotyps und des Klischees, die vielfach synonym verwendet werden, sowie des Vorurteils vgl. die ausführliche Darstellung bei Dabrowska 1999: 53 ff., Jost 2007: 199 ff. sowie Aleida Assmann 2012: 1 ff. Assmann verweist in diesem Zusammenhang darauf, dass Stereotype dem Individuum helfen, Sinneswahrnehmungen zu ordnen, und ihm damit jene Orientierung liefern, die es braucht, um in der Gesellschaft zu überleben.

95 Vgl. Sadochin 2004: 203. Das Schema, nur manche Eigenarten als typisch zu erleben, andere hingegen zu unterschlagen, gilt offenbar auch für die Entwicklung eines Selbstbildes: „So entsteht ein einfaches, klar strukturiertes System von Vorstellungen [...]. Seine Existenz gibt jedem einzelnen die Möglichkeit, sich mit der vorgestellten Nation in eine definierte Beziehung zu bringen, [...]". Kleining 1963: 49.

96 Vgl. Bausinger 2005: 25.

97 Vgl. Lebedewa 2008: 93 ff.

einen Perspektivenwechsel zu vollziehen, wobei das eigene Referenz- und Wertesystem nicht absolut gesetzt, sondern relativierend betrachtet wird. Und auch wenn das Wissen über die fremde Kultur potenziell unendlich ist und man weiß, dass der Dolmetscher es nicht zu 100 Prozent beherrscht, ist davon auszugehen, dass die oben beschriebenen prozessorientierten Fähigkeiten (Perspektivenwechsel und Perspektivenübernahme, Koordinierung unterschiedlicher Sichtweisen, Wertvorstellungen und Mentalitäten) ihn in die Lage versetzen, entsprechend differenzierte Schlussfolgerungen für das eigene sprachmittlerische Handeln zu ziehen.

Zu dem relevanten kulturellen Wissen gehört die Kenntnis der gängigen Klischees, Vorurteile und Stereotype sowohl der eigenen als auch der fremden Kultur und Reflexionen darüber, denn dieses Wissen macht sensibel für interkulturelle Problemfelder und schützt vor translatorischem Fehlverhalten, Missverständnissen[98], Fettnäpfchen etc. Für Antor ist *Stereotypenkompetenz* als die Fähigkeit, starre Denkmuster zu erkennen, mit deren Hilfe sich die Menschen in der Welt einrichten, sie ordnen und verstehen, eine Teilkompetenz von interkultureller Kompetenz, denn

(n)ur, wer die eigenen Auto- und Heterostereotypen sowie die des Anderen kennt und um die epistemologischen Funktionen solcher Denkformen weiß, kann sie im Sinne eines interkulturellen Dialoges nutzbar machen und vermeiden, dass [...] Interkulturalität zum Konflikt gerät[99].

Die Aussage der Politologin Claire-Lise Buis lässt sich ohne Weiteres vom politischen Kontext auf Situationen übertragen, in denen interkulturelle Kommunikation stattfindet, somit auch auf Dolmetschsituationen:

Gegenseitige Wahrnehmungen sollten jedenfalls ernstgenommen werden. Ob sie den Fakten entsprechen oder nicht, sie sind Teil der politischen Realität. Sie müssen berücksichtigt und, wenn nötig, dekonstruiert werden. Nur so fördert man Verständigung statt Vorurteil, Kooperation statt Konfrontation.[100]

---

98 Zu interkulturell bedingten Missverständnissen, ihren Quellen und Folgen vgl. Kutz 2002b: 131 ff.
99 Antor 2006: 38.
100 Buis im Deutschlandradio Kultur, 15.07.2010.

Vor diesem Hintergrund werden nachfolgend die landläufigen Vorstellungen über „die Deutschen" bzw. „die Russen" und deren typische emotionale Reaktionsmuster dargestellt. Dabei geht es um drei Formen von Wahrnehmung, die einander teilweise überlagern: erstens um die Fremdwahrnehmung, zweitens um die Eigenwahrnehmung der Angehörigen beider Gruppen und drittens um das Metabild, d. h. die Spekulationen der Angehörigen von Gruppe A über das Bild, das die Angehörigen der Gruppe B sich von Gruppe A machen.[101]

2.2 Eigen- und Fremdwahrnehmung im deutsch-russischen und russisch-deutschen Verhältnis

Die Versuche, das (russische) Fremde vor dem Hintergrund des (deutschen) Vertrauten, Eigenen zu beschreiben und es damit den eigenen Landsleuten nahe zu bringen, reichen bis ins 16. Jahrhundert zurück, als Siegmund Freiherr von Herberstein in den „Rerum Moscoviticarum Commentarii" seine Beobachtungen und Eindrücke von verschiedenen Russlandreisen publizierte. Seither sind das Verhältnis zwischen Deutschen und Russen sowie ihre gegenseitigen Wahrnehmungen und Bewertungen unter unterschiedlichen Gesichtspunkten untersucht und beschrieben worden, beispielsweise in den „West-Östlichen Spiegelungen", einem 1982 von Lew Kopelew initiierten und von Karl Eimermacher fortgeführten Projekt zur Erforschung deutsch-russischer und russisch-deutscher Fremdenbilder. Auf russischer Seite setzten sich diverse Publikationen unter der Überschrift „Rossija i zapad" mit der Problematik auseinander.

Die Ursprünge für die deutsch-russischen bzw. westeuropäisch-russischen Unterschiede bei der Betrachtung des Kulturbegriffs, der im russischen Kontext nicht nur die verschiedenen Kulturschichten umfasst, sondern auch „teilweise extrem unterschiedliche, ja sogar gegensätzliche Kultur*auffassungen*"[102] widerspiegelt, sieht Lebedewa in den seit jeher desynchron ablaufenden Modernisierungsprozessen in Russland. Diese beschränkten sich (und beschränken sich nach wie vor) in erster Linie auf den wissenschaftlich-technischen

---

101 Gruševickaja et al. (2003: 303) verweisen auf die in vielen Kulturen gängige Bildung von Auto- und Heterostereotypen durch Sprichwörter oder Witze: „у немца на все струмент есть' (предприимчивость)". Zur Herausbildung von Selbstbildern und Fremdbildern und deren Wandel vgl. Baberowski et al. 2008: 8 ff.
102 Vgl. Lebedewa 2010: 33, Hervorhebung d. Verf.

Bereich, während für eine umfassende Transformation der Gesellschaft auch politische und soziale Reformen erforderlich wären. Der daraus resultierende Antagonismus zwischen *Kultur* und *Macht, Geist* und *Staat, geistiger Kultur* und *materieller Zivilisation* prägt die russische Gesellschaft bis in unsere Tage, wirkt sich auf die Begrifflichkeiten aus und stellt nicht zuletzt Translatoren, die durch ein anderes Kultursystem geprägt wurden und ein anderes Verständnis dieser Begrifflichkeiten entwickelt haben, vor Herausforderungen. Lebedewa betont die Wirkungsmacht der orthodoxen Kirche und ihres Sitten- und Moralkodexes und verdeutlicht am Kulturkontext des Körpers (Distanzverhalten, Einstellung zum eigenen Körper und zur Sexualität) die „für das russische Kultursystem charakteristische gewaltige Differenz zwischen der offiziellen *hohen Kultur* (die von Kirche und Staat ausgeht) und der Alltags- und Volkskultur"[103].

Den Praxisbezug akademischer Erkenntnisse belegt u. a. eine Ausarbeitung der Arbeitsgruppe Personalfragen im Komitee für Unternehmenspraxis des Verbands der Deutschen Wirtschaft in der Russischen Föderation aus dem Jahr 1999, die den zentralen Stellenwert der interkulturellen Kompetenz, der Kenntnis von Wertesystemen und Erwartungsmustern für das Gelingen von Kommunikation im weitesten Sinne – hier in Bezug auf erfolgreiche Geschäftsabschlüsse – widerspiegelt:

Interkulturelle Kompetenz wird zu einem Wirtschaftsfaktor, interkulturelle Inkompetenz bringt geschäftliche Verluste und zerstört Vertrauen. [...] Als Konsequenz daraus ist interkulturelle Kompetenz nicht nur eine Angelegenheit der Expatriates[104], sondern immer auch Bestandteil ganzheitlicher Unternehmensführung und -politik.[105]

Das Bild, das Russen und Deutsche gemeinhin voneinander haben, fasst Hannelore Schmidt in der folgenden Tabelle unter dem Stichwort „Ausgewählte Kulturstandards" zusammen:[106]

---

103 Lebedewa 2010: 38, Hervorhebung im Original. Vgl. Lebedewa 2006: 69 ff.

104 Ein *Expatriate* oder *Expat* ist in diesem Zusammenhang ein Mitarbeiter einer international tätigen Firma oder eines Unternehmens, der für einen bestimmten Zeitraum an eine ausländische Niederlassung entsandt wird.

105 Schmidt 1999: 14 f. Dr. Hannelore Schmidt von ITMO (Interkulturelles Training und Managementberatung für Osteuropa) arbeitet als Beraterin für deutsch-russische Wirtschafts- und Geschäftsbeziehungen. Vgl. http://www.itmo-info.com/de [03.08.2015].

106 Schmidt 1999: 14. Diese Aussage korreliert mit der „Charakteristik des ‚russischen Verhandlungs-

Normen und Werte	Rußland	Deutschland
Regeln	niedriger Grad an verbindlichen Regeln	hoher Grad an verbindlichen Regeln
Individualismus versus Kollektivismus	Dominanz des Kollektivs, „Wir"-Begriff, Bedeutung von Beziehungen	Dominanz des Individuums, „Ich"-Begriff
Verhalten	stärker emotional	stärker rational
Status definiert durch	Alter, Position, Bildung	Fähigkeit, Leistung, Bildung
Prestige, Erfolg	gruppengebunden	individuell, materiell
Umgang mit der Zeit	polychron, Pünktlichkeit ist relativer Wert	monochron, Pünktlichkeit ist absoluter Wert
Konflikte	sind zu vermeiden	sind Chance zur Veränderung
Entscheidungsfindung und Entscheidungen	nach Majoritäts- oder Senioritätsprinzip	durch Konsensbildung
Macht	wird nahezu bedingungslos akzeptiert, dominiert, hohe Abhängigkeiten	wird hinterfragt, muß sich legitimieren, geringere Abhängigkeiten
Produkte	müssen funktionsgerecht und robust sein	entsprechen anspruchsvollen Standards

2.2.1 Emotionalität und Emotionsausdruck als Bestandteil des deutschen Nationalcharakters: Einzelaspekte

2.2.1.1 Typisch deutsche Eigenschaften und Formen der Emotionalität aus deutscher Sicht

Die Zahl der Veröffentlichungen zur Frage „Was ist typisch deutsch?" spiegelt das breite Spektrum der Ansätze wider, die von der soziologischen Erforschung über populärwissenschaftliche Beschreibungsversuche bis hin zur satirisch-verzerrenden Beleuchtung reichen. Einige von ihnen, die u. a. die historische Relevanz der Fragestellung verdeutlichen, seien beispielhaft herausgegriffen.

Gerhard Kleining untersuchte 1963 in qualitativen Interviews die Vorstellungen, die die modernen Deutschen von sich selbst und von sich als Volk besitzen. Seine Analyse zeichnet das sattsam bekannte Bild von den Deutschen (ordentlich, korrekt, fleißig usw.), beleuchtet aber auch die Kehrseite der deutschen Energie („zielstrebig, gebündelt, effektiv, aber fatal zur Maßlosigkeit neigend")[107] und mündet in der Feststellung: „Das Gute, die Korrektheit beim

---

typs'" bei Baumgart/Jänecke 2000: 136 f.
Zur kulturspezifischen Verwendungsweise von Sprache vgl. Hall (1976). Hall unterscheidet bei der Übermittlung von Informationen zwischen kontextgebundenen und kontextungebundenen Kulturen. In „high context"-Kulturen, zu denen Hall auch Russland zählt, entsteht Bedeutung in

Umgang mit Menschen, wird durch Übertreibung schlecht."[108] Die Kehrseite von Autoritätshörigkeit und Machtstreben sei die deutsche „Innerlichkeit", sich manifestierend in Sentimentalität und Gefühligkeit, Sensibilität und Gemütlichkeit, mündend in den „Drang zum Jenseitigen, zum Endlosen"[109]. Sein Fazit für die 1960er Jahre lautet: Das nationale Selbstbild ist im Wandel begriffen; der Deutsche der Gegenwart verortet sich zwischen dem „typischen" Deutschen der Vergangenheit und dem „idealen" Deutschen der Zukunft.

Knapp vierzig Jahre später sehen nach einer Umfrage des Instituts für Demoskopie Allensbach die Deutschen ihre Fähigkeiten in erster Linie im Arbeiten und Organisieren, haben aber als weitere Begabung die Freude am Feiern entdeckt.[110] Sind sie also emotionaler geworden? Leider ist eine differenzierte Bewertung dieser „Fähigkeit" nicht möglich, weil Angaben fehlen, um welche Form des Feierns es sich hier handelt: Ballermann auf Mallorca? Multikultistadtteilfeste? Abiturbälle? Rheinische Karnevalssitzungen?

Rainer Fabian, ebenfalls Soziologe, verweist darauf, dass „mit dem zunehmenden Individualisierungsprozeß und der Pluralisierung von Lebensformen in modernen Gesellschaften [...] die klassische Kategorie des Volkscharakters endgültig ihre Definitionskraft für soziale Großgruppen von dem Ausmaß ganzer Gesellschaften (verliert)"[111] und richtet seinen Blick daher auf die Diskurse, die in Deutschland zurzeit vorrangig über die Deutschen geführt werden. Neben dem Thema Zuwanderung geht es um das Verhältnis der Deutschen zur Demokratie und zur nationalsozialistischen Vergangenheit, denn „(d)as sind die zentralen Fragen, auf die unsere Nachbarländer eine Antwort erwarten, wenn wir über Deutschland reden"[112]. Christoph Stölzl sieht als Historiker die Kriterien zur Unterscheidung zwischen den Deutschen und ihren europäischen Nachbarn ebenfalls nicht mehr im Volkscharakter:

---

der Kommunikation maßgeblich durch den Kontext des Gesprächs und die Beziehung der Sprecher untereinander und weniger durch sprachliche Mittel. Kontextfaktoren wie Gesichtsausdruck oder die Umstände der Begegnung sowie Anspielungen stellen wichtige Informationsträger dar. In so genannten „low-context"-Kulturen wie zum Beispiel Deutschland wird hingegen ein Großteil der Information verbal vermittelt und nicht über den situativen Kontext. Der sprachliche Ausdruck ist entsprechend direkt und expressiv, nonverbale Kommunikationsformen sind weniger stark ausgeprägt. Vgl. Sadochin 2004: 82 ff.; Erll/Gymnich 2007: 41 f.

107 Kleining 1963: 51.
108 Kleining 1963: 51.
109 Kleining 1963: 52.
110 Institut für Demoskopie Allensbach 2001: 1.
111 Fabian 2001: 307.
112 Fabian 2001: 308.

Die heutigen Deutschen sind in den Tiefschichten ihrer nationalen Mentalität ihren europäischen Nachbarn zum Verwechseln ähnlich. [...] Was an national Eigentümlichem noch übrig ist, das schleift das große Mahlwerk der Globalisierung ab.[113]

Für Thomas Baumann sind die Deutschen angeblich „gründlich, diszipliniert, ordentlich, fleißig, pünktlich, perfektionistisch, gewissenhaft, autoritätshörig, pflichtbewusst, ernst, kleinlich"[114], aber

[...] wenn unser Fleiß so berauschend wäre, wie es das Klischee aus dem Preußen des 19. Jahrhunderts immer noch daherleiert, hätten uns in vielen Wirtschaftsfeldern nicht die Asiaten von der Strecke geschubst[115].

Angesichts der Widersprüche in den Aussagen zur deutschen Mentalität fällt ein Resümee schwer. Was bleibt, ist der Eindruck von Ambivalenz, des Irrlichterns zwischen Jammermentalität und Weltoffenheit, zwischen German Angst und Gelassenheit, zwischen Pragmatismus und Stolz auf das Erreichte, einhergehend mit einem immer noch typisch deutschen – zurückhaltenden, gebremsten, bisweilen auch unterdrückten – Emotionsausdruck.

2.2.1.2 Typisch deutsche Eigenschaften und Formen der Emotionalität aus russischer Sicht

Nach Baumgart/Jänecke ist der typische Deutsche in den Augen der Russen vor allem genau (bis pedantisch), geschäftstüchtig (bis geizig), aber auch zuverlässig, ehrlich, arbeitsam und engagiert und im persönlichen Kontakt reserviert (bis verschlossen). Besonders negativ bewertet wird der ständige Drang nach Überlegenheit der Deutschen.[116] Der Eindruck der Reserviertheit korreliert mit dem oben beschriebenen „stärker rationalen" Verhalten.

---

113 Stölzl (2005).
114 Baumann 2007: 17, 19 ff.
115 Baumann 2007: 20. Vgl. auch Matussek (2006).
116 Baumgart/Jänecke 2000: 92, ebenso Kočetkov (2002: 366), der angesichts des deutschen Wohlstands das Unverständnis vieler Russen über die Nachkriegsentwicklung so formuliert: „У русских часто возникает недоуменный вопрос: кто кого победил? Почему мы, победители, живем несравненно хуже в материальном плане, чем побежденные?"

2.2.2 Emotionalität und Emotionsausdruck als Bestandteil des russischen Nationalcharakters: Einzelaspekte

2.2.2.1 Typisch russische Eigenschaften und Formen der Emotionalität aus russischer Sicht

Die generelle Aussage, das Verhalten der Menschen in Russland sei „stärker emotional", das der Menschen in Deutschland „stärker rational" geprägt, findet eine Bestätigung durch den russischen Philosophen und Publizisten Nikolaj Berdjajev, der vom Kontrastreichtum (контрастность) im Verhalten der Russen spricht und ihnen attestiert, sie würden von einem Extrem ins andere verfallen.[117]

Ksenija Kas'janova hat 1994 auf der Grundlage des Persönlichkeitstests MMPI (Minnesota Multiphasic Personality Inventory)[118] die typischen Charakterzüge der Russen herausgearbeitet und bescheinigt ihren Landsleuten u. a. unzureichende emotionale Kompetenzen (эмоциональная невоспитанность) – hier seien Härte und Leidenschaft vorherrschend, bei den Deutschen hingegen Grundsätze und Ordnung:

Не мы владеем эмоциями, а эмоции владеют нами. В России жестокость – страсть и распущенность, но не принцип и не порядок. Иначе у немцев.[119]

---

117 Vgl. Baumgart/Jänecke 2000: 52. Kočetkov (2002: 91) argumentiert: „Д.С. Лихачев (1990) отметил важную черту русского национального характера – *доведение всего до границ возможного, тяга доходить до крайностей.*" (Hervorhebung im Original)
Dieser Hang zum Extremen findet sich auch in der Beschreibung des russischen Volkscharakters durch Nikolaj Losskij, zitiert in Litschev 2001: 89 ff. Dem vielbeschworenen Phänomen der „russischen Seele" als Teilaspekt der russischen Mentalität und der „Russischen Idee" als Grundmuster des nationalen Selbstverständnisses wird an dieser Stelle nicht nachgegangen. Vgl. dazu auch Litschev 2001: 26 ff.
118 Der MMPI gehört zu den meistbenutzten objektiven klinischen Persönlichkeitstests. Er umfasst in der aktuellen Version (MMPI-2) 567 Fragen, die mit Ja oder Nein beantwortet werden müssen. Die Fragen sind psychischen Störungen und klinischen Merkmalen zugeordnet, wie z. B. Depression, Hypochondrie, Hysterie, Paranoia. Zusätzlich wird ausgewertet, wie ehrlich die Antworten sind. Vgl. Hathaway et al. (2000).
119 Zit. nach Kočetkov 2002: 82. Das Thema „deutsche Ordnungsliebe" scheint unerschöpflich (vgl. u. a. Bausinger 2005: 78 ff.). Wladimir Kaminer (2011: 237), der die Dinge aus der besonderen Perspektive eines gebürtigen Russen mit etlichen Jahren Lebenserfahrung in Deutschland betrachtet, widerspricht allerdings dem gängigen Klischee der deutschen Ordnung mit einem Verweis auf Stefan Zweig: „Stefan Zweig hat in seinem letzten Buch ‚Die Welt von Gestern. Erinnerungen eines Europäers' zu den Deutschen angemerkt, sie können alles ertragen, Kriegsniederlagen, Armut und Not, aber keine Unordnung. Nicht die Kriegsniederlagen, die Inflation habe sie in die Verzweiflung getrieben und hitlerreif gemacht. Wegen der finanziellen Anarchie waren sie bereit, sich mit jedem Teufel zusammenzutun, der ihnen die Wiederherstellung von Ordnung versprach."

In der Validitätsskala Epilepsie bescheinigt Kas'janova dem russischen Nationalcharakter, er sei „kulturell epileptoid", und beschreibt die Hauptzüge dieses Charaktertyps wie folgt:

Главными чертами эпилептоидного характера является склонность к эмоциональной подавленности, расстройство сферы эмоций и тесно связанная с ними аффективная взрывчатость, [...], а также вязкость, тугоподвижность, тяжеловесность, инертность. Увлечения выражены ярко. Длительные дисфории отличают злобно-тоскливая окраска настроения, накипающее раздражение, поиск объекта, на котором можно сорвать зло. [...] Повод для срыва может быть случайным, сыграть роль последней капли. Аффекты не только очень сильны, но и продолжительны – эпилептоид долго не может остыть.[120]

Ihren sprachlichen Ausdruck findet die gesteigerte Emotionalität beispielsweise im Wortfeld „Heimat":

Русский язык неопровержимо свидетельствует о такой черте русского национального характера, как **патриотизм, любовь к родине**. *Он изобилует эмоционально окрашенными словами, обозначающими место рождения: родина, родная страна (сторона, сторонка), отечество, отчизна. Словосочетания защита родины/отечества, родина/отечество/отчизна в опасности устойчивы и регулярно воспроизводимы.*[121]

---

120 Zit. nach Kočetkov 2002: 82 f.
121 Kočetkov 2003: 349, Hervorhebung im Original. Zur Einstellung des Homo sovieticus gegenüber paternalistischem Staat und mütterlicher Heimat vgl. Lewada 1993: 18 ff. Zum Begriff der *Heimat* im Deutschen und der Wandlung der damit verbundenen Vorstellungen vgl. Bausinger 2005: 72 f. Unter der Überschrift „Vergangenheit ist keine Schwäche" formulierte der deutsch-irische Autor Hugo Hamilton (2005) seine Sicht der Deutschen und ihres Selbstbildes: „Voller Zorn auf das eigene Gemüt demontierten sie (die Deutschen) den Vaterlandsbegriff. [...] Der deutsche Romanautor Wilhelm Genazino nennt die deutsche Nachkriegsgesellschaft ‚ein Massengrab der Gefühle'. [...] ‚No direction home', sang Bob Dylan. Die Deutschen haben so viel in die Unterdrückung ihrer Gefühle investiert, dass ihnen jedes Heimatgefühl abhanden gekommen ist – all die unmesslichen Urtugenden wurden ausrangiert wie unzeitgemäßes Haushaltsgerät [...]" und weiter: „Die Deutschen sollten ihre neuentdeckte Weltoffenheit feiern. Der Schlüssel zum Verständnis unserer Identität in einer globalen Landschaft liegt in der Einsicht, dass unsere Heimat kein bloßer Punkt auf der Landkarte ist, sondern die Summe der kulturellen Erfahrungen, ein Ort in der Phantasie."

In einer repräsentativen Umfrage des russischen Soziologen Juri Lewada und seines Teams nannten Ende der 80er Jahre 53,4 % der befragten Russen „offen, einfach" als häufigste Eigenschaft für ihre Nationalität (zum Vergleich: nur 4,8 % sprachen den Engländern diese Eigenschaft zu und nur 1,6 % den Juden). Auf den Plätzen zwei bis vier rangierten „gastfreundlich" (45,8 % resp. 9,5 % und 4,7 %), „duldsam" (42,7 % bzw. 6,7 % und 7,2 %) sowie „friedliebend" und „hilfsbereit" mit je 42,3 %.[122] In einer Umfrage aus dem Jahr 1996, in der Einwohner von St. Petersburg nach den fünf zentralen Charakterzügen der Russen gefragt wurden, wurden zwar neben positiven auch negative Eigenschaften genannt, die jedoch zahlenmäßig weit unter den Nennungen der positiven Urteile lagen. Gruševickaja et al. werten diese Form der Selbstbeschreibung als indirekten Beleg für eine Art nationalen Minderwertigkeitskomplex.[123] Hermann Bausinger bestätigt, dass die Bemerkungen von Interviewten oft mehr über ihre eigene Denkweise und ihren kulturellen Hintergrund verraten als über die Dinge, nach denen sie eigentlich befragt worden waren.[124]

Eine kritisch-distanzierte, ironisch-satirisch gefärbte Sichtweise vertreten Schriftsteller wie Viktor Jerofejew und Oleg Jurjew. In einem Artikel zur Frankfurter Buchmesse 2003, auf der sich Russland als Gastland präsentierte, spielt Jerofejew gekonnt mit Auto- und Heterostereotypen. So beschreibt er nicht nur die vermeintlichen charakterlichen Besonderheiten seiner russischen Schriftstellerkollegen, sondern erweist sich auch als Kenner der deutschen Sichtweisen und Befindlichkeiten:

Das wichtigste Merkmal des Schriftstellers im heutigen Rußland ist seine Fähigkeit, Urteile abzugeben. Der russische Schriftsteller urteilt schnell über alles, und dies oft kompromißlos: Dieser Kellner erscheint ihm als schlecht und jener noch viel schlechter. Ebenso entschieden urteilt er über Minister oder Kollegen. Manchmal kommt er im Eifer des Gefechts plötzlich zu der Überzeugung, daß er das Anrecht auf die Wahrheit besitze. So daß also Leute nach Frankfurt reisen, die mindestens hundert Wahrheiten im Gepäck mitführen, vielleicht sogar noch mehr, denn der russische

---

122 Lewada 1993: 322. Lewadas Werk wurde ebenso wie die Bücher von Jerofejew und Jurjew ins Deutsche übersetzt; die Schreibweise ihrer Namen entspricht der in den deutschen Publikationen verwendeten.
123 Gruševickaja et al. 2003: 304.
124 Bausinger 2005: 24 und 26.

Schriftsteller hat bisweilen morgens die eine Vorstellung von der Wahrheit und abends eine andere. Und nachts eine dritte.

Ungeachtet der sich hartnäckig haltenden Illusion von der großen Entfernung zwischen unseren beiden Ländern dauert der Flug von Moskau nach Frankfurt lediglich drei Stunden. Außerdem hat die Aeroflot ihren Ruf verbessert und serviert anständig und ausreichend zu essen. [125]

Jurjew, 1959 im früheren Leningrad geboren und mittlerweile in Frankfurt am Main lebend, schreibt den Russen Eigenschaften zu, die den hierzulande gültigen Klischees (und im Übrigen auch der Einordnung Russlands in die Gruppe der kollektivistisch orientierten Gesellschaften, vgl. 2.2.4.1) zuwiderlaufen, und stellt auf diese Weise die Eigen- und Fremdwahrnehmung der West- und Mitteleuropäer in Frage:

Die Russen sind Individualisten. [...] Größere Individualisten, als die Russen von Natur aus sind, gibt es nicht. Deshalb waren die Machthabenden in Rußland, um ein staatliches und wirtschaftliches Leben zu ermöglichen, historisch gezwungen, das Individuum in kollektive Verhaltensmuster massiv zu zwingen. Im Westen ist diese Nötigung längst nicht mehr vonnöten: Dem kollektiven Menschen kann man die individuelle Freiheit des Denkens und Handelns geben – er wird sie nicht nehmen. [126]

Ähnlich verfährt Jurjew mit Charaktereigenschaften wie der „Friedfertigkeit" seiner Landsleute, ihrem „Hass" auf Spirituosen, der „Wehrlosigkeit" gegenüber Gedichten sowie der Toleranz gegenüber Andersgläubigen. Seine Bilanz im Blick auf die generell stark an der Rezeption russischer Literatur orientierte Wahrnehmung Russlands im Westen:

Eigentlich kann man den westlichen Feind- oder Freundbildern Rußlands so lange keine Vorwürfe machen, wie das russische Denken nicht so auf sich schauen wird, wie es alle anderen auch tun: nicht nur von außen, sondern überwiegend von innen, weniger vergleichend, mehr verstehend, nicht mit heiligem Zorn oder überschäumender Idealisierung, sondern

---

125 Jerofejew 2003.
126 Jurjew 2008: 7 f.

mit pragmatischer Selbstzufriedenheit und liebevoller Ironie. So ungefähr, wie die Franzosen ihre „Grande Nation" sehen.[127]

Die Parallele zur Arbeit des Dolmetschers drängt sich auf. Auch er sollte in der Lage sein, wechselnde Perspektiven einzunehmen und so die Welten (Weltanschauungen), mit denen er konfrontiert wird – die eigene, die des Auftraggebers und die des Zieltextrezipienten – zu erfassen, um sodann die gewonnenen Erkenntnisse nüchtern, aber mit Empathie in die Verdolmetschung einfließen zu lassen.

2.2.2.2 Typisch russische Eigenschaften und Formen der Emotionalität aus deutscher Sicht

Deutsche verbinden in der Regel mit Russland Eigenschaften wie Offenheit, Herzlichkeit und Wärme sowie Gastfreundschaft auf der positiven und Passivität, Maßlosigkeit und Faulheit auf der negativen Seite. Baumgart/Jänecke sprechen von „großen, ungebändigten Gefühlen" und beschreiben die Folgen für die Kommunikation mit Angehörigen anderer Kulturkreise:

Gefühle wie Freude, Trauer, Zustimmung oder Ablehnung werden offener und direkter gezeigt als in den meisten westeuropäischen Kulturen, was Ausländer nicht selten irritiert. Das Zeigen von Gefühlen in der Öffentlichkeit gilt nicht automatisch als Verstoß gegen die gesellschaftliche Etikette, man schämt sich ihrer nicht [...].[128]

Wie sich Selbstbild und Fremdwahrnehmung im außenpolitischen Bereich manifestieren und auswirken, beschreibt der Politikwissenschaftler Ulrich Roos anhand der deutschen Haltung gegenüber der Sowjetunion bzw. der Russischen Föderation für den Zeitraum von 1990 bis 2010. Handelte es sich zunächst um ein einseitiges deutsch-russisches Verhältnis „entlang des Kontinuums von Überlegenheit und Unterlegenheit beziehungsweise von Stärke und Schwäche"[129], veränderte sich die deutsche Russlandpolitik gegen Ende

---

127 Jurjew 2008: 53. Mir scheint im Übrigen, dass die Herangehensweise der Deutschen an ihr Selbstbild ebenfalls eine gute Portion dieser „pragmatischen Selbstzufriedenheit und liebevollen Ironie" vertragen könnte.

128 Baumgart/Jänecke 2000: 64. Die Gefahr der Fehleinschätzung beschreibt auch Kutz (2002b: 149): „Russen erscheinen Menschen aus Westeuropa oft finster, weil sie selten lächeln. [...] Der Ausländer trifft in Russland immer wieder auf vermeintliche Unhöflichkeit und Aggression."

129 Roos 2010: 191. Auch Christoph Schmidt (Herzberg/Schmidt 2007: 7) verweist auf die im Westen

der 1990er Jahre nicht zuletzt aufgrund der zunehmenden Bedeutung des östlichen Nachbarn für die Energieversorgung hin zu einer strategischen Partnerschaft. Wie unzureichend und undifferenziert das deutsche Russlandbild allerdings nach wie vor (oder wieder?) ist, belegen Aussagen von Fachleuten sowie Ergebnisse von Meinungsumfragen. Da ist von „enzyklopädischer Ignoranz" die Rede[130], von wiederauflebenden „alte(n) Feindbilder(n) und Klischees aus der Zeit des Kalten Krieges"[131] oder dem Eindruck, „dass die Deutschen die Menschen aus dem Ostblock für Vollidioten halten"[132].

2.3 Metabilder

Baumgart/Jänecke beschreiben zwei Wahrnehmungsschemata, die so kontrastreich sind, dass fraglich erscheint, ob angesichts dieser auseinanderdriftenden Wertungen erfolgreiche Kommunikation und geschäftliche Interaktion überhaupt möglich sein können. Die Deutschen sehen sich demnach in den Augen der Russen als hochmotiviertes, pflichtbewusstes, arbeitsames, wohlhabendes Volk mit bewundernswert hohem technischen Niveau und entsprechendem internationalen Ansehen; in den Augen der Russen wiederum halten die Deutschen Russland für ein rückständiges Land, in dem Korruption, Misswirtschaft und Vetternwirtschaft herrschen, in dem man auf Kolonisatorenart aber durchaus profitable Geschäfte machen kann.[133] Eine mangelhafte interkulturelle Kompetenz, die sich beispielsweise auch in der falschen Wahrnehmung von Reizthemen wie Zahlungsbedingungen oder Zuverlässigkeit bei der Lieferung manifestieren kann, sowie das uneinheitliche Emotionsniveau können sich in der Kommunikation zwischen russischen und deutschen (Gesprächs-/ Geschäfts-) Partnern nach Baumgart/Jänecke negativ auf das Verhandlungs-

---

lange Zeit übliche Herabsetzung und Abwertung Russlands: „Der eigene, zeit- wie ortsbedingte Standpunkt erklärt sich für absolut und schaut auf alles andere herab."

130 Schmid 2003.
131 Wehner 2007.
132 Kissina 2006. Die Auseinandersetzung um die Meinungshoheit in der Ukraine-Krise belegt eindrücklich die Komplexität dieser Frage und zeigt einmal mehr, dass gerade Kategorisierungen à la „Russlandversteher" und „Kalte Krieger" wenig hilfreich sind, wenn es darum geht, das Spektrum an Wissen und Meinungen über Russland zu erfassen und gegenseitiges Verständnis zu schaffen.
133 Vgl. Baumgart/Jänecke 2000: 92 ff.

klima auswirken. Die mögliche Folge sind Reaktionen, die von der – deutschen – Gegenseite als unhöflich oder aggressiv wahrgenommen werden.[134]

Bei Gruševickaja et al. gehen Heterostereotype und Metabilder ineinander über. Den (russischen) Autoren zufolge empfinden es die Deutschen generell als schwierig, das Verhalten der Russen rational nachzuvollziehen. Den Grund für diese Besonderheit sähen sie (die Deutschen) im starken Einfluss östlicher Kulturen, der großen Ausdehnung des Landes und dem Ausmaß seiner natürlichen Reichtümer sowie in den Traditionen des orthodoxen Christentums, das für Charakterzüge wie Fatalismus und übermäßige Duldsamkeit verantwortlich gemacht wird.[135] Die Sicht der Russen auf die Deutschen sei durch die langjährige Existenz zweier deutscher Staaten zweigeteilt; in den letzten Jahren hätten vor allem das Auftreten der neuen (neureichen) Russen im Westen sowie die Machenschaften der russischen Mafia das Bild von Russland geprägt und zur Bildung entsprechender Stereotype geführt.[136]

2.4 Pathos – eine kulturspezifische Sonderform von Emotionalität

2.4.1 Der Begriff des Pathos

Bei der Auseinandersetzung mit dem Kern des „typisch russischen überschwänglichen Verhaltens", das sich durch stärkeren emotionalen Ausdruck von „typisch deutschen" Verhaltensweisen abhebt, fällt häufig der Begriff des Pathos. In der Liste der Basisemotionen taucht er zwar nicht auf (vgl. Kap. 3.1.4), aber wer sich mit der Definitionsgeschichte und den zahlreichen Bedeutungsveränderungen auseinandersetzt, die *Pathos* erfahren hat, stößt immer wieder auf die Zuordnung von *Pathos* zu den affektiven Phänomenen.

Der griechische Begriff πάθος meint ‚Widerfahrnis' und bezeichnet all das, ‚was einem Seienden zukommt bzw. zustößt', er benennt ‚jede Form

---

[134] Baumgart/Jänecke 2000: 144.
[135] Gruševickaja et al. 2003: 322 ff.
[136] Gruševickaja et al. 2003: 325.

des Erleidens im Gegensatz zum Tun' und schließt den gesamten Bereich der Leidenschaften und Affekte ein.[137]

Es geht also sowohl um das plötzlich eintreffende Ereignis als auch um die dadurch ausgelöste Gefühlsreaktion, wobei *Pathos* sich vor allem auf die besonders schmerzlichen Gefühle bezieht.

In der antiken Rhetorik bezeichnete *pathos* neben *ethos* und *logos* ursprünglich eines der drei Überzeugungsmittel der Rede, das mit dem Ziel eingesetzt wurde, die vom Redner zur Schau getragenen Emotionen auch beim Zuhörer oder Zuschauer zu wecken. Zu den hierbei eingesetzten Stilfiguren gehörten gewagte Metaphern, Epitheta oder Steigerungen.[138] Stimmführung, Mimik und Gestik des Redners wurden als Unterstützung eingesetzt. Die Kategorie des Pathos umfasst(e) somit nicht nur die dargestellte Emotion, sondern auch einen spezifischen Stil der Darstellung und dessen Wirkung auf den Rezipienten. Heute versteht man unter *Pathos* in erster Linie eine „erhabene Leidenschaft, (den) leidenschaftlichen, gefühlvollen Nachdruck"[139], und wir erleben bzw. produzieren Pathos besonders häufig in ritualisierten Handlungsfeldern in der Politik, in den Künsten und im Privatleben.

2.4.1.1 Entstehung von Pathos

Als Rezipienten erkennen wir Pathos, als potentielle Produzenten sind wir in unterschiedlichem Maße pathetisch disponiert. Welche Erscheinungsform, welcher Effekt muss vorliegen, damit eine Filmsequenz, eine Gedichtzeile oder die Äußerung eines Politikers als pathetisch beurteilt wird?

Der Germanist Peter Christoph Kern macht zwei sich überlagernde Bedeutungsschichten aus: eine Schicht der normalen Handlung bzw. Äußerung, die jedoch durch bestimmte Mechanismen paradigmatisch überhöht wird und einen pathetischen Gestus erhält, so dass in einer zweiten Schicht „ein unscharfes Bedeutungskonglomerat" entsteht, mit anderen Worten „Bedeutsam-

---

137 Rainer Meyer-Kalkus (1989): „Pathos." In: *Historisches Wörterbuch der Philosophie*. Basel; Stuttgart: Schwabe & Co., Sp. 193, zit. nach Busch/Därmann 2007: 7.
138 Vgl. Zumbusch 2010: 10. „In der Rezeption der antiken Rhetorik löst sich vom Pathos der Begriff des Pathetischen ab, der nicht den Affekt des Redners und des Hörers, sondern eine zur Erregung von Leidenschaften geeignete Stilqualität bezeichnet." Vgl. auch Ueding 2005: 91.
139 Vgl. Wahrig 2005: 961.

keit"[140]. Diese Doppelstruktur des pathetischen Zeichens erinnert nach Kern an Roland Barthes Beschreibung der Mythen des Alltags:

Ein Zeichenkomplex erster Ordnung mit konventioneller Bedeutungsrelation dient als Signifikant für eine zweite, höhere Ordnung, deren Signifikat als vorhanden gilt, auch wenn es nicht fixierbar ist. Die erste Ordnung schafft die Referenz, die zweite die Bedeutsamkeit.[141]

Die Bedeutungsaufladung geschieht folgendermaßen: Zunächst erfolgt eine Loslösung der Sprache aus ihrer (zu) engen Begrifflichkeit, dann kann durch sprachliche Mittel wie Ellipsen, Verallgemeinerung oder Uneindeutigkeit Bedeutsamkeit geschaffen werden. Der „Bedeutungszustrom" geschieht nach Kern durch Bedeutungsverstärkung, Bedeutungsisolierung und Bedeutungsverschränkung. Als Beispiel für eine große Geste, in der diese Aspekte Anwendung fanden, nennt er Willy Brandts Warschauer Kniefall.

Hier kumulieren alle drei Formen der Bedeutungsaufladung: die topikalisierende Wahl der Stilschicht und Zeichenverdoppelung (Knien, Schweigen, ernstes Gesicht, das statische Ambiente), die lapidare Ausblendung alles Ephemeren und Individuellen, schließlich die Anspielung bzw. Zitierung des religiösen Szenarios mit seinem riesigen Bedeutungspotential.[142]

2.4.1.2 Einsatz, Rezeption und Funktion von Pathos

Pathos wird als Kommunikationsmittel bewusst eingesetzt, wenn ein Redner einem Sachverhalt eine Bedeutung beimisst, die über das Maß des Normalen hinausgeht. Pathos braucht dann einen Kommunikationspartner, der die kommunikative Haltung des Redners zunächst einmal versteht, sie aber auch akzeptiert und eventuell sogar positiv bewertet. Sind diese Voraussetzungen nicht erfüllt, kann es zu Fehlinterpretationen oder zu Urteilen wie „hohl", „schwülstig", „Phrasendrescherei" etc. von Seiten des Rezipienten kommen. Stimmen allerdings die Wertesysteme der beiden Kommunikationspartner überein und steht der Rezipient der pathetisch dargebotenen Sprechhandlung oder Textsorte unvoreingenommen gegenüber, reicht das Spektrum der mögli-

---

140 Kern 1994: 398.
141 Kern 1994: 399.
142 Kern 1994: 405.

chen Reaktionen von vorbehaltloser Akzeptanz (beispielsweise für Predigten oder Festreden) über gemeinsame Aktionen (Demonstrationen oder Aufstände) bis hin zu einseitigen Gehorsamsaktionen im Sinne dessen, was der Redner bezweckt hat.[143]

2.4.2 Charakteristika von deutschem und russischem Pathos

Befasst man sich mit dem Pathos als deutschem Stilmittel, drängt sich zunächst eine Einteilung in zwei Perioden auf: vor dem Nationalsozialismus und danach. Vor 1933 kannte die deutsche Ideengeschichte Friedrich Schillers Schriften zur Dramentheorie „Vom Pathetischen und Erhabenen", Hegels Vorlesungen über die Ästhetik[144] und die Werke der Romantiker des frühen 19. Jahrhunderts. Im 19. Jahrhundert wird Pathos „vom zeitlosen Ideal der Kunst zu seiner historischen Entwicklungsstufe"[145]. Diese Entwicklung verkehrt sich im Laufe des 20. Jahrhunderts: Pathos bekommt den Beiklang des falschen, übersteigerten Gefühlstons und scheint nach der Katastrophe des Nationalsozialismus bezogen auf Deutschland „nur noch ein Fall für die Ideologiekritik zu sein"[146]. Seitdem das Pathos für demagogische Zwecke missbraucht wurde, reagieren die meisten Deutschen misstrauisch auf emotionalisierte politische Rhetorik, nehmen sie als hohl wahr und unterstellen ihr nicht selten Manipulationsabsichten. Ähnlich kritisch wahrgenommen werden literarische Werke oder Filme, die potentiell pathosbeladene Konzepte wie *Patriotismus*, *Heldentum* oder *Heimat* behandeln – auch sie sind infolge der Auslegung durch die nationalsozialistische Ideologie negativ konnotiert und werden bis heute häufig distanziert bis ablehnend betrachtet. Albrecht Betz sieht den Grund für diese Entwicklung auch in der herrschenden gesellschaftlichen Stimmung:

„Cool" als Schlüsselwort der jüngeren Generationen meint nicht zuletzt, daß der hohe Ton der falsche sei. [...] Meinungen werden wie Marken

---

143 Kern (1994: 408) erinnert in diesem Zusammenhang an Goebbels und sein „Wollt ihr den totalen Krieg?".

144 „Auf Rhetorik, Pathetik und Illusion könne auf der Bühne nicht verzichtet werden: ‚Aber ums Sagen und Scheinen gerade – und nicht um das natürliche wirkliche Sein – ist es in der Kunst zu tun.'" Betz 2002: 11.

145 Zumbusch 2010: 11. Allerdings, so die Autorin weiter (2010: 16), „behandeln die ästhetischen Auseinandersetzungen mit dem Pathos dieses als höchst anfälliges und von Vernunft, Ethos und kalkulierter Nüchternheit sorgfältig auszutarierendes Phänomen. So markiert das Pathos bereits in seiner vermeintlich stärksten Fassung um 1800 eher ein Problemfeld als eine unbestrittene Idealformel der klassischen Kunst."

146 Herzinger (1997).

und Labels getragen und gewechselt, wenn sie keinen Spaß mehr machen. [...] Wenn Ironie und Sarkasmus zur permanenten intellektuellen Attitüde gerinnen, [...] dann kommt der Sinn für die tragische Natur des Menschen abhanden [...] und damit auch: für Pathos.[147]

Cornelia Zumbusch sieht hingegen den Grund für den historischen Bedeutungsverfall des Pathos weniger im „Gegensatz von hohem Ton und hohlem Pathos" als vielmehr in der „im Pathos grundsätzlich angelegte(n) Ambiguität".[148] Das eigentliche Problem bei der Auseinandersetzung mit dem Pathos sei die Affektdarstellung und die grundsätzliche Schwierigkeit, negative Erfahrungen wie Schmerz, Krankheit oder Tod ästhetisch zu integrieren. Norbert Bolz zufolge hat das Pathetische in der Bundesrepublik von heute und ihrer „scheinbar so ausgenüchterten kritischen Intelligenz"[149] dennoch überlebt, wenn auch verschlüsselt wie beim „Pathos der Betroffenheit" angesichts von Unglücksfällen und Katastrophen, gegen die der Einzelne machtlos ist, oder unverschlüsselt im Verhältnis zur gottähnlich überhöhten Natur.[150]

Grundlegend anders – man könnte fast sagen, alltäglicher, entspannter – stellt sich die Einstellung zur Überhöhung von Inhalten durch pathetisch aufgeladene Lexik, Gestik und Symbolik in Russland dar. Astrid Ertelt-Vieth konstatiert in ihrer kulturvergleichenden Analyse von Verhalten, Sprache und Bedeutung im Moskauer Alltag das „Pathos beim Deklamieren von Gedichten, bei politischen Reden oder bei der Radiosprache"[151]. Liest oder hört man beispielsweise Neujahrsansprachen russischer Präsidenten oder Reden zum Jahrestag des Sieges im 2. Weltkrieg, fällt deren gehobene und für deutsche Ohren an vielen Stellen übertrieben gefühlsbetonte, eben pathetische Ausdrucksweise bzw. Artikulation auf. Dasselbe gilt für die private, nicht öffentliche Ebene, wenn auf Familienfeiern oder zum erfolgreichen Abschluss von Geschäftsverhandlungen Trinksprüche ausgebracht werden. Aber auch russische Theaterinszenierungen, moderne Architektur oder Denkmäler wirken auf Ausländer bisweilen schwülstig oder pathetisch – erinnert sei hier an pompöse Auffüh-

---

147 Betz 2002: 8, Hervorhebung im Original.
148 Vgl. Zumbusch 2010: 7, 12 f.
149 Herzinger (1997).
150 „Dieses Glaubensbekenntnis wird seit etwa fünfzehn Jahren von der Ökologiebewegung vorgebetet, und ist heute schon fast gesellschaftlicher Konsens in Deutschland und scheint zur Amtskirche des neuen Millenniums zu avancieren." Wippermann 1996: 189.
151 Ertelt-Vieth 1990: 117.

rungen des Bolschoj-Theaters, pseudohistorische Gebäude im „Luschkow-Empire"[152] oder die umstrittenen Denkmäler des Bildhauers Zurab Cereteli (Surab Zereteli) im Zentrum Moskaus[153]. Das „russische Pathos" findet sich weiterhin als Klischee in Texten deutscher Journalisten, die über Kulturveranstaltungen mit russischer Beteiligung oder gesellschaftliche Phänomene in Russland berichten:

Deutsche Gründlichkeit, lettische Improvisationskunst, russisches Pathos fallen auf, alles auf höchstem Niveau.[154]

Das russische und russisch-jüdische Milieu in Berlin hat ihn fasziniert - die Feste, „das war gleich wie großes Kino", schwärmt der nüchterne Rechercheur. „Ein Freund hat mich mitgenommen zu einem Fest, da habe ich die russische Lebensfreude erlebt, ihre Herzlichkeit, die Gefühlswelt, den Pathos, die Melancholie, den Wahnsinn und ihre gegenseitige Verbundenheit."[155]

Immer auch war die MGU ein geistiger Seismograf des Landes. Viele russische Professoren bekennen sich wieder zu patriarchalischem Gehabe und patriotischem Pathos.[156]

Im Rahmen dieser Arbeit kann nicht erkundet werden, woher die pathetischen Darstellungskonventionen in Russland stammen, warum es dort eine so ausgeprägte Vorliebe für die große Geste, den tönenden Klang der Worte oder den bombastischen („byzantinischen") Ansatz in der Architektur gibt. Dass

---

152 Esch/Rost 2010. „In Russland wird sowohl die Politik als auch die Architektur immer einen byzantinischen Beigeschmack haben.", so die Aussage des Star-Architekten Michail Below in einem „Spiegel"-Interview (Follath/Schepp 2008) über die – aus westlicher Sicht – Bausünden der russischen Hauptstadt.

153 Die „Zeit" (Thumann 1997) bezeichnete ihn als „Kaukasiens Schwulst-Meißler" und fand auch eine Begründung für Zeretelis Popularität: „Was Zeretelis Schaffen so attraktiv für Rußlands Mächtige macht, ist sein Stil. Er hat es verstanden, aus den traurigen Trümmern des großen Sowjetreiches wenigstens den sozialistischen Realismus zu retten und ihn gemäß dem Geschmack des Neuen Russen weiterzuentwickeln: Entstanden ist der kapitalistische Naturalismus." Dass die Moskauer Bevölkerung Zeretelis Statue der Siegesgöttin Nike im Gedenkpark für den Großen Vaterländischen Krieg als „Kakerlake auf der Nadel" bezeichnet, zeugt allerdings davon, dass dieses Maß an Pathos von Politik und Gesellschaft durchaus unterschiedlich wahrgenommen wird.

154 Norbert Meyer (2009) über eine Premiere am Wiener Akademietheater.

155 Jan Sternberg (2010) über den ARD-Mehrteiler „Im Angesicht des Verbrechens".

156 Uwe Klussmann (2000) über die Situation an den russischen Hochschulen.

ein Zusammenhang zwischen diesen affektiven Ausdrucksformen und den oben beschriebenen Phänomenen Nationalcharakter und Mentalität besteht, liegt jedoch auf der Hand. Betz' Aussagen über das „französische Pathos" bestätigen dies:

Daß mit dem längst obsolet gewordenen Begriff der Nationalkultur viel pseudotheoretischer Unfug angerichtet wurde, kann nicht hindern, nach nationaltypischen Standardisierungen zu fragen, die sich in Symbolen, Institutionen und Mentalitäten niedergeschlagen haben und von der Literatur sowohl mitgeschaffen als auch verwertet wurden. Warum die Sicht auf das Pathos *fokussieren [...]? Weil im spezifisch Gesteigerten seines Ausdrucks Selbstdarstellung und Selbstinszenierung einer Zivilisation in ihren extremen Ausschlägen und ihrer Spannweite abzulesen sind [...].*[157]

---

157 Betz 2002: 7.

3 Emotionen aus dem Blickwinkel der Emotionspsychologie

3.1 Begriffsbestimmung

Sie (die Emotionen) sind allgegenwärtig, in uns und um uns. Wir lassen uns von ihnen leiten und trauen ihnen nicht. Sie überkommen uns, auch wenn wir sie nicht rufen; wir wünschen sie uns, und sie lassen uns im Stich. Wir verachten und verleugnen sie, sie holen uns trotzdem ein: unsere Gefühle. Sie sind uns ganz und gar nicht geheuer. Sie sind unser unbekanntes Ich. Wir hoffen nicht, aus ihnen jemals klug werden zu können.[158]

Die vorliegende Arbeit strebt einen Brückenschlag zwischen den Disziplinen an und hat zum Ziel, den Stellenwert von Emotionen für die Dolmetschsituation als Spezifikum interkultureller Kommunikation zu verdeutlichen. Sie geht der Frage nach, wie das oben beschriebene allgegenwärtige, aber offensichtlich diffuse Phänomen mit der Arbeit von Dolmetschern, zu deren vordringlichen Kriterien Präzision gehört, in Einklang zu bringen ist. Dies erfordert zunächst eine Darstellung der emotionspsychologischen Hintergründe, die allerdings nicht an die Bearbeitungstiefe heranreichen kann und will, die in der psychologischen Forschung erzielt wird und die sich in mannigfaltigen wissenschaftlichen Publikationen manifestiert. Ausgehend vom Vorverständnis wird zunächst aufgezeigt, wo wir in unserem Alltag mit Emotionen konfrontiert werden und wie sich dies im Sprachgebrauch niedergeschlagen hat. Der Definition allgemeiner Nachschlagewerke wird sodann die Begrifflichkeit im wissenschaftlichen Kontext gegenübergestellt, bevor konkurrierende Benennungen erläutert sowie einige die Vielfalt der Forschungsansätze widerspiegelnde Arbeitsdefinitionen herausgegriffen werden. Den Abschluss dieses Abschnitts bildet die Beschreibung verschiedener Arten von Emotionen, die auf ihre Relevanz für die Arbeit des Dolmetschers untersucht werden.

---

158 Zimmer 1994: 9. Übertragen in die Fachsprache der Psychologen heißt das: Emotionen sind universell – sie lassen sich grundsätzlich bei allen Menschen feststellen. Vgl. Ulich 1995: 47.

3.1.1 Vorverständnis
3.1.1.1 Emotionen im Alltagskontext

Wir können nicht nicht kommunizieren, lautet ein Axiom von Paul Watzlawick, denn „jede Kommunikation (nicht nur mit Worten) ist Verhalten und genauso wie man sich nicht nicht verhalten kann, kann man nicht nicht kommunizieren"[159]. Analog ließe sich behaupten, dass wir nicht nicht fühlen können. So sagt der Gehirnforscher: „Ich und mein Gehirn, mein Denken und meine Gefühle sind eins!"[160], und der Soziologe meint:

Emotionen zu haben, gehört zur conditio humana. Emotionen sind ein Modus des Menschen, sich die Welt anzueignen, den Hiatus seiner Existenz zu überwinden; Emotionen haben die Funktion, den Menschen an die Welt zu binden, ihn in die Welt zu involvieren. Es gibt keine Form des menschlichen In-der-Welt-Seins ohne Emotionen.[161]

Diese Dichotomie von Gefühl und Verstand, Emotion und Kognition wird auch in philosophischen Annäherungen an das Thema Emotionalität bestätigt[162] und mit Verweis auf Figuren in Filmen und literarischen Werken untermauert, bei denen – letztlich vergeblich – der Versuch unternommen wurde, sie als emotionslos und zweckrational gesteuert darzustellen. Als Prototyp dient häufig der extraterrestrische Vulkanier Mr. Spock, ein Protagonist der Science-Fiction-Serie Star Trek aus den späten Sechzigerjahren: Dieser, „eine Lieblingsfigur für alle Vernunftapostel seit Descartes"[163], ähnelt zwar in Sprache und Körperlichkeit seinen menschlichen Raumschiffkollegen, soll jedoch als Wesen reiner Intelligenz – theoretisch – vollkommen emotionsfrei sein. Christiane Voss wendet ein:

Wer die Filmserie kennt, weiß, wie wenig konsequent es gelingt, die Figur des Mr. Spock durchgängig emotionslos zu zeigen. Er hat eher den Charme eines distinguierten, kühlen Engländers, der nach außen hin nicht zeigt, was er empfindet, dessen integres Verhalten, zuverlässige

---

159 Website von Paul Watzlawick.
160 Prof. Manfred Spitzer, Psychiater und Psychologe, Gründer des Transferzentrums für Neurowissenschaften und Lernen in Ulm.
161 Gerhards 1988: 72.
162 Vgl. Voss 2004: 1 ff und Precht 2007: 74 ff.
163 Precht 2007: 75.

Loyalität und Opferbereitschaft [...] allerdings deutlich von einem tugendhaften Charakter zeugen, der über das rechte Maß an Emotionen im Hintergrund verfügt.[164]

Wenn nun Gefühle von derart fundamentaler Bedeutung für das menschliche Leben sind, welche Funktion erfüllen sie dann genau? Was bewirken sie in der Psyche des Einzelnen und im gesellschaftlichen Miteinander?

Ich möchte [...] behaupten, daß die Emotion nicht nur die antreibende Kraft ist, sondern auch noch die Richtung unseres Verhaltens bestimmt; der Vernunft ist allenfalls die Funktion eines Kraftverstärkers zuzubilligen [...]. Lust und Unlust sind die großen Lehrmeister des Menschen, also Gefühle und nicht der Hammer das Mittel zum Zweck![165]

Diese Beschreibung des Psychologen Wolfgang Rost erfährt eine weitere Steigerung in der Formulierung des Schriftstellers, Übersetzers und Publizisten Dieter E. Zimmer:

Ohne das Erlebnis von Lust und Unlust wären wir geistig tot; ohne das in den einzelnen Gefühlen aufbewahrte Wissen, was uns welche und wieviel Lust und Unlust verursachen sollte, wie aktiv wir handeln müssen, worauf sich die Handlung zu richten hat, wären wir lebensunfähig. Es ist kein menschliches Leben vorstellbar ohne die Intelligenz unserer Gefühle.[166]

Emotionale Befindlichkeiten und Zustände verfügen demnach über ein Gewicht, dessen die Menschen sich zum einen nicht ständig bewusst sind, zum anderen vielleicht auch gar nicht bewusst sein wollen. Im gesellschaftlichen, politischen und wirtschaftlichen Tagesgeschehen setzt sich diese Ambivalenz fort. Neue Leitsterne wie Ökonomisierung und Globalisierung haben ihre eigene Faktensprache und der Begriff der *emotionalen Kälte* findet nicht ohne Grund mittlerweile in allen Bereichen des gesellschaftlichen Lebens Anwen-

---

[164] Voss 2004: 1. Precht (2007: 76) bestätigt: „Wenn Spock unter dem Einfluss von Sporen liebesfähig wird, muss er alle Voraussetzungen zur Liebesfähigkeit mitbringen, ansonsten könnten sie nicht aktiviert werden. [...] Er (Spock) muss Menschenleben gegen Risiken abwägen, Befehle gegen Schicksale. Alle diese Überlegungen geschehen auf der Grundlage von Werten. Und moralische Werte sind niemals gefühlsneutral [...]." Vgl. Schwarz-Friesel 2013: 5.
[165] Rost 2001: 19.
[166] Zimmer, zit. nach Rost 2001: 64.

dung. Im Kontrast dazu lässt sich so etwas wie eine neue Gefühlskultur beobachten, die sich in diversen Phänomenen manifestiert. In fast jeder politischen Rede, aber auch in der Berichterstattung durch die Medien werden, beispielsweise bei der Auseinandersetzung mit „Gefühlsthemen" wie Selbstmordattentaten, Amokläufen oder dem viel beschworenen Kampf der Kulturen, emotionale Befindlichkeiten angesprochen, die, folgt man der oben angeführten Beschreibung, der Auslöser für jegliches menschliche Tun und Handeln sind. Es fällt nicht schwer, die Wirkung derartiger Emotionalisierungsstrategien vorauszusagen: Bestimmte Gefühlszustände lassen sich auf diese Weise evozieren oder aktivieren, was wiederum die Beeinflussung oder gar Manipulation der lesenden, zuhörenden oder zuschauenden Individuen erleichtert – mittlerweile eine vertraute Erkenntnis und ein offenes Geheimnis:

In Wahlkampfzeiten wird es besonders deutlich: Es ist nicht allein die Ratio, es sind auch Emotionen, die in der Politik eine Rolle spielen. Die Kandidatinnen und Kandidaten, denen es gelingt, die Gefühle der Bürgerinnen und Bürger anzusprechen, haben bessere Chancen, gewählt zu werden, als jene, die uns „kalt" lassen. […] Emotionen spielen aber nicht nur beim „Verkaufen" von Politik eine Rolle, sondern auch im politischen Prozess selbst. Die Verbreitung bestimmter Gefühle begünstigt politische Weichenstellungen. […] Andersherum gilt ebenso: Politische Entscheidungen wirken sich auch emotional aus und beeinflussen das „Lebensgefühl" zahlreicher Menschen mit […].[167]

Emotionen sind somit etwas, dem die Gesellschaft insgesamt uneinheitlich, zweifelnd und in weiten Teilen eher negativ gegenübersteht. Den Grund dafür, dass Emotionalität auf gesellschaftlicher Ebene als „zunehmend dysfunktional"[168] wahrgenommen wird, sieht Reinhard Fiehler in der gesellschaftlichen Entwicklung: Durch die zunehmende Arbeitsteilung steigt die wechselseitige Abhängigkeit zwischen den Individuen, die wiederum Berechenbarkeit und Verlässlichkeit – mithin zweckrationale Verhaltensweisen – erforderlich macht. Werden dem gesellschaftlichen Individuum aber immer stärker kontrollierte, an Resultaten orientierte Handlungsweisen abverlangt, dann wird all das zum Störfaktor, was diese Handlungen auslöst, verändert oder sonst wie

---

167 Piepenbrink 2013: Editorial.
168 Fiehler 1990: 20 ff.

beeinflussen und somit der Berechenbarkeit entziehen kann. Da Emotionen über dieses handlungsauslösende und handlungsmodifizierende Potenzial verfügen, avancieren auch sie zu einem unerwünschten Element in den gesellschaftlichen Beziehungen und werden eher negativ betrachtet. „In letzter Konsequenz", so Fiedler, „bedeutet dies auch eine ‚Rationalisierung' emotionaler Verhaltensweisen: Wenn schon Emotionen, dann aber geregelt und erwartbar."[169] Dieses äußere, gesellschaftlich vermittelte Bild entspricht der „Innenansicht" vieler Menschen, die dem unwillkürlichen, unverhüllten Ausdruck ihrer eigenen Emotionen kritisch bis ablehnend gegenüber stehen, denn wer starke (negative) Gefühle hat und zeigt, wird in diesem Moment in seinem Handeln eingeschränkt und beim Erhalt der eigenen Integrität behindert.[170] Dabei gehört es zur Authentizität eines Individuums, Gefühlsregungen nicht zu unterdrücken, sondern negative wie positive Emotionen der Situation angemessen zu kommunizieren, denn es ist nicht möglich, Form und Inhalt isoliert zu betrachten oder das Gesagte von der Form, in der es gesagt ist, und sogar von der Art und Weise, wie es verstanden wird, zu trennen.[171] Auch bzw. sogar fachsprachliche und wissenschaftliche Texte, die vorrangig Informationen vermitteln sollen und weithin als unemotional gelten, weisen Einstellungen und Wertungen auf, die emotionales Engagement erkennen lassen.

Welche Rolle Medien bei der Gefühlsvermittlung spielen können, wie sie Gefühle nicht nur darstellen, sondern durch die Berichterstattung über emotionale Reaktionen in bestimmten Fällen auch neue Emotionen kreieren, beschreiben Frank Bösch und Manuel Borutta am Beispiel der Ausstrahlung der amerikanischen Fernsehserie Holocaust im Jahr 1979: „Die mediale Darstellung von Emotionen löste nicht nur Gefühle aus. Die Medien berichteten auch ausführlich über emotionale Zuschauerreaktionen und schufen so eine Matrix weiterer Gefühlsäußerungen."[172] Gerade dem Medium Internet wird vorgehalten, es würde den menschlichen Gefühlshaushalt gefährden oder gar eine emotionale Verarmung bewirken. In einer Gesellschaft, in der Konsumenten ihre emotionalen Erfahrungen in zunehmendem Maße über die Medien sam-

---

169 Fiehler 1990: 22.
170 Vgl. Rink 2005: 101. Rink weist darauf hin, dass das Verbergen negativer Emotionen in manchen Kulturen, beispielsweise in Japan, schon zur Norm geworden zu sein scheint und dass es auch für positive Gefühle situationsspezifische soziale Verhaltensnormen gibt.
171 Vgl. Jahr 2000: 2.
172 Bösch/Borutta 2006: 13.

meln, setzen diese in der Tat auch die Standards für emotionales Erleben.[173] Andererseits leben die Printmedien ebenso wie audiovisuelle Medien von dem Versprechen, Spannung, Lachen oder Empörung auszulösen, sind also aufgefordert, ihr vermeintlich manipulatives Potenzial zu nutzen. Dies lenkt den Blick auf die Kehrseite des Phänomens und die damit verbundenen Fragestellungen: inwieweit durch Medien „neue Formen der emotionalen Vergemeinschaftung"[174] oder emotionale Abgrenzungen (von anderen sozialen Gruppen, anderen Generationen, dem anderen Geschlecht) entstehen, ob sie für eine Disziplinierung der Gefühle sorgen, vielleicht auch Emotionen neue Artikulationsmöglichkeiten bieten. Nicht zuletzt wirkt sich der allgegenwärtige mediale Einfluss auf die Sprache aus. Šachovskij beschreibt am Beispiel der russischen Realität, wie stilistisch gesenkte emotionale Ausdrücke mit medialer Unterstützung Eingang in die sprachliche Norm finden:

Проникновение сниженной лексики в официальную и публичную речь и ее фиксация в официальной прессе указывает на то, что „ненорма" может со временем или в достаточно короткое время стать нормой-2. Это прежде всего относится к эмоционально-оценочной лексике, нормы которой наиболее лабильны.[175]

3.1.1.2 Emotionen in der Alltagssprache

Das private Alltagshandeln des Menschen ist Ausdruck einer breiten Palette von rationalen Überlegungen und emotionalen Zuständen seiner selbst und bei anderen. Jeder weiß, dass bestimmte soziale Situationen – Unglücksfälle, Feiern, Abschiede, Konflikte – besonders emotionsträchtig sind und jeder kennt die Wucht, die Gefühle in persönlichen Beziehungen (Liebe, Hass) bewirken können. Abgesehen davon sind wir uns aber auch der Tatsache bewusst, dass es immer wieder Situationen gibt, in denen Gefühle vorgetäuscht werden, weil soziale Normen dies erfordern.[176]

All diese Aspekte haben sich im Sprachgebrauch niedergeschlagen. Hier gibt es feststehende Wendungen wie „emotional werden" oder „seinen Emotionen freien Lauf lassen" und expressive Nomen wie „Gefühlsduselei" oder

---

173 Vgl. Vester 1991: 94.
174 Bösch/Borutta 2006: 21. Vgl. auch Jahr 2000: 3.
175 Šachovskij 2008: 149, 271 ff.
176 Vgl. dazu Fiehler 1990: 1.

„Gefühlskälte". Jemand, der häufig in einen Zustand von Ärger, Empörung oder Freude gerät und dies offen zeigt, gilt als „emotionaler Mensch" und derjenige, der eher seinem „Bauchgefühl" denn seinem Kopf vertraut, als „Gefühlsmensch". Emotionsgeladene Debatten tauchen in der Berichterstattung der Medien ebenso auf wie emotionsfreie sachliche Auseinandersetzungen. Ulrich Mees unterscheidet für den umgangsprachlichen Gebrauch des Wortes „Gefühl" und seiner Komposita sechs verschiedene Bedeutungen:

- Gefühl bezeichnet bestimmte Gefühlszustände, wie sie in den Wörtern „Angst" oder „Ärger" zum Ausdruck kommen;
- Gefühl steht für eine Empfindung wie „Wärmegefühl" oder „Hungergefühl";
- Gefühl beschreibt eine Ahnung oder einen Eindruck („ich habe das Gefühl, die Sache funktioniert");
- Gefühl im Sinne einer Charaktereigenschaft wie „Pflichtgefühl" oder „Ehrgefühl";
- Gefühl als Fähigkeit oder Talent wie „Taktgefühl" oder „Sprachgefühl";
- Gefühl als Anhängsel an bestimmte Substantive wie „Machtgefühl" oder „Triumphgefühl".[177]

Für seine weitere Untersuchung schließt er jedoch die letzten vier Kategorien aus, da sie keine Bewertung enthalten, die „den analytischen Kern aller eigentlichen Gefühle (und Gefühlsbegriffe)" darstellt.[178]

Abgesehen von diesem praktischen „lebensnahen" Bezug beschäftigt der Gegensatz zwischen Verstand und Leidenschaft von jeher die Philosophen und Literaten. Dem Zeitgeist entsprechend galten Emotionen im Vergleich zum rationalen Handeln lange Zeit als „infantil, animalisch, feminin, primitiv"[179] und damit als minderwertig, wohingegen Rationalität als das „große Leitmotiv" in der Geschichte des Zivilisationsprozesses den Diskurs der Moderne bestimmte.[180] Heute setzen sich diverse wissenschaftliche Disziplinen mit der

---

177 Vgl. Mees 1991: 33. Eine (ergänzende) Darstellung der Konnotationen von Wörtern, mit denen sich emotionale Konzepte beschreiben lassen, findet sich bei Vester 1991: 26 f.
178 Mees 1991: 33.
179 Vester 1991: 11.
180 Vester 1991: 11. Aber, so Vester weiter, „(w)ären Emotionen tatsächlich primitiv, minderwertig oder dysfunktional für die Entwicklung der Menschheit, wie Rationalisten zu unterstellen neigen, müßte man annehmen, dass die Evolution die Emotionen schon längst ausgelöscht hätte. Offensichtlich ist das nicht der Fall. Der Mensch ist dasjenige Lebewesen, das über das reichste, viel-

Wechselwirkung zwischen Alltagsphänomenen und emotionalem Erleben auseinander.[181] Darüber hinaus hat – dem Mainstream folgend – an der Schnittstelle zwischen objektiver Wissenschaftswelt und vorwissenschaftlicher Welterfahrung auch die populärwissenschaftliche Lebensberatungsliteratur das Thema für sich entdeckt.

3.1.1.3 Allgemeinsprachliche Definitionen

Wer sich dem Begriff *Emotion* von der Seite des Alltagsvorverständnisses nähert, assoziiert mit diesem Phänomen bestimmte Arten von vorübergehenden Zuständen von Menschen wie Freude, Angst, Enttäuschung oder Traurigkeit. Einschlägige Wörterbücher bewegen sich zwischen „*Gefühls-, Gemütsbewegung, Erregung*"[182] und „*seelische Erregung, Gemütsbewegung; Gefühl, Gefühlsregung*"[183]. In dieser Bedeutung wird das Wort „Emotion" erst seit Beginn des 20. Jahrhunderts verwendet.

Ursprünglich bezeichnete emotion *die Migration von Menschen und später auch Erdbewegungen oder Erdbeben. Im England des 16. Jahrhunderts wurde er [der Terminus] für Agitation und Tumult bei sozialem Aufruhr verwendet* (public emotions). *Im 19. Jahrhundert kam die Verwendung auch für individuelle Veränderungen der Psyche auf (*affective upheaval *oder* tumult of feelings *[...]. Diese Sprachursprünge legen es nahe, Emotionen als Verlust, Unterbrechung oder Störung eines Gleichgewichtszustands innerhalb der Psyche zu verstehen – eine Bedeutung, die einem alltagspsychologischen Verständnis („Man muss die Dinge emotionslos betrachten!") nahe liegt.*[184]

Nach wie vor aktuell ist der Eintrag in Furetières „Dictionnaire" von 1690, denn er verweist sowohl auf das Merkmal der Veränderung („Bewegung") als auch auf die physiologische und die kognitive Komponente sowie die Verhal-

---

schichtigste und expressivste Emotionsrepertoire verfügt."
181 Vgl. hierzu beispielsweise Arbeiten wie Bösch/Borutta 2006 oder Hesse 2003. Vester (1991: 13) konstatiert ein „reges Interesse an den Emotionen" u. a. im Bereich der Sozialwissenschaften, der Biologie und der Kulturanthropologie.
182 Wahrig 2005: 410.
183 Duden 2001: 426.
184 Sokolowski 2008: 296, Hervorhebung im Original.

tenskomponente (Emotionen wirken handlungsvorbereitend) und die Tatsache, dass Emotionen durch ein bestimmtes Ereignis ausgelöst werden.

Emotion: außergewöhnliche Bewegung, die Körper und Geist aufrührt und das Temperament oder das Gleichgewicht des Gemütes stört. Das Fieber beginnt und endet mit einer kleinen Emotion des Pulses. Bei einer heftigen Anstrengung verspürt man im ganzen Körper eine Emotion. Ein Liebhaber fühlt eine Emotion beim Anblick seiner Geliebten, ein Feigling beim Anblick seines Feindes.[185]

3.1.2 Wissenschaftlicher Ansatz

Bei der wissenschaftlichen Auseinandersetzung mit Emotionen wird der vorwissenschaftliche Erfahrungsbereich weiter erschlossen und theoretisch fassbar gemacht. Die damit einhergehende Konkretisierung wurde bereits zu Beginn der modernen Psychologie als problematisch empfunden:

In der That giebt es kaum ein Gebiet psychischer Erscheinungen, welche der Untersuchung größere Schwierigkeiten entgegenstellen, als eben die Region der Gefühle. *Durchlaufen wir die Psychologien älterer und neuester Zeit, nirgends herrscht so viel Abweichung, ja so viel Widerstreit der Ansichten und Erklärungen, wie hier [...].*[186]

„What is an emotion?", lautete 1884 die zentrale Frage des amerikanischen Psychologen William James in seinem zum Klassiker gewordenen Aufsatz, und die Vielfalt der theoretischen Ansätze setzt sich bis heute fort:

Everybody knows what an emotion is, until asked to give a definition.[187]

Eine Erklärung für die definitorische Mühsal liefert Zimmer:

Ein Gefühl ist offenbar etwas anderes als etwa ein Kristall, auf den man zeigen kann und dessen Aufbau und Eigenschaften sich in Ruhe erkunden lassen. Gefühle sind, wissenschaftlich gesprochen, ein Konstrukt, wie „das

---

185 Lelord/André 2006: 12.
186 Nahlowsky J.W. (1862): Das Gefühlsleben. Leipzig: Pernitzsch. Zit. nach Traxel 1983: 11.
187 Sokolowski 2008: 327.

Gedächtnis", "die Intelligenz", "das Atom". Ein Konstrukt ist ein Ding, das sich nicht direkt beobachten und beschreiben, sondern nur aus Indizien der verschiedensten Arten erschließen läßt und von dem man nur versuchsweise vermuten kann, daß ihm eine einheitliche Klasse von Strukturen und Prozessen entspricht.[188]

3.1.2.1 Abgrenzung gegenüber anderen emotionalen Zuständen

Das Wortfeld ist groß: Gefühl, Emotion, Affekt, Empfindung, Trieb, Leidenschaft, Instinkt, Stimmung, Laune, Temperament, Motivation – viele Wörter besetzen das Feld, einige mögen mehr oder weniger das gleiche bedeuten, niemand und nichts grenzt sie verbindlich gegeneinander ab.[189]

Das Fehlen eindeutiger Definitionsmerkmale hat u. a. zur Folge, dass bei der Festlegung von Ordnungsstrukturen für Emotionen Probleme auftreten. So gelangt man von einem Kernbereich mit typischen unstrittigen Emotionen wie Freude oder Angst rasch in einen Graubereich, in dem die Abgrenzung zwischen Emotionen und Stimmungen oder Dispositionen schwierig wird.[190] Dennoch werden nachfolgend die wichtigsten Bezeichnungen für emotionale Zustände aufgeführt und die Ansätze zu ihrer Unterscheidung, soweit möglich, kurz dargestellt. Ich gehe dabei von den heute gebräuchlichen Termini aus, denn eine begriffsgeschichtliche Annäherung bietet zwar etliche interessante Aspekte, würde aber an dieser Stelle zu weit führen.

EMOTIONEN VS. STIMMUNGEN
Im Unterschied zu Emotionen, mit denen eine Person bewusst auf einen Auslöser reagiert, sind „,Stimmungen' Hintergrundphänomene, die meist nicht im Zentrum der Aufmerksamkeit stehen, die weniger intensiv sind als Gefühle und deren Auslösebedingungen sich eine Person meist nicht bewusst ist"[191]. Stimmungen – gut oder schlecht gelaunt sein, gereizt sein – sind in der Regel

---

188 Zimmer 1994: 14.
189 Zimmer 1994: 16. Zum Aspekt *Empfindungen* gibt es vergleichsweise wenige Aussagen. Nach Engelen (2007: 10 f.) lassen sie sich körperlich verorten (Jucken, Kältegefühl) oder haben eine Signalfunktion (Müdigkeit).
190 Vgl. Schmidt-Atzert 2000: 33: „Hier entscheiden subjektive Forschermeinungen darüber, wo Grenzen gezogen werden."
191 Abele-Brehm/Gendolla 2000: 299 f.

nicht objektgerichtet, dauern länger an und entwickeln sich „sehr häufig vor dem Hintergrund eines breiten Spektrums verschiedener kognitiver Prozesse"[192]. So gibt es neuere Untersuchungen zu der Frage, wie sich Stimmungen auf Gedächtnisprozesse, evaluative Urteile[193] und den Stil der Informationsverarbeitung auswirken. Stimmungen werden ebenso wie den Emotionen motivationale Auswirkungen zugeschrieben: Negative Stimmungen bewirken beispielsweise ein Bedürfnis nach Stimmungsverbesserung, positive den Wunsch nach Stimmungserhalt, was die weitere Handlungsplanung beeinflusst.[194]

Meyer et al. grenzen darüber hinaus Emotionen als *aktuelle* psychische Zustände von *emotionalen Dispositionen* ab, die als „erhöhte Bereitschaften oder Neigungen zum Auftreten von aktuellen emotionalen Zuständen" charakterisiert werden.[195] Diese Dispositionen können objekt- und situationsspezifisch, aber auch unspezifisch sein, sie können kurz andauern, aber auch lange fortbestehen wie beispielsweise Tierphobien, Reizbarkeit oder Ängstlichkeit.

EMOTIONEN VS. AFFEKTE

Affekt bezeichnet im Deutschen in der Regel einen besonders intensiven emotionalen Zustand; Sokolowski verweist in diesem Zusammenhang auf die an die emotionalen Reaktionen gekoppelte „hohe Verhaltensbereitschaft"[196], die sich ebenfalls im Sprachgebrauch niedergeschlagen hat („er handelte im Affekt"). Die Rechtssprache kennt die „Affekthandlung" als Handlung, die in einem solchen Ausmaß von Emotionen bestimmt wird, dass der Akteur nicht mehr in der Lage ist, diese willentlich zu kontrollieren, und den damit verbundenen Begriff der verminderten Zurechnungs- oder Schuldfähigkeit.[197] Das Wort „Affekt" wird in der deutschen emotionspsychologischen Fachsprache selten verwendet[198], tritt in

---

192 Hierzu und zu den folgenden Ausführungen vgl. Bless/Ruder 2000: 306 ff.
193 Vgl. Behr 2013.
194 Vgl. Abele-Brehm/Gendolla 2000: 300 f.
195 Meyer et al. 2001: 28, Hervorhebung im Original. Vgl. dazu auch Battacchi et al. (1997: 28 f.), die in diesem Zusammenhang zwischen *Eigenschaftsemotion* (Reaktionsveranlagung oder Bereitschaft, eine bestimmte emotionale Reaktion zu manifestieren) und *Zustandsemotion* (emotionales Erleben in einer konkreten Situation) unterscheiden und dies am Beispiel der Angstforschung verdeutlichen.
196 Sokolowski 2008: 328.
197 Vgl. Voss 2004: 46.
198 In der Psychiatrie werden damit kurzfristige und besonders intensive Gefühlszustände beschrieben, bei denen es häufig zu einem Verlust der Handlungskontrolle kommt. Vgl. Otto et al. 2000: 13.

der englischsprachigen Fachliteratur (affect) dagegen häufig in übergeordneter Funktion auf oder wird als Synonym zu „Emotion" verwendet.[199]

EMOTIONEN VS. GEFÜHLE

Für Kurt Sokolowski sind Gefühle lediglich die „subjektive Emotionskomponente" von Emotionen und somit eine Teilmenge von Emotionen; eine ähnliche Meinung vertritt Monika Schwarz-Friesel, die Emotionen als mehrdimensionale Kenntnis- und Bewertungskategorie betrachtet, während Gefühle als Teil der Emotion lediglich die Realisierung dieser Kategorie, die interne Erlebenskomponente, darstellen.[200] Otto et al. sehen *Emotion* als Hyperonym, das neben der subjektiven Erlebensqualität auch den körperlichen Zustand und das Ausdrucksverhalten umfasst, wohingegen bei dem Wort „Gefühl" der Schwerpunkt auf der subjektiven Erlebensqualität liegt.[201] Zimmer unterstreicht den Aspekt des Augenblickzustands, des momentanen persönlichen Erlebens („wie man sich gerade fühlt").[202]

Von dieser Art der Gefühle zu unterscheiden sind Äußerungen von Pseudo-Gefühlen wie „Ich habe das Gefühl, dass wir den Prozess verlieren". In diesem Fall handelt es sich um eine Mutmaßung über die Zukunft, eine Schlussfolgerung, die sich nicht begründen lässt und die mit emotionalen Zuständen wie den oben beschriebenen nichts gemein hat. Ähnliches gilt für unpräzise Gedanken oder verschwommene Erinnerungen („ich werde das Gefühl nicht los, dass ich ihn schon mal gesehen habe").

EMOTIONEN VS. EMPATHIE

Als weiteres von Emotionen abzugrenzendes Phänomen nennt Fabian York Urban, der als Personalökonom mit einem interdisziplinären Ansatz Emotionen im Organisationskontext von Unternehmen („Emotionsmanagement") untersucht hat, Empathie: „Gerade im Zusammenhang mit den Konzepten der *Emotionalen Intelligenz* und der *Emotionalen Kompetenz* spielt dieser Begriff eine tragende Rolle."[203] Auch wenn die Empathie als „Neigung und Befähigung, sich in andere Menschen einzufühlen sowie die damit verbundene Fä-

---

199 Vgl. Meyer et al. 2001: 39, Otto et al. 2000: 13.
200 Vgl. Schwarz-Friesel 2013: 86, 139.
201 Otto et al. 2000: 13.
202 Zimmer 1994:16 f.
203 Urban 2008: 17, Hervorhebung im Original. Vgl. dazu Löw-Beer 2004: 104 ff.

higkeit, neue soziale Rollen zu übernehmen u. fremde (Wert-) Vorstellungen in die eigenen zu integrieren"[204] in den dieser Arbeit zugrundliegenden einschlägigen emotionspsychologischen Darstellungen nicht auftaucht, so ist sie doch eine Fähigkeit, die für die Interaktion im sozialen Bereich und somit auch für den Berufsalltag des Dolmetschers relevant ist. Das Einfühlungsvermögen erweitert den Emotionsbegriff um eine soziale Komponente: Inwieweit bin ich fähig, mich in die Gefühlswelt eines anderen hineinzuversetzen? Inwieweit gelingt mir der (interkulturelle) Perspektivenwechsel, der mir erlaubt zu verstehen, warum mein Gegenüber wütend ist? Dabei muss darauf hingewiesen werden, dass zwar alle Individuen Emotionen erleben und über Empathie verfügen, sich aber im Ausmaß der Fähigkeit zur Empathie unterscheiden. Es wäre zu untersuchen, inwieweit sich ein Dolmetscher seiner Bereitschaft zur „Einfühlung"[205] bewusst ist und ob er diese für seine Arbeit als hilfreich empfindet.

Erwähnenswert, weil die interkulturellen Unterschiede beim Beleuchten der Emotionsthematik reflektierend, ist in diesem Zusammenhang die Art und Weise, wie Šachovskij die seiner Meinung nach zu Unrecht in Vergessenheit geratene (oder verdrängte?), aber außerordentlich wichtige „empathische Funktion von Sprache" beschreibt:

А между тем она [т. е. эмпатическая функция языка], будучи осознанной всеми Homo loquens и адекватно использованной в диалогах различных культур через их языки, может стать последней соломинкой в спасении человечества, в том числе и России от губительных межнациональных конфликтов. Из-за политических и экономических неурядиц в российском мультиязыковом обществе имеет место явная недооценка роли языковой культуры и языкового воздействия на сознание, нравственность и практическую деятельность россиян.[206]

---

204 Wahrig 2005: 410. Fiehler (1990: 141) beschreibt Empathie als das „*Unterstellen von Erleben*", das auf der Grundlage von Emotionsregeln, der Projektion eigener Erlebensdispositionen auf den anderen sowie des Wissens über individualspezifische Erlebensdispositionen des anderen abläuft.
205 Diesen Begriff verwendete Freud in der Psychotherapie. Löw-Beer (2004: 120) unterscheidet zwischen der Empathie als „interaktioneller Erfahrung" und Einfühlsamkeit als einer „Praxis, die auf einem Schätzen und Ernstnehmen des anderen und seiner Perspektive beruht".
206 Šachovskij 2008: 225.

EMOTIONEN VS. MOTIVE

Abgrenzungsprobleme existieren ebenfalls beim Verhältnis zwischen Emotion, Motivation und Verhalten. Die Linien, die viele Autoren zwischen dem Untersuchungsgegenstand Emotion und dem Forschungsbereich Motivation zu ziehen versuchen, bleiben häufig unscharf.[207] Dieter Ulich beschreibt Motiv als „Sammelname für ‚dahinterliegende‘, nur erschließbare psychische Ursachen von Handlungen und innerpsychischen Zuständen und Prozessen"[208], räumt aber im selben Zusammenhang ein, die Unterscheidung von Motiv und Emotion sei schwierig und bisweilen gar nicht möglich:

Denn auch die Nennung einer Emotion gibt Auskunft auf die Frage nach dem ‚Warum' [...]. Wo ist die Grenze zwischen bloßer subjektiver Befindlichkeit oder Zuständlichkeit einerseits und Handlungsimpuls andererseits?[209]

Die Annahme, Emotionen wirkten als Motivationssystem für menschliches Verhalten und organisierten Wahrnehmung, Denken und Handeln[210], wird auch von Zimmer vertreten: „Gefühle motivieren und orientieren."[211] Rost hingegen votiert angesichts der von seinen Kollegen betriebenen Einteilung der Psychologie in Disziplinen wie Motivations-, Emotions-, Sozial-, Kognitions- und Persönlichkeitspsychologie sowie der versuchten Unterscheidung zwischen *Motiv* und *Emotion* vehement gegen eine „krampfhafte Abgrenzung" der konkurrierenden Bezeichnungen und stellt fest, dass es bei den unterschiedlichen Gebieten der Psychologie, „die sich mit der Sache ‚Mensch' beschäftigen, [...] eigentlich überall um die gleichen Dinge geht, allenfalls, daß sie anders formuliert oder prononciert sind".[212]

Vor diesem Hintergrund sollen in der vorliegenden Arbeit die Benennungen *Emotion, emotionaler Zustand/emotionales Erleben* sowie *Gefühl* und *Gefühlzustände*, sofern damit psychische Prozesse gemeint sind, gleichwertig nebeneinanderstehen und synonym gebraucht werden.[213]

---

207 Vgl. Schmalt/Sokolowski 2006: 501 ff., Ulich 1995: 17 ff.
208 Ulich 2003: 20.
209 Ulich 2003: 20.
210 Abele-Brehm/Gendolla 2000: 297.
211 Zimmer 1994: 21.
212 Rost 2001: 4.
213 Dieses Vorgehen stützt sich u. a. auf Fiehler (1990: 56): „In unserem Alltagsverständnis existiert

3.1.2.2 Arbeitsdefinitionen

Bei allen Deutungsproblemen für das hochkomplexe Phänomen Emotion herrscht in der Psychologie zumindest Konsens darüber, dass es ungeachtet der zahlreichen empirischen Hypothesen über die Natur von Emotionen keine allgemein akzeptierte Definition von Emotion gibt. In diesem Zusammenhang wird immer wieder auf die umfangreiche, aber das kontroverse Bild einmal mehr bestätigende Arbeit von Paul R. Kleinginna, Jr. und Anne M. Kleinginna aus dem Jahr 1981 verwiesen, die zu Beginn des Booms der emotionspsychologischen Forschung 101 bereits existierende Definitionen von Emotion zusammentrugen und zu ordnen versuchten.[214] Die Psychologen sind sich darüber hinaus weitgehend einig in der Feststellung, dass eine wissenschaftliche Erforschung der Emotion nicht zwingend eine genaue Bestimmung des Gegenstandsbereichs erfordert, da dies voraussetzen würde, dass man den zu untersuchenden Bereich bereits in allen seinen Details kennt.[215] Andererseits sollte der Forschungsgegenstand zu Beginn der Untersuchung einigermaßen abgegrenzt sein. Einen Ausweg aus dem Dilemma bieten Arbeitsdefinitionen, die den aktuellen Forschungsstand beschreiben, für Forscher mit unterschiedlichen Ansätzen akzeptabel und deshalb möglichst unkontrovers sind und somit als Arbeitsgrundlage für weitere Erkenntnisse dienen können.

Aus der Menge der Arbeitsdefinitionen seien die folgenden vier herausgegriffen, die die unterschiedlichen Forschungsansätze reflektieren und den wissenschaftlichen Blick von einer kognitiven Betrachtungsweise hin zu einer sozialkonstruktivistischen Auslegung nachvollziehen. Meyer et al. formulieren prägnant und eingängig:

1. Emotionen sind zeitlich datierte, konkrete einzelne Vorkommnisse von zum Beispiel Freude, Traurigkeit, Ärger, Angst, Eifersucht, Stolz, Überraschung, Mitleid, Scham, Schuld, Neid, Enttäuschung, Erleichterung sowie weiterer Arten von psychischen Zuständen, die den genannten ähnlich sind.

---

keine solche Grenze (gemeint ist die Abgrenzung von Emotionen gegen andere Formen des Erlebens) und sie analytisch zu ziehen, wäre künstlich."
214 P. R. Kleinginna & A. M. Kleinginna: „A categorized list of emotion definitions, with suggestions for a consensual definition". In: *Motivation and Emotion*, 5/1981, 345-379.
215 Vgl. Otto et al. 2000: 11.

2. *Diese Phänomene haben folgende Merkmale gemeinsam:*

(a) Sie sind aktuelle psychische Zustände von Personen.
(b) Sie haben eine bestimmte Qualität, Intensität und Dauer.
(c) Sie sind in der Regel objektgerichtet.
(d) Personen, die sich in einem dieser Zustände befinden, haben normalerweise ein charakteristisches Erleben (Erlebensaspekt von Emotionen), und häufig treten auch bestimmte physiologische Veränderungen (physiologischer Aspekt von Emotionen) und Verhaltensweisen (Verhaltensaspekt von Emotionen) auf.[216]

Die nachfolgende Definition unterstreicht die besondere Rolle kognitiver Prozesse in der Emotionsforschung:

(1) Eine Emotion wird üblicherweise dadurch verursacht, dass eine Person – bewusst oder unbewusst – ein Ereignis als bedeutsam für ein wichtiges Anliegen (ein Ziel) bewertet. [...] (2) Der Kern einer Emotion sind Handlungsbereitschaft (readiness to act) *und das Nahelegen* (prompting) *von Handlungsplänen; eine Emotion gibt einer oder wenigen Handlungen Vorrang, denen sie Dringlichkeit verleiht. So kann sie andere mentale Prozesse oder Handlungen unterbinden oder mit ihnen konkurrieren.*[217]

Averill hingegen spricht zwar auch den Aspekt der Bewertung an, sieht Emotion aber in erster Linie als soziales Konstrukt und betont die Kulturbedingtheit der Verhaltensregeln (Situationseinschätzung, nachfolgendes Verhalten, Interpretation der Körperreaktionen).

Eine Emotion ist eine vorübergehende soziale Rolle (ein sozial konstituiertes Syndrom), welche die Situationseinschätzung des Individuums einschließt und eher als Passion (passion) *statt als Aktion aufgefasst wird.*[218]

....

216 Meyer et al. 2001: 24.
217 Oatley & Jenkins 1996: 96, zit. nach Otto et al. 2000: 16, Hervorhebung im Original.
218 Averill 1980: 312, zit. nach Otto et al. 2000: 16, Hervorhebung im Original.

Ulich wiederum deutet Emotionen im Hinblick auf ihre gesellschaftliche Relevanz:

Emotionen sind subjektive Erfahrungstatsachen bzw. Bewußtseinsinhalte, die persönliche Betroffenheit und Engagement in unseren Beziehungen zur Welt ausdrücken.[219]

3.1.2.3 Aspekte von Emotionen: Ausdruckserscheinungen

Neben der Frage, was Emotionen darstellen, erhebt sich die Frage nach den Auswirkungen, die sie auf das erlebende Individuum, aber auch auf die Kommunikations- resp. Dolmetschsituation haben. Die Fachliteratur nennt hier drei Aspekte: den physiologischen Aspekt, den Verhaltensaspekt und den Erlebensaspekt.[220]

Der physiologische Aspekt umfasst körperliche Veränderungen beispielsweise bei der Atmung oder beim Herzschlag. Beim Verhaltensaspekt von Emotionen geht es zum einen um verschiedene Formen des Ausdrucksverhaltens, Änderungen in den Bereichen Mimik, Blickrichtung, Pupillengröße, Gestik, Körperhaltung und Körperausrichtung sowie bei bestimmten Merkmalen der Sprechstimme, u. a. der Sprechgeschwindigkeit. Zum zweiten werden darunter zielgerichtete, durch Emotionen ausgelöste Handlungen wie Fluchtbewegungen oder Angriffsverhalten verstanden. Der dritte genannte Aspekt ist der Erlebensaspekt, die „subjektive Komponente" von Emotionen: Ärger oder Freude zu empfinden, unterscheidet sich auf charakteristische Weise vom Erleben anderer bewusster Zustände wie beispielsweise Nachdenken oder Wahrnehmen. Dieses emotionale Erleben gehört zur „inneren Welt" der erlebenden Person und ist – als privater, subjektiver Bewusstseinszustand – nur ihr zugänglich. Ein Vertreter der „Außenwelt" hingegen kann zwar über seine Sinnesorgane das Verhalten eines Menschen wahrnehmen, muss sich aber im Einzelfall über Vermutungen und Schlussfolgerungen erschließen, in welchem emotionalen Zustand sich die von ihm beobachtete Person in diesem Augenblick befindet. Dies gilt laut Meyer sowohl für Wissenschaftler als auch für Alltagspsychologen, die für die Auseinandersetzung mit dem subjektiven Aspekt von Emotionen grundsätzlich über zwei Arten von Informationen verfügen.[221] Dazu zählen einerseits die oben beschriebenen Aspekte von Emotionen, andererseits Angaben über die Situation, in der sich die erlebende Person befindet.

---

219 Ulich 1995: 82.
220 Vgl. hierzu Meyer et al. 2001: 33 ff.
221 Meyer et al. 2001: 38 f.

Zusammenfassend lässt sich folgendes festhalten: Ausdruckserscheinungen sind kommunikativ und teilen etwas über den emotionalen Zustand eines Individuums mit. Dies kann absichtlich, aber auch unabsichtlich geschehen, und unter Umständen können auch Ausdruckserscheinungen auftreten, ohne dass ihnen entsprechende Gefühle zugrunde liegen. Emotionen können je nach persönlicher Fähigkeit und Bereitschaft mit unterschiedlicher Deutlichkeit ausgedrückt werden (Frauen wird beispielsweise in der Regel ein höherer Grad an Expressivität zugeschrieben als Männern[222]) und kommen als Schlussfolgerung aufgrund des beobachteten Ausdrucks, als „wahrgenommene" Emotion, beim Beobachter an.

3.1.2.4 Funktionen von Emotionen

Ein nicht unwesentlicher Punkt in der Gesamtdarstellung von Emotionen ist deren Funktion. Gefühle wirken wie Signale, sie können lähmen oder motivieren, bewusst produziert oder unterdrückt werden, etwa wenn moralische Erwägungen es geraten scheinen lassen. Aber welchen Zweck erfüllen sie?

Generell werden den Emotionen drei Funktionen zugeschrieben: Bewertung, Verhaltensvorbereitung und Motivation sowie Kommunikation.[223] Die Gehirnstrukturen und Gehirnprozesse, die an der Entstehung von Emotionen beteiligt sind, gelten gemeinhin als das Ergebnis evolutionärer Anpassungsprozesse. Infolge dieser Vorgänge sind jene Verhaltensweisen genetisch festgelegt, die dem Individuum eine angemessene Reaktion auf positive und negative Umweltreize ermöglichen. Nachdem eine erste grobe Bewertung eines Umstands oder einer Situation stattgefunden hat, wird eine angemessene Antwort vorbereitet. Dabei können sich die Bewertungen, Vergleiche und Einschätzungen, die ein Individuum ununterbrochen vornimmt, hinsichtlich ihrer Komplexität und der beteiligten zentralnervösen Strukturen allerdings unterscheiden.[224] Mit Verhaltensvorbereitung und Motivation wird die Vorstellung beschrieben, dass Emotionen die Bereitschaft zu handeln generieren und wie ein Appell wirken, ein bestimmtes Verhaltensmuster auszuführen. Je nach Stärke der Emotion kann sich das Individuum diesem Appell widersetzen – oder auch nicht: „Bei besonders intensiven

---

222 Vgl. Schmidt-Atzert 1983: 28.
223 Vgl. Sokolowski 2008: 310.
224 LeDoux (zit. nach Sokolowski 2008: 311 und 328) spricht von einer *low road* für schnelle und grobe Bewertungsvorgänge, die bereits auf der Zwischenhirnebene vonstatten gehen, sowie von einer *high road* für langsamere kognitive Prozessierungen und feine Merkmalsanalysen, die unter hoher kortikaler Beteiligung ablaufen.

emotionalen Zuständen sprechen wir von Affekten, die dann zu verminderter Handlungsfreiheit und somit – juristisch gesprochen – zu verminderter Schuldfähigkeit führen."[225] Bereits Darwin hatte dem Emotionsausdruck eine kommunikative Funktion zugeschrieben. Zum einen wird das Umfeld des erlebenden Individuums über wahrgenommene Valenzänderungen in der Umwelt informiert, zum anderen erfolgt im Zuge des subjektiven Emotionserlebens eine Informationsübermittlung innerhalb des Organismus, die wiederum für eine bewusste Emotionskontrolle und -bewältigung erforderlich ist:

In diesem Sinne können uns erlebte Gefühle nicht nur dazu bewegen, den in der angeregten Emotion angesprochenen Bewertungen, Verhaltensimpulsen und Zielen zu folgen, sondern auch dazu, über ihre Ursachen nachzudenken und weiterreichend uns die kurz- oder langfristigen Folgen des Tuns zu vergegenwärtigen.[226]

Ulich bezeichnet das als „Regulation des Verhaltens", bei dem Emotionen als „wichtige Aktivatoren, Motivatoren und Organisatoren" mitwirken.[227]

Nach Zimbardo haben Emotionen nicht nur eine motivationale Funktion, sondern können zudem auch zu einer Steigerung der Aufmerksamkeit beitragen, was u. a. eine verbesserte Gedächtnisleistung bewirkt. Emotionen sind ebenfalls von Bedeutung, wenn es um den Ablauf kognitiver Prozesse geht. Sie beeinflussen Vorgänge wie Lernen und Erinnern sowie soziale Urteile und Kreativität und spielen eine wichtige Rolle bei der Organisation und Kategorisierung von Lebenserfahrungen.[228] Darüber hinaus erfüllen Emotionen soziale Funktionen: Sie regulieren soziale Interaktionen, wirken bindungsfördernd oder aber distanzfördernd. Nach Vester entsteht mit ihrer Hilfe eine *moralische Ordnung*:

Emotionen bringen kulturelle Wertvorstellungen zum Ausdruck, beziehen sich auf Vorstellungen davon, was eine gute bzw. schlechte Person ist, sowie auf das Bild, das man sich von sich selbst macht (Selbstkonzept).[229]

---

225 Sokolowski 2008: 312.
226 Sokolowski 2008: 313.
227 Ulich 1995: 126.
228 Zimbardo/Gerrig 2008: 465.
229 Vester 1991: 117.

3.1.3 Relevanz für das Dolmetschen

Ein Dolmetscher sollte folglich über folgende Basisinformationen zu Emotionen verfügen: Emotionen kommen häufig vor, sind mit Ereignissen verbunden, die für die jeweilige Person bedeutsam sind, und sind eng mit dem individuellen Handeln oder zumindest den Handlungsimpulsen verknüpft. Sie lassen sich nach vier auffälligen Merkmalen zu Gruppen zusammenfassen: Qualität (beispielsweise Freude oder Wut), Intensität (starke oder schwache Ausprägung) sowie Dauer und Objektgerichtetheit.[230] Dieses Objekt (Freude über etwas oder Angst vor etwas) muss nicht unbedingt real existieren; entscheidend ist, dass eine Person meint oder überzeugt ist, dass die entsprechenden Ereignisse oder Sachverhalte vorhanden oder zumindest möglich sind. Darüber hinaus haben Emotionen Auswirkungen auf die Physis eines Individuums, auf sein Ausdrucksverhalten und auf sein Erleben; sie erfüllen soziale Funktionen und beeinflussen die Interaktion mit der Umwelt.

In der Dolmetschpraxis stehen dem Dolmetscher verschiedene Informationsquellen zur Verfügung: zunächst der verbale Bericht des Redners[231] über seinen aktuellen emotionalen Zustand („Ich freue mich außerordentlich, ..."), des Weiteren die physiologischen Veränderungen, die der Dolmetscher an dieser Person beobachtet, und zuletzt deren ebenfalls beobachtbares expressives und instrumentelles Verhalten. Interessant ist die Frage, ob und inwieweit Menschen in einer offiziellen Funktion, die das damit einhergehende konventionalisierte Rollenverhalten verinnerlicht haben, ihren tatsächlichen emotionalen Zustand in einem solchen Kontext willentlich verbal kundtun. Es scheint wahrscheinlicher, dass sie dies eher unwillkürlich über körpersprachliche Veränderungen oder über ihr expressives (stimmliches) oder instrumentelles Verhalten signalisieren bzw. Freude auch dann bekunden, wenn diese als Element eines Rituals vorgeschrieben ist, im Grunde aber nicht wirklich empfunden wird.

Nach Meyer reichen die Informationen über die oben genannten Aspekte von Emotionen sowie über die Situation, in der sich die erlebende Person befindet, für Schlussfolgerungen auf das Erleben jedoch nicht aus. Wer in einer Interaktion mit der Emotionsmanifestation eines anderen Menschen konfrontiert wird, benötigt darüber hinaus ein „allgemeines Hintergrundwissen über die *typischen Zusammenhänge* zwischen Erleben einerseits und auslö-

---

230 Vgl. Meyer et al.2001: 29 f.
231 Der „Redner" steht hier stellvertretend für die zu verdolmetschende Person, die je nach Setting auch eine Ärztin, ein Sozialarbeiter oder ein Wirtschaftsvertreter in einer Vertragsverhandlung sein kann.

senden Ereignissen sowie emotionalen Verhaltensweisen andererseits"[232]. Bezogen auf eine Dolmetschsituation heißt das: Um beispielsweise auf das Vorliegen von Ärger schließen zu können, muss der Dolmetscher auch Vorkenntnisse darüber besitzen, dass das angesprochene Thema Ärgerpotenzial enthält, oder wissen, dass eine bestimmte Art des Gesichtsausdrucks, der Gestik oder der Stimmfärbung im Fall von Ärger auftritt. An dieser Stelle wird einmal mehr das anspruchsvolle Anforderungsprofil bzw. das Kompetenzspektrum des Dolmetscherberufs deutlich, das jenseits von Sprach- und Terminologiewissen an situationsrelevante Aspekte wie emotional bedingte Implikationen heranreicht. Denn: „Wer lesend und hörend den anderen begreifen will, bedarf einer rationalen und einer emotionalen Intelligenz."[233]

3.1.4 Arten von Emotionen

3.1.4.1 Kategorisierung

Laut Schmidt-Atzert ist es „unstrittig, dass sich Emotionen voneinander unterscheiden; strittig ist nur, *worin* die Unterschiede und auch die Gemeinsamkeiten liegen".[234] Ähnlich wie bei der Begriffsbestimmung gehen auch beim Thema Status, Kategorien und Gesamtzahl von Emotionen die Forschermeinungen aufgrund unterschiedlicher Betrachtungsperspektiven und fehlender objektiver Kriterien auseinander. Zum einen erweist sich die Abgrenzung des Konstrukts „Emotion" gegenüber „Stimmung" oder überdauernden Eigenschaften als schwierig: Wenn man Angst als Emotion betrachtet, wo sind dann Schüchternheit (eine Eigenschaft?) oder Nervosität (eine Stimmung?) einzuordnen?[235] Zum anderen erhebt sich die Frage, wie viele Emotionsarten sich letztlich definieren lassen, wenn eine Abgrenzung stattgefunden hat. Nach heutiger Lehrmeinung sind es auf jeden Fall mehr als *Liebe* und *Hass*, die nach Empedokles als *die* „metaphysischen Grundkräfte des Lebens" für sämtliche Vorgänge von Bewegung, Trennung und Wiedervereinigung verantwortlich sind[236].

Die erste systematische Zusammenstellung von Emotionen stammt von Darwin. In seinem Werk „Der Ausdruck der Gemütsbewegung bei den Men-

---

232 Meyer et al. 2001: 39, Hervorhebung im Original.
233 Prof. Dr. Jutta Limbach in ihrem Vortrag anlässlich der Eröffnungssitzung der Internationalen Fachkonferenz des BDÜ „Übersetzen in die Zukunft – Herausforderungen der Globalisierung für Dolmetscher und Übersetzer" am 11.09.2009 in Berlin.
234 Schmidt-Atzert 2000: 30. Vgl. dazu Meyer et al. 2003a: 202 ff., Hervorhebung im Original.
235 Vgl. Schmidt-Atzert 2000: 33.
236 Dorsch 2009: 596.

schen und den Tieren" nannte er u. a. Leiden und Weinen, Sorge, Kummer und Verzweiflung, Freude und Liebe, Überlegung und Entschlossenheit, Hass und Zorn, Verachtung, Geduld, Abscheu, Bejahung und Verneinung, Überraschung, Furcht und Entsetzen sowie Selbstaufmerksamkeit, Scham und Schüchternheit.[237] Ein moderner, allerdings ebenfalls umstrittener Ansatz zur Ordnung und Kategorisierung von Emotionen besteht darin, einige Grundemotionen (auch Basis- oder Primäremotionen, grundlegende Emotionen, engl. *basic, primary* oder *fundamental emotions*) festzulegen. Sie sind dadurch gekennzeichnet, dass sie sich nicht weiter in andere Gefühle zerlegen lassen und dass aus mehreren Grundemotionen auch neue Emotionen entstehen können. Eine weitere Methode zur Gewinnung von Emotionskategorien sieht vor, eine repräsentative Auswahl von Emotionen von vielen Personen beurteilen zu lassen und deren Aussagen über eventuelle Ähnlichkeiten mit empirischen Methoden zu untersuchen. Zu Untersuchungszwecken bieten sich in erster Linie Emotionswörter (sprachliche Bezeichnungen) und der mimische Ausdruck des Menschen an. Zwar lassen sich nicht alle Emotionen, die verbal benannt werden können, in einen Gesichtsausdruck umwandeln (z. B. Unruhe) und es konnten nicht für sämtliche Kulturen Zuordnungen von verbalen Etiketten zu typischen Emotionsausdrücken hergestellt werden. Bei Untersuchungen zu Emotionswörtern in westlichen Kulturen konnten allerdings neun von zehn postulierten Emotionsdimensionen gut bestätigt werden[238]; die Kategorien Ärger, Angst, Traurigkeit und Freude tauchten in allen Forschungsergebnissen auf, Abneigung/Ekel, Unruhe, Scham, Zuneigung und Überraschung in mindestens drei von fünf.

3.1.4.2 Darstellung ausgewählter Emotionen

In Anlehnung an die Darstellung bei Otto et al.[239] werden nachfolgend einige ausgewählte Emotionen näher dargestellt und in ihrer möglichen Relevanz für die Dolmetschsituation betrachtet:

---

237 Vgl. Rost 2001: 51.
238 Zu den Details vgl. Schmidt-Atzert 2000: 36 ff. Auf eine Darstellung der Untersuchungen in nichtwestlichen Kulturen und die Beschreibung von empirischen Ansätzen zur Erfassung der Ähnlichkeit von Emotionen wird an dieser Stelle verzichtet. Dasselbe gilt für die Möglichkeit, Emotionen in Dimensionsmodellen zu ordnen.
239 Otto et al. 2000: 189 ff. An dieser Stelle wird ebenso wie in den bisher getroffenen Aussagen der (natur-) wissenschaftliche Ansatz gewählt. Der Vollständigkeit halber sei darauf hingewiesen, dass es neben dieser Perspektive der kausalen Erklärung des Phänomens Emotion auch einen philosophischen Ansatz gibt, wie ihn beispielsweise Demmerling/Landwehr (2007) verfolgen: Hier werden auch die Lebenserfahrungen von Individuen im Zusammenhang mit Gefühlen und deren subjektiver Standpunkt berücksichtigt, um begriffliche Zusammenhänge darzustellen.

- Angst;
- Ärger;
- Trauer;
- Freude und Glück;
- Erheiterung;
- Liebe, Verliebtsein und Zuneigung;
- Überraschung;
- Peinlichkeit, Scham und Schuld;
- Neid und Eifersucht;
- Ekel und Verachtung.

Schmidt-Atzert nennt darüber hinaus Emotionen wie Unruhe/Arousal; sexuelle Erregung; Schmerz. Rost hingegen vertritt den Standpunkt, dass es sich beispielsweise bei Schmerz, Ekel, Eifersucht, Trauer sowie Furcht um „einfache wahrnehmungsspezifische Empfindungen" handelt, die nicht der Ebene der Emotionen zuzuordnen sind.[240]

FURCHT/ANGST
Furcht und Angst werden als eng verbundene Zustände und Prozesse wahrgenommen: Furcht ist in der Regel auf eine äußere Gefahr ausgerichtet, während Angst, „ein mit Beengung, Erregung, Verzweiflung verknüpftes Lebensgefühl, dessen besonderes Kennzeichnen die Aufhebung der willensmäßigen und verstandesmäßigen ‚Steuerung' der Persönlichkeit ist"[241], als unbestimmt und objektlos gilt.[242] Furcht, „die toxischste aller Emotionen"[243], hat positive und negative Funktionen: Sie kann als Warnsignal dienen und zu einem Richtungswechsel in Denken und Handeln führen, kann einen erkennbaren Auslöser haben (eine Person, einen Gegenstand oder z. B. Schmerz), aber auch gegenstandslos sein. Angst wird häufig als Kombination mehrerer Emotionen betrachtet; auch sie kann ebenso lähmen wie mobilisieren: „Angst ist eine *conditio humana*, Reiz für Entwicklung, Differenzierung und Aufbau psychischer Strukturen."[244]

---

240 Rost 2001: 46.
241 Dorsch 2009: 44.
242 Izard 1994: 428.
243 Izard 1994: 397. Krasavskij (2008: 335) bezeichnet sie als „Emotion der Emotionen".
244 Kutter 1983: 205, Hervorhebung im Original. Zum Kontrast vgl. die Darstellung der „Erwartungsemotionen" Hoffnung und Furcht bei Mees (1991: 104 ff.). Ulich (1995: 105) schreibt Furcht „in

ÄRGER
Ärger ist eine grundlegende Emotion, die man im Alltag häufig erlebt, wenn man das Gefühl hat, durch andere benachteiligt oder geschädigt worden zu sein. Ärger manifestiert sich vielschichtig, etwa in Form von Zorn oder Wut. Kognitiven Theorieansätzen zufolge kann Ärger nur dann entstehen, wenn ein Ereignis auf eine bestimmte Art und Weise kognitiv bewertet wird.[245]

TRAUER
Der Begriff der Trauer meint „die leidvolle Reaktion einer Person auf einen schwerwiegenden und unwiderruflichen Verlust", unter *Traurigkeit* ist die „niedergeschlagene, getrübte Stimmung einer trauernden Person, aber auch [...] die Reaktion auf unerwünschte Ereignisse"[246] zu verstehen. Trauer, Emotion des Abschieds, verläuft häufig in Phasen; erwähnt sei an dieser Stelle die Bezeichnung „Trauerarbeit" aus Freuds Arbeit „Trauer und Melancholie".

FREUDE UND GLÜCK
Unterschiedliche Forschungsansätze und Forschungstraditionen (Sozialindikatorenforschung, Gerontologie und psychologische Stimmungsforschung) haben die Festlegung einheitlicher Definitionen erschwert. Die Wohlbefindensforschung fasst als eigenständiges Gebiet die verschiedenen Ansätze zusammen und hat die folgenden vier Faktoren des subjektiven Wohlbefindens differenziert[247]: Belastungsfreiheit als angenehmer Zustand der Unbeschwertheit (im Gegensatz zu Leiden und Schmerz), Freude als an konkrete Situationen gebundener emotionaler Zustand des Sich-gut-Fühlens (Gegenteil: Unwohlsein), Zufriedenheit als eher ruhigerer, kognitiv gesteuerter Befindenszustand (Gegenteil: Unzufriedenheit) und Glück als intensivster Wohlbefindenszustand (Gegenpol: Trauer und Depression).

Was gehört zum Wohlbefinden oder: Was macht den Menschen glücklich? Laut Studien, die die Korrelationen zwischen Situationsfaktoren und Glücks-Selbsteinschätzungen berechnet haben, gibt es vier Hauptkorrelate von Glück: der sozioökonomische Status eines Menschen, die soziale Integration, die Gesundheit sowie positive Lebensereignisse. Hinzu kommen persönlichkeits-

---

vielen Situationen unmittelbar lebenserhaltende Wirkungen" zu und hält eine genetische Vorprogrammierung für „nicht unwahrscheinlich".
245 Vgl. Hodapp 2000: 201 ff. Zur Beschreibung von Ärger-Emotionen vgl. auch Mees 1991: 134 ff.
246 Schmitt/Mees 2000: 209.
247 Vgl. Mayring 2000: 222.

abhängige Variablen wie beispielsweise Selbstwertgefühl und emotionale Stabilität.[248]

ERHEITERUNG
Erheiterung wird den positiven Emotionen zugerechnet, kann als Facette der Emotionskategorie Freude verstanden werden und wird als emotionaler Prozess beschrieben, der sich „in der Auslösung von Lachen oder Lächeln und in phasischen physiologischen Veränderungen vollzieht"[249]. Das Erheiterungsverhalten (Anspannen bestimmter Gesichtsmuskeln, Veränderung der Körperhaltung) ist ebenso untersucht worden wie die physiologischen Begleiterscheinungen der Erheiterung (Änderung des Atmungsmusters und Auftreten von Lautäußerungen) und das affektive Erleben: Demnach besteht die zentrale Voraussetzung für den Eindruck des Komischen darin, dass etwas zusammengefügt wird, was im Grunde nicht zusammengehört.[250] Als Auslöser gelten Reize oder Situationen, die als witzig (im Sinne von „lustig", „geistreich", aber auch „seltsam", „merkwürdig") empfunden werden; Anwendung finden die Ergebnisse der wissenschaftlichen Auseinandersetzung mit Erheiterung beispielsweise bei der Gegenkonditionierung von Ärger oder zur Desensibilisierung von Angst sowie bei der Stressbewältigung und in den Bereichen Gesundheit (man denke an Krankenhausclowns), Unterricht und Lernen.[251]

LIEBE, VERLIEBTSEIN UND ZUNEIGUNG
Diese sozialen Emotionen wirken sich nicht nur auf das individuelle Wohlbefinden, die Selbstachtung und die Gesundheit aus, sondern bilden auch die Grundlage für die Freundschaft und die Liebesbeziehung, die beiden wichtigsten zwischenmenschlichen Beziehungen.[252] Allen drei Emotionen gemeinsam

---

248 Zum sprachlichen und philosophischen Umgang mit *Glück* und dem *Streben nach Glück* (als einem unverbrüchlichen Menschenrecht beispielsweise) vgl. Benthien/Fleig 2000: 7 f. Wie weitreichend die Stimmungsforschung mittlerweile ist, zeigen Studien zur Wechselwirkung zwischen Emotionen und Leistung: Sie belegen, „dass es auch pädagogisch sinnvoll ist, positives Befinden in Lern- und Leistungssituationen zu unterstützen." Mayring 2000: 228.
249 Ruch 2000: 231.
250 Vgl. Ruch 2000: 235.
251 Nach Ruch (2000: 237) „kann angenommen werden, dass Erheiterung und Lachen in weit mehr Bereichen eine Rolle spielen, als durch die Forschung widergespiegelt wird. In Übersichtsarbeiten wird oft beklagt, dass diese und andere Phänomene des Unernst-Seins nicht einer ernsten Betrachtung würdig angesehen werden."
252 Vgl. Mees/Rohde-Höft 2000: 239 ff. Zur historischen Sicht und zur Benennung der verschiedenen Seiten und Formen der Liebe vgl. Dorsch 2009: 596.

ist das Merkmal „eine anziehende Person mögen".[253] Neuere Untersuchungen befassen sich insbesondere mit Themenstellungen wie Alltagsbeziehungen, lang andauernde Partnerschaften und deren Entstehungs- bzw. Auslösungsbedingungen.[254]

ÜBERRASCHUNG
Ob Überraschung eine Emotion ist und wenn ja, dann welche, wird von Autorenseite unterschiedlich beantwortet – Basisemotion (aufgrund des Vorhandenseins eines universellen spezifischen mimischen Ausdrucks) oder „preemotion" (wie Lazarus das Vorstadium für weitere emotionsrelevante Einschätzungen nennt)[255]. Mees bestreitet in seiner Analyse, dass es sich bei Überraschung um ein Gefühl handelt,[256] Meyer et al. wiederum werten die Tatsache, dass Überraschung ebenso wie Freude, Ärger und Furcht Merkmale wie charakteristische Erlebensqualität, Objektgerichtetheit, plausible Funktion und Vorhandensein eines charakteristischen Ausdrucks aufweist, als Grundlage dafür, Überraschung ebenfalls den Emotionen zuzuordnen, und beschreiben Überraschung als „probabilistisches Syndrom von psychischen und physischen Reaktionen auf unerwartete (schemadiskrepante) Ereignisse"[257]. Das folgende, verkürzt dargestellte Prozessmodell veranschaulicht den möglichen Ablauf von Überraschungsprozessen: Wahrnehmung, Denken und Handeln eines Menschen werden durch komplexe organisierte Wissensstrukturen (Schemata) gesteuert, die annähernd korrekt sein müssen, damit dieser Mensch gegenwärtige Ereignisse interpretieren sowie zukünftige vorhersagen und sein Handeln entsprechend planen kann. Aufgrund der sich ständig verändernden Umwelt werden diese Schemata fortlaufend überprüft und ggf. an neue Informationen angepasst. Tritt ein Ereignis ein, das nicht in das Schema passt (Schemadiskrepanz), wird der Überraschungsmechanismus aktiviert:

---

253 Für Mees (1991: 145 ff.) gehören die „Attraktivitätsemotionen" Liebe und Hass sowie die „Wertschätzungsemotionen" Bewunderung und Verachtung zu den „Beziehungsemotionen", die die Beziehung zwischen der bewertenden Person und einer bewerteten Person bzw. einem bewerteten Objekt qualifizieren.
254 Vgl. Dorsch 2009: 596 und Mees/Rohde-Höft 2000: 240 ff.
255 Vgl. Meyer et al. 2000: 260.
256 Mees 1991: 169.
257 Meyer et al. 2000: 253.

Die automatische Verarbeitung von Informationen wird unterbrochen, Überraschung wird erlebt, und kognitive Prozesse der Analyse und Bewertung des schemadiskrepanten Ereignisses werden in Gang gesetzt. [...] (Damit wird) die Voraussetzung für die Vorhersage des Ereignisses und damit für adaptives Handeln in der Zukunft hergestellt.[258]

PEINLICHKEIT, SCHAM UND SCHULD
Diese drei Emotionen werden in der Literatur in die Kategorie der „Übertretungsemotionen", „Selbsteinschätzungs-" oder "Selbstbewusstseinsemotionen" eingeordnet.[259] Sie sind eng mit Konventionen, moralischen Normen und gesetzlichen Regeln verknüpft und dienen der Aufrechterhaltung sozialer Systeme.

Peinlichkeit entsteht im Zusammenhang mit Selbstdarstellungsproblemen in einem sozialen Kontext, der von einer (vorhandenen oder lediglich vorgestellten) Öffentlichkeit gebildet wird, die wiederum die Situation bewertet (Fremdevaluation). Eine peinliche Situation wird nicht geplant; Auslöser können beispielsweise einmalige Fehlhandlungen („Patzer"), Unterbrechungen sozialer Routinen oder intentionales Verhalten in Kombination mit unvorhergesehenen Umständen sein. Typische Reaktionen auf peinliche Situationen sind u. a. Ablenkungs- oder Fluchtversuche („im Erdboden versinken"), Entschuldigungen, Themenwechsel, Erröten oder Sprechstörungen (Stammeln, Stottern).

Scham wird im Unterschied zur Peinlichkeit als Emotion beschrieben, bei der es weniger um eine unkontrollierte oder missglückte Selbstdarstellung als vielmehr um substantielle längerfristige Selbstzweifel geht. Anders als bei der Peinlichkeit werden Handlungen, aus denen das Gefühl der Scham resultiert, in der Regel freiwillig und geplant vollzogen. Häufige Reaktionen sind Erröten, das Niederschlagen der Augen oder das Verbergen des Gesichts in den Händen.

Schuldgefühle entstehen, wenn ein Individuum erkennt, dass es durch sein Handeln oder auch Nichthandeln gegen moralische Normen verstoßen hat und für diesen Verstoß selbst verantwortlich ist.[260] Charakteristisch für das Erleben von Schuld sind die Erkenntnis der eigenen Verantwortung, die Tatsache, dass andere, für die Mitgefühl empfunden wird, geschädigt wurden, sowie der Rückbezug auf die eigene Person: Man weiß, dass man hätte anders

---

258 Meyer et al. 2000: 255.
259 Vgl. Roos 2000: 264 ff.
260 Vgl. Roos 2000: 268.

handeln müssen. Die Reaktionen auf Schuld sind sehr unterschiedlich und reichen von Ausreden über Rechtfertigungen bis hin zu Entschuldigungen.

NEID UND EIFERSUCHT
Obwohl alle Menschen Neid und Eifersucht kennen, gelten diese Gefühle in der Öffentlichkeit als negativ und tadelnswert. Neid entsteht, wenn Menschen sich mit anderen vergleichen und ihnen das, in dem sie ihnen vermeintlich überlegen sind, missgönnen. Auslöser von Neid können beispielsweise Konkurrenzsituationen sein; Neid kann zu feindseligen Gefühlen bis hin zu Depressionen, aber auch zu Schadenfreude führen.

Eifersucht bezieht sich dagegen auf die Furcht, etwas Wertvolles, beispielsweise den Partner, an einen anderen zu verlieren.[261] Eifersucht kann andere Emotionen beinhalten oder auslösen (Furcht, Ärger, Traurigkeit). Die Ursachen für Eifersucht können im evolutionären Bereich gesucht werden (Männer wollen Vaterschaftsgewissheit, Mütter entwickeln Beziehungseifersucht), aber auch situational begründet sein[262] oder psychologische Variablen aufweisen[263].

Aufschlussreich ist in diesem Zusammenhang die Untersuchung des Kultureinflusses auf das Empfinden und Wahrnehmen der Emotionen Neid und Eifersucht. Kulturvergleichende Studien zum Neidempfinden lassen darauf schließen, dass in wettbewerbsorientierten und kooperativ orientierten Gesellschaften verschiedene Ursachen und Häufigkeiten von Neid zu erwarten sind. Nach Hupka und Otto ist die Kultur, in die eine Person hineingeboren wird, entscheidend dafür, wie häufig und intensiv Eifersucht vorkommt.[264] Bei einer Untersuchung, was Menschen mit diesen beiden Emotionen assoziieren und an welcher Stelle des Körpers sie sie wahrnehmen, stellte sich heraus, dass sowohl die mit den Begriffen verknüpften Assoziationen als auch die Lokalisierung der beiden Emotionen in Abhängigkeit von der sprachlichen und kulturellen Prägung differieren. So stimmten für die befragten Deutschen 28 % der Assoziationen zu Neid und Eifersucht überein, während es für Russen nur 12 % waren. Übereinstimmend gaben sie an, Neid im Herzen zu spüren; Rus-

---

261 Zur Beschreibung und Abgrenzung von Neid und Eifersucht vgl. Mees 1991: 95 ff.

262 Eifersuchtsfaktoren, die zwischen und innerhalb der Kulturen differieren, sind gesuchte Nähe und Autonomie, Vereinbarungen von Paaren über extradyadischen Geschlechtsverkehr oder die Eigenschaften des jeweiligen Rivalen. Vgl. Hupka/Otto 2000: 278.

263 Gemeint ist hier beispielsweise der Zusammenhang zwischen Selbstbewertung/Selbstachtung und der Wahrscheinlichkeit des Entstehens von Eifersucht oder der Bezug zwischen Bindungsstil/Abhängigkeit in einer Beziehung und potentieller Eifersucht. Vgl. Hupka/Otto 2000: 278.

264 Vgl. Hupka/Otto 2000: 279.

sen fügten hinzu, ihn auch in den Augen zu empfinden, wohingegen Deutsche den Neid eher im Kopf lokalisierten. Hupka und Otto schlussfolgern: „Wenn auch die physiologische Grundlage der Emotionen für alle Menschen gleich zu sein scheint, so kann sich doch die Sprache über Emotionen aufgrund kultureller Skripts unterscheiden."[265]

EKEL UND VERACHTUNG
Ekel kann durch materiellen oder psychologischen Verfall – verdorbenes Essen ebenso wie verdorbene Moral – hervorgerufen werden und wird häufig von einem Übelkeitsgefühl begleitet.[266] Die Ekelempfindung gilt als fundamentale Emotion und geht mit einem charakteristischen mimischen Ausdruck sowie einem bestimmten Verhaltensrepertoire – in erster Linie Rückzug vom ekelerregenden Objekt – einher.[267] Ekel tritt häufig in einer „Feindseligkeitstriade"[268] gemeinsam mit Zorn (Ärger) und Verachtung (Geringschätzung) auf[269]; letztere bezeichnet das Bedürfnis eines Individuums, sich einem anderen überlegen zu fühlen, was zu einer Entpersönlichung des geringgeschätzten Individuums oder der geringgeschätzten Gruppe führen kann.

UNRUHE
Mayring beschreibt die Kette der Emotionen von Anspannung über Nervosität und Unruhe bis zum Stress als „das genaue Gegenteil von Erleichterung/Entspanntheit"[270]. Stresszustände führen dazu, dass der Organismus sämtliche Energien für eine Angriffs-, Widerstands- oder Fluchtreaktion mobilisiert, was – diese Erkenntnis ist mittlerweile auch bei Laienpsychologen und in der populärwissenschaftlichen Lebensberatungsliteratur angekommen – auf Dauer zu körperlichen Erkrankungen führen kann.[271]

---

265 Hupka/Otto 2000: 273.
266 Vgl. Izard 1994: 111 f. Ausführlich äußert sich Pinker (1998: 467 f.) zur Psychologie des Ekels.
267 Hennig/Netter 2000: 284.
268 Izard 1994: 112.
269 Vgl. Hennig/Netter 2000: 291. Die Autoren weisen darauf hin, dass Verachtung nicht in allen Emotionstheorien als Grundemotion aufgeführt wird, und bestätigen den engen Bezug zwischen Ärger, Ekel und Verachtung.
270 Mayring 2000: 186.
271 Vgl. dazu Mayrings Ausführungen zur Stressforschung (2000: 187 f.).

3.1.5 Relevanz für das Dolmetschen

Spannt man den Bogen möglicher Dolmetschsettings vom Dolmetschen für Behörden und vor Gericht über offizielle politische Gespräche sowie Wirtschaftsverhandlungen bis hin zu Fachkongressen und betrachtet die angeführten Emotionsarten unter dem Aspekt der Wahrscheinlichkeit des Auftretens in einer dieser Situationen, dann lässt sich vermuten, dass Gefühlszustände wie Liebe, Verliebtsein und Zuneigung, die ebenso wie sexuelle Erregung eher dem privaten Bereich zuzuordnen sind, bei Rednern oder Kommunikationsteilnehmern dieser offiziellen Kontexte selten bis gar nicht auftreten. Negative Gefühle wie
- Peinlichkeit, Scham und Schuld
- Ekel und Verachtung
- Trauer und Schmerz
- Angst
- Neid und Eifersucht

sind hingegen in verschiedenen Kontexten mit unterschiedlicher Wahrscheinlichkeit vorstellbar: Peinliche Situationen – der Redner verhaspelt sich, gerät aus dem Konzept, leistet sich einen groben inhaltlichen Patzer oder verhält sich vollkommen unangemessen – können in allen oben genannten Kontexten entstehen. Wie ein Dolmetscher jeweils damit umgeht, hängt meines Erachtens u. a. vom Ausmaß des drohenden Konflikts sowie dem Grad an Öffentlichkeit ab, aber auch vom Rollenverständnis des Dolmetschers bzw. dem Status, der ihm in der gemittelten Kommunikation zugewiesen wurde. Ganz sicher darf es nicht zur Nachahmung eines Fehlverhaltens kommen (Redner stottert – Dolmetscher stottert ebenfalls); ebenso wenig sollte sich der Dolmetscher für das Auftreten des Redners entschuldigen.

Bei Scham und Schuld handelt es sich wie bei Trauer bzw. Traurigkeit und Schmerz gemäß der oben angeführten Definition in den hier beschriebenen Kulturen um eher private, nicht für die Öffentlichkeit bestimmte Gefühle.[272] Gerade bei geschichtlich motivierten Redeanlässen im deutsch-russischen Verhältnis können sie allerdings sehr wohl auch im öffentlichen Raum zum Tragen kommen. In diesem Zusammenhang sei einschränkend auf die Darstellung unter Punkt 4.1.2.3 verwiesen: Nicht alle Emotionen, die geäußert werden, beruhen auf einer wirklichen Empfindung, und nicht alle Emotionen, die empfunden werden, werden äußerlich sichtbar. Dies gilt umso mehr, so-

---

272 Zum Thema Trauerkultur vgl. Ganzenmüller 2009: 271 ff.

bald ein Redner eine bestimmte, durch Konventionen definierte Rolle einnimmt, die ihm mehr oder weniger starre verbale und nonverbale Verhaltensmuster vorschreibt. Eine solche Regulierung entfällt ggf. in privaten Kommunikationskontexten, in denen der Dolmetscher unmittelbar mit Gefühlsäußerungen unterschiedlicher Ausprägung konfrontiert werden kann.

Manifestationen von Neid und Eifersucht im Sinne der oben beschriebenen Formen von Konkurrenzdenken oder Rivalität sind ebenso wie Ekel und Verachtung in einer emotional aufgeladenen Gerichtsverhandlung denkbar, aber auch in einem von gravierenden zwischenstaatlichen Divergenzen geprägten politischen Kontext.[273]

Dahingegen bieten Redekontexte wie ein Auftritt vor dem Europarat, eine Vertragsverhandlung oder eine polizeiliche Vernehmung einen möglichen Hintergrund für die Manifestation emotionaler Zustände wie
- Ärger
- Freude und Glück
- Erheiterung
- Überraschung
- Unruhe.

Zu Feierlichkeiten passen Manifestationen von Freude oder Glück, Dissens auf bilateraler oder multilateraler Ebene führt hingegen zu Ärger und Zorn. Darüber hinaus ist gerade in dialogischen Situationen mit Repliken zu rechnen, die auf Überraschung oder Erheiterung beruhen. Unruhe im Sinne von Stresserscheinungen kann mannigfaltige Auslöser haben und in praktisch jeder Redesituation auftreten, d. h. auch zu einer Belastung für den Dolmetscher werden. Inwieweit diese Vermutungen zutreffen, wird anhand der Lebensberichte etlicher Dolmetscher in Kap. 7 untersucht.

---

273 Man denke beispielsweise an Ronald Reagans „Reich des Bösen" (Evil Empire), eine in den 1980er Jahren entstandene Bezeichnung amerikanischer Politiker für die UdSSR.

3.2 Emotionstheorien

3.2.1 Zur Geschichte der Emotionsforschung: erste philosophische Ansätze

Bereits in der Antike sind Gefühle ein zentrales Thema der philosophischen Betrachtung, denn wer sich mit der Natur des Menschen auseinandersetzt, muss zwangsläufig auch über die Natur der menschlichen Gefühle nachdenken, und wer andere für sich einnehmen oder beeinflussen will, kommt um das Thema Emotionen nicht herum. Emotionalität wird in der Regel im Kontrast zur Rationalität gesehen, dabei eher negativ bewertet und beispielsweise bei den Stoikern (wie später auch bei Kant) sogar als Krankheit betrachtet.[274] Aristoteles nennt in seiner „Rhetorik" die Emotionen des Publikums (pathos) als einen von drei möglichen Punkten, mit deren Hilfe der Redner das Publikum überzeugen kann, und beschreibt 15 Affekte wie Begierde, Freude, Angst oder Zorn und die zu ihrer Erregung geeigneten Mittel. Seine Gegenüberstellung von Lust und Unlust bleibt nicht nur bis ins Mittelalter ein Orientierungspunkt für die Auseinandersetzung mit Emotionen, sondern wird als sogenannte Lust-Unlust-Theorie ein zentraler, wenn auch umstrittener Bestandteil der meisten modernen Emotionstheorien.[275]

In der Neuzeit entsteht, aufbauend auf Descartes' Grundidee der strikten Trennung zwischen Geist und Körper bzw. Verstand und Gefühl, die Vorstellung von Gefühlen als „unklaren Repräsentationen [...], die nichts zu dem Methodenideal der Klarheit und Gewissheit beitragen"[276]. Der Mensch wird als vernunftbegabtes Wesen betrachtet, der Verstand als seine wesentliche Eigenschaft. Im 19. und 20. Jahrhundert spielen Emotionen in der Diskussion über Ethik und Moral wieder eine zentrale Rolle; Philosophen wie Kierkegaard, Heidegger und Sartre betrachten sie sogar als „sinnerschließend" für das menschliche Leben[277]. Heute dominiert „(a)uch bei philosophischen Verortungen von Gefühlen [...] eine kognitivistische Sichtweise, die Emotionen als Interpretationsleistungen würdigt und analysiert".[278]

....

[274] Voss 2004: 3. Zur Abgrenzung von Verstand und Vernunft vgl. Schwarz-Friesel 2013: 105 ff. Bösch/Borutta (2006: 16) sprechen in diesem Zusammenhang von einer „seit der Antike übliche(n) Abwertung von Emotionen als Gegenpol zur Rationalität".
[275] Vgl. Traxel 1983: 14; ebenso Reisenzein 2000: 121.
[276] Engelen 2007: 124.
[277] Engelen 2007: 124.
[278] Bösch/Borutta 2006: 16.

3.2.2 Weiterentwicklung durch die Psychologie und Entstehung verschiedener Emotionstheorien

Die Auseinandersetzung verschiedener Teilbereiche der Philosophie – Moralphilosophie, Ästhetik, praktische Philosophie – mit Gefühlszuständen lieferte Anstöße und Erkenntnisse, auf die die Psychologie zurückgreifen konnte, als sie sich als Einzelwissenschaft zu profilieren begann. Die begriffliche Vielfalt fand in der psychologischen Theorienbildung ihren Niederschlag, und die konkurrierenden Denkansätze dienten als Wegbereiter für die großen Richtungen der Psychologie (Kognitivismus, Behaviorismus, Tiefenpsychologie).[279]

Seit Mitte des 19. Jahrhunderts befasste sich die noch junge „Wissenschaft vom Erleben und Verhalten beim Menschen (und bei Tieren)"[280] mit der Beziehung zwischen subjektiv Wahrgenommenem und objektiven Umweltgegebenheiten und setzte sich beispielsweise mit den Phänomenen Gedächtnis und Emotion auseinander. In der ersten Phase der institutionalisierten Psychologie zwischen 1870 und 1920[281] spielte die Emotionsforschung eine zentrale Rolle, bis mit der Forschungsrichtung des Behaviorismus ein wissenschaftlicher Ansatz entstand, der sich vom Erleben als zentralem Forschungsgegenstand abwandte, den Schwerpunkt auf das Thema Lernen legte und vor allem in den USA bis in die zweite Hälfte des 20. Jahrhunderts vorherrschend blieb. Das Interesse der wissenschaftlichen Psychologie an Emotionen ließ in dieser Zeit (1920 bis 1970) spürbar nach. Mit der häufig als „kognitive Wende" bezeichneten neuen, kognitionswissenschaftlichen Forschungsorientierung erfuhr die Emotionspsychologie eine Renaissance; neue Emotionstheorien entstanden, der Behaviorismus verlor an Bedeutung.

Seit den 1980er Jahren werden Emotionen als komplexes bio-psychosoziales Phänomen von den unterschiedlichsten wissenschaftlichen Disziplinen wahrgenommen und untersucht. Sowohl die Teilbereiche der Psychologie als auch Fächer wie Soziologie, Anthropologie und Ethnographie, Philosophie, Linguistik, Geschichts- und Kommunikationswissenschaften sowie Biologie und Medizin setzen sich mit Gefühlen, ihren Ursachen und Auswirkungen für das Individuum und die Gesellschaft auseinander[282]. Dabei kommen u. a. neu-

---

279 Vgl. Schönpflug 2000: 20.
280 Spada 2006: 12.
281 Spada (2006: 12): „1879 gilt als das Gründungsjahr des ersten Experimentallabors der Psychologie, geleitet von Wilhelm Wundt in Leipzig."
282 Vgl. Spada 2006: 494. Ein ausführlicher Literaturüberblick findet sich z. B. bei Fiehler (1990: 13).

rowissenschaftliche Fragen, Aspekte der emotionalen Intelligenz[283] oder emotionssoziologische Gesichtspunkte wie das Emotionsmanagement in der modernen Arbeitswelt zum Tragen.

3.2.3 Darstellung einzelner Theorieansätze im Rahmen dieser Arbeit

Der multidisziplinäre Ansatz darf allerdings nicht darüber hinwegtäuschen, dass es bislang weder *die* allgemein anerkannte Definition von Emotion noch *die* gültige Emotionstheorie gibt. Um zumindest eine grobe Vorstellung davon zu vermitteln, welche ungeheure Bandbreite an Fragestellungen im Laufe der Emotionsforschung entwickelt wurde, welche Blickwinkel die Wissenschaftler einnahmen und welche Anwendungsbereiche für andere Disziplinen und allgemeine Lebensbereiche sie damit nach wie vor erschließen, werden ungeachtet der Komplexität des Phänomens, der Diversität der Klassifizierungen und der kontroversen Diskussionen – bis hin zu diametral entgegengesetzten Auffassungen über den Forschungsgegenstand – nachfolgend die „großen" Emotionstheorien mit ihren Autoren und Denkmodellen kurz dargestellt.[284] Diese Fokussierung führt zwangsläufig zu einer starken Verknappung der Darstellung, die von der umfangreichen Fachliteratur zur Emotionspsychologie geboten wird. Untersuchungen zu entwicklungspsychologischen Fragestellungen oder zur Lokalisation emotionaler Vorgänge im Gehirn sind für diese Arbeit weniger relevant und werden daher nicht berücksichtigt. Dasselbe gilt für die Beschreibung von empirischen Ansätzen oder Versuchsanordnungen, so interessant und aufschlussreich sie im Einzelfall auch sein mögen. Hinweise auf ergänzende Informationen, Gegenmeinungen etc. finden sich in den Fußnoten.

3.2.3.1 Evolutionstheoretische Ansätze

1872 veröffentlichte Charles Darwin sein drittes Buch, „The Expression of Emotions in Man and Animals" („Der Ausdruck der Gemüthsbewegungen bei den Menschen und den Thieren"[285]), in dem er, gestützt auf die Theorie La-

---

283 Zum Thema emotionale Intelligenz vgl. beispielsweise die Untersuchungen von Urban (2008: 221 ff.) im Zusammenhang mit dem Emotionsmanagement in Unternehmen.

284 Zur Erinnerung: „Theorien – das heißt, Mengen oder Systeme von zentralen Annahmen über einen bestimmten Gegenstand – haben mehrere Funktionen. [...] (Sie dienen dazu), Sachverhalte zu *erklären* und *vorherzusagen* [...], (aber auch dazu), Erkenntnisse und Befunde in systematischer Weise zu *ordnen, zusammenzufassen* und *weiterzugeben* sowie *neue Fragestellungen anzuregen*." Meyer et al. 2001: 19, Hervorhebung im Original.

285 Veröffentlicht 1873 bei E. Schweizbart, Stuttgart; aktuelle Ausgabe: „Der Ausdruck der Gemüts-

marcks von der Vererbung erworbener Eigenschaften, der stammesgeschichtlichen (phylogenetischen) Entstehung des Emotionsausdrucks nachgeht. Hauptgegenstand seiner Untersuchungen sind drei Aspekte des menschlichen Gesichtsausdrucks: dessen Universalität, die Gemeinsamkeiten mit dem tierlichen Gesichtsausdruck und die aktualgenetischen Entstehungsprinzipien. Er kommt zu dem Schluss, die Hauptformen des Emotionsausdrucks seien angeboren, und stellt folgende Hypothese zur biologischen Funktion von Emotionen auf:

Bestimmte Formen von Ausdrucksverhalten bei Tieren und Menschen [...] existieren deshalb, weil sie einen bestimmten Zweck für das Überleben der Art – im weitesten Sinne – erfüllen oder zumindest erfüllt hatten.[286]

Trotz vielfältiger Kritik und methodischer Einwände gilt die Universalität des Gesichtsausdrucks als nicht widerlegt. Ende der sechziger Jahre des 20. Jahrhunderts befasste sich u. a. die Forschergruppe des amerikanischen Psychologen Paul Ekman in kulturvergleichenden Untersuchungen mit der Frage der intra- und interkulturellen Universalität des mimischen Ausdrucks von Emotionen. Ihre Ergebnisse bestätigten im Wesentlichen die Forschungsergebnisse Darwins; eine radikale Gegenposition bezog Alan Fridlund 1994 mit der Aussage, mimische Veränderungen hätten im Grunde nichts mit Emotionen zu tun, sondern seien Signale zur Befriedigung sozialer Motive in Interaktionssituationen.[287]

William McDougall verfolgte Anfang des 20. Jahrhunderts ebenfalls einen evolutionstheoretischen Ansatz, dem zufolge der Instinkt als ererbte oder angeborene psychophysische Disposition die Erklärungsgrundlage allen Verhaltens liefert. Die Funktion von Instinkten besteht demzufolge darin, durch

---

bewegungen bei den Menschen und den Tieren", Frankfurt: Eichborn Verlag, 2000. Vgl. Euler 2000: 45 ff., Meyer et al. 2003a: 199 ff., Ulich 1995: 102 ff.

286 Ulich 1995: 102. Darwins sechs Forschungsmethoden nahmen die meisten modernen Forschungsverfahren zum Emotionsausdruck vorweg: 1) intrakulturelle Beurteilung des Emotionsausdrucks, 2) interkulturelle Vergleiche des Emotionsausdrucks, 3) Beobachtung des Emotionsausdrucks bei Kindern, 4) Vergleich des Emotionsausdrucks bei Menschen und Tieren, 5) Beobachtung des Emotionsausdrucks von Blindgeborenen, 6) Beobachtung des Emotionsausdrucks von Geisteskranken. Vgl. Meyer et al. 2003a: 199. An dieser Stelle wird der Unterschied zwischen evolutionstheoretischen und anderen Forschungsansätzen deutlich: Erstere beziehen eine zusätzliche Erklärungsebene ein, indem sie nicht nur Vorgänge und deren Entstehung beschreiben, sondern auch nach dem Zweck und dem Vorteil eines Phänomens für die Stammesgeschichte fragen.

287 Vgl. Meyer et al. 2003a: 201. Meyer sieht die Wahrheit in der Mitte und bewertet mimische Veränderungen als Zusammenspiel mehrerer Faktoren, in das auch emotionale Zustände und soziale Motive involviert sind.

Aktivierung bestimmter Handlungsimpulse Handlungen zu motivieren, die sich in der Evolution als passende Antwort auf wiederkehrende Anpassungsprobleme erwiesen haben, beispielsweise Flucht im Gefahrfall.[288] McDougall unterscheidet zwischen primären Emotionen, deren Grundlage die sieben so genannten Hauptinstinkte bilden (z. B. Furcht mit dem dazugehörenden Hauptinstinkt Flucht oder Ärger mit dem Hauptinstinkt Kampf), und sekundären Emotionen, die entstehen, wenn mehrere instinktive Anlagen gleichzeitig erregt werden. Außerdem beschreibt er komplexe „abgeleitete" Emotionen, eine Mischung aus Lust- und Unlustgefühlen, entstanden aus einer Kombination von Wünschen und einem sich möglicherweise daraus ergebenden Erfolg oder Misserfolg.[289] Ähnlich wie McDougall ging auch Robert Plutchik ab den fünfziger Jahren des 20. Jahrhunderts davon aus, Emotionen seien evolutionär bedingt und dienten dazu, bestimmte Anpassungsprobleme zu lösen. Plutchik postulierte ein System aus acht Grundemotionen, aus denen sich durch Kombination komplexere Emotionen ergeben.[290]

Die moderne Evolutionspsychologie[291] nimmt an, dass es in der phylogenetischen (stammesgeschichtlichen) Entwicklung des Menschen etliche adaptive Probleme gab, für deren Bewältigung sich bestimmte psychische Steuerungsmechanismen herausgebildet haben, strebt nach einer Identifizierung dieser angeborenen Mechanismen und fragt nach der Funktion von Emotionen oder Verhaltensweisen im evolutionären Kontext.[292]

---

288 Vgl. Euler 2000: 50.
289 Euler 2000: 50 f.; vgl. auch Meyer et al. 2003a: 203.
290 Vgl. Meyer et al. 2003a: 203 ff.
291 Für Meyer et al. (2003a: 204 f.) ist die *„moderne Evolutionäre Psychologie"* keine Teildisziplin der Psychologie, sondern „eine bestimmte Sichtweise der menschlichen Psyche und eine sich daraus ergebende, besondere theoretische und methodische Herangehensweise an die Probleme der unterschiedlichen psychologischen Teildisziplinen".
292 Zu den Kritikern der funktionalistischen (erbbiologischen) Ansätze in der Emotionspsychologie, die die Bedeutung von emotionalem Erleben auf seine adaptive Nützlichkeit reduzieren, gehört Ulich, der dafür plädiert (1995: 134), genau zwischen der Frage nach der Zweckmäßigkeit und der Analyse der Ursachen von Emotionen zu unterscheiden und nicht kategorial-pauschal zu urteilen, sondern nachzufragen: „Was heißt zum Beispiel ‚Überleben'? Heißt es dasselbe für einen Hindu aus der Kaste der ‚Unberührbaren' wie für einen Geschäftsmann in Düsseldorf, für einen römischen Legionär aus der Zeit Caesars wie für einen Computer-Techniker bei Siemens, für einen Säugling dasselbe wie für einen alten Menschen? [...] Sind Emotionen noch vergleichbar, wenn objektive Situationen nicht vergleichbar sind? Offensichtlich ermöglicht nicht einmal die Reduktion des Menschen auf seine organismischen Eigentümlichkeiten einen Vergleich über verschiedene Gesellschaften, Kulturen und Zeitpunkte hinweg, denn selbst die elementarsten Bedürfnisse werden unterschiedlich erlebt und haben eine sehr unterschiedliche Bedeutung im Leben verschiedener Menschen."

3.2.3.2 Der psychoanalytische Ansatz von Sigmund Freud

Nach Kruse besteht der wichtigste Beitrag der Psychoanalyse zur Erforschung der menschlichen Emotionalität darin, „dass sie in ihrem psychotherapeutischen Ansatz als Erste das Sprechen über Gefühle als eine Methode sozialer Hilfe professionalisiert hat".[293] Die Erkenntnisse beruhen auf den Untersuchungen von Sigmund Freud, der zunächst mit der „Traumatheorie" ein emotionstheoretisches Konzept entwickelte, dem zufolge affektbetonte Erlebnisse für Hysteriephänomene verantwortlich sind[294]. Diese Konzeption verlor mit Beginn der Traumdeutung an Bedeutung. In der später entwickelten „Triebtheorie" führte Freud Emotionsausdrücke auf weitgehend unbewusste, somato-psychische Triebkräfte zurück.

Freuds Emotionenkonzept erlebt bis heute eine widersprüchliche Rezeption. Ihm wurde u. a. vorgeworfen, es herrsche eine zu große Diskrepanz zwischen der großen Bedeutung der Emotionen für die praktische Arbeit der Psychoanalyse einerseits und der dünnen theoretischen Darstellung andererseits.[295] Der Hirnforscher und Psychoanalytiker Mark Solms wiederum wertet Freuds Forschung auf:

Was Freud in groben Konturen aus seinen klinischen Beobachtungen schloss, erweist sich als durchaus tauglicher Rahmen, in den sich die unvorstellbar komplexen Details, die uns die Labors weltweit liefern, schlüssig zu fügen scheinen.[296]

3.2.3.3 Psychophysiologische Emotionstheorien

Welche körperlichen Prozesse und Strukturen gehen mit Emotionen einher oder liegen ihnen zugrunde? Die psychophysiologischen Emotionstheorien betrachten Emotionen als Reaktionsmuster auf körperexterne oder körperinterne Reize, die auf der motorischen, der physiologischen und der subjektiv-psychologischen Verhaltensebene ablaufen, und untersuchen die Wechselwir-

---

[293] Kruse 2000: 64. Vgl. hierzu Ulich (1995: 110): „Einfluß und Beiträge Freuds und der neueren Psychoanalyse sind eher indirekt [...], was ihre große Bedeutung jedoch nicht schmälert."

[294] Vgl. Kruse 2000: 65. Emotionen werden bei Freud meist „Affekte" genannt. An der Entstehung von Traumen sind nach Freud Emotionen wie Schreck, Ekel und Angst beteiligt.

[295] Vgl. Kruse 2000: 66 ff.

[296] Solms (2003) weiter: „Zweifellos: Viele von Freuds Annahmen sind heute überholt. Trotzdem scheue ich mich nicht zu prophezeien, dass Freuds kühner Entwurf einer Geistestheorie dazu bestimmt ist, für die moderne Hirn- und Verhaltensforschung eine ähnliche Rolle zu spielen wie Darwins Evolutionstheorie für die moderne Genetik."

kungen zwischen diesen Verhaltensebenen sowie die Frage nach der Abfolge der einzelnen Elemente dieser Kette.[297]

Ausgehend von Eigenbeobachtungen widersprach der amerikanische Psychologe William James 1884 der vielfach vertretenen Meinung, eine Emotion sei eine Reaktion auf einen auslösenden Reiz, körperliche Veränderungen stellten also die kausale Folge von Emotionen dar.[298] Seine These, die er 1894 präzisierte, lautete: Wir verspüren Emotionen, weil unser Körper etwas spürt. Fast zeitgleich mit James' Arbeit publizierte der dänische Physiologe Carl Lange 1885 sein Buch „Ueber Gemüthsbewegungen", in dem er eine Emotionstheorie vertrat, die in zentralen Punkten mit der von James übereinstimmte. Ungeachtet der unterschiedlichen Betrachtungsweisen beispielsweise bei der Ursache für das Entstehen von Emotionen werden beide Theorien in der Literatur als „James-Lange-Theorie" zusammengefasst.[299] Um 1970 erlebte die James-Lange-Theorie eine Renaissance; die modifizierten Versionen werden als neo-jamesianische Emotionstheorien bezeichnet. James wurde dahingehend bestätigt, dass körperliche Veränderungen bzw. das Empfinden dieser Veränderungen einen wichtigen Beitrag zum Erleben von Gefühlen leisten.[300] Die Basis für das emotionale Erleben stellen jedoch den meisten dieser Theorien zufolge Rückmeldungen des Ausdrucksverhaltens dar, insbesondere des mimischen Ausdrucks. Schon Darwin hatte eine Beziehung zwischen Gesichtsausdruck und dem Entstehen von Emotionen hergestellt; nun wurden im Rahmen der so genannten facial-feedback-Hypothese Experimente durchgeführt, die im Sinne der James-Lange-Theorie die Bedeutung der Rückmeldung des Gesichtsausdrucks für die Entstehung von Emotionen bestätigten.[301]

Die Zwei-Faktoren-Theorie der Emotionen von Stanley Schachter, aufbauend auf dem Experiment von Schachter & Singer (1962), wurde mit ihren Aussagen über die Aktualgenese von Emotionen für die nachfolgenden 20 Jahre zur einflussreichsten Emotionstheorie innerhalb der Psychologie.[302] Sie

---

297 Vgl. Pauli/Birbaumer 2000: 75; Meyer et al. 2001: 47; Zimbardo/Gerrig 2008: 12. Der neurowissenschaftliche (neurophysiologische) Ansatz von James gilt als Ausgangspunkt für die neurowissenschaftliche Theoriebildung (Spada 2006: 484 ff.): Wie entstehen Emotionen, wie sind sie beschaffen und wo werden emotionale Zustände im Gehirn lokalisiert?
298 Zur Biografie von William James vgl. Meyer et al. 2001: 134 f.
299 Vgl. Meyer et al. 2001: 135 f.; Sokolowski 2008: 296 f.
300 Vgl. Meyer et al. 2001: 168.
301 Vgl. Pauli/Birbaumer 2000: 76.
302 Spada 2006: 444. Diese Theorie konnte zwar nach Einschätzung von Meyer et al. (2001: 214) „nicht überzeugend empirisch bestätigt" werden, gehalten hat sich jedoch die Hypothese, dass

besagt, dass für das Entstehen von Emotionen zwei „Faktoren" (Komponenten) erforderlich sind, sowohl eine (physiologische) Erregung als auch die emotionsrelevante Kognition. Die physiologische Erregung bezieht sich auf die Aktivität des sympathischen Nervensystems (Veränderung der Atmung oder des Herzschlags); unter Kognition versteht Schachter sowohl die Einschätzung der Situation durch die erlebende Person als auch die Überzeugung, dass die physiologische Erregung auf die so eingeschätzte Situation zurückgeht.

3.2.3.4 Behavioristische (lernpsychologische) Emotionstheorien

Der Behaviorismus brachte Anfang des 20. Jahrhunderts eine völlige Neuorientierung in der Emotionspsychologie: Stand bis dahin der Erlebensaspekt von Emotionen, das durch Introspektion beobachtete Bewusstsein, im Zentrum des wissenschaftlichen Interesses, so rückte nun die Frage nach dem von außen beobachtbaren, verschiedenen Personen gleichermaßen zugänglichen Verhalten und den dieses Verhalten auslösenden Reizen in den Mittelpunkt. Im Gegensatz zu den evolutionstheoretisch orientierten Emotionsforschern, die die den Emotionen zugrunde liegenden Mechanismen in der Stammesgeschichte (Phylogenese) verorteten, bauen die lerntheoretischen Forschungsansätze auf der Annahme auf, dass emotionale Dispositionen nicht vererbt, sondern zu einem erheblichen Teil erlernt sind und von den Erfahrungen beeinflusst werden, die ein Mensch im Laufe seines Lebens macht (Ontogenese). Das Forschungsinteresse galt nun der Frage, *wie* emotionale Dispositionen gelernt, durch Lernen verändert und eventuell auch wieder verlernt werden: Welchen Einfluss haben Erfahrungen, die ein Mensch im Laufe seiner Lebensgeschichte macht, auf seine emotionalen Veranlagungen? Als Hauptvertreter des frühen, „klassischen" Behaviorismus gilt der amerikanische Psychologe John Watson. Er definierte Emotionen als

angeborene, vor allem viszerale Reaktionsmuster, die durch bestimmte objektiv beschreibbare Reize verlässlich ausgelöst werden und den Organismus in einen ‚chaotischen' Zustand versetzen. Diese Reaktionsmuster können entweder ungelernt (angeboren) oder gelernt sein.[303]

Emotionen „durch einen Prozess der Einschätzung von Objekten oder Ereignissen *zustande kommen*" (Spada 2006: 448, Hervorhebung im Original).
303 Meyer et al. 2001: 130.

Als grundlegende Reaktionsmuster nannte Watson Furcht, Wut und Liebe; sie sind angeboren und werden im Laufe des Lebens durch Lernerfahrungen verändert. Der Neobehaviorismus akzeptiert im Unterschied zum frühen Behaviorismus Begriffe wie *Gedanke*, *Gefühl* oder *Kognition*, leitet aber ihr Vorhandensein nicht aus der Introspektion, dem Blick auf das eigene Erleben, sondern aus Verhaltensbeobachtungen ab. Der behavioristische Ansatz als solcher spielt in der heutigen Emotionspsychologie keine bedeutende Rolle mehr.[304]

3.2.3.5 Kognitive Emotionstheorien

Im Unterschied zu behavioristischen Theorieansätzen befassen sich die kognitiven Emotionstheorien oder auch *Einschätzungstheorien*, die heute einen zentralen theoretischen Ansatz in der Emotionspsychologie darstellen, nicht mit den äußerlich registrierbaren Erscheinungsformen von Erleben und Verhalten, sondern mit den kognitiven Prozessen, die in Individuen ablaufen, wenn sie sich mit ihrer Umwelt auseinandersetzen.[305] Kerngedanke der kognitionstheoretischen Konzepte ist die Annahme, dass für das Entstehen von Emotionen weniger das Ereignis selbst als vielmehr die Sichtweise oder Interpretation von Ereignissen durch die erlebende Person entscheidend ist: Wir verspüren Emotionen, weil wir denken.[306]

---

304 Vgl. Meyer et al. 2001: 131. Vester (1991: 20) spricht in diesem Zusammenhang von behavioristischem Reduktionismus, „in dem nicht sein konnte, was nicht als Verhalten beobachtbar und objektivierbar war".

305 Vgl. Mandl/Reiserer 2000: 95. Nach Ulich (1995: 19 f.) ist „*Kognition* […] ein Sammelname für alle Vorgänge des Erwerbs, der Organisation der Speicherung und des Gebrauchs von Wissen […]. Diese Vorgänge umfassen also auch Denken, Urteilen, Verstehen, Gedächtnis, Wahrnehmung und Erinnern. […] Das wichtigste Merkmal von Kognitionen (als Wissen oder als Prozeß) ist, daß sie etwas repräsentieren, also etwas darstellen, verkörpern, abbilden […]. Unsere Kognitionen sind gleichsam ‚Stellvertreter' der Wirklichkeit, sie dürfen dieser nicht zu unähnlich werden, wenn effizientes Handeln möglich bleiben soll." Ulich weist in diesem Zusammenhang (1995: 26 ff.) allerdings ebenfalls darauf hin, dass der Begriff *Kognition* (ebenso wie *Emotion*) in der Emotionsforschung in unterschiedlichen Bedeutungen verwendet wird, wodurch u. a. unterschiedliche Antworten auf die Frage nach der Abfolge von Kognition und Emotion entstehen. Dem soziologisch ausgerichteten Ansatz von Jürgen Gerhards zufolge (1988: 72 ff., 79 ff., 86) stellen Emotionen, Instinkte und Kognitionen „Modi der Weltaneignung" dar, mit deren Hilfe der Mensch die Welt deutet und sich zu ihr in Beziehung setzt. Kognitionen und Emotionen helfen demnach dabei, die Komplexität der Wirklichkeit zu reduzieren, und bringen Struktur in die Welt. Erstere werden vom Individuum aktiv angewendet, Letztere „erlitten". Die bei Otto et al. (2000: 106 ff., 117 f.) dargestellte weitergehende Differenzierung nach attributionstheoretischen und einschätzungstheoretischen Denkansätzen soll an dieser Stelle nicht nachvollzogen werden, da sie in den Gesamtkontext der kognitiven Emotionstheorien eingeordnet werden können.

306 Meyer et al. 2003b: 11. Meyer weist in diesem Zusammenhang darauf hin, dass auch die evolutionspsychologischen Emotionstheorien von Darwin, McDougall oder Plutchik sowie der emoti-

Der österreichische Philosoph und Psychologe Alexius Meinong analysierte Ende des 19./Anfang des 20. Jahrhunderts verschiedene Gruppen von Gefühlen (Gewissheits- und Ungewissheitsgefühle, Sympathie- und Antipathiegefühle) und vertrat in Anlehnung an die Theorie seines Lehrers Franz Brentano die These, dass Emotionen objektgerichtet sind, kognitive Repräsentationen ihrer Objekte voraussetzen und vorrangig eine Informationsfunktion erfüllen: Über Emotionen erhält die erlebende Person Erkenntnisse oder Informationen über einen Sachverhalt oder ein Objekt.[307] Emotionen bilden nach Meinong die Basis für sämtliche Werturteile des Menschen und beeinflussen somit indirekt auch das menschliche Handeln.

Die Theoriemodelle von Magda B. Arnold (1960) und Richard S. Lazarus (1966) beförderten die kognitive Wende in der Emotionspsychologie und übten prägende Wirkung auf die nachfolgenden Einschätzungstheorien aus. Ihrer Überzeugung nach basieren Gefühle auf Tatsachenüberzeugungen und Wertüberzeugungen.[308] Emotionen entstehen nach Arnold typischerweise folgendermaßen: Eine Person erwirbt eine Tatsachenüberzeugung über einen Sachverhalt. Dieser wird mit den momentan vorhandenen Wünschen der Person verglichen und dabei bewertet. Aus der Bewertung resultiert ein Handlungsimpuls, der als Gefühl erlebt wird und in eine Handlung münden kann. Gestützt auf die Ansätze von Arnold entwickelte Lazarus eine kognitive Theorie der Stressemotionen.[309] Die von Arnold und Lazarus eingeleitete Entwicklung einer detaillierten Einschätzungstheorie wurde in den 1980er Jahren u. a. von Ortony, Clore und Collins (1988) fortgeführt. Sie gingen ebenso wie ihre Vorgänger davon aus, dass für das Entstehen von Emotionen Tatsachen- und Wertüberzeugungen vorhanden sein müssen, und betrachten Emotionen als objektgerichtet, unterscheiden jedoch zwischen verschiedenen Arten von Emotionsgegenständen (Ereignisse, Handlungen und Objekte). Für eine differenzierte Darstellung der kognitiven Grundlagen von Emotionen formulierten

---

onstheoretische Ansatz von Schachter postulieren, dass Emotionen durch kognitive Einschätzungen hervorgerufen werden. Allerdings ist der Aspekt der Kognition bei den genannten Autoren lediglich von nachgeordneter Bedeutung, und der Schwerpunkt ihrer Hypothesen liegt jeweils woanders.

307 Vgl. Meyer et al. 2003b: 48.

308 „Wenn etwas wahrgenommen, erinnert oder vorgestellt wird, so bleibt dies niemals ein isoliertes Stückchen Wissen. Vielmehr wird jedes Objekt unmittelbar in Beziehung zu uns selbst gesehen und als gut, schlecht oder belanglos für uns eingeschätzt. Im Alltag ist die Einschätzung von allem, dem wir in seiner Beziehung zu uns begegnen, unmittelbar, automatisch, beinahe unwillkürlich." Arnold 1970: 262, zit. nach Ulich/Mayring 2003: 59.

309 Vgl. Meyer et al. 2003b: 89 ff.

sie drei Bewertungsdimensionen (Erwünschtheit, Lobwürdigkeit und Attraktivität) und postulierten drei Hauptgruppen menschlicher Gefühlszustände (ereignisfundierte, handlungsfundierte und objektfundierte Emotionen[310]) mit jeweils einer Reihe von Untergruppen (Unterformen) der oben beschriebenen Emotionen.[311]

Zu den kognitiven Theorieansätzen zählen auch die attributionalen Emotionstheorien. „Kausalattributionen" oder kurz „Attributionen" sind Meinungen oder Überzeugungen über die Ursachen von Ereignissen. Die Attributionsforschung, die sich Mitte der sechziger Jahre innerhalb der Sozialpsychologe entwickelte, greift die Tatsache auf, dass die Art und Weise, wie wir uns die Welt erklären, unser Verhalten bestimmt: Wie aber kommt es zu solchen Attributionen, und wie wirkt sich diese Ursachenzuschreibung auf die Entstehung von Emotionen aus? Die Grundlage für die Entwicklung attributionstheoretischer Ansätze schufen die Arbeiten von Fritz Heider (1958), der zwischen inneren und äußeren Ursachen für das Verhalten von Menschen (internale resp. externale Attribution) unterschied. Der amerikanische Psychologe Bernard Weiner (1986) untersuchte den Einfluss von Attributionen und damit zusammenhängenden Verantwortungseinschätzungen auf Emotionen sowie die Beziehungen zwischen Emotionen und Verhaltensweisen und differenzierte das Modell zur Kausalattribution. Ihm zufolge werden Emotionen durch Kognitionen verursacht und wirken sich motivational sowie informational (sozial-kommunikativ) aus[312]. Die Einschätzung von Emotionen als postkognitive Phänomene ist allerdings umstritten[313]. Radikale Ablehnung erfährt die Kognitive Psychologie und ihr Umgang mit Emotionen beispielsweise durch Wolfgang Rost, der für einen evolutionsorientierten Denkansatz plädiert:

....

310 Vgl. Meyer et al. 2003b: 171.

311 Spada (2006: 456) nennt als Beispiel *Gram* (Leid über den unwiederbringlichen Verlust einer geliebten Person) und *Bedauern* (Leid über den Verlust einer günstigen Gelegenheit) als Unterformen von *Leid über einen Verlust* und dies wiederum als Unterform von *Leid über ein unerwünschtes Ereignis*. (Hervorhebung im Original).

312 Vgl. Meyer et al. 2003b: 131. Meyer weist in diesem Zusammenhang auch auf die umfangreiche und systematische empirische Überprüfung von Weiners Annahmen hin.

313 Kritiker dieser Auffassung wie Zajonc und Izard vertreten die Ansicht, Gefühlsurteile seien nicht zwingend als Erscheinung vorausgehender Kognition zu werten, und sprechen Probleme im Zusammenhang mit der Verwendung von Begriffen zur Erstellung der diversen Konzepte an. So werden die Begriffe *Kognition* und *Informationsverarbeitung* häufig synonym verwendet, was dazu verleitet, menschliche Informationsverarbeitungsprozesse ausschließlich unter kognitiven Gesichtspunkten zu betrachten. Nach Izard lassen sich aber vier verschiedene Ebenen der Informationsverarbeitung unterscheiden, von denen nur zwei, und zwar die biologisch-psychologische und die kognitive Verarbeitungsebene, kognitive Elemente enthalten. Vgl. Mandl/Reiserer 2000: 102 f.

Die Kognitive Psychologie behauptet, daß kognitive Diskriminations- und Interpretationsleistungen vor jegliche emotionale Bewertung und emotionales Erleben geschaltet sind. Diese Argumentation erweist sich sowohl bei onto- als auch bei phylogenetischer Betrachtung der Menschwerdung als völlig abwegig, da in jeder Hinsicht die emotionalen Reaktionen und Erlebnisweisen die ursprünglicheren (und auch die schnelleren!) sind: Noch vor dem Spracherwerb zeigt das Kleinkind emotionale Reaktionen, indem es weint und lächelt. In der Phylogenese gab es bereits Gefühle, bevor sich Sprache und Denken entwickelt hatten. Es existierte in der physiologischen Entwicklung bereits das Limbische System als Kontrollzentrum emotionaler Reaktionen, bevor die heute erst grob eingrenzbaren Kortexgebiete für die Sprach- und Denkfunktionen vorhanden waren.[314]

3.2.3.6 Sozialkonstruktivistische Emotionstheorien

Sozialkonstruktivistische Emotionstheorien postulieren im Gegensatz zu evolutionspsychologischen Hypothesen, dass die menschlichen Emotionen soziokulturelle Produkte sind und nicht nur individuelle, sondern zum Teil sogar primär soziale Funktionen erfüllen. Emotionen gelten als „sozial definierte Erlebens- und Verhaltensmuster, deren Gestaltung innerhalb einer Gruppe oder Gesellschaft ausgehandelt und als mehr oder weniger verbindlich vereinbart wird."[315] Diese (Erfahrungs-, Wertvorstellungs-, Erwartungs-) Muster sind, eben weil sie gesellschaftlich vermittelt werden, nicht ein für allemal festgelegt, sondern historisch wandelbar.

Innerhalb des Sozialkonstruktivismus hat sich eine „starke" und eine „schwache" Version herausgebildet. Die Vertreter der starken Version gehen davon aus, dass der Mensch im Laufe der Sozialisation sämtliche emotionalen Mechanismen komplett erwirbt und dass ihm lediglich die Fähigkeit und Be-

---

314 Rost 2001: 18. Ähnlich kritisch formuliert Engelen (2007: 31): „Wenn mit einer Emotion zu viele kognitive Fähigkeiten vorausgesetzt werden, stellt sich die Frage, inwiefern auch Säuglinge oder demente Menschen Emotionen haben können."
315 Weber 2000: 139. Zur nachfolgenden Darstellung vgl. Spada 2006: 21 und 478 ff. Spada (2006: 482) stellt im Zusammenhang mit der Kontroverse zwischen evolutionspsychologischen und sozialkonstruktivistischen Emotionstheorien die Ergebnisse kulturvergleichender Studien dar und kommt zu dem Schluss, die Befunde sprächen „deutlich für eine evolutionäre Grundlage der emotionalen Mechanismen und damit gegen die radikale sozialkonstruktivistische Position". Es habe den Anschein, „dass die in verschiedenen Kulturen vorkommenden Emotionen kulturspezifische Aus- oder Überformungen einer gemeinsamen evolutionären Basis sind." Mit der Verankerung dieser ererbten Mechanismen im Gehirn befasst sich die Neurophysiologie (Psychophysiologie), auf deren Vorgehensweise und Untersuchungsergebnisse hier jedoch nicht eingegangen werden soll.

reitschaft zum Erwerb angeboren ist.[316] Dahingegen lassen die Anhänger der schwachen Version, zu denen u. a. James Averill (1980) gehört, die Aussage zu, emotionale Mechanismen seien teilweise angeboren. Ihrer Ansicht nach wird der ererbte Kern der Emotionen durch Lernprozesse und zusätzliche Komponenten allerdings so stark verändert, dass er für die Gefühlszustände eines erwachsenen Menschen nur von nachgeordneter Bedeutung ist. Folglich unterscheiden sich die Emotionen eines Erwachsenen grundlegend von denen eines Säuglings; darüber hinaus können im Laufe der Sozialisation auch vollkommen neue Affektprogramme erlernt werden.

Ein wichtiger Aspekt der sozialkonstruktivistischen Emotionstheorien ist die Kulturbedingtheit.[317] Selbst Emotionstheorien, die von Emotionen als angeborenen Reaktionsprogrammen ausgehen, leugnen nicht, dass Emotionen kulturbedingt sind, betrachten diese aber als kulturinvariant und messen dem Wechselspiel zwischen Kultur und Emotionen erheblich weniger Bedeutung bei als sozialkonstruktivistische Ansätze. Kulturelle Unterschiede bei der Deutung von Emotionen werden vor allem in anthropologischen und kulturvergleichenden Studien beleuchtet, deren Ergebnisse jedoch mit einer gewissen Skepsis zu werten sind:

Zum einen ist die Interpretation einer fremden Kultur oder einer historischen Epoche bei allen Bemühungen um eine möglichst unvoreingenommene Wahrnehmung grundsätzlich nicht frei von den ethno- und epochenzentrischen Konstruktionen der Forschenden [...]. Zum Zweiten ist es schwierig, die Äquivalenz von Emotionskonzepten in unterschiedlichen Kulturen zu prüfen, da unklar bleibt, in welcher Weise Verhalten, das aus der ethnozentrischen Sicht der Forschenden eine „Emotion" darstellt, in den jeweils untersuchten fremden Kulturen kodiert ist. Erfahrungen und Verhaltensmuster, die in westlichen Kulturen als Emotionen definiert sind, können in anderen Kulturen beispielsweise als somatische Prozesse oder als Ausdruck übernatürlicher Kräfte kodiert sein [...] und bleiben möglicherweise in dieser Form als Emotionsäquivalente unentdeckt.[318]

---

316 Vgl. Spada 2006: 478; Weber 2000: 139 ff.
317 Vgl. hierzu Weber 2000: 141.
318 Weber 2000: 142.

3.2.3.7 Forschungsstand

Bei allen Differenzen gibt es zwischen den oben beschriebenen großen Linien emotionstheoretischer Konzepte mit ihren konkurrierenden Ansätzen durchaus Berührungspunkte und Übereinstimmung.

So geht selbst der eingefleischteste Evolutionspsychologe davon aus, daß emotionsauslösende Situationen und die Regeln für das Ausdrücken von Emotion von Kultur zu Kultur variieren können. [...] Die Kognitivisten räumen ein, daß bestimmte emotionale Reaktionen unabhängig vom Denken ausgelöst werden, und die Vertreter der physiologischen Betrachtungsweise erkennen gern an, daß unsere Emotionen in manchen komplexen Situationen zunächst einmal davon abhängen, was wir denken.[319]

Dessen ungeachtet gibt es, so die Aussage der dieser Arbeit zugrunde liegenden Werke zur Emotionspsychologie, eindeutige Favoriten bei der Bewertung der Zukunftsträchtigkeit des einen oder anderen Denkmodells. Nach Reisenzein haben sich die Einschätzungstheorien im Verlauf der vergangenen 15 Jahre zu einem „zentralen theoretischen Paradigma der Emotionsforschung" entwickelt[320] und sind, was die Erklärung der Entstehung und die qualitative Differenzierung von Emotionen angeht, gegenwärtig dominierend. Sie gelten als mit relativ vielen Positionen kombinierbar und ihre Grundannahme, wonach kognitive Einschätzungsprozesse heute zumindest *einen* wichtigen Weg der Emotionsentstehung darstellen, wird allgemein akzeptiert. Meyer et al. bestätigen diese Bewertung und führen zu Gunsten der Einschätzungstheorien deren „hohe Erklärungskraft und ihre Übereinstimmung mit zentralen Annahmen der Alltagspsychologie"[321] an. Diese theoretischen Ansätze liefern nachvollziehbare Erklärungen für etliche wohlbekannte emotionspsychologische Tatsachen: Die menschlichen Emotionen sind sehr differenziert; dieselben objektiven Ereignisse können ganz unterschiedliche emotionale Reaktionen auslösen, aber genau so gut können objektiv ganz unterschiedliche Ereignisse zu ein und derselben Reaktion führen; auf unterschiedlichen Wegen

---

319 Lelord/André 2006: 22. Vgl. dazu auch Bösch/Borutta 2006: 16. In einem anderen Zusammenhang wird dies von Ebert (2004: 78) bestätigt. Sie spricht vom „Konsens in der modernen Wissenschaftsauffassung", der darüber herrsche, „dass die Situation des Forschers seine Perspektive prägt".
320 Reisenzein 2000: 132.
321 Meyer et al. 2003b: 173. Vgl. dazu Spada 2006: 458.

erworbene Informationen können denselben emotionalen Zustand auslösen. Darüber hinaus finden sich die Annahmen der kognitiven Emotionstheorien im psychologischen Alltagswissen wieder: Auch die Alltagspsychologie geht davon aus, dass die Erfüllung eines Wunsches Freude erzeugt oder eine bedrohliche Situation Furcht hervorruft.

Ein weiterer, eventuell noch bedeutenderer Forschungsschwerpunkt liegt im sozialkonstruktivistischen Bereich. Während Autoren wie Otto und Weber den Vorteil dieses Ansatzes generell darin sehen, „Emotionen aus einem Wechselspiel von individuellen und sozialen Bedürfnissen und Funktionen heraus zu erklären und in einer ganzheitlichen Perspektive Psychologie, Biologie und Soziologie zu verbinden"[322], ist für Rost die Auseinandersetzung mit der sozialen Konstruiertheit von Emotionen die einzig sinnvolle der verbleibenden Forschungsrichtungen:

Im Vorgriff auf das, was kommt, möchte ich hier schon einmal die Perspektive benennen, die sich für die wissenschaftliche Psychologie als einzige entwickeln lässt. [...] : eine neue konstruktivistische, konstruierende Psychologie, welche die bisherige statistisch-korrelative Psychologie ins Museum der Historie verbannt. Es ist Schnee von gestern, was hier noch fast ausschließlich betrieben wird.[323]

Beispielhaft für die Untersuchungen, die sich mit den sozialen Funktionen von Emotionen befassen, sei hier die Arbeit der amerikanischen Soziologin Arlie Russell Hochschild erwähnt.[324] Sie beschrieb 1983 am Beispiel von Flugbegleiterinnen, wie Menschen, vor allem im Dienstleistungsbereich, berufsbedingt eine bestimmte emotionale Rolle bewusst übernehmen und ausüben. Die für diese Rolle erforderlichen Emotionen – im Falle der Flugbegleiterinnen in erster Linie Freundlichkeit, bei anderen Berufsgruppen beispielsweise auch

---

322 Weber 2000: 148. In diese Richtung plädiert auch Banse (2000: 368): „Die zunächst rein deskriptive Feststellung, dass das emotionale Verhalten des Menschen eng mit der sozialen Interaktion verbunden ist, lässt sich aus einer evolutionspsychologischen Perspektive funktional erklären. Es ist gerade die Funktion sozialer Emotionen, das Verhalten von Individuen an die Notwendigkeiten des sozialen Zusammenlebens anzupassen. Umgekehrt scheinen sehr komplexe soziale Strukturen nur möglich zu sein, weil Individuen in der Regel sozial kompetent sind."

323 Rost 2001: 5. Mees (2006: 104 ff.) beklagt in diesem Zusammenhang den zunehmenden Einfluss der neurowissenschaftlichen Betrachtungsweise in der Emotionspsychologie, ausgelöst durch die steigende Tendenz zur Kommerzialisierung und Ökonomisierung der Wissenschaften.

324 Arlie Russell Hochschild (1983): *The Managed Heart: Commercialization of Human Feeling.* Berkely: University of California Press.

Mitleid oder Freude – werden gezielt erzeugt oder auch unterdrückt, trainiert und als Teil der beruflichen Arbeit wahrgenommen. Für diese Form des Umgangs mit Gefühlen im beruflichen Kontext prägte Russel Hochschild den Begriff *Emotionsarbeit* (emotion work – auch bezeichnet als *emotionale Arbeit, Gefühlsarbeit*).[325] Emotionsarbeit ist stets in soziale Kontexte eingebunden und bestimmten Regeln, beispielsweise kulturellen Verhaltensmustern oder institutionellen Normen, unterworfen. Die Umwandlung von Gefühlen in bezahlte Gefühlsarbeit bleibt nicht folgenlos: Die Signalfunktion von Gefühlen, die darin besteht, das Individuum unmittelbar über Diskrepanzen zwischen seiner aktuellen Wahrnehmung und seinen Erwartungen zu informieren und ihm vorzugeben, wie es darauf reagieren soll, wird beeinträchtigt, das persönliche Gefühlsmanagement sozial-technischen Zwecken untergeordnet. Nach außen getragen wird dies u. a. durch die häufig als „affektiert" wahrgenommene Freundlichkeit, mit der Flugbegleiterinnen die emotionalen Anforderungen ihrer Berufsrolle zu erfüllen versuchen.[326]

Die Ökonomisierung und Instrumentalisierung von Emotionen bietet weitere Anknüpfungspunkte für Untersuchungen. Was geschieht, wenn Menschen, die ihre emotionale Rolle so verinnerlicht haben, dass sie zur zweiten Natur geworden ist, mit Brüchen in ihren Gewohnheiten und Routinen konfrontiert werden und ihr Verhaltensmuster reflektieren müssen?[327] Geht man zudem von der Annahme aus, dass soziale Konstruktionen einen bestimmten sozialen Zweck verfolgen, Emotionen also auf bestimmte Art und Weise instrumentalisiert sind, entsteht beispielsweise die Frage nach dem Umgang mit Verstößen gegen Verhaltensweisen, die als verbindlich vereinbart wurden. Die „Soziologie der Emotionen" befasst sich mit den Regeln, die für soziale Interaktionen und den jeweiligen Emotionsausdruck gelten, und mit den ggf. angewendeten Sanktionen.[328] Der Sozial- und Rechtspsychologe Rainer Banse kontrastiert z. B. erfolgreiche Sportler und Diplomaten: Die einen sollen, so die Erwartung des Publikums, öffentlich ihre Freude über einen Sieg deutlich zeigen, von den anderen erwartet man zurückhaltendes Agieren auch in emotional geprägten oder auf andere Weise auffälligen Situationen. Eine ähnliche Erwartungshaltung besteht gegenüber Mitarbeitern im Dienstleistungssektor.

---

325 Zum Thema Gefühlsarbeit vgl. auch Scheff 1983: 21 ff.
326 Vgl. Sighard Neckel im Vorwort zu Russell Hochschild (2006: 18 f.). Neckel betont Hochschilds fundamentale Kritik an der zunehmenden Ökonomisierung von Gefühlen.
327 Vgl. Weber 2000: 143.
328 Vgl. Banse 2000: 361.

Zu den professionellen Anforderungen, die an sie gestellt werden, gehört die Kenntnis von „Gefühlsregeln", die beschreiben, welche Emotionen in bestimmten beruflichen Kontexten angemessen sind.

3.2.4 Relevanz für das Dolmetschen

Sowohl die Emotionspsychologie als auch die Dolmetschwissenschaft greifen in ihren jüngeren Untersuchungen und Konzepten auf Erkenntnisse der Soziologie zurück. Folgt man dem Gedanken, dass der Dolmetscher bei seiner Tätigkeit eine Rolle einnimmt und bestimmte Erwartungshaltungen zu bedienen hat, so lässt sich darin eine Parallele zum sozialkonstruktivistischen Ansatz von Arlie Russel Hochschild erkennen. Ihre Erkenntnisse dienen daher als Ausgangspunkt für weitere Überlegungen zur Formulierung eines Kriterien- bzw. Fragenkatalogs für den empirischen Teil der Arbeit. Übertragen auf die Dolmetscher, die rückblickend ihre Einsätze und deren Umstände schildern, heißt dies beispielsweise:

- Dolmetscher als Dienstleister üben eine berufliche Rolle aus und sollten rollenadäquat agieren – jedenfalls dürfte dies die mit einer Auftragsvergabe verknüpfte Erwartung sein, die auch den Status des Dolmetschers regelt. Gibt es in den Memoiren Aussagen darüber, wie die Autoren selbst diese Rolle definieren bzw. welche Erwartungen Auftraggeber und Rezipienten an sie herantragen? Denn, so Behr, erfolgreiches Dolmetschen ist „dann gegeben, wenn von erfolgreicher Kommunikation gesprochen werden kann – und über diese entscheidet maßgeblich der Rezipient [...]".[329]
- Haben sich die Dolmetscher mit ihrer Rolle identifiziert oder sich möglicherweise an einem bestimmten Punkt davon distanziert?
- Gibt es Aussagen zu Übertretungen, Verstößen und Sanktionen?
- Was steckt dahinter, wenn ein Autor seine Funktion in der Kommunikation nur andeutungsweise reflektiert oder gar nicht thematisiert?
- Lassen sich vom Verhalten der Dolmetscher Rückschlüsse auf kulturelle oder sonstige Prägungen ziehen? Sind Muster erkennbar, denen sich die einzelnen Autoren zuordnen lassen? Konkret: Unterscheiden sich im deutschen Sprachraum enkulturierte Dolmetscher von ihren sowjetisch bzw. russisch geprägten Kollegen?

---

329 Behr 2013: 212.

- Kommen eventuell herrschende Lehrmeinungen der Ausbildungsstätten zum Tragen?
- Lassen sich Geschlechtsunterschiede im Umgang mit Emotionalität und im Rollenverständnis erkennen? Weber weist in diesem Zusammenhang darauf hin, dass „Geschlechtsrollen zumindest in westlichen Kulturen sehr stark über emotionsbezogene Verhaltenserwartungen bestimmt sind"[330].

---

[330] Weber (2000: 144): „[…] (‚Jungen weinen nicht', ‚ein Mann hat keine Angst', ‚Frauen sind gefühlsbetont')".

4 Emotionen und Emotionsausdruck (nonverbal/verbal)

Die Erläuterungen zur Genese und Kategorisierung von Emotionen führen nun zu den verschiedenen Manifestationsformen von Gefühlszuständen.

Schon aus dem Alltagsverständnis ist klar, dass Emotionen in erster Linie durch eine Kombination von Verhaltensweisen im vokalen und nonverbalen Bereich zum Ausdruck gebracht werden.[331]

Der Begriff *Emotionsausdruck* lässt sich von verschiedenen Warten aus interpretieren. Zum einen bezieht er sich auf die an einer Interaktion beteiligten Personen mit ihrer jeweiligen Perspektive auf das emotionale Erleben: dem erlebenden, „ausdrückenden" Individuum steht das beobachtende, interpretierende gegenüber.

Unter Emotionsausdruck verstehe ich alle Verhaltensweisen (und physiologischen Reaktionen) im Rahmen einer Interaktion, die im Bewußtsein, daß sie mit Emotionen zusammenhängen, in interaktionsrelevanter Weise manifestiert und/oder gedeutet werden.[332]

Eine weitere Herangehensweise stellt modale Gesichtspunkte in den Vordergrund: Was macht den Emotionsausdruck aus und wie lässt er sich differenzieren? Die dritte relevante Frage betrifft die Auswirkungen von Gefühlsmanifestationen in einem Dolmetschsetting: Was „sagt" letztlich der Emotionsausdruck eines Partizipanten dem Dolmetscher und den anderen Teilnehmern einer Kommunikationssituation?

Die unterschiedlichen Ausdrucksmöglichkeiten der nonverbalen bzw. verbalen Formen des Emotionsausdrucks werden im Folgenden kurz umrissen. Mit dem ganzheitlichen Ausdruck, den Mimik und Gestik als zwei potente Kanäle des emotionalen Erlebens ermöglichen, können hohe Informations-

---
331 Fiehler 1990: 25.
332 Fiehler 1990: 100.

mengen transportiert werden, der Ausdruck als solcher kann jedoch diffus und unscharf sein und dadurch Deutungsprobleme generieren.[333] Wenn die Intention eines Gesichtsausdrucks nicht eindeutig zu erkennen ist, entstehen erste Voraussetzungen für Verständnishürden oder gar Missverständnisse, im Alltagsleben ebenso wie auf hoher politischer Bühne.[334] Im Unterschied dazu sind Sprechhandlungen weniger ganzheitlich, dafür aber präziser (Gerhards spricht hier von „Tiefenschärfe"); sie sind als Handlung dem Sprechenden eindeutig zuzuordnen und legen ihn damit auch als Verantwortlichen für das Gesagte fest. Warum Emotionen sich primär in der Mimik ihren Ausdruck suchen, begründet Gerhards folgendermaßen:

Emotionen und non-verbale Kommunikationsformen lassen sich durch die genau umgekehrten Attribute in ihrer Verschränktheit kennzeichnen. Der Simultaneitätscharakter des emotionalen Bewusstseins korrespondiert mit dem ganzheitlichen und flächendeckenden Ausdruck von Emotionen, dem partikularistischen Charakter von Emotionen entspricht die Raum-, Situations- und Subjektgebundenheit von mimischen Emotionsausdrücken, der Diffusität von Emotionen entspricht die ganzheitliche, diffuse Art des Ausdrucks innerer Befindlichkeit, und der qualitative Charakter von Emotionen schließlich korrespondiert mit der geringen Zurechenbarkeit des emotionalen Ausdrucks.[335]

Es stellt sich nun die Frage, ob und wie die verschiedenen Phänomene des Emotionsausdrucks zu beschreiben und zu ordnen sind und über welche Kanäle dieser realisiert wird. Für die vorliegende Arbeit scheint Fiehlers Systematisierung der Formen, in denen Personen in einer Interaktion ihr emotionales Erleben manifestieren, besonders geeignet.[336] Hier geht es zunächst um non-verbale Formen des Emotionsausdrucks (ausführlich dazu Punkt 4.1):

1. *Physiologische Manifestationen* (Veränderung der Herzschlag- und Atemfrequenz oder des Blutdrucks, aber auch Erröten,

---

333 Zu den folgenden Ausführungen vgl. Gerhards 1988: 92 ff.
334 Ein Beispiel aus der neueren deutschen Literatur: „Was gibt es denn zu gucken? – Ich gucke ja gar nicht. Ich schaue nur." Thomas Glavinic (2009): *Das Leben der Wünsche*, 59.
335 Gerhards 1988: 96.
336 Fiehler 1990: 96 f. Vgl. auch Argyle 2002: 105 ff. Schwarz-Friesel (2013: 57) reduziert die Realisierungsformen von Emotionen auf drei Kategorien: verbale und nonverbale Repräsentationsformen sowie körperliche Zustände.

Herzrasen oder Zittern der Stimme; zum Teil vom empfindenden Individuum und vom Beobachter wahrnehmbar);
2. *Nonvokale nonverbale Manifestationen* (Mimik, Gestik, Körperhaltung, z. B. An- oder Entspannung des Körpers in seiner Gesamtheit)[337];
3. *Vokale nonverbale Manifestationen* (Affektlaute, Lachen, Stöhnen);
4. *Verbalisierungsbegleitende Manifestationen* (Stimmcharakteristika, Sprechtempo).

Als *Manifestationen im verbalen Anteil von Äußerungen* nennt Fiehler folgende Möglichkeiten zur Realisierung von emotionalem Ausdruck (detaillierte Beleuchtung unter Punkt 4.2):
5. Manifestation in der sprachlich-inhaltlichen Form der Verbalisierung (Wortwahl);
6. Manifestation in der inhaltlich-thematischen Ausrichtung der Verbalisierung (Ausrufe; Vorwürfe, Disziplinierungen; Beschreibung erlebensrelevanter Sachverhalte/Ereignisse; Beschreibung der situativen Umstände des Erlebens);
7. Manifestation durch verbale Thematisierung des Erlebens (Erlebensbenennung; Erlebensbeschreibung).

Manifestationen im Gesprächsverhalten sind bei Fiehler ein weiterer Verhaltensbereich, in dem emotionales Erleben zum Ausdruck kommen kann. Dazu zählen Aspekte wie Thema, Diskurstyp, Strategien der Gesprächsführung, Gesprächsorganisation und Gesprächsmodalität.[338]

---

337 Battacchi et al. (1997: 21) erwähnen als weitere Komponente des Reaktionsmusters *Emotion* instrumentelle motorische Reaktionen wie beißen, schlagen oder fliehen. Konstantinidou (1997: 109) zählt darüber hinaus Blickrichtung, Nähe und Platz im Raum sowie Orientierung, Kleidung und Körperverzierung zu den nonverbalen Ausdrucksphänomenen, bezeichnet aber Intonation, Mimik und Gestik als die wichtigsten Ausdruckskanäle. Den Aspekt der Kleidung führt auch Argyle an (2002: 110): „Schließlich können Gefühle auch durch die äußere Erscheinung, insbesondere durch die Kleidung, mitgeteilt werden. In einem fröhlichen Rahmen wird sich jemand kaum schwarz kleiden, wenn es nicht muss." Der zweite Teil der Aussage scheint angesichts der aktuellen modischen Tendenzen und der ausgeprägten Vorliebe vieler, gerade jüngerer Menschen für schwarze Kleidungsstücke nicht mehr zuzutreffen.
338 Zur detaillierten Beschreibung dieser Manifestationen vgl. Fiehler 1990: 173 ff.

4.1 Nonverbale Formen des Emotionsausdrucks

Gefühlserleben wird nicht zwangsläufig sprachlich mitgeteilt, mit anderen Worten: Emotionen werden in hohem Maße auf nonverbale Weise ausgedrückt. Dies wird durch Erkenntnisse des Forschungsbereichs der Nonverbalen Kommunikation bestätigt, der sich innerhalb der Emotionsforschung seit den 1970er Jahren intensiv mit dem Phänomen des Ausdrucks von Emotionen (expression of emotions) befasst.[339] Ausdruckstheoretische Ansätze beziehen sich in der Regel auf Verhaltensweisen – Mimik, Gestik, Körperhaltung, Stimme –, „von denen wir annehmen, dass sie sich gemeinsam mit kurzfristigen Änderungen inner-psychischer Zustände verändern".[340] Besondere Aufmerksamkeit gilt dabei dem mimischen Verhalten, seiner Funktion und dem Zusammenhang zwischen Mimik und subjektiven Gefühlszuständen. Handelt es sich dabei eher um einen unbewussten Ausdruck oder um eine bewusste Mitteilung (des Senders) und wie gestalten sich die Wahrnehmungsprozesse auf Seiten des Empfängers? Dem Linsenmodell von Brunswik/Scherer (1956/1992) zufolge unterliegen Prozesse des Ausdrucks von psychischen Zuständen (Enkodierung, Externalisierung) ebenso wie Dekodierungsprozesse mit entsprechenden Schlussfolgerungen eigenen individuellen Gesetzmäßigkeiten:

Enkodierung und Dekodierung können bewusst oder unbewusst ablaufen. Insbesondere bei der Externalisierung ist zu berücksichtigen, dass der Zusammenhang emotionaler Zustände mit den Verhaltensweisen hochgradig individuenspezifisch ist.[341]

Zwar ergänzt das mimische Verhalten die bewussten sprachlichen Mitteilungen, ausschlaggebend sind nach Forschermeinung jedoch soziale Kontexte und kulturelle Einflüsse; mimisches Ausdrucksverhalten erfüllt somit in weiten Bereichen primär eine Mitteilungsfunktion.[342]

In Bezug auf die physiologischen Reaktionen und den Einsatz nonverbaler Mittel zur Darstellung emotionalen Erlebens gehe ich von der bereits in Kap.

---

339 Nach Ellgring (2000: 85) ist *Ausdruck* zu sehen als „Verhaltensweisen, körperliche Erscheinungen oder Artefakte [...], aus denen seelische Erscheinungen erkennbar bzw. interpretierbar sind."
340 Ellgring 2000: 85.
341 Ellgring 1989, zit. nach Ellgring 2000: 87.
342 Vgl. Ellgring 2000: 92.

1.2.4.2 beschriebenen kulturellen Universalität aus. Russische Autoren bestätigen mit ihren Aussagen die grundsätzliche Vergleichbarkeit mimischer und intonatorischer Reaktionen im deutschen (westlichen) und russischen Kulturkreis:

Но побледнение, покраснение, почернение лица, дрожание губ и голоса, слезы, улыбка, смех, нахмуренные брови, особая эмоциональная интонация, особая – эмотивная – семантика языковых единиц и многое другое являются формальными средствами проявления эмоции, внешними (выраженными) [...] или скрытыми [...].[343]

Krasavskij spricht im Zusammenhang mit Ausdrucksformen wie dem Heben der Augenbrauen als Zeichen des Erstaunens oder dem Schwenken der Arme als Symbol der Verzweiflung von „Handlungssymbolen" (акциональные символы)[344] und postuliert, dass es sich dabei um kulturübergreifende („pankulturelle") Phänomene handelt, die im Vergleich zu Sachsymbolen weniger stark von der jeweiligen Kultur geprägt und mit gewissen Einschränkungen universell verständlich sind:

Вероятно, в большинстве своем эти символы панкультурны в силу идентичности лежащих в их основе физиогномических реакций людей, относящихся к разным этносам. Данное утверждение, естественно, не отменяет некоторых исключений, имеющих место при сравнении ментально и темпорально удаленных друг от друга культур (ср., например, культурные эмоциональные паттерны европейцев и ставшие хрестоматийными в подобных случаях паттерны японцев).[345]

---

343 Šachovskij 2009b: 53; zur Praxis vgl. Šachovskij 2009b: 88 ff. In ihrer Untersuchung zu Prosodie und Emotion in der interkulturellen Kommunikation (2009: 287) konstatiert Veličkova allerdings wesentliche Unterschiede im Bereich der expressiven Mittel zum Ausdruck von Basisemotionen im Deutschen und im Russischen und weist auf die Gefahr von Kommunikationsstörungen hin.

344 Krasavskij 2008: 94.

345 Krasavskij 2008: 94 f.
  Koster (2013) gelangt hingegen in seinem Vergleich deutscher und amerikanischer Gesten zu dem Schluss, dass sich Gesten und die ihnen zugrunde liegenden Konzepte auch in einander ähnlichen Kulturen durchaus unterscheiden können, so dass Missverständnisse nicht ausgeschlossen sind.

4.1.1 Nonvokale nonverbale Manifestationen

Dass bestimmte mimische Ausdrucksmuster mit Gefühlen zusammenhängen, ist bereits von Darwin erkannt und detailliert beschrieben worden. Die meisten nonverbalen Signale gehen vom Gesicht aus, das wiederum sorgfältiger beobachtet und kontrolliert wird als jede andere Quelle nonverbaler Signale.[346] Die Interpretation mimischen Ausdrucksverhaltens folgt offenkundig einem kulturunabhängigen Muster, denn Studien zum Erkennen von Emotionen im Gesichtsausdruck haben gezeigt, dass Fotos von Gesichtern, die Gefühlszustände wie Glück, Überraschung, Angst, Ärger, Traurigkeit, Ekel/Verachtung und Interesse widerspiegeln, auch dann weitgehend zutreffend beurteilt wurden, wenn darstellende und beurteilende Personen völlig unterschiedlichen Kulturkreisen angehörten. Es scheint also eine Art universeller Gesichtssprache zu geben, die weltweit „gesprochen" und verstanden wird. Moderne Autoren stützen sich bei ihren Aussagen zum mimischen Emotionsausdruck häufig auf das Analysesystem von Ekman/Friesen (Facial Acting Coding System/FACS, 1978), das 44 Kategorien mimischen Ausdrucksverhaltens aufführt. So gelten für die Emotion Überraschung folgende mimische Merkmale als typisch: Hebung der Augenbrauen, Senken des Unterkiefers, Heben der oberen Augenlider[347]. Der emotionale Gesichtsausdruck kann Folge von physiologischen Veränderungen (Blutdruck, Atemrhythmus) sein, dient aber auch als Kanal zur Äußerung sozialer Signale (etwa Lachen und Weinen in der Öffentlichkeit).

Gesten, d. h. Bewegungen des Körpers, insbesondere der Hände und des Kopfes, bilden ein weiteres wichtiges Ausdrucksmittel, sind in der Regel zweckgerichtet und erfüllen eine bestimmte kommunikative Funktion. Sie lassen sich jedoch weniger eindeutig als Mimik und Intonation spezifischen Emotionen zuordnen, da in Körperbewegungen „eher die Intensität der allgemeinen Erregung"[348] zum Ausdruck kommt. Gesten gelten als kulturbezogen, unterliegen allerdings zusammen mit den dabei benutzten sprachlichen Ausdrücken zunehmend dem Einfluss der Globalisierung.[349] Zu den nonverbalen Kommunikationselementen zählen darüber hinaus die Körperhaltung und die räumliche Distanz zwischen den Gesprächspartnern.[350]

---

346 Argyle 2002: 108 ff. und 201 ff.
347 Vgl. Konstantinidou 1997: 115, Argyle 2002: 206.
348 Konstantinidou 1997: 117.
349 Vgl. Marcantonio (2016: 15 ff.).
350 Vgl. Birkenbihl 2001: 44.

4.1.2 Vokale nonverbale Manifestationen

Als vokale nonverbale Manifestationen von Gefühlszuständen sind Affekte und vokale Embleme sowie Interjektionen zu nennen. Affektlaute (Schmerzlaute wie ‚Aua!', aber auch Befindlichkeitsäußerungen wie Stöhnen, Lachen, Zischen etc.) und vokale Embleme (Ausdrücke wie ‚Oh!' oder ‚Ah!') treten häufig gemeinsam mit nonverbalen nonvokalen Manifestationen wie Mimik, Gestik oder Körperhaltung auf.[351] Interjektionen (‚Oh!', ‚Ihhhh!', ‚Huch!') überschneiden sich zum Teil mit den vokalen Emblemen und bilden einen Übergangsbereich, „an dessen einem Ende unwillkürliche Lautbildungen, am anderen Ende konventionalisierte lexikalische Einheiten stehen, die in kommunikativer Absicht verwendet werden können"[352]. Die Bedeutung der beschriebenen Ausdrucksmöglichkeiten für die Kommunikation wird deutlich, wenn man sich die Unterschiede in der Aussagekraft von Lachen vor Augen führt: Es gibt sowohl fröhliches als auch höhnisches, ängstliches oder wütendes Lachen.

4.1.3 Verbalisierungsbegleitende Phänomene

Die verbalisierungsbegleitenden Phänomene sind als paraverbale Mittel im phonologisch-prosodischen Bereich zu verorten, der folgende Komponenten umfasst:[353]

- Stimmcharakteristika wie Lautstärke (Intensität), Stimmhöhe (Grundfrequenz) und Stimmmodalitäten (z. B. das in vielen Fällen vom Dolmetscher geforderte „Lächeln in der Stimme"),
- Betonungsphänomene wie spezifische Intonationskonturen (z. B. Emphase),[354] besondere Betonungen (z. B. Pointierungen), Akzentverschiebungen oder expressive Dehnungen (‚Waaas?', ‚Rrrrraus!'),
- die Sprechgeschwindigkeit,
- Phänomene des Sprechstils (z. B. überkorrekte Artikulation oder Stakkato)

---

351 Vgl. Fiehler 1990: 169. Zu den Affektlauten zählt er „auch Phänomene, für die es keine einheitlichen Benennungen gibt, wie das schnelle, schnaubende Ausstoßen von Luft durch die Nase."

352 Fiehler 1990: 169, dort auch kritische Anmerkungen zu dieser Unterteilung.

353 Nach Kehrein (2002: 5) umfasst der Begriff der Prosodie sowohl die Stimmmerkmale, die eine Sprechhandlung begleiten (z. B. die Tonhöhe), als auch die daraus resultierenden Epiphänomene wie Sprechtempo und Rhythmus. Zu den nachfolgenden Ausführungen vgl. Fiehler 1990: 170.

354 Konstantinidou (1997: 110) merkt an, dass ein Satz mehrere Intonationskonturen haben kann und dass kontrastierende Intonationskonturen auf unterschiedliche Intonationsbedeutungen schließen lassen. Hörer würden oft heftiger auf Intonationsbedeutungen reagieren als auf lexikalische Bedeutungen.

- sowie Auswirkungen von Emotionen auf die verbale Planung, die Phänomene wie Stottern, Satzbrüche, Stocken oder Neuformulierungen zur Folge haben.

Kehrein nennt Phraseologismen wie ‚der Ton macht die Musik' oder ‚in den höchsten Tönen' als Beleg dafür, dass bereits im alltagssprachlichen Bewusstsein ein Zusammenhang zwischen Verhaltensmerkmalen wie der Prosodie und Emotionen erkannt wird.[355] Nach Barbara Ahrens erfüllt die Prosodie neben ihren beiden Hauptaufgaben, der Strukturierung des lautsprachlichen Kontinuums und der Hervorhebung inhaltlich wichtiger Elemente in einer Äußerung, eine „indexalische Funktion" (prosodische Merkmale geben Aufschluss über die Person und die innere Verfassung des Sprechers) sowie eine „komplementär-kompensatorische Funktion" (prosodische Elemente verstärken bzw. ergänzen verbale Elemente).[356]

4.2 Verbale Formen des Emotionsausdrucks

„Die Sprache ist das wichtigste Mittel, mit dem wir auf die Welt Bezug nehmen"[357] – an der Nahtstelle zwischen biologischen, psychologischen und kulturellen Vorgängen erfüllt Sprache diverse Funktionen von der Darstellung von Gegenständen und Sachverhalten über den Ausdruck des inneren Zustands des Sprechers und die Anweisung eines anderen Individuums zur Steuerung seines Verhaltens bis hin zur Gestaltung sozialer Kontakte.

Emotionen erhalten in sprachlichen Äußerungen eine bestimmte Repräsentation und können damit anderen Teilnehmern einer Kommunikationssituation vermittelt werden. Wer den Menschen als Menschen verstehen will, muss sich mit dem Verhältnis von Sprache und Emotion, von kognitivem Kenntnissystem und konzeptueller Gefühlswelt auseinander setzen.[358] Nach Šachovskij ist die Emotion im Spannungsfeld zwischen Mensch (Subjekt) und Welt (Objekt) angesiedelt und spiegelt die Einstellung des Menschen zu einem bestimmten Objekt wider. Dieses emotionale (bewertende) Verhältnis wird

---

355 Kehrein 2002: XII.
356 Ahrens 2006: 176 f.
357 Schwarz-Friesel 2013: 18. Vgl. Šachovskij 2008: 128 f., Battacchi et al. 1997: 10, 53 ff.
358 Vgl. Schwarz-Friesel 2013: 1.

verbalisiert und als Abbildung (konkreter Bilder oder Muster) semantisch kodiert:

> Эмоция „хранится" в слове в виде идей о ней, эта идея может „оживать" и „разворачиваться" до соответствующей данному моменту переживаемой человеком эмоции. Так эмоции „проникают" в слова, закрепляются в них, „хранятся" в них и при необходимости манифестируются, выражаются и опознаютя с помощью этих слов.[359]

Es gilt als gesichert, dass sich Emotionen sowohl im stammesgeschichtlichen (phylogenetischen) Kontext als auch in der individuellen (ontologischen) Entwicklung eines jeden Menschen noch vor der sprachlichen Entwicklung herausgebildet haben bzw. herausbilden.[360] Šachovskij bestätigt diese Aussage:

> [...]: в начале было не Слово, в начале была Эмоция, поскольку в основе первичных и вторичных номинаций всегда, с самого начала лежали эмоции человека, еще не Homo loquens, но уже Homo sentiens. Ни одного слова не родилось без эмоций человека [...][361].

Die Chronologie des Auftretens von Emotionen entspricht der Chronologie des Auftretens von Emotionsbegriffen: So erlernen Kleinkinder zunächst die Wörter für diejenigen Emotionen, die als erste im kindlichen Empfinden und Verhalten zum Ausdruck kommen.

Für die Analyse von Sprachinhalten ist festzuhalten, dass Sprache Emotionen transportieren kann, denn neben der denotativen Bedeutung, die das Referenzpotenzial einer sprachlichen Äußerung darstellt und die beim Verstehen dieser Äußerung aktiviert wird, verfügen Wörter über konnotative Bedeutungsmerkmale. Gesprochenes oder Geschriebenes kann durch positive oder negative Konnotation eine gefühlsmäßige Resonanz in Individuen auslösen.[362]

---

359 Šachovskij 2008: 6. Nach Šachovskij (2008: 9) handelt es sich bei diesem Sprachcode um ein dynamisches System, das von Sprechern in unterschiedlichen Kommunikationssituationen flexibel gehandhabt wird.
360 Vgl. Battacchi et al. 1997: 10, 74 ff.
361 Šachovskij 2008: 10; 159. Der Autor bezeichnet sich selbst als Emotionslinguist (лингвист-эмотиолог).
362 Vgl. Battacchi et al. 1997: 59; Šachovskij 2009b: 26 f. und 69 ff. Die Sprachwissenschaftlerin Silke Jahr (2000: 224) spricht in diesem Zusammenhang vom „konnotativen Potential" sprachlicher

Dabei kann der Sprachinhalt von Emotionen beeinflusst werden (der Sprecher drückt ein Gefühl aus), andererseits können sprachliche Prozesse ihrerseits emotionale Zustände auslösen (beim Hörer werden durch die vom Sprecher verwendeten sprachlichen Mittel Gefühle evoziert) oder die ausgedrückten Gefühle des Sprechers und das evozierte Gefühl beim Hörer fallen zusammen.

Sprache ist also sowohl Produkt als auch produktive Kraft in der emotionalen Sphäre.[363]

Wie dieser Vorgang abläuft, auf welche Weise emotionales Erleben und Produzieren des entsprechenden sprachlichen Ausdrucks miteinander verknüpft sein können, beschreibt Šachovskij folgendermaßen:

[...]: при переходе от личностных эмоциональных смыслов к языковым формам выражения эмоций коммуниканты либо „подгоняют" эмотивы под переживаемую ими в данный момент эмоцию, либо наделяют эмотивными смыслами нейтральные „упаковки".[364]

Auch die Beurteilung der Angemessenheit emotionaler Reaktionen ist letztlich etwas sprachlich Erworbenes und basiert auf der Kenntnis der jeweils relevanten Verhaltensmuster:

Unter Anleitung erwerben Individuen im Laufe ihrer Sozialisation die Fähigkeit, zunehmend auch selbständig komplexe Zusammenhangsgefüge gemäß den Konventionen der Sprachgemeinschaft, der sie angehören, unter emotionale Begriffe zu fassen. [...] Um es auf eine kurze Formel zu bringen: Sprachniveau determiniert das emotionale Gefühls- und Entwicklungsniveau.[365]

Mittel, das sich kontextabhängig mehr oder weniger entfaltet.
363 Battacchi et al. 1997: 13. Vgl. auch Jahr 2000: 61 ff. Šachovskij (2008: 84, 310) unterstreicht wiederum die Bedeutung von Emotionalität für die Dynamik der Sprache: „Подчеркнем также, что этот тип номинации [т.е. экспрессивно-эмоционально-оценочная номинация] обеспечивает лексическую и семантическую динамику языка." und nennt als Beleg die wachsende Anzahl von emotional bewertenden Benennungen in Neologismenwörterbüchern.
364 Šachovskij 2008: 166.
365 Vgl. Voss 2004: 5, 109.

4.2.1 Emotionserleben und Emotionsthematisierung

Hier geht es um zwei unterschiedliche Aspekte: Zum einen werden emotionale Erlebnisse in diskursiven Erörterungen und Reflexionen thematisiert und in alltagsweltliche Benennungen gefasst, wenn etwa ein Proband in einem psychologischen Test sein Gefühlserleben unter Nennung einzelner Emotionen explizit darstellt. Das semantische Feld der „Emotionswörter" („Gefühlswörter", „Emotionswortschatz"[366]) kann je nach Forschungsansatz weit bis sehr weit gefasst werden.[367] Zum anderen steht *verbaler Ausdruck* für sprachliche Wendungen und stilistische Ausdrucksmöglichkeiten, die emotionales Erleben vermitteln, wobei emotionale Einstellungen oft unbewusst zum Ausdruck gebracht werden. Welche sprachlichen Mittel wählt man – ob bewusst und gezielt oder unwillkürlich und spontan, sei hier dahingestellt – , um Freude zu signalisieren oder Wut zu kommunizieren? Oder umgekehrt: Was sagt die Ausdrucksseite von Sprache über das Vorhandensein von Emotionen und deren Intensität? Die Trennlinie zwischen der Mitteilbarkeit („Berichtbarkeit") von Emotionen und dem „Erlebenswortschatz"[368] ist nicht eindeutig zu ziehen, zumal an vielen Stellen die Erlebens*thematisierung* und der Erlebens*ausdruck* sehr eng miteinander verknüpft sind.

Wir kommunizieren über etwas anderes, aber daneben und zugleich kommunizieren wir – durch die Art, wie wir über das Thema kommunizieren – Emotionen, oder genereller: Bewertungen. […] Wir kommunizieren also Emotionen – und allgemeiner: Bewertungen – immer und permanent nebenher, aber erst ab einer bestimmten Intensität und Unerwartetheit ziehen sie so viel Aufmerksamkeit auf sich (vom Thema ab?), dass die Emotionalität und die Tatsache der Kommunikation von Emotionen

---

366 Zum Begriff *Emotionswortschatz* vgl. Fiehler (1990: 17): „Im Gegensatz zur emotionalen Konnotation geht es hier um die Menge der Wörter, die denotativ Erlebensformen und Emotionen bezeichnen." Vgl. dazu auch den Überblick über die verschiedenen Forschungsansätze bei Jahr (2000: 86 ff.) und die Differenzierung zwischen emotionsbezeichnenden und emotionsausdrückenden Wörtern bei Schwarz-Friesel (2013: 144 ff.) sowie die Aussage von Šachovskij (2009b: 88 ff.): „Одной из трудностей семасиологического исследования эмотивности является взаимоинтерпретируемость метапонятий: номинация эмоций, выражение их (словом) и описание (передача) эмоций в тексте/высказывании."

367 Römer/Matzke (2005: 30 f.) nennen beispielsweise drei Gruppen von Wörtern mit emotiven Funktionen: Gefühlswörter (benennen und beschreiben Emotionen und Affekte, ohne selbst expressiv zu sein, wie ‚Angst', ‚Trauer'), Affektwörter (Wörter und Wendungen zum Ausdrücken von Gefühlen und Affekten wie ‚Ich hasse dich!', ‚Mausi', ‚Lügner!') und Bewertungswörter (Wörter, die das Benannte zugleich bewerten, wie ‚Klassefrau', ‚verrecken', ‚Köter').

368 Fiehler 1990: 115. Fiehler spricht (1990: 98 ff.) vom „kommunikativen Verfahren der Erlebensthematisierung" im Unterschied zum „kommunikativen Verfahren des Erlebensausdrucks".

den Beteiligten bewußt wird. Dies kann bis zur Thematisierung der Emotionen reichen.[369]

Vester widerspricht der Behauptung, „Emotionen existierten nur durch und aufgrund von Sprache", und konstatiert eine enge Wechselwirkung zwischen dem Einfluss von Sprache auf emotionales Erleben und Verhalten, das wiederum mithilfe eben jener Sprache beschrieben wird.[370] Seiner Ansicht nach werden Emotionen

nicht in dem Sinne „ausgedrückt", daß etwas innerlich Vorhandenes nach außen gestülpt würde, wo es sich dann zeigt. [...] Zu einem nicht unerheblichen Teil formieren sich Emotionen erst durch ihren Ausdruck oder entstehen erst durch ihre „äußerliche" Darstellung. Emotionen werden nicht „innerlich" von einem Subjekt intendiert oder entworfen, um sich dann „äußerlich" zu offenbaren [...].[371]

4.2.2 Mitteilbarkeit von Emotionen: interindividuelle Unterschiede beim emotionalen Erleben

Bei der Berichtbarkeit von Emotionen spielt auch eine Rolle, inwieweit ein Individuum eine Emotion als solche versteht und erlebt. Es scheint logisch, dass (ähnlich wie bei der unterschiedlich ausgeprägten Fähigkeit zur Empathie) nicht alle Individuen in gleicher Weise dazu in der Lage sind, emotionale Zustände zu erkennen oder selber zu erleben – als Extreme gelten Hochsensibilität und Gefühlsblindheit. Fiehler nennt zur Differenzierung acht interindividuelle Unterschiede[372]:

- das Emotionsspektrum – nicht alle Individuen können sämtliche Emotionen aus dem gesellschaftlich definierten Spektrum sozial relevanter Emotionen erleben;

---

369 Fiehler 1990: 37, Hervorhebung im Original.
370 Vgl. Vester 1991: 28. Auf die Tatsache, dass auch diese Sprache Veränderungen unterworfen ist, verweist Mees (1991: 24): „Die Sprache, in der wir über (bzw. von) Gefühle(n) reden, hat sich historisch verändert und ist nicht kulturinvariant." Er begründet dies damit, dass neue Gefühlswörter alte abgelöst haben, dieselben Benennungen in unterschiedlichen Zeiten Unterschiedliches bedeuteten und darüber hinaus in anderen Kulturen Gefühlswörter gibt, die in der deutschen Kultur fehlen und umgekehrt.
371 Vester 1991: 44.
372 Fiehler 1990: 58. Vgl. auch Voss 2004: 6.

- das Emotionsbudget – das Emotionserleben kann unterschiedlich häufig und intensiv sein;
- die individuelle Emotionsschwelle – „Holzklotz" und „Sensibelchen" stehen für die Unterschiede in der Deutung der eigenen emotionalen Reaktionen;
- Art und Intensität der emotionalen Reaktion bei einem vergleichbaren Anlass oder Auslöser – Menschen reagieren mit unterschiedlichen und unterschiedlich starken Emotionen;
- Formen bzw. Stile der Bewältigung von Emotionen – sie können je nach individueller Präferenz ausgelebt, verdrängt, versachlicht oder verschoben werden;
- Formen der Manifestation – Emotionen können in einer Interaktion thematisiert, ausgedrückt oder verschoben (sekundär) ausgedrückt werden;
- die Fähigkeit zur Emotionsdeutung kann differieren;
- die Formen der Prozessierung von Emotionen, die in einer Interaktion manifestiert wurden, können je nach individueller Präferenz differieren – Individuen können Emotionen beispielsweise ignorieren, übergehen oder in Frage stellen.

4.2.3 Sprachliches Inventar zur Äußerung von Emotionen

Fiehler grenzt den „Erlebenswortschatz" als Mittel zur Thematisierung von Emotionen gegen verbale Äußerungsformen ab, „die zwar ein starkes Erleben zum Ausdruck bringen, dieses Erleben aber nicht zum Thema der Interaktion erheben"[373]. Diese Kategorisierung wird in der vorliegenden Arbeit nicht nachvollzogen, da es hier weniger um Aspekte der Interaktion als vielmehr um Prozesse des Erkennens und Verarbeitens emotionaler Befindlichkeiten durch

---

[373] Fiehler 1990: 127. Šachovskij (2009b: 91) unterscheidet analog dazu zwischen den folgenden drei Gruppen: „[...] лексика, называющая, обозначивающая эмоции (т. е. дающая им имя), лексика, описывающая эмоции, и лексика, выражающая эмоции". Für ihn kann jedoch trotz aller vorhandenen Möglichkeiten sprachlicher Ausdrucksmittel keine hundertprozentige, authentische Beschreibung des Emotionserlebens erreicht werden (2009b: 90): „Установить абсолютную адекватность языковых средств выражения всем оттенкам каждой эмоции нереально. Действительный мир эмоций и их модельный мир (языковое отражение) никогда не будут совпадать."
Stephan Vogel (1996: 202) setzt sich mit dem Aspekt des „Unsagbaren" in Bezug auf Kunstwerke auseinander. Für ihn sind die Möglichkeiten der Beschreibung von Gefühlen mit wissenschaftlichen Mitteln endlich: „Shakespeares ‚130. Sonett', Thomas Manns ‚Lotte in Weimar', Mozarts ‚Klarinettquintett' [...] erfassen und vermitteln ja mehr über die feinen Zwischentöne menschlicher Gefühle, als irgendeine Emotionswissenschaft jemals herauspräparieren könnte. Was das Sehnsuchtsvolle an der Sehnsucht ist, kann uns der Logos nie beantworten."

Dritte geht, für die der Unterschied zwischen einer (Emotionen thematisierenden) Aussage wie ‚Ich hatte Angst' und einem (emotionale Beteiligung signalisierenden) Ausdruck wie ‚Oh Gott!' weniger relevant ist. Der „Erlebenswortschatz" besteht laut Fiehler aus begrifflichen Erlebens- und Emotionsbenennungen, die in nominaler, verbaler und adjektivischer Form vorliegen und die nicht kategorisch gegeneinander abgegrenzt werden können, weil sie je nach Kontext sowohl eine Bewertung enthalten als auch ein Erleben schildern können,[374] wobei zwar Emotionen stets mit Bewertungen einhergehen, umgekehrt aber nicht jede bewertende Aussage eine Emotion enthält.[375] Da durchaus vorstellbar ist, dass in bestimmten Dolmetschkontexten Erlebensbeschreibungen vom Dolmetscher zu verarbeiten sind, wird der Erlebenswortschatz an dieser Stelle kurz umrissen. Dazu gehören nach Fiehler erlebensdeklarative Formeln (‚ich fühlte mich X', ‚mir war X zumute'), feste metaphorische Wendungen (‚das treibt mich auf die Palme') und der metaphorisch-bildliche Gebrauch von Redewendungen (‚ich hänge durch', ‚es kocht in mir').[376]

4.2.3.1 Emotionsanzeigende sprachliche Mittel im Deutschen

LAUTEBENE
Zu den emotionsanzeigenden sprachlichen Mitteln zählen kurze lautliche Manifestationen, die zum Teil nicht aus lexikalischen Einheiten bestehen und die eine starke emotionale Beteiligung signalisieren wie etwa
- Interjektionen (‚Huch!', ‚Himmel!')[377],
- Bewertungen mit Ausdruck (‚Herrlich!', ‚E-kel-haft!'),
- Manifestationen der Überraschung und des Unglaubens (‚Waas?', ‚Unglaublich!'),
- Beschimpfungen (‚Du Idiot!'),
- Koseformen,
- Flüche (‚Verdammt!')[378],

---

374 Fiehler (1990: 115 bzw. 115 ff.): „Erlebensbegriffe sind [...] sozial vorgeformte Deutungsmöglichkeiten für individuelles Erleben, sie sind sozial normierte Möglichkeiten, ein Erleben zu typisieren."
375 Jahr 2000: 75 f.
376 Dazu und zu den folgenden Ausführungen vgl. Fiehler 1990: 120 ff. Fritz Hermanns (2004: 95 ff.) beschreibt emotive Lexik sowie Emotionen in der Grammatik aus lexikographischer Sicht.
377 Interjektionen sind „komplette, wenn auch extrem kurze Sprechakte [...] kodieren nicht nur eine emotionale Einstellung, sondern auch den mentalen Zustand, in dem sich der Sprecher befindet". Schwarz-Friesel 2013: 158 ff.
378 Flüche tauchen in der Auflistung zweimal auf: als Kurzform bei den kurzen verbalen Äußerungs-

- Drohungen (‚Na warte!'),
- Empörungen (‚Bist du noch zu retten?!') etc.

WORTEBENE

Auf der Wortebene verweisen zum Beispiel Verben, die kommunikative Aktivitäten bezeichnen und zugleich eine Bedeutungskomponente haben, die auf emotionale Anteile bei der kommunikativen Aktivität hindeutet (schimpfen, drohen, anschreien, brüllen, murren, jauchzen), auf das Vorhandensein eines emotionalen Zustands. Außerdem wird emotionales Erleben auf folgende Art und Weise markiert:
- durch eine bewertend expressive Wortwahl (z. B. denotative Verschiebungen von Benennungen: ‚Halsabschneider' anstelle von ‚Immobilienmakler', ‚Palast' oder ‚Bude' für ‚Haus', stilistische Varianten wie obszöne Ausdrücke oder mundartliche Wendungen),
- Derivationen der Wortform (z. B. Diminutiva)[379],
- die Verwendung von Bildlichkeit (Metaphern wie beispielsweise ‚Profitgeier')
- oder „schiefe", ungewöhnliche Formulierungen.[380]

Auch adverbiale Zusätze (‚leider', ‚zum Glück'), Modal- oder Gradpartikel (‚sogar', ‚ja') oder Modalverben signalisieren eine bewertende Sprechereinstellung. Weitere Kategorien expressivitätssteigernder Mittel sind nach Jahr u. a. die Kopplung von zwei oder mehr Grundmorphemen (‚feucht-fröhlich') oder die Verletzung der semantischen Kompatibilität bei Komposita (‚Aktenhengst').[381] Darüber hinaus tragen doppelte Verneinungen (‚kein Grund, den er nicht genannt hätte') sowie Adjektive und Adverbien wie ‚absolut', ‚durchweg', ‚höchst', ‚gewaltig', ‚recht' und viele andere mehr zu einer Intensivierung von Bewertungen bei.

Von entscheidender Bedeutung ist in diesem Zusammenhang immer der Kontext: Auch gefühlsmäßig indifferente Wörter können, wenn sie in einem

---

formen, in der Langform auf der Satz- bzw. Äußerungsebene.

379 Jahr (2000: 89) nennt als weitere Möglichkeiten, Zuneigung oder Ablehnung zu übermitteln, Präfix- und Suffixbildungen (‚super-', ‚mist-') und Personenbezeichnungen als Suffigierung mit ‚-ler' (‚Abweichler'). Vgl. auch Konstantinidou 1997: 72.

380 Vgl. dazu Fiehler 1990: 171. Eine Darstellung des Gefühlsausdrucks aus dem Blickwinkel der expressiven Sprechakte sowie eine Klassifizierung der sprachlichen Mittel zur Realisierung von Expressiva findet sich bei Susanne Marten-Cleef (1991).

381 Jahr 2000: 89.

entsprechenden situativen Zusammenhang verwendet werden, emotionale Reaktionen hervorrufen, was die Grenzziehung zwischen emotional belasteten und emotionsneutralen Wörtern erschwert. Des Weiteren können Substantive wie ‚Freiheit', ‚Demokratie', ‚Problem', ‚Konflikt' oder ‚Vorrang', die in politischen Kontexten besonders häufig zum Einsatz kommen, nicht automatisch als wertende sprachliche Mittel qualifiziert werden, auch wenn sie ein bestimmtes konnotatives Potenzial enthalten. Dieses muss aber, um eine emotionale Wirkung zu entwickeln, durch andere sprachliche Mittel verstärkt werden. Ähnliches gilt für fachsprachliche Ausdrücke: Werden sie zur Beschreibung von Sachverhalten eingesetzt, so realisieren sie in erster Linie ihre begriffliche und weniger ihre konnotative Bedeutung, auch wenn sie in der Alltagssprache emotional-wertend verwendet werden.[382]

Andererseits, und dies ist ein weiterer Aspekt im Zusammenhang mit der Zuordnung von Emotionen auf der Grundlage von sprachlichen Mitteln, muss nicht jeder zum Ausdruck gebrachten Emotion zwangsläufig ein entsprechendes Gefühl zugrunde liegen. Die fragliche emotionale Reaktion kann authentisch sein, sie kann aber auch auf gesellschaftlichen Konventionen beruhen oder strategischen Zwecken geschuldet sein – eine Vorstellung, die sich mit dem strategisch-taktisch geplanten Verlauf politischer Gespräche oder wirtschaftlicher Verhandlungen ohne Weiteres in Einklang bringen lässt.[383] Für die Untersuchung von Dolmetschsituationen erscheint es folglich wenig sinnvoll, Einzellexeme zu betrachten, da sie ihr konnotatives Potenzial oft erst im Co-Text und im Kontext entfalten; zudem lassen sich auch zwischen wertend und sachlich gebrauchten Lexemen und Wortgruppen kaum scharfe Grenzen ziehen.

SATZ-/TEXTEBENE
Über die Möglichkeiten, den emotionalen Gehalt von Aussagen auf der Satz- bzw. Textebene an der Syntax abzulesen, herrschen unter Linguisten unterschiedliche Ansichten. Es scheint generell schwierig, im grammatischen Bau von Sätzen Indikatoren festzulegen, die Rückschlüsse auf die Emotionalität einer Aussage zulassen. Jahr weist allerdings in diesem Zusammenhang darauf hin,

---

382 Jahr (2000: 101 f.) weist auf mögliche Probleme beim Gebrauch lexikalischer Einheiten hin, die kontextlos wertend und ggf. emotional sind, aus Mangel an sprachlichen Alternativen aber in sachbezogenen Texten verwendet werden und dort als nicht wertend interpretiert werden müssen. Hierzu gehören Lexeme mit juristischen, politisch-historischen und soziologischen Kontext wie ‚Supermacht' oder ‚gefährdete Jugendliche'. Zum Aspekt der interkulturellen und intersprachlichen Unterschiede im Bereich der Konnotation vgl. Šachovskij 2008: 327 ff.
383 Vgl. Jahr 2000: 77.

dass bestimmte syntaktische Strukturen in einem bestimmten Äußerungskontext durchaus emotionale Bedeutung vermitteln können.[384] Dazu gehören u. a.
- satzwertige Konstruktionen, in denen eine Erregung oder ein Begehren des Sprechers ausgedrückt wird (‚Was bist du groß geworden!' ‚Phantastisch!', Donnerwetter!'). Derartige Ausrufe, die unterschiedlichste Empfindungen an den Tag bringen und damit die positive oder negative Einstellung des Sprechers unmittelbar widerspiegeln, zählen zu den wichtigsten und direktesten Kundgabemitteln;
- Ausrufesätze (‚Ist ja irre!'). Hier wird ein spontanes Gefühl geäußert, und das im Vergleich zu einem Aussagesatz größere Maß an Emotionalität führt häufig zu Veränderungen der Satzform wie Satzverkürzungen, Ellipsen oder Imperativen;
- Wunschsätze wie ‚Wäre er doch gekommen!';
- Fragesätze (‚Bist du noch zu retten?!') – die Frageform als Affektfrage ist ein zentrales Mittel zum Ausdruck emotionaler Befindlichkeiten;
- Wortwiederholungen wie ‚Das will und will nicht klappen'.

Schwarz-Friesel führt darüber hinaus neben Metaphern noch Vergleiche an, mit deren Hilfe Menschen, die anderen ihre Gefühle mitteilen wollen, „ihren internen Gefühlszustand in direkte Analogie zu einem anderen Referenten oder Referenzbereich (setzen)".[385] Der Referenzbereich kann konkret, aber auch abstrakt sein (‚ich fühlte mich wie in der Hölle/wie in einem Käfig'), und als Vergleichskonstruktionen dienen häufig Kontrastmuster wie hell/dunkel oder heiß/kalt sowie Tierbezeichnungen und Eigenschaften von Tieren.

STILISTISCHE MITTEL

Als eine weitere, sich über mehrere Ebenen der Sprachbeschreibung (Wort-, Satz-, Textebene) erstreckende Kategorie ist die Stilistik zu nennen, die ebenfalls eingesetzt wird, um der emotionalen Betroffenheit über einen Sachverhalt Ausdruck zu verleihen:

Im Stil werden sowohl sprachliche, außersprachliche als auch individuelle Faktoren in die Oberfläche von Texten umgesetzt. Treten emotionale

---

384 Zu den nachfolgenden Ausführungen vgl. Jahr 2000: 93 f.; Konstantinidou 1997: 72 f.; Fiehler 1990: 171.
385 Schwarz-Friesel 2013: 191.

Einstellungen auf, werden diese auch in der Textoberfläche im Stil erscheinen und somit rekonstruiert werden können.[386]

Stilfiguren verstärken durch Hervorhebung, Kontrastierung, Veranschaulichung oder Bewertung die Wirkung einer Aussage, und die auf diese Weise gesteigerte Expressivität lässt ihrerseits Rückschlüsse auf die emotionale Engagiertheit, die Ich-Beteiligung oder Selbstbetroffenheit des Redners zu.[387] Auch hier gilt, was in Bezug auf die Wortebene erwähnt wurde: Ein lexikalisch oder syntaktisch neutraler Ausdruck kann als Stilfigur eingesetzt, mit Hilfe verschiedener Gestaltungsverfahren markiert und damit für den Kommunikationsvorgang besonders auffällig gemacht werden. Jahr nennt vier Klassen von Stilfiguren, die als mögliche Ausdrucksformen von Emotionalität in Sachtexten in Frage kommen.[388] Die Klassifikation folgt der Frage, welche Änderung die jeweilige Stilfigur im Text bewirkt, und nennt als Antwort

- die Substitution sprachlicher Elemente;
- die Addition sprachlicher Elemente;
- die Elimination syntaktischer Einheiten;
- die Änderung der Reihenfolge solcher Einheiten (Permutation).

Alle vier Klassifikationspunkte sind auch für Situationen mit mündlicher Kommunikation, darunter Dolmetschsituationen, relevant. Als Figuren der Substitution (sprachliche Elemente werden durch andere, markierte ersetzt) gelten rhetorisch motivierte Metaphern, Ironie, rhetorische Fragen/Scheinfragen, Ausrufe/Ausrufesätze und Abtönungspartikel wie ‚aber', ‚doch', ‚eben', ‚ja vielleicht' – sie alle können in mündlichen Äußerungen als Mittel zum Ausdruck von Expressivität auftreten. Ebenso verhält es sich mit der Addition, der Hinzufügung sprachlicher Elemente: Figuren der Wiederholung (wörtlich, variierend oder synonymisch), Figuren der Entgegensetzung (antithetische Formulierungen) sowie Häufung des Verschiedenen (Aneinanderreihung gleichartiger und gleichrangiger Elemente, beispielsweise von Adjektiven) und Epitheta (z. B. formelhafte Verbindungen) sind Stilfiguren, die etwa in der

---

386 Jahr 2000: 82; zu Stiltheorien und Stilkonzepten vgl. Jahr 2000: 81 ff.
387 Michel (2005: 8) beschreibt die Selbstbetroffenheit als ein Charakteristikum der Emotionen: „Wir haben ein ‚Bewusstsein' von dem psychosomatischen Zustand, der uns ergriffen hat. Das kann so weit gehen, dass der Empfindende anhand der Reflexion auf sein Gefühl sich seiner selbst vergewissern kann. Sentio, ergo sum."
388 Vgl. Jahr 2000: 95 ff.

Politik häufig verwendet werden. Auch Figuren der Auslassung (Ellipsen, Satzabbrüche oder Zeugma) sind in mündlichen Kontexten üblich. Dies gilt ebenfalls für Figuren der syntaktischen Anordnung (Nachstellung betonter Äußerungsteile) und des Platzwechsels, die, ggf. verstärkt durch prosodische Mittel (Stimmführung, erhöhte Lautstärke, Betonung), die Aufmerksamkeit des Hörers eines gesprochenen Textes auf bestimmte Akzente lenken: ‚Wir haben dies getan, **nicht** weil wir …' – ‚Wir haben dies **nicht** getan, weil wir …'.

Wenn stilistische Mittel zur Steigerung der Expressivität einer Aussage verwendet werden, dann hat das unweigerlich Auswirkungen auf den Rezipienten: Er interpretiert vor dem Hintergrund seines sozialen Wissens[389] das Gehörte, unterstellt möglicherweise dem Sprecher bestimmte Emotionen und schließt von den Stilfiguren, die der Sprecher verwendet, auf dessen spezifische Einstellungen, Intentionen und Dispositionen. Am Ende dieses Prozesses steht eine Schlussfolgerung des Rezipienten, der den Sprecher für sich definiert als: „Der Redner ist X" (X bedeutet hier auf einer Skala zur Gefühlsanwesenheit bzw. -abwesenheit irgendeine Eigenschaft zwischen *sachlich* und *emotional*).[390]

EMOTIONSANZEIGE DURCH DARSTELLUNG VON SACHVERHALTEN
Emotionen können darüber hinaus auch über die Darstellung von Sachverhalten zum Ausdruck gebracht werden: Ein Redner stellt Daten und Fakten dar und vertritt dabei eine vordergründig neutrale Position; gleichzeitig referiert er auf gesellschaftliche Gegebenheiten, die von den Zuhörern üblicherweise negativ oder positiv beurteilt werden. Implizit nimmt er damit Bewertungen vor, die ggf. als Anzeichen für das Vorhandensein von Emotionen zu werten sind. Dabei darf der Redner in vielen Fällen davon ausgehen, dass seine Bezüge oder Anspielungen richtig zugeordnet und verstanden werden, weil Zuhörer und Redner über ein gemeinsames Wertewissen im Hintergrund verfügen.

Festzuhalten bleibt, dass es nicht nur auf der Wort-, sondern auch auf der Satz- und Textebene problematisch ist, sprachliche Mittel als Indikatoren für das Vorhandensein emotionaler Zustände herauszufiltern.[391] Die kommunizierte Emotionalität einer Äußerung kann letztendlich sehr viel höher sein als

---

389 Soziales Wissen ist nach Eugster (2000: 2) zu verstehen als „Wissen, das kommunikativ wirksam wird. […] Dieses Wissen wird nur situativ, ereignishaft bedeutsam, unterliegt den Bedingungen von Kommunikation und muss vom Einzelnen insofern mitvollzogen werden, als dieser in kommunikativen Situationen ‚gemeint' ist."
390 Vgl. Jahr 2000: 83.
391 Vgl. dazu Jahr 2000: 79, 85.

die „Summe" der emotionsstiftenden sprachlichen Elemente – man denke an die weiter oben beschriebenen außersprachlichen Faktoren und die Signalwirkung, die sie in emotional geprägten Situationen haben.

4.2.3.2 Emotionsanzeigende sprachliche Mittel im Russischen

Nachfolgend werden in Anlehnung an die Systematisierung unter Punkt 4.2.3.1 die wichtigsten Mittel des verbalen Emotionsausdrucks im Russischen genannt. Auch Šachovskij trennt zwischen „Emotionsbenennungen" (sogenannten Metaemotionen) und „Emotiven", d. h. emotionsanzeigenden sprachlichen Mitteln wie beispielsweise Interjektionen. Bei ersteren handelt es sich um lexikalische Mittel zur Beschreibung von Gefühlszuständen, die an sich keinen emotionalen Gehalt aufweisen und die das Gegenüber des Sprechers auch nicht in ein emotionales Erleben involvieren: „[...] лексика, обозначающая эмоции, эмотивной не является, она – индикативная, логико-предметная"[392]. Ihnen fehlt eine „ansteckende Komponente"[393]. Emotive werden hingegen eingesetzt, um einen Emotionsausdruck zu realisieren. Nach Šachovskij sind dies im Russischen im Fall von Angst (страх) beispielsweise Interjektionen wie ‚Ах!', ‚Ох!', ‚Ух!', ‚Ой!', ‚Ай!' u. a., unterstützt jeweils durch identische prosodische Mittel.[394] Erregung oder Gereiztheit können im Russischen durch eine ganze Bandbreite von Ausrucksmöglichkeiten realisiert werden (‚Уйди!', ‚Пошел вон!', ‚Идиот!', ‚Катись отсюда!', ‚Сгинь!' u. a. m.), wobei die jeweilige Wortwahl natürlich auch etwas über den Sprecher aussagt.[395]

Weitere Möglichkeiten sind
1. auf der Wortebene:
    - der Gebrauch von Wörtern zur Beschreibung von Emotionen (Nomen, Adverbien, Adjektive) sowie von Verben, die die Emotionen des Sprechers beschreiben;
    - bewertend expressive Wortwahl: Schimpfwörter, Beleidigungen, obszöne und vulgäre Ausdrücke (‚Тьфу!', ‚Мне на это наплевать!');
    - Zärtlichkeitsformen von Eigennamen;
    - Wortbildungsverfahren wie Konversion;

---

[392] Šachovskij 2009b: 93.
[393] Šachovskij 2009b: 93; Beispiele wären злоба, жалость, стыд, зависть, отчаяние, антипатия, раздражение u. a.
[394] Šachovskij 2009b: 95.
[395] Šachovskij 2008: 141.

- Lexik aus dem Bereich der Fauna und der Mythologie;
- Slang- und Jargonformen;
- Metaphorisierung, durch die ein semantisch neutrales Wort eine emotionale Konnotierung erfährt (осел/Esel[396], ворона/ Krähe, крокодил/Krokodil als Bezeichnung für *человек/ Mensch*; синеглазка/Mensch mit blauen Augen für *Polizeiauto*)[397]
- emotional wertende Adjektive u. a. m.;

2. auf der Satzebene syntaktische Mittel wie Hinweis- oder Verstärkungsformen[398];
3. im stilistischen Bereich Wiederholungen, teilweise mit emotionaler Betonung,[399] aber auch Bildhaftigkeit oder Ironie produzierende Kombinationen von Wörtern mit entgegengesetzten wertenden Vorzeichen wie *прелестный бандит* oder *кристальный деляга*[400].

MITTEL ZUR BESCHREIBUNG VON EMOTIONSERLEBEN

Die für diese Arbeit konsultierten russischen Werke setzen sich in erster Linie aus linguistischer Sicht (kontrastiv Englisch-Russisch: Šachovskij; mit einem interkulturellen Ansatz Deutsch-Russisch: Krasavskij[401]) mit dem Thema Sprache und Emotion auseinander. Auch sie konstatieren, wie komplex das Konstrukt Emotion letztlich ist und wie sehr diese Komplexität die Versuche behindert, Emotionen verbal und konzeptionell zu ordnen.[402] Die Aussagen, die sie treffen, und die Tatsache, dass sie sich dabei vielfach auf Autoren wie Ekman/Friesen, Johnson-Laird oder Izard beziehen (Krasavskij knüpft beispiels-

---

[396] Am Beispiel des Wortes „Esel" beschreibt Šachovskij (2008: 81), wie Wörter, die ursprünglich keine Emotionskomponente enthalten und stilistisch neutral verwendet werden, durch Addierung verschiedener (konnotativer, stilistischer, bewertender) Komponenten emotionalisiert werden: „*осел* (о человеке) = 'глупый; упрямый' –> [(логически-предметный макрокомпонент) + 'плохо' (оценочный компонент) + 'и поэтому вызывает презрение' (эмотивный компонент) + 'разговорный, сниженный компонент' (стилистический макрокомпонент)]."

[397] Šachovskij 2009b: 135.

[398] Šachovskij 2009b: 98. Der Autor gründet seine Aussagen zur Emotionssemantik in erster Linie auf eine Untersuchung entsprechender Phänomene im Englischen.

[399] Šachovskij (2008: 165; 216) zitiert als Beispiel für die Häufung von emotionsgeladenen Wörtern aus einem Werk von V. Astaf'ev und resümiert: „[...] говорящий может выпустить целую обойму эмотивов, чтобы сбросить свой эмоциональный пар, [...]".

[400] Šachovskij 2008: 199; 262 ff.

[401] Krasavskij (2008) beleuchtet den Gefühlswortschatz im Deutschen und im Russischen aus lexikografischer Warte; einen ähnlichen Ansatz verfolgt Jäger (1988).

[402] Krasavskij 2008: 83.

weise bei seinen Aussagen explizit an die Untersuchungen von Ekman/Friesen an), geben Anlass, davon auszugehen, dass die generellen Aussagen, die unter Punkt 4.2.3.1 über den Erlebenswortschatz sowie über sprachliche Mittel des Emotionsausdrucks und expressivitätssteigernde Figuren auf der Wort-, Satz- und Textebene sowie der Stilebene getroffen wurden, nicht nur für den kulturellen Kontext der deutschen Sprache, sondern auch für das Russische gelten. Auch dort werden Gefühlszustände beschrieben, werden rhetorische Fragen, Ausrufe oder Metaphern[403] als bewertende sprachliche Mittel eingesetzt; dass sich ihre semantische bzw. syntaktische Gestaltung im Einzelfall von der Systematik des Deutschen unterscheidet, ist aber weniger auf (russische) kulturspezifische Aspekte denn vielmehr auf grundsätzliche Fragen des Sprachsystems und seiner Normen zurückzuführen.[404]

Krasavskij weist allerdings im Rahmen seiner kontrastiven Untersuchung der Emotionskonzepte im deutschen und russischen Sprachgebrauch („Linguakultura") anhand von Wörterbucheinträgen darauf hin, dass neben etlichen Parallelen sehr wohl auch Unterschiede auszumachen sind. Zur Verdeutlichung seien einige seiner Untersuchungsergebnisse hier angeführt. Der Autor hat sich mit der Lexikalisierung von emotionalem Erleben in Metaphern, Sprichwörtern und Redewendungen sowie mythologischen und religiösen Kontexten auseinandergesetzt und konstatiert beispielsweise bei Metaphern eine Ähnlichkeit vieler Bilder im Deutschen und im Russischen, was er darauf zurückführt, dass die Interpretation der Welt in diesen Kulturen auf denselben grundlegenden Archetypen (Feuer, Wasser, Luft) aufbaut.[405] Im Bereich der Sprichwörter und Redewendungen sieht er jedoch in literarischen Texten gewisse Unterschiede: So weise das Deutsche erheblich mehr Bezeichnungen

---

403 „Метафора – самый важный источник информации об эмоциях." Krasavskij 2008: 307. Zur Bedeutung, Verwendung und Klassifizierung sowie zum Zeitwert (Zeitbezug) von Metaphern in emotionalen (u. a. literarischen) Kontexten vgl. Krasavskij 2008: 219 ff.

404 So deutet Krasavskij (2008: 211) die hohe Synonymdichte in beiden Sprachen als Beleg für den psychologischen und kulturellen Wert, der Emotionen in beiden Völkern beigemessen wird, und führt die vergleichsweise höhere Zahl von substantivischen Synonymen zur Bezeichnung von Emotionen im Deutschen auf die Tatsache zurück, dass das Deutsche generell nomenlastig ist. An anderer Stelle (2008: 218) verweist er auf die Ähnlichkeiten im Satzbau, wenn es um die Beschreibung von emotionalem Erleben geht. Eine ausführliche Darstellung der Aspekte Konnotation und Idiomatik im interkulturellen/intersprachlichen Vergleich findet sich bei Šachovskij (2008: 333 ff.).

405 Krasavskij 2008: 251 f; 325 f. Der Autor äußert die Vermutung (2008: 327), die für die Wörterbucheinträge verantwortlichen „Vertreter des russischen ethnischen Sprachkollektivs" hielten die Bewertungskomponente von Emotionen für wichtiger als den in entsprechenden deutschen Einträgen hervorgehobenen Ursachenaspekt. Dieser „mentale Unterschied" zwischen Deutschen und Russen sei aber anhand von umfangreicherem Material noch zu überprüfen.

für Emotionen auf als das Russische, was durch das unterschiedliche Ausmaß an Beschreibungsmöglichkeiten im literarischen Texttyp bedingt sei.[406] Dass das Phänomen der *Trauer* in deutschen Sprichwörtern und Redewendungen weniger bildhaft dargestellt wird als im Russischen, führt der Autor auf grundlegende Unterschiede im sprachlichen Bewusstsein und damit in der Wahrnehmung der Welt zurück.[407] Aus der Art und Weise, wie die Angehörigen der beiden Sprachkulturen sprachlich auf bestehende Gegebenheiten ihrer sozialen Wirklichkeit reagieren, zieht er zugleich Rückschlüsse auf generelle Mentalitätsunterschiede:

Немцы [...] не склонны горевать по поводу каких-либо неудач: не следует печалиться, для изменения сложившегося положения дел нужно действовать. [...] в то время как для русского языкового сознания характерна некая грустная созерцательность, пассивность.[408]

Ähnliches gilt laut Krasavskij für die Emotion *Zorn*: In beiden Sprachen ist dieses negative Gefühlserleben mit dem Aspekt des Irrationalen gekoppelt, beide sehen verschiedene Formen sprachlichen Verhaltens vor, mit deren Hilfe diese Emotion vermieden werden kann. Dabei wird im Deutschen, das dem Zorn in seinen Sprichwörtern durchaus auch einen positiven (handlungsfördernden) Aspekt beimisst, im Unterschied zum Russischen zusätzlich begründet, warum sich zorngesteuertes Verhalten störend auswirken kann:

[...] неумение оформлять аффекты ведет к неуспеху в жизни, умение подавлять гнев обществом санкционируется, переживание данной эмоции наносит вред здоровью.[409]

---

406 Krasavskij 2008: 253.

407 Zum sprachlichen Umgang mit Trauer, Traurigkeit, Kummer im Deutschen und Russischen vgl. Krasavskij 2008: 317 ff.

408 Krasavskij 2008: 253. Vgl. dazu auch die kontrastiven Untersuchungen von Šachovskij (2008: 168) zur Expressivität im Englischen und Russischen; der Autor schreibt dabei dem sprachlichen Verhalten von Engländern aufgrund ihres „kommunikativen Optimismus" und ihrer „erhöhten Emotionalität" einen höheren Grad an Expressivität zu.

409 Krasavskij 2008: 254.

EMOTIONSWORTSCHATZ IM RUSSISCHEN

Šachovskij verweist auf die speziellen sprachlichen und sprecherischen Mittel auf sämtlichen Sprachebenen, die zur Realisierung von Emotionen verwendet werden, und konstatiert das Fehlen von Normen zur Kategorisierung von Emotionswörtern (эмотивное слово); die Zuordnung zu dieser Kategorie werde zur Zeit noch nach rein funktionellen (d. h. äußeren) Gesichtspunkten vollzogen: „[...] если слово выражает или может выражать, иначе, быть употребленным для выражения типизирванной эмоции, то оно эмотивно"[410]. Ähnlich wie Jahr geht auch Šachovskij von der Möglichkeit aus, grundsätzlich „rationalen" Aussagen eine emotionale Färbung zu verleihen: „[...] в речи практически любое рациональное слово за счет ситуативных, синтаксических и просодических факторов может вызывать эмоции. "[411], wobei, so der Autor, jedes Individuum eine „typische" Emotion vor dem Hintergrund seiner eigenen sozialen Emotionserfahrung abwandelt und an seinen persönlichen Erfahrungshorizont anpasst. Konnotationen als fakultativ auftretendes Phänomen, das zu einer Emotionalisierung von Aussagen beitragen kann wie beispielsweise bei *Fuchs* ‚listiges, hinterhältiges Wesen', werden seiner Ansicht nach auf der linguistisch-semantischen und nicht auf der psychologischen oder stilistischen Ebene realisiert.[412]

Ein weiterer Faktor, der bei der Verbalisierung von Emotionen zum Tragen kommt, ist die Normgebundenheit von Sprache: Wie bei anderen sprachlichen Mitteln auch ist die Bildung und Verwendung von Emotionswörtern bestimmten Vorgaben unterworfen, die allerdings nicht starr sind und sich von einer Zeitepoche zur anderen ändern können. Šachovskij nennt als Beispiel ‚халтура', ‚зараза' und ‚позор', die, wenn sie in einem Roman des 19. Jahrhunderts auftauchen, in der Regel eine neutrale Aussage intendieren, bei einem modernen Leser hingegen eine – vom Autor ursprünglich sicherlich unbeabsichtigte – emotionale Wirkung hervorrufen[413], die ihrerseits zu einer ganz neuen Rezeption und Reaktion des Lesers führt:

---

410 Šachovskij 2009b: 61.
411 Šachovskij 2009b: 61 ff.
412 Šachovskij 2009b: 79. Vgl. auch Šachovskij 2008: 146 f.
413 Šachovskij 2008: 151. Der Autor bemerkt, dass sich diese Tatsache sowohl im innersprachlichen als auch im intersprachlichen Kontext negativ auf die Dekodierung der Intention des Autors und somit das Textverständnis auswirken kann.

В связи с тем, что эмоциональный план-стимул и план-реакция на него были рассчитаны автором на поколение читателей – его современников, изменение смыслового содержания эмотива-стимула порождет иную эмоциональную реакцию на эту форму, которая с течением времени нередко становится противоположной авторской интенции.[414]

EMOTIONALISIERUNG DER POLITISCHEN SPRACHE IM RUSSISCHEN
Ihre praktische Umsetzung finden die oben angeführten Wortbildungsmethoden und Stilfiguren in der aktuellen politischen Sprache, der sie einen entsprechend emotionalen Duktus verleihen. Šachovskij führt die Tatsache, dass der politische Diskurs in Russland so reich an emotionsgeladenen Neologismen ist, auf die instabile politische und wirtschaftliche Lage, aber auch auf die angeborene Expressivität des russischen Bewusstseins zurück, die seiner Meinung nach diese Dynamik auf der Ausdrucksebene bewirken:

Общая ситуация политической и экономической нестабильности является сильным эмоциогенным фактором, определяющим психологическую неуравновешенность русского языкового общества. Учитывая природный экспрессивный характер русского самосознания, можно понять и объяснить ярко выраженную речевую эмоциональность российских политиков.[415]

Als Resultat entsteht, so Šachovskij, ein buntes Nebeneinander von Terminologie und Bildhaftigkeit, Althergebrachtem und Neuschöpfungen sowie Logischem und Paradoxem; einige dieser Wendungen verfestigen sich und werden ihrerseits zum politischen Klischee.[416]

Darüber hinaus ist die Ausdrucksweise moderner russischer Politiker durch einen überaus expressiven, regelrecht aggressiven, häufig nicht der Standardvarietät entsprechenden Stil und Jargonismen gekennzeichnet. Hinzu kommen abfällig-bewertende Beinamen für Politikerkollegen und eine Um-

---

414 Šachovskij 2008: 153 f. Analog dazu ließe sich der deutsche ‚Sermon' nennen: ursprünglich ein neutrales Wort für ‚Rede', ‚Predigt', heute negativ konnotiert als ‚Strafpredigt' oder ‚langweilige Rede'.
415 Šachovskij 2008: 259 f. Zur Frage nach den Folgen der Amerikanisierung des Russischen für das „historische Schicksal Russlands" vgl. Šachovskij (2008: 348 ff.).
416 Vgl. dazu das Kapitel „Sprache als (politisches) Manipulationsmittel" bei Boldyrev (2010: 101 ff.).

kehrung der Richtungen bei der Entwicklung der politischen Sprache: Politische Wendungen gehen in die Alltagssprache ein und alltagssprachliche Formulierungen werden politisiert. Die Folge ist eine Deformation der Semantik etlicher vertrauter Wörter, die für bestimmte Konzepte im politischen Diskurs stehen, wie beispielsweise „Demokratie", „Reform" oder „Perestroika".[417] Šachovskij spricht in diesem Zusammenhang von der „Linguistik der Lüge" und versteht darunter die Vorgehensweise vieler Politiker, durch einen gezielten Einsatz von Emotionalität im sprachlichen (kommunikativen) Verhalten andere in ihrer Antwortreaktion und ihrem Verhalten zu manipulieren. Als Beispiel nennt er die Grabrede des sowjetischen Außenministers Molotov für den verstorbenen Generalstaatsanwalt Vyšinskij, einen Menschen, den der Außenminister zutiefst gehasst hatte, für den er aber nun derart bewegende Worte fand, dass er die Trauergemeinde damit zum Weinen brachte. Auch im aktuellen politischen Diskurs beobachtet der Autor eine Verquickung von – politisch produzierten – Gefühlen und nachfolgender Enttäuschung sowie Protest, sobald deutlich wird, dass diese Gefühle mit der Realität nicht in Einklang zu bringen sind.[418] Wörter, die solche verbalen Lügen verkörpern, sind beispielsweise „Privatisierung" oder „Patriotismus"; früher waren es „Freiheit", „Gleichheit" und „Brüderlichkeit". Dieser als missbräuchlich bewertete Umgang mit Sprache zeugt laut Šachovskij von der Unfähigkeit bzw. dem eindeutigen Unwillen der politischen Akteure, sich an die für die zwischenmenschliche Kommunikation und öffentliche Auftritte geltenden Regeln zu halten.[419] Derartige Äußerungen verfolgen zum einen den Zweck, das Gegenüber zu provozieren oder sich selbst gegen Angriffe zu verteidigen. Zum anderen soll auf diese Weise die öffentliche Meinung beeinflusst werden: Im Vordergrund steht nicht mehr der Sinn des Gesagten, sondern nur noch die dadurch hervorgerufene Emotion.[420]

---

417 Šachovskij, selbst bisweilen geradezu pathetisch in seiner Wortwahl, geht noch weiter und spricht von „verbalem Müll" (2008: 264 ff.), mit dem der Informationsraum so zugeschüttet werde, dass etliche politische und wirtschaftliche Termini (Konsens, Amtseinführung, Gipfeltreffen, Rating) mittlerweile diskreditiert seien und jegliche positive Aussagekraft verloren hätten. Der politische Raum sei nicht länger durch Meinungspluralismus und Emotionsvielfalt, sondern vielmehr durch eine Anarchie der Ideologien, Handlungen und Stile geprägt, und im Kommunikationsverhalten herrsche ein wahrer Informationskrieg. Die oberste politische Ebene gebe hier den Ton und den Stil der Kommunikation vor, die öffentliche Meinung sei absolut bedeutungslos geworden.
418 Šachovskij 2008: 170 ff. Zur Art und Weise, wie sprachliche Lügen entstehen, vgl. Šachovskij 2008: 173 ff.
419 Šachovskij 2008: 261 f.
420 Russland ist, was den Missbrauch von Emotionen in der Sprache der Poitik betrifft, kein Einzelfall. Jahr (2000: 237 f.) benennt dieses Phänomen auch für den deutschen Kontext und führt ent-

Wendet man diese Aussagen auf die vorliegende Arbeit an, so sind sicherlich zwei Aspekte besonders zu beachten. Zum einen stammen die Äußerungs- und Redekontexte, anhand derer die Emotionalität von Dolmetschsituationen untersucht werden soll, überwiegend, wenn nicht ausschließlich, aus dem offiziellen internationalen bzw. bilateralen Zusammenhang. Hier treffen also nicht zwei von den Misserfolgen der Reformpolitik oder den Auswirkungen der Wirtschaftskrise frustrierte russische Politiker mit möglicherweise identischen oder ähnlichen Sprachverwendungsmustern aufeinander, sondern Vertreter verschiedener politischer Kulturen, unterschiedlich geprägt durch die persönliche und die nationale Geschichte. Dieser Typ von Kommunikationssituation ist gewissen Stilkonventionen und protokollarischen Regeln unterworfen, so dass man vermuten darf, dass grobe Verstöße wie die oben beschriebenen umgangs- und vulgärsprachlichen Wendungen selten bis gar nicht auftreten. Andererseits, und auch das ist zu berücksichtigen, hängt die Art des Ausdrucks einer Emotion in vielem von der Persönlichkeit ab, die sie empfindet:

Одна и та же эмоция выражается разными языковыми личностями по-разному, что зависит от множества факторов, в том числе и неязыковых, например, от фона общения. [...] (Э)моции всегда когнитивны и ситуативны [...], а, следовательно, и выбор языковых средств их выражения тоже ситуативен (т.е. дискурсивен), при этом их вербальная идентификация всегда субъективна.[421]

Je nach Sprecherpersönlichkeit (hierzu zählen u. a. Faktoren wie Alter, Geschlecht, Bildungsgrad, berufliche Ausrichtung, religiöse Zugehörigkeit), Kommunikationssituation und Äußerungsanlass sind folglich auch sprachliche Entgleisungen denkbar. Wie der Dolmetscher jeweils darauf reagiert, wird im empirischen Teil der Arbeit anhand der Datenbasis zu klären sein.

Zu den Formen der modernen politischen Lexik im Russischen, die den Dolmetscher in besonderer Weise fordern, gehören emotional gefärbte Kulturspezifika wie красные бароны („rote Barone" für die nach wie vor in kommunistischen Kategorien denkenden Direktoren großer Industrieunternehmen) oder кавказский криминалитет („kaukasische Kriminalität" als pejora-

---

sprechende Untersuchungen an.
421 Šachovskij 2009a: 17.

tive Anspielung auf die vermeintliche oder tatsächliche Kriminalitätsrate unter Angehörigen der kaukasischen Ethnien). Bei ihrer Umsetzung, im vorliegenden Fall ins Deutsche, muss der Dolmetscher nicht nur eine sprachliche und inhaltliche Lücke füllen, sondern darüber hinaus den Emotionsgehalt der Anspielung erkennen und wiedergeben können. Noch größer dürften allerdings die Anforderungen an den Sprachmittler werden, wenn Wortspiele, die ebenfalls eine Kategorie der emotionalen Kommunikation darstellen, Abwechslung und Farbigkeit in den Vortrag oder das Gespräch bringen sollen. Als höchste Stufe der Komplexität lassen sich vermutlich die Fälle bezeichnen, in denen semantische Veränderungen wie das Verschieben von Buchstaben mit Anspielungen auf russische oder sowjetische Realien kombiniert werden. Die Spanne reicht hier von Sprichwörtern über Zitate aus Filmen und literarischen Werken bis hin zu den allseits vertrauten Liedern und Losungen aus der Zeit der Oktoberrevolution oder bekannten Phrasen aus der Werbung.[422]

4.3 Schlussfolgerungen

Aus den Darlegungen ergeben sich u. a. folgende Fragen für die Untersuchung des Textmaterials: Äußert sich der Memoirist überhaupt zur Expressivität des Auftraggebers, d. h. hat er verbale oder nonverbale Emotionsmanifestationen wahrgenommen und wie geht er mit den gewonnenen Erkenntnissen um? Kann er sich an eine sprachliche und/oder mimische Reaktion seinerseits erinnern? Welche Rückschlüsse lassen sich aus seinem Verhalten auf sein Rollenverständnis ziehen? Daneben wird es bei der Betrachtung der Dolmetschermemoiren um die emotionale Intensität von Aussagen bzw. Kommunikationssituationen gehen. Dazu sind zum einen quantitative Maßstäbe anzulegen (um von Expressivität sprechen zu können, muss eine bestimmte Häufung bewertender sprachlicher Mittel vorliegen), zum anderen ist die Ausdrucksstärke der verwendeten sprachlichen Elemente unter qualitativen Gesichtspunkten zu prüfen. Jahr weist im Hinblick auf Texte mit ausgeprägter Emotionalität u. a. darauf hin, dass ein hohes Maß an Ausdrucksverstärkung zu einer „gewisse(n) Schwülstigkeit im Ausdruck"[423] führen kann. Damit ergibt sich ein

---

422 Šachovskij 2008: 353 ff.
423 Jahr 2000: 103. Eine weiterführende Analyse von Emotionen, die diese verschiedenen Interaktionsmustern zuordnet, würde den Rahmen dieser Arbeit übersteigen und soll hier nicht vorgenommen werden. Vgl. dazu Fiehler 1990: 187 ff.

Anknüpfungspunkt an die in Kap. 2.4 beschriebenen Aspekte des Pathos und dessen Einordnung und Gewichtung im deutschen und im russischen kulturellen Kontext.

Darüber hinaus scheinen einige von Jahrs Schlussfolgerungen zur Emotionsstruktur von Texten auch auf Situationen der mündlichen Kommunikation anwendbar zu sein.[424] Nach Jahr werden beispielsweise negativ besetzte Emotionen mit höherer emotionaler Intensität kommuniziert als positive – auf die Dolmetschermemoiren bezogen lautet die Frage, ob deren Autoren eine dementsprechende Wahrnehmung erkennen lassen und worin die Einschätzungen der Autoren ggf. differieren. Einem weiteren Untersuchungsergebnis zufolge treten die höchsten emotionalen Intensitäten bei gravierenden Auswirkungen auf die menschliche Gesellschaft oder bei starker persönlicher Nähe des Verfassers zu den Sachverhalten auf. Auch hier ist zu fragen, ob die Dolmetscher diese Aussage in Bezug auf „ihre" Redner bestätigen. Drittens konstatiert Jahr eine besonders hohe emotionale Intensität in Fällen, in denen antizipierte Kritik abgewendet wird, und erklärt dies damit, dass eine solche Kritik als Angriff auf die eigene Person empfunden wird. Diese Aussage erscheint in Bezug auf Dolmetschsituationen ebenfalls plausibel und muss überprüft werden. Dasselbe gilt für die Vermutung, dass Redner in Situationen, in denen die dargestellten Sachverhalte nicht per se logisch und überzeugend erscheinen, ein stärkeres emotionales Engagement an den Tag legen und sich besonders expressiv ausdrücken, um vorhandene Mängel auf der Inhaltsebene auszugleichen.

---

424 Zur vollständigen Darstellung vgl. Jahr 2000: 216 ff.

5 Exkurs zur Geschichte und Gegenwart des Dolmetschens

In den vorausgehenden Kapiteln dieser Arbeit war vom „Dolmetschen" sowie von der Relevanz der jeweils untersuchten Aspekte von Emotion für „das Dolmetschen" die Rede. An dieser Stelle soll nun, sowohl für das bessere themenbezogene Verständnis der Memoiristentexte als auch für einige sich daraus eventuell ergebende Forschungsdesiderata, ein kurzer Exkurs zusammenfassend klären, was das „Dolmetschen" eigentlich ausmacht.

5.1 Dolmetscharten

Das Dolmetschen „als Sprachmittlung zur zweisprachigen Verständigung für an einem Kommunikationsakt Beteiligte, die keine (auch keine dritte) Sprache gemeinsam haben"[425] gehört zu den ältesten Berufen der Welt, aber im Rahmen dieser Arbeit kann es nicht darum gehen, die bis weit in vorchristliche Zeiten zurückreichende Geschichte des Dolmetschens zu behandeln, so aufschlussreich das auch sein könnte[426]. Die vorliegende Arbeit befasst sich in erster Linie mit Dolmetschgegebenheiten im 20. und im beginnenden 21. Jahrhundert, wobei der in den Memoiren beschriebene Tätigkeitszeitraum von den zwanziger Jahren des 20. Jahrhunderts bis in die erste Dekade des 21. Jahrhunderts reicht. Die technische Entwicklung, die in diesen rund 90 Jahren vonstatten gegangen ist, hat sich auch auf die Anwendung der verschiedenen Arten des Dolmetschens ausgewirkt. Die älteren Memoiristen berichten beispielsweise von Einsätzen im Rahmen bilateraler Gespräche und multilingualer Verhandlungen, bei denen entweder konsekutiv oder simultan flüsternd gedolmetscht wurde.

Beim Konsekutivdolmetschen werden jeweils abgeschlossene Redebeiträge mit einer Dauer zwischen einigen Sekunden (einige Dutzend Wörter) und

---
425 Kalina 1998: 13.
426 Vgl. hierzu Vermeer 1992, Kurz 1996, Bowen 1999.

mehreren Minuten (mehrere hundert bis mehrere tausend Wörter) im Nachhinein verdolmetscht.[427]

Das Flüsterdolmetschen kommt in Situationen zum Einsatz, in denen ein Text für einen bis drei Zuhörer möglichst zeitsparend ohne technische Hilfsmittel gedolmetscht werden soll. Der Dolmetscher befindet sich hierbei in unmittelbarer Nähe der Rezipienten und flüstert ihnen die Verdolmetschung simultan zu, ein Verfahren, das ihm nicht zuletzt aufgrund der Hörbedingungen und der stimmlichen Belastung einiges abverlangt.

Mit der Entwicklung der entsprechenden Konferenztechnik löste das Simultandolmetschen, die „zur einmaligen Darbietung einer Ausgangs-Rede handlungssynchrone Translatproduktion"[428], bei internationalen Konferenzen das Konsekutivdolmetschen ab. Die erste Simultananlage, eine Art tragbare Telefonanlage von IBM, wurde bereits 1927 auf der International Labour Conference des Völkerbundes in Genf eingesetzt[429], als Geburtsstunde des Simultandolmetschens gilt jedoch im Allgemeinen der Nürnberger Prozess gegen die Hauptkriegsverbrecher 1945/1946. Bei der heute verwendeten Simultantechnik handelt es sich um ortsfeste oder transportable Kabinen, die ebenso wie die dazu gehörenden Dolmetschanlagen nationalen und internationalen Normen unterliegen.

Eine weitere Dolmetschart, die in den Memoiren ebenso wie im Angebot großer Sprachendienstleister auftaucht, in der wissenschaftlichen Betrachtung und bei der Kategorisierung jedoch so gut wie keine Rolle spielt[430], ist das Begleitdolmetschen: Politiker und Geschäftsleute haben auf Auslandsreisen einen Dolmetscher an ihrer Seite, der nicht nur für offizielle Unterredungen und Verhandlungen zuständig ist, sondern sie auch während des privaten Teils der Reise betreut und außerhalb des Protokolls Verständigung ermöglicht. Die Memoiristen erwähnen des Weiteren das Dolmetschen vom Blatt, d. h. die Verdolmetschung eines schriftlich vorliegenden Textes, was auch als *Stegreifübersetzen* oder *sight translation* bezeichnet wird.

Darüber hinaus sind modernere, die technische sowie die gesellschaftliche Entwicklung reflektierende Erscheinungsformen des Dolmetschens zu nen-

---

427 Seleskovitch 1988: 32.
428 Pöchhacker 1994: 44.
429 Vgl. Rumprecht 2008: 163 f.
430 Vgl. Kalina 2002: 30 ff.; Kalina 1998: 23.

nen, die in den Memoiren nicht thematisiert werden, wie das Dolmetschen bei der Polizei oder vor Gericht („Polizei- und Gerichtsdolmetschen"), das *Community Interpreting* als gemittelte Kommunikation im medizinischen oder sozialen Bereich („Behördendolmetschen"), das Mediendolmetschen bei Fernsehsendungen oder Videokonferenzen sowie das Dolmetschen mithilfe einer Personenführungsanlage (etwa bei Betriebsbesichtigungen oder Museumsbesuchen) und das zumeist simultan praktizierte Relaisdolmetschen in Fällen, in denen der Dolmetscher, weil er die Sprache des Redners nicht versteht, als Ausgangstext für seine Arbeit auf die Verdolmetschung eines Kollegen zurückgreifen muss.

Bei dem Versuch, die „Anwendungsbereiche" gegeneinander abzugrenzen, den einzelnen Dolmetscharten eindeutige Benennungen zuzuweisen und das Ganze in ein Kategoriensystem einzuordnen, sind aufgrund differierender Sicht- und Herangehensweisen unterschiedliche Ordnungssysteme und Terminologien entstanden, die an dieser Stelle nicht dargestellt werden.[431] Da einige der Memoiristen als Dolmetscher für Staats- und Parteiorgane der sozialistischen Länder Osteuropas tätig waren, zwei von ihnen in der DDR, wird jedoch nachfolgend kurz die dort praktizierte Einteilung der Dolmetschanlässe und die damit jeweils verbundene Erwartungshaltung der Auftraggeber vorgestellt.[432] Auf einer Skala mit fünf Kategorien rangierte das „Begleitdolmetschen" (Kategorie 1) ganz unten. Die „Qualitätsanforderung" lautete, der Ausgangstext sei „bei zuverlässig freier Wortwahl oder in kommentierter Form inhaltlich adäquat" wiederzugeben. „Informationsdolmetschen" (Kategorie 2) wurde bei politischen, technischen, wissenschaftlichen oder kaufmännischen Unterredungen sowie auf Freundschaftstreffen und als Begleitdolmetschen auf Ministerebene praktiziert, beim „Vortrags- und Verhandlungsdolmetschen" (Kategorie 3), das eine „einwandfreie Wiedergabe des Informationsgehaltes ohne Entstellungen beim Dolmetschen" erforderte, waren die Dolmetscher im Allgemeinen zu zweit tätig. „Kongressdolmetschen" (Kategorie 4) erfolgte in der Regel in einer Kabine oder mittels einer Sprachgruppenanlage; der Inhalt des Gesagten sollte auf Kongressen und ähnlichen Veranstaltungen einwand-

---

431 Vgl. Kutz 2002: 184 ff.; ausführlich Pöchhacker 2007: 24 ff.; Wilss 1999: 30 f.
432 vgl. „Dolmetschkategorien in der ehemaligen DDR". Nach Angaben von Dominic Hofmeister, PCS/Abt. Marketing und Unternehmenskommunikation, basiert diese Einteilung auf bereits länger zurückliegenden Befragungen von Dolmetscherinnen und Dolmetschern aus der ehemaligen DDR (Mail vom 01.04.2014). Die Formulierung der Qualitätsanforderungen erscheint laienhaft und wenig fundiert.

frei „ohne Störungen, Entstellungen, Verzögerungen und Unterbrechungen" wiedergegeben werden. Die oberste Kategorie „Sonderdolmetschen" (Kategorie 5) setzte den Nachweis der Praxis als Kongressdolmetscher voraus und galt für Einsätze bei Großveranstaltungen, bei Medienereignissen sowie bei Theater- und Filmvorführungen.

5.2 Translationswissenschaft und Dolmetschwissenschaft: Entwicklung und Schwerpunkte

Die ersten, vorwissenschaftlichen Publikationen zum Dolmetschen aus den 1950er und 1960er Jahren stammten von aktiven Dolmetschern, die künftige bzw. noch in Ausbildung befindliche Kollegen an ihren berufspraktischen Erfahrungen teilhaben lassen wollten. Eine wissenschaftliche Auseinandersetzung mit dem Dolmetschen und die Entwicklung theoriebildender Ansätze begann Ende der 1960er Jahre unter Danica Seleskovitch an der Pariser ESIT sowie unter Otto Kade als zentralem Repräsentanten der „Leipziger Schule", auf den *Translation* als Hyperonym gegenüber *Übersetzen* und *Dolmetschen* zurückgeht[433].

Auf der Basis des übergreifenden Verständnisses von Dolmetschen und Übersetzen haben sich zahlreiche gemeinsame bzw. parallele Entwicklungen ergeben: von (ersten, kontroversen, heute so nicht mehr formulierten) Forderungen im Sinne der alten Formel „so treu wie möglich, so frei wie nötig" über das funktionalistische Verständnis von Übersetzen und Dolmetschen und dessen Beschreibung als Vorgang des interkulturellen Transfers[434] bis hin zu einer Neudefinition der Position des Translators als eines „aktiven Akteurs der Evolution von Kultur, der Austausch und Entwicklung ermöglicht"[435]. Die Disziplin Dolmetschwissenschaft konnte dabei (nach Überwindung gewisser Annäherungsprobleme) nicht selten Erkenntnisse der Disziplin Übersetzungswissenschaft aufgreifen und in die eigenen Konzepte integrieren. So bezog sich Kirchhoff bei ihrer Definition der Phasen des Dolmetschens auf

---

433 Vgl. Kade 1968: 33.
434 Vgl. Siever 2010: 13 ff.
435 Sandrini 2011: 1099.

Kade[436], dessen Ansätze später auch von Pöchhacker weitergeführt wurden[437], und prozessorientierte Modelle wurden bereits in den übersetzungswissenschaftlichen Arbeiten von Krings (1986) sowie Hönig & Kußmaul (1982) angelegt[438]. Prunč wiederum führte beide Disziplinen unter Hervorhebung der verbindendenden translatorischen Gesichtspunkte erneut zusammen (2007/2012). Auch Behr (2012) sowie Collados Aís et al. (2011) berücksichtigen bei der Analyse des Forschungsgegenstands Dolmetschen übersetzungswissenschaftliche Theorieansätze.

Die Breite des gegenwärtigen Forschungsspektrums zur Untersuchung der besonderen Gesetzmäßigkeiten des Dolmetschens resultiert u. a. daher, dass mit den seit den 1960er Jahren in der Übersetzungswissenschaft erfolgten Paradigmenwechseln wie etwa der kognitiven, der kulturwissenschaftlichen und der soziologischen Wende auch die dolmetschwissenschaftliche Forschung neue Impulse erhielt.[439] Heute, zu Beginn des 21. Jahrhunderts, ist die Dolmetschwissenschaft über die Translationswissenschaft hinaus stark multidisziplinär angelegt und macht sich Erkenntnisse der Kognitionsforschung und der Kommunikationswissenschaft, der Soziologie und der Psychologie sowie der Biologie und der Informatik zunutze. Angesichts der unbestrittenen Komplexität des Dolmetschvorgangs und der damit verbundenen Fertigkeiten erscheint diese Entwicklung hin zu veränderten Betrachtungsweisen, Forschungsmethoden und Forschungsschwerpunkten zwangsläufig[440]. Nachfolgend werden einige der relevanten Fragestellungen und Untersuchungsansätze aufgeführt; die genannten Autoren stehen stellvertretend für die große Vielzahl von neueren Studien und Publikationen in diesem Bereich:

- Dolmetschprozess und Dolmetschkompetenz (Gile 1995/2009; Ahrens 2004; Baur/Eichner/Kalina/Mayer 2012);
- Ethik und Rollenverständnis (Prunč 2007/2012; Zwischenberger 2013);
- Dolmetschqualität und Qualitätssicherung (Kalina 2004; Kutz 2005 und 2007; Ahrens/Alb-Mikasa/Sasse 2012; Collados Aís/Iglesias Fernández/Pradas Macías/Stévaux 2011; Behr 2013);

---

436 Kirchhoff 1976.
437 Pöchhacker 1994.
438 Vgl. Kalina 1998: 40 ff.
439 Vgl. Siever 2010: 341; Prunč 2004: 12.
440 Vgl. Kurz 1997: 249.

- Wissensmanagement und Terminologiearbeit beim Dolmetschen (Rütten 2007; Will 2009);
- Auseinandersetzung mit der Geschichte des Dolmetschens (Winter 2012; Duchhardt/Espenhorst 2012; Schneider 2012), u. a. mit den Nürnberger Kriegsverbrechertribunalen (Behr/Corpataux 2006; Herz 2011; Kalverkämper/Schippel 2008);
- Kommunaldolmetschen/Community Interpreting (Pöchhacker 2007; Grbić/Pöllabauer 2008) und Dolmetschen bei Gericht (Kadric 2001; Kranjčić 2010; Driesen/Petersen 2011);
- Bilingualität beim Dolmetschen (Bohne 2010);
- Dolmetschdidaktik (Kalina 1998; Gillies 2004; Kutz 2010);
- Dolmetschen als interkulturelles Handeln (Witte 2000; Kalverkämper/Schippel 2012);
- Eignungstests für das Dolmetschen (Chabasse 2009; Pöchhacker/Liu 2014);
- sprachenpaarbezogene Untersuchungen (Zhang 2010; Niemann 2012);
- translationssoziologische Theorieansätze (Prunč 2007, Pöchhacker 2008).

5.3 Rolle und Rollenverständnis des Dolmetschers

Dass der Dolmetscher in der gemittelten Kommunikation eine Rolle ausübt, egal ob er in einem Konsekutivsetting zwischen zwei Gesprächspartnern physisch präsent ist oder ob aus der Distanz der Simultankabine nur seine Stimme wahrgenommen wird, steht außer Zweifel. Die Bedeutung von Rolle und Status des Dolmetschers ist, auch weil sie eng mit dem Thema der Qualität, ihrer Kontrolle, Sicherung und Bewertung zusammenhängt, in den letzten Jahren in der Dolmetschwissenschaft aus unterschiedlichen Blickwinkeln ausführlich reflektiert worden und soll daher an dieser Stelle nur angerissen werden.[441]

Auch bei der Auseinandersetzung mit dem Thema Rolle und Rollenbild des Dolmetschers bietet es sich an, auf Erkenntnisse der Soziologie zurückzugreifen, denn der Begriff der sozialen Norm ist eng mit dem der sozialen Rolle

---

441 Beispielhaft seien genannt: Feldweg (1996), Mack (2002), Kurz (2004), Collados Aís et al. (2011), Zwischenberger (2013), Behr (2013).

verknüpft. Diese wird beschrieben als „ein Bündel normativer Verhaltenserwartungen, die von einer Bezugsgruppe oder mehreren Bezugsgruppen an Inhaber bestimmter sozialer Positionen herangetragen werden"[442]. Menschen distanzieren sich bisweilen von ihrer Rolle oder wechseln sie, und ähnlich wie im Theater, dem Ausgangspunkt für die Beschreibung von Rollen und Rollenverhalten, kann das Rollenspiel „gekonnt, misslungen und unprofessionell"[443] sein, eine Feststellung, die sich ohne Weiteres auf Verdolmetschungen übertragen lässt. Diese unterliegen den Erwartungen von mindestens zwei Seiten: Die Adressaten (Zuhörer, Rezipienten), der Dolmetscher selbst und ggf. weitere Bezugsgruppen bzw. -personen wie Redner und Kollegen verbinden mit der Position des Dolmetschers gewisse Rechte und Pflichten. In Anknüpfung an die in der Einleitung sowie in Kap. 3.2.4 formulierten Gedanken stellen sich nun folgende Fragen: Hat der Dolmetscher die Rollenerwartungen[444] erfüllt, d. h. den vom Redner intendierten Sinn verlustfrei und ohne eigenes Zutun so an die anderen Teilnehmer des Kommunikationsprozesses weitergeleitet, dass diese die Intention sinnstiftend rekonstruieren können? Ist „verlustfrei und ohne eigenes Zutun" im Sinne einer Reproduktion der Informationsmenge in einem mathematischen 1:1-Verhältnis überhaupt ein erstrebenswertes Ziel? Welchen Standpunkt vertreten hierzu die Auftraggeber und Rezipienten der Dolmetschleistungen? Im empirischen Teil dieser Arbeit wird an den einzelnen Memoiren zu überprüfen sein, ob sie Aussagen oder Wertungen enthalten, aus denen sich Rückschlüsse auf erfüllte, teilweise erfüllte oder enttäuschte eigene bzw. fremde Erwartungen ziehen lassen. Als Anzeichen dafür können neben Sanktionsmaßnahmen beispielsweise das Lob eines Auftraggebers oder der Ausdruck der Zufriedenheit bzw. der Unzufriedenheit des Dolmetschers mit der eigenen Leistung gewertet werden.

Aus Erwartungen formt sich eine Vorstellung, ein Bild, und auch dies ist Gegenstand der vorliegenden Untersuchung. Welche translatorischen Verhaltensnormen vertritt der Dolmetscher, welches Rollenverständnis liegt ihnen

---

442 Peuckert 2010: 243. Der Begriff *Erwartungen* bezeichnet die gedankliche Vorwegnahme und gleichzeitige Vergegenwärtigung eines kommenden Ereignisses. Erwartungen können sich auf das eigene Verhalten, das Verhalten anderer Menschen sowie auf Ausschnitte der Wirklichkeit beziehen. Vgl. Allgemeines Gebärdenlexikon des Instituts für Deutsche Gebärdensprache und Kommunikation Gehörloser der Universität Hamburg.

443 Vgl. Preyer 2012: 55. Auch der Berufsverband AIIC zieht in seinem „Practical guide for professional conference interpreters" eine Parallele zum Schauspiel: „In a number of respects, good interpreting is like acting."

444 Eine ausführliche Darstellung der internen und externen Rollenerwartungen findet sich bei Zwischenberger (2013: 267 ff.).

zugrunde (Selbstbild) und wie sehen ihn die übrigen Beteiligten der Kommunikationssituation (Fremdbild)? Verfügt er über einen Ermessensspielraum und inwieweit kann bzw. will er ihn ausnutzen? Im vorliegenden Fall ist diese Frage von besonderer Brisanz, denn das Spezifikum der Autoren der hier untersuchten Memoiren bestand darin, dass sie zwar eine vermeintlich neutrale Funktion innehatten und keine Verantwortung für politische Entscheidungen tragen mussten, sich andererseits aber durch ihre Nähe zu den Mächtigen der Welt in einem Spannungsfeld bewegten, in dem ihnen durchaus (Sprach-) Macht zukam.

Sowohl aus der Innen- (Eigen-) als auch aus der Außen- (Fremd-) perspektive sind je nach Situation unterschiedliche Ansätze denkbar. Mack nennt beispielhaft für das Rollenrepertoire das Konzept des *alter ego* des Redners, der loyal die Interessen der Senderseite vertritt, bzw. des *true interpreter*, „der den Erfordernissen von Sender und Hörer gleichermaßen gerecht werden soll", verweist aber auch auf Modelle wie *ghost* und *intruder* als eine Beschreibung für diskretes, zurückhaltendes Verhalten des Dolmetschers vs. selbstbewusstes Auftreten als gleichberechtigter Kommunikationspartner[445]. Zwischenberger beleuchtet die Frage aus der Sicht von Konferenzdolmetschern, die sie um ihre Einschätzung der beim Dolmetschen anzuwendenden Normen bat. Besonders hohe Zustimmung erhielt die als „translatorische Supernorm" bezeichnete Aussage, „wonach der/die DolmetscherIn den dem Original inhärenten Sinn verlustfrei und auf passive (!) Art und Weise zu kanalisieren hat"[446]. Zwischenberger weist jedoch einschränkend darauf hin, dass sich soziodemographische Variablen wie Alter, Berufserfahrung und Geschlecht auf die Höhe des Zustimmungsgrades zu normenkonformem bzw. nichtnormenkonformem Verhalten auswirken können. So werden Dolmetscher offensichtlich im Laufe ihrer Berufslaufbahn immer „mutiger" und sind dann eher bereit zu intervenieren bzw. den Redner zu korrigieren als beispielsweise Berufsanfänger; Dolmetscherinnen wiederum zeigen einen höheren Grad an Loyalität gegenüber dem Redner bzw. dem Ausgangstext als ihre männlichen Kollegen.[447] Unter *Loyalität* versteht Nord die „Verantwortung [des Translators, der im interkulturellen Interaktionsprozess in der Regel als einziger mit beiden Kulturen vertraut ist] gegenüber allen anderen Beteiligten (sowie gegenüber

---

445 Vgl. Mack 2002: 113 f.
446 Zwischenberger 2013: 382, Hervorhebung d. Verf.
447 Vgl. Pöchhacker/Zwischenberger 2010: 6.

sich selbst)" und beschreibt sie als „Ethik der Konfliktprävention, des Vertrauens, der Professionalität und der Wahrhaftigkeit".[448] Diese Aussagen beziehen sich zwar auf das funktionale Übersetzen, lassen sich aber auf das Dolmetschen übertragen; Prunč erweitert den Gedanken im Rahmen seiner Translationsethik in Richtung einer multidirektionalen Konzeption von Loyalitätsbeziehungen, der zufolge neben den „TranslatorInnen […] auch die übrigen HandlungspartnerInnen für das Gelingen einer translatorischen Handlung in die Pflicht genommen werden" und die zudem „die Loyalität der TranslatorInnen zum Berufsstand und zu sich selbst" umfasst[449]. Er plädiert entschieden gegen die eine Objektivitätsnorm, die den Dolmetscher gleichsam zum neutralen Vermittler der Botschaft des Ausgangstextes degradiert[450], und befürwortet statt dessen einen Normenpluralismus innerhalb der jeweils gegebenen Wertehierarchien, der ausreichend Raum für frei getroffene, verantwortbare translatorische Entscheidungen lässt. Angesichts der Tatsache, dass Translationssituationen generell konfliktbelastete Räume darstellen, verlangen solche ethisch motivierten Entscheidungen, die im Fall von Interessenskonflikten eine klare Positionierung zugunsten des einen oder des anderen Interaktionspartners bedeuten können, allerdings vom Dolmetscher ein hohes Maß an Kompetenz. Zugleich bergen sie eine gewisse Brisanz, denn Dolmetscher sind „aufgrund der physischen Präsenz der Kommunikationspartner stärker als Übersetzer Teil der Machtspiele, die mit ihnen, über ihre Köpfe hinweg oder mit ihrer Hilfe bei der Konstruktion von sozialem Sinn gespielt werden"[451].

An welchem Punkt stellt sich für den Dolmetscher überhaupt die Frage nach seiner Loyalität bzw. seinem Ermessens- und Handlungsspielraum? Am augenfälligsten wird die Notwendigkeit, aus der Vielzahl translatorischer Gestaltungsmöglichkeiten bewusst eine bestimmte auszuwählen und korrigierend in den Kommunikationsprozess einzugreifen, wohl in Situationen, in der das verbale und/oder nonverbale Handeln des Ausgangstextproduzenten (d. h. des Redners) so geartet ist, dass es den Erwartungen des Zieltextrezipienten (des Zuhörers) nicht entspricht. Ein solches nicht normen- oder situationskonformes Handeln kann auf sehr unterschiedliche Art und Weise realisiert werden: durch expressive mimische, stimmliche oder gestische Manifestationen

---

448 Vgl. Nord 2011: 102 ff.
449 Prunč 2009: 128. Vgl. Prunč 2012: 341.
450 Prunč 2005: 173.
451 Prunč 2012: 337.

ebenso wie durch die Wahl eines unangemessenen Stilregisters, sprachliche Fehlleistungen (Versprecher, Verwendung von Tabuwörtern) oder unlogische bzw. inhaltlich falsche Aussagen. Das Repertoire, mit dessen Hilfe der Dolmetscher verhindern kann, dass aus der drohenden Kommunikationsstörung eine tatsächliche Peinlichkeit, ein Missverständnis oder ein Konflikt erwächst, aber auch die Motivation, aus der heraus Dolmetscher in den Gesprächsverlauf eingreifen, beschreibt Kutz (2007) in seinen Ausführungen zum „korrektiven Dolmetschen". Der Autor betont in diesem Zusammenhang die Bedeutung des Dolmetschauftrags: Ist er durch den Auftraggeber formuliert worden, so Kutz, dann wurde damit der Handlungsrahmen für den Dolmetscher festgelegt, falls nicht, solle ihn sich dieser „selbstständig, jedoch professionell" ableiten[452]. Um sowohl in sprachlich-textueller als auch logischer, pragmatischer und funktionaler Hinsicht die für das Textverständnis erforderliche Kohärenz zu gewährleisten, rät Kutz zu folgendem differenzierenden Vorgehen:

Wurde kein Dolmetschauftrag erteilt, sollte weitgehend zurückhaltend und redetextnah gedolmetscht und sollten dabei nur formale, Syntax und Prosodie betreffende Verbesserungen vorgenommen sowie offensichtliche Fehler und Versprecher bereinigt werden. Bei einem professionell in Eigenregie abgeleiteten Dolmetschauftrag ist der Spielraum einseitig und recht unverbindlich, Rückzugsmöglichkeiten sollten immer verfügbar sein. Wurde der Dolmetschauftrag jedoch explizit formuliert, ist die Dolmetschhandlung professionell, sicher und wenig antastbar.[453]

Dagegen ist einzuwenden, dass auch bei klar umrissenen, den Spielraum des Dolmetschers eng fassenden Dolmetschaufträgen für den Redner unvorteilhafte Situationen entstehen können – handelt der Dolmetscher dann weisungsgemäß oder entscheidet er sich bewusst für eine Übertretung, um Schaden vom Redner abzuwenden?

---

452 Kutz 2007: 21. Interessant wäre hier die Erfahrung, die derzeit aktive Dolmetscher mit ihren Auftraggebern machen. Womit werden sie in welchem Umfang konfrontiert: mit expliziten Anweisungen im Sinne von „Das müssen Sie jetzt ganz genau übersetzen (sic!)!", impliziten Hinweisen auf die Bedeutung bestimmter Punkte, die sich beispielsweise aus dem Vorgespräch zu einer Vertragsverhandlung ableiten lassen (so sie denn in die Vorbereitung eingebunden werden), oder dem völligen Fehlen derartiger Auftragskomponenten? Letzteres kann sowohl aus dem unbedingten Vertrauen in die Kompetenz des Dolmetschers als auch einer totalen Ignoranz in Bezug auf den Stellenwert dieser Frage resultieren.

453 Kutz 2007: 26.

Festzuhalten bleibt, dass sich die Dolmetschwissenschaft mit den oben beschriebenen differenzierten Ansätzen von der lange propagierten zentralen Forderung nach unbedingter Neutralität des Dolmetschers entfernt und der Tatsache Rechnung trägt, dass die neuen, modernen Dolmetscharten und -settings nicht mit den alten Konzepten für das Verhältnis der Kommunikationspartner zueinander zu bewältigen sind. Bezogen auf das Rollenverständnis heißt das: Es ist keine feste Größe, die etwa in der Ausbildung ein für allemal definiert wird, um dann ein ganzes Berufsleben hindurch als unveränderliche Konstante praktiziert zu werden. Wo sich ein Dolmetscher innerhalb einer Kommunikationssituation verortet und wo er die Grenzen seines Handelns zieht, hängt zum einen stark von den Umständen des jeweiligen Settings ab. Ein Dolmetscher, der in einem Gerichtsprozess seine neutrale Mittlerposition (Äquidistanz) aufgibt und sich von einer Seite vereinnahmen lässt, wird, sobald sein Vorgehen erkennbar wird, unweigerlich das Vertrauen der anderen Seite(n) verlieren und damit den Erfolg des gesamten Verfahrens gefährden. Dasselbe gilt beispielsweise für den im Land A vor Ort engagierten einheimischen Dolmetscher, der im Auftrag und in der Uniform des im Land A agierenden Landes B auf militärischer Ebene dolmetscht und dessen Loyalität – etwa in Bezug auf Dienstgeheimnisse – ungeachtet aller privaten Involviertheit eindeutig dem Auftraggeber gehören muss. In einem Arzt-Patienten-Gespräch, in dem eine lebensbedrohliche Erkrankung kommuniziert wird, wäre eine solche Distanziertheit wiederum unangebracht. Unabhängig davon, wie einfühlsam der Mediziner im konkreten Fall vorgeht, sind hier neben der Empathie des Dolmetschers auch dessen Mittlerkompetenzen gefragt, mit deren Hilfe er über Sprach- und Kulturbarrieren wie differierende Stilregister, Sprach- und Bildungsebenen oder kulturelle Prägungen hinweg Verständigung gewährleistet.

Die Rolle des Dolmetschers kann sich zum anderen aber auch innerhalb einer einzigen Dolmetschsituation ändern: So können kulturspezifische Implikationen dazu führen, dass er explizit werden und seine Position der Äquidistanz zu beiden Parteien aufgeben muss. Vorstellbar ist eine solche wiederholte Neupositionierung des Dolmetschers anlässlich einer Unterredung zwischen Vertretern von A und B, in der beispielsweise die Abhandlung von Sachfragen in A-kulturspezifische, den B-Verhandlungspartnern nicht vertraute Verhaltensweisen eingebettet ist. Der Dolmetscher verfügt in diesem Fall über verschiedene Reaktionsmöglichkeiten: von der bewussten Übernahme der fremdkulturellen Handlung (mit einem solchen „verfremdenden" Ansatz würde er die kulturtypische Fremdheit der anderen Seite betonen) über eine die Umstände erläuternde Verdolmetschung bis hin zum Ersatz der fremdkulturellen durch eine entsprechende eigenkulturtypische Handlung. Mit einer derartigen „einbürgernden" Herangehensweise nähme er der Situation jegliche Fremdheit, entzöge aber auch dem Rezipienten die Möglichkeit zu realisieren, dass an diesem Punkt kulturelle Differenzen bestehen. So tritt als Kehrseite des Spektrums an translatorischen Optionen das manipulative Potenzial zutage, über das der Dolmetscher bei seinem Handeln verfügt.[454]

Der Rezipient wiederum steht stellvertretend für alle Konsumenten von Dolmetschleistungen und wirkt prägend am öffentlichen Image von Dolmetschern mit. Deren Außenwahrnehmung leidet darunter, dass „Dolmetscher" nach wie vor eine ungeschützte Berufsbezeichnung ist und dass im gesellschaftlichen Bewusstsein translatorische und damit auch dolmetscherische Kompetenz allzu häufig mit Fremdsprachenkenntnissen gleichgesetzt wird. Wird der Dolmetscher von wenigen als hochkompetenter (und entsprechend zu entlohnender) Kommunikationsexperte gesehen, so ist er ungeachtet der Relevanz von Translation angesichts von Globalisierung und Internationalisierung für viele immer noch ein notwendiges Übel, ein „Geräusch im Kommunikationskanal"[455], das in Delegationslisten nicht selten unter „Sonstige" oder „Technik" verbucht wird.

Welche translatorische Entscheidung der Dolmetscher im Einzelfall trifft, hängt folglich von vielen unterschiedlichen Faktoren ab, die von den Charakteristika des jeweiligen Settings über den Kompetenzgrad des Dolmetschers und sein berufliches Selbstverständnis bis zu Aspekten wie Persönlichkeitsstruktur, Erfahrung und Empathievermögen reichen. Angesichts der oben beschriebenen Einflussvariablen bleibt zu wünschen, dass diese Entscheidungen, die zugleich auch professionelle Grundsätze und Wertvorstellungen reflektieren, im Bewusstsein ihrer Tragweite getroffen werden.

---

454 Zur Positionierung des Dolmetschers zwischen den Kommunikationspartnern und seiner möglichen Einflussnahme auf die Gestaltung der Kommunikation vgl. Kadrić 2012: 94 f.
455 Prunč 2004: 10.

5.4 Kompetenzerwerb und Ausbildungsstätten

Eine umfassende translatorische Kompetenz ist zwar als Basis eines bewusst vertretenen Rollenverständnisses anzusehen, wurde aber nicht von jeher an einschlägigen translatorischen Ausbildungseinrichtungen erworben bzw. gelehrt und trainiert. Lange Zeit galten Fremdsprachenkenntnisse oder Bikulturalität als ausreichende Voraussetzung für eine berufliche Tätigkeit im translatorischen Bereich. Wie sich die Professionalisierung des translatorischen Kompetenzerwerbs gestaltete, wird nachfolgend anhand der Ausbildungsstätten und Ausbildungskonzepte in Deutschland[456] und der Sowjetunion bzw. Russland kurz dargestellt.

In Deutschland setzte die Institutionalisierung der Ausbildung von Translatoren vergleichsweise früh ein: Seit 1887 wurden an der Berliner Universität translatorische Fertigkeiten gelehrt[457] und bereits in der Weimarer Republik hatten sich Gerichtsdolmetscher in Berufsverbänden organisiert, bevor diese 1933 im Zuge der Gleichschaltung in der Reichsfachschaft für das Dolmetscherwesen zusammengefasst wurden. Der 1921 gegründete Sprachendienst des Auswärtigen Amtes bildete eigene Dolmetscher aus, griff aber auch auf Absolventen des 1930 eingerichteten „Dolmetscher-Instituts" an der Handelshochschule Mannheim zurück, das 1933 im Zuge der Auflösung der Handelshochschule Teil der Universität Heidelberg wurde.[458] Weitere Ausbildungsmöglichkeiten boten das Dolmetscher-Institut der Handelshochschule in Leipzig (1937), das Institut für Sprachenkunde und Dolmetscherwesen der Deutschen Auslandswissenschaftlichen Fakultät in Berlin (1940), das Dolmetscher-Institut der Universität Königsberg sowie der 1947 auf Veranlassung der französischen Militärregierung in Germersheim eingerichtete heutige Fachbereich Translations-, Sprach- und Kulturwissenschaft der Johannes Gutenberg-Universität Mainz und das 1948 gegründete Saarbrücker Dolmetscherinstitut,

---

456 Da es hier lediglich um die Darstellung des generellen Unterschieds im Herangehen an die Ausbildung von Translatoren geht, werden die entsprechenden Einrichtungen in Österreich und der Schweiz ungeachtet ihrer Verdienste bewusst nicht angeführt. Vgl. Wilss 1999: 155 ff.; Ahamer 2007.

457 Vgl. Kalverkämper 2008: 14. Das Berliner Seminar für Orientalische Sprachen wurde 1945 ausgebombt und 1959 in Bonn wiedergegründet, wo ab 1973 ein Diplomstudiengang „Übersetzen in orientalische Sprachen" angeboten wurde. (Vgl. Wilss 2000: 1.) Dieser wurde laut Auskunft der Philologischen Fakultät der Universität Bonn vom 09.05.2014 im Jahr 2012 eingestellt. Im aktuellen Master „Asienwissenschaften" haben Studierende die Möglichkeit, die Schwerpunkte arabische, japanische, koreanische oder chinesische Sprache und Translation zu belegen.

458 Universität Mannheim.

heute Fachrichtung 4.6. (Angewandte Sprachwissenschaften sowie Übersetzen und Dolmetschen) der Universität des Saarlandes.[459]

Mittlerweile gibt es in Deutschland mehr als zehn Hochschulen und Fachhochschulen sowie etliche Fachakademien, an denen Translatoren mit unterschiedlicher Berufsorientierung ausgebildet werden, deren didaktische Konzepte und Schwerpunkte jedoch hier nicht detailliert erörtert werden können. In den Allgemeinen Informationen zum viersemestrigen Aufbaustudiengang zum M. A. Konferenzdolmetschen an der Universität Heidelberg heißt es z. B., der Master-Studiengang Konferenzdolmetschen ziele darauf ab, die Qualifikation für den Beruf des Konferenzdolmetschers bzw. der Konferenzdolmetscherin zu vermitteln, der bzw. die

bei Internationalen Organisationen wie EU, UNO, EZB, bei Treffen von Regierungsvertretern oder bei wissenschaftlichen Fachkongressen simultan und konsekutiv dolmetscht. Dieses Tätigkeitsspektrum setzt neben spezifischen Techniken des Simultan- und Konsekutivdolmetschens eine fundierte wissenschaftliche und fachliche Ausbildung voraus.[460]

Die Einbindung von Berufspraktikern in die Lehre sowie der Wunsch nach wissenschaftlicher Beleuchtung und Fundierung der praktischen Erfahrung hat eine intensive akademische Auseinandersetzung mit dem Thema Dolmetschen angestoßen, aus der u. a. neue dolmetschdidaktische Konzepte hervorgegangen sind. Zwischenberger konstatiert jedoch bedauernd, die „Idee des unverrückbaren Sinnes des Ausgangstextes" sei in didaktischen Lehrbüchern nach wie vor sehr präsent[461], und plädiert angesichts des Erkenntnisgewinns aus soziokulturellen Forschungen für eine stärkere Nutzung dieses großen Potenzials in der Dolmetschlehre, ein Gedanke, der im Konzept der Translationskultur und der damit einhergehenden Betonung der individuellen Verantwortung des Dolmetschers Widerhall findet.

Anders stellte sich die Situation in der Sowjetunion dar. Dolmetschen und Übersetzen galten über Jahrzehnte hinweg als Tätigkeiten, für deren Ausübung Sprachkenntnisse genügten, und wurden deshalb nicht an translatorisch ausgerichteten Ausbildungseinrichtungen gelehrt, sondern waren an eine Fach-

---

459 Vgl. Snell-Hornby 1999: 31 ff.; Winter 2012: 21 ff; Sagawe 2012; Wilss 1999: 64 ff.; FTSK.
460 IÜD.
461 Zwischenberger 2013: 383.

ausbildung beispielsweise zum Pädagogen angegliedert. Eine Sonderstellung nahm das Übersetzen literarischer Texte ein, das man ab 1933 an der Maksim-Gorkij-Literaturhochschule studieren konnte. Ausbildungsmöglichkeiten boten die 1930 gegründete Hochschule für neuere Sprachen (Moskovskij institut novych jazykov)[462] sowie die Fremdsprachenfakultät der 1919 gegründeten Militärhochschule (Voennyj institut).[463] Nach deren Schließung im Jahr 1956 wurde die Ausbildung an die heutige Moskauer Staatliche Linguistische Universität/MGLU verlagert. In den 1960er Jahren entstanden im Zuge der Professionalisierung des Dolmetscher- und Übersetzerwesens speziell darauf ausgerichtete Fakultäten an Universitäten in Nižnij Novgorod und Leningrad (St. Petersburg) sowie an der MGLU (1968) und an der Militäruniversität des Verteidigungsministeriums.[464] Mittlerweile werden Studiengänge für Übersetzer und Dolmetscher an diversen staatlichen und privaten Einrichtungen sowohl in den beiden großen Zentren des Landes als auch in den russischen Regionen angeboten.

Eine eigenständige Dolmetscherausbildung kannte man in der UdSSR lange Zeit nicht; die entsprechenden Kompetenzen konnten Studierende als Komponenten eines Studiums an der MGLU, am Institut für Internationale Beziehungen (MGIMO) oder am Institut für Außenhandel erwerben. Dolmetscher, die bei den Vereinten Nationen arbeiten sollten, mussten ein abgeschlossenes Hochschulstudium vorweisen und absolvierten nach einem strengen Ausleseprozess spezielle Aufbaukurse. Auch hier gaben Vertreter aus der Konferenzdolmetschpraxis wertvolle Impulse an Forschung und Lehre weiter; Pöchhacker verweist auf den in Moskau etablierten psycholinguistischen Forschungsansatz.[465] Einzelne Aspekte aus dem Bereich Translation und Translationsdidaktik fanden ihren Niederschlag in Werken, die außerhalb des Landes allerdings nur unzureichend rezipiert wurden.[466] Alekseeva bedauert hingegen, es gebe in Russland derzeit (2011) „kein einheitliches, strategisch ausgerich-

---

462 Die Hochschule wurde mehrfach umbenannt: ab 1935 Moskovskij gosudarstvennyj pedagogičeskij institut inostrannych jazykov; ab 1964 Moskovskij gosudarstvennyj pedagogičeskij institut inostrannych jazykov imeni Morisa Toreza; seit 1990 Moskovskij gosudarstvennyj lingvističeskij universitet.
463 Vgl. Rumprecht 2008: 273 ff.
464 Vgl. Alekseeva 2011: 128 ff., sowie Aussagen von Dr. Stephan Walter, FTSK Universität Mainz/Germersheim. Zur militärischen Ausbildung zum „Translator und Linguisten" vgl. www.vumo.ru [13.12.2015].
465 Vgl. Pöchhacker 2007: 72.
466 Vgl. Min'jar-Beloručev 1969 und 1980; Černov 1978; Strelkovskij 1979.

tetes System der professionellen Ausbildung", und fordert eine moderne, auf den Erkenntnissen der Translationswissenschaft aufbauende und von der Fremdsprachenausbildung getrennte didaktische Theoriebildung.[467]

Vor dem Hintergrund dieser Aussagen verwundert es nicht, dass sowjetische bzw. russische Dolmetscher in Gesprächs- oder Verhandlungssituationen lange Zeit eine im Westen unübliche Mischung aus Konsekutiv- und Simultantechnik verwendeten. Sie setzten bereits nach wenigen Worten des Redners mit der Verdolmetschung ein, um dann parallel mit ihm weiterzusprechen, ohne zu diesem Zeitpunkt den Sinn der Aussage oder die Intention des Redners bereits vollständig überblicken zu können. Anders als (west-)deutsche bzw. westeuropäische Dolmetscher positionierten sie sich darüber hinaus häufig als aktive dritte Partei in der Kommunikation und gaben das Gesagte in der 3. Person wieder („Er hat gesagt, ...").

5.5 Die Dolmetschsituation als emotionale Situation

5.5.1 Emotionen in der Arbeitswelt

5.5.1.1 Emotionales Erleben am Arbeitsplatz

Im Kapitel „Der Emotionsbegriff" wurde beschrieben, dass in einer Kommunikationssituation Informationen mit Hilfe von Emotionen vermittelt werden und dass emotionales Erleben generell menschliches Verhalten motivieren, die Sichtweisen von Individuen beeinflussen und sich damit regulierend auf soziale Interaktion auswirken kann.[468] Dass all dies nicht nur für Menschen in ihrem privaten Umfeld und Handeln gilt, sondern ebenfalls für die Arbeitswelt, in der wir in der Regel einen Großteil unserer Lebenszeit zubringen, erscheint logisch. Ruft man sich noch einmal die fast apodiktischen Aussagen aus Kap. 3.1 ins Gedächtnis – „Es gibt keine Form des menschlichen In-der-Welt-Seins ohne Emotionen"[469] –, wird deutlich, dass der Berufsalltag als Bestandteil des „In-der-Welt-Seins" unausweichlich emotionalen Einflüssen unterworfen ist – unabhängig davon, ob man dort eine führende oder eine nachgeordnete Position einnimmt.

---

467 Alekseeva 2011: 132.
468 Vgl. Urban 2008: 11; 32 ff.
469 Gerhards 1988: 72.

Berücksichtigt man zudem, dass Emotionen nicht nur Verhalten strukturieren, sondern auch gleichermaßen limitieren, indem sie etwa bestimmte Parameter individuellen Verhaltens wie die Problemlösefähigkeit, die Kreativität, das Denkvermögen etc. beeinflussen, dann wird deutlich, welche Bedeutung ihnen gerade in der Arbeitswelt sowie innerhalb von Führungsprozessen zukommt.[470]

Überträgt man diesen Gedanken auf die Arbeitssituation von Dolmetschern, so stellt sich die Frage, wie sie ihre eigenen Emotionen sowie diejenigen, die an sie herangetragen werden, „managen", d. h. wahrnehmen, steuern oder regulieren und in ihre eigenen nachgelagerten Verhaltensprozesse einbauen. Urban nennt für den Arbeitskontext fünf relevante Punkte.[471] Sie beziehen sich zwar auf das eigene emotionale Erleben eines Individuums in einer Situation am Arbeitsplatz, wohingegen in der vorliegenden Arbeit die Wahrnehmung und Weiterverarbeitung von emotionalen Wirkmechanismen durch den Dolmetscher im Vordergrund stehen soll. Die Ausführungen von Urban bieten jedoch einen guten Anknüpfungspunkt, von dem ausgehend untersucht werden kann, welche Bedeutung Emotionen für den Dolmetschprozess als konkrete Arbeitssituation haben und wie die Auseinandersetzung eines Dolmetschers mit „fremden" Reaktionen konkret vonstatten gehen kann. Aus diesem Grund werden sie nachfolgend kurz skizziert und in ihrem möglichen Zusammenhang mit einer Dolmetschsituation dargestellt.

1. „Emotionen fokussieren die Aufmerksamkeit von Individuen auf die für sie relevanten Aspekte ..."
Hier ist zu untersuchen, ob und inwieweit die jeweiligen Interaktionspartner, darunter auch der Dolmetscher, in der Lage sind, aus der emotionalen Reaktion ihres Gegenübers auf die Bedeutung des in diesem Moment behandelten Aspekts zu schließen. Voss betont im Zusammenhang mit der Verstehbarkeit von Emotionen die Wechselwirkung von sprachlicher und emotionaler Kompetenz und formuliert zum Aspekt „Wie man lernt, was man fühlt" folgende Aussage:

---

470 Urban 2008: 11. Ausgehend von dieser Annahme hat Urban Führungskräfte nach ihren Erfahrungen und ihrem Umgang mit Emotionen am Arbeitsplatz („Emotionsmanagement in Unternehmen") befragt.
471 Urban 2008: 38 f.

Die Reife einer Persönlichkeit bemisst sich unter anderem durchaus an der Souveränität, mit der sie in der Lage ist, selbst nicht-stereotype, unkonventionelle oder gar paradoxe Verhaltensweisen als Ausdruck einer bestimmten Emotion richtig zu deuten. So sind Kinder oder naive Personen z.b. kaum in der Lage, ironische Äußerungen oder Verhaltensweisen richtig einzuschätzen, da sie [...] dazu tendieren, alles wörtlich und gemäß standardisierter Vorgaben wahrzunehmen.[472]

2. „Emotionen liefern Hinweise im Hinblick auf den gegenwärtigen bzw. zukünftigen Zustand eines Individuums in Bezug auf dessen Umwelt [...] und ermöglichen eine Auswahl entsprechender Handlungs- und Verhaltensalternativen."
An dieser Stelle lässt sich eine eindeutige Verbindung zur Dolmetschsituation herstellen: Der Dolmetscher erkennt – im Idealfall – den emotionalen Zustand seines Auftraggebers oder des Gesprächspartners (vielleicht bringt er verbal oder nonverbal zum Ausdruck, dass er sich beleidigt oder bedroht fühlt) und kann darauf reagieren. Denkbar wäre je nach Konstellation der Situation (wer hat wen beleidigt, beschämt, bedroht, ...), nach dem Ausmaß des Emotionsausdrucks und sicher auch der persönlichen emotionalen Veranlagung, der kulturellen Prägung sowie der beruflichen Erfahrung des jeweiligen Dolmetschers ein ganzes Spektrum von Reaktionen, das von einer totalen Neutralisierung (sprachliche und mimische Missachtung) bis hin zum Nachvollzug des Emotionsausdrucks reichen kann. Damit dieser Prozess ablaufen und gelingen kann, müssen Erleben und Emotionen in der jeweiligen Interaktion zunächst gedeutet werden. Diese komplexe Deutungsleistung umfasst nach Fiehler diverse Aspekte, zu denen sowohl die Situation selbst als auch die Handlungen, Äußerungen, Absichten und Einstellungen der anderen Person (d. h. des Redners) sowie deren Erleben und Emotionen gehören. Ziel der Deutung ist ein „ganzheitliches Verstehen der anderen Person", wobei der Zweck der Deutung darüber hinausweist: Sie ist „Voraussetzung für eine ‚angemessene' Strukturierung der eigenen Folgehandlungen wie überhaupt für den Fortgang der Interaktion"[473].

---

472 Voss 2004: 109 f.
473 Fiehler 1990: 140. „Ganzheitlich" bedeutet, dass das Wissen oder Vermutungen über die emotionale Befindlichkeit der anderen Person ein Teil dieses Verstehens sind, es aber nicht allein ausmachen. Zu den Details der Deutungsleistung – Unterstellen von Erleben, Deutung von Verhaltensweisen und physiologischen Reaktionen als Erlebensausdruck, Deutung von Erlebensthematisie-

3. „Emotionen bereiten Teile des Organismus auf solche individuellen Reaktionen vor [...]. Gleichzeitig beeinflussen Emotionen sowohl die Intensität als auch die Dauer der entsprechenden Verhaltensweisen."
Diese Aussage bezieht sich in erster Linie auf das Emotionen erlebende Individuum und ist für die beobachtende Umwelt und somit auch für den Dolmetscher weniger relevant.

4. „Emotionen erzeugen nonverbale Signale in Form von Gesichtsausdrücken, Stimmlagen und Körperhaltungen, die sowohl für das Individuum selbst als auch für Außenstehende bzw. Interaktionspartner eine wichtige Informationsquelle bilden [...]."
Hier wird die Informationsfunktion von Emotionen klar angesprochen. Argyle vergleicht die Wirkungsmacht verbaler und nonverbaler Informationen und meint:

Wenn verbale und nonverbale Signale zueinander in Widerspruch stehen, dann wird sehr wahrscheinlich der nonverbalen Komponente größere Aufmerksamkeit gezollt werden, [...].[474]

Er betont aber auch die Bedeutung, die dem Empfänger selbst bei der Verarbeitung solcher emotionaler Signale zukommt:

Auch die Umstände des Empfängers haben einen Einfluß darauf, wie er nonverbale Andeutungen eines Gefühls interpretiert. [...] Ein glücklicher Mensch denkt, daß auch andere Menschen glücklich sind.[475]

Führt man diese Gedanken fort, ist zu klären, ob die Memoiristen Argyles Argumentation bestätigen, wie die Informationsübermittlung bei Interaktionspartnern mit unterschiedlicher kultureller Prägung funktioniert und welche Dolmetschkontexte Fehlinterpretationen begünstigen.

---

rungen – vgl. Fiehler 1990: 139 ff.
474 Argyle 2002: 113. Nach Rink (2005: 93 f.) werden allerdings im Alltag des modernen Menschen vor allem negative Gefühle häufiger sprachlich kommuniziert als über den evolutionsbiologisch ursprünglichen nonverbalen Ausdruck.
475 Argyle 2002: 114.

5. „Emotionen haben insbesondere im Rahmen sozialer Interaktion eine elementare Funktion für die beteiligten Individuen."
Soziale Interaktion wird generell als Wechselwirkung zwischen Handelnden beschrieben[476] – Dolmetschen als gemittelte Kommunikation mit mindestens drei Beteiligten ist somit soziale Interaktion, d. h. der Dolmetscher wird nicht nur mit der bereits beschriebenen Informations-, Motivations- und Bewertungsfunktion von Emotionen konfrontiert, sondern auch mit deren sozialer Funktion. In ihrer sozialen Funktionalität unterliegen Emotionen Normen, deren Nichteinhaltung ggf. sanktioniert wird. Sie können folglich eine Kommunikationssituation erschweren oder sogar unmöglich machen (man denke an einen unkontrollierten verbalen und nonverbalen Ausdruck von Zorn oder Wut und den damit verbundenen Abbruch von Gesprächen oder an eine für die Anwesenden vielleicht ebenso belastende peinliche Situation), sie können in der positiven Richtung sicherlich auch den Fortgang eines Dialogs erleichtern und befördern. Dies gilt sowohl für die innersprachliche als auch für die intersprachliche Kommunikation, die im Falle von Unkenntnis der emotionalen Strukturen des Kommunikationspartners entsprechend beeinträchtigt werden kann:

Известно, что эмоции могут облегчать/затруднять общение в зависимости от уровня эмоциональной/эмотивной компетенции участников процесса коммуникации как носителей определенных социо-культурных признаков. В. В. Красных в своих работах показала, что „культурное содержание" зачастую не осознается и не рефлексируется самими представителями той или иной культуры [...].[477]

5.5.1.2 Deutungsleistung

Der kulturelle Gehalt einer Äußerung wird von den Vertretern der entsprechenden Kultur häufig weder wahrgenommen noch reflektiert – die Aussage Šachovskijs bestätigt einmal mehr das Ausmaß der Leistung des Dolmetschers im Kommunikationsprozess, denn er muss sowohl die sprachliche als auch die paralinguistische Komponente des Emotionsausdrucks erkennen bzw. verstehen, um dann beide gemeinsam in sein allgemeines sprachliches, soziales und

---

476 Vgl. Auhagen 2000.
477 Šachovskij 2008: 283.

interkulturelles Wissen einordnen zu können. Auf dieser Grundlage wird er eine professionell fundierte Entscheidung über die Produktion seines Zieltextes und die (rhetorische, mimische, gestische) Form der Präsentation treffen. Zusätzlich zu den sprachlichen, interkulturellen und prozeduralen Kompetenzen und der oben erwähnten „Reife der Persönlichkeit" gewinnt folglich die emotionale Kompetenz bzw. Intelligenz an Bedeutung, denn sie ist erforderlich, um aus bestimmten Phänomenen im Interaktionssystem Rückschlüsse auf das emotionale Erleben einer anderen Person und somit auf deren Motivations- und Handlungshintergrund ziehen zu können:

Wer emotional intelligent ist, kann Emotionen bei sich selbst und bei anderen gut wahrnehmen, er kann seine eigenen Gefühle ausdrücken, aber auch regulieren und kontrollieren – vor allem, wenn es darum geht, Probleme zu lösen.[478]

Die Bedeutung der emotionalen Erfahrung, des persönlich erworbenen Wissens über emotionale Vorgänge und Strukturen, für das Gelingen von Kommunikationssituationen kommt auch in den Aussagen von Šachovskij zur *emotionalen Subkompetenz* als Bestandteil der Kommunikationskompetenz zum Ausdruck:

Адекватное использование терминов эмоций для трансляции или их коммуникации возможно только в одном случае – через прямой и собственный эмоциональный опыт. [...] Без последнего – без правильной аттрибуции вербальных знаков эмоций – эффективная коммуникация (лишенная ситуаций помех и провалов) невозможна.[479]

---

[478] Schwarz-Friesel 2013: 118 unter Verweis auf das Konzept der „Emotionalen Intelligenz" (Goleman 1995). Die Autorin schränkt ihre Aussage allerdings hinsichtlich der interkulturellen Unterschiede bei den Regeln zur Manifestation von Emotionen ein: „Ein Mensch, der seine Gefühle stark zum Ausdruck bringt, kann in Westeuropa oder den USA als offen und charismatisch aufgeschlossen wirken, in asiatischen Ländern dagegen nur tabu- und regelverletzend als unhöflich gelten."

[479] Šachovskij 2008: 39 f., 157 und 283. Zur emotionalen Kompetenz gehören nach Šachovskij (2008: 313) die Kenntnis der universellen Basisemotionen sowie der kulturellen und emotionalen Codes, der Regeln des code switchings sowie die Beherrschung der Regeln zur Benennung und zum Ausdruck von Emotionen.

[...], что эффективность эмоциональной коммуникации полностью зависит от эмоциональной компетенции партнеров, которая включает обширные знания об эмоциях, их функциях, знание эмотивного фонда своего языка (и чужого), знание средств номинации, выражения и описания своих эмоциональных переживаний в контекстах конкретной культуры коммуникативного локуса.[480]

In diesem Zusammenhang muss auf folgende Einschränkung hingewiesen werden: Es gibt spezifische Muster der Kommunikation von Emotionen unter bestimmten Umständen und in bestimmten Situationen und die Mehrzahl der Menschen bewegt sich – dies gilt auch für den interkulturellen Kontext – bei der Kommunikation ihrer Emotionen im Rahmen dieses Musters. Aber selbst wenn ein Verhalten als typisch anzusehen ist, kann es dennoch zu Abweichungen kommen, denn nicht jedes Individuum wird sich in dieses Verhaltensmuster einfügen:

[...] было бы неверно утверждать, что все люди, даже внутри одной культуры, чувствуют и мыслят одинаково, „под копирку", тем более представители разных культурных групп.[481]

Darüber hinaus gilt es die bereits angesprochenen Möglichkeiten der Emotionsmanipulation zu berücksichtigen. Auch diese Aspekte der menschlichen Realität sind vom Dolmetscher mit einzubeziehen.

5.5.2   Die Dolmetschsituation als konkrete Arbeitssituation
5.5.2.1 Der situative Kontext (Setting)
Klassische Dolmetschsettings, die für diese Arbeit betrachtet werden, sind:
- die bilaterale Gesprächsrunde, klein oder mit größeren Delegationen, sowie das Vier-Augen-Gespräch;
- eine Gerichtsverhandlung unter Beteiligung von Dolmetschern;
- politische, wirtschaftliche, wissenschaftliche oder andere Konferenzen;
- Gespräche am Rande offizieller Termine, u. a. bei Essen oder Empfängen.

---
480 Šachovskij 2008: 288; 290.
481 Šachovskij 2008: 289.

Wie erkennt der Dolmetscher als Beobachter eines anderen Individuums das Vorhandensein einer Emotion? Zunächst sollte er wissen, wie Emotionen in der Regel ablaufen und welche Teile des Ablaufs für Außenstehende erkennbar werden. Zu diesem Zweck sei der Emotionsablauf noch einmal verknappt dargestellt.[482]

5.5.2.2 Ablauf von Emotionen

Ein Ereignis oder auch eine Vorstellung oder eine Erinnerung wird vom Individuum einer Kategorie zugeordnet und subjektiv eingeschätzt; die emotionsauslösenden mentalen Prozesse können sowohl real vorhanden als auch imaginiert sein. Daraufhin erfolgt ein physiologisches Reaktionsmuster (Herzfrequenz, Blutdruck, Hautleitfähigkeit und/oder periphere Durchblutung ändern sich, was zwar messbar, aber für Dritte nur teilweise erkennbar ist, wenn beispielsweise der Betreffende errötet oder schneller atmet). Diese Reaktion bewirkt eine Veränderung der Handlungsmuster. Der Ausdruck kann über verschiedene Kanäle erfolgen (Gesichtsausdruck, Stimmqualität, Gestik, Körperhaltung), wirkt als Katalysator und beschleunigt die emotionale Regulation. Von der Warte der Außenstehenden muss auf zwei problematische Komponenten hingewiesen werden: Zum einen birgt der Emotionsausdruck das Risiko einer verzerrten Wahrnehmung oder einer Fehlinterpretation, zum anderen lässt sich die Motivationskomponente, das, wozu die jeweilige Emotion das Individuum motiviert hat, für das beobachtende Individuum erst durch eine retrospektive Verhaltensdeutung feststellen.

In Bezug auf die berufliche, von bestimmten Normen und Vorgaben geprägte Rolle des Dolmetschers scheint ebenfalls relevant zu sein, dass Fiehler zwischen zwei Gruppen von Mitteln des Emotionsausdrucks unterscheidet. Neben den primären Mitteln, dem „Normalrepertoire zum Ausdruck einer Emotion", nennt er die sekundären, die „gehäuft in allen Formen von institutioneller Kommunikation auf(treten)": „Für diese Kommunikation gilt häufig […] das Gebot der emotionalen Neutralität, das den primären Ausdruck von Emotionen erschwert oder unmöglich macht."[483] Hier besteht eine Verbindung zu den Aussagen von Russell Hochschild, die im Zusammenhang mit beruflichen Normen und Konventionen von antrainierten Emotionen wie beispielsweise Freundlichkeit sowie von der Notwendigkeit der Gefühlskontrolle

---

482 Vgl. Urban 2008: 21 ff.; Fiehler 1990: 47 ff.; 57 f.
483 Fiehler 1990: 109 f.

spricht.[484] Der Dolmetscher wird sich folglich, um ein Verhalten als emotional zu charakterisieren, auf verschiedene Typen der Information stützen,

die man als Indizien für das Vorhandensein von emotionalen Phänomenen interpretiert. Bei der Interpretation des Verhaltens oder Zustandes eines Individuums als emotionalem gelten – alltagsweltlich wie in der wissenschaftlichen Untersuchung von Emotionen – vor allem solche Informationen (und deren Kombinationen) als „beweiskräftig", die der Beobachter eines Individuums aufgrund dessen verbaler Berichte, expressiver Verhaltensweisen, zielgerichteter Handlungen sowie aufgrund der Reaktionen von Bezugspersonen des Individuums erhält[485].

Seine Perspektive als Beobachter ist zunächst eine Fremdperspektive, und er rezipiert Fremd-Emotionen oder auch „stellvertretende Emotionen"[486]. Diese können, müssen aber nicht mit den Emotionen des Redners koinzidieren.

5.5.2.3 Intensität von Emotionen

Welche Situationen sind im beruflichen Kontext eines Dolmetschers besonders emotionsträchtig? Wie verhält es sich mit der Intensität von Emotionen? Die Alltagserfahrung besagt, dass bei Interaktionen, in denen Gegensätze ausgetragen werden, häufiger Emotionen auftreten als in Situationen, in denen alle Beteiligten derselben Meinung sind.[487] Kommt es dann zu Emotionsmanifestationen, so wird, das ist aufgrund der oben gemachten Ausführungen zu vermuten, von der Intensität des emotionalen Erlebens, d. h. der emotionsspezifischen Mimik, der Versprachlichung und/oder der nichtsprachlichen Vokalisation abhängen, ob und wie die beobachtende (hier: dolmetschende) Person diese Emotion wahrnimmt. Die Suche nach Kriterien zur Bestimmung der Intensität von Emotionen im Rahmen mündlicher Aussagen sowie nach Ansätzen zur Analyse von Dolmetschsituationen auf ihre Emotionalität hin führt zu Jahr und ihrer Herangehensweise.[488] Sie nennt in Anlehnung an Mees die Selbstbetroffenheit des Verfassers (die emotionale Betroffenheit oder auch Ich-

---

484 Russell Hochschild 2006: 14.
485 Vester 1991: 32. Vgl. dazu auch Rink 2005: 95.
486 Jahr 2000: 17.
487 Vgl. Fiehler 1990: 203; 210.
488 Vgl. Jahr 2000: 33 ff.

Beteiligung) sowie die Bewertung der thematisierten Sachverhalte durch den Textautor als Ausgangspunkte, anhand derer sich die Emotionalität eines schriftlich niedergelegten Textes bestimmen lässt. Meiner These zufolge lässt sich dieses Muster auf mündliche Äußerungen übertragen, zumal davon auszugehen ist, dass je nach Dolmetschsituation gewisse Redeanteile – Eingangsstatements, Schlussplädoyers, aber auch ganze Vorträge – ohnehin vorab verfasst werden und somit ursprünglich schriftliche Texte sind. Die Intensitäts-Variablen, die Jahr zur Analyse von Textsituationen festlegt, werden im Folgenden, angepasst an Situationen mit gemittelter mündlicher Kommunikation, kurz vorgestellt und auf ihre Relevanz für das Dolmetschen untersucht. Es handelt sich dabei um

1. die psychologische Nähe zu der in der Dolmetschsituation behandelten Thematik: nur wenn eine starke Ich-Beteiligung des Sprechers an der vorgebrachten Thematik gegeben ist, liegt auch einer der konstitutiven Faktoren für das Vorhandensein von Emotionen vor;
2. die Wichtigkeit der thematisierten Sachverhalte für die Menschheit bzw. die Gesellschaft: die Intensität emotionalen Erlebens hängt von der Bedeutsamkeit ab, die der Redner einem Ziel beimisst;
3. die Wichtigkeit für die eigene Person: Jahr nennt Aspekte wie Prestige- oder Machtverlust sowie die Unterminierung des Selbstwertgefühls;
4. Erwartung oder Nichterwartung: gemeint ist der Grad der Erwartung, dass der Sachverhalt eintreten wird bzw. der Grad der Ergebnisabweichung, nachdem der Sachverhalt eingetreten ist;
5. Tadelnswürdigkeit oder Verdiensthaftigkeit: hier geht es um Personen, Einrichtungen oder Institutionen, die mit dem Sachverhalt zusammenhängen;
6. Grad der sozialen Zustimmung: wie werden die in der Gruppe oder der Gesellschaft akzeptierten Werte und Normen eingehalten;
7. Grad der Überzeugtheit von der eigenen Position (Selbstüberzeugtheit): hier kommt die Überzeugung zum Ausdruck, dass die Dinge auf eine bestimmte Art und Weise ablaufen werden, häufig in Kombination mit einer Abwehrhaltung gegen konträre Positionen;
8. gesteigerte Betroffenheit: diese Variable steht in einem engen Zusammenhang mit der unter Punkt 1 genannten und ist relevant, wenn der Redner von den thematisierten Gegenständen unmittelbar betroffen ist.

Fast alle aufgeführten Variablen sind, so meine ich, für das Dolmetschen relevant. Ob ein Angeklagter vor Gericht sein Handeln rechtfertigt oder in einer politischen Auseinandersetzung seine Position vertritt – die Selbstbetroffenheit (Punkt 1 und ggf. Punkt 8) wird stets gegeben sein, und auch das Kriterium Bedeutung der jeweiligen Situation für die eigene Person, das eigene Selbstverständnis und eventuell die eigene Position in einem bestimmten institutionellen Rahmen ist gegeben (Punkt 3). Die Intensitäts-Variablen 2 und 7 lassen sich ebenfalls mit einer Dolmetschsituation in Verbindung bringen: Der Redner, etwa ein Parlamentsabgeordneten auf Delegationsreise, ist von seinem Anliegen – interparlamentarische Zusammenarbeit – und dessen gesellschaftlicher Bedeutung überzeugt und trägt dieses entsprechend engagiert vor; seine Überzeugtheit von der Richtigkeit seiner Aussagen oder vom erforderlichen Ablauf der Dinge ist so stark, dass er andere Meinungen nicht gelten lassen kann. Dabei kann er sich lobend oder tadelnd zu bestimmten personellen oder institutionellen Aspekten äußern (Intensitäts-Variable 5) und kann sich der Zustimmung derer, die er vertritt, sicher sein (Variable 6). Allein die Intensitäts-Variable 4 (Erwartung oder Nichterwartung) scheint mir nicht eindeutig auf das Dolmetschen anwendbar zu sein.

Falls die Intensitäts-Variablen, die sich auch auf die sprachliche Gestaltung der Äußerungen auswirken, entsprechend stark ausgeprägt sind, kann man laut Jahr von einem hohen Grad an Selbstbetroffenheit des Redners und somit von dem Vorhandensein von Emotionen ausgehen. Diese Variablen gelten für drei Punkte, die sich ebenfalls von der Betrachtung schriftlicher Texte auf die Untersuchung mündlicher Äußerungen übertragen lassen. Es sind dies

- der situative Rahmen;
- die Inhaltsseite: hier unterscheidet Jahr explizites von implizitem Thematisieren von Sachverhalten sowie explizite und implizite Bewertungen;
- die sprachliche Ausdrucksseite: hier wäre in Verbindung mit Kap. 4 nach verbalen und nonverbalen Ausdrucksformen, in denen sich Bewertung und Expressivität manifestieren, zu suchen.

6 Darstellung von Emotionen in Autobiografien

Im praktischen Teil der Arbeit geht es um Erfahrungen, die Dolmetscher in ihrem Berufsleben mit emotional geprägten Situationen gemacht haben und die in ihren Memoiren Niederschlag finden. Aus dem Zusammenhang zwischen emotionalem Erleben und Erinnerung lassen sich zahlreiche Einzelaspekte ableiten: Warum erinnern sich Menschen unterschiedlich gut oder intensiv an Begebenheiten aus ihrem Leben? Wie kommt die Erinnerung, dieses Sich-Zurückversetzen in bestimmte Situationen oder Abrufen gewisser Momente, zustande? Welche Begebenheiten werden im individuellen Gedächtnis gespeichert, welche aussortiert? Was befördert eine solche Speicherung, was wirkt hinderlich? Gibt es eine Wechselwirkung zwischen Sprache und Gedächtnis? Wie „korrekt" ist die Erinnerung, wie groß im Einzelfall die Diskrepanz zwischen subjektiv Erzähltem und objektiv Erlebtem? Existiert überhaupt so etwas wie ein „reales Erlebnis" oder sind nicht alle Individuen gefangen in ihren Wahrnehmungen, die sie mit der Wirklichkeit gleichsetzen? Wie wird aus individuellem Erinnern das kollektive Gedächtnis und auf welche Weise beeinflusst dieses wiederum das persönliche Erinnern Einzelner? Und nicht zuletzt: Wie prägen individuelles und kollektives Gedächtnis die Mentalität der Menschen in einem bestimmten Land?

Angesichts dieser Vielzahl von Fragen, die lediglich eine erste Annäherung an das Thema widerspiegeln, verwundert es nicht, dass *Gedächtnis* als neuer „Leitbegriff der Kulturwissenschaften"[489] transdisziplinär aus unterschiedlichen Blickwinkeln betrachtet und dementsprechend heterogen aufgefasst wird. Einige zentrale Aspekte werden im Folgenden dargestellt, denn ihre Kenntnis bildet die Basis für eine kritische Wertung autobiografischer Aussagen. Die neuronalen Grundlagen sowie die Arbeitsweise des Gedächtnisses werden dabei ebenso ausgeklammert wie die Frage, ob sich beispielsweise Frauen anders erinnern als Männer.[490]

---

489 Vgl. Aleida Assmann 2003: 27.
490 Vgl. Fried 2004: 119. Zur individuumsbezogenen Gedächtnis- und Erinnerungsforschung vgl. Welzer 2004: 156 ff. Interessanterweise haben sehr viel mehr männliche als weibliche Dolmetscher ihre Lebenserinnerungen schriftlich niedergelegt, während im beruflichen Alltag die Frau-

6.1 Gedächtnis, Erinnerung, Sprache, Wirklichkeit: Klärung der Begriffe

Gedächtnis wird in Anlehnung an Nünning als eine neuronale Funktion verstanden, die es dem Menschen ermöglicht, von Erfahrungen zu profitieren. Damit wird, so Nünning, das menschliche Bedürfnis bedient, „dem Leben des Einzelnen wie der Gesellschaft einen erzählbaren und erzählenswerten Sinn zu geben"[491]. Im Gegensatz dazu handelt es sich bei *Erinnerung* um „eine kognitiv-psychische Konstruktion, die bewußt werden muß und dann sprachlich formuliert werden kann"[492]. Mit *Erinnerung* als prozessualem Phänomen ist an dieser Stelle sowohl die Gesamtheit des Vorgangs des Erinnerns als auch das Produkt dieses Vorgangs gemeint. Ob sich eine Person genau an etwas erinnert oder lediglich weiß, dass es stattgefunden hat, wird von der Bedeutung des Geschehnisses zum Zeitpunkt des Erlebens bestimmt. Was wir in unserem Gedächtnissystem aufbewahren, hängt davon ab, wer wir – mit unseren Erfahrungen, Kenntnissen und Bedürfnissen – sind, was dazu führt, dass sich zwei oder mehr Individuen bisweilen vollkommen unterschiedlich an identische Ereignisse erinnern. *Sprache* wiederum wirkt stabilisierend auf das Gedächtnis und erfüllt die Funktion eines Bindegliedes zwischen Vergangenheit, Gegenwart und Zukunft:

Sie [die Sprache] agiert im Kollektiv, schafft memorierbare Bilder und Begriffe, verbindet Disparates. Sie verzeitlicht Geschehen (wie abweichend auch immer <Zeit>-Konzepte sein mögen), entdeckt Vergangenheit und Zukunft, Möglichkeit und Wunsch, das Einzelne, das Viele, Reihungen und Formeln, die Modulation, den Rhythmus, den Reim. [...] Sprache dient der zeitüberdauernden Wissensvermittlung.[493]

---

en dominieren (Schneider 2007): „Der Frauenanteil im Mitgliederverzeichnis des VKD beträgt 81 Prozent und dürfte repräsentativ für Konferenzdolmetscher sein."

491 Nünning 2005: 47. Erll (2005: 7) beschreibt Gedächtnis als eine Fähigkeit oder veränderliche Struktur und weist darauf hin, dass es „unbeobachtbar" ist. „Bilanzieren und Sinn stiften" lautet beispielsweise der Titel eines Buches von 2002, in dem Sandra Markus Erinnerungen von Unternehmern im 20. Jahrhundert gesammelt hat.
492 Nünning 2005: 46. Zur Etymologie von *erinnern* und *Gedächtnis* vgl. Berek 2009: 30 ff.
493 Fried 2004: 131.

Vermeer beschreibt *Erinnerung* und *Gedächtnis* als „die physischen Resultate von Erfahrung und Erkenntnis"[494] im Kontext von kultureller Dauer (Traditionen) sowie von Wandlungen und Veränderungen. Demnach ist jede Gesellschaft als Gruppe, die nach Sicherheit und Bestand strebt, zwar darum bemüht, „Geschichte als veränderungslose Dauer wahrzunehmen"[495], rekonstruiert aber die Vergangenheit für ihren eigenen Bezugsrahmen, macht sie sozusagen passend für die Umstände ihrer jeweiligen Zeit. Dasselbe gilt auch für Individuen: Bei ihnen können neu vorgenommene Wertungen, äußere Faktoren oder eine veränderte emotionale Befindlichkeit dazu führen, dass es beim Erinnern zu retrospektiven Verzerrungen kommt, wodurch ein und dasselbe Geschehnis zu unterschiedlichen Zeiten verschieden abgerufen wird.

Das „Abgerufene" ist somit nicht mehr identisch mit dem früher „Abgespeicherten" [...]. Wiederholte Erinnerungen erweitern das Verformungspotential.[496]

Eine solche Wandlung durch Auf- oder Abwertung bestimmter Aspekte bzw. Hinzufügung neuer Komponenten kann im Übrigen zumindest über längere Zeitabschnitte auch das kulturelle Gedächtnis erfahren. Nünning bestätigt:

Im Erinnern wird Erlebtes so mit Erzähltem verbunden, daß endgültig verloren geht, was man als ‚wirkliche Quelle' oder ‚reales Erlebnis' bezeichnen könnte.[497]

Wirklichkeit ist in diesem Zusammenhang zu verstehen als „Welt, die uns umgibt, die wir wahrnehmen, in der wir uns einzurichten haben, und die Weise, wie wir uns in ihr befinden"[498].

---

494 Vermeer 2006: 145.
495 Jan Assmann 1999: 40.
496 Fried 2004: 139. Welzer (2004: 156) erklärt dies damit, dass die Engramme (Erinnerungsspuren) als Muster neuronaler Verbindungen über verschiedene Gehirnbereiche verteilt sind. Bei der assoziativen Reaktivierung dieser Muster, dem Sich-Erinnern, wird der Erinnerungsinhalt in der Regel an die Situation angepasst und entsprechend modifiziert, so dass von authentischem Erinnern nicht mehr die Rede sein kann. Vgl. auch Gebhardt 2002: 53.
497 Nünning 2005: 47.
498 Fried 2004: 14.

6.2 Emotionen und Gedächtnis

Versteht man das menschliche Gedächtnis als ein System, das der Speicherung, der Verarbeitung und dem Wiederauffinden von Informationen dient, erhebt sich die Frage, inwieweit Emotionen und Stimmungen dieses System beeinflussen können und ob emotionsbeladene Geschehnisse unterschiedlos und unabhängig von positiven oder negativen Vorzeichen gespeichert werden. Generell herrscht Konsens darüber, dass es nicht nur zwischen Kognition und Emotion, sondern auch zwischen Emotion und Gedächtnis funktionale Zusammenhänge gibt. Emotionen wirken sich zum einen auf menschliche Lernprozesse aus; zum anderen verleihen sie Erinnerungen Bedeutung und beeinflussen Erinnerungsprozesse[499]:

Affektiv besetzte Stimuli und Szenarien werden offenbar leichter dem Gedächtnis „einprogrammiert" und auch automatischer abgerufen als affektiv neutrale Stimuli und Szenarien.[500]

Veränderungen von Erinnerung können in unterschiedlichen Formen auftreten: Emotional positiv empfundene Erlebnisse werden in der Regel besser behalten, während bei negativen Stimmungen in manchen Fällen Gedächtnisdefizite auftreten oder Erinnerungslücken mit Material aufgefüllt werden, das aus anderen Erlebnissen stammt.[501] Faktoren wie Persönlichkeitsmerkmale und die emotionale Intensität der jeweiligen Erfahrung wirken sich generell ebenso wie der Abrufkontext, die emotionale Befindlichkeit zum Zeitpunkt des Erinnerns, auf die Gedächtnisleistung aus.[502] Und auch wenn wir noch so viele Menschen, Dinge oder Geschehnisse „deutlich vor Augen haben" oder

---

499 Vgl. Zimbardo/Gerrig 2008: 454; Markowitsch 2009: 9. Emotionales Erleben kann Erzählen motivieren (vgl. Fiehler 1990: 230); zur Verarbeitung von Ereignissen durch Erzählen vgl. Battachi et al. 1997: 70 ff.

500 Voss 2004: 19 f. Vgl. Schwarz-Friesel 2013: 4; Welzer 2004: 160 f. Aleida Assmann (2006: 1 f.) spricht in diesem Zusammenhang von Emotionen als „Aufmerksamkeitsverstärkern": „In der kleinen Wir-Gruppe der Familie oder dem Freundeskreis wie in der großen Wir-Gruppe der Nation festigen sich Erinnerungen durch ihren emotionalen Gehalt". Dabei ist nach Ulich (1995: 83) „das aktuelle Erleben einer Emotion [...] nicht dasselbe wie das (nachträgliche) Beschreiben."

501 Vgl. Battachi et al. 1997: 83 f.; Urban 2008: 28; Welzer 2004: 162. Freuds Verdrängungshypothese zufolge wird konfliktträchtigen Gedächtnisinhalten der Zugang zum Bewusstsein verwehrt, da sie im Moment der Bewusstwerdung Unlust erzeugen.

502 Zum Stimmungskongruenzeffekt – Menschen in einer bestimmten Stimmung erinnern sich besser an Material der gleichen Stimmungsqualität – und zum stimmungsabhängigen Erinnern (assoziative Netzwerktheorie) vgl. Battachi et al. 1997: 86 ff.; Gebhardt 2002: 53 ff.

uns an sie zu erinnern meinen, „als wäre es erst gestern gewesen", wurde in vielen Studien der Gedächtnispsychologie nachgewiesen, dass der Prozess der Erinnerung alles andere als eine wirklichkeitsgetreue Reproduktion von Phänomenen bewirkt. So kann es zu Fehlrekonstruktionen kommen, die aber aufgrund der fehlenden Kontrollinstanz nicht als solche erkannt werden.

6.3 Gedächtnisformen auf kultureller und sozialer Ebene

6.3.1 Grundsätzliches

Neben den individuellen Gedächtnissystemen, die im Langzeitgedächtnis für das Speichern, Encodieren und Abrufen von Erinnerungen zuständig sind (episodisches, semantisches, prozedurales und perzeptuelles Gedächtnis), lassen sich auch auf kultureller und sozialer Ebene Gedächtnisformen beschreiben, die von der kulturwissenschaftlichen Gedächtnisforschung für andere Disziplinen unter verschiedenen Aspekten nutzbar gemacht worden sind bzw. werden. Die Begrifflichkeiten – *kollektives*, *kulturelles* und *kommunikatives Gedächtnis*[503] – und ihre wechselseitigen Zusammenhänge werden im Folgenden kurz dargestellt.

Das Konzept des *kollektiven Gedächtnisses* geht auf den Soziologen Maurice Halbwachs zurück und beschreibt in Abgrenzung zur einzelnen Gedächtnisleistung eines jeden Individuums die gemeinsame Gedächtnisleistung einer Gruppe von Menschen (wobei selbst persönliche Erinnerungen in enger Wechselwirkung mit der Interaktion in sozialen Gruppen entstehen). Diese Gedächtnisgemeinschaft bildet die Grundlage für die Kommunikation zwischen den Angehörigen der Gruppe und für gruppenspezifisches Verhalten. Es verknüpft die kulturelle Vergangenheit mit den soziokulturellen Kontexten der Gegenwart und tradiert das gemeinsame Wissen.[504] Da die Übertragbarkeit der Dichotomie *individuell* – *kollektiv* auf den Bereich des Gedächtnisses mittler-

---

503 Aleida Assmann (2006: 5 f.) differenziert darüber hinaus zwischen *sozialem Gedächtnis* als „Erfahrungsschatz einer Gruppe, die sich diesen durch Erzählungen wiederholt vergegenwärtigt" und dem *nationalen Gedächtnis*, zu dem man durch Teilnahme an Riten wie nationalen Festtagen kommt und das sich beispielsweise in Denkmälern und Straßennamen manifestiert. Letzterem bescheinigt sie eine vergleichsweise kürzere Halbwertzeit.

504 Aleida Assmann (2006: 1) verweist auf die in Großgruppen wie Ethnien, Nationen oder Staaten übliche bewusste Herstellung von kollektivem Gedächtnis mithilfe memorialer Medien wie Texten, Bildern, Denkmälern oder Kommemorationsriten, die ihrerseits identitätsstiftend wirken.

weile als gesichert gilt, ist auch von einer engen Verbindung zwischen individuellem Gedächtnis und kollektiver Erinnerung auszugehen. Jan Assmann differenziert den Begriff des kollektiven Gedächtnisses und unterscheidet zwischen *kulturellem* und *kommunikativem Gedächtnis*. Ersteres meint den

jeder Gesellschaft und jeder Epoche eigentümliche(n) Bestand an Wiedergebrauchs-Texten, -Bildern und -Riten [...], in deren <Pflege> sie ihr Selbstbild stabilisiert und vermittelt, ein kollektiv geteiltes Wissen vorzugsweise (aber nicht ausschließlich) über die Vergangenheit, auf das eine Gruppe ihr Bewußtsein von Einheit und Eigenart stützt[505].

Demgegenüber beinhaltet das *kommunikative Gedächtnis* die Verständigung der Mitglieder einer (gesellschaftlichen, sozialen) Gruppe darüber, was sie für ihre eigene Vergangenheit halten und welche Bedeutung sie dieser beimessen. Das Individuum als Teil dieser Gruppe ist dem Wechselspiel von individuellen und sozialen Prozessen unterworfen und vereinigt in seinem autobiografischen Gedächtnis, so widersprüchlich das zunächst klingen mag, die relative individuelle Autonomie mit dem Bewusstsein, Teil einer Sozialität zu sein: „Insofern sind Sozialität und Individualität keine Gegensätze, sondern bedingen einander."[506] Das kommunikative Gedächtnis ist durch Alltagsnähe gekennzeichnet und an Personen und die mündliche Weitergabe von Erfahrungen und Tradition gebunden. Es vollzieht sich daher in einem kleineren Zeitrahmen als das langfristige, generationenübergreifende und Erfahrungen durch Verschriftlichung tradierende kulturelle Gedächtnis.

6.3.2 Nutzbarmachung für das Dolmetschen

Das theoretische Wissen über Gedächtniskonzepte sowie die praktische Erfahrung im Umgang mit Formen des Gedenkens und Erinnerns gehören als Komponente der interkulturellen Kompetenz (kognitive Teilkompetenz) zwingend zum Basiswissen eines Dolmetschers. Ein prägnantes Beispiel dafür liefert im russisch-deutschen Kontext der 9. Mai, der „Tag des Sieges", einer der höchsten staatlichen Feiertage in Russland zum Gedenken an den deutschen Überfall, die Kriegsjahre und den Sieg über Hitlerdeutschland.[507] Nur wer weiß,

---

505 Jan Assmann 1988: 9 f.
506 Welzer 2004: 169.
507 Dass in Deutschland der 8. Mai als Tag des Kriegsendes gilt, hat mit den Umständen der bedingungslosen

- welche individuellen Erinnerungen viele ältere Russen mit dem Großen Vaterländischen Krieg verbinden und wie diese Erinnerungen einerseits innerhalb der Familien tradiert und andererseits von staatlicher Seite mittels Gedenkstätten und memorialer Riten in ein gemeinsames kulturelles Gedächtnis überführt wurden,
- wer sich in diese Empfindungen sensibel einfühlen kann, ohne das Bewusstsein für seine Verantwortung in der Rolle als Translator einzubüßen,
- wer also sowohl über das erforderliche Faktenwissen („Know-What") als auch das Zusammenhangs- und Transferwissen („Know-Why") verfügt,
- wer darüber hinaus die Wahrnehmung des eigenen, in diesem Fall sehr anders gelagerten deutschen kulturellen Gedächtnisses reflektieren kann,

besitzt die Voraussetzungen, um sowohl eine „große" Gedenkrede eines führenden russischen Politikers als auch eine vergleichsweise kurze Erwähnung in einer Unterhaltung zwischen deutschen und russischen Geschäftspartnern einordnen und adäquat übertragen zu können.

6.4 Vergegenwärtigung von Erinnerungen durch Verschriftlichung

6.4.1 Begrifflichkeit: Autobiografien vs. Memoiren

Im Unterschied zur Autobiografie, der „Beschreibung (*graphia*) des Lebens (*bios*) eines Einzelnen durch diesen selbst (*auto*)"[508], gehen Memoiren über die Präsentation individueller Geschichte hinaus und enthalten Aussagen von zeitgeschichtlichem Interesse.[509] In der Regel thematisieren hier Menschen, die

---

Kapitulation zu tun. Die Kapitulationsurkunde wurde in der Nacht vom 8. auf den 9. Mai 1945 in Berlin-Karlshorst von den Oberkommandierenden der Wehrmacht und der drei Teilstreitkräfte unterzeichnet und von den Vertretern der vier Alliierten entgegengenommen. Die Unterzeichnung bildete zugleich Bestätigung und Abschluss der Kapitulation von Reims am 7. Mai 1945. In den Verhandlungen mit den Alliierten am 6. und 7. Mai war der 8. Mai als Zeitpunkt des Inkrafttretens der bedingungslosen Kapitulation festgesetzt worden. Da die Kapitulation in Moskau erst am 9. Mai bekannt gegeben wurde, wird in der Sowjetunion und ihren Nachfolgestaaten der 9. Mai als *Tag des Sieges* begangen.
Vgl. http://www.museum-karlshorst.de/de/dauerausstellung/kriegsende/36.html [17.02.2015].

508 Misch 1989: 38, Hervorhebung im Original. Zur Rezeptionsgeschichte von Autobiografien vgl. Niggl (1989). Zur Nutzbarmachung der Biografieforschung für die Dolmetschwissenschaft vgl. Mandl (2011).

509 Vgl. Wahrig 2005: 226; 864. Zur Definitionsgeschichte vgl. Holdenried 2000: 19 ff.

eine öffentliche Rolle wahrgenommen haben, ihre Berufslaufbahn, die politische Karriere, das Leben als Künstler oder auch Kriegserlebnisse. In der neueren Autobiografie-Forschung, so der Germanist Paul Michel, ist man allerdings von der Vorstellung abgekommen, in diesen Texten spreche, wenn auch durch das Prisma des persönlichen Stils oder des Zeitstils, ein Mensch von seinen ureigenen Erlebnissen. Diese „Ego-Dokumente" erfüllen die „Funktion einer Konstitution des Ich". Diesem Ansatz entsprechen konstruktivistische Wirklichkeitskonzepte, die Wirklichkeit als individuelle Erfahrung sehen, die aber durch gesellschaftliche Muster, Typisierungen und Zeichensysteme vorbestimmt wird.[510] Bereits die Gehirn- und Gedächtnisentwicklung stellt nicht mehr nur einen rein biologischen Prozess dar, sondern wird von sozialen und kulturellen Determinanten beeinflusst und in sozialer Interaktion gestaltet, was das autobiografische Gedächtnis über das Individuelle hinaus zu einer sozialen Institution macht.[511] Beide Textformen, Autobiografien wie Memoiren, liefern neben Sachinformationen wie Daten und Chronologien, die in der Regel überprüfbar sind, Auskünfte über die Lebenswelt bestimmter Personen und Gruppen, ihre sozialen und materiellen Verhältnisse sowie kulturelle Praktiken und Wertesysteme.[512] Gegenüber der vollumfänglichen Darstellung von Autobiografen greifen Autoren von Memoiren jedoch oftmals nur einzelne Lebensabschnitte auf.

In der vorliegenden Arbeit wird, auch wenn Erkenntnisse aus der Autobiografik einfließen, von *Memoiren* die Rede sein, denn die hier untersuchten Erinnerungstexte von Dolmetschern sind aus der Perspektive von Zeitzeugen konzipiert und messen der Beschreibung von Privatem und Alltäglichem zumeist nur nachgeordnete Bedeutung bei. Für viele der Dolmetscher-Memoiristen[513] dürfte die literarische Auseinandersetzung mit dem eigenen Lebensweg und der (sozialen) Rolle, die sie über einen mehr oder weniger langen Zeitraum einnehmen, dadurch ausgelöst worden sein, dass man aus der Teilhabe an etwas weltpolitisch Relevantem eine Aufwertung der eigenen Person ableitete und das Bedürfnis verspürte, diese Erfahrungen zu dokumentieren und anderen mitzuteilen. Sie folgen damit dem von Neumann beschriebenen Schema:

---

510 Vgl. Michel 2005: 9 f.
511 Vgl. Markowitsch/Welzer 2005: 21 f.
512 Vgl. Stephan 2005: 12.
513 Zur Begrifflichkeit vgl. Andres 2001.

Der Memoirenschreiber vernachlässigt also generell die Geschichte seiner Individualität zugunsten der seiner Zeit. Nicht sein Werden und Erleben stellt er dar, sondern sein Handeln als sozialer Rollenträger und die Einschätzung, die dies durch die anderen erfährt. [...] Memoiren sind unlösbar an das Tragen sozialer Rollen geknüpft.[514]

Inwieweit die Verfasser ihre Individualität tatsächlich hintanstellen oder welche Möglichkeiten sie fanden, um ihrem Erinnerungstext persönliche Züge zu verleihen, wird zu untersuchen sein.

6.4.2 Charakteristika von Memoiren

6.4.2.1 Autorenperspektive

Memoiren entstehen in der Regel in einem gewissen zeitlichen Abstand zu den beschriebenen Ereignissen, was dazu führt, dass das Geschehen unter Umständen umgedeutet, nachträglich reflektiert und neu interpretiert, verdrängt oder sogar vergessen wird. Den Rahmen für das biografische Erzählen liefern die Kommunikationsregeln der jeweiligen Kultur und Gesellschaft sowie die ihr eigenen Schreib- und Erzähltraditionen. Darüber hinaus kommen bei der Textgestaltung fiktionale Elemente und Stilmittel zum Tragen. Memoiren bewegen sich folglich im Spannungsfeld zwischen gleichermaßen dokumentarischem Anspruch des Werks und ästhetischer Gestaltung bzw. Überformung lebensgeschichtlicher Details. Der Erzähler – davon ist auszugehen – setzt die zur Verfügung stehenden narrativen Gestaltungsmittel so ein, dass der Eindruck von Authentizität entsteht.[515] Bei seinem Versuch, erzählend Sinn und Zusammenhang im eigenen Leben zu finden, wird er darüber hinaus Dinge auslassen, sie als Teil der Erinnerungsarbeit „aktiv vergessen": „Vergessen ist ein konstitutiver Teil des individuellen wie kollektiven Gedächtnisses"[516]. Wie das Herangehen an eine lebensgeschichtliche Darstellung zwischen den Polen Fiktion und Realität von Autorenseite aussehen kann, hat der Schriftsteller Uwe Timm in der Frankfurter Poetikvorlesung beschrieben:

---

514 Neumann 1970: 12.
515 Vgl. Holdenried 2000: 16. Seitz (2004: 238) nennt Unmittelbarkeit, Erlebnisnähe und Lebendigkeit als Komponenten von Authentizität und unterscheidet zwischen der historisch-dokumentarischen Seite der Authentizität, dem nachweislichen Dabeigewesen-Sein, sowie der situativ-subjektiven Seite, dem emotionalen Ausdruck im Verlauf des Erzählens.
516 Aleida Assmann 2008: 1.

Eine ästhetische Konstruktion, die nicht sagt, so war es, sondern so könnte es gewesen sein, die, indem sie über die Leerstellen zwischen den Textblöcken auf das Fragmentarische des Erfahrbaren, Erinnerbaren verweist, nicht den Anspruch auf das „Ganze" erhebt.
Zugleich war es der Versuch, eine Sprache zu finden, zu erarbeiten, die dem möglichst nahe kommt, was einmal empfunden, was einmal gedacht, gewünscht, gefürchtet war und doch die Distanz der Reflexion wahrt.[517]

Julie Zeh, Schriftstellerin und Juristin, formulierte an derselben Stelle ähnliche Erkenntnisse über Gedächtnis und Erzählen und bestätigt den modernen Ansatz der Gedächtnisforschung, die Gedächtnistätigkeit nicht als (passiv angelegte) Aufbewahrungsarbeit versteht, sondern als aktiv betriebene Konstruktionsarbeit:

Das Gedächtnis ist nichts anderes als ein unzuverlässiger Erzähler. Literatur und Erinnerung teilen sich ein flexibles Verhältnis zur Realität. [...] Wir ordnen erinnerte Erlebnisse nach narrativen Mustern und konstruieren auf diese Weise ein konsistentes Bild unserer selbst und der uns umgebenden Welt.[518]

6.4.2.2 Leserperspektive

Ein Memoirenleser rezipiert folglich die Beschreibung einer historisch bedeutsamen Situation nicht „pur", sondern in der individuellen Brechung der Wahrnehmung durch den Memoiristen, kann diese aber falls erforderlich mit der Darstellung desselben Themas in anderen Werken abgleichen und für sich eine hinlänglich objektive Schnittmenge gewinnen. Bei der Beurteilung von emotional geprägten Schilderungen in Memoiren ist der Leser dem autobiografischen Verfasser in stärkerem Maße ausgeliefert. Hier gilt, so meine These, was Jahr für die Analyse der Emotionalität von Sachtexten feststellt: Grundsätzlich ist zwischen der Schreiber- und der Leserperspektive zu unterscheiden. Der Leser rezipiert aus seiner Fremdperspektive heraus fremde (stellvertretende) Emotionen, aber ein Autor, der seinen Leser überzeugen will, wird mit der Art seiner Formulierung dem Leser auf seinem Rezeptionsweg ent-

---

517 Timm 2009: 80.
518 Zeh 2013: 186 f. Vgl. Jureit 1999: 43 f.

gegenkommen.[519] Jahr verweist in diesem Zusammenhang auf die Problematik der unterstellten Emotionen: Der Leser kann bei der Textlektüre die emotionale Betroffenheit des Verfassers natürlich nicht messen, sondern aufgrund von Indikatoren wie Inhaltsseite, sprachlichem Ausdruck und situativem Rahmen eines Textes lediglich auf Emotionen rückschließen, die er dann dem Text „unterstellen" wird.[520] Bei dieser Suche nach der „Wahrheit" der Interpretation muss die Annäherung des Lesers an den vom Autor (hier: Memoiristen) gemeinten Sinn nicht notwendigerweise vollständig gelingen.[521]

6.4.2.3 Glaubwürdigkeit

Ein Leser von Memoirenliteratur hat bei der Lektüre mehrere Möglichkeiten: Er kann sich empathisch in den Verfasser einfühlen oder sich widerstrebend mit ihm auseinander setzen, er kann die fremde Lebensbilanzierung ablehnen oder sie annehmen und womöglich als Orientierung für den eigenen Lebensweg verwenden.[522] Die Frage nach dem Wahrheitswert des Beschriebenen wird dabei sicher eine Rolle spielen. Ihn kritisch zu hinterfragen heißt, historische Wahrheit gegen narrative Wahrheit[523] abzuwägen und die Distanz zu bedenken, aus der heraus die Ereignisse rekonstruiert wurden, aber auch der Persönlichkeit des Memoirenautors Rechnung zu tragen, der, etwa aus Eitelkeit, bewusst die Dinge anders darstellen mag, als sie sich tatsächlich abgespielt haben. Denn:

Im Wiedergeben seines Lebens macht der Sprecher Interpretationen seiner Erfahrung und damit bewertet er Ereignisse und Handlungen, die sein Leben bestimmen.[524]

Obwohl Erinnerung ein zeitbedingt veränderliches Konstrukt ist und Zweifel an der Authentizität von (Dolmetscher-) Memoiren berechtigt sind, soll für die vorliegende Arbeit der „autobiographische Pakt" (Lejeune 1975) zwischen

---

519 Vgl. Jahr (2000: 17): „Formulieren (ist) immer schon ein Stück weit antizipiertes Rezipieren des Lesers."
520 Jahr 2000: 49 f.
521 Zum Thema *narrative Wahrheit* vgl. Battacchi et al. 1997: 62 f.
522 Vgl. Holdenried 2000: 13. Zum autobiografischen Schreiben vgl. Herzberg 2007: 61.
523 Gemeint ist die Vollständigkeit, Kohärenz und Wirksamkeit einer Erzählung, die einzelne Elemente, die ansonsten fragmentarisch und isoliert bleiben würden, sinnstiftend verbindet. Vgl. Battacchi et al. 1997: 63.
524 Rehbein 1982: 55, Hervorhebung im Original.

Autor und Leser gelten, dem zufolge der Leser die geschilderten Erlebnisse sowie die Identität zwischen Autor, Erzähler und Hauptfigur als Tatsachen anerkennt. Die Annahme dieser Identität beruht auf einer impliziten oder expliziten Vereinbarung zwischen Autor und Leser, ist allerdings weder durch die Verifizierung der Bezüge zur Wirklichkeit noch durch strukturelle Texteigenschaften garantiert.[525] Auch wenn also den Zeitzeugenaussagen gleichsam von vornherein Autorität und Legitimität zugeschrieben werden, entbindet der Pakt den Leser nicht von einer grundsätzlich sensiblen und kritischen Auseinandersetzung mit dem Text.

6.4.3 Dolmetschermemoiren als autobiografische Sonderform

Verschwiegenheit und Loyalität gelten als Schlüsselqualifikationen von Dolmetschern und es erscheint paradox, wenn ausgerechnet Vertreter der Zunft, die in herausgehobenen politischen Funktionen tätig waren, ihre Lebenserinnerungen und damit auch Interna einem breiten Publikum zugänglich machen – Interna, die in Gesprächen und Verhandlungen im Einzelnen und in den politischen Beziehungen zweier oder mehrerer Staaten im Allgemeinen eine Rolle spielten. Feldweg bezweifelt denn auch den Nutzen derartiger Memoiren für die historische Forschung, Andres hingegen betont die Bedeutung dieser Literatur als Informationsquelle über Berufsbild, soziale Stellung, Charaktere und Selbstverständnis von Dolmetschern.[526] Einige der Autoren, deren Werke das Untersuchungsmaterial der vorliegenden Arbeit darstellen, beziehen zu dieser Frage explizit Stellung. Erich F. Sommer, der als promovierter Seiteneinsteiger über seine russischen Sprachkenntnisse zum Sprachendienst des Auswärtigen Amtes kam, rechtfertigt seine Veröffentlichung aus geschichtswissenschaftlicher Sicht und lässt erkennen, wie sich der qualitätsbewusste Historiker die sprachlich-analytische Kompetenz des Dolmetschers bei der Quellenbeschaffung zunutze macht:

---

525 Vgl. Marszałek (o.J.: 1). Zeh (2013: 197) zum Aspekt der Wahrheit im Verhältnis zwischen Autor und Rezipient: „Wir betrachten ‚Wahrheit' nicht mehr als ein absolutes Konzept, sondern eher als eine Sammlung von Verträgen, bei denen die Anzahl der Vertragsparteien zwischen zwei Personen und sieben Milliarden liegen kann. Zwei Parteien hat der Wahrheitsvertrag zwischen Liebesleuten – oder jener zwischen Autor und Leser. Sieben Milliarden Mitglieder weist der Vertrag auf, in dem steht, dass die Erde rund sei."

526 Vgl. Feldweg 1996: 15. Für Feldweg sind die Memoiren allerdings ebenso wie für Andres (2001: 23) eine wertvolle Informationsquelle über das Selbstbild der Konferenzdolmetscher jener ersten Jahre.

Die Erinnerungen eines Dolmetschers, eines „Statisten auf diplomatischer Bühne", der die unterschiedlichen Standpunkte und Meinungen der jeweiligen Gesprächspartner in höchster Verantwortung sinngetreu und ohne jegliche Beimischung eines Werturteils oder Verschiebung der Akzente zu vermitteln hat, gehören zweifelsohne zu jenen unverzichtbaren Hilfsquellen historischer Forschung, auf die bei der Rekonstruktion eines zeitgeschichtlichen Vorgangs ebenfalls zurückgegriffen werden sollte. Sie tragen zumindest zur Aufhellung sprachlich umstrittener Interpretationen des vorhandenen Aktenmaterials bei.[527]

Auch für den sowjetischen Dolmetscher Viktor Suchodrev birgt seine Rolle in der gemittelten Kommunikation die Möglichkeit, den Historikern zur Seite zu stehen und deren Erkenntnisse zu ergänzen bzw. – weil der Augen- und Ohrenzeuge es möglicherweise besser weiß – zu korrigieren. Ihm liegt es beispielsweise am Herzen, mit seiner Schilderung der USA-Reise von Nikita Chruščëv sowjetische Berichte geradezurücken, die die Zusammenhänge nicht wahrheitsgemäß wiedergegeben hätten. Hermann Kusterer, ausgebildeter Dolmetscher und späterer Leiter des Sprachendienstes des Auswärtigen Amtes, der in seinen Memoiren „Der Kanzler und der General" die Begegnungen zwischen Konrad Adenauer und dessen Nachfolgern mit Charles de Gaulle beschreibt, sieht sich von der Geschichte als Zeitzeuge in die Pflicht genommen und formuliert seinen Ansatz im Spannungsfeld zwischen Zeugenschaft und Diskretion folgendermaßen:

Sind die Gespräche, deren Zeuge ich war, einmal Geschichte, sind die Kontrahenten längst verstorben und sind auch die Gesprächsinhalte schon lange Geschichte, so denke ich, daß in dem Maße, wie sich die Geschichtsschreibung ihrer bemächtigt hat, auch der Dolmetscher seinen Mund auftun darf. [...] Hat nicht auch der Dolmetscher eine Verantwortung gegenüber der Geschichtsschreibung? Darf er nicht – mit der gebotenen Behutsamkeit – dieses zurechtrücken, jenes bezweifeln, das eine oder andere Scherflein beisteuern? Ich meine, doch.[528]

---

527 Sommer 1991: 12.
528 Kusterer 1995: 34.

Für Siegfried Ramler, den ins Exil getriebenen jüdischen Dolmetscher der Nürnberger Prozesse, ist das Bewusstsein der historischen Verantwortung, das ihn als Zeitzeugen umtreibt und dazu bewegt, Zeugnis abzulegen, noch stärker:

Auch ich habe in den mehr als fünfzig Jahren, die seit meiner Arbeit als Dolmetscher für die Kriegsverbrecherprozesse vergangen sind, eine Reihe von Veröffentlichungen über meine dortige Tätigkeit verfasst. Des Weiteren habe ich an zahlreichen Veranstaltungen und Diskussionsforen in den USA sowie an vielen anderen Orten der Welt teilgenommen und dort Vorträge gehalten, in denen ich mich aus der Perspektive eines ehemaligen Teilnehmers mit dem historischen Vermächtnis der Nürnberger Prozesse und Nachfolgeprozesse auseinandersetzte.[529]

Zumindest einige der Memoiristen verfolgten demzufolge mit der Schilderung ihrer individuellen Historie nicht nur das Ziel, als Persönlichkeit und Mensch hinter einer Rolle erneut sichtbar zu werden, „das eigene Ego wieder leben (zu) lassen"[530], sondern sahen sich offenkundig auch in einer Art Rechenschaftspflicht gegenüber der Gesellschaft und mithin denjenigen, die aufgrund fehlender eigener Erfahrungen auf Informationen aus erster Hand angewiesen waren bzw. sind.

---

529 Ramler 2010: 70. Die Auswahl der Fotos und der Zitate, die den Text ergänzen, unterstreicht Ramlers Herangehensweise: Die Aufnahmen zeigen u. a. Szenen aus dem Nürnberger Gerichtssaal sowie die Folgen der nationalsozialistischen Politik wie Bombenschäden in der Londoner Innenstadt und befreite KZ-Häftlinge. Zu den zitierten Textpassagen gehört beispielsweise ein Ausschnitt aus der eidesstattlichen Erklärung des Auschwitz-Kommandanten Rudolf Höß.
530 Andres 2001: 36.

7 Dolmetschermemoiren

7.1 Untersuchungsmaterial

Bei dem vorliegenden Untersuchungsmaterial handelt es sich um 18 monografische Werke, in denen Dolmetscher unterschiedlicher Muttersprache ihre Erinnerungen an ihr Leben und ihren beruflichen Werdegang niedergelegt haben. Darüber hinaus wurden auch Interviews berücksichtigt, in denen diese über ihren Lebensweg Auskunft gaben. Im Fall von Michail Zwilling werden anstelle eigenständiger Memoiren einzelne autobiografisch ausgerichtete Kapitel aus einem Buch des Autors sowie verschiedene Artikel zur Person herangezogen. Die Memoiren von Oleg Trojanovskij und Vernon Walters finden lediglich in Fußnoten Erwähnung, da beide Autoren zwar auf höchster Ebene dolmetschten, ihren beruflichen Schwerpunkt jedoch als Beamte im politischen Bereich setzten (Trojanovskij als Berufsdiplomat, Walters als stellvertretender CIA-Chef und amerikanischer Botschafter u. a. in Bonn).[531] Die Werke stammen, ohne dass eine zielgerichtete Auswahl stattgefunden hätte, überwiegend aus der Feder männlicher Autoren und entsprechen damit der Feststellung der Germanistin Michaela Holdenried, die Autobiografie werde zwar als ein eher ‚weibliches Genre' eingestuft, sei jedoch männlich dominiert.[532] Die Namen der russischen Verfasser werden wissenschaftlich transliteriert; dasselbe gilt für andere erwähnte Akteure.

Wer sind die Autoren? Einige von ihnen wie Tat'jana Stupnikova und Siegfried Ramler verarbeiten die Erinnerungen an ihren Einsatz in den Simultankabinen der Nürnberger Kriegsverbrecherprozesse, andere wie Hermann Kusterer und Viktor Suchodrev schildern ihre Erfahrungen als Konsekutivdolmetscher im auswärtigen Dienst, wieder andere wie Michail Zwilling[533] begannen als Armeedolmetscher, machten sich in der universitären Lehre und Forschung einen Namen und waren parallel dazu im internationalen Konferenz-

---

531 Eine weitere Parallele verbindet diese beiden Dolmetscher: Sie hatten sich als Diplomatenkinder bereits in früher Jugend polyglotte Sprachkenntnisse angeeignet und waren hochgebildet, besaßen aber für ihre anspruchsvolle Sprachmittlertätigkeit keinerlei Ausbildung.
532 Holdenried 2000: 62. Nach Schmähling (2007: 149) stellen männliche Autobiografen Beruf und Karriere in den Mittelpunkt ihrer Erzählung, während die weibliche Autobiografie durch einen „emotionalen, mehr erzählenden als dokumentierenden Stil charakterisiert (wird)".
533 Korrekt wäre die Transliteration Cvilling, der Autor selbst verwendete jedoch in deutschen Texten die im Deutschen übliche Schreibweise.

geschehen tätig. Der Zeitraum, den die Werke umfassen, ist beträchtlich: Der älteste Autor, Hans Jacob, wurde 1896 geboren, die erste Veröffentlichung (Tamara Solonevič) stammt aus dem Jahr 1937, die letzte (Aleksandr Švejcer) von 2012.[534] Was die Autoren dazu prädestinierte oder veranlasste, in der gemittelten Kommunikation tätig zu werden, wird im Einzelnen zu beschreiben sein; grundsätzlich lassen sich jedoch Autodidakten und professionell ausgebildete Dolmetscher voneinander unterscheiden. Die einen wurden wie Werner Eberlein nach dem Motto „Wer zwei Sprachen gut beherrscht, kann auch dolmetschen" ad hoc aus einem sprachfremden Berufsbereich herangezogen, die anderen hatten wie Hermann Kusterer ihr Handwerk an einer einschlägigen universitären Ausbildungsstätte erlernt.

7.2 Reihenfolge der untersuchten Texte

Die Einteilung der Memoiren in Kategorien erfolgt nach dem Kriterium der Muttersprache (A-Sprache) und des Arbeitgebers bzw. Hauptauftraggebers des jeweiligen Dolmetschers. Bei den Dolmetschern mit Deutsch als Muttersprache ergibt sich eine weitere Unterteilung:

1. Paul O. Schmidt, Gustav Hilger, Hans Jacob, Eugen Dollmann und Erich F. Sommer waren vor 1945 im Auftrag des Deutschen Reiches bzw. des Auswärtigen Amts tätig[535];
2. Nikolaus Ehlert und Hermann Kusterer arbeiteten nach 1949 für das Auswärtige Amt der Bundesrepublik Deutschland;
3. Werner Eberlein und Wolfgang Ghantus dolmetschten für die Partei- und Staatsführung oder andere Organe der DDR;
4. Richard Sonnenfeldt und Siegfried Ramler mussten Ende der 1930er Jahre emigrieren und wurden von US-amerikanischen bzw. britischen Dienststellen als Dolmetscher für die Nürnberger Kriegsverbrechertribunale engagiert.

---

534 Stand: August 2013. Švejcers Memoiren erschienen allerdings erst zehn Jahre nach seinem Tod.
535 Da der Schwerpunkt der vorliegenden Arbeit auf den Werken von Dolmetschern mit Deutsch oder Russisch als Muttersprache liegt, finden die Memoiren des Briten Arthur Herbert Birse hier keine Berücksichtigung („Memoirs of an Interpreter", London: Michael Joseph, 1967). Ähnliches gilt für die Erinnerungen des Dolmetschers, Diplomaten und CIA-Direktors Vernon A. Walters („In vertraulicher Mission", Esslingen [u.a.]: Bechtle, 1990), auch wenn Journalisten (Schiller 1989) sein „Sprachgenie" sowie „Verschwiegenheit, Geschicklichkeit, Takt und Loyalität" des Amerikaners rühmen.

In einer zweiten Gruppe finden sich mit Erwin Weit und Ivan Ivanji zwei Dolmetscher, die mit Deutsch als einer ihrer Muttersprachen aufwuchsen und sich diese Tatsache später beruflich zu Nutze machten. Die dritte Gruppe umfasst Dolmetscher mit Russisch als Muttersprache und Deutsch bzw. Englisch als B-Sprache: Tamara Solonevič, Valentin Berežkov, Tat'jana Stupnikova, Viktor Suchodrev, Aleksandr Švejcer und Michail Zwilling. Ein Exkurs befasst sich mit Ruth Levy-Berlowitz. Die Reihenfolge der Autoren entspricht dem Datum der Veröffentlichung ihrer Werke.

7.3 Untersuchungskriterien

Um eine Vergleichbarkeit der Aussagen herzustellen, werden die Dolmetschermemoiren nach einem einheitlichen Kriterienschema untersucht, das die in Kap. 3.1.3, 3.1.5, 3.2.4 und 6.3.2 sowie in der Einleitung dargelegten Punkte aufgreift.

Den Anfang bilden die biografischen Eckdaten des jeweiligen Dolmetschers, die nicht zwingend aus den Memoiren selbst stammen, sondern zum Teil ergänzenden Informationsquellen entnommen sind, sowie der Zeitraum, den die Memoiren umfassen.

Anschließend geht es um die Motive, die den Autor veranlasst haben, seine Memoiren niederzuschreiben: Werden sie expressis verbis genannt, indirekt formuliert oder fehlen derartige Angaben ganz? An dieser Stelle der Texte zeichnet sich bereits ab, wie der jeweilige Memoirist seine Rolle aufgefasst und wo er seinen Schwerpunkt gesetzt hat. Dieser Aspekt wird nachfolgend vertieft: Inwieweit äußert sich der Verfasser überhaupt zu seiner Funktion als Zeitzeuge, wie gewichtet er Aussagen zur Person, zum Beruf und zum historischen Geschehen? Welche Position vertritt er vorrangig, die des Translators oder die des diplomatischen Beamten bzw. Funktionärs mit Entscheidungskompetenz? Wer weist ihm seinen Platz im Kommunikationsprozess zu und legt seinen Kompetenzrahmen fest? Was geschieht im Falle von Konflikten und Fehlverhalten? Greift er zu Not- oder Reparaturstrategien? Nicht zuletzt wird interessant sein zu beobachten, inwieweit sich die Memoiristen zur Einstellung der Auftraggeber und Rezipienten ihnen gegenüber äußern. Erwähnen sie Lob oder beklagen sie fehlende Wertschätzung? Derartige Aussagen liefern nicht nur Informationen über die Außenwahrnehmung dieses Berufs und seiner Vertreter, sondern ermöglichen auch Rückschlüsse darauf, welchen

Stellenwert der jeweilige Dolmetscher seiner Person und seiner Arbeit beimisst. Dieser Punkt dürfte in emotional geprägten Dolmetschsituationen besonders deutlich hervortreten, da sie den Dolmetscher stärker als unauffällige, konfliktfreie Arbeitsumstände zwingen, Stellung zu beziehen, Verantwortung zu übernehmen und Dolmetschentscheidungen zu treffen, die eventuell an berufsethische Grundsätze rühren.[536] Gibt es entsprechende Hinweise im Text und wenn ja, dann in welchem Umfang? Welche der im theoretischen Teil der Arbeit aufgeführten Emotionen werden erwähnt und lässt sich deren Intensität erkennen? Das Rollenverständnis des Dolmetschers manifestiert sich darüber hinaus in seiner Wahrnehmung der äußeren Umstände eines Dolmetschauftrags: Kommen Fragen wie Vorbereitung, Notizennahme, Position im Raum oder Kollegialität zur Sprache? Dolmetscher mit einer einschlägigen translationswissenschaftlich orientierten Ausbildung verfügen in der Regel über das entsprechende prozedurale Wissen; sollte es sich bei dem jeweiligen Autor um einen Quereinsteiger und Dolmetschautodidakten handeln, wird aufschlussreich sein zu verfolgen, ob er daraus eventuell resultierende Unzulänglichkeiten wahrgenommen hat und anspricht und welche Lösungsansätze er im Einzelfall entwickeln konnte.

Abschließend wird untersucht, ob sich die Memoiristen bei ihrem Rückblick auf eine reine Darstellung der Fakten beschränken oder ob sie sich nachträglich kritisch mit den Geschehnissen und den Akteuren auseinandersetzen, Bilanz ziehen, Entscheidungen revidieren oder sogar Zukunftsprognosen abgeben. Auch diese Aussagen – ihre Ausführlichkeit, ihre Sachlichkeit oder ihre Emotionalität bzw. Subjektivität und anderes mehr – ermöglichen Rückschlüsse auf das Selbstverständnis des jeweiligen Dolmetschers und Memoiristen. Am Ende dieses Kapitels werden die zentralen Erkenntnisse in einem Fazit zusammengefasst.

7.4 Die Memoiren im Einzelnen

7.4.1 Dolmetscher mit Deutsch als Muttersprache

7.4.1.1 Paul Schmidt

Dr. Paul (-Otto) Schmidt wurde am 23. Juni 1899 in Berlin geboren und starb am 21. April 1970 in Gmund bei München. Nach Notabitur (1917) und Mili-

---

536 Vgl. Mack 2002: 113 f.

tärdienst studierte er in Berlin neuere Sprachen und nahm erfolgreich an einem Konferenzdolmetscherkurs des Auswärtigen Amtes teil, das ihn noch vor Abschluss der mündlichen Promotionsprüfungen bei einem Prozess am Ständigen Internationalen Gerichtshof in Den Haag einsetzte und ihn zum 1. August 1923 in den Sprachendienst übernahm. In der Folge übersetzte er aus dem Französischen und Englischen und retour und dolmetschte bei internationalen Verhandlungen der Zwischenkriegszeit.

Am 25. März 1935 dolmetschte er in der Berliner Reichskanzlei bei einem Gespräch mit Vertretern der englischen Regierung zum ersten Mal für Adolf Hitler – zu seiner eigenen Verwunderung, denn „die neuen Herren hielten nicht sehr viel vom Auswärtigen Amt"[537] und hatten zuvor bei Gesprächen mit Ausländern auf eigene Dolmetscher zurückgegriffen. Auf diesen Einstieg folgten Dolmetscheinsätze für Göring und Ribbentrop, ein „Dolmetschermarathon"[538] bei den Olympischen Spielen 1936 in Berlin und Garmisch-Partenkirchen sowie weitere Gespräche Hitlers, Görings und anderer Prominenter des Dritten Reichs mit ausländischen Besuchern. Anfang 1939 wurde Schmidt auf Betreiben Ribbentrops vom Sprachendienst in das Ministerbüro versetzt und schrittweise bis zum Gesandten 1. Klasse befördert[539]. Neben seiner Dolmetschertätigkeit nahm er zunehmend die Funktion eines politischen Referenten und Protokollanten wahr. Schmidt gehörte zu der Delegation, die in Moskau den deutsch-sowjetischen Nichtangriffspakt aushandelte, und nahm an den Waffenstillstandsverhandlungen im Juni 1940 in Compiègne teil. Im November 1940 fungierte er als „Aufzeichner" bei den Berliner Gesprächen zwischen Molotov und Hitler[540]. Er dolmetschte u. a. die Unterredungen während des Besuchs des japanischen Außenministers Matsuoka im April 1941 und begleitete Außenminister Ribbentrop bei der Übermittlung der Kriegserklärung an den russischen Botschafter Dekanosov im Juni 1941[541] und an den amerikanischen Geschäftsträger im Dezember 1941.

---

537 Schmidt 1986: 291. Das Auswärtige Amt hatte Schmidt als Dolmetscher ins Spiel gebracht, um über ihn an Informationen über das hoch brisante Gespräch zu gelangen.
538 Schmidt 1986: 331.
539 Vgl. Schneider (2005).
540 Vgl. Schmidt 1986: 515. Diese Aufzeichnungen wurden oftmals Hitler zur Autorisierung vorgelegt, bevor sie an ausländische Politiker und Diplomaten weitergeleitet wurden.
541 Nach Schmidts Erinnerung (1986: 539) dolmetschte der „kleine Pavlow"; Sommer und Berežkov zufolge vertrat jedoch Letzterer als Dolmetscher die sowjetische Seite. Salevsky (2011: 82) bestätigt diese Version mit dem Verweis darauf, dass Berežkov ab Ende 1940 den nach Moskau versetzten Pavlov ersetzte.

Schmidt bekleidete ab 1940 den Rang eines SS-Standartenführers[542] und trat 1943 der NSDAP bei. Bei Kriegsende wurde er in Salzburg von CIC-Beamten verhaftet und für drei Jahre interniert. 1946 trat er als Zeuge vor dem Internationalen Militärgerichtshof in Nürnberg auf, bei dem seine Aufzeichnungen über die Unterredung zwischen Hitler und Matsuoka als eines der „Schlüsseldokumente" der Anklage dienten.[543] Er wurde zwar 1950 durch einen Entscheid der Spruchkammer Miesbach entlastet, jedoch nicht wieder in den Sprachendienst des Auswärtigen Amtes aufgenommen. So arbeitete er als freiberuflicher Übersetzer und Dolmetscher, bis er 1952 Rektor des neu gegründeten Sprachen- und Dolmetscherinstituts München wurde, das er bis 1967 leitete.[544]

Schmidts 1949 erschienene Memoiren „Statist auf diplomatischer Bühne 1923-45. Erlebnisse des Chefdolmetschers im Auswärtigen Amt mit den Staatsmännern Europas" umfassen den Zeitraum vom Beginn des 1. Weltkriegs bis zur Verhaftung durch die Amerikaner mit einem knappen Ausblick auf Schmidts Nachkriegserlebnisse und folgen chronologisch dem Ablauf der Ereignisse. Dem Vorwort zufolge wurde der Dolmetscher nach Kriegsende im In- und Ausland dazu gedrängt, seine Erinnerungen niederzuschreiben. Es gehe, so Schmidt, um die Verbindung von persönlicher Erfahrung mit dem „reinen Tatsachenmaterial",

um dem Leser einen wirklichkeitsnahen Eindruck von den noch vielfach so stark umstrittenen Ereignissen zu geben, die ich in den meisten Fällen als einzig überlebender Zeuge aus allernächster Nähe miterlebt habe[545].

Diesen „wirklichkeitsnahen Eindruck" erzielt er durch eine sachliche, häufig auf die Terminologie und Bildhaftigkeit des Theaters zurückgreifende, detailgenaue Beschreibung von Personen und Ereignissen. Mit der zunehmenden

---

542 Klee 2003: 546.

543 Vgl. von der Lippe 1951: 39. Der Autor (1951: 269) lobt Schmidt aufgrund seiner „präzisen, formvollendeten und sachlichen Aussagen".

544 Zu Schmidts Ausscheiden aus dem Amt vgl. Thilo von Uslar (1967): „Paul Schmidt hat ein Gewebe aus allgemein politischem Credo und politisch-beruflicher Erfahrung in sein Lehrsystem eingeflochten. Im Gespräch mit ihm breitet sich ein bedächtiges Sendungsbewußtsein aus. [...] Es spricht der erfahrene Praktiker, der sich begnügen will, ein Stück lebendiger Zeitgeschichte zu sein."
Hans G. Berger, Englisch-Übersetzer und langjähriger Dozent am SDI, beschrieb Schmidt in einem Telefongespräch im März 2013 als zwar humorvollen, aber eher distanzierten Chef mit einem phänomenalen Gedächtnis, dessen Vorlesungen über Politik sehr gefragt gewesen seien und der versucht habe, unter den Studenten neue Talente ausfindig zu machen. Emotionale Ausbrüche habe er bei ihm nie erlebt.

545 Schmidt 1986: 8.

Theatralisierung der deutschen Politik häufen sich auch Schmidts ironisch-humorvolle, häufig anekdotenhaft verpackte Anspielungen auf die „Kostümierung"[546], das „Operettenhafte"[547], die „Schattenspiele"[548] jener Zeit. Der Memoirist, von dem sein Kollege Hans Jacob sagt, er sei kein Nazi, aber als „Nichtnazi" trotzdem eine Zierde des Regimes gewesen,[549] positioniert sich selbst bereits in der Einleitung als „guter Deutscher" und als Gegner von Fanatismus jeglicher Couleur. Privates und Persönliches bleiben in Schmidts Erinnerungen außen vor: Über Interessen oder Vorlieben des Autors erfährt der Leser, abgesehen von Anspielungen auf den Genuss „guter Tropfen", wenig, Familiäres wird komplett ausgespart.

AUSSAGEN ZUM ROLLENVERSTÄNDNIS

Wie ausgeprägt Schmidts Verständnis von seiner Rolle als Sprachmittler war („bescheiden, aber nicht unwichtig"[550]), lässt sich daran ablesen, dass er schon im Vorwort seines Buches *Objektivität* als unabdingbare Berufseigenschaft eines Dolmetschers hervorhebt[551] und gleich darauf die Rangordnung in einem Kommunikationskontext festlegt:

Denn ein Dolmetscher ist nun einmal nicht die Hauptperson [...].[552]

Auch die Frage nach den Qualitäten und Fähigkeiten, die einen guten Sprachmittler auszeichnen, greift er bereits an dieser Stelle auf.

Im Laufe der Jahre bin ich auf Grund meiner Erfahrungen immer mehr zu der Überzeugung gelangt, daß ein guter diplomatischer Dolmetscher drei Eigenschaften besitzen muß: er muß in allererster Linie, so paradox es auch klingen mag, schweigen können, zweitens muß er selbst in gewis-

---

546 Schmidt (1986: 384): „Nichtmilitärische Gestalten in militärischen Uniformen wirken oft wie Schrankenwärter."
547 Schmidt 1986: 527.
548 Schmidt 1986: 546. „Erst später erkannte ich zusammen mit den begeisterten Zuschauern der damaligen Tage, daß Bühnenkunst und Staatskunst etwas sehr Verschiedenes sind." (Schmidt 1986: 332)
549 Jacob 1962: 195. In Schmidts Memoiren finden sich keinerlei Hinweise darauf, dass er sich dem Antisemitismus bzw. der von den Nazis verfolgten Politik in irgendeiner Weise widersetzt hätte.
550 Schmidt 1986: 15.
551 Vgl. Schmidt 1986: 8.
552 Schmidt 1986: 18.

sem Ausmaß Sachverständiger in den Fragen sein, um die es sich bei seinen Übersetzungen handelt, und erst an dritter Stelle kommt eigenartigerweise die Beherrschung der Sprache. Ohne Sachkenntnis genügen auch die besten Sprachkenntnisse nicht.[553]

Sachkenntnis als Resultat von gründlicher Vorbereitung – Schmidt unterstreicht wiederholt die Bedeutung, die er diesem Punkt beimisst, und schildert, wie er sich „fast wie in der Schule"[554] in die Thematik hoch offizieller Fachverhandlungen ebenso einarbeitete wie in Diskussionen über Hobbys oder andere Lieblingsthemen bestimmter Auftraggeber. Bei dem Treffen Görings mit dem ehemaligen englischen Luftfahrtminister Lord Londonderry auf Görings Landsitz Karinhall war dies beispielsweise die Jagd:

Einen breiten Raum nahm das eigentliche Jagdgespräch ein, auf das ich mich als Nichtjäger sprachlich stets vorher sorgfältig vorbereiten mußte, um über Auerochsen, Elche und Rotwild auf englisch und deutsch übersetzen zu können.[555]

Neugier als Grundlage für die permanente Erweiterung der Sprach- und Sachkenntnis und als Anregung für lebenslanges Lernen – auch diese Eigenschaft ist Schmidt wichtig, zumal die neue deutsche Politik auch eine neue Sprache generierte:

Dolmetscher müssen berufsmäßig neugierig sein, weil sie sonst, in Unkenntnis der Sachlage, die richtigen Ausdrücke nicht finden können.[556]

Sein gesamter Ansatz ist durch Ernsthaftigkeit, Gründlichkeit und kontinuierliches Arbeiten gekennzeichnet. Mithilfe eines transportablen Radiogeräts betrieb er auch auf Dienstreisen Wortschatzarbeit und eignete sich aktuelle politische fremdsprachliche Formulierungen an, denn der Dolmetscher

---

553 Schmidt 1986: 18 f.
554 Schmidt 1986: 74. Vgl. auch Schmidt 1986: 18, 20, 168, 188.
555 Schmidt 1986: 333. Vgl. Schmidt 1986: 580.
556 Schmidt 1986: 215. Schmidt (1986: 262) nennt als Beispiel für schwer zu übersetzende neue Begriffe den *Wehrsport*, der bei der Übertragung in die Sprache des Mutterlandes des Sports erhebliche Probleme aufwarf.

[...] soll ja nicht übersetzen, sondern eine bestimmte Idee oder einen Begriff dem fremden Gesprächspartner in der Fassung vorsetzen, in der dieser sie aus der Tagesdiskussion im eigenen Lande gewohnt ist.[557]

Dass die Einstellung der Dolmetscher hier differierte, belegt Schmidts Schilderung des Verhaltens seines Kollegen Michaelis, der sich „etwas im Ton vergriffen"[558] und so die deutsch-französischen Reparationsverhandlungen an den Rand des Abbruchs geführt hatte.

Das zeigte mir gleichzeitig, was man als Dolmetscher bei solchen Konferenzen über heikle politische Themen für Unheil anrichten kann.[559]

Schmidt zeigt sich empfänglich für Lob, Anerkennung und Vertrauensbeweise[560] und kann vor diesem Hintergrund offensichtlich damit leben, ab und an als „Blitzableiter und Ablageplatz für schlechte Laune"[561] herhalten zu müssen. So erfüllt ihn die Erfahrung, als Dolmetscher Teil eines bedeutenden größeren Ganzen gewesen zu sein, mit Zufriedenheit:

Ich stand unter dem Eindruck, einem großen, völkerverbindenden Ereignis (der Olympiade in Deutschland 1936, A. d. V.) beigewohnt zu haben, und das ist für einen Dolmetscher stets ein sehr angenehmes Gefühl.[562]

Rollenverständnis und Selbstsicherheit mussten sich naturgemäß erst einmal entwickeln. Seinem ersten Einsatz vor dem Ständigen Internationalen Gerichtshof in Den Haag sah Schmidt angesichts der fehlenden Berufserfahrung eher beklommen entgegen; später konnte er angesichts einer „scheußlichen Lage" – eine wichtige Aussage Stresemanns war im Hustenanfall eines Konferenzteilnehmers untergegangen – vergleichsweise gelassen und pragmatisch reagieren:

---

557 Schmidt 1986: 304. Auch Wolfgang Ghantus schildert seine Angewohnheit, bereits frühmorgens BBC zu hören und jeden Tag einen neuen Ausdruck zu lernen.
558 Schmidt 1986: 45. Denselben Vorwurf musste sich Schmidt 1928 bei einer Vollversammlung des Völkerbundes gefallen lassen. Vgl. Schmidt 1986: 159.
559 Schmidt 1986: 44. Vgl. Schmidt 1986: 48.
560 „,Sie haben Ihre Sache ganz hervorragend gemacht. Ich ahnte ja gar nicht, daß es so eine Art zu dolmetschen überhaupt gibt', sagte er (Hitler) freundlich und reichte mir die Hand.'" Schmidt 1986: 296.
561 Schmidt 1986: 45.
562 Schmidt 1986: 332.

*Ich nahm also mein Herz in beide Hände und sagte auf französisch die
Worte so, wie ich nach meiner Kenntnis der Sachlage glaubte, daß sie
Stresemann gebraucht hätte [...].*[563]

Schmidt lässt erkennen, dass Loyalität der deutschen „Kundschaft" gegenüber für ihn etwas Selbstverständliches war, was dazu führte, dass er sich auch Kollegen gegenüber bei vertraulichen Übersetzungen an das Schweigegebot hielt. Wie intensiv er sich darüber hinaus mit den Inhalten der Verhandlungen, die er zu dolmetschen hatte, und den politischen Zielen seiner Auftraggeber auseinandersetzte, spiegelt seine Aussage zur Ablehnung der Aufnahme Deutschlands in den Völkerbund:

*Es war das Bild von typisch Genfer Verhandlungen, wie ich sie später
noch so oft erleben sollte. Aber ich (sic!) war nicht entmutigt.*[564]

Diese Loyalität steht nicht in Konkurrenz zur Neutralität, die der Dolmetscher nach Schmidts Auffassung beiden Seiten gegenüber zu wahren hat. So trennte er klar zwischen der persönlichen Wahrnehmung und Beurteilung von politischen Missständen und seinem Verhalten als Dolmetscher und reagierte entsprechend zurückhaltend auf die Begeisterung ausländischer Gäste anlässlich des Nürnberger Parteitags 1935:

*Ich selbst teilte diesen Enthusiasmus keineswegs. Ich kannte die Kehrseite
der Medaille zu genau, aber ich hielt es auf Grund der Erziehung, die ich
im Auswärtigen Amt genossen hatte, keineswegs für meine Aufgabe, nun
etwa diese begeisterten Engländer und Franzosen in einem gegenteiligen
Sinne [...] zu beeinflussen, und beschränkte mich daher möglichst auf
meine eigentliche, neutrale Dolmetschertätigkeit.*[565]

Diese Neutralität wahrte er sogar während einer außerordentlich emotionalen Unterredung zwischen Außenminister Ribbentrop und dem britischen Botschafter Henderson unmittelbar vor dem deutschen Überfall auf Polen. Das

---

563 Schmidt 1986: 79. Zum Aspekt Gelassenheit und Erfahrung vgl. Schmidt 1986: 152.
564 Schmidt 1986: 110.
565 Schmidt 1986: 361 f. Auch von außen wurde diese Neutralität (zumindest formal) respektiert und gewahrt (Schmidt 1986: 395): „‚Auf jeden Fall muß Herr Schmidt als Dolmetscher dabei sein', sagte Hitler, ‚aber er ist ja als Dolmetscher neutral und zählt bei keiner der beiden Gruppen mit.'"

Bewusstsein für die berufliche Funktion war stärker als die persönlichen Bedenken:

Selten habe ich so bedauert wie an jenem Abend, als Dolmetscher nicht in die Verhandlung eingreifen zu können. Etwas Eigenes zu sagen, ist für einen Dolmetscher eine Todsünde [...]. So blieb mir nichts anderes übrig, als zähneknirschend zuzusehen, wie hier vor meinen Augen bewußt eine Friedensmöglichkeit ausgeschaltet wurde.[566]

Die Interventionsmöglichkeiten, die sein Repertoire vorsah, beschränkten sich auf den Einsatz möglichst unauffälliger mimischer und sprecherischer Mittel. So versuchte er den Botschafter per Augenkontakt dazu zu bewegen, eine Übersetzung der nur mündlich vorgetragenen deutschen Vorschläge zu erbitten, um ihm so eine Notizennahme zu ermöglichen, allerdings vergeblich.[567] Eine weitere Strategie zur Hervorhebung der Tragweite einer Aussage war die bewusste Verlangsamung des eigenen Sprechtempos. Schmidt schildert an mehreren Beispielen, wie er diese bescheidene Möglichkeit der Einflussnahme nutzte.[568]

Schmidts „zweite Funktion"[569] als Protokollant und Referent brachte nicht nur eine formelle Erweiterung der Handlungsbefugnis mit sich. So nahm er als Vertreter des Reichsaußenministers nach dem deutschen Überfall auf Polen das Ultimatum der britischen Regierung entgegen und traf anschließend mit Hitler in der Reichskanzlei zusammen. Analog dazu tritt neben dem „Sprachsachverständigen"[570], einem loyalen, aber unbeteiligten neutralen Zuschauer, der eigenständig urteilende und handelnde Beamte hervor, der als Gesprächspartner geschätzt und in Unterhaltungen eingebunden wurde. Heißt es zunächst noch, er sei ja „nur" der Dolmetscher, mit dem der Außenminister (Stresemann) keine tiefgründigen Gespräche führen würde[571], so veränderten sich mit den Jahren im Auswärtigen Amt sowohl Schmidts Selbstverständnis als auch die Art und Weise, wie er von den beteiligten Akteuren wahrgenom-

---

566 Schmidt 1986: 459. Vgl. Schmidt 1986: 506.
567 Vgl. Schmidt 459 f. In einem Gespräch Hitlers mit dem belgischen König Leopold übersetzte Schmidt (1986: 510) eine Anspielung „besonders sorgfältig", zu seinem Bedauern auch hier ohne die erhoffte Wirkung.
568 Vgl. Schmidt 1986: 409, 417.
569 Schmidt 1986: 440.
570 Vgl. Schmidt 1986: 554.
571 Schmidt 1986: 58.

men wurde. Die Distanz zwischen Schmidt und hochrangigen ausländischen Politikern nahm ab und Gespräche am Rande offizieller Termine bekamen einen persönlichen, vertrauensvollen Beiklang.[572] Das ging so weit, dass der japanische Außenminister ihm bei einem offiziellen Essen anvertraute, man halte Hitler im Ausland für verrückt. Schmidt musste daraufhin „das Amt des Dolmetschers mit dem des Diplomaten vertauschen"[573], um den Vorfall nicht öffentlich werden zu lassen. Auch in inhaltlichen Fragen griff man auf die Expertise des Dolmetschers zurück:

„Fragen Sie Herrn Schmidt", sagte Laval später oft zu Hitler, „er kann Ihnen bestätigen, daß ich schon vor Ihrer Zeit für die deutsch-französische Annäherung eingetreten bin."[574]

Parallel zur Einbindung in die Abläufe im Auswärtigen Amt und zu der damit einhergehenden Intensivierung der Kontakte zur Führung des Dritten Reichs ist eine zunehmende, bisweilen ambivalent scheinende Identifikation des Dolmetschers mit seinen Auftraggebern und Vorgesetzten zu beobachten. Wie die folgenden Äußerungen belegen, teilte er offensichtlich sowohl die grundsätzlich kritische Distanz des Auswärtigen Amts zur nationalsozialistischen Ideologie als auch die allgemein verbreitete patriotische Einstellung:

Die Idee der Permanenz des Dritten Reichs löste bei uns im Auswärtigen Amt nur ein Lächeln aus.[575]

Im Winter 1941/42 waren bekanntlich in Rußland die ersten Schwierigkeiten für die deutsche Kriegsführung entstanden. Wir waren vor Moskau steckengeblieben.[576]

Ein weiterer Wert, für den Schmidt eintritt und der ebenfalls etwas über sein Rollenverständnis aussagt, ist Kollegialität. Er schildert die unter Staatssekretär von Weizsäcker geprägte vertrauensvolle Atmosphäre, die einen offenen Um-

---

572 Allerdings blieb Schmidt auch im persönlichen Gespräch der deutsche Beamte, dessen Privatmeinung in einer solchen Unterhaltung nichts zu suchen hatte. Vgl. Schmidt 1986: 530.
573 Schmidt 1986: 534 f.
574 Schmidt 1986: 220.
575 Schmidt 1986: 560.
576 Schmidt 1986: 550.

gang der Übersetzer- und Dolmetscherkollegen untereinander ermöglichte, sowie deren Teamgeist angesichts einer großen Arbeitsbelastung unter zunehmend erschwerten Bedingungen. Auch für die Atmosphäre der Aufgeschlossenheit und Hilfsbereitschaft unter den Völkerbund-Dolmetschern findet Schmidt nur positive Worte. Etliche der Kollegen werden namentlich erwähnt: ausländische Dolmetscher wie der Franzose Matthieu und „der kleine Pavlow"[577] von der russischen Botschaft oder der wegen seiner Entgleisungen berüchtigte langjährige Chefdolmetscher der Reichsregierung Dr. Georg Michaelis, dem Schmidt seinen Berufseinstieg verdankte, ebenso wie „mein gelehrter Kollege"[578] Fritz Norden und Hans Jacob, ein nach Schmidts Bekunden witziger, literarisch gebildeter, unterhaltsamer Kollege jüdischer Abstammung. Ihm half er im Schicksalsjahr 1933 durch einen verschlüsselten telefonischen Hinweis rechtzeitig aus Deutschland zu fliehen.[579] Jacob und Schmidt erinnern sich allerdings unterschiedlich an die sie unmittelbar verbindenden Momente. In Schmidts Darstellung heißt es lediglich, Jacob habe es „Gott sei Dank" abgelehnt, sich nach 1933 „von mir im Auswärtigen Amt halten zu lassen"[580], und er habe ihn später „gelegentlich" in Paris besucht. Jacob schildert hingegen sowohl das Telefongespräch als auch den einen Besuch Schmidts in Paris im Jahr 1934, bei dem dieser vergeblich versucht habe, ihn wieder für das Auswärtige Amt zu gewinnen.[581]

In diesem Zusammenhang findet sich eine der wenigen Anspielungen auf Schmidts leitende Funktion im Sprachendienst und die damit verbundenen Kompetenzen. Während er sich generell eher als Team-Player denn als Chef versteht, hebt er hier auf seine amtlichen Handlungsvollmachten ab:

Ich glaubte damals noch, stark genug zu sein, meine jüdischen Kollegen schützen zu können, und war nachher froh, daß er (Jacob) ins Ausland

---

577 Schmidt 1986: 515, Schreibweise (v/w) laut Orginal. Bei den deutsch-russischen Besprechungen fungierte Botschaftsrat Gustav Hilger als Dolmetscher. Vgl. Hilger (1955: 308).
578 Schmidt 1986: 43. An anderer Stelle (1986: 114) ist von den „Veteranen" Norden und Michaelis die Rede, „die, jeder in seiner Art, hervorragende Stilisten waren, aber sich nur schwer vom anderen überzeugen ließen".
579 Vgl. Jacob 1962: 171; 194 ff. Hermann Kusterer spricht diesen Punkt ebenfalls an.
580 Schmidt 1986: 234. Schmidt (1986: 261) erwähnt darüber hinaus den Vorfall bei der Abrüstungskonferenz 1933 in Genf, als sich Heydrich gegen eine Verdolmetschung seiner Worte durch Hans Jacob verwehrte.
581 Jacob 1962: 194 ff.

gegangen war, als ich erkennen mußte, wie ohnmächtig ich gegen den Antisemitismus war.[582]

Auch nach dem formellen Ausscheiden aus dem Sprachendienst nutzte Schmidt selbstbewusst sein Renommee:

Ich gehörte zwar nominell nicht mehr zu dieser wichtigen und vielbeschäftigten Abteilung des Auswärtigen Amtes, war auch nicht ihr Leiter, aber ich wurde nun einmal aus naheliegenden Gründen von den hohen und höchsten Stellen für alles, was mit Sprachen zu tun hatte, verantwortlich gemacht. [...] Bemerken muß ich dabei, daß ich selbst bei den Auftraggebern in allen sprachlichen Dingen absolute Autorität besaß.[583]

UMGANG MIT EMOTIONEN

Schmidt geht vergleichsweise detailliert auf die bei den Gesprächen und Verhandlungen herrschende Atmosphäre sowie die Stimmung und den Tonfall der Redner ein.[584] Sarkasmus, Ironie, Erregung, Nervosität, Ungeduld, scharfe Worte und temperamentvolles Aufbrausen – Schmidt registrierte diese Gefühlsmanifestationen und war sich offensichtlich der Bedeutung von Emotionen für den Fortgang von Gesprächen und Verhandlungen einerseits und des Gesichtsausdrucks als zentralen Mittels von Gefühlsmanifestationen andererseits bewusst:

Während ich Herriot diese Worte übersetzte und er mir aufmerksam zuhörte, denn er verstand nur sehr wenig Deutsch, verfolgte ich voll innerer Spannung sein Mienenspiel.[585]

Schmidt erwähnt in seinem Rückblick etliche emotional beladene Momente ebenso wie die sich daraus bisweilen ergebenden peinlichen Situationen, beschreibt jedoch nur selten, wie sie sich auf sein Dolmetschen auswirkten. Eine Ausnahme bildet Stresemanns „Donnerwetter" bei einer Ratstagung des Völkerbunds 1928; Schmidt übersetzte anscheinend nicht nur wortgetreu ins

---

582 Schmidt 1986: 234.
583 Schmidt 1986: 472.
584 Vgl. Schmidt 1986: 60, 67, 70, 162, 345.
585 Schmidt 1986: 51 f.

Französische, sondern ahmte auch die Lautstärke und Emotionalität des Redners nach. Im Nachhinein reflektiert er dieses Vorgehen kritisch:

„Krach übersetzt sich immer gut", hatte mir einmal einer meiner Lehrer in Berlin gesagt. Dieser Satz bewahrheitete sich auch diesmal. Mir ging der französische Text sehr glatt von der Hand. Ich sprach höchstens an einigen Stellen für einen Dolmetscher (sic!) etwas zu laut. Aber das fiel nach dem Donnern Stresemanns niemand weiter auf.[586]

Besagten „Krach" – unverblümte klare Aussagen, stellenweise unterstrichen durch die dazu passende rhetorische Darbietung – empfand der Dolmetscher offenkundig als ein positives Phänomen, dem er bei seiner Arbeit mit Gelassenheit zu begegnen vermochte:

Ich habe überhaupt die Erfahrung gemacht, daß sich „Krach" meistens leichter übersetzen lässt als vage Schalmeienklänge.[587]

Bei der Beschreibung des Ablaufs von Unterredungen kommt Schmidt unter Verwendung verschiedener metaphorischer Wendungen immer wieder auf den Aspekt der Lautstärke zu sprechen.[588] Er wusste um ihre Bedeutung für die Wirkung einer Rede und machte sich diesen Effekt bei seinen Dolmetscheinsätzen zunutze, so etwa bei der Verdolmetschung eines Tonfilm-Interviews aus dem Jahr 1932, in dem es um Deutschlands Gleichberechtigung auf militärischem Gebiet ging und in dessen Verlauf Schmidt „aus dicken Backen die ‚equality of rights' mit Vehemenz in den dunklen Vorführraum schleuderte"[589]. Gleiches gilt – in entgegengesetzter Richtung – für die Wiedergabe einer Stresemann-Rede vor dem Völkerbund:

---

586 Schmidt 1986: 163.
587 Schmidt 1986: 84.
588 Vgl. Schmidt 1986: 516.
589 Schmidt 1986: 230.

Ich fing sehr vorsichtig und verhältnismäßig leise an, um die Lautsprecher nicht zu erzürnen. Damit hatte ich auch Erfolg. Gespannt folgte der ganze riesige Saal.[590]

Generell gaben jedoch diplomatische Interessen bzw. protokollarische Normen vor, welche verbalen und nonverbalen Mittel einzusetzen waren; Klarheit im Ausdruck und Lautstärke als Stimmcharakteristikum mussten im Einzelfall einer zurückhaltenderen Darbietungsform weichen. Schmidts rhetorisches Instrumentarium war offenbar bestens bekannt, als es 1926 in Genf um die Aufnahme Deutschlands in den Völkerbund und einen ständigen Sitz im Völkerbundsrat ging:

„Um Gottes Willen, werden Sie nicht temperamentvoll", sagte mir der inzwischen etwas umgänglicher gewordene Staatssekretär von Schubert, „diesmal müssen wir alle darauf sehen, daß wir die Ruhe nicht verlieren."[591]

„Temperament" im Sinne emotionaler Eigenmächtigkeit war demnach eine Eigenschaft, die das Auswärtige Amt bei seinen Dolmetschern weniger schätzte, und so ging der Auftrag, die Übersetzung von Stresemanns großer Rede zur Aufnahme in den Völkerbund zu verlesen, an den situationssensiblen und entsprechend anpassungsfähigen Schmidt und nicht an Michaelis, seinen Vorgänger als Chefdolmetscher, dem Schmidt brillante Sprachkenntnisse, aber auch die „Allüren eines weltberühmten Stars"[592] attestiert.

Vermutlich war es eben jene oben erwähnte, durch Kompetenz und Erfahrung gestützte Autorität, die Schmidt in emotional geprägten Dolmetschsituationen so ruhig und souverän agieren ließ, selbst wenn er über das Gesagte (hier: eine Hitler-Rede) „innerlich entsetzt"[593] oder befremdet war. Von einer fast dreistündigen, streckenweise stürmischen Unterredung zwischen Hitler und Chamberlain berichtet er lediglich, er habe eine problematische Formulierung „natürlich richtig ins Englische (übersetzt)"[594]. Die Erinnerung an eine

---

590 Schmidt 1986: 117.
591 Schmidt 1986: 95.
592 Schmidt 1986: 18. Vgl. Schmidt (1986: 114): „Vor Michaelis und seinem Temperament hatte man immer noch Angst." Dieser war aufgrund seiner Eigenmächtigkeit und seiner unkontrollierten Gefühlsausbrüche mehrfach von Dolmetscheinsätzen suspendiert worden.
593 Schmidt 1986: 470.
594 Schmidt 1986: 397.

weitere deutsch-britische Begegnung, bei der Hitler völlig außer sich geriet, spiegelt ebenfalls die Art und Weise, wie der Dolmetscher sein Gewicht geltend machte.

Es war auch eine der seltenen Gelegenheiten, wo ich mich mit meinen Übersetzungen Hitler gegenüber nicht behaupten konnte. Bei anderen erregten Aussprachen [...] gelang es mir, die Ruhe wiederherzustellen, wenn ich Hitler oder einen anderen Gesprächspartner bei temperamentvollen Auseinandersetzungen darauf aufmerksam machte, daß meine Übersetzung noch nicht beendet sei.[595]

Auch in größeren Runden griff Schmidt regelnd in den Verhandlungsverlauf ein, was offenkundig von den beteiligten Politikern toleriert wurde, und wirkte dabei von außen „wie ein Lehrer, der eine unruhige Schulklasse in Ordnung zu halten versucht"[596]. Dieses Korrekturverhalten kannte jedoch Grenzen: Schmidt erwähnt wiederholt Situationen, die er als peinlich empfand und die er für sich durch einen Rückzug auf seine Position als unbeteiligter Dolmetscher neutralisierte, so etwa in einem eskalierenden Gespräch zwischen Ribbentrop und Botschafter Henderson:

Jetzt verlor auch der britische Botschafter die Nerven. [...] Beide Männer maßen sich mit funkelnden Augen. Eigentlich hätte ich mich nach den diplomatischen Gepflogenheiten nun auch erheben müssen. Ich wußte aber offengestanden nicht recht, wie sich ein Dolmetscher zu verhalten hat, wenn die Gesprächspartner von Worten zu Taten übergehen [...]. Ich blieb daher ruhig sitzen und tat so, als schriebe ich in meinem Notizblock. [...] Als langjähriger Dolmetscher erwirbt man sich allmählich einen Sinn für groteske Situationen. Diese Situation hatte aber für mich nichts Komisches mehr an sich, sie war für den einzigen Zuschauer nur äußerst peinlich.[597]

Mit der Erwähnung persönlicher Gefühle geht Schmidt dem gesamten Duktus des Buches entsprechend sehr zurückhaltend um. Mal ist von Melancholie die

---

595 Schmidt 1986: 408.
596 Schmidt 1986: 415.
597 Schmidt 1986: 458. Vgl. Schmidt 1986: 226.

Rede[598], mal von Trauer[599], aber diese Äußerungen sind lediglich Striche in einem Gesamtbild und dienen nicht als Ausgangspunkt für weitere Überlegungen oder Handlungen.

PROZEDURALES WISSEN
Schmidt führt den Leser bereits zu Beginn seiner Memoiren in die Theorie des damals neu eingeführten Konsekutivdolmetschens ein, erläutert die Notizennahme ebenso wie den durch die Verdolmetschung geänderten Ablauf von Reden und Gesprächen[600] und verweist auf die Möglichkeit, die Aufzeichnungen des Dolmetschers nachträglich zur Rekonstruktion der genauen Umstände historischer Ereignisse zu verwenden.[601] Es war Usus, dass die Dolmetscher anhand ihrer Notizen ein Gesprächsprotokoll erstellten, das bisweilen gekürzt und anschließend den ausländischen Gesprächspartnern zur Verfügung gestellt wurde.[602] Dabei konnte es vorkommen, dass strittige Fragen im Nachhinein mithilfe der Schmidtschen Protokolle geklärt wurden:

„Das stimmt nicht", erwiderte Briand, nun auch erregter werdend. „Natürlich haben Sie das gesagt, es steht ja deutlich in Herrn Schmidts Aufzeichnung!" entgegnete Henderson.[603]

Schmidts erster großer Auftritt vor dem Internationalen Gerichtshof, sein Einstieg in die Berufspraxis, gestaltete sich folgendermaßen:

Er (der deutsche Justizminister Schiffer) sprach wohl länger als eine halbe Stunde. Ich machte mir währenddessen in wilder Hast meine Notizen, so wie ich es in den Kursen des Auswärtigen Amtes gelernt und Hunderte von Malen geübt hatte. Ich hielt auch die kleinsten Nebensätze und Wen-

---

598 Vgl. Schmidt 1986: 555.
599 Vgl. Schmidt 1986: 557.
600 Vgl. Schmidt (1986: 153): „Übersetzt wurde teils von mir, teils von dem Dolmetscher Poincarés in verhältnismäßig kurzen Absätzen […]."
601 Vgl. Schmidt 1986: 13, 56, 120. Schmidt (1986: 421) bezeichnet seine Aufzeichnungen als „Rohmaterial für die Bildung eines unabhängigen geschichtlichen Urteils".
602 Schmidt dazu (1986: 481): „An den Ausführungen der Ausländer hat Hitler bei solchen Anlässen nie etwas geändert. Bei seinen eigenen nahm er auch keine Änderungen, sondern nur Streichungen vor […]. So gab es von vielen meiner Aufzeichnungen zwei Ausfertigungen, die eine für den inneren, die andere für den äußeren Gebrauch […]."
603 Schmidt 1986: 180.

*dungen fest und füllte Blatt um Blatt mit großen Buchstaben.
[...] „Traduction", sagte dann der Präsident, und mir blieb fast das Herz
stehen. [...] Ich holte einmal ganz tief Luft und begann dann mit meiner
Übersetzung. Unter dem Zwang, nun ganz auf mich selbst gestellt vor
aller Augen und Ohren zeigen zu müssen, was ich leisten konnte, war
erstaunlicherweise mit einem Schlage die Beklommenheit und Angst von
mir gewichen.*[604]

Zu Schmidts Aufgaben gehörte nicht nur das Dolmetschen, sondern auch die Anfertigung von Übersetzungen. In beiden Fällen hatte er die jeweiligen Rezipienten vor Augen und war bemüht, wirkungsadäquat zu arbeiten:

*[...] bei der Herstellung der fremdsprachlichen Fassung einer solchen
Rede wirft der Übersetzer ganz naturgemäß ein sehr kritisches Auge auf
das Original und entdeckt ebenso selbstverständlich sofort ihre schwachen
Stellen, wenn er sich überlegen muß, wie er diesen oder jenen Gedanken
am wirksamsten seinen fremden Zuhörern zu Gemüte führen soll.*[605]

Schmidt erwähnt mehrfach die Bedeutung der Rahmenbedingungen für seine Arbeit, etwa der räumlichen Position des Dolmetschers und der Akustik. Die Schwerhörigkeit des belgischen Außenministers Vandervelde war ein Problem für sich. Generell ließ sich eine Besprechung im kleinen Rahmen leichter dolmetschen als eine große Konferenzsituation und bisweilen herrschten, wie im Falle der Reparationsverhandlungen 1929 in Paris, sogar ideale Umstände für die Dolmetscher[606]. Deren Arbeitssituation konnte aber – etwa bei der Konferenz von Locarno 1925 – auch folgendermaßen aussehen:

*An dem kleinen Tisch hinter den deutschen Delegierten hatte auch ich
mir einen Platz „erobert". Es war, wie sich später zu meinem Leidwesen
herausstellte, ein akustisch sehr ungünstiger Standort, da Stresemann und
Luther, die ich zu übersetzen hatte, immer von mir weg sprachen [...].*[607]

---

604 Schmidt 1986: 22 f.
605 Schmidt 1986: 117.
606 Vgl. Schmidt 1986: 85, 88, 165.
607 Schmidt 1986: 77. Vgl. Schmidt (1986: 313): „Wenn man sagt, Kleider machen Leute, so kann man in der Übersetzungskunst manchmal behaupten, der Sitzplatz mache den Dolmetscher."

Die Konferenzbeteiligten waren sich dieser Problematik nicht bewusst und Schmidts Anregung, den Dolmetscher zur sachlichen Vorbereitung in die internen Beratungen einzubeziehen und ihm einen Platz direkt am Verhandlungstisch einzuräumen, wurde nicht aufgenommen.

Sie (die Dolmetscher) wurden noch als eine Art Sprachautomat angesehen, in den man auf der einen Seite etwas hineinredete, das auf der anderen Seite mechanisch in der gewünschten Sprache wieder herauskam.[608]

Auch bei den Sitzungen des Völkerbundrates in Genf waren die Arbeitsbedingungen für Schmidt nicht ideal, denn Deutsch war keine offizielle Verhandlungssprache und so saß er anders als die beiden amtlichen Dolmetscher auf einem Stühlchen hinter den jeweiligen deutschen Ratsdelegierten und erhielt zudem keine Hintergrundinformationen über die ständig wechselnden Diskussionsthemen. Wie erschwerend er diese Arbeitssituation empfand, „jedes Mal ein richtiggehendes Staatsexamen"[609], schildert er bildhaft.

Auf meinem kleinen Stühlchen hockend, den Kopf tief über meine improvisierte Schreibunterlage gebeugt, machte ich fieberhaft Notizen, wenn der deutsche Delegierte, wie mir schien, hoch über mir und von mir weg in den Raum hineinsprach, und mußte mich sehr zusammennehmen, mich nicht durch Nebengeräusche oder durch die sich an mir vorbeiwindenden Sekretäre ablenken zu lassen. Wenn ich dann aufstand, sah ich die gespannten Gesichter der Ratsmitglieder zu mir gewandt; Chamberlain schien in meiner Einbildung immer ein besonders kritisches Gesicht zu machen.[610]

Scheinbar banale Dinge wie Essen und Trinken, die sich aber sehr wohl auf die Arbeitsfähigkeit eines Dolmetschers auswirken können, greift Schmidt ebenfalls auf:

---

608 Schmidt 1986: 81.
609 Schmidt 1986: 122.
610 Schmidt 1986: 122. Derartige Schilderungen finden sich auch bei Hermann Kusterer. Das „Stühlchensitzen" wird nach Aussage von LR I Eggert Hartmann, vormals Russischdolmetscher im Auswärtigen Amt, in Deutschland nur noch in Ausnahmefällen praktiziert, beispielsweise bei gesetzten Essen des Bundespräsidenten für gekrönte Häupter. Bei solchen eher selten gewordenen Konstellationen werde der Dolmetscher nach wie vor in der zweiten Reihe hinter bzw. zwischen den Gesprächspartnern platziert. (Telefonat d. V. mit Herrn Hartmann am 11.6.2014)

Ich saß an der Tafel neben Hitler, mußte die ganze Zeit über reden und stand hungrig von Tisch wieder auf, da ich auch die schönsten Speisen immer wieder ungenossen forträumen lassen musste. Ich hatte mir damals noch nicht die Technik späterer Jahre angeeignet, die mir gestattete, bei Banketten gleichzeitig zu arbeiten und zu essen, indem ich speiste, während meine „Kunden" mir ihre Texte zusprachen, und mit dem Essen aufhörte, sobald ich dann übersetzen musste.[611]

Auf die Auswirkungen der Arbeitsbelastung geht Schmidt unaufgeregt und eher am Rande ein. In drei Sprachen zu unterschiedlichen Themen (Industrie und Politik) als offizieller Dolmetscher von morgens bis tief in die Nacht hinein verschiedene Auftraggeber zu bedienen bezeichnet er als „recht anstrengend"[612] und sein lakonisches Resümee einer internationalen Großveranstaltung in der neuen Reichskanzlei 1941 lautet:

Am Schluß dieser Tage war ich heiser.[613]

Bei einem Besuch des Herzogspaars von Windsor musste der Dolmetscher der Herzogin „auf englisch eine Art Reportage von allem zuflüstern, was gesprochen wurde oder zu sehen war"[614]. Neben dieser Form des Flüsterdolmetschens erwähnt Schmidt ein dem Simultandolmetschen angenähertes „verhältnismäßig einfaches Übertragungssystem"[615], bei dem er eine vorbereitete schriftliche Übersetzung einer Hitler-Rede zeitgleich mit Hitlers Vortrag verlas. Von weiteren Simultaneinsätzen ist in den Erinnerungen nicht die Rede. In seinem zweiten autobiografischen Werk „Der Statist auf der Galerie" kommt Schmidt allerdings auf „das neue telefonische Übersetzungssystem" zu sprechen, das bei den Nürnberger Kriegsgerichtsverfahren und den später gegründeten Vereinten Nationen eingesetzt wurde, und hebt die Probleme hervor, die

---

611 Schmidt 1986: 299.
612 Schmidt 1986: 286. 1937 hatte er derart viele Konferenzen wahrzunehmen, dass er oft von dem jeweiligen Arbeitgeber per Sonderflugzeug herbeigeholt wurde.
613 Schmidt 1986: 540. Ebenso sachlich und die eigenen Befindlichkeiten als nachrangig wertend schildert Schmidt die zeitaufwändigen Dolmetscheinsätze, zu denen er Anfang der Vierzigerjahre ausländische Botschafter und Gäste in unterschiedliche Hauptquartiere Hitlers und Dienststellen des Auswärtigen Amtes außerhalb von Berlin begleiten musste.
614 Schmidt 1986: 375.
615 Schmidt 1986: 493. Die Rede sollte 1940 in englischer Sprache über die deutschen Auslandssender verbreitet werden.

beispielsweise durch die im Deutschen typische Verneinung am Satzende für den Dolmetscher entstehen können.[616]

EINSCHÄTZUNGEN UND WERTUNGEN

Schmidt beschreibt sich von Anfang an als interessierten und engagierten Zeitzeugen und vermag den Ablauf der historischen Ereignisse immer wieder geschickt mit seiner persönlichen Teilhabe durch die Arbeit im Auswärtigen Amt zu verknüpfen:

Durch meine Tätigkeit im Sprachendienst konnte ich die dramatischen Wendungen dieses „Ferngesprächs" (zwischen Reichskanzler Stresemann und dem französischen Außenminister Poincaré, A. d. V.) genau verfolgen. [...] Auch dieser dramatische Schriftsatz (ein Brief Stresemanns an die britische Regierung, A. d. V.) ging durch meine Hände, ebenso wie die sofort darauf erfolgende völlig niederschmetternde Antwort von jenseits des Kanals.[617]

Die sachliche und zugleich plastische Darstellung des Gewesenen ist zwar insgesamt von Zurückhaltung und Bescheidenheit gekennzeichnet, bisweilen lassen die Formulierungen jedoch erkennen, dass der Dolmetscher sich durchaus als Akteur und nicht nur als Statist wahrnahm. So schreibt er im Rückblick auf den Eintritt Deutschlands in den Völkerbund 1926:

Ich selbst bildete das „Schlußlicht" dieser kleinen Delegation und war somit der fünfte Deutsche, der richtiggehend in den Völkerbund eintrat.[618]

Sein persönliches politisches Engagement belegt die Aussage über ein Gespräch zwischen Stresemann und Poincaré:

---

616 Schmidt 1951: 45.
617 Schmidt 1986: 29 f. Die Schilderung der Nachkriegserlebnisse, zu denen eine Zeugenaussage in der Causa Ribbentrop beim Nürnberger Prozess gehörte, folgt ebenfalls dem Muster, die eigene Person durch die Teilhabe an weltgeschichtlich Bedeutsamem aufzuwerten (Schmidt 1951: 7 f.): „[...], daß ich einer der wenigen, wenn nicht vielleicht der einzige in Deutschland bin, der einen vollen Zyklus deutscher Geschichte [...] von einem einzigartigen Beobachtungsposten aus verfolgen konnte [...]."
618 Schmidt 1986: 115.

[...], und ich war gespannt, an welchem Punkt Stresemann den Übergang zu dem eigentlichen Thema, der Rheinlandräumung finden würde, auf das er meiner festen Überzeugung nach die ganze Zeit hinstrebte.[619]

In seiner Erinnerung bleibt diese Parallelität des Zeitzeugen und „sprachlichen Sekundanten"[620] ebenfalls erhalten:

Wie oft habe ich, besonders in den Jahren nach 1933, gerade an diese Reichstagsrede Stresemanns gedacht. Seine Worte sind mir noch heute genau so im Gedächtnis, wie ich sie damals übersetzen mußte: [...].[621]

Woran sich Schmidt erinnert und was er für erwähnenswert hält, hängt von seiner Einschätzung des Erlebten bzw. der jeweiligen Sprecher ab:

Luther (Reichskanzler, neben Stresemann einer der Hauptdelegierten bei der Konferenz von Locarno 1925, A. d. V.) machte einige Ausführungen über Deutschlands Friedensbestrebungen, von denen mir heute nichts Bemerkenswertes mehr in Erinnerung ist. Um so deutlicher erinnere ich mich aber an das, was Stresemann der Presse sagte [...].[622]

Szenen mit besonderer Dramatik oder historischem Gewicht erwiesen sich offenbar als besonders einprägsam. Dies gilt für die bewegende Schlusssitzung der Konferenz in Locarno [623] ebenso wie für eine Fahrt mit Chamberlain nach Berchtesgaden zu Hitlers Berghof 1939[624], die Krönung Georgs VI. oder die Umstände der französischen Kapitulation im Sommer 1940, die dem Autor „auch heute noch in allen Einzelheiten deutlich vor Augen (stehen)"[625].

Schmidt zeichnet bei seinen Darstellungen ein umfassendes Bild der jeweiligen Persönlichkeit und geht neben den Äußerlichkeiten auch auf Charakter-

---

619 Schmidt 1986: 153 f.
620 Schmidt 1986: 519.
621 Schmidt 1986: 32.
622 Schmidt 1986: 76. Über einen Besuch von Kriegsminister von Blomberg bei Anthony Eden 1937 sagt Schmidt (1986: 354): „Ich kann mich an keine auch nur halbwegs wichtige Frage erinnern, die dabei erörtert worden wäre."
623 Vgl. Schmidt 1986: 90.
624 Vgl. Schmidt 1986: 395.
625 Schmidt 1986: 491. Vgl. Schmidt 528, 538.

züge sowie sprachliche und rhetorische Qualitäten ein. Dabei beleuchtet er sowohl deutsche Politiker als auch Vertreter anderer Staaten, insbesondere vor dem Hintergrund ihres Verhaltens in den Gesprächen mit Adolf Hitler[626], und kommt zu den unterschiedlichsten Urteilen: Außenminister von Neurath war „nicht gerade ein mitreißender Redner"[627], dem Briten Chamberlain mangelte es an Pathos und Schwung[628], Hitlers Andeutungen waren „umrahmt von einem glänzenden rhetorischen Feuerwerk"[629] und Ribbentrop fiel durch seinen rüden Ton auf[630]. Im Kontrast der Charakterbilder werden die Sympathien des Dolmetschers erkennbar. Während Stresemann, erst Reichskanzler und Außenminister in einer Person, dann bis zu seinem Tod 1929 Außenminister der Weimarer Republik, nicht zuletzt wegen seines Muts und seines diplomatischen Geschicks Schmidts Bewunderung genoss, wird sein Amtsnachfolger Ribbentrop in allen Facetten eines phantasielosen, arroganten, eitlen, unfähigen und Hitler hörigen Politikers dargestellt:

War dieser (Hitler) mit ihm unzufrieden, so wurde Ribbentrop krank und legte sich ins Bett wie eine hysterische Frau. Er war eben tatsächlich nichts weiter als die Stimme seines Herrn und erschien daher vielen als gefährlicher Narr.[631]

Schmidts bildhafte, variantenreiche und unterhaltende Darstellungsweise entspricht offensichtlich der Wirkung, die er im persönlichen Kontakt auf seine Mitmenschen ausübte. Hans von Herwarth urteilte:

Schmidt besaß viele Talente. Außer seinen beruflichen Fähigkeiten hatte er ein phänomenales Gedächtnis, Berliner Mutterwitz und schauspieleri-

---

626 Vgl. Schmidt 1986: 280, 316, 336, 340, 344. Interessant ist seine Schlussfolgerung aus den Unterredungen mit ausländischen Besuchern (Schmidt 1986: 310): „Wenn ich an das denke, was ich von Ausländern nach Unterredungen mit Hitler gehört habe, so könnte ich fast versucht sein zu glauben, daß die Diktatoren irgendwie einen besonderen Zauber auf ihre Gesprächspartner ausüben."

627 Schmidt 1986: 250.

628 Vgl. Schmidt 1986: 242.

629 Schmidt 1986: 531.

630 Vgl. Schmidt 1986: 388 und 559.

631 Schmidt 1986: 312. Vgl. Schmidt 1986: 469, 471 f., 517. Gustav Hilger (1955: 277) bestätigt diese Einschätzung: „Er war ein Mensch, der auf einem Posten stand, für den er weder Vorbildung noch diplomatisches Fingerspitzengefühl mitbrachte. [...] Ribbentrop war unablässig bemüht, sich Hitlers Gunst zu erhalten und Beweise seiner angeblichen Unentbehrlichkeit zu liefern." Das „Personenlexikon zum Dritten Reich" (Klee 2003: 494) führt „Ribbensnob" als Beinamen für Ribbentrop an.

sches Talent. Er konnte ganze Reden von Hitler und anderen Nazigrößen in Stimme und Pose verblüffend echt wiedergeben. Seine Kritik an den Nazis war hart, aber es lag nicht in seiner Natur, sie aktiv zu bekämpfen; auch im Widerstand war er „Statist".[632]

Die bewusst neutrale, von Verantwortung für das Geschehen befreite Position des Statisten kommt auch in den sachlich-distanzierten Formulierungen zum Ausdruck, mit denen Schmidt zuweilen die historischen Ereignisse wertet. Die Passivität Englands und Frankreichs nach Hitlers Einmarsch im Rheinland ist ihm auch 1949 noch „unbegreiflich"[633] und über die Berliner Gespräche zwischen Hitler und Molotov urteilt er:

Meiner Überzeugung nach sind in diesen Tagen die Entscheidungen gefallen, die Hitler zu seinem Angriff auf die Sowjetunion veranlaßt haben.[634]

Verblüffend aktuell wirkt auch gut 60 Jahre nach ihrer Niederschrift Schmidts Bemerkung zu den Inhalten und Tendenzen der Konferenzen, die er zu dolmetschen hatte:

Wenn ich unter all diesen Gesichtspunkten all die Jahre der politischen Konferenzen und Gespräche überschaue, die seit 1927 an mir vorübergezogen sind, erhebt sich immer wieder die zweifelnde Frage, ob auch unter den modernen Bedingungen noch die Politik die erste Rolle spielt oder ob nicht in zunehmendem Maße die Wirtschaft ihre Stelle als der letztlich entscheidende Faktor einnimmt.[635]

FAZIT

Mit einem Umfang von knapp 600 Seiten gehört Paul Schmidts Buch zu den sehr ausführlichen Memoiren, zumal es in seinem Fall nur um die rund 25 Berufsjahre zwischen dem Einstieg beim Auswärtigem Amt und der Niederschrift des Textes geht. Dies ist zum einen der Fülle historischer Ereignisse dieser Zeit geschuldet, die der Autor dem Leser mit seiner atmosphärisch

---

632 von Herwarth 1982: 210.
633 Schmidt 1986: 93.
634 Schmidt 1986: 524.
635 Schmidt 1986: 141.

dichten Beschreibung näher bringt. Zum anderen ist es ihm offenkundig ein Anliegen, den Beruf des Dolmetschers, den er erlernt hatte und der 1949 einem Nicht-Fachpublikum noch weit weniger bekannt gewesen sein dürfte als heute, mit all seinen theoretischen Komponenten und praktischen Implikationen vorzustellen.

Schmidts Wirken zeichnet sich sowohl in politischer als auch in translatorischer Hinsicht durch Zurückhaltung aus; sein Selbstbild ist das eines loyalen, kollegial handelnden, kompetenten Dolmetschers und Übersetzers, für den Fachkenntnis noch vor Sprachkenntnis rangiert. Neutralität, Korrektheit und Genauigkeit sind ihm wichtig, Eigenmächtigkeit liegt ihm ebenso fern wie Launen oder Allüren. Äußere Beeinträchtigungen und problematische Arbeitssituationen geht er im Sinne eines pragmatischen Emotionsmanagements souverän an; eigene Befindlichkeiten spielen so gut wie keine Rolle. Seinem Bekunden nach hat er seinen Beruf gern ausgeübt und darin Befriedigung gefunden. Dies gilt auch für die allmähliche Verschiebung seiner Funktionen und die zeitweilige Übernahme diplomatischer Aufgaben; weder seine Eigenwahrnehmung noch seine Schilderung der Reaktionen Dritter lassen Irritationen oder Widersprüche erkennen.

7.4.1.2 Gustav Hilger

Gustav Hilger wurde am 10. September 1886 als Sohn einer deutschen Kaufmannsfamilie in Moskau geboren, ging dort auf eine deutsche Schule und erwarb nach dem Abitur an der Technischen Hochschule Darmstadt ein Ingenieur-Diplom, mit dem er nach Russland zurückkehrte. 1914 wurde er zunächst als feindlicher Ausländer in Vologda interniert, bis man ihn nach dem Ende des Deutsch-Russischen Krieges in Moskau und Berlin als Mittelsmann für Kriegsgefangenenfragen zwischen deutschen und russischen Stellen einsetzte. Mitte 1920 ließ er sich in Russland nieder, wo er die kommenden 21 Jahre in zunehmend wichtigeren Funktionen verbrachte, zuletzt als Dolmetscher und Wirtschaftsfachmann im Stab der Deutschen Botschaft. Nach Kriegsende lebte Hilger eine Zeitlang als Berater von Regierungsstellen in den USA, wo auch seine Memoiren entstanden, und kehrte dann als Botschaftsrat ins Auswärtige Amt zurück. Er starb am 27. Juli 1965 in München.[636]

....

636 Vgl. Sommer 1991: 281. Nach Sommer spielte Hilger trotz seiner Kenntnisse und Verdienste an der Botschaft lange Zeit eine Außenseiterrolle, bis er unter Hitler schließlich in das Beamtenverhältnis übernommen wurde. Von Herwarth (1982: 84) hingegen bezeichnet Hilger als „Schlüsselfigur der Botschaft" und beschreibt die „phänomenale Personenkenntnis", aber auch die „kindli-

Hilgers Memoiren „Wir und der Kreml. Deutsch-sowjetische Beziehungen 1918-1941. Erinnerungen eines deutschen Diplomaten" beginnen mit der Ermordung des deutschen Gesandten in Moskau, Graf Mirbach-Harff, durch zwei Anhänger der Linken Sozialrevolutionäre am 6. Juli 1918 und enden mit der Ausreise der letzten nach dem deutschen Überfall auf die Sowjetunion in Moskau verbliebenen Mitglieder der deutschen Botschaft über Armenien und die Türkei am 13. Juli 1941. Sein erzählerischer Schwerpunkt liegt auf den politischen Ereignissen dieser Jahre. Aus der Perspektive eines Augenzeugen schildert Hilger detailliert und sachlich die Machtkämpfe und Auseinandersetzungen im postrevolutionären Moskau ebenso wie die Vorgänge hinter den politischen Kulissen im Berlin der Zwanzigerjahre und seine persönliche Teilhabe an der Gestaltung der Beziehungen zwischen Deutschland und der Sowjetunion. Dabei schlägt er einen Bogen von der Ausarbeitung des Vertrages von Rapallo über die zunehmenden Differenzen zwischen beiden Staaten ab 1933 bis hin zur Wiederannäherung mit der Aushandlung und Unterzeichnung der Hitler-Stalin-Pakte (Nichtangriffspakt mit geheimem Zusatzprotokoll sowie Grenz- und Freundschaftsvertrag) im Jahr 1939. Hilger beschreibt eindrucksvoll die Dramatik der letzten beiden Begegnungen zwischen Botschafter Schulenburg, ihm und Molotov am 21. und 22. Juni 1941.

Bereits im Vorwort verweist der Autor auf „Persönlichkeiten und Kreise", die ihn „unter Hinweis auf das in Amerika bestehende große Interesse für das Problem der deutsch-russischen Beziehungen" dazu bewogen hätten, seine Erinnerungen an die Entwicklung der deutsch-russischen Beziehungen in der Zwischenkriegszeit niederzulegen.[637] Eine weitere Ermutigung erfolgte, so die Widmung, durch Hilgers Ehefrau. Sie wird lediglich ein einziges weiteres Mal erwähnt; generell lässt der Autor Persönliches und Familiäres außen vor.[638]

AUSSAGEN ZUM ROLLENVERSTÄNDNIS

Gustav Hilger, „der Deutschland als Vaterland, Rußland aber als seine Heimat betrachtete"[639], gehört zur Gruppe der Dolmetscher, deren profunde Kenntnisse in mindestens zwei Sprachen und zwei Kulturen den Ausschlag dafür gaben,

---

che Naivität" des Idealisten Hilger. Vgl. Baumgart 1972: 143 f.
637 Vgl. Hilger 1955: o.S.
638 Vgl. Hilger 1955: 311. Eine Schilderung der persönlichen und familiären Umstände Hilgers findet sich bei von Herwarth (1982: 84), der u. a. erwähnt, dass Hilgers einziger Sohn im 2. Weltkrieg in Russland fiel.
639 Baumgart 1972: 144.

dass man sie von ihrer eigentlichen beruflichen Funktion abwarb oder abzog und als Sprachmittler einsetzte, ohne dass sie dies jemals erlernt oder angestrebt hätten. Darüber hinaus war er auch kein ausgebildeter Diplomat, sondern trat dem Auswärtigen Dienst auf Bitten von Botschafter Brockdorff-Rantzau als Quereinsteiger bei. Loyalitätskonflikte scheinen ihn nicht belastet zu haben: Hilger spricht wiederholt von „unseren Beziehungen zur Sowjetunion"[640] und positioniert sich damit eindeutig auf der Seite seines Arbeitgebers, was ihn nicht daran hinderte, persönliche Kontakte zu sowjetischen Politikern wie Anastas Mikojan zu pflegen.[641]

Hilger nahm zwar regelmäßig an deutsch-sowjetischen Verhandlungen teil und war dort auch handlungsbefugt[642], lässt aber offen, ob und wann er als Dolmetscher eingesetzt wurde. Eine Anspielung auf seine sprachmittlerische Tätigkeit findet sich beim Amtsantritt von Botschafter Dirksen, dessen Rede Hilger „vorbereitet" – übersetzt? – hatte; ein weiterer Hinweis entstammt der Schilderung eines Gesprächs mit Stalin, in dem es um ein gemeinsames Kommuniqué geht:

Ich hatte den Entwurf ins Russische übersetzt und Stalin sollte sein Einverständnis zu dem in Berlin verfaßten Text geben. Er überflog ihn [...] dann gab er mir den veränderten Text zurück mit der Bitte, ihn für den Botschafter ins Deutsche zu übersetzen.[643]

So spricht der Autor zwar die guten Russischkenntnisse von Botschafter Nadolny an und erwähnt den bei einem Gespräch mit Stalin im August 1939 anwesenden „jungen sowjetischen Dolmetscher W. N. Pawlow"[644], der später zum Leiter der Deutschlandabteilung im Außenkommissariat aufstieg und

---

640 Hilger 1955: 98. Zur Kollegialität und Geschlossenheit des Botschaftsstabes vgl. Hilger 1955: 108 f., 196, 220, 231, 238, 305.
641 Vgl. Hilger 1955: 272.
642 Vgl. Hilger 1955: 178.
643 Hilger 1955: 287.
644 Hilger 1955: 286, Schreibweise des Namens im Original. Vladimir Nikolaevič Pavlov (1915-1993), ursprünglich Ingenieur und Wissenschaftler, der sich in seiner Freizeit mit Fremdsprachen befasste, ohne diplomatische Ambitionen zu verspüren, wurde von Molotov mit den Worten engagiert, als Kommunist habe er dort zu arbeiten, wo man ihn am nötigsten brauche. Er avancierte zum Chefdolmetscher des russischen Außenministeriums, dolmetschte 1939 die Verhandlungen zum Nichtangriffspakt und nahm zwischen 1942 und 1945 an den meisten Konferenzen der Alliierten teil. Parallel dazu machte er Karriere als Diplomat. Vgl. Hilger 1955: 308, Torčinov/Leontjuk 2000: 369 f. sowie den „Spiegel"-Beitrag „Bitte keine Ovationen".

bekanntermaßen Stalins besonderes Vertrauen genoß, definiert sich jedoch an keiner Stelle als Kollege. Auch im Zusammenhang mit den Gesprächen Ribbentrops in Moskau oder Molotovs in Berlin macht Hilger keine Aussagen darüber, welcher Dolmetscher bei diesen Anlässen beteiligt war. Dass er selbst u. a. bei der Unterzeichnung des Nichtangriffspaktes dolmetschte und auch die Ausfertigungen des Vertragstextes Korrektur las, erfährt man aus den Schilderungen anderer Beteiligter wie Paul Schmidt und Erich F. Sommer.

Als hochrangiger Botschaftsbeamter und Wirtschaftsfachmann mit entsprechender Nähe zum Botschafter hatte Hilger, so unterstreicht er an etlichen Textstellen, großzügig bemessene Einfluss- und Gestaltungsmöglichkeiten[645]:

In seinem Bericht nach Berlin machte sich der Botschafter meine Argumente zu eigen [...].[646]

Sie gestatteten es ihm offensichtlich, sogar persönlich in das Geschehen einzugreifen:

Damals schien mir, daß der Friede vielleicht noch zu retten wäre, wenn die Sowjetregierung veranlaßt werden könnte, die diplomatische Initiative zu ergreifen und Hitler in Verhandlungen zu verwickeln, die ihn, wenigstens vorübergehend, der Vorwände zu einer militärischen Aktion gegen die Sowjetunion berauben würden. Ich hielt es daher für notwendig, die Sowjetunion über den Ernst der Lage aufzuklären [...].[647]

Dass die sowjetische Seite ihn offensichtlich für gefährlich hielt, wie er durch Zufall erfuhr, unterstreicht seinen Anspruch auf Bedeutung.[648]

---

645 Vgl. Hilger 1955: 190, 221, 234 f. Auch andere Autoren erwähnen in erster Linie Hilgers Funktion und Kompetenzen als Wirtschaftsrat der Botschaft bzw. Leiter der Wirtschaftsabteilung und gehen nur am Rande auf Hilgers Dolmetscheinsätze ein. Vgl. von Herwarth 1982: 40, 107, 172, 330 und Besymenski 2002: 127, 215, 309, 333, 378, 419.

646 Hilger 1955: 177. Vgl. Hilger (1955: 204): „Der Botschafter und ich neigten dazu, Trotzky und seinen Anhang als radikale Phantasten anzusehen [...]." Sommer (1991: 289 f.) widerspricht allerdings der These, Hilger habe entscheidenden Einfluss auf die Meinungsbildung Schulenburgs genommen, und verweist auf Hilgers nachgeordnete Position, die dieser zu seinem Leidwesen über lange Zeit habe einnehmen müssen.

647 Hilger 1955: 308. Sommer (1991: 293) kann diese „Friedensinitiative" Hilgers zwar nicht widerlegen, hält sie aber für unglaubwürdig und bestätigt die Abneigung der sowjetischen Behörden gegen den wohlinformierten Hilger mit seiner akribisch geführten Kartei über die bedeutendsten sowjetischen Funktionäre.

648 Vgl. Hilger 1955: 268.

Da Hilger bis auf eine kleine Ausnahme keine Situation schildert, in der er sich als Dolmetscher wahrnimmt, entfällt die Frage nach den Emotionen, die er womöglich hierbei wahrgenommen hätte. Gefühlszustände werden allenfalls dort erkennbar, wo der Autor seine Reaktion auf sowjetisches, als unrechtmäßig empfundenes Verhalten beschreibt, beispielsweise nach der Verhaftung deutscher Ingenieure und Techniker im Jahr 1928, oder im Zusammenhang mit der Freude über die Ernennung eines neuen deutschen Botschafters[649]. Selbst in der brisanten Verhandlungssituation des Jahres 1939 begnügt sich Hilger mit einer Verklausulierung:

Wie dem Grafen Schulenburg und mir in jener Zeit zu Mute war, als wir die maßgebenden Führer der Sowjetunion näher kennenlernten, als uns lieb war, kann man sich vorstellen.[650]

EINSCHÄTZUNGEN UND WERTUNGEN

Hilger charakterisiert sachlich und stellenweise recht ausführlich die Persönlichkeiten, mit denen er zu tun hatte, darunter die deutschen Botschafter Brockdorff-Rantzau, Dirksen, Nadolny und Schulenburg sowie Außenminister von Ribbentrop, in dessen Einschätzung er sich mit Paul Schmidt einig ist. Geschildert werden der familiäre Hintergrund und Werdegang der Geschäftsträger ebenso wie ihre Geisteshaltung und ihr Verhalten in den politischen Umständen ihrer Zeit. Analog geht der Memoirist auf die Gesprächspartner auf sowjetischer Seite ein. Daneben finden sich ausgesprochen neutral und nüchtern gehaltene Wertungen politischer Ereignisse wie des Rapallo-Vertrags oder Aussagen zur sowjetischen Politik, etwa zum ersten Fünfjahresplan. Während Robert Wolfe, vormals Archivar im Nationalarchiv der USA, Hilger unterstellt, er habe zumindest Kenntnis der Vorgänge in den von der Wehrmacht besetzten Gebieten gehabt[651], handelt dieser seine persönliche Einstellung zum Nationalsozialismus wie eine Pflichtaufgabe ab, um die er als Autor nicht herumkommt:

---

649 Vgl. Hilger 1955: 209 bzw. 213.
650 Hilger 1955: 291.
651 Vgl. Wolfe 2006: 2 f.

Ich empfinde nicht das Bedürfnis, meine Handlungen und Ansichten zu verteidigen, und habe keine Veranlassung, meine Haltung zu rechtfertigen oder zu bereuen.[652]

Er sei Deutschland durch seine Lebensweise geografisch immer so fern gewesen, dass er nur eine schwankende und nicht klar umrissene Einstellung zum Hitlerregime habe entwickeln können.[653]

FAZIT

Gustav Hilger war Russlandkenner[654], Ingenieur und – zumindest anfangs – Diplomat wider Willen. Vielleicht war er auch ein Dolmetscher wider Willen? Empfand er das Sprachmitteln als unter seiner Würde und deshalb als nicht erwähnenswert? In seinen Ausführungen erscheint er selbstsicher und kompetent; Hinweise darauf, dass seine Fähigkeiten auch in Dolmetschsituationen zum Einsatz gekommen wären, fehlen jedoch.

Eine mögliche Antwort und ergänzende Informationen zum Selbstbild Hilgers liefern die kritischen Anmerkungen von Erich F. Sommer. Er attestiert seinem Dolmetscherkollegen große Sprachgewandtheit sowie herausragenden wirtschaftspolitischen Sachverstand, aber auch einen Minderwertigkeitskomplex, der, so Sommer, aus der Tatsache resultierte, dass Hilger infolge der fehlenden amtlichen Ausbildung und ohne vorgeschriebene Laufbahn stets ein Außenseiter im stark verkrusteten diplomatischen Geschäft geblieben sei. Er habe zwar das Vertrauen sämtlicher Botschafter genossen, habe aber bis zum Moment seiner Verbeamtung unter Hitler nicht in dem Maße politisch konzeptionell tätig werden können, wie es aufgrund seines Wissensschatzes theoretisch möglich gewesen wäre. Nach Sommer liegt hier ein Motiv für Hilgers betont selbstbewusste und situationsorientierte, die eigene Bedeutung überhöhende Darstellung der Geschehnisse. Vor diesem Hintergrund erscheint auch plausibel, warum Hilger seiner Funktion als Dolmetscher so wenig Beachtung schenkt: Er maß den inhaltlichen Aspekten seiner Tätigkeit einfach mehr Bedeutung bei als seinen sprachlichen Fähigkeiten. Die Wahrnehmung anderer Autoren (Besymenski, von Her-

---

652 Hilger 1955: 260.
653 Vgl. Hilger 1955: 260. Von Herwarth (1982: 107) berichtet, Hilger habe der NSDAP „später" (nach 1935, als die übrigen Botschaftsmitarbeiter Parteimitglieder wurden) beitreten müssen.
654 Georg Stadtmüller (Sommer 1991: 10) spricht in seinem Vorwort zu Sommers Buch „Das Memorandum: wie der Sowjetunion der Krieg erklärt wurde" von dem „wegen seiner Russlandkenntnis berühmte(n) Gustav Hilger".

warth) lässt allerdings keine derartigen Zweifel erkennen, sondern unterstreicht allein durch die wiederholte Nennung seines Namens die Bedeutung Hilgers und seine eigenständige Rolle im deutsch-sowjetischen Verhandlungsprozess.

7.4.1.3 Hans Jacob

Hans Jacob, Ehrenpräsident des Internationalen Verbands der Konferenzdolmetscher (AIIC), wurde am 20. November 1896 in Berlin geboren und wuchs in einem großbürgerlichen familiären Umfeld mit jüdischen Wurzeln zweisprachig mit Deutsch und Französisch auf, ein Umstand, der sein Leben maßgebend beeinflussen sollte[655]. Er schildert lebhaft und plastisch seine ersten zehn Lebensjahre bis zum Selbstmord des Vaters 1906: das pulsierende gesellschaftliche Leben, an dem seine Eltern teilhatten, seine enge Bindung an Berlin, die politische Gemengelage, aber auch die allgemeine Stimmung im Deutschen Reich vor 1918:

Man hatte das Gefühl, so und nicht anders werde es immer, werde es ewig weitergehen. Es war eine goldene Zeit.[656]

Intellektuell und literarisch beeinflusst wurde er durch seinen Onkel Hugo Caro, unter dessen Anleitung er 1911 seine erste Übersetzung aus dem Französischen anfertigte. Als Oberschüler war er bereits regelmäßiger Gast in den Berliner Literatencafés, deren inspirierende Atmosphäre ebenso wie der Kontakt zu den künstlerischen Protagonisten dieser Zeit bei ihm Spuren hinterließen:

Ich war zu jung, aber für mich war diese Zeit, da Kunst und Dichter, Literatur und Literaten mehr als nur Gedachtes, Geschriebenes oder Gelesenes darstellten, lebendigstes Leben. Zeitalter des Individuums, das neue Probleme und eine Fülle von geistigen Problemen zu lösen hatte. Politik überschattete noch nicht alles.[657]

Aus der Auseinandersetzung mit Literatur und dem Verfassen eigener Gedichte resultiert seine Erkenntnis der literarischen Komponente des Übersetzens:

---

655 Vgl. Jacob 1962: 12.
656 Jacob 1962: 21.
657 Jacob 1962: 27.

Ich war und bin heute noch fest überzeugt davon, daß übersetzen, gut übersetzen ein wesentliches literarisches Verdienst ist.[658]

Im August 1914 verließ er Berlin als Notabiturient und meldete sich freiwillig zum Kriegsdienst, womit sein Leben eine politische Komponente gewann. Nach Kriegsende ging er zum Studium der romanischen Philologie nach München, wo er in die verschiedenen Welten des kulturellen Lebens – Schauspieler, Kunsthändler, Maler – eintauchte, schrieb und zunehmend übersetzte, vor allem für den Kiepenheuer-Verlag. Nach einem finanziellen Zusammenbruch lebte er zunächst als Übersetzer, Publizist und Kritiker in Berlin und ab 1922 mit seiner Frau, einer Tänzerin, in Wien:

Die Stadt hatte etwas von einem vernachlässigten Salon, wirkte wie eine welke große Dame oder Kokotte, und trotz allem konnte man ihr eine gewisse „grande allure" nicht absprechen. [...] Wie nach dem Krieg in Berlin war das Leben etwas hektisch und morbid. Die Inflation hatte auch Wien getroffen und entstellt wie die Lepra.[659]

Zurück in Berlin war er als Lektor beim Verlag Droemer-Knaur beschäftigt, bis Anfang 1926 mit einem eher zufälligen Einsatz als Französischdolmetscher bei einem Diner des Pen-Clubs seine Dolmetscherlaufbahn begann. Man warb ihn für den Sprachendienst des Auswärtigen Amtes an und wollte ihn als Freelancer für die Deutsche Delegation beim Völkerbund einsetzen. Hier gab es zunächst nichts für ihn zu tun, denn „keiner kannte mich, und man wußte ja auch nicht, was ich leisten oder nicht leisten konnte"[660], bis er durch einen Zufall Außenminister Stresemann auffiel[661] und daraufhin fester Bestandteil des Dolmetscherteams bei den Völkerbundtagungen in Genf wurde.

Ab Ende der Zwanzigerjahre arbeitete er hauptsächlich für das Auswärtige Amt, aber auch für viele große internationale Organisationen wie das Internationale statistische Institut und die Internationale Handelskammer. Nach der Machtergreifung durch die Nationalsozialisten konnten Jacob und seine Frau aufgrund einer Warnung durch den Dolmetscherkollegen Paul Schmidt noch

---

658 Jacob 1962: 29.
659 Jacob 1962: 101.
660 Jacob 1962: 122.
661 „Mich hatte man gewählt", so Jacob (1962: 124), „weil Stresemann glaubte, es fehle seinen Reden, die er sehr pflegte, der literarische Anstrich."

vor dem „Judenboykott" am 1. April 1933 nach Wien fliehen.[662] In der nachfolgenden Emigration arbeitete er in Paris für das neu gegründete „Pariser Tageblatt" und baute sich langsam eine unabhängige Existenz als Dolmetscher auf. Ein Angebot Paul Schmidts, ins Auswärtigen Amt zurückzukehren und von Paris aus für die deutsche Regierung zu dolmetschen, lehnte er ab.[663] Ab 1936 arbeitete Jacob als „Übersetzer-Journalist" für den vom französischen Rundfunk neu eingerichteten deutschsprachigen „Straßburger Sender", eine Reaktion auf die immer stärker werdende nationalsozialistische Propaganda, und dolmetschte im Regierungsauftrag Hitlers und Mussolinis Reden simultan ins Französische. Nach dem deutschen Einmarsch in Frankreich und der Installation des Vichy-Regimes mussten Jacob und seine Frau fliehen und gelangten über Südfrankreich, Spanien und Lissabon mit demselben Schiff wie Heinrich Mann und Franz Werfel nach New York. Dort konnte er seine deutschsprachigen Sendungen über einen amerikanischen Sender fortsetzen und später sogar die politischen Ereignisse in Europa auf Englisch kommentieren. Auf das Gerücht hin, der Ausschuss für unamerikanische Betätigungen wolle ihn vorladen, beendete die Radiostation Ende 1945 Jacobs Beschäftigungsverhältnis.[664] Daraufhin kehrte er zum Konferenzdolmetschen zurück, war von 1948 bis 1956 als „Senior Interpreter" für die UNESCO tätig und arbeitete in den Jahren bis zu seinem Tod in Paris am 6. März 1961 als Freiberufler.

Hans Jacobs Memoiren „Kind meiner Zeit. Lebenserinnerungen" beginnen mit seiner Geburt in Berlin, folgen chronologisch den Zeitläuften und enden mit der Rückkehr des Autors nach Europa. Dabei ist *Erinnerung* offenkundig das zentrale Motiv, das Jacob zur Niederschrift veranlasst hat. Dies belegen zum einen Aussagen wie „Ich habe meine Eltern die dankbarste Erinnerung bewahrt"[665] und „meinen Schulfreunden gilt meine dankbare Erinnerung"[666].

---

662 Vgl. Jacob 1962: 171. Paul Schmidt rief Hans Jacob unter einem Vorwand aus dem Auswärtigen Amt an und gab ihm zu verstehen, dass er Deutschland schleunigst verlassen müsse. Diesen Vorgang greift auch Hermann Kusterer in seinen Memoiren unter dem Gesichtspunkt *Dolmetscher in Gewissensnot* auf (1995: 34 f.). Schmidt habe Jacob das Leben gerettet, sei aber nach dem Krieg von seinen einstigen Kollegen geradezu geächtet worden, weil er auch unter Hitler im Auswärtigen Amt blieb.

663 Jacob (1962: 195): „Mir war klar, welche Reklame man mit dem Emigranten machen würde: kein Haar wird ihm gekrümmt, im Gegenteil, er arbeitet wie früher fürs Amt. [...] Schmidt ist eines der zahlreichen Beispiele dafür, daß ein ‚Nichtnazi' die wirksamste Reklame für das Regime sein konnte. Denn Schmidt war kein Nazi."

664 Die Befragung durch eine von Eisenhower eingesetzte Kommission, die die Loyalität der in internationalen Organisationen beschäftigten Amerikaner untersuchen sollte, fand später jedoch in der US-Botschaft in Paris statt. Vgl. Jacob 1962: 284 f.

665 Jacob 1962: 18.

Zum anderen wird gerade in Jacobs pointiertem und kontrastreichem Bericht über sein Leben im Berlin der Vorkriegszeit, aber auch in der Münchner Boheme in den Zwanzigern der Wunsch deutlich, Bilder und Eindrücke, aber auch Namen aus dem „Vorher" zu bewahren und der Nachwelt zu vermitteln.

Ich wußte und weiß heute, daß manche Dinge nicht nur unvergeßlich, sondern einmalig und unwiederbringlich sind. [...] Ich bin sehr früh ans Abschiednehmen gewöhnt worden: nie wieder würde ich eine Stimme wie die Carusos hören, und ich glaube, daß alle Tänzer, die ich nach Nijinsky gesehen habe, nicht einmal an ihn erinnern können. Ich sah ihn im Theater des Westens mit der Karsavina: am Ende des Balletts „Le Spectre de la Rose" entschwebte er in klassischem unerhörten Sprung durch das Fenster [...], vollendet und atemberaubend wie jede große künstlerische Leistung nur für Sekunden.[667]

Darüber hinaus lässt insbesondere die Eindringlichkeit der Schilderung der Flucht und der Jahre in der Emigration Jacobs Bestreben erkennen, aus der Sicht des Zeitzeugen die schrecklichen Facetten des Nationalsozialismus klar aufzuzeigen. Nicht zuletzt präsentiert sich der Autor als geistreicher, belesener, treffend formulierender Erzähler, was die Vermutung nahe legt, dass er am Ende seiner Dolmetscherlaufbahn auch seine schriftstellerischen Fähigkeiten noch einmal unter Beweis stellen wollte.

AUSSAGEN ZUM ROLLENVERSTÄNDNIS
Bei der Beschreibung seines literarischen Wirkens äußert sich Jacob verschiedene Male zu seinen Grundsätzen als Übersetzer („so wörtlich wie nötig, so frei wie möglich"[668]) und zu der Faszination, die diese Tätigkeit auf ihn ausübte[669]. In Bezug auf das Dolmetschen ist zunächst nicht von Regeln oder Grundsätzen die Rede, an denen der Seiteneinsteiger sich orientiert haben könnte. Der – offensichtlich erfolgreiche – Einstieg ins Dolmetschen wirkt im Rückblick wie ein unreflektierter Glücksfall:

---

666 Jacob 1962: 34.
667 Jacob 1962: 48.
668 Jacob 1962: 29.
669 Vgl. Jacob 1962: 42.

Thomas (der französische Sozialist Albert Thomas, laut Jacob ein „hervorragender Redner", A. d. V.) hielt eine seiner berühmten Reden, eindrucksvoll in Bildern und stark an Überzeugungskraft. Ich übersetzte seine Rede ins Deutsche und dann Stresemanns Rede ins Französische. Ich hatte Glück, Stresemann selbst beglückwünschte mich.[670]

Zweifel an seiner Befähigung scheinen den Autor nicht gequält zu haben, auch die Tatsache, dass sich die auftragerteilende Seite in keiner Weise der Besonderheiten des Dolmetschens und Übersetzens bewusst war und zunächst aufgeklärt werden musste, brachte Jacob offensichtlich nicht aus der Ruhe. Seine Schilderung wirkt im Gegenteil eher amüsiert, selbst wenn die Quintessenz seiner Aussage – Sprachmittler brauchen, um einen guten Zieltext abliefern zu können, Hintergrundinformationen – klingt, als sei sie einem modernen translationswissenschaftlichen Lehrbuch entnommen:

Die Dolmetscher [...] wurden zunächst als Sprachakrobaten und Equilibristen behandelt, denen man zum Übersetzen und Dolmetschen alle Dokumente und Reden zuwarf, wie dressierten Seehunden die Bälle zum Jonglieren. [...] Nur sehr langsam verstanden Beamte, Delegierte und Sachverständige, daß man nur übersetzen und dolmetschen kann, was man versteht.[671]

Auch das Zusammenspiel mit den Kollegen Fritz Norden und Paul Schmidt kommentiert der Neuling im Amt mit einem Augenzwinkern und durchaus selbstbewusst:

Es war schon sehr amüsant, wie die drei Dolmetscher [...] der Übersetzung einer langen Rede den letzten Schliff gaben. [...] Norden, der Jurist, war der einzige unter uns, der darüber wachen konnte, daß [...] der juristische Wert nicht zu kurz kam. Schmidt war der nüchterne Sachverständige [...], und ich sorgte für „Tafelschmuck", von Norden eifersüchtig, aber sehr oft anerkennend im Zaum gehalten, von Schmidt gutartig bewundert und belächelt.[672]

---

670 Jacob 1962: 123.
671 Jacob 1962: 123 f.
672 Jacob 1962: 124 f.

Dass die gemeinsam gefundenen sprachlichen Lösungen durch politische Beamte ein weiteres Mal geprüft wurden – was man als Bevormundung verstehen könnte –, nimmt Jacob mit Humor:

Jeder Ausdruck wurde abgewogen. Sollte eine Stelle etwas deutlicher oder abgeschwächt werden, so wurden Redewendungen zur Auswahl vorgelegt, und der Gesandte wählte wie eine Dame unter den von Mannequins vorgeführten Kleidern der „Haute Couture".[673]

Bei der Charakterisierung seiner Dolmetscherkollegen im Völkerbund geht es Jacob offenkundig eher um spitz formulierte, bildhafte und treffende Wendungen, um Skandale und Fälle, in denen ein Dolmetscher aufgrund unprofessionellen Verhaltens suspendiert wurde, als um die sprachlichen oder rhetorischen Fähigkeiten der jeweiligen Person: Der eine Konferenzdolmetscher ist „der Typ eines langweiligen Lehrers, ein strikter Konformist"[674], der andere „ein Lebemann, von einem Dejeuner zum anderen eilend und stets von sehr hübschen, etwas zu jungen Mädchen umgeben"[675]. Nach diesem auf den ersten Blick oberflächlichen Ansatz kommt Jacob jedoch auf den Punkt:

Simultandolmetscher waren damals noch unbekannt. Nichts war „vereinfacht"; der Dolmetscher hatte eine Aufgabe, deren Verantwortung unbegrenzt war.[676]

Er erwähnt politische Zwischenfälle, die auf unzureichende Dolmetschleistungen zurückgingen, wie etwa eine lückenhafte Verdolmetschung Stresemanns durch Paul Schmidt bei den Locarno-Verhandlungen oder ein weiteres aus einem Übersetzungsfehler herrührendes deutsch-französisches Missverständnis. Seine Schlussfolgerung zeigt, dass er sich der Funktion, die er ausübt, und der Tragweite seiner translatorischen Entscheidungen bewusst ist, und lässt Anklänge an moderne dolmetschtheoretische Ansätze (Kulturkompetenz, prozedurales Wissen) erkennen:

---

673 Jacob 1962: 125.
674 Jacob 1962: 125.
675 Jacob 1962: 126.
676 Jacob 1962: 127.

Für den Dolmetscher ist es wichtig, nicht nur ein sprachliches, sondern auch ein psychologisches Äquivalent zu finden. Er darf nicht bloß Übersetzer sein, der die sprachliche Akrobatik beherrscht. Wichtig ist vor allem seine Schlagfertigkeit, sein untrügliches Gefühl für die politische Situation.[677]

Diese Reflexion bleibt jedoch ein Einzelfall im Vergleich zu den ungleich unterhaltsameren Aspekten von Jacobs Dolmetscherleben. So überwiegt auch bei der Erinnerung an eine Statistikkonferenz in Tokio im Jahr 1930 das Touristische, während der berufliche Einsatz auf zehn Zeilen reduziert wird.[678] Die Verschärfung der politischen Stimmung in Deutschland bewirkte allerdings eine Veränderung der Haltung Jacobs zu seiner Rolle in der gemittelten Kommunikation. Eine Zeitlang übte er sich in Verdrängung, selbst als Heydrich in Genf dagegen protestierte, sich von einem Juden (Jacob) übersetzen zu lassen.

Der Delegationsführer, Botschafter Nadolny, bat Schmidt, meine Stelle zu übernehmen. Selbst dieser Zwischenfall warnte mich nicht zur Genüge. Im Gegenteil, man scherzte in der Delegation. [...] Man glaubt es heute nicht, daß man so blind sein konnte.[679]

Dann zwang ihn die persönliche Betroffenheit endgültig, den Blick von Stilelementen und Äußerlichkeiten abzuwenden und sich mit den inhaltlichen Komponenten des Gesagten auseinanderzusetzen. Die bis dahin elegant vertretene Distanz zu allem Politischen und damit auch zu den Aussagen der Ausgangstexte, mit denen er in der Regel konformgegangen war, ließ sich angesichts der Diskrepanz zwischen dem neuen Rednerduktus und der eigenen Position nicht mehr aufrechterhalten – neben dem Dolmetscher-Ich tritt das Individuum hervor, das sich von der Rolle als neutrales Sprachrohr distanziert und Stellung bezieht. Als der deutsche Delegationsleiter bei einer Völkerbundssitzung zum Thema Mädchenhandel behauptete, es gebe in Deutschland keine Diskriminierung von Juden, protestierte Jacob und stieß damit bei der Kongressleitung auf Verständnis.

Ich sagte: „Ich bin nicht in der Lage zu übersetzen, was soeben gesagt worden ist. Mein Gewissen verbietet mir weiterzuarbeiten, und ich bitte

---

677 Jacob 1962: 129.
678 Vgl. 1962: Jacob 148.
679 Jacob 1962: 170. Vgl. Jacob 1962: 166.

den Herrn Vorsitzenden um die Erlaubnis, meine Arbeit sofort einzustellen." Anschließend verließ ich den Saal. [...]
Ich sagte ihnen (den Journalisten im Vorzimmer, A. d. V.) sehr deutlich, daß ich nicht daran dächte, mich zum Komplizen einer so infamen Lüge zu machen. [...] Ich hätte unter derartigen Umständen niemals annehmen dürfen, zu dolmetschen, aber ich sei jetzt entschlossen aufzuhören, besser jetzt als nie.[680]

Bei seiner Arbeit als Radiokommentator in der amerikanischen Emigration verfolgte Jacob im Übrigen denselben Ansatz wie beim Dolmetschen: Es gab gewisse Grundsätze (Rückgriff nur auf Tatsachenmaterial, Quellenangaben für Nachrichten, keine Kommentierung der amerikanischen Innenpolitik) sowie die Unterstützung eines Kollegenkreises, den er dem Leser mit sicherem Blick für hervorstechende Merkmale präsentiert.[681] Gegen Ende der Erinnerungen befasst sich der Memoirist noch einmal mit seinem „alten Nebenberuf (sic!) als Dolmetscher"[682] und dessen Spezifik:

Den Sowjetrussen ist es bei allen großen Konferenzen und in allen internationalen Organisationen, deren Mitglieder sie sind, vollkommen gleichgültig, ob Übersetzer und Dolmetscher Emigranten sind. Ihnen liegt an der Qualität der Arbeit, an der Zuverlässigkeit der Übersetzung.[683]

UMGANG MIT EMOTIONEN

Die Arbeit für die Deutsche Delegation beim Völkerbund hat Jacob, so vermittelt es zumindest seine ironisch-amüsierte Darstellung der dort herrschenden Stimmung, über weite Strecken nicht wirklich ernst genommen. So schildert er nächtliche Pokerrunden zu Zeiten der Haager Konferenz als „die beste und kostspieligste Entspannung [...], die einem Dolmetscher während anstrengen-

---

680 Jacob 1962: 198. Das Stichwort „Gewissen" rührt an berufsethische Aspekte, aber Jacobs Darstellung vermittelt den Eindruck, als sei seine spontane ablehnende Reaktion in erster Linie auf die persönliche Betroffenheit und weniger auf generelle Grundsätze dolmetscherischen Handelns, wie Wolfgang Ghantus sie formuliert, zurückzuführen.
681 Vgl. Jacob 250.
682 Jacob 1962: 281. Später heißt es (Jacob 1962: 283): „Mit dieser Arbeit kehrte ich endgültig zu meinem Beruf als Dolmetscher zurück."
683 Jacob 1962: 281. Dem widerspricht allerdings Aleksandr Švejcer (vgl. Kap. 7.4.3.5), der das Misstrauen eines sowjetischen Delegationsleiters gegenüber einem aus einer Emigrantenfamilie stammenden amerikanischen Dolmetscher erwähnt.

der internationaler Verhandlungen geboten werden konnte"[684]. Gelegentlich lässt aber selbst der distanziert wirkende Jacob persönliches Interesse abseits der Verhandlungsroutine erkennen. Auch in diesem Fall ist es allerdings nicht die Politik an sich, die ihn fesselt, sondern eine faszinierende Persönlichkeit wie der ungarische Vertreter, „ein Redner von Format, der die schlechte Sache seines faschistisch regierten Landes mit Eleganz und Würde vertrat"[685]. Sogar beim Rückblick auf die angespannten Jahre im Pariser Exil[686], in denen er sich erstmals politisch engagierte[687], kommt Jacob nur selten auf emotionale Befindlichkeiten zu sprechen. Eine Ausnahme stellen die im Rundfunk übertragenen Reden Hitlers und Mussolinis dar, die Jacob für die französische Regierung simultan ins Französische dolmetschte, eine Aufgabe, der er sich trotz der damit verbundenen Belastung stellte.

Für mich waren diese Simultanübersetzungen eine geistige und physische Qual. Ich konnte durchsetzen, daß ich niemals dem Brimborium zuzuhören brauchte, das jeder Rede vorausging. Es blieb mir erspart, die hysterischen Jubelausbrüche [...] mitanzuhören. Man winkte mich erst an das Mikrophon, wenn Hitler das Wort ergriff, um es zu vergewaltigen und zu mißbrauchen.[688]

Wie er jedoch im Einzelnen bei seiner Verdolmetschung mit „Hitlers vulgärer Marktschreierstimme"[689] umging, bleibt offen. Eigene Gefühle und deren Wirkungsmacht spricht der Autor nur in Ausnahmefällen an, etwa nach der Landung der Alliierten in der Normandie und der Befreiung von Paris im August 1944. Die Rückkehr in den Dolmetscherberuf und die neunjährige Tätigkeit für die UNESCO gegen Ende seines Berufslebens werden hingegen knapp und sachlich geschildert.

---

684 Jacob 1962: 137.
685 Jacob 1962: 129.
686 Jacob selbst (1962: 241 ff.) bekennt sich in einem eigenen Kapitel seines Buches zu seiner Passion für Frankreich und lehnt den Begriff des Exils ausdrücklich ab.
687 Jakob (1962: 193): „Vorher hatte mir alles Politische ferngelegen."
688 Jacob 1962: 209.
689 Jacob 1962: 208.

PROZEDURALES WISSEN

Jacob bezeichnet sich als *Konferenzdolmetscher* und dolmetschte auf den Konferenzen in den Zwanziger- und Dreißigerjahren vor allem konsekutiv. Ob er Techniken oder Strategien anwendete und wenn ja, welche, bleibt im Dunkeln. Es entsteht der Eindruck, als habe ihn diese Arbeit ausgefüllt, sei ihm aber nicht schwer gefallen. Der einzige Hinweis im Text, der in diese Richtung zielt, gilt Jacobs Reaktion auf die Reichtagswahlen 1930, deren Ergebnisse er während einer Konferenz in Tokio erhielt:

Einen Augenblick wurde ich bedenklich, aber ich hatte keine Zeit, ich mußte mich auf meine Arbeit konzentrieren.[690]

Ausführlich widmet sich Jacob hingegen den äußerlichen Aspekten von Dolmetschsituationen – Räumlichkeiten, Verköstigung, Kleidung und Aussehen der Gesprächsteilnehmer, eventuelle Besonderheiten – und gelegentlich auch den stilistischen Qualitäten der zu dolmetschenden Personen. Wenn man sich vor Augen führt, mit welcher Anteilnahme und Präzision, geradezu Detailverliebtheit Jacob die Menschen in seinem Umfeld zeichnet, erscheint nachvollziehbar, dass er das Fortschreiten der Simultantechnik bedauert und dieser technischen Entwicklung nichts Positives abgewinnen kann.

Durch die immer weitere Einführung des Simultandolmetschens ist der Beruf des Konferenzdolmetschers entpersönlicht und mechanisiert worden. Es fehlt nicht viel, und die Kongreß- und Konferenzteilnehmer glauben, in den Kabinen arbeiten Maschinen, Robots, keine Menschen.[691]

EINSCHÄTZUNGEN UND WERTUNGEN

Jacobs Personenschilderung gilt in erster Linie den intellektuellen Qualitäten oder physischen Besonderheiten des jeweiligen Akteurs, die er scharfzüngig, aber nicht abwertend umreißt. Mit dem Beginn der Tätigkeit für das Auswärtige Amt geraten aktuelle politische Aspekte mit ins Bild, Einschätzungen politischer Ereignisse und Tendenzen werden mit lebendigen Charakterbildern der beteiligten Politiker verknüpft. So war der rumänische Außenminister

---

690 Jacob 1962: 149.
691 Jacob 1962: 286.

[...] ein Mann, der aussah wie eine Frau, mit dem Schimpansengesicht eines Zwitters, von faszinierendem Witz und unerhörter Belesenheit, ein Balkananwalt, der genau wußte, was die Glocke geschlagen hatte und wer die kleine Entente fallen lassen würde.[692]

Die Beschreibungen wirken so lebendig, als habe der Autor gerade erst den Ort des Geschehens verlassen und könne die Erinnerung unmittelbar abrufen. Zumindest an einer Stelle lässt er jedoch erkennen, dass das Erinnern kein objektiver Prozess ist:

Es ist schwer, nicht nachträglich meine Eindrücke über Sorge (Richard Sorge) zu „färben". [...] Ich dichte nichts nachträglich hinzu, wenn ich sage, er sei „undurchsichtig" gewesen.[693]

Mit der Machtübernahme der Nationalsozialisten wird Jacobs Blick endgültig politisch und er wendet sich intensiver den Hintergründen der Ereignisse zu. Sein metaphorischer Stil, die Art der Wortwahl sowie die literarischen Anspielungen bleiben dieselben:

Ein Volk, das zu einem Mob geworden war, ein Geisteskranker, der sich einen Gehrock anzog und eine Zylinderhut aufsetzte, um mit dem Reichspräsidenten Feldmarschall von Hindenburg in der Garnisonskirche in Potsdam den Geist des berühmtesten Hohenzollern-Päderasten, Friedrichs des Großen, heraufzubeschwören – eine Shakespeare-Szene mit der Staffage, die am stärksten an die große preußische Vergangenheit erinnerte.[694]

Als überzeugter Antifaschist und militanter Nazigegner versuchte er sogar den Aga Khan, für den er einen Übersetzungsauftrag übernommen hatte, von der Notwendigkeit des Protests gegen Hitlers Regime zu überzeugen, scheiterte jedoch an dessen Desinteresse, gefasst in „überwältigende Liebenswürdigkeit, deren Vollendung, distanzschaffende Kälte und namenlosen Hochmut Marcel Proust als erster festgestellt hat"[695].

....
692 Jacob 1962: 12.
693 Jacob 1962: 150 f.
694 Jacob 1962: 16.
695 Jacob 1962: 214.

FAZIT

Der Titel „Kind meiner Zeit. Lebenserinnerungen" deutet es bereits an: Die Erinnerungen von Hans Jacob sind in erster Linie ein literarisch angelegter Rückblick auf ein bewegtes Leben, das über weite Strecken von den Zeitläuften bestimmt wurde. Das Dolmetschen ist hier eher ein Zufallsprodukt, das seinen Ursprung in Jacobs Herkunft und seiner vom Französischen dominierten Erziehung hat und und nicht professionell ausgebildet wurde. Dessen ungeachtet besaß oder entwickelte Jacob eine dolmetscherische Kompetenz, die ihn befähigte, den Erwartungen von Auftraggeberseite gerecht zu werden, sowie eine berufsspezifische Sensibilität, aus der heraus er einzelne, durchaus wesentliche Aspekte von Translation reflektierte, und nicht zuletzt ein berufliches Ethos, das ihn beim Thema Judendiskriminierung zur Translationsverweigerung bewog. Eine grundsätzliche Auseinandersetzung etwa mit der Frage nach dem dolmetscherischen Rollenverständnis findet jedoch nicht statt. So tritt die Behandlung des „Nebenberufs" (Originalton Jacob) hinter der humorvollen und prägnanten Schilderung von Zeitgenossen und zeitgeschichtlichen Entwicklungen sowie moralisch-ethischen Überlegungen in den Hintergrund. Dabei nimmt sich der Autor selbst sehr zurück: Persönliches kommt mit Ausnahme der Fluchtumstände nur am Rande zur Sprache.

7.4.1.4 Eugen Dollmann

Dr. Eugen Dollmann wurde am 8. August 1900 in Regensburg geboren und starb am 17. Mai 1985 in München.[696] Er promovierte 1926 an der Münchener Universität in Philosophie und studierte anschließend in Rom, wo er u. a. als Journalist arbeitete. Ab April 1937 wurde er regelmäßig als Dolmetscher bei deutsch-italienischen Begegnungen und hochrangigen Verhandlungen eingesetzt und kam so, mittlerweile im Rang eines Oberst der SS, in engen Kontakt mit Hitler und Mussolini. Dollmann dolmetschte die Gespräche im Rahmen des großen Staatsbesuches Hitlers im Jahr 1938 und auch die letzte Begegnung

---

[696] Biografische Daten in Ermangelung anderer Quellen nach Wikipedia. Dollmanns eigene Angaben (1963: 91) reichen bis 1952. Damals traf er in Madrid den italienischen Exkönig Umberto wieder, „als ich gerade meine letzten Peseten in einen Whisky im Foyer eines der Luxushotels verwandelte, ohne zu wissen, wie es weitergehen würde. [...] Umberto [...] führte mich in die richtigen Kreise der Madrider Gesellschaft ein, half mir damit selbstlos wieder auf die Beine." Dollmanns Memoiren wurden übersetzt; die englische Ausgabe („The Interpreter: Memoirs of Doktor Eugen Dollmann") erschien 1967 bei Hutchinson & Co., die russische 2008 bei Centrpoligraf („Perevodčik Gitlera: desjat' let sredi liderov nacizma; 1934-1944"). Dollmann veröffentlichte darüber hinaus gemeinsam mit Antonino Trizzino, Ruth Gillischewski und Albert Kesselring das Buch „Die verratene Flotte" über den Afrikafeldzug (Athenäum-Verlag, 1957) sowie „Call me Coward" (Verlag William Kimber, 1956).

zwischen Duce und Führer, die am 20. Juli 1944 nach dem Attentat auf Hitler im Führerhauptquartier in Rastenburg/Ostpreußen stattfand. Nach dem Ausscheiden Italiens aus dem 2. Weltkrieg im September 1943 diente Dollmann dem Oberbefehlshaber der deutschen Besatzungstruppen, Feldmarschall Kesselring, als Verbindungsoffizier und Berater und führte im Frühjahr 1945 gemeinsam mit dem SS- und Polizeiführer in Italien, General Wolff, geheime Kapitulationsverhandlungen in der Schweiz. Nach Ende des Krieges und einem kurzen Aufenthalt im alliierten Kriegsgefangenenlager bei Modena gelangte Dollmann, ausgestattet mit neuen Reisedokumenten[697], über Umwege in die Bundesrepublik Deutschland, wo er eine Pension in München führte.

Der Autor folgt in seinem Rückblick „Dolmetscher der Diktatoren" nicht dem zeitlichen Ablauf der Ereignisse, sondern gliedert sein Buch nach den Personengruppen, mit denen er in den Jahren zwischen 1937 und 1945 zu tun hatte. Zunächst geht es um ihn selbst („Der Dolmetscher"), dann um die beiden zentralen politischen Figuren („Die Diktatoren"), anschließend um „Die Polizisten" (Himmler), „Die Satrapen" (Göring) und des Weiteren um „Die Frauen" (u. a. Eva Braun). Seine Darstellung endet mit der Festnahme („Die Alliierten") am 13. Mai 1945.

Dollmann erwähnt mehrfach seinen Kollegen Paul Schmidt, den Chefdolmetscher des Auswärtigen Amtes, und zitiert aus dessen „spannungsreichen und interessanten Erinnerungen"[698] – möglicherweise wollte er mit seiner eigenen Publikation mit Schmidt gleichziehen. Darüber hinaus verfolgten Autor und Verlag mit der Veröffentlichung der Memoiren ganz offensichtlich die bizarr anmutende Absicht, dem Publikum auf unterhaltsame Weise einen Blick hinter die Kulissen der Macht zu eröffnen und ihm Details über Menschen zu offenbaren, die bis dahin wie Götter über dem Durchschnittsleser geschwebt hatten und nun auf einmal menschliche Züge gewinnen. Die anekdotenhafte Schilderung der Nazi-Größen in banalen Alltagssituationen – Hitlers ungeschickte Versuche, Spaghetti zu essen, der nackte Himmler in einer pompejanischen Badewanne, Heydrich im Bordell in Neapel – belegt, wie nah der Dolmetscher seinen Auftraggebern kam, wie selbstverständlich er sich im Dunstkreis der Macht bewegte und wie er sein „abwechslungsreiches und durchaus amüsantes Leben im Rom

---

697 „Die CIA hielt ihre schützende Hand z. B. über Eugen Dollmann, früherer Assistent von SS-Oberführer Karl Wolff, der für die Deportation der italienischen Juden verantwortlich war." Vgl. „Eichmann, Adolf" im Internet-Nachschlagewerk zum Ghetto Theresienstadt.
698 Dollmann 1963: 141.

jener Tage"⁶⁹⁹ genoss, unterstreicht aber auch die Bedeutung, die Dollmann daraus für das eigene Ego ableitete und die mit der Herausgabe der Erinnerungen nun noch eine weitere Dimension erreicht.

AUSSAGEN ZUM ROLLENVERSTÄNDNIS
Einen ersten Hinweis auf die Einstellung des Dolmetschers zu seiner Tätigkeit liefert das dem Buch vorangestellte Zitat von Winston Churchill:

„Diktatoren sollten sich vor ihrem Dolmetscher und vor ihrem Zahnarzt hüten; denn beide sind mächtiger als sie."

Die nachfolgenden Passagen veranschaulichen, dass Dollmann seinen Part in der Kommunikation als den eines aktiven Teilnehmers definierte, der, frei von Selbstzweifeln oder gar Skrupeln, seinen Handlungsspielraum eigenmächtig festlegt und seine Wirkungsmacht bewusst ausnutzt. Auf einen konkreten Dolmetschanlass übertragen hieß das:

Ich habe diesen höchst italienischen Bewunderungs- und Verwunderungsausbruch lieber nicht übersetzt, sondern etwas anderes.
Auch solche Intermezzi gehören in das Kapitel: „Von der Kunst des Dolmetschers".⁷⁰⁰

Das daraus resultierende Gefühl der Überlegenheit genoss er ganz offensichtlich:

Über alles gibt es Anweisungen: […]. Nur: „Über die Kunst zu dolmetschen", gibt es, soviel ich weiß, nichts. Und doch wäre es ein ganz besonders reizvolles Thema. Schon allein deswegen, weil es alle Skalen und Temperaturen der menschlichen Gefühle umfaßt. Ferner, weil es über

---

699 Dollmann 1963: 66. Nach dem italienischen Waffenstillstand und dem damit verbundenen Seitenwechsel im September 1943 weist Dollmann (1963: 177) nochmals auf seinen vertrauten Umgang mit der römischen Gesellschaft hin: „Es wäre den eleganten italienischen Offizieren, die ich aus dem römischen Gesellschaftsleben kannte, wohl auch zu peinlich gewesen, innerhalb weniger Stunden das Feuer gegen uns zu eröffnen, mit denen sie noch kürzlich Cocktails getrunken hatten."
700 Dollmann 1963: 10.

kurze oder längere Zeit auch den Ohnmächtigen die Chance gibt, die Mächtigen wehrlos in ihrer Hand zu fühlen.[701]

Um zu verstehen, auf welche Weise Dollmann zu seinem Rollenverständnis gelangte, muss man zu den Anfängen seiner Dolmetscherkarriere zurückkehren. Dollmann hatte seinen ersten hochrangigen „sehr amüsant(en)"[702] und nicht sonderlich anstrengenden Einsatz im April 1937 in Berlin, wo er auf Bitten des deutschen Botschafters in Rom die Gespräche zwischen dem Führer der Hitlerjugend, Baldur von Schirach, und dem italienischen Staatsjugendführer Renato Ricci dolmetschte. Von seiner Leistung war man so beeindruckt, dass Hitler ihn trotz anfänglicher Widerstände („Ich war kein amtlicher Dolmetscher."[703]) zur Verdolmetschung seines Auftritts vor der italienischen Jugenddelegation verpflichten ließ. Auch wenn an dieser Stelle Drohungen und Angst im Spiel waren, klingt der Rückblick auf die Situation außerordentlich selbstbewusst:

Meine Laufbahn als Dolmetscher der Diktatoren hatte soeben begonnen. Ich wußte es nur noch nicht ...[704]

Von einem klar definierten Auftrag ist an keiner Stelle des Textes die Rede, aber offensichtlich hatte Dollmann die Erwartungen seiner Auftraggeber hervorragend bedient, so dass man ihm nun vollkommen freie Hand ließ. Der Dolmetscher wiederum kannte die Konventionen und Erwartungen der Adressaten und nutzte den sich ihm bietenden Spielraum aus. Aus Hitlers 25minütiger Rede wurde eine

sehr südliche Ansprache, die mit den Worten Hitlers nicht das geringste zu tun hatte, weil ich einfach nicht wußte, was er gesagt hatte. Aber es wurde eine erfolgreiche Rede, weil ich zu den Italienern sprach, wie sie es verstanden.

---

701 Dollmann 1963: 128.
702 Dollmann 1963: 8.
703 Dollmann 1963: 9.
704 Dollmann 1963: 129.

Ich bin heute noch sicher, daß der rasende Beifall meiner Stegreifrede galt und nicht Hitlers Monolog.[705]

Dollmann, nach dem glanzvollen ersten Auftritt in der Wilhelmstraße „plötzlich en vogue"[706], war sich seiner mangelnden Dolmetschkompetenz und seiner terminologischen Lücken bewusst („Nicht jeder, der eine fremde Sprache beherrscht, ist ein guter Dolmetscher."[707]), ging jedoch nach eigener Darstellung unbefangen und kreativ an auftretende Probleme heran:

So erntete ich einen großen Heiterkeitserfolg bei einer italienischen Landwirtschaftsdelegation, die ich kurz vor Kriegsbeginn nach Deutschland begleitete. […] mir fiel das italienische Wort für „Fohlen" nicht ein. Ich rettete mich in die Umschreibung: „Signori, und das ist sozusagen die Hitlerjugend der Pferde."[708]

In anderen Fällen wie bei einem gemeinsamen deutsch-italienischen Truppenbesuch in der Ukraine im August 1941 ging er weiter: Zunächst dolmetschte er „getreulich" und dann, um Streit zwischen Hitler und Mussolini zu vermeiden, „weniger getreulich", um in einer dritten Stufe der Textbearbeitung aus Mussolinis „etwas sentimentalen und geradezu pazifistischen Gedanken" in der Verdolmetschung für Hitler „ein paar markige Aussprüche vom Siegeswillen der Achse, von den ausgezehrten bolschewistischen Horden"[709] zu machen – ohne zu bedenken, dass der Duce ja Deutsch verstand. Er wiederum tolerierte das Vorgehen des Dolmetschers:

Aber Mussolini nickte mir zu und sagte: „Sie haben Recht, Dottore, wir wollen ihn nicht ärgern."[710]

---

705 Dollmann 1963: 13. Hitler fand Stimmung und Ton seiner Rede, so Dollmann (1963: 14), „perfekt getroffen".
706 Dollmann 1963: 14.
707 Dollmann 1963: 14.
708 Dollmann 1963: 14 f. Zu den Aufgaben eines Dolmetschers gehörte es für Dollmann auch, Hitler die italienische Küche nahe zu bringen und anschließend für eine Gruppe von SS-Köchen in Rom einen Kochkurs zu organisieren.
709 Dollmann 1963: 27 f.
710 Dollmann 1963: 28.

Dieser Strategie waren jedoch Grenzen gesetzt. Görings wütende Ausfälle 1943 auf einer Befehlshabersitzung zur Lage in Afrika mussten ungefiltert und ohne Rücksicht auf eventuelle Empfindlichkeiten der italienischen Zuhörer übertragen werden – die offenkundige emotionale Geladenheit der Situation ließ dem Dolmetscher keine andere Wahl:

Hier konnte ich nichts abmildern, umformulieren, weniger kränkend darstellen. Hier mußte ich wörtlich wiedergeben, was er den italienischen Verbündeten entgegenschleuderte.[711]

Mit der umfassenden Kenntnis beider Kulturen geht ein schwankendes Loyalitätsverständnis einher; Dollmann, der sich der kulturellen und mentalen Kluft zwischen Deutschen und Italienern sehr wohl bewusst war, lässt an etlichen Stellen Sympathie für seine Wahlheimat und deren Vertreter erkennen:

Dabei (bei der Betreuung der deutschen Delegationen in Italien, A. d. V.) kam es nicht allein darauf an, meinen lieben Landsleuten dolmetschend zur Seite zu stehen, sondern auch die Gegensätze zu überbrücken. Nicht nur die Alpen trennten Nord und Süd. Eine erschreckende Humorlosigkeit von deutscher Seite erschwerte die teils wichtigen, teils unwesentlichen Verhandlungen auf allen Gebieten der gemeinsamen Interessen.[712]

Mit italienischen Extravaganzen vertraut, schätzt er einerseits das korrekte Verhalten Hitlers, der sich stets höflich für die Übersetzung bedankte, bedauert andererseits aber in Bezug auf Mussolini,

daß manche Gespräche der beiden Diktatoren, besonders, als die Lage immer kritischer wurde, unter vier Augen stattfanden […] deshalb, weil der schwächer und schwächer werdende Mussolini seinem großen Freund hilflos ausgeliefert war, ohne daß der Dolmetscher gewisse Nuancen verstärken oder abschwächen konnte.[713]

---

711 Dollmann 1963: 76.
712 Dollmann 1963: 31.
713 Dollmann 1963: 35.

Im Laufe seiner Dolmetschtätigkeit griff Dollmann zunehmend auf seine Kenntnis der deutschen und italienischen Kulturspezifika und Interna zurück, um Mentalitätsunterschiede auszugleichen und mögliche Reibungspunkte vorab zu eliminieren, wurde aber auch von beiden Seiten immer häufiger gezielt als eine „Art diplomatischer Feuerwehr"[714] eingespannt. So riet er dem Generalgouverneur von Libyen, Italo Balbo, bei Himmlers Libyen-Besuch 1937 davon ab, Himmler eine Prostituierte zur Verfügung zu stellen, und wurde seinerseits von Himmler um Rat gefragt:

„Dollmann, Sie kennen doch die Mentalität der Italiener. Wie kann man den Burschen moralisch auf die Beine helfen. Das ist ja völlig unmöglich, dieser Standpunkt."[715]

Das Resultat – Himmler lud Balbo nach Deutschland ein – war in Dollmanns Sinne, und er setzte seine Bemühungen fort, um Balbos Zusammentreffen mit dem eher ablehnend eingestellten Hitler positiv zu beeinflussen:

Ich weiß nicht, warum. War es [...] weil Italo Balbo einfach ein charming Luftboy war – ich beschloß, dem Marschall mit ein paar bescheidenen Tips Hilfestellung zu geben.
Ich ergänzte die Übersetzung einiger Führerworte durch meine hastig italienisch geflüsterte Patent-Gebrauchsanweisung, Marke Obersalzberg.[716]

Diese Verschiebung der Gewichte in Dollmanns Rolle und Funktion betraf ebenfalls das Verhältnis zu Mussolini. Der Dolmetscher schildert, wie ihm der Duce im April 1943 auf der Fahrt zu einem Treffen mit Hitler seine Pläne für einen Ausstieg aus dem Achsenbündnis mit Deutschland offenbarte und ihn vertrauensvoll um Rat bat.

Ich brauchte einige Sekunden, bis ich begriff, daß das keine rhetorische Frage war. Mussolini erwartete von mir eine Antwort. Ich schwieg, über-

---

714 Dollmann 1963: 21. Vor diesem Hintergrund kommentiert er (1963: 187) die zunächst drohende und später rückgängig gemachte Übernahme des Oberkommandos in Italien durch Feldmarschall Rommel: „Uns allen war klar, daß sein Oberkommando ein verschärftes Besatzungsregime bringen mußte; denn wie sollte ein Mann ohne Verständnis für Land und Leute mit den Schwierigkeiten fertig werden, die sich aus Temperament und Einstellung der Menschen ergaben!"
715 Dollmann 1963: 82.
716 Dollmann 1963: 84.

legte krampfhaft, wußte nicht, was ich sagen sollte. Ich war Dolmetscher, Historiker, kein Diplomat.[717]

So galt auch die letzte Privataudienz, zu der Mussolini seinen „caro amico" Dollmann am 6. April 1945 am Gardasee empfing, nicht dem Sprachmittler, sondern dem italophonen, mit beiden Kulturen sowie den Charakteren der Hauptakteure bestens vertrauten und den Perspektivenwechsel beherrschenden gleichrangigen Gesprächspartner.[718] Den endgültigen Rollenwechsel hin zum aktiv handelnden diplomatischen Beamten vollzog Dollmann bei den Kapitulationsverhandlungen in der Schweiz, an denen er als deutscher Unterhändler teilnahm. Mit dem Krieg endeten beide Karrieren, was Dollmann zu folgendem Resümee veranlasste:

Hatte auch ich meine Rolle zu Ende gespielt? Als Dolmetscher zweier nun toter Diktatoren hatte ich begonnen, als diplomatischer Berater in italienischen Fragen, als Mittler zwischen der Kirche und dem Militär und als Unterhändler zwischen den Fronten hatte ich weiter gewirkt.[719]

PROZEDURALES WISSEN
Dollmann „dolmetschte" seine erste Hitler-Rede vollkommen unvorbereitet und hatte weder Block noch Stift zur Notizennahme dabei. Auch die nachfolgenden Dolmetscheinsätze ging er offensichtlich aus dem Stegreif an und man mag es nicht als Dolmetsch*technik* bezeichnen, wenn er sagt:

Später erst sollte ich den Trick (sic!) mit der gestärkten Manschette kennenlernen, auf die man sich Stichworte notieren konnte.[720]

Mit zunehmender Dolmetscherfahrung scheint sich Dollmann auf die Spezifik seiner Redner eingestellt zu haben. Auf einer deutsch-italienischen Konferenz vor dem Hintergrund des Libyenkrieges 1942 ging es um einen zweistündigen (!) Vortrag Görings, der große Ansprüche an seinen Dolmetscher stellte und auch unangenehm werden konnte, wenn er den Eindruck hatte, unzulänglich

---

717 Dollmann 1963: 36.
718 Vgl. Dollmann 1963: 51.
719 Dollmann 1963: 249.
720 Dollmann 1963: 13.

wiedergegeben worden zu sein. Dollmann nahm zwar „reichlich Notizen", war aber nach eigenem Bekunden dankbar für die Loyalität der italienischen Zuhörer und die Unterstützung durch Feldmarschall Kesselring.[721]

EINSCHÄTZUNGEN UND WERTUNGEN

Im Vordergrund von Dollmanns Erinnerungen stehen neben dem Kriegsverlauf die Persönlichkeiten, mit denen er in seiner Funktion als Dolmetscher und Oberst der SS in Kontakt kam. Sein zentrales Augenmerk gilt naturgemäß den beiden politischen Führern, nach Dollmanns Eindruck „Phantasten ohne Format, die die Wirklichkeit nicht erkannten – oder nicht erkennen wollten"[722], und den Personen in ihrem engsten Umfeld, wobei die deutschen Vertreter – militärisch, schwerfällig, ungebildet – insgesamt negativer dargestellt werden als die italienischen: elegant, kultiviert etc.[723] Dollmanns Charakterisierung gerät in der Regel gröber, undifferenzierter als bei Hans Jacob, der mit wenigen Worten die Dinge auf den Punkt zu bringen vermag; bei der Wortwahl greift er ähnlich wie Paul Schmidt häufig zu Begriffen aus dem Theater- und Bühnenkontext.

Die Schilderung seiner ersten Begegnung mit Hitler wirkt geradezu nonchalant, wenn man bedenkt, dass sich Dollmann nur unter enormem Druck bereit erklärt hatte, den anstehenden Dolmetscheinsatz zu übernehmen:

Er starrte mich an, als wollte er mich hypnotisieren. Ich dachte: „Schau nur, wennst magst. Mir macht das nix."
Nach einem Moment gab er auf. Es war seine ‚Masche'. Er versuchte seinen Augentrick mit jedem. [...] Bei mir hatte er keinen Erfolg.[724]

Anlässlich des letzten Treffens zwischen Hitler und Mussolini nach dem missglückten Stauffenberg-Attentat kommt er auf dieses Bild zurück:

---

721 Vgl. Dollmann 1963: 73.
722 Dollmann 1963: 46. Zum Vergleich zwischen beiden Diktatoren vgl. Dollmann 1963: 25 ff.
723 Vgl. z. B. die Ausführungen zu Heinrich Himmler (Dollmann 1963: 54 ff.) bzw. seinem italienischen Kollegen Arturo Bocchini (Dollmann 1963: 65 ff.).
724 Dollmann 1963: 12. Dollmann selbst (1963: 102) bekennt sich zu seinem „angeborene(n) Unernst, der mir die nötige Leichtigkeit gab, all den Mächtigen jener Tage gegenüberzutreten, ohne zu zittern", bekennt allerdings im selben Zusammenhang: „(V)or Reinhard Heydrich hatte ich Angst, weil er der einzige war, der mich durchschaute."

Der übliche Händedruck, das markige Augenspiel, und dann Hitlers feste Stimme, ganz ruhig, ganz gefaßt, ein Schauspieler, der die Kunst des Untertreibens glänzend beherrscht [...].[725]

Benito Mussolini wird als charmant, verspielt und menschlich gezeichnet, war aber nach Dollmann „der Albtraum eines Dolmetschers, weil er so viele Sprachen so schrecklich schlecht sprach"[726] und sich gern, aber nicht immer verständlich in Deutsch äußerte.

Dollmann wertet und rechtfertigt sowohl sein eigenes Handeln als auch das der Politiker und Militärs, für die er tätig war, und reiht sich in die Reihen derer ein, die säuberlich zwischen aktiv betriebener und passiv mitgetragener Politik unterscheiden. Göring sei, so Dollmann, im Unterschied zu anderen Nazigrößen ein Mensch gewesen,

allerdings mit vielen Fehlern. Und wenn man ihm etwas vorzuwerfen hat, dann ganz gewiß nicht aktive Verbrechen, sondern vielmehr, daß er diese kraft seiner Stellung nicht verhinderte[727].

Auch Brutalität (Bormann), Wahnideen (Hitler), Prunksucht (Goebbels) oder Machthunger (Heydrich) sind für Dollmann entschuldbar als „menschliche Züge" oder „wenn auch im negativen Sinne menschliche Lebensäußerungen"[728]. Eine Ausnahme bildet, so Dollmann, lediglich Heinrich Himmler, dem er Erbarmungslosigkeit und grenzenloses politisches Machtkalkül attestiert.

FAZIT
Zwei Dinge gilt es an dieser Stelle zu unterscheiden: die Wahrnehmung von Eugen Dollmanns Aussagen aus heutiger Sicht und die Bewertung seiner Rolle als Dolmetscher und seines eigenen Verständnisses von dieser Funktion. Der Klappentext des Buches aus dem Jahr 1963 spricht von „Kabinettstücken aus und am Rande der großen Weltpolitik" und von einem „so charmanten Ton, daß man diese Erinnerungen liest wie einen spannenden Roman". Gut fünfzig Jahre später, da ein völlig anderer Anspruch an Aufklärung und Aufarbeitung

....

725 Dollmann 1963: 41.
726 Dollmann 1963: 15.
727 Dollmann 1963: 77. Vgl. Dollmann 1963: 72.
728 Dollmann 1963: 63.

der Zeit des Nationalsozialismus und des 2. Weltkriegs erhoben wird, erscheint diese „charmante" Herangehensweise ebenso wie der oftmals amüsierte Blick Dollmanns irritierend, unangemessen, bisweilen stillos. Wenn er beispielsweise von seiner ersten SS-Uniform sagt, sie habe ihm etwa so gut gepasst „wie einem kleinen Jungen der Pyjama seines Großonkels"[729], erscheint das angesichts dessen, was wir heute über Einsätze und Vorgehen der SS wissen, ebenso grotesk und verharmlosend wie gegen Ende des Buches die erleichterte Aussage: „Keine Gestapo konnte uns das Leben mehr sauer machen"[730]. Augenscheinlich konstruiert Dollmann auf diese Weise das „konsistente Bild (seiner) selbst und der (ihn) umgebenden Welt", von dem Julie Zeh spricht (vgl. Kap. 6.4.2.1) – nur dass der Leser im Jahr 2015 von einer anderen Lebenswirklichkeit umgeben ist.

In Dollmanns Erinnerungen spielt seine Tätigkeit als Dolmetscher, auch wenn sie ihm Macht und Einfluss verlieh, nur eine untergeordnete Rolle; im Vordergrund stehen die zeitgeschichtlichen Ereignisse, die eigene Teilhabe daran sowie damit verbundene ungewöhnliche oder kuriose Aspekte. Dollmann betont wiederholt, er sei in erster Linie Historiker gewesen, leitet daraus jedoch weder die Notwendigkeit einer um so intensiveren Vorbereitung auf die Dolmetscheinsätze noch Zweifel an seinen dolmetscherischen Fähigkeiten ab. Der Erfolg gab ihm offensichtlich Recht: Er setzte intuitiv und bisweilen selbstgefällig auf sein Hintergrundwissen, auf Sprachkenntnisse und eine interkulturelle Kompetenz, zu der ein ausgeprägtes Bewusstsein für die deutschitalienischen Unterschiede in Mentalität und emotionalen Charakteristika gehörte, und seine Auftraggeber tolerierten bzw. förderten sogar die Eigenmächtigkeit, mit der Dollmann bisweilen den Gesprächsverlauf steuerte. Ob die relativ laxen Vorgaben auf Unkenntnis oder Desinteresse der deutschen Seite zurückzuführen sind oder aber einem grenzenlosen Vertrauen in die Fähigkeiten des Sprachmittlers entsprangen, sei dahingestellt. Dabei konnten sich die nationalsozialistischen Politiker und Beamten noch nicht einmal der Loyalität des Dolmetschers gewiss sein – dessen Sympathie galt, so wird deutlich, mehrheitlich der italienischen Seite, der er Attribute wie Leichtigkeit, Lebensfreude sowie Sinn für das Schöne und Elegante zuweist. Gewissenskonflikte resultierten daraus offenbar nicht. Dessen ungeachtet trugen deutsche und italienische Kommunikationspartner mit zunehmender Vertrautheit Er-

---

729 Dollmann 1963: 20.
730 Dollmann 1963: 250.

wartungen an den Dolmetscher heran, die über die rein kommunikative Funktion hinausgingen und ihm die Rolle eines Beraters zuwiesen.

7.4.1.5 Erich F. Sommer

Erich Sommer ist Autor zweier autobiografischer Werke: „Das Memorandum. Wie der Sowjetunion der Krieg erklärt wurde" behandelt die zentralen Ereignisse der deutsch-sowjetischen Beziehungen im Jahr 1941 und dient als Ausgangspunkt für die folgende Betrachtung. Der später erschienene Band „Geboren in Moskau. Erinnerungen eines baltendeutschen Diplomaten 1912-1955", der etliche Passagen aus dem „Memorandum" wörtlich übernimmt, wird an den Stellen ergänzend hinzugezogen, wo es darum geht, biografische Details zu klären und die Situationen näher zu beleuchten, in denen der Autor als Dolmetscher eingesetzt wurde. Sommer hat darüber hinaus eine Biografie des seinerzeit letzten deutschen Botschafters in Moskau verfasst[731].

Erich F. (Franz) Sommer wurde am 19. Juli 1912 als Sohn einer baltendeutschen Familie in Moskau geboren, wo der Vater eine metallurgische Fabrik betrieb. Er studierte zunächst von 1930 bis 1934 am Moskauer Fremdspracheninstitut Deutsch und Englisch[732] und anschließend in Riga, Königsberg und Berlin Geschichte und Philosophie. Sein Vater wurde 1935 als angeblicher deutscher Spion verhaftet und starb 1939 in einem Straflager in Taschkent. Nach der Promotion in Berlin wurde Sommer im Herbst 1939 freier Mitarbeiter im Sprachendienst des Auswärtigen Amtes[733], wo man ihn zunächst als Übersetzer einsetzte. 1941 wechselte er als Dolmetscher für Russisch in die Protokollabteilung. Nach seiner Festnahme durch Soldaten des sowjetischen militärischen Nachrichtendienstes (Smerš) im Juni 1945 verbrachte er zehn Jahre im Gefängnis und in Straflagern, bis er im Oktober 1955 nach der Moskau-Reise Konrad Adenauers nach Deutschland zurückkehren konnte. Anschließend war er in der Kulturabteilung des Auswärtigen Amtes sowie als Diplomat auf Auslandsposten tätig. Der Autor verstarb 1996 noch vor Erscheinen seiner Erinnerungen „Geboren in Moskau".

In seinem Buch „Das Memorandum. Wie der Sowjetunion der Krieg erklärt wurde" skizziert Sommer zunächst die deutsch-sowjetischen Beziehun-

---

731 Erich F. Sommer: „Botschafter Graf Schulenburg: Der letzte Vertreter des deutschen Reiches in Moskau", Asendorf: Mut-Verlag, 1989.
732 Vgl. das Vorwort von Boris Meissner (Sommer 1997: 12).
733 Zu den Gründen für die Erweiterung des Sprachendienstes und den Einstellungsmodalitäten vgl. Sommer 1997: 119 ff.

gen zum Zeitpunkt des Abschlusses der Verträge von 1939 und die Hintergründe der Geschehnisse bis zum Kriegsbeginn am 22. Juni 1941. Anschließend geht er auf die diplomatischen Aktivitäten vor dem deutschen Überfall sowie den Besuch Molotovs in Berlin im November 1940 ein und widmet sich ausführlich der Person des damaligen sowjetischen Botschafters Vladimir Dekanosov. Der darauf folgende „Augenzeugenbericht" enthält Sommers persönliche Erinnerungen an die Nacht vom 21. auf den 22. Juni 1941, in der er Dekanosov telefonisch zu Außenminister Ribbentrop ins Auswärtige Amt bestellen musste, wo der Leiter des Ministerbüros, Chefdolmetscher Paul Schmidt, den Text des „Memorandums", der Note der Reichsregierung an die Sowjetunion und de facto die Kriegserklärung, verlas.[734] Zehn Tage nach Kriegsausbruch erhielt Sommer den Auftrag, die ausreisenden sowjetischen Diplomaten als Dolmetscher und betreuender Attaché bis zur bulgarisch-türkischen Grenze zu begleiten.[735] Auf die Beschreibung dieser Reise folgt das Kapitel „Berichtigungen und Entgegnungen", in dem der Autor die Memoiren seiner Dolmetscherkollegen Schmidt, Berežkov und Hilger kritisch unter die Lupe nimmt. Während er jedoch an der Darstellung der beiden Deutschen vorrangig verzeihliche Ungenauigkeiten oder Eitelkeiten bemängelt, geht er mit Berežkov hart ins Gericht und wirft ihm neben ideologischer Befangenheit eine gezielte Verdrehung der Tatsachen bis hin zur „historischen Lüge"[736] sowie eine bewusste Irreführung der Leser vor. Im Gegensatz zur „phantasiebegabten Darstellung W. Bereschkows"[737] will er selbst eine wahrheitsgemäße Schilderung der Atmosphäre und des Ablaufes der Ereignisse leisten. Zu diesem Zweck bedient er sich historischer Quellen sowie der eigenen Einblicke und Erinnerungen. Sommer grenzt sich dabei ausdrücklich von den Memoiren anderer Zeitzeugen ab und kann sich auch einen Seitenhieb auf Paul Schmidt, der seit 1943 NSDAP-Mitglied war, nicht verkneifen.

---

734 Die Verdolmetschung erfolgte durch den sowjetischen Botschaftsdolmetscher Berežkov.
735 Gustav Hilger wiederum schildert den Austausch, der in einen gleichzeitigen Grenzübertritt beider Gruppen münden sollte, von deutscher Seite. Die deutschen Botschaftsmitarbeiter und er sollten bei Leninakan an der sowjetisch-türkischen Grenze das Land verlassen. Am 13. Juli 1941 wurde mithilfe zweier Schutzmächte der Austausch der beiden Diplomatengruppen abgewickelt.
736 Sommer 1991: 262. Eine Aufzählung und Gegenüberstellung der Aussagen beider Autoren würde an dieser Stelle zu weit führen und ist nicht Ziel dieser Arbeit.
737 Sommer (1991: 13) distanziert sich aber auch von einzelnen Aussagen „der im übrigen durchaus zuverlässigen und verdienstvollen Dolmetscher-Memoiristen Paul Schmidt und Gustav Hilger".

Für einen gelernten Historiker, der als Dolmetscher mehr oder weniger durch Zufall Augenzeuge eines welthistorischen Vorgangs geworden ist, sind andere Kategorien gültig als für einen parteigebundenen Publizisten in der gleichen Funktion.[738]

Im „Nachwort zur Taschenbuchausgabe" geht es noch einmal um den Hitler-Stalin-Pakt und die unter Historikern umstrittene Frage, ob es sich bei Hitlers Angriff auf die Sowjetunion um einen Überfall oder einen Präventivkrieg gehandelt habe. Eine Dokumentation schließt das Buch ab.

AUSSAGEN ZUM ROLLENVERSTÄNDNIS
Der Autor unterstreicht bereits in seinen Vorbemerkungen die Bedeutung, die Dolmetschern seit jeher in der internationalen Kommunikation zukam, und deren besondere Verantwortung für das Gelingen oder auch Misslingen von Kontakten und Geschäften.

Ausschlaggebend war nicht selten jener „Zungenschlag", den ein Dolmetscher bei der Wiedergabe einer Erklärung oder eines Sachverhalts gebraucht und bei dem eine Sinnverschiebung verhängnisvolle Folgen nach sich ziehen kann.[739]

Diese Einstellung vertrat man auch im Auswärtigen Amt: Paul Schmidt, dessen Verdienste ebenso zur Sprache kommen wie sein Verhältnis zu Hitler[740], wies den Kollegen bei dessen Einstellung auf die „verantwortungsvollen Aufgaben und unabweisbaren Pflichten" eines Dolmetschers hin und formulierte bei dieser Gelegenheit seine Vorstellung von Rolle und Funktion dieses „sprechenden Werkzeugs"[741]. Konsequenterweise machte Schmidt den Neuzugang mit seiner speziellen Dolmetschtechnik vertraut, mit deren Hilfe nicht nur Gespräche übersetzt, sondern anschließend auch Aufzeichnungen darüber angefertigt werden konnten.

---

738 Sommer 1991: 14. Der „gelernte Historiker" unterstreicht seinen wissenschaftlichen Ansatz durch eine ausführliche Liste von Quellen und Literaturhinweisen am Ende des Buches und unterscheidet sich auch darin von seinen Memoiristen-Kollegen.
739 Sommer 1991: 13.
740 Hitler persönlich, so Sommer (1991: 243), habe Schmidts Verdienste honoriert und seine Beförderung angeordnet.
741 Sommer 1991: 242.

Er (Schmidt) hatte nämlich ein eigenes graphisches System für die Fixierung eines Gesprächs ausgearbeitet. Dieses bestand aus einzelnen Hauptwörtern, Verben, mitunter auch kurzen Satzfetzen, die durch Quadrate, Kreise oder Unterstreichungen hervorgehoben und durch Pfeile oder Wellenlinien miteinander in Verbindung gesetzt wurden. Bei einer Sofortübertragung ermöglichte dieses System eine beinahe lückenlose und inhaltlich adäquate Wiedergabe des Gesprächs.[742]

Anfang Juni 1940 begleitete Sommer eine deutsche Regierungsdelegation als Dolmetscher zu juristischen Verhandlungen nach Moskau. Hier oblag ihm zunächst die Betreuung der Delegationsmitglieder und die Protokollführung, aber aufgrund der Fehlleistungen der beiden anwesenden Dolmetscher übertrug man ihm spontan die Verdolmetschung in beide Sprachrichtungen, die er ganz im Sinne seines Lehrmeisters mit professioneller Gelassenheit in Angriff nahm und zur vollen Zufriedenheit der Verhandlungspartner bewältigte.

Gemäß der Belehrung durch Paul Schmidt erklärte ich gleich bei der Wiederaufnahme der Verhandlungen, daß die jeweiligen Reden in Abschnitten von nicht länger als acht bis zehn Minuten von mir ins Russische übersetzt würden und ich mich dabei der mir vertrauten Schmidtschen graphischen Methode bedienen würde. [...] Da ich bereits in Riga Vorlesungen über das Völkerrecht bei dem Göttinger Professor Wolff gehört und diese in Berlin bei Berber erweitert hatte, geriet ich bei der Übersetzung nur selten in Schwierigkeiten und bediente mich dann einer zweckdienlichen Umschreibung.[743]

Im Dezember 1940 dolmetschte er, der seine eigenen Russischkenntnisse beiläufig als „perfekt"[744] bezeichnet, das erste Sachgespräch zwischen Außenminister Ribbentrop und dem neu ernannten sowjetischen Botschafter Dekanosov, der von seinem „Dolmetscher-Sekretär"[745] Vladimir Pavlov begleitet wur-

---

742 Sommer 1991: 244. Dass die Dolmetschtechnik kein Alleinstellungsmerkmal Paul Schmidts war, bestätigt Sommer (1991: 253) in einer Aussage über Gustav Hilger, dem er neben einer absoluten Zweisprachigkeit und einer soliden Kenntnis aller Usancen und Nuancen der sowjetischen Innen- und Außenpolitik auch Erfahrung „in der Übersetzungstechnik" bescheinigt.
743 Sommer 1997: 142.
744 Vgl. Sommer 1991: 60.
745 Sommer 1991: 141.

de. Dolmetschrelevante Details erfahren wir nicht. Weitere Einsätze schildert der Autor erst im Zusammenhang mit der Betreuung der sowjetischen Botschaftsmitarbeiter auf der Bahnreise von Berlin zur bulgarisch-türkischen Grenze. Der Auftrag erwies sich als anspruchsvoll: Mit Zugkommandant Henry von Bothmer, einem in den Vereinigten Staaten aufgewachsenen, unbekümmert, spontan und nicht immer logisch argumentierenden deutschen Beamten, und den von Misstrauen und Zweifeln erfüllten sowjetischen Passagieren, zu denen sowohl „Diplomaten erster Klasse" als auch Sowjetrussen ohne Diplomatenstatus gehörten, stießen zwei extrem kontroverse kulturelle Prägungen aufeinander. Angesichts der komplexen Situation, in der sich alle Beteiligten befanden, war besonders die interkulturelle Kompetenz des Dolmetschers gefragt, eine Herausforderung, der Sommer offensichtlich gerecht wurde:

Mich, den um mehr als ein Jahrzehnt Jüngeren, brachte dieser Umstand (die mitunter taktlosen Fragen von Bothmers an den sowjetischen Botschafter, A. d. V.) beim Dolmetschen in eine nicht geringe Verlegenheit. In Anwesenheit der des Deutschen durchaus kundigen Russen fiel mir die höchst undankbare Aufgabe zu, Bothmers verworrene und inhaltslose Aussagen zu entwirren, in einen logischen Zusammenhang zu bringen, zu „frisieren" und zu stilisieren. Da Bothmer [...] Ausweichen als beste Gesprächstaktik ansah, glaubten die Russen im Ernst, es handele sich dabei um einen wohlüberlegten und ausgetüftelten Verhandlungstrick, der es mir erlaubte, die Verantwortung für etwaige unliebsame Mitteilungen [...] abzuwälzen.[746]

UMGANG MIT EMOTIONEN

Sommer äußert sich nur sehr zurückhaltend zur Frage emotionaler Befindlichkeiten in Dolmetschsituationen. So spricht er allgemein vom Unbehagen, das ihn anlässlich eines Abendessens als Sprachmittler zwischen zwei „Sicherheitsbeamten", dem stellvertretenden Innenkommissar Merkulov und dem Leiter des Reichssicherheitshauptamtes Kaltenbrunner, befiel und ihn „zunächst den Atem anhalten (ließ)"[747]. Im Zusammenhang mit dem Diplomatenaustausch in Svilengrad erwähnt er zwar ebenfalls die gefühlsmäßige Bewe-

---

746 Sommer 1991: 202.
747 Sommer 1991: 68.

gung aller Beteiligten, verzichtet aber auf Einzelheiten. Selbst bei der Beschreibung der hochgradig emotionalen Nacht vom 21. auf den 22. Juni 1941 räumt der Memoirist diesem Aspekt relativ wenig Raum ein und beschreibt lediglich einige körperliche Reaktionen als Hinweis auf Erregung und Anspannung der Beteiligten."[748]

EINSCHÄTZUNGEN UND WERTUNGEN

Sommer präsentiert Abläufe und Hintergründe detailreich und lebhaft, fügt Anekdotisches ein und belegt seine Darstellung mit Zitaten aus historischen Quellen, Unterredungen und Schriftwechseln. Neben den Geschehnissen jener Zeit skizziert er die zentralen Akteure, mit denen er durch seine Tätigkeit besonders engen Kontakt hatte, u. a. Vladimir Dekanosov, den „kurzleibigen, von Energie strotzende(n)"[749] ehemaligen stellvertretenden Außenkommissar georgischer Abstammung, der 1953 als Vertrauter des Geheimdienstchefs Berija hingerichtet wurde, und den deutschen Außenminister von Ribbentrop, den Sommer ähnlich negativ wie Paul Schmidt als narzisstisch, eitel und gefallsüchtig schildert.

Sommer erwähnt seine Dolmetscherkollegen nicht nur relativ häufig, sondern zieht auch deren Memoiren zur Beschreibung von Situationen heran, an denen er selbst nicht beteiligt war. Dabei kommen die sprachlichen und kommunikativen Qualitäten und die jeweiligen Besonderheiten der handelnden Personen zur Sprache; Sommer kommentiert manches en passant[750] und kolportiert darüber hinaus Klatsch und Tratsch wie die angeblichen Hintergründe des Vertrauensverhältnisses zwischen Stalin und dessen Dolmetscher Pavlov.

FAZIT

Dolmetschen als Mittel zum Zweck – die Darstellung Erich Sommers verdeutlicht, wie er seinen Anspruch als Historiker, Ereignisse der Zeitgeschichte faktenbasiert für die Nachwelt festzuhalten, vertritt und dabei die Informationen und Erkenntnisse nutzt, die er in seiner Funktion als Dolmetscher bzw. Protokollbeamter in historischen Schlüsselmomenten gewinnen konnte. Dem Dolmetscher komme, so der Memoirist, aufgrund seiner Nähe zum Gesche-

---

748 Vgl. Sommer 1991: 167.
749 Sommer 1991: 68. Vgl. Sommer 1991: 207 f.
750 Vgl. Sommer 62. Eine ausführliche Würdigung Gustav Hilgers, des „an Erfahrung und Sprachbeherrschung unübertrefflich(en)" Sowjetexperten, findet sich in Sommer 1997: 138 f .

hen und seiner Neutralitätspflicht eine besondere Bedeutung zu, was seine Erinnerungen zu „unverzichtbaren Hilfsquellen historischer Forschung (macht)" – das eigentlich Wichtige stehe in der Regel nicht in den Akten.[751] Die Formulierung „Hilfsquellen" illustriert Sommers Einstellung zu seiner Rolle als Dolmetscher: Er zitiert zwar relativ ausführlich Paul Schmidt als anerkannte übergeordnete Kapazität, übernimmt dankbar dessen Dolmetschanleitung und teilt offenkundig auch die berufsethischen Grundsätze seines Vorgesetzten, ist jedoch vom professionellen Engagement und der Reflexionstiefe seines Lehrmeisters weit entfernt. Sommers Hauptaugenmerk gilt der wahrheitsgemäßen Darstellung bzw. der Richtigstellung historischer Fakten; dementsprechend kritisch unterscheidet er bei der Bewertung der Memoiren seiner Dolmetscherkollegen zwischen dolmetscherischen und inhaltsbezogenen Qualitäten. Diese Schwerpunktsetzung gilt auch für die Behandlung des Themas Emotionen – sie kommen nur dann zur Sprache, wenn sie für den historischen Moment eine Rolle spielen, nicht jedoch in Relation zum Dolmetschen.

7.4.1.6 Nikolaus Ehlert

Nikolaus (Nicolai) Ehlert wurde am 26. September 1922 in Berlin als Sohn einer baltendeutschen Familie geboren, die nach der Oktoberrevolution Russland verlassen hatte.[752] Nach eigenen Angaben erfuhr Ehlert schon bei der Wehrmacht eine Dolmetscherausbildung und erhielt das Abschlusszeugnis der Reichsfachschaft für das Dolmetscherwesen. Nach dem Krieg arbeitete er von 1945 bis 1947 in einer privaten Schule für das Dolmetscherwesen in Stuttgart, wo er die französische und die russische Übersetzungsabteilung leitete und gleichzeitig als Mitglied des Prüfungsausschusses für die staatliche Dolmetscherprüfung fungierte. Zwischen 1947 und 1949 war er bei der französischen Militärregierung in Tübingen als Leiter des Pressedienstes und Redakteur beschäftigt. Nach Tätigkeiten in der Übersetzungsabteilung der Zentralen Rechtsschutzstelle in Stuttgart und im Bundesjustizministerium wurde er im Juni 1956 als Übersetzer beim Auswärtigen Amt eingestellt und im selben Monat an die Botschaft Moskau versetzt. Das Dienstverhältnis endete im Feb-

---

751 Sommer 1991: 12.
752 Die Angaben zur Biografie Ehlerts stammen aus dem Klappentext seines Buches (1967) sowie aus einer Mitteilung des Politischen Archivs des Auswärtigen Amts vom 11.09.2012.

ruar 1963.[753] Anschließend arbeitete Ehlert für die Deutsche Welle und setzte sich in der Region Kaliningrad (Königsberg) für die deutsch-russische Verständigung ein. Er verstarb Anfang der 2000er Jahre.

Ehlerts Rückblick „Große Grusinische Nr. 17. Deutsche Botschaft in Moskau" setzt Ende 1955 ein, als das Auswärtige Amt nach Konrad Adenauers „sensationellem Staatsbesuch"[754] in der Sowjetunion die Wiedereröffnung der Deutschen Botschaft in Moskau vorbereitete, und führt über die Details seiner Einreise Mitte Juni 1956 hin zu einer Beschreibung der Arbeit an der Botschaft sowie der allgemeinen Lebensumstände in der UdSSR. Ehlert präsentiert dem Leser auf der anderen Seite des Eisernen Vorhangs bildhaft und facettenreich all das, was er als typisch sowjetisch wahrnahm [755], und kennt, auch wenn er wiederholt rhetorisch nach den Ursachen für Vernachlässigung und Gleichgültigkeit fragt, in der Regel bereits die Gründe für die nach westlichem Verständnis seltsamen bis unzumutbaren Verhältnisse im Lande, die Verhaltensweisen der Menschen und die Abläufe im Umgang mit Ausländern.

Der Einstieg in die zwar saubere, aber im Vergleich zu westlichen Flugzeugen recht schäbige Maschine (von Helsinki nach Moskau, A. d. V.) offenbarte schon jene schwer definierbare Trostlosigkeit, die fast alles Sowjetische kennzeichnet und die wohl in erster Linie von schlechter Verarbeitung, dubiosem Geschmack und mangelnder Pflege herrührt.[756]

Der Autor beschreibt zunächst ausführlich die schwierigen äußeren Umstände, unter denen die Botschaft ihre Tätigkeit aufnahm, und wendet sich dann der eigentlichen diplomatischen Arbeit und den Fallstricken der sowjetischen Politik gegenüber westlichen Ausländern zu. Zu den Schwerpunkten, mit denen sich die Mannschaft unter den Botschaftern Wilhelm Haas und später Hans Kroll befassen musste, gehörten als alliiertes Dauerthema die Deutschland-Frage sowie die Repatriierung der noch in Russland befindlichen Deutschen. Darüber hinaus beleuchtet Ehlert die Entwicklung der deutsch-

---

753 Ehlert (1967: 9 bzw. 348) macht keine Angaben zum Datum seiner Ausreise; er spricht von sieben Jahren Aufenthalt und erwähnt die Kuba-Krise vom Oktober 1962 als die „ganz große Sensation meines letzten Winters in Moskau".
754 Ehlert 1967: 7.
755 Ehlert äußert sich mehrfach über die für die Sowjetunion charakteristische diametrale Umkehrung von Begrifflichkeiten, so auch im Falle des Wortes „typisch". Vgl. Ehlert 1967: 60 f.
756 Ehlert 1967: 9. Im Zusammenhang mit den Diskrepanzen zwischen Ost und West spricht Ehlert (1967: 26) von der „Anti-Welt", in der sich jeder Neuankömmling zunächst zurechtfinden musste.

sowjetischen Beziehungen vor dem Hintergrund der zentralen politischen Ereignisse der 2. Hälfte der 1950er Jahre und der beginnenden 1960er Jahre (Berlin-Ultimatum, Pariser Gipfelkonferenz, Bau der Berliner Mauer) und setzt sich ausführlich mit der Person von Parteichef und Ministerpräsident Nikita Chruščëv auseinander. Im Nachwort thematisiert der Memoirist nochmals das „Versagen" des Westens in den Auseinandersetzungen mit der Sowjetunion und plädiert für eine entschlossene, „sinnvolle" Ostpolitik[757].

Ehlert nennt kein spezifisches Motiv für das Niederschreiben seiner Erinnerungen, aber sein Anliegen tritt in Aufbau und Duktus seines Buches klar zutage. Neben der Schilderung der stellenweise exotisch anmutenden Zustände in der UdSSR geht es ihm in erster Linie darum, die Diskrepanzen im Denken und Handeln der politischen Akteure in Ost und West aufzuzeigen und zu veranschaulichen, dass eine bessere Kenntnis der sowjetischen Realität den Lauf der Ereignisse positiv (im westlichen Sinne) hätte beeinflussen können.[758]

AUSSAGEN ZUM ROLLENVERSTÄNDNIS

Laut „Spiegel" war Ehlert der „Chef-Dolmetscher der bundesrepublikanischen Botschaft in Moskau"[759]. Er selbst nahm sich offensichtlich vor allem als für Fachfragen zuständiger Vertreter der Botschaft wahr, denn er erwähnt zwar seine Tätigkeit als stellvertretender Pressereferent oder seine Zuständigkeit für Zollangelegenheiten, spricht jedoch seine Funktion als Dolmetscher und Protokollant von Unterredungen nur an wenigen Stellen an. Die Beschreibung seines Verhältnisses zu Botschafter Hans Kroll spiegelt diese Ambivalenz wider:

Ich begleitete ihn fast als einziger zu seinen politischen Besprechungen im Außenministerium, zu anderen Behörden und auch zu Chruschtschow. [...] Ich war somit für Kroll so etwas wie ein Privatsekretär für alles, was den Verkehr mit der sowjetischen Seite betraf, und hatte [...] eine ausgesprochene Vertrauensstellung.[760]

---

757 Vgl. Ehlert 1967: 356 ff.
758 Zu Ehlerts Ansichten und Ambitionen vgl. zwei Beiträge im „Spiegel" von 1964 (Ehlert bzw. Henkels), in denen Ehlert als „Kritiker der Privatdiplomatie seines Chefs" bezeichnet wird, der „es an Ehrgeiz nicht fehlen lässt".
759 Vgl. Ehlert 1964.
760 Ehlert 1967: 187. Krolls Nachfolger Groepper sprach zwar Russisch, so Ehlert (1967: 340), „allerdings fehlte ihm Krolls Unbekümmertheit, so daß er sich zurückhielt und lieber einen Dolmetscher einschaltete".

Es bleibt offen, von wem diese Vermischung der Funktionen ausging: Entsprach sie der Hierarchie- und Arbeitsstruktur der Botschaft oder war sie ein Konstrukt des Ehlertschen Selbstverständnisses? Letzteres würde bedeuten, dass er zwar über ein enormes kulturelles und sprachliches Wissen verfügte und sich auch der Bedeutung dieses Wissens für die interkulturelle Kommunikation bewusst war[761], diese Kenntnisse und Fertigkeiten aber niedriger wertete als seinen Rang als politischer Referent. Für diese Annahme spricht zum einen, dass Ehlert seine Dolmetscheinsätze als „Begleiten" verklausuliert[762], zum anderen aber auch die Art und Weise, wie er seine Zugehörigkeit zum leitenden Personal der Botschaft deklariert:

Als wir unsere Botschaft in Moskau eröffneten, [...][763]

oder

Meines Wissens haben wir mit Schepilow an der Spitze des Außenministeriums nur zwei- oder dreimal zu tun gehabt.[764]

Die folgende Aussage ist die einzige, in der Ehlert in der Ich-Form vom Dolmetschen spricht. Wie er technisch vorging, ob er satz- oder abschnittweise dolmetschte, sich Notizen machte o. ä., kommt hingegen nicht zur Sprache.

Als Statist (sic!), der bei solchen Gesprächen im wesentlichen nur die Aufgabe hatte, das Gesagte stichwortartig zu protokollieren, hatte ich ja weit mehr Muße als die Handelnden selbst, die Personen und ihre Reaktionen zu beobachten. Selbst wenn ich allein oder alternierend mit dem sowjetischen Kollegen dolmetschte, war ich doch bis zu einem gewissen

---

761 Darauf deutet zumindest die Aussage hin, mit der Ehlert (1967: 191) seine Schilderung der Kommunikation zwischen Botschafter Kroll und sowjetischen Funktionären abschließt: „Es genügt nicht, daß man es versteht, miteinander zu reden, es muß auch eine gemeinsame Basis vorhanden sein." Auch sein Verhalten bei einer Arbitrage-Verhandlung in einer Handelsangelegenheit lässt Ehlerts Kulturkompetenz erkennen: Als Dolmetscher des deutschen Anwalts bemühte er sich darum, die Standardformulierungen der deutschen Juristensprache, die er als zu unverbindlich und einem Gelingen der Kommunikation nicht zuträglich empfand, konzilianter zu gestalten und „die Ecken nach Möglichkeit zu glätten", leider vergeblich, denn „die Mehrzahl der Kammermitglieder, darunter ihr Vorsitzender, sprachen fließend deutsch, und ich hatte längst an ihren Gesichtern bemerkt, daß sich brüskiert fühlten". Vgl. Ehlert 1967: 265.
762 Vgl. Ehlert 1967: 118, 129, 234, 296, 320 bzw. 323.
763 Ehlert 1967: 33.
764 Ehlert 1967: 119.

Grade der unbeteiligte Dritte, der sich vom Rande der Bühne her ein Theaterstück ansieht.[765]

Andererseits fehlt es nicht an Hinweisen auf die sowjetischen Sprachmittlerkollegen, auch sie in der Regel in einer Doppelfunktion als Referent und Dolmetscher:

Der zweite Beamte, der bei diesem Gespräch als Dolmetscher fungiert hatte, [...] war hauptamtlich Attaché in der Deutschlandabteilung des MID und bearbeitete gerade die Rückführungsangelegenheiten.[766]

Übersetzertätigkeiten, die neben Pressearbeit und Einsätzen für den Botschafter zu Ehlerts täglichem Brot gehört haben dürften, finden ebenfalls nur selten und höchstens am Rande Erwähnung, beispielsweise im Kontext des Handelsabkommens von 1960, für das die Texte der Ratifikationsurkunden abgeglichen werden mussten.

Solche Urkunden, die jedes Land in seiner eigenen Sprache ausstellt, müssen vorher abgestimmt werden, damit kein Staat dem anderen einen abweichenden Text unterschiebt, und da die Urkunden diesmal in Moskau ausgetauscht werden sollten, fiel diese Aufgabe uns *zu.*[767]

Im Zusammenhang mit dem Moskau-Besuch von Heinrich Böll im Jahr 1962 erwähnt Ehlert das einzige Mal, dass er eine Übersetzung anfertigte; es ging dabei um einen russischen Zeitungsartikel, der den Schriftsteller betraf.[768]

UMGANG MIT EMOTIONEN
Angesichts der politischen Turbulenzen jener Jahre und der völlig konträren Weltanschauungen der handelnden Personen ist die Emotionalität der Schilderung, die sich in der Bildhaftigkeit der Sprache, rhetorischen Fragen und anderen expressiven Mitteln manifestiert, nicht verwunderlich. Dabei erwähnt Ehlert zwar emotional besonders aufgeladene Gespräche, weil gerade sie sich

---

765 Ehlert 1967: 232.
766 Ehlert 1967: 296; vgl. Ehlert 1967: 307.
767 Ehlert 1967: 335, Hervorhebung d. Verf.
768 Vgl. 1967: Ehlert 347.

ihm besonders eingeprägt haben[769], liefert aber keine Informationen darüber, wie er sich als Dolmetscher hier verhielt.

EINSCHÄTZUNGEN UND WERTUNGEN

Ehlert beleuchtet nicht nur ausführlich die weltpolitischen Ereignisse Ende der 1950er/Anfang der 1960er Jahre und ihre Hintergründe, sondern kommentiert und bewertet sie auch. Ziel seiner deutlichen und bisweilen harschen Kritik ist das Auswärtige Amt, dem er diverse Versäumnisse im Kleinen (auf Botschaftsebene) und im Großen (im Verhältnis zur Sowjetunion) vorwirft, aber auch die bundesdeutsche Ostpolitik insgesamt sowie das generell zu zögerliche und widersprüchliche Verhalten des Westens gegenüber der UdSSR. Sein Credo: Der Westen habe die UdSSR maßlos überschätzt und sich von deren geschickter Art zu bluffen wiederholt ins Bockshorn jagen lassen.[770]

Neben den Ereignissen spielen die handelnden Personen, insbesondere die deutschen Botschafter und ihre wichtigsten Gesprächspartner auf russischer Seite, eine zentrale Rolle in Ehlerts Erinnerungen. Ausführlich und mit einem bisweilen herablassenden Unterton präsentiert er, der „auf deutscher Seite einzige Zeuge"[771] der meisten Gespräche, den aus seiner Sicht schillernden Charakter von Botschafter Kroll sowie dessen „Lieblingsgegner" Nikita Chruščëv. Daneben analysiert Ehlert auch „die Russen", sowohl Durchschnittsbürger als auch Funktionäre, und gelangt zu Aussagen über die russische Mentalität, die man als banale Klischees abtun könnte, die, zumal von außen gesehen, knapp 50 Jahre später in ihrer Pointiertheit jedoch bedrückenden Wiedererkennungswert haben.

Die Russen sind in dieser Richtung überhaupt ein merkwürdiges Volk. [...] Die Slawophilen des 19. und beginnenden 20. Jahrhunderts waren ausgesprochene Fanatiker, aber in fast jedem Russen schwingt wenigstens etwas vom Slawophilentum mit. [...] Ist der Russe also schon vom Gefühl her geneigt, sich mit jeder Aktion der jeweiligen Führung seines Staates zu solidarisieren, die zur Größe und Ausweitung dieses Staates beiträgt, so wird diese Haltung auch noch durch die alte russische, von den Sowjets zu

---

769 Vgl. Ehlert 1967: 308, 322.
770 Vgl. Ehlert 1967: 226.
771 Ehlert 1967: 190.

einem fast sakrosankten Prinzip erhobene Tradition des unbedingten Gehorsams gegenüber Vorgesetzten und Staat noch gesteigert.[772]

An anderer Stelle ist sein Urteil differenzierter. Seine Schilderung des Ablaufs einer Blinddarmoperation im Moskauer Botkin-Krankenhaus weckt Assoziationen an ein Gruselkabinett; sein Resümee klingt nüchtern und anerkennend:

Diese Operation war wie ein Sinnbild der allgemeinen Zustände in allen Bereichen des sowjetischen Lebens – schlampige Organisation, primitive Arbeitsbedingungen und veraltetes Instrumentarium, doch erstklassige, selbstsichere Fachleute, die jeden Griff beherrschten und kaum zehn Worte gebraucht hatten, um sich untereinander zu verständigen.[773]

FAZIT

Nikolaus Ehlerts Botschaft ist vor allem politisch; anders als Gustav Hilger, auf dessen Memoiren er im Nachwort beinahe gönnerhaft verweist, polemisiert er, klärt auf und erteilt Ratschläge, selbstbewusst und zuweilen eitel. Als Zeit- und Augen- bzw. Ohrenzeuge fühlt er sich berufen, die politischen Ereignisse seiner Moskauer Jahre zu beschreiben und zu kommentieren sowie das Handeln der beteiligten Akteure, zu denen er sich selbst als regelmäßiger Begleiter des Botschafters und Protokollant seiner Gespräche zählte, zu beurteilen. Als Rahmenhandlung dient die sowjetische Realität jener Zeit, die Ehlert dem Leser detailliert und bildhaft mit sicherem Gespür für die Absurditäten des Moskauer Alltags vermittelt. Vor diesem Hintergrund bewertet der Autor seine Rolle als Dolmetscher bei den deutsch-sowjetischen Unterredungen offenbar als so unbedeutend und niederrangig, dass er sie lediglich indirekt bzw. am Rande erwähnt. Hinweise auf Dolmetschtechniken, Berufsethik o. ä. fehlen folglich. Gegen Ende gerät das Buch zu einer Abrechnung mit dem ehemaligen Botschafter Kroll, dessen Darlegungen[774] Ehlert vehement widerspricht.

---

772 Ehlert 1967: 124 f.
773 Ehlert 1967: 217.
774 Hans Kroll: „Lebenserinnerungen eines Botschafters", Köln: Verlag Kiepenheuer und Witsch, 1967.

7.4.1.7 Hermann Kusterer

Hermann Kusterer wurde 1927 in Ulm geboren und schloss 1949 am Auslands- und Dolmetscherinstitut der Johannes-Gutenberg-Universität Mainz in Germersheim sein Studium zum Diplomdolmetscher ab. Nach ersten Einsätzen für die französischen Besatzungstruppen und die amerikanische Militärregierung für Hessen arbeitete er ab 1951 im Auswärtigen Amt, bis 1971 als Chefdolmetscher für Englisch und Französisch und danach als Leiter des Sprachendienstes. In dieser Funktion nahm er an sämtlichen Gesprächen der deutschen Bundeskanzler mit den französischen Staatspräsidenten zwischen November 1958 und Januar 1971 teil. In seinen Memoiren „Der Kanzler und der General" schildert er schwerpunktmäßig seine Einblicke und Erinnerungen an die Gespräche zwischen Konrad Adenauer und Charles de Gaulle, geht aber auch – oft anekdotisch – auf die zentralen politischen Ereignisse der 1950er und 1960er Jahre und die damit verbundenen bilateralen Verhandlungen, multilateralen Gipfeltreffen oder Außenministerkonferenzen ein.

Seinen im September 1949 einsetzenden Rückblick, den er durch Selbstzeugnisse und Dokumentationen ergänzt und mit Quellenangaben und Anmerkungen abschließt, verortet der Autor im Bereich der Geschichtsschreibung. Seine Intention ist es, „die Ereignisse und Menschen, denen ich begegnet bin – allen voran die beiden überragenden Gestalten meines Dolmetscherdaseins –, so darzustellen, wie ich sie erlebte und in Erinnerung habe"[775]. Kusterers Text, der sich durch Detailreichtum und einen ungemein plastischen Stil auszeichnet, offenbart, in welch hohem Maße der Verfasser an den politischen Vorgängen, die von ihm gedolmetscht wurden, Anteil nahm und welche auch geistige Nähe er zu den beiden Protagonisten seiner Erzählung entwickelte. Ihnen und ihrem seinerzeit nicht unumstrittenen Anliegen, der deutsch-französischen Freundschaft, Gerechtigkeit widerfahren zu lassen, war für Kusterer offenkundig ein Hauptmotiv bei der literarischen Aufarbeitung seiner Karriere.[776] Dass seine Sicht der Dinge aus einem subjektiven Blickwinkel erfolgt, räumt er freimütig ein, „denn Perspektive ist Blick auf ein Geschehen, das seinen Bezugspunkt in uns selbst hat"[777].

---

775 Kusterer 1995: 11.
776 Vgl. dazu auch die Rezension von Daniel Koerfer, der das Buch als „die Bilanz des letzten deutschen Gaullisten" bezeichnet.
777 Kusterer 1995: 27.

AUSSAGEN ZUM ROLLENVERSTÄNDNIS

Kusterers Augenmerk gilt neben den herausragenden politischen Akteuren und Ereignissen spezifischen Fragen seines Berufsstandes: Berufsethos, Verhältnis zwischen „Kunde" und Dolmetscher bzw. ego und alter ego, Kompetenzrahmen des Dolmetschers. Mit ihnen, insbesondere mit Loyalität, Diskretion und Verschwiegenheit als zentralen Bestandteilen seines beruflichen Selbstverständnisses, setzt er sich intensiv auseinander.

Stets fühlte ich mich ausschließlich dem jeweiligen „Kunden" (wie wir Dolmetscher respektlos sagen) verpflichtet.[778]

Das Anliegen seiner „Kunden" war somit auch sein eigenes: „Gespräche mit uns gewogenen Senatoren [...] zeigten *praktisch keine Wirkung*."[779] Bei aller Loyalität gibt Kusterer allerdings deutlich zu erkennen, dass ihm manche Auftraggeber deutlich weniger lagen, weil sie sich mit Inhalten schwer taten, nicht klar zu formulieren wussten oder die Regeln von Anstand und Takt verletzten.[780] Heinrich Lübke etwa verstieß auf einer Asien-Reise 1962 derart gegen die mit seiner Funktion verknüpften (Rede-)Erwartungen, dass der Dolmetscher seine Rolle als neutraler Mittler aufgab und bei der Übertragung einer Rundfunkansprache des Bundespräsidenten einen eigenen Text entwickelte:

Heinrich Lübke zog in seiner Rede über die Spiegelaffäre und vor allem über Adenauer vom Leder, was das Zeug hielt. Ich war wütend. Wegen der Sache zum ersten und, ganz nebenbei, weil ich das beim besten Willen nicht den an ihren Rundfunkempfängern lauschenden Pakistanis erzählen konnte, die ja [...] überhaupt keinen Zusammenhang verstanden hätten. [...] (Ich) erzählte den Pakistanis [...] das Blaue vom Himmel über die guten deutsch-pakistanischen Beziehungen und das herrliche Land und die fleißigen Menschen und ... und ... und...[781]

Einen Loyalitätskonflikt löste Kusterer beim Verdolmetschen einer Tischrede de Gaulles während dessen Deutschland-Reise 1962, indem er seinen Hand-

---

778 Kusterer 1995: 33.
779 Kusterer 1995: 189, Hervorhebung d. Verf.
780 Kusterer (1995: 253): „Sodann fällt Heinrich Lübke – mir dreht sich schon fast der Magen um – sofort mit der Tür ins Haus [...]".
781 Kusterer 1995: 299.

lungsspielraum als Dolmetscher voll ausnutzte. Nach Kusterer war es „die erste – und politischste – seiner (de Gaulles) großen Reden in Deutschland"[782], und der Dolmetscher war angewiesen worden, das französische *union* lediglich als *Zusammenschluss* und keinesfalls als *Union* wiederzugeben. Kusterer befolgte die Anweisung, glich jedoch das inhaltliche Manko mit rhetorischen Mitteln aus:

Muss ich auch ‚Zusammenschluß' sagen für ‚union', so sage ich es mit so viel Tiefe und Ton in der Stimme, schreie es (in meiner Qual) fast hinaus, daß ein jeder merkt, was gemeint ist.[783]

Ein Dolmetscher, der im Sinne der Forderung Prunčs sowohl gegenüber dem Kunden als auch sich selbst gegenüber loyal ist bzw. sein kann – Kusterer konstatiert mit Dankbarkeit, dass sich in seinem Fall das Gedolmetschte mit dem eigenen Gewissen vereinbaren ließ und ihm die Gretchenfrage erspart blieb. Eine Situation, aus der ein Konflikt hätte entstehen können – ein Gespräch zwischen Adenauer und dem französischen Botschafter Seydoux im Jahr 1959 – regelte sich von allein, da Adenauer auf eine Kandidatur für das Amt des Bundespräsidenten verzichtete.

Kurzum, mit wachsendem Unbehagen gewann ich die Überzeugung, Adenauer plane nichts Geringeres als eine Art legalen Staatsstreich. Schon überlegte ich kleiner, aber überzeugter Demokrat, ob ich Block und Bleistift einstecken und mit dürren Worten bedeuten sollte, daß ich nicht bereit sei, diese Art von Gespräch weiter zu dolmetschen. Tat es aber dann doch nicht.[784]

Kusterers Aussagen lassen erkennen, dass er den Handlungsspielraum, den ihm seine Position bot, bewusst auslotete und klare Vorstellungen von seiner Funktion in der Kommunikation vertrat. Er verstand sich ohne Einschränkung als his master's voice – „denn dolmetschen heißt ja immer hineinkriechen in eine Persönlichkeit auf den verschlungenen Wegen des verbalen Ausdrucks"[785] –,

---

782 Kusterer 1995: 255.
783 Kusterer 1995: 257.
784 Kusterer 1995: 35.
785 Kusterer 1995: 26. Adenauer selbst nahm offensichtlich seinen Dolmetscher und dessen Wirkungsmacht sehr bewusst wahr und platzierte ihn deshalb unmittelbar neben sich, so Kusterer

reflektiert rückblickend aber auch die Ambivalenz der Gefühle, das Hinundhergerissensein zwischen der Bedeutung des eigenen Egos und der des zu dolmetschenden „Kunden". Nach einer mit großer Begeisterung aufgenommenen Rede des Kanzlers an der Universität von Westwood/Kalifornien resümiert er:

Natürlich bin ich so ganz und gar unwichtig neben diesem großen Mann, bin nichts als seine anderssprachige Stimme, aber diese, ja diese ist wichtig. Dann bin ich ein paar Minuten lang ER.[786]

Dieses Ausmaß an Identifikation und Nähe schafft unweigerlich Abhängigkeiten, es kann beflügeln, aber auch beeinträchtigen. Wie sehr sich die emotionale Verfassung des jeweiligen *ER* im Einzelfall auf den Dolmetscher auswirkt, beschreibt Kusterer anhand von Adenauers Japan-Besuch, bei dem der Kollege vom japanischen Sprachendienst die Diskrepanz zwischen den ortsüblichen ausführlichen Höflichkeitsbekundungen und Adenauers Ungeduld zu spüren bekam:

(I)n Kurokawas Haut hätte ich nicht stecken mögen. So eine Laune schlägt sich ja unausweichlich auf den Dolmetscher nieder. Er kann nie besser sein als das Original.[787]

Eine ähnliche Erfahrung machte er auch persönlich. Nach einer angespannten Unterredung des Bundeskanzlers mit dem französischen Premier Debré sah Kusterer dem um fast eine Stunde verschobenen Abendessen „mit ungutem Gefühlen entgegen" und registrierte später mit Erleichterung, dass sein Chef sich offenbar gefangen hatte: „Uff! Allmählich kommen wir aus dem Wellental wieder heraus."[788] Dabei war seine emotionale Beziehung zu Konrad Adenauer im Allgemeinen derart positiv, dass sie das Dolmetschen geradezu erleichterte. So lässt sich jedenfalls Kusterers Reaktion anlässlich des Staatsbanketts für de Gaulle auf Schloss Brühl im Jahr 1962 deuten: „Nun ist auch Adenauer endlich

---

(1995: 41): „Der Dolmetscher sollte gewissermaßen in ihn eintreten, seine Stimme aus der gleichen Richtung, aus Adenauers Mund kommen, der wußte, daß Worte für sich allein nichts vermögen, daß die Persönlichkeit präsent sein muß."

786 Kusterer 1995: 113, Hervorhebung im Original. Vgl. Kusterer (1995: 195): „[…], denn nicht ich redete da, sondern aus mir de Gaulle".
787 Kusterer 1995: 121.
788 Kusterer 1995: 148 f.

dabei. Gleich fühle ich mich wohler."[789] Dieses „Hineinkriechen in eine Persönlichkeit" bedeutete aber auch, dass der Dolmetscher korrigierend eingriff, wenn er meinte, den Redner vor Peinlichkeiten aufgrund von Versprechern o. ä. schützen zu müssen oder der Intention des Redners nur so gerecht werden zu können. Entsprechend weit definierte Kusterer seinen Kompetenzrahmen, was nicht immer auf Gegenliebe stieß. Als Adenauer in einer Tischrede die protokollarische Rangfolge missachtete, korrigierte sein Dolmetscher „diese Formalie den Tatsachen gemäß"[790] und vermied auf diese Weise eine Bloßstellung des Kanzlers. In einem anderen Fall stieß seine Intervention hingegen auf Widerspruch: Bei einem Gespräch des Kanzlers mit dem schwerkranken Churchill 1958 milderte Kusterer ein für seine Begriffe zu dick aufgetragenes Kompliment Adenauers ab und wurde gerügt, er habe falsch übersetzt. Churchills Reaktion auf die im zweiten Anlauf erfolgte wörtliche Wiedergabe sprach für Adenauer: „Churchill strahlte und nickte lebendig wie sonst während des ganzen Besuchs nicht!"[791] Auf Ablehnung stieß auch die sprachlich-diplomatische Verschönerung einer unbeholfenen Formulierung des damaligen Bundespräsidenten im Rahmen eines Äthiopien-Besuchs: Heinrich Lübke war ernsthaft verstimmt und ignorierte seinen Dolmetscher für den Rest des Tages.[792]

Wenn es darum ging, der Intention des Redners zu der Aufmerksamkeit zu verhelfen, die ihr seiner Meinung nach gebührte, setzte Kusterer das gesamte ihm zur Verfügung stehende professionelle Instrumentarium ein. Dies verdeutlicht die Beschreibung eines Tischgesprächs zwischen Adenauer und dem Obersten Alliierten Befehlshaber Europa, Lauris Norstad, im Jahr 1957. Der Dolmetscher war von Adenauers offenkundigem Desinteresse so enttäuscht, von Norstad und dessen Anliegen hingegen derart angetan, dass er sich nachdrücklich bemühte,

---

[789] Kusterer 1995: 254.
[790] Kusterer 1995: 38. Vgl. Kusterer (1995: 111): Als Adenauer in den USA die pakistanischen Paschtunen als „Putschpunen" bezeichnete, gab der Dolmetscher „selbstredend die Putschpunen und das Konferenzdatum beiläufig richtig" wieder.
[791] Kusterer 1995: 53. Churchill war nach mehreren Schlaganfällen 1955 vorzeitig zurückgetreten.
[792] Vgl. Kusterer 1995: 89 f. Kusterer konnte diesen Fauxpas jedoch beim abendlichen Bankett wieder gutmachen: „Lübke hielt eine Rede, deren Formulierungen so katastrophal waren, daß die deutsche Delegation immer tiefer unter den Tisch rutschte, […]. Doch ich kannte ja meinen Heinrich Lübke und nahm meine Notizen so, daß ich mir nur die Themen und den Grundtenor aufschrieb, und hielt ausgehend von diesem Rohmaterial eine hinreißende Rede."

die Ansatzpunkte dem Kanzler klarzumachen, wie man das als Dolmetscher eben kann, durch Betonen, durch kleine Gesten, durch ein Skandieren von Satzteilen, durch die Wahl von weniger abgegriffenen Worten und durch Satzstellungen, die sich aus dem Alltagsgewäsch des politischen Jargons herausheben und damit Gewicht bekommen[793].

Der kognitive Mehraufwand, den die Interventionen nach sich zogen, differierte: Im Fall der Korrektur von Zahlendrehern oder diplomatischen Sprachkonventionen war er vergleichsweise gering; dasselbe galt für Aussagen Adenauers, dem Kusterer wortnah folgen konnte. Andere Redner durfte man „um Gottes Willen nicht so dolmetschen […], wie sie es gesagt hatten, denn das meinten sie gar nicht"[794]. Entsprechend aufwändig gestaltete sich die Textanalyse, sollte ein die Intention des Redners reflektierender Zieltext produziert werden. Zu den besonders anspruchsvollen Kunden in Bezug auf die Verarbeitungstiefe und die Phantasie des Dolmetschers gehörten Bundespräsident Lübke, dessen Äußerungen Kusterer als „nicht aufschreibbar"[795] bezeichnet und dem er ein „unnachahmliche(s) Gespür für Fettnäpfchen"[796] attestiert, sowie Bundeskanzler Ludwig Erhard mit seiner Vorliebe für vage Aussagen in Form von offenen prädikatfreien Sätzen.

Dass Kusterer mit dem von ihm vertretenen Rollenverständnis und dem daraus resultierenden Handeln die Erwartungen seiner Auftraggeber zumeist erfüllte, belegt die Resonanz, die auf seine Auftritte erfolgte. Die geschilderten Reaktionen lassen die Wertschätzung und Anerkennung erkennbar werden, die man dem Dolmetscher entgegenbrachte, und vermitteln darüber hinaus eine Vorstellung von der grundsätzlichen Freude des Autors an seinem Beruf. Dies belegen ein Lob Adenauers nach einer gut verlaufenen Pressekonferenz („Das haben Se vorher sehr schön jemacht.")[797] und in besonderer Weise ein Feedback de Gaulles. Gleichsam als eine Sternstunde beschreibt Kusterer den Moment, in dem ihn der Präsident persönlich ansprach und ausdrücklich lobte, wobei er neben der sprachlichen Exzellenz des Dolmetschers vor allem

---

793 Kusterer 1995: 38.
794 Kusterer 1995: 41: „Nein, dachte ich, nein, das darfst du so nicht sagen, da merkt doch jeder, daß hier übertriebene Schmeichelei am Werk ist, empfindet es gar als Beleidigung."
795 Kusterer 1995: 77.
796 Kusterer 1995: 253.
797 Kusterer 1995: 111.

dessen Bemühen um Analyse des Gesagten und Wiedergabe des tatsächlich Gemeinten würdigte:

Je vous félicite. Non pas pour votre traduction qui est, d'ailleurs, excéllente, mais parce que vous comprenez le fond des choses, et, en le disant, vous en améliorez parfois l'expression.[798]

Diese differenzierte Form der Wahrnehmung freute Kusterer umso mehr, als Außenstehende seiner Arbeit häufig mit einer an Ignoranz grenzenden Unkenntnis und Herablassung begegneten. So sah die Sitzordnung bei großen protokollarischen Anlässen vor, dass der Dolmetscher auf einem Stühlchen in der zweiten Reihe platziert wurde und wie selbstverständlich nicht am Essen teilnahm. Während er dieses Faktum hinnahm, legte er gegen eine miserable Unterbringung während Adenauers Staatsbesuch in Frankreich im Juli 1962 erfolgreich Widerspruch ein. Die Antwort des zuständigen Protokollbeamten, dann hätte er (Kusterer) halt nicht Dolmetscher werden, sondern sich für einen anständigen Beruf entscheiden sollen, spiegelt die ambivalente Einstellung der Berufsdiplomaten gegenüber einem Mitarbeiter des Sprachendienstes, dessen vermeintlich einzige Qualifikation Fremdsprachenkenntnisse darstellten.

UMGANG MIT EMOTIONEN

Kusterer beschreibt anhand etlicher Gesprächsanlässe die Wechselwirkung von Stimmung und inhaltlichem Verlauf und deren Auswirkungen sowohl auf die Gesprächspartner als auch auf ihn als „Dolmetscher mitten drin im Spannungsfeld zwischenmenschlicher Beziehungen, auf welcher persönlichen oder amtlichen Ebene sie sich auch vollziehen mögen"[799]. Dabei beschränkt er sich in der Regel auf die Beschreibung der Emotionen, die in ihm ausgelöst wurden. Konkrete Aussagen darüber, wie er in der jeweiligen Dolmetschsituation mit atmosphärischen Schwingungen (Störungen) umgegangen ist, wie er sie wahrgenommen und verarbeitet hat, finden sich nur selten.

---

[798] Kusterer 1995: 288. Dies erinnert im Übrigen stark an die Prämisse der „intellektuellen Redlichkeit", die Heinz Matyssek in seinen Dolmetschveranstaltungen an der Universität Heidelberg immer wieder aufstellte. Dass sein offenkundiges persönliches Engagement in der Sache sowie seine Parteinahme für de Gaulle nicht nur gutgeheißen wurden – „Freunde des Generals werden an der Pariser Botschaft mit scheelen Augen betrachtet" – ließ Kusterer (1995: 218), so scheint es, unberührt.

[799] Kusterer 1995: 46. Vgl. Kusterer 1995: 68, 410.

Die Spannbreite der geschilderten Stimmungen und Emotionen ist groß und reicht von einem „gelockerte(n), ja fast fröhliche(n) Gespräch"[800] zwischen Adenauer und einem britischen Gast bis hin zu Adenauers Ärger über de Gaulle bei seinem Frankreich-Besuch 1960. Wenn Kusterer hier sagt: „Er (de Gaulle) spürt, daß Adenauer sich zuerst einmal seinen Ärger von der Seele reden muß"[801], dann hat de Gaulle vermutlich para- und nonverbale Elemente der Äußerung des Kanzlers (Stimme, Mimik, Gestik) bereits in Richtung „Emotion Ärger" interpretiert. Die Vermittlung des sprachlichen Anteils der Äußerung wird jedoch der Dolmetscher übernommen haben, der die Ungehaltenheit des Kanzlers zuvor erkannt und gedeutet haben muss, was ihm angesichts seiner Vertrautheit mit Adenauer nicht schwer gefallen sein dürfte. Dessen Beziehung zu de Gaulle und ihr „Ringen"[802] um das gemeinsame Ziel kommen immer wieder zur Sprache.

Tatsächlich hat Adenauer mit niemandem so gerungen wie mit de Gaulle. Sooft sie zusammentrafen, knisterte Persönlichkeit, jene Spannung des Verhältnisses zweier großer Seelen, zweier großer Männer. Dieses ungeheuer geladene Fluidum zwischen zwei Gesprächspartnern, das mich jedesmal miterfaßte, wenn ich für Adenauer und de Gaulle dolmetschte, habe ich nirgendwo sonst erlebt.[803]

Wie stark sich die Emotionalität des Verhältnisses zwischen den beiden Politikern auf ihn und seine Arbeit auswirkte, welches Ausmaß an Vertrautheit und Identifikation hier erreicht wurde, weiß der Memoirist auch gut 30 Jahre später noch. De Gaulles Deutschland-Besuch 1963 war sachlich und geschäftsmäßig verlaufen – bis zur abendlichen Tischrede des französischen Präsidenten, dem Adenauer zuvor offen widersprochen hatte.

Als sich de Gaulle zur Gegenrede erhob, zitterte meine Hand, die nach Notizblock und Schreibstift griff. Wie würde er reagieren? [...] Wie ich seine Worte mitschrieb, wurde die Hand wieder fest und das Herz schlug

---
800 Kusterer 1995: 46.
801 Kusterer 1995: 135.
802 Vgl. Kusterer 1995: 133. Kusterer unterscheidet es explizit vom „Streiten", das das Verhältnis zum französischen Premierminister Michel Debré kennzeichnet (Kusterer 1995: 147): „Mit ihm ringt Adenauer nicht nur, mit ihm streitet er."
803 Kusterer 1995: 58.

höher. Kaum eine Rede habe ich mit soviel Inbrunst gedolmetscht wie diese „Rosenrede" [...].[804]

Den Wechsel im Bundeskanzleramt im Jahr 1963 bewertet Kusterer denn auch entsprechend kritisch. Neben den äußeren Umständen änderte sich die Sprache; Ludwig Erhards „wolkige Äußerungen"[805] zwangen Kusterer, sich eine neue Art des Dolmetschens anzugewöhnen, „um das zu sagen, was er [Erhard] gesagt hatte (und keinen rechten Sinn ergab), und doch nicht zu sagen, was er nicht gesagt hatte ..."[806]. Dass ihn diese Veränderung zwar in seiner persönlichen Einstellung traf, seine berufsethischen Grundsätze jedoch unberührt ließ, belegt die Schilderung eines Treffens zwischen dem Kanzler und dem amerikanischen Präsidenten Johnson im Dezember 1963. Erhard, der Kusterer zufolge betont Amerika-freundlich eingestellt war, bezeichnete das Verhältnis zwischen Adenauer und de Gaulle als „emotional oder sentimental", was der Dolmetscher mit den Worten kommentiert: „Der Leser kann sich denken, wie leicht mir solches zu dolmetschen fiel."[807]

PROZEDURALES WISSEN

Zum „dolmetscherischen Alltag" gehörte neben dem eigentlichen Dolmetschen – immer mit Stift und Blöckchen – die sich an das jeweilige Gespräch anschließende Anfertigung eines Wortprotokolls („Dolmetscheraufzeichnung") auf der Grundlage des Notats. Das Protokoll wurde anfänglich in indirekter Rede einer Sekretärin in die Maschine diktiert und auf Initiative Kusterers später auf Tonband gesprochen.[808] Wie er seine Notizen nahm, die er „nach 32 Jahren noch problemlos entziffern kann"[809], und welchem System er dabei folgte, beschreibt Kusterer im Zusammenhang mit einer Frankreich-Reise, wobei er für die Nicht-Dolmetscher unter seinen Lesern klarstellt, dass „Dolmetscher entgegen landläufiger Meinung nicht etwa mitstenografieren, sondern ihre ganz eigene Notizenschrift aus Worten, individuellen Symbolen

---

804 Kusterer 1995: 349.
805 Kusterer 1995: 388.
806 Kusterer 1995: 389.
807 Kusterer 1995: 396. Ähnlich peinlich berührt von Erhards Verhalten und Ausdrucksweise zeigt sich Kusterer auch in anderen Kontexten. Vgl. Kusterer 1995: 402, 419, 479.
808 Vgl. Kusterer 1995: 75.
809 Kusterer 1995: 229 f.

(„Männchen") und Kürzeln benutzen"[810]. Seine Strategie, hier im Zusammenhang mit der Verdolmetschung einer Tischrede beim großen Staatsbankett im Elysée 1962, lautete: Überblick gewinnen, Schlüsselwörter notieren und anschließend das Ganze funktionskonstant und adressatenorientiert rhetorisch präsentieren.

[...], und er (Jean Meyer, de Gaulles Dolmetscher) händigt mir den französischen Text der Rede de Gaulles aus, die ich mir – hinter de Gaulle stühlchensitzend und das Tischgespräch dolmetschend – kurz durchlese, mir hie und da ein griffiges Wort vorab notiere. Im übrigen werde ich während der Rede wie üblich meine Notizen nehmen, weil sie dann so viel freier kommt, als wenn ich vom Blatt läse.[811]

EINSCHÄTZUNGEN UND WERTUNGEN
Neben den dolmetscherischen Aspekten nehmen inhaltliche Darstellungen und die Beschreibung der Protagonisten in Kusterers Rückschau breiten Raum ein, wobei der Autor häufig Parallelen zwischen Charakterzügen und sprachlichen Ausdrucksmustern der jeweiligen Persönlichkeit zieht. Im Mittelpunkt stehen dabei selbstverständlich Adenauer und de Gaulle. Der Deutsche erscheint in seinem sprachlichen Ausdruck und als Persönlichkeit einfach, klar und direkt, „mit beiden Beinen auf der Erde stehend"[812], der Franzose beeindruckend gewaltig mit seiner „Aura geschichtlicher Bedeutsamkeit"[813]. Beinahe pathetisch mutet an, wie der Autor den Augenblick „großer Erkenntnis"[814] wiedergibt, in dem er sich aufgrund der charismatischen Ausstrahlung des französischen Präsidenten von einem Kritiker de Gaulles zu dessen vorbehaltlosem Anhänger wandelte. Beide Politiker sind sich ähnlich in ihrem Bemühen um „Sorgfalt für Atmosphärisches"[815]; bildhaft und voller Zuneigung beschreibt er sie zum Abschluss von de Gaulles Deutschland-Besuch:

---

810 Kusterer 1995: 229 f.
811 Kusterer 1995: 225 f.
812 Kusterer 1995: 173.
813 Kusterer 1995: 133.
814 Kusterer 1995: 63 f.
815 Kusterer 1995: 41.

Nach der anstrengenden Woche saßen beide erschöpft, aber glücklich im Fond des Wagens, fast einem alten Ehepaar vergleichbar, das soeben die Enkel zusammengebracht hat.[816]

FAZIT

Hermann Kusterer tritt aus seinen Memoiren als professionell agierender Dolmetscher hervor, der den Perspektivenwechsel beherrscht, seine Rolle intensiv reflektiert und sie an die verschiedenen Rezipienten bzw. Dolmetschanlässe immer wieder neu anpasst. Dabei nutzt er die sich ergebenden Spielräume selbstsicher bis hin zur Eigenmächtigkeit aus. Das Motiv für dieses Eingreifen entspringt der grundsätzlichen Loyalität dem eigenen „Kunden" gegenüber, den er damit vor möglichen Peinlichkeiten schützen will, aber auch dem Wunsch, der Kommunikation zum Erfolg zu verhelfen. Bei aller erkennbaren Empathie und Sensibilität für Atmosphärisches geht der Memoirist nicht darauf ein, wie er persönlich Emotionen bei seinen Auftraggebern erkannte, wie er sie deutete und verarbeitete; er lässt jedoch erkennen, dass er sich der Bedeutung der emotionalen Komponente von Aussagen bewusst war und gezielt expressive Mittel einsetzte, um Redneräußerungen mehr Gewicht zu verleihen.

Ungewöhnlich sind sicher die große Affinität, die Kusterer zu den beiden zentralen Protagonisten seines Berufslebens entwickelte, und die Art und Weise, wie er sich mit deren Anliegen identifizierte. Die Sympathie für Adenauer und de Gaulle, die dem Dolmetscher auf Augenhöhe begegneten, sowie das persönliche Interesse am zentralen Verhandlungsthema versetzten ihn in die Lage, auftretende Spannungen nicht als Belastung zu empfinden, sondern daraus Impulse für seine Arbeit zu gewinnen. Das funktionierte, bis mit dem Machtwechsel in Bonn etliche der Identifikationspunkte entfielen – der neue Bundeskanzler reichte aus Kusterers Sicht weder politisch noch sprachlich an Adenauer heran und stand darüber hinaus dem deutsch-französischen Verhältnis äußerst kritisch gegenüber. In der nun folgenden Zeit entwickelte Kusterer aus der persönlichen Distanziertheit heraus auch eine größere Distanz zu den handelnden Personen und den von ihnen verfochtenen Inhalten. Er vertrat zwar nach wie vor seine berufsethischen Grundsätze, auch wenn ihm Erhards barocke Wortwelten in Duktus und Inhalt widerstrebten, und interve-

---

816 Kusterer 1995: 79. Vgl. Kusterers kritische bis abfällige Beurteilung von Ludwig Erhards Charakter und politischem Handeln (1995: 388 ff.).

nierte loyal, wenn Peinlichkeiten drohten. Es entsteht jedoch der Eindruck, als habe er diesem Abschnitt seines Berufslebens längst nicht mehr die Bedeutung beigemessen, die die Arbeit für Adenauer und de Gaulle für ihn gehabt hatte.

7.4.1.8 Werner Eberlein

Werner Eberlein wurde am 9. November 1919 in Berlin geboren und starb dort am 11. Oktober 2002. Seine Eltern gehörten ebenso wie Karl Liebknecht, Rosa Luxemburg und Wilhelm Pieck zu den Mitbegründern der KPD, weshalb Eberlein 1934 nach Moskau emigrieren musste, wo die zweite Frau seines Vaters lebte. Nach 14 Jahren in der UdSSR, acht davon in der sibirischen Verbannung, kehrte er 1948 nach Berlin zurück, wo er als Übersetzer und Dolmetscher beim Bundesvorstand der Gewerkschaften zu arbeiten begann. Eine entsprechende Ausbildung besaß er nicht:

Meine dritte „Qualifikation", die allein in der Praxis erworbene Kenntnis der russischen Sprache, hatte mir nicht nur zur ersten Arbeit verholfen, sie hat auch in starkem Maße mein weiteres Leben mitbestimmt.[817]

Vom Zentralkomitee der SED wurde ihm 1950 aufgrund seiner Russischkenntnisse ein Studienplatz an der Moskauer Parteihochschule angeboten; die Ausbildung war jedoch in keiner Weise sprach- oder translationswissenschaftlich orientiert:

[...] und ich nahm die Chance wahr, mich endlich um eine fundierte politische Bildung zu kümmern. Auf der Tagesordnung stand jetzt das Studium der Klassiker, wissenschaftlich denken, abstrahieren, verallgemeinern und auch polemisieren lernen.[818]

In Moskau erlebte er Stalins Tod und die Regelung der Nachfolgefrage mit; nach seiner Rückkehr wurde er 1954 zum Zentralorgan der SED „Neues Deutschland" in die Abteilung für Wirtschaftsfragen delegiert. Immer öfter holte man ihn als Dolmetscher für Walter Ulbricht:

---

817 Eberlein 2000: 197. Die Zeit in der Sowjetunion habe ihm, so Eberlein (2000: 8), „die russische Sprache in all ihren Fein- und Grobheiten näher gebracht".
818 Eberlein 2000: 236.

Nicht nur sporadisch, [...] sondern nun wurde ich zu allen großen und auch kleinen, offiziellen und internen Reisen in die Sowjetunion als Dolmetscher und dann auch als Delegationssekretär eingesetzt.[819]

In der Zeit von 1954 bis 1983 war er Chefdolmetscher der Partei- und Staatsführung der DDR bei Gesprächen und Verhandlungen mit Vertretern der Sowjetunion und galt als „deutsche Stimme" Chruščëvs. 1981 begann mit der Aufnahme in das ZK der SED seine Karriere an der Parteispitze. 1983 ernannte man ihn auf Betreiben Honeckers zum Ersten Sekretär der SED-Bezirksleitung in Magdeburg, von 1986[820] bis 1989 gehörte er zudem dem SED-Politbüro an.

Eberleins Erinnerungen „Geboren am 9. November"[821] entstanden zehn Jahre nach der Wende in der Absicht, „durch Nachdenken und Niederschreiben die Vergangenheit zu analysieren" und das eigene Leben „angesichts neuer Erkenntnisse in diesem oder jenem Sinne neu zu bewerten"[822]. Der Autor führt chronologisch detailliert durch sein Leben, weitet jedoch gegen Ende des Buches die Perspektive erheblich aus und geht zur Betrachtung globaler Aspekte (Armut in der Welt, Krieg und Frieden im 21. Jahrhundert) über. Eberlein bekennt sich zum „Demokratischen Sozialismus" als der für ihn einzigen Gesellschaftsform, mit der sich die beschriebenen Probleme lösen ließen,[823] lässt allerdings offen, wie dieser konkret aussehen soll.

AUSSAGEN ZUM ROLLENVERSTÄNDNIS

Eberlein wurde zunächst als Dolmetscher eingesetzt, wenn „Not am Mann" war, avancierte aber bald zum „Mann für alles"[824]: Er hatte Kranzschleifen für ungeplante Kranzniederlegungen sowie Gastgeschenke für die sowjetischen Begleiter und Betreuer dabei, hielt Kontakt zu den mitreisenden Journalisten und notierte die Weisungen der Protokollbeamten. Fest verankert in der sozialistischen Weltanschauung, empfand er diese Doppelrolle aus Sprachmittler und Delegationssekretär als etwas Selbstverständliches, war sich aber auch der

---

819 Eberlein 2000: 259.
820 Die Angaben hierzu differieren; manche Autoren nennen das Jahr 1985.
821 Am 9. 11.1918 hatte die deutsche Novemberrevolution stattgefunden.
822 Eberlein 2000: 5.
823 Vgl. 2000: Eberlein 532.
824 Eberlein 2000: 259, Anführungszeichen im Original.

west-östlichen Unterschiede bei diplomatischen Gepflogenheiten und offiziellen Anlässen bewusst:

Die Sitten und Bräuche im Sozialismus unterschieden sich eben von denen einer Monarchie, [...]. Mir genügte es, wenn ich fünf Minuten vor Beginn eines Essens in den Saal schlüpfte, um die Sitzordnung zu kontrollieren und eventuell [...] Johannes Dieckmann oder [...] Otto Nuschke weiter vorne zu platzieren. [...] Wenn ich kam und die Namensschilder nach vorn trug, ließen sie (die sowjetischen Protokollchefs) mich gewähren.[825]

Wie zurückgenommen Eberlein trotz seiner weitreichenden Kompetenzen im protokollarischen Bereich und seiner persönlichen Nähe zu hochrangigen Funktionären seine Funktion als Dolmetscher verstand (verstehen musste), wird in dem Moment deutlich, als im Schlussdokument einer multilateralen Konferenz in Moskau 1955 sprachliche Unklarheiten auftauchten:

[...] aus dem russischen Text war bei der Abkürzung DDR nicht ersichtlich, ob der Genitiv „der DDR", oder der Nominativ, „die DDR", gemeint war. In diesem Moment vergaß ich meine Funktion und wollte Molotow von mir aus die Frage beantworten. Peter Florin, damals Leiter der Abteilung für internationale Verbindungen im ZK der SED, zupfte alarmierend an meinem Ärmel. Ich entschuldigte mich sogleich, [...].[826]

Eberlein selbst bewertet sein Auftreten im oben geschilderten Fall als „vorlaut" bzw. „respektlos"[827] – ein nach dem heutigen Stand der Translationswissenschaft ausgebildeter Dolmetscher sollte in der Lage sein, eine analoge Situation zunächst als konfliktträchtig wahrzunehmen, dann präventiv zu intervenieren und sein Vorgehen als integralen Bestandteil seiner Dolmetschkompetenz aufzufassen. Mit zunehmender Häufigkeit der Dolmetscheinsätze und der daraus resultierenden wachsenden Vertrautheit zwischen Eberlein und seinen Auftraggebern verschwanden derartige „Skrupel". Dies belegen Schilderungen

---

825 Eberlein 2000: 260 f. Dieckmann war Volkskammervorsitzender und stellvertretender Vorsitzender der LDPD, Nuschke stellvertretender Ministerpräsident und Vorsitzender der CDU.
826 Eberlein 2000: 261.
827 Eberlein 2000: 262 f.

privater Gespräche abseits der eigentlichen Dolmetschanlässe sowie Urlaubsreisen, die Eberlein gemeinsam mit Walter Ulbricht mehrere Jahre in die Sowjetunion führten – der Vergleich zu Willy Brandt und Günter Guillaume drängt sich auf:

Während der Urlaubswochen auf der Krim kam es oft zu Unterhaltungen zwischen Ulbricht und mir, wobei auch er ein guter Zuhörer war. Ich versuchte ihm zu erklären, […]. Ich gab zu bedenken, […]. Wir erörterten viele aktuelle Fragen, stritten, […].[828]

Darüber hinaus wusste er das persönliche Verhältnis insbesondere zu Nikita Chruščëv bei seiner Arbeit einzusetzen, wenn es darum ging, im Fall kollidierender Konzepte die Perspektive der Rezipienten einzunehmen und deren Meinungen und Erwartungen bei der Verdolmetschung zu berücksichtigen. Als Chruščëv bei seinem DDR-Besuch im September 1957 die Deutsche Frage anlässlich einer Rede in Leipzig als „zweitrangig" bezeichnete, baute Eberlein auf das gute „Zusammenspiel" mit Chruščëv und griff ein:

Ich stockte mit der Übersetzung und fragte ihn, ob er wirklich „zweitrangig" gesagt habe, ein Vorgang, den mir manch anderer Referent verübelt hätte. Nicht so Chrustschow, er schien mir sogar zufrieden und erläuterte daraufhin ausführlich und sehr überzeugend, dass sich die deutsche Frage dem weltweiten Friedenskampf unterzuordnen hätte.[829]

Auf derselben Reise verwendete Chruščëv den negativ konnotierten Begriff *Fritzen* für die Deutschen in Ost und West, woraufhin der Dolmetscher die Formulierung abänderte, da er „überzeugt war, dass Chrustschow weder die Bürger der DDR noch die der BRD verletzen wollte"[830]. Dieses eigenmächtige Handeln musste er allerdings Chruščëv beichten, um unterschiedlichen Agenturmeldungen in Moskau und Berlin vorzubeugen, und fand sich bestätigt: „Er sanktionierte sofort meine Variante, was auch ein wenig das Verhältnis zwi-

---

828 Eberlein 2000: 288 f. Eberlein (2000: 278) konnte daher z. B. Ulbricht vor einer Reise in die UdSSR bitten, die Zahl der mitreisenden Mitarbeiter der Staatssicherheit zu reduzieren, ohne dass das als Überschreitung seiner Kompetenzen aufgefasst worden wäre.
829 Eberlein 2000: 307.
830 Eberlein 2000: 307.

schen uns charakterisiert."⁸³¹ Eberlein trat in der Folge immer wieder in der Rolle des Vermittlers auf, der sich bei deutsch-sowjetischen Verhandlungen mit Zustimmung beider Seiten auch in inhaltliche Fragen einmischte.

*Auf solche Behauptungen (Chruščëvs) reagierte Ulbricht nie, sah es aber gerne, wenn ich in die Polemik eingriff. Meinen Einwand [...] beantwortete Chrustschow mit der Ausrede, [...].*⁸³²

Eberlein, der zu dieser Zeit nach wie vor Mitarbeiter des „Neuen Deutschland" war, störte sich an der durch die Vielzahl an Dolmetscheinsätzen aufgekommenen Bezeichnung „Chefdolmetscher" – das sei eigentlich gar nicht seine Tätigkeit.⁸³³ Er verblieb bis Anfang der 1960er Jahre bei der Tageszeitung, schied aber dann wegen der Doppelbelastung aus und kehrte in den zentralen Parteiapparat zurück.

UMGANG MIT EMOTIONEN
Eberlein schildert zwar Charakterzüge seiner Auftraggeber und die atmosphärischen Schwingungen während der zu dolmetschenden Gespräche, lässt aber so gut wie nie erkennen, wie er auf emotionale Äußerungen reagiert bzw. diese verdolmetscht hat. Seine Aussage, dass „Ulbricht in der Sache meist Recht hatte, aber nicht immer den richtigen Ton fand, um mit dem jeweiligen sowjetischen Partner zu einer gemeinsamen Erkenntnis und Lösung zu kommen"⁸³⁴, lässt darauf schließen, dass er sich der Bedeutung nonverbaler Elemente für die Kommunikation bewusst war. Ob er jedoch einen ihm unpassend scheinenden Verhandlungston in der Verdolmetschung abmilderte, bleibt offen. Große „Werktreue" legte er jedenfalls bei Chruščëv an den Tag, der ihm beim ersten Konsekutiveinsatz enorme Probleme bereitete:

Es gab bei ihm (Chruščëv) weder Komma noch Punkt, ganz zu schweigen von Absätzen. Seine Gedanken übersprangen, überflügelten die Worte, Sätze blieben unvollendet, überlappten sich, ein oft nicht enden wollender Wortstrom quoll aus ihm heraus [...]. Ihm gerecht zu werden, war nur

---

831 Eberlein 2000: 308. Chruščëvs Nachfolger Brežnev hatte ihn, so Eberlein (2000: 343), „nahtlos ‚übernommen', als Dolmetscher anerkannt und den ‚Wolodja' geduzt."
832 Eberlein 2000: 338.
833 Vgl. Eberlein 2000: 313.
834 Eberlein 2000: 329.

dem möglich, der ihn kopierte, ihn so wieder- und weitergab, wie er war. Das verstieß zwar gegen alle Regeln und Praktiken des damaligen Dolmetschens, doch ich versuchte es und die Zuhörer haben es positiv aufgenommen.[835]

Der Journalist Peter Bender beschrieb 1979 im NRD das Auftreten des sowjetischen Parteichefs und seines Dolmetschers aus der Perspektive der Zuhörer und Zuschauer und empfand Eberleins Ansatz, Lautstärke und Gestik des Redners zu imitieren, augenscheinlich nicht als unangemessen:

Chrustschow war ziemlich klein, aber sein Übersetzer, Eberlein, hatte Überlänge. Er überragte seinen Meister weit. Je mehr Chrustschow sich erwärmte, desto lauter wurde er, und Eberlein musste ebenfalls lauter werden. Wenn Chrustschow auf Hochtouren kam, brüllte er, und Eberlein musste ebenfalls brüllen. […] Das waren die Höhepunkte. Die gleiche Lautstärke, das gleiche Pathos, ja sogar die gleiche Gestik. […].[836]

Die nachfolgende Einschätzung des Kommentators lässt darauf schließen, dass der Scherz, den Chruščëv in dieser Situation gemacht hatte, vollständig beim Publikum ankam, dass folglich der Dolmetscher die Intention des Redners glaubhaft zu übermitteln vermocht hatte:

Der Spaß geht hier unmittelbar in Pathos über, in glaubhaftes Pathos. Und darin liegt das Bemerkenswerteste, ja sogar Erstaunliche dieser Rede. Hier wird Engagement spürbar, eine Überzeugungskraft, die aus Über-

---

835 Eberlein 2000: 30.
836 Zit. nach Eberlein 2000: 306. Bender kommentierte Chruščëvs Rede auf der IX. Gesamtdeutschen Arbeiterkonferenz in Leipzig im Frühjahr 1959. Ein Bericht im Deutschlandfunk (Jäger 2000) bestätigt diesen Eindruck: „Wie das dänische Komikerpaar Pat und Patachon traten die beiden auf, der kleine, dicklich, aber mächtige Staatsgast und sein ‚Sprachrohr', der schmächtige, hochaufgeschossene Hüne Eberlein. Der ‚Zwei-Meter-Mann' musste dem unberechenbaren Redner ins Wort fallen, wenn er überhaupt zu Worte kommen wollte. Er musste es, und er durfte es. Nikita Sergejewitsch kannte weder Punkt noch Komma und auch keine Absätze oder Sprechpausen. Er schwieg, wenn Eberlein ihn unterbrach, und er war wohl selber fasziniert von der Meisterschaft, mit der der Deutsche seinen Tonfall imitierte. Wenn Chrustschow flüsterte, säuselte Eberlein, wenn er brüllte, übertraf sein Dolmetsch ihn womöglich noch an Lautstärke."

zeugung stammen muss. Das gilt auch für Chrustschows Publikum. Der Beifall, den sie gaben, war echt.[837]

Den Effekt einer rezipientenorientierten Dolmetschleistung registrierte auch der „Stern" im Juli 1963:

‚Chrustschows Schatten' ist stets die getreue deutsche Stimme seines Herren aus Moskau. Auf ihn kann sich der Sowjetmensch verlassen. [...] Chrustschow hat für seine Reden einen lautgerechten Lautsprecher. [...] Chrustschow kann gewiss sein, dass er sowohl im Wortlaut als auch im Tonfall unverändert auf die deutschen Zuhörer weitergereicht wird. [...] Der Zuhörer hat den Eindruck, er verstehe den Redner selbst.[838]

Die Leipziger Szene wirft jedoch Fragen auf: Der Begeisterung des Publikums sowie der Einschätzung der Kommentatoren zufolge gab es offensichtlich keinen Bruch, keine Diskrepanz zwischen Chruščëvs O-Ton und der Verdolmetschung durch Eberlein – ein Idealbeispiel also für eine gelungene Verdolmetschung durch einen nicht nur sprachlich versierten, sondern auch mit beiden (politischen) Kulturen vertrauten Translator, der sowohl die Erwartungen des Redners als auch die der Rezipienten hundertprozentig erfüllt? Ein Zweifel bleibt, der die Zusammensetzung des Publikums sowie seine Präsupposition betrifft. Waren die Menschen, sobald ein Politiker aus dem großen Bruderland zu ihnen sprach, nicht von vornherein auf Begeisterung und Zustimmung programmiert? Waren sie nicht ohnehin auf sozialistisches Pathos eingestellt?[839]

---

837 Zit. nach Eberlein 2000: 306. Eine analoge Situation – ein Dolmetscher ohne emotionale Distanz zum Redner und ein begeistertes Publikum – findet sich bei Wilss (1999: 56), der zur Schilderung der rhetorischen Fähigkeiten des Völkerbunddolmetschers Paul Mantoux auf die Memoiren des Diplomaten Robert Lansing zurückgreift: „He seemed almost to take over the character of the individual whose words he translated, and to reproduce his emotions as well as his thoughts. His extraordinary attainments were recognized by every one who benefited by them, and his services commanded general admiration and praise."

838 Zit. nach Eberlein 2000: 407.

839 Vgl. dazu auch Eberlein 2000: 398 und den „Spiegel"-Beitrag „Küsse für Nikita" vom 18.3.1959: „Im großen Saal des Leipziger Ausflugslokals ‚Haus Auensee' versammelten sich am Sonnabend vorletzter Woche 1100 westdeutsche Gewerkschafter, darunter etliche Mitglieder der Sozialdemokratischen Partei, sowie 300 sowjetzonale Parteifunktionäre. Sie waren mit Sonderomnibussen der sowjetzonalen Deutschen Reichsbahn nach Leipzig verfrachtet worden, wo unter dem Motto ‚Kampf für die nationale Wiedergeburt Deutschlands' die IX. Gesamtdeutsche Arbeiterkonferenz abrollte.
Nikita Sergejewitsch Chrustschew hatte es sich nicht nehmen lassen, bei diesem obskuren Ost-

PROZEDURALES WISSEN
Die technische Seite der Arbeit als Sprachmittler kommt in Eberleins Memoiren nur am Rande zur Sprache. Neben der erwähnten Szene in Leipzig finden sich in dem Buch keine Hinweise darauf, welche Dolmetschstrategien er verwendete, ob er beispielsweise Notizen nahm oder die Möglichkeiten der neu entstandenen Ausbildungsstätte in Leipzig nutzte.[840] Ebenso wenig erfahren wir, ob es sich bei dem „simultanen Übersetzen" um Flüsterdolmetschen handelte oder ob er sich bei Gesprächen am sowjetischen Muster des Halbsatzdolmetschens orientierte. An einer Stelle beschreibt der Autor seinen Solo-Einsatz als Simultandolmetscher anlässlich des Jahrestags des deutschen Überfalls auf die Sowjetunion, der zu einem „Übersetzungsmarathon" von 225 Minuten führte[841] – vor allem unter dem Aspekt der Qualitätssicherung im heutigen Konferenzgeschehen ein undenkbarer Vorfall.

EINSCHÄTZUNGEN UND WERTUNGEN
Die Darstellung und nachträgliche Interpretation des Erlebten nimmt in den Memoiren Eberleins einen breiten Raum ein. Zum einen liefert er ausführliche, differenzierte Porträts der politischen Akteure, zu denen er ein engeres Verhältnis entwickelte, etwa von Nikita Chruščëv, der „schillerndste(n) Persönlichkeit, der ich in meinem Leben begegnet bin"[842], sowie von dessen Antipoden Walter Ulbricht, der weder über Charisma noch über besondere rhetorische Qualitäten verfügt habe[843]. Dieser

[...] hatte unbegrenztes Vertrauen zu mir als Dolmetscher, hat mir die Organisation der Delegationsreisen übertragen, hat mich oft genug spüren lassen, dass er meine Tätigkeit schätzte, demonstrierte auch bei internen Reisen und Gesprächen ein hohes Maß an Vertrauen zu mir und hat

---

West-Spektakel zu erscheinen. Zusammen mit seinem ‚lieben Freund', dem DDR-Diktator Walter Ulbricht, war Chruschtschew von der Leipziger Messe ins ‚Haus Auensee' herübergekommen, wo die versammelte Menge ihn mit minutenlangen ‚druschba' (Freundschaft) - Rufen empfing und westdeutsche Gewerkschaftler ihn umarmten und abküßten."

840 Am 1.9.1956 wurde an der Leipziger Karl-Marx-Universität ein Dolmetscher-Institut eingerichtet. Über mögliche Beziehungen dorthin äußert sich Eberlein nicht. Zur Dolmetscherausbildung in der DDR vgl. Rumprecht 2008: 281.
841 Eberlein 2000: 408.
842 Eberlein 2000: 341. Hier findet sich auch eine der harschen Kritiken an Raissa Gorbačëva.
843 Eberlein 2000: 359.

mich sogar vor einem SED-Parteitag in einem sehr persönlichen Gespräch bewegen wollen, eine Funktion in der Parteiführung zu übernehmen[844].

Des Weiteren gilt das Augenmerk des Memoiristen dem politischen Kontext seiner Dolmetscheinsätze sowie den Implikationen politischer Entwicklungen und Phänomene seiner Zeit wie Perestroika und Stalinismus. Dass er sich nur sporadisch zu seiner sprachmittlerischen Arbeit äußert, verdeutlicht den Stellenwert, den er dieser Komponente seiner beruflichen Doppelfunktion beimaß: Das Dolmetschen brachte ihm zwar Anerkennung und Wertschätzung ein, rangierte jedoch eindeutig hinter der Arbeit beim „Neuen Deutschland" und im Parteiapparat.

FAZIT
Gewissermaßen zweisprachig aufgewachsen, einfacher Arbeiter in der sibirischen Verbannung und Absolvent einer Parteihochschule, Karriere als Funktionär, Aufstieg als Dolmetscher auf hohe und höchste Ebene ohne eine dafür qualifizierende translatorische Ausbildung und zum Ausklang des Berufslebens Führungspositionen in den zentralen Gremien der SED – Werner Eberleins Leben und Werdegang reflektieren die Brüche des 20. Jahrhunderts. Sie sind nur aus der jeweiligen Zeit heraus zu verstehen und entziehen sich einer Kategorisierung oder Bewertung nach heutigen Kriterien. Im Mittelpunkt der Erinnerungen stehen denn auch Ereignisse, an denen er ohne seine Kenntnisse der russischen Sprache und Kultur wahrscheinlich nicht in dieser Intensität teilgehabt hätte, sowie darin involvierte Persönlichkeiten. Eberlein identifizierte sich ohne Einschränkung mit den weltanschaulichen Aussagen und Zielen der DDR und übernahm für sein Rollenverständnis die Vorgaben des Systems, das ihn zuallererst als offiziellen Vertreter des Staates betrachtete und erst in zweiter Linie als Dolmetscher. Die Tatsache, dass sich der Memoirist lediglich marginal mit seiner Rolle als Dolmetscher auseinandersetzt und etliche Dolmetschsituationen mit einer gewissen (befremdlichen) Distanzlosigkeit schildert, dürfte ein Resultat dieser Herangehensweise sein. Eberlein konnte bei seinen Dolmetscheinsätzen zwar auf eine fundierte Sprach- und Kulturkompetenz zurückgreifen, erwähnt aber weder die Gelegenheit noch den Wunsch, sie nicht als Zufallsprodukt, sondern als Teil eines eigenständigen

---

844 Eberlein 2000: 362. Vgl. Eberlein (2000: 344): „Wenn ich aus der Sicht des Dolmetschers die Charaktere Ulbrichts und Kossygins miteinander vergleiche, ergaben sich wenig Brücken."

Berufs zu begreifen und sie entsprechend zu systematisieren und auszubauen oder professionell zu reflektieren. So fehlt es auch an Hinweisen auf die Zusammenarbeit mit Kollegen sowie an Aussagen, die erkennen ließen, dass der Dolmetscher seine Funktion in der gemittelten Kommunikation und seinen Umgang mit Emotionalität beim Dolmetschen hinterfragt hätte. Die Wertschätzung der Auftraggeber und die Reaktion des Publikums bestätigten ihn in der Richtigkeit seines Vorgehens bei der Wiedergabe von Gefühlsmanifestationen. Das Selbstbild korrespondiert mit der Außenwahrnehmung: Die Rezipienten von Eberleins Dienstleistungen bauten Nähe und Vertrautheit auf, sahen aber offensichtlich in ihm ebenfalls vor allem den sachkundigen und loyalen Parteifunktionär, weniger den sprach- und kulturkompetenten Translator.

7.4.1.9 Wolfgang Ganthus

Wolfgang Ganthus kam am 25. September 1930 als Sohn eines staatenlosen gebürtigen Libanesen und einer deutschen Mutter zur Welt und entwickelte in seinem multilingualen familiären Umfeld in Berlin bereits früh ein ausgeprägtes Interesse für Fremdsprachen. Als grundlegend für sein „späteres Leben als gesellschaftspolitisch engagierter Dolmetscher"[845] bezeichnet der Autor seine Eindrücke aus der Reichskristallnacht 1938, obgleich die Familie damals „unpolitisch bis zur unvorstellbaren Naivität"[846] gewesen sei. Ghantus' Vater, der kurz vor Ausbruch des 2. Weltkriegs die deutsche Staatsbürgerschaft erhalten hatte, wechselte als Soldat die Fronten und schloss sich dem französischen Widerstand an, was der Familie, die während des Kriegs in Sachsen-Anhalt unterkam, im neuen ostdeutschen Staat einen antifaschistischen Bonus verschaffte. Dieser sollte Ghantus nach eigenem Bekennen in seinem späteren Berufsleben zugute kommen.

Ghantus studierte in Halle und Leipzig Journalistik und sammelte erste Dolmetscherfahrungen als Reisebegleiter eines Chinesen, der in der DDR Vorträge über das neue China (auf Englisch) hielt. Sein erster offizieller Einsatz und zugleich der erste Kontakt mit Erich Honecker fand 1950 im Rahmen des Deutschlandtreffens der FDJ statt. Es folgten freiberufliche Einsätze (bis 1955 parallel zum Studium) als „Betreuer-Dolmetscher" bei den 3. Weltfestspielen der Jugend in Berlin und als Simultandolmetscher beim Weltfrauenkongress 1953 in Kopenhagen sowie beim Weltstudentenkongress in Warschau im selben Jahr. Fest angestellt war er lediglich einige Jahre als Chefredakteur der „Weltjugend".

---

[845] Ghantus 2011: 13.
[846] Ghantus 2011: 12.

Ghantus erschloss sich einen breiten Themen- und Wirkungskreis. Er dolmetschte und übersetzte für Kulturschaffende, Naturwissenschaftler und Techniker; zu seinen Schwerpunkten gehörte seit den siebziger Jahren der medizinische Bereich. Hinzu kamen, obwohl das Freiberuflertum in der DDR nicht unbedingt geschätzt wurde, immer häufiger Einsätze auf hoher und höchster politischer Ebene, auch auf internationalen Veranstaltungen und oft verbunden mit Reisen nach Amerika, Afrika und Asien. Diese nutzte er gelegentlich zu journalistischen Zwecken und interviewte interessante Gesprächspartner für heimische Zeitungen. Seit dem Mauerfall ist er als Dolmetscher und Übersetzer für unterschiedliche Auftraggeber aus Politik, Wirtschaft und Verbänden tätig.

Ghantus' Buch „Ein Diener vieler Herren. Als Dolmetscher bei den Mächtigen der Welt" beginnt mit der Schilderung des familiären Hintergrunds sowie der Jugendjahre und der Studienzeit in Berlin. Die nachfolgende Darstellung folgt allerdings keiner biografischen Zeitleiste, sondern orientiert sich an thematischen Aspekten und endet mit einem Resümee zum Beruf des Dolmetschers. Bereits im Vorwort äußert sich Ghantus indirekt zu den Beweggründen, die ihn zu diesem Rückblick auf sein Leben und seine berufliche Tätigkeit veranlasst haben: Es gebe seiner Kenntnis nach bislang nur drei, allerdings ältere „Dolmetscherbücher" (Berežkov, Dollmann, Schmidt) und er wolle nun „etwas über die letzten sechs Jahrzehnte […] berichten – immer aus der Froschperspektive des dienenden Dolmetschers"[847]. Dem Vorhaben, ein weiteres „Dolmetscherbuch" vorzulegen, entspricht die Gewichtung der Themen: Ghantus macht mit Ausnahme des biografischen Einstiegs nur wenige Angaben zur eigenen Person und behandelt um so ausführlicher die Hintergründe und Umstände seiner Dolmetscheinsätze.

AUSSAGEN ZUM ROLLENVERSTÄNDNIS

Ghantus durchlief keine spezielle translatorische Ausbildung, legte aber nach etlichen intensiven Berufsjahren als freiberuflicher Quereinsteiger eine staatliche Prüfung als Sprachmittler ab. Ungeachtet dieses vermeintlichen Mankos vermittelt er den Eindruck eines souverän auftretenden und professionell agierenden Dolmetschers, der das Dolmetschen als Dienstleistung auffasst und sich dabei seine Eigenständigkeit im Denken und im Handeln bewahrt. Zwei-

---

[847] Ghantus 2001: 8 f. Die zum Zeitpunkt der Veröffentlichung von Ghantus' Buch bereits seit Längerem vorliegenden und frei zugänglichen Memoiren von Kusterer u. a. waren dem Autor offensichtlich nicht bekannt.

fel an der Wertigkeit der eigenen Person, wie sie beispielsweise Hermann Kusterer äußert, lässt Ghantus nicht erkennen. Die Doppelfunktion als Dolmetscher (Sprachmittler) und Betreuer (Repräsentant des Staates gegenüber einem ausländischen Besucher), die ihm von seinen staatlichen Auftraggebern bisweilen auferlegt wurde, empfand er aufgrund seiner Identifikation mit dem System nicht als störend oder belastend.[848] Ebenso natürlich erschien es Ghantus, den politischen Auftrag auch bei Dolmetschanlässen nach außen zu verfechten:

Ich betrachtete mich als Vertreter der DDR im westlichen Ausland (auf dem Weltfrauenkongress in Kopenhagen 1953, A. d. V.) und versuchte nach alter Agitprop-Manier mehr schlecht als recht Dinge zu rechtfertigen, die mit gesundem Menschenverstand nicht zu rechtfertigen waren.[849]

Seine Motivation, über die Sprachmittlung zur Völkerverständigung beizutragen, sei typisch für die damalige DDR gewesen, ganz im Gegensatz zur Entwicklung des Dolmetschens im Westen, das kommerziell ausgerichtet und weniger ideologisch betont gewesen sei. Zudem hätten die westdeutschen Kollegen durch die Reisefreiheit bessere Möglichkeiten gehabt, Berufspraxis in ihren Arbeitssprachen zu erwerben, ganz zu schweigen von den im Westen üblichen höheren Honoraren.[850] Aus der Vorgabe, den Staat zu repräsentieren, leitete der Dolmetscher auch die Aufgabe ab, eine ungestörte Außenwirkung zu gewährleisten und beispielsweise peinliche Momente in der Kommunikation zu überspielen. Als Walter Ulbricht im Gespräch mit Nelson Mandela Südafrika mit dem Sudan verwechselte,

umschiffte ich das Dilemma und vermied in meiner Übersetzung die konkrete Nennung des gepriesenen Landes, bis der hinter Ulbricht stehende Erich Honecker seinen Chef leicht antippte und flüsterte: „Der ist doch nicht aus dem Sudan, sondern aus Südafrika."[851]

---

848 Im Rahmen dieser Betreuung kam es beispielsweise zu einem beeindruckenden persönlichen Kontakt mit Che Guevara und einer freundschaftlichen Beziehung zu Gus Hall, dem Generalsekretär der US-amerikanischen kommunistischen Partei. Vgl. Ghantus 2001: 130 ff.
849 Ghantus 2001: 29.
850 Vgl. Ghantus 2001: 22.
851 Ghantus 2001: 64.

Ghantus spielt zwar mit dem Titel seiner Erinnerungen auf Goldoni an und greift zur Beschreibung seines Rollenverständnisses häufig auf die Hierarchie zwischen Dienern und Herren zurück, wirkt aber bei der Beschreibung seines Umgangs mit politischen Führungsfiguren nie unterwürfig, sondern allenfalls respektvoll. Was bei Kusterer der „Kunde" ist, ist für Ghantus der „Chef", in dessen Nähe er sich als Sprachmittler selbstbewusst zu verorten vermag: „keinesfalls im Mittelpunkt wichtiger politischer Ereignisse, jedoch manchmal nur einen Meter daneben oder dahinter"[852]. Die persönlichen Kontakte, die sich auf diese Weise zu Spitzenpolitikern und anderen herausgehobenen Persönlichkeiten der Nachkriegszeit ergaben, wusste Ghantus, so ist seinen Schilderungen zu entnehmen, durchaus zu schätzen.

Ghantus ist sich seiner kommunikativen Funktion bewusst und empfindet es deshalb auch nicht als Mangel an Respekt oder Überschreitung seiner Kompetenzen, wenn er sich einmischt, falls ein Redner zu schnell oder undeutlich spricht. Er sieht sich als Dienstleister für die Zuhörer, denn:

Der Dolmetscher ist nur Mittler. Das gesprochene Wort ist für ihn Handwerkszeug und Rohstoff, und aus einem minderwertigen Rohstoff kann selbst der erfahrene Handwerksmeister kein hochwertiges Möbelstück zaubern.[853]

Diese Dienstleistung bezieht sich nach Ghantus allerdings nicht nur auf Personen, sondern auch auf „Disziplinen", d. h. Arbeitsbereiche wie Kultur, Wissenschaft und Technik; sie kann – im Sinne einer guten Dolmetschleistung – nur erbracht werden, sofern bestimmte Voraussetzungen gegeben sind: ein breit gefächertes, hoch qualifiziertes Halbwissen, unstillbare Neugier und Interesse für (fast) alles[854], Kondition sowie die Fähigkeit, selbst in außergewöhnlichen Dolmetschsituationen gute Nerven zu bewahren. Gleichzeitig warnt der Autor aber auch vor Selbstüberschätzung und konstatiert:

---

852 Ghantus 2001: 47. In einem Interview mit Radio Bremen am 5. Januar 2012 beklagte Ghantus, Honecker und Ulbricht hätten ihn als Dolmetscher von oben herab wie einen Lakaien behandelt, Indira Gandhi hingegen wie einen Diener im Sinne eines Partners.
853 Ghantus 2001: 44.
854 Vgl. Ghantus 2001: 35, 49. Beim Theaterdolmetschen sei allerdings, so Ghantus (2001: 36) anstelle von angelerntem Halbwissen „emotional aufgeladenes Mitfiebern und ganz schnelles Einfühlen und Mitdenken" gefragt.

[...] die viertgrößte Sünde in der Kabine ist Schweigen. Das kommt gleich nach Lachen, Husten und Aha-Rufen[855].

Daneben spricht Ghantus die ethischen Standards seines Berufs an und berichtet von zwei Fällen, in denen er Aufträge aus moralischen Gründen ablehnte. Einmal ging es um nigerianische Geldwäscher, die nach der Wende in Ostdeutschland aktiv wurden und Übersetzerdienste benötigten, dann um eine Konferenz rechtsextremer Gruppen. Wie sehr ihm Punkte wie Qualifikation und Berufsethos am Herzen liegen, lässt sich daran erkennen, dass er sie mehrfach thematisiert und im „Ausklang" der Erinnerungen noch einmal auf Licht- und Schattenseiten seines Berufs zu sprechen kommt.

UMGANG MIT EMOTIONEN

Ghantus schildert verschiedene Situationen, in denen er als Dolmetscher aufgrund seiner Identifikation mit dem Anliegen des Redners dessen emotionalen Duktus aufgegriffen hat. Gleich zu Beginn seiner Karriere war er als verantwortlicher Redakteur der „World Student News"[856] bei einem Dolmetscheinsatz auf dem Weltstudentenkongress 1953 persönlich von der Thematik betroffen und übertrug dies auf seine Verdolmetschung:

So dolmetschte ich in Warschau nicht nur mit sprachlicher Akribie, sondern auch mit leidenschaftlichem Engagement die heißen Diskussionen, in denen Pelikan und Genossen versuchten, die Vertreter der großen westlichen Studentenverbände auf die Linie des Friedenskampfes unter Führung der Sowjetunion einzuschwören. Vergeblich.[857]

Mit ähnlicher „emotionaler Anteilnahme"[858] reagierte er auf die pathetische Stimmung eines Redners bei einem der „Christen-Marxisten Symposien", die er in den sechziger bis neunziger Jahren als Dolmetscher begleitete, und auch seine Beschreibung einer Preisverleihung im Berliner Friedrichstadtpalast im Zusammenhang mit den Terroranschlägen vom 11. September 2001 spiegelt

---

855 Ghantus 2001: 50.
856 Monatszeitschrift des Internationalen Studentenbundes.
857 Ghantus 2001: 31. Die Weltstudentenbewegung spaltete sich damals in Ost und West.
858 Ghantus 2001: 51.

Ghantus' emotionale Involviertheit sowie die Schwierigkeit, angesichts einer ungeheuren Tragödie professionelle Distanz an den Tag zu legen.

Das grausige Geschehen der vergangen Woche saß auch uns beiden Dolmetschern noch so stark in den Knochen, dass wir Mühe hatten, Brians (Brian Bittrolff, der New Yorker Feuerwehrmann, der einen Publikumspreis erhielt, A. d. V.) Schilderung mit einigermaßen ruhiger Stimme zu übersetzen.[859]

Die Wechselwirkung zwischen Identifikation (mit der sozialistischen Ideologie der DDR) und emotionaler Beteiligung wird auch an anderer Stelle sichtbar. Die detaillierte, durch viele Hintergrundinformationen ergänzte Beschreibung der Dolmetscheinsätze in Afrika veranschaulicht, wie die beiden Phänomene miteinander einhergingen:

Wir lieferten aber auch (nach Äthiopien, A. d. V.) das höchstgelegene Zementwerk der Welt, bei dessen Einweihung ich die Ansprache von Erich Honecker zu dolmetschen hatte. [...] Doch wir glaubten mit beinahe religiöser Hingabe an den guten Zweck dieses einmaligen Entwicklungsprojekts. [...] Deshalb war Äthiopien für viele von uns [...] eine Herzensangelegenheit.[860]

Auch persönliche Empfindungen scheinen durch, beispielsweise bei der Schilderung eines Aufenthalts in Warschau nach dem Aufstand in Ungarn 1956, wo Ghantus Dinge erlebte, „die mich bewegten und erschütterten"[861], oder bei einer Indienreise, wo ihn die Straßenszenen mit verstümmelten Kindern stark anrührten[862].

PROZEDURALES WISSEN

Der Autor nutzt die Beschreibung verschiedener Dolmetschanlässe, um auf die Dolmetschform einzugehen und dem Leser die Besonderheiten des Flüsterdolmetschens oder des Konsekutivdolmetschens zu erklären. Er betont mehr-

---

859 Ghantus 2001: 195.
860 Ghantus 2001: 116 ff. Vgl. Ghantus 2001: 118, 121.
861 Ghantus 2001: 33.
862 Ghantus 2001: 81.

fach die seines Erachtens für erfolgreiches Dolmetschen notwendigen Fähigkeiten und macht am Beispiel eines Moskauer Kollegen, eines promovierten Germanisten, deutlich, dass er philologische Ansätze beim Dolmetschen für wenig hilfreich hält. Zur Notizentechnik bezieht Ghantus eindeutig Position: Er speichert „gegen alle Regeln"[863] im Kopf und verzichtet auf die Notizennahme. Sein Ansatz, Aussagen aufzunehmen und mit dem Dolmetschen loszulegen, sobald der Redner Luft holt, funktionierte bei Margaret Thatcher allerdings nur eingeschränkt, denn:

Die Eiserne Lady begann am Morgen und endete gegen Mittag und holte nie Luft.[864]

Wie sich Stress beim Dolmetschen auswirken kann, schildert Ghantus anhand der Verdolmetschung von Krishna Menon, einem einflussreichen indischen Politiker, dem er eine „zumindest gewöhnungsbedürftige" englische Aussprache und hohe rhetorische Ansprüche attestiert:

Es war jedes Mal ein schweißtreibendes Wettrennen, bei dem viel Adrenalin ausgeschüttet wurde. Nach einer derartigen Tortur, diesmal am UNO-Sitz in Wien, kam der Chefdolmetscher auf mich zu: „Hast du gut hingekriegt. Aber dass Krishna Menon einen so unverfälschten Berliner Dialekt spricht, wer hätte das gedacht?"[865]

EINSCHÄTZUNGEN UND WERTUNGEN
Ghantus vermittelt ein plastisches Bild seiner Dolmetscheinsätze und der jeweiligen Settings und veranschaulicht die Denk- und Handlungsweise der Partei- und Staatsführung durch die Brille des Sprachmittlers. Seine Kommentare der zeitgeschichtlichen Entwicklung in der DDR zeichnen sich allerdings anders als bei Werner Eberlein durch Zurückhaltung und einen nostalgiefreien sachlichen Ton aus. So spricht er rückblickend von den „kuriosen Kapriolen", die die DDR im Streben nach internationaler Anerkennung bisweilen schlug[866], oder von der Diskrepanz zwischen öffentlicher Darstellung und privatem

---

863 Ghantus 2001: 77.

864 Ghantus 2001: 97. Andererseits (2001: 97) rühmte er Thatcher als „Lichtblick und Segen für den Dolmetscher".

865 Ghantus 2001: 87.

866 Ghantus 2001: 54.

Alltag in der „großen ehemaligen Sowjetunion"[867]. Entsprechend selbstkritisch und gelassen beurteilt der Autor die eigene Fähigkeit, Menschen und Entwicklungen einzuschätzen:

Im Nachhinein ist man natürlich immer klüger. Mir ging es nicht anders.[868]

Seine Auftraggeber beschreibt er knapp, aber plastisch, in der Regel vor dem Hintergrund ihrer sprachlichen und rhetorischen Qualitäten, und gerät dabei stellenweise regelrecht ins Schwärmen. Den Inder Romesh Chandra, Präsident des Weltfriedensrates, lobt er beispielsweise als „hervorragende(n), die Zuhörer und auch den Dolmetscher mitreißende(n) Rhetoriker [...] mit zwingender Logik und kristallklarer Diktion"[869], den britischen Außenminister Douglas Hurd als „humanistisch ausgebildete(n) Politiker, der sich stets in poetischen Bildern ausdrückte"[870] und den zu dolmetschen „ein sprachlicher Leckerbissen für Gourmets" gewesen sei [871]. Die Arbeit für Erich Honecker dagegen erwies sich als „mühsam":

Er brachte zwar viele Ideen in die Diskussionen ein, allerdings in einer monotonen Diktion ohne Punkt und Komma und vor allem auch ohne zu berücksichtigen, dass seine Ausführungen gedolmetscht werden mussten.[872]

Eine positive Würdigung erfährt der bei einem Hubschrauberabsturz in Afrika ums Leben gekommene Honecker-Vertraute Werner Lamberz, dem Ghantus „Intelligenz, Dynamik, Risikobereitschaft und Weltoffenheit"[873] bescheinigt, und geradezu begeistert gerät sein Urteil über die Zusammenarbeit mit Ministerpräsident Lothar de Maizière während dessen Auslandsreisen im Jahr 1990.

---

867 Ghantus 2001: 55.
868 Ghantus 2001: 31.
869 Ghantus 2001: 77.
870 Ghantus 2001: 96.
871 Ghantus 2001: 96.
872 Ghantus 2001: 115. Vgl. auch die Beschreibung der Zusammenarbeit mit dem Charité-Professor Mitja Rapoport (Ghantus 2001: 43 ff.).
873 Ghantus 2001: 113.

FAZIT

Wolfgang Ghantus präsentiert sich in seinen Erinnerungen als hochprofessioneller, von seinem Beruf begeisterter, dabei politisch interessierter und engagierter Dolmetscher, der sich seine Rolle vergegenwärtigt und seinen Berufsstand selbstbewusst vertritt. Dies spiegelt sich u. a. in der Intensität wider, mit der er das Dolmetschen als solches, emotionale Implikationen, aber auch Punkte wie Dolmetschtechniken, Berufsethos, erforderliche Qualifikation sowie die Mühen und Anstrengungen, die der Beruf mit sich bringt, aufgreift und reflektiert. Seine Auftraggeber nahm er in erster Linie unter dem Aspekt ihrer rednerischen Vorzüge und Nachteile wahr, d. h. er prüfte sie sozusagen auf ihre Dolmetschbarkeit hin. Seine in der DDR ungewöhnliche Sonderposition als Freiberufler ermöglichte ihm offensichtlich eine innere und äußere Unabhängigkeit, mit der er parallel zum Dolmetschen Betreuungsfunktionen übernehmen konnte, ohne sich dabei in seinem professionellen Selbstverständnis beeinträchtigt zu fühlen. Dass er gleichzeitig Augen- und Ohrenzeuge historisch zu nennender Ereignisse war, klingt nur selten an[874] und scheint für die Definition des eigenen Stellenwerts nicht von Belang gewesen zu sein.

7.4.1.10 Richard W. Sonnenfeldt

Richard Wolfgang Sonnenfeldt wurde am 3. Juli 1923 als Sohn einer jüdischen Arztfamilie in Berlin geboren und starb am 9. Oktober 2009 im amerikanischen Port Washington/N.Y. Er wuchs in Gardelegen in der Altmark (heute Sachsen-Anhalt) auf und wechselte 1938 angesichts der zunehmend judenfeindlichen Stimmung in Deutschland gemeinsam mit seinem Bruder auf ein Internat in England; die Eltern der beiden konnten 1939 über Schweden in die USA emigrieren. Nach der Internierung gelangte Sonnenfeldt 1940 per Schiff über Australien und Indien in die USA, wo er zunächst als einfacher Elektriker arbeitete, sich dann weiter qualifizierte und einen High School-Abschluss erwarb. 1943 erhielt er mit seiner Einberufung zur Armee die amerikanische Staatsbürgerschaft. Auf dem Weg von Südfrankreich nach Deutschland machte er bei seiner Einheit die ersten Erfahrungen als Sprachmittler. Im Sommer 1945 engagierte ihn das von Paris aus operierende Office of Strategic Services (OSS), das die amerikanische Anklage im Nürnberger Hauptkriegsverbrechertribunal vorbereitete, als Dolmetscher bei den Verhören von Nazi-Gefangenen

---

874 Ghantus erwähnt beispielsweise (2001: 57) den Weltgewerkschaftskongress 1960 in Moskau, auf dem Chruščëv den Bruch mit Albanien verkündete.

und Zeugen. So dolmetschte er in Nürnberg noch vor Beginn des eigentlichen Prozesses die Vernehmungen Görings und weiterer Angeklagter und fungierte dann als Chefdolmetscher der amerikanischen Anklage. Nach Prozessende kehrte er in die USA zurück, wo er Elektroingenieurwesen studierte, eine Familie gründete und als Ingenieur und Erfinder Karriere machte.

Die Erinnerungen von Richard W. Sonnenfeldt „Mehr als ein Leben. Vom jüdischen Flüchtlingsjungen zum Chefdolmetscher der Anklage bei den Nürnberger Prozessen" umfassen den Zeitraum von seiner Geburt im Jahr 1923 bis zu einer Rede im Nürnberger Dokumentationszentrum Reichsparteitagsgelände kurz nach dessen Eröffnung durch Bundespräsident Johannes Rau im November 2001. Das Kapitel „Nürnberg 1945-46" erstreckt sich über rund 40 Seiten und ist eingebettet in eine ausführliche Schilderung der Kinder- und Jugendjahre sowie des beruflichen Werdegangs und der familiären Ereignisse nach 1946. Zum Abschluss des Buches beleuchtet Sonnenfeldt die Reisen, die er, mittlerweile „zu hundert Prozent in Amerika" zu Hause[875], Anfang der Neunzigerjahre in seine Heimatstadt Gardelegen unternahm. Während andere Autoren gleich zu Beginn schildern, was sie zur Niederschrift ihrer Erinnerungen bewogen hat, kommt Sonnenfeldt erst in der Danksagung am Ende des Buches auf seine Motive zu sprechen: Demnach gaben seine Enkel, die in der Schule über die USA als Einwanderungsland referieren mussten, den Anstoß dazu, dass sich Görings Lieblingsdolmetscher[876] in einem selbstbewussten Rückblick noch einmal mit den Stationen seines Lebens auseinander setzte:

Ich hatte mehr als ein Leben in interessanten Zeiten gelebt, war aber nie eine Geisel des Schicksals gewesen.
Und davon handelt dieses Buch.[877]

AUSSAGEN ZUM ROLLENVERSTÄNDNIS
„Wie sind Sie als Dolmetscher?" lautete die Einstellungsfrage, mit der der einfache Soldat Sonnenfeldt vier Monate vor Beginn des Nürnberger Kriegsverbrecherprozesses vom Chef des OSS engagiert wurde, um im Vorfeld der Gerichtsverhandlungen bei Verhören zu dolmetschen.[878] Offensichtlich erachteten so-

---

875 Sonnenfeldt 2003: 255. Gardelegen erwähnt auf seiner Homepage Sonnenfeldt und seinen Bruder Helmut als „überregional bedeutsame Persönlichkeiten".
876 Vgl. Sonnenfeldt 2003: 8.
877 Sonnenfeldt 2003: 14.
878 Vgl. Sonnenfeldt 2003: 163. Einen ähnlichen Weg legte George Sakheim zurück. Auch er kam nach

wohl sein Arbeitgeber als auch er selbst die guten und vermutlich akzentfrei vorgetragenen Englischkenntnisse als ausreichende Qualifikation für diese Tätigkeit; Sonnenfeldts Übersetzerkollegen bei der Army waren gerade an ihrem auffälligen, das Verständnis erschwerenden Akzent gescheitert. Sonnenfeldt war Techniker, er besaß weder eine philologische Ausbildung noch spezielle translatorische Kenntnisse und erhielt auch keine Einführung in die Spezifik des Dolmetschens, musste aber vor der ersten größeren Vernehmung Hermann Görings schwören, „akkurat, vollständig und wahrheitsgemäß alles aus dem Englischen ins Deutsche und umgekehrt zu übersetzen"[879]. Ungeachtet der sprachlichen und inhaltlichen Brisanz des Auftrags – Görings Gestapo war für die Verschleppung von Sonnenfeldts Vater ins KZ verantwortlich gewesen – nahm sich der 22-Jährige dieser Aufgabe gewissenhaft und unter Hintanstellung persönlicher Befindlichkeiten an. Die folgende Verhörsituation entwickelte allerdings eine Eigendynamik, der sich der Dolmetscher nicht entziehen konnte:

Unwillkürlich nahm ich Stimme und Miene der Person, für die ich gerade dolmetschte, an, sodass ich abwechselnd einerseits Amen, der scharfe, ehemalige Anwalt von „Murder Incorporated", und andererseits Göring, ein in die Ecke getriebenes Tier, aber immer noch gefährlich genug, war.[880]

Den weiteren Verlauf des Verhörs wusste Sonnenfeldt zu steuern. Er setzte sich entschieden gegen Görings Korrekturen an seiner Übersetzung zur Wehr und konnte sich auf diese Weise gegenüber dem wichtigsten der überlebenden Nationalsozialisten, der andere Dolmetscher vor ihm bereits erfolgreich eingeschüchtert hatte, behaupten und auf Augenhöhe mit ihm kommunizieren:

Von diesem Augenblick an wollte Göring nur noch mich als Dolmetscher. Ja, ich hatte es geschafft. Göring war der Chef-Angeklagte, Amen war der Chef-Vernehmer und ich war der Chef-Dolmetscher.[881]

---

der erzwungenen Emigration in die USA als Soldat zurück nach Deutschland, wurde Dolmetscher bei den Nürnberger Prozessen und „übersetzt die Antwort von Auschwitzkommandant Rudolf Höss auf die Frage, ob er nachts schlafen könne: ‚Ja doch, danke. Sehr gut sogar.'" (Vgl. Keil-Behrens 2007)

879 Sonnenfeldt 2003: 169. Einen zweiten Eid musste Sonnenfeldt im Oktober 1945 ablegen, bevor er als Vertreter der Anklage den Angeklagten den Text der Anklageschrift zu übersetzen hatte. Vgl. Sonnenfeldt 2003: 192 f.
880 Sonnenfeldt 2003: 169.
881 Sonnenfeldt 2003: 170. Göring selbst äußerte zur Bedeutung der Dolmetscher: „Ich brauche keinen

In dieser Funktion oblag es ihm auch, weitere Dolmetscher für die Vernehmungen zu rekrutieren. Sein zentrales Auswahlkriterium waren einwandfreie Deutschkenntnisse, denn seiner Meinung nach wogen Fehler der Dolmetscher im Deutschen schwerer als eventuelle grammatik- oder akzentbedingte Unklarheiten bei der Verdolmetschung ins Englische. Sie würden sich ggf. durch Nachfragen von Anwälten und Stenografen ausräumen lassen. Die neu angeworbenen Dolmetscher unterstanden ebenso wie die Stenografen dem „Chief Interpreter" Sonnenfeldt.

Die Tatsache, dass etliche der Angeklagten Englisch sprachen, machte Sonnenfeldt zum Spielball beider Seiten: Göring hatte sich auf diesen Dolmetscher kapriziert und wollte ausschließlich mit ihm kooperieren, die Ermittler wiederum banden ihn für ihre Zwecke ein, wenn es darum ging, Zeugen oder Angeklagte bei Verhören zu überrumpeln und ihnen keine Zeit zum Nachdenken zu lassen. Wie in solchen Fällen ad hoc „die richtige Frage"[882] lautete, durfte bzw. musste Sonnenfeldt eigenständig entscheiden. Beide Seiten, Auftraggeber wie Dolmetscher, hatten offensichtlich kein Problem mit der Ausweitung der Funktionen und Zuständigkeiten des Sprachmittlers, im Gegenteil. Nachdem die Ankläger erkannt hatten, dass sich Sonnenfeldt in den deutschen Strukturen und Gegebenheiten sehr viel besser auskannte als sie, nutzten sie auch die Kulturkompetenz ihres Dolmetschers, gaben ihm lediglich eine grobe Richtung vor und ließen ihn die eigentlichen Fragen selbst formulieren.

Sonnenfeldt reagierte mit uneingeschränkter Parteinahme für seine neue Heimat, der er sich bereits fest verbunden fühlte: Diktatoren können, so der Memoirist, in Zeiten der Not nur auf ihre Lakaien zurückgreifen, weil „die wirklich guten Männer (sic!) zu ihren Feinden übergelaufen sind"[883]. Er berichtet zwar von persönlichen Unterhaltungen mit Angeklagten und Zeugen, so auf einer Autofahrt mit Hitlers Sekretärin Johanna Wolf, und kam Göring so nah, dass dieser ihm während des Prozesses vertraulich zuzwinkerte[884], stellt jedoch durch seine Schilderung der Verhörsituationen sowie seine Kommenta-

---

Rechtsanwalt, ich habe nie etwas mit Anwälten zu tun gehabt, sie würden in diesem Prozeß nichts nützen. Was ich wirklich brauche, ist ein guter Dolmetscher." Zit. nach Radisoglu 2008: 37.

882 Sonnenfeldt 2003: 174.

883 Sonnenfeldt 2003: 178.

884 Vgl. Sonnenfeldt 2003: 195. In einem anderen Fall entstand eine kurios anmutende „Zusammenarbeit": Gemeinsam mit Generaloberst Halder, dem Generalstabschef des Heeres, rekonstruierte Sonnenfeldt mithilfe von Spielzeugsoldaten die Schlacht um Moskau. Vgl. Sonnenfeldt (2003: 187 f.): „Welcher andere US Army Private ist jemals von einem überdrehten Vier-Sterne-General auf einem Teppich in die Strategie des Blitzkriegs eingewiesen worden?"

re zum Prozessgeschehen wiederholt klar, dass seine Loyalität weit über das Dolmetschen hinaus der amerikanischen Seite gehörte:

Wir Amerikaner kämpften, um unser Land und unsere Werte zu verteidigen[885]

Diese klare Positionierung wirkte sich auf Sonnenfeldts dolmetscherisches Handeln aus. Das rein mechanische Vorgehen, das er in der Anfangszeit seiner Dolmetscheinsätze gewählt hatte und das auf eine roboterhafte Imitation von Intonation, Haltung und Einstellung von Befragern und Befragten hinausgelaufen war, legte er rasch ab, offensichtlich infolge der Erkenntnis, dass dieser Ansatz nicht zwangsläufig einen Kommunikationserfolg gewährleistet.[886] Die mit dem gewonnenen Ermessensspielraum verknüpften Erwartungen erfüllte er, indem er beispielsweise die Amerikaner auf Ungereimtheiten in den Aussagen von Rudolf Heß aufmerksam machte, als dieser eine Amnesie vortäuschen wollte:

Als Dolmetscher fiel mir auf, dass Heß gelegentlich Wörter verwandte, die unter Halbwüchsigen seiner Generation damals üblich waren. Ich wies die anderen darauf hin [...].[887]

Im Falle von Generalfeldmarschall Keitel, nach Sonnenfeldts Einschätzung „ein Jasager ohne Rückgrat"[888], nutzte der Dolmetscher – anscheinend mit dem Segen seiner Auftraggeber, zumindest werden keine Reaktionen oder gar Sanktionen erwähnt – offen seine Position als Vertreter einer Siegermacht:

Ich starrte ihn am Anfang so lange an, bis er seine blauen Augen niederschlug. Ich hatte die Frage des Anklägers, „Sagen Sie die Wahrheit?", mit „Warum lügen Sie wie ein Feigling?" übersetzt [...].[889]

---

885 Sonnenfeldt 2003: 189. Vgl. Sonnenfeldt 2003: 183 ff.
886 Vgl. Sonnenfeldt 2003: 176.
887 Sonnenfeldt 2003: 186.
888 Sonnenfeldt 2003: 186.
889 Sonnenfeldt 2003: 186.

Während des Tribunals, als parallel zur Verhandlung im Gerichtssaal weitere Vernehmungen stattfanden, wurde Sonnenfeldts Aufgabenbereich noch einmal ausgedehnt. Als Untersuchungsbeamter konnte er nun selbstständig Zeugen verhören. Beim Prozess hatte er seinen Platz am Tisch der amerikanischen Anklagevertreter, konnte die Dinge in Ruhe beobachten und „war froh, nicht hinter der Glasscheibe bei den anderen Dolmetschern sitzen zu müssen"[890].

UMGANG MIT EMOTIONEN
Sonnenfeldts Darstellung fällt durch die geradezu stoische Sachlichkeit auf, mit der der Autor auch die unangenehmsten und sogar gefährlichen Momente seines Lebens schildert. Eine Rezensentin der Memoiren sieht den Grund für Sonnenfeldts „emotionslose Hemdsärmeligkeit"[891] in der Persönlichkeitsstruktur des Autors:

Da schreibt einer, der sich die grübelfreie Mentalität des jungen Mannes bewahrt hat, weil er auch in den 58 Jahren danach kein Nach-Denker wurde, sondern ein Erfinder [...][892].

Eine der wenigen Stellen im Text, an denen Sonnenfeldt Emotionen beschreibt, ist der Moment der Verleihung der amerikanischen Staatsbürgerschaft:

Es machte mich überglücklich, ein vollwertiger, gleichberechtigter Bürger des größten Landes auf der Welt zu sein. Ich glühte förmlich vor Freude und atmete die Luft, die jetzt ebenso mir gehörte wie jedem Amerikaner, tiefer ein.[893]

Eine weitere Passage, die eine direkte Gefühlsbewegung des Autors vermittelt und sehr authentisch und anrührend wirkt, ist Sonnenfeldts kurzem Besuch im befreiten Konzentrationslager Dachau gewidmet.

....

890 Sonnenfeldt 2003: 201.
891 von Arnim 2003.
892 von Arnim 2003. So kann Sonnenfeldt (2003: 271) auch die Nachdenklichkeit nicht nachvollziehen, die Michail Gorbačëv anlässlich der Feierlichkeiten zum 10. Jahrestag des Mauerfalls an den Tag legte: „Er hat doch so viel erreicht, dachte ich. Warum grübelt dieser Mann, weil er das Unmögliche nicht schaffen konnte?"
893 Sonnenfeldt 2003: 140. Dass dieses Verhaltensmuster nicht für alle Dolmetscher galt, beschreibt Herz (2011: 85): „Armand Jakoubovitch hatte durch die Shoa fast seine ganze Familie verloren und brach, als er Göring ins Französische dolmetschen sollte, in der Glaskabine zusammen."

Die Leichenstapel schockierten mich nicht so wie die Überlebenden. Am deutlichsten sind mir ihre Augen in Erinnerung geblieben – Augen, in denen eine unbeschreibliche Mischung aus Staunen, Leid und Hilflosigkeit stand. [...] Und ich dachte an mein eigenes Leben. [...] Ohne den Einfallsreichtum meiner Mutter und die Großzügigkeit einer englischen Schuldirektorin wäre ich jetzt mit Sicherheit tot oder auch eines dieser menschlichen Wracks.[894]

Im Zusammenhang mit der Verlesung der Anklageschrift kommt Sonnenfeldt noch einmal auf die Massenvernichtungsmaschinerie der Nationalsozialisten zurück und schildert, wenn auch sehr knapp, seine emotionale Reaktion:

Ohne ihre Sträflingskleidung hätte man sie (die Angeklagten) durchaus für ganz normale Männer halten können. Ihre physische Normalität, die Tatsache, dass sie aussahen wie der Mann auf der Straße, war Angst einflößender, als es irgendwelche Anzeichen von Wahnsinn gewesen wären.[895]

Bei der Darstellung seiner ersten Dolmetscheinsätze schwankt Sonnenfeldt zwischen den angenehmen Aspekten, die die Dienstreisen mit sich brachten, und Gesprächsinhalten, die ihn nicht mehr loslassen sollten wie die Befragungen zu den Vorgängen im Vernichtungslager Mauthausen. Der Sohn des Lagerkommandanten sagte zum Verhältnis zwischen ihm und seinem Vater aus,

[...], was er seinem Vater wirklich vorwerfe, sei die Tatsache, dass er ihm zu seinem zehnten Geburtstag ein Gewehr geschenkt habe. Dann mussten sich sechs Gefangene vor ihm aufstellen und er musste sie erschießen. Er musste so lange schießen, bis sie alle tot waren. Das sei sehr schwer für ihn gewesen, sagte er.[896]

Die Vernehmungen im Vorfeld des Prozesses beschreibt er insgesamt als „leidenschaftslos und fair"[897], eine Einstellung, der er sich augenscheinlich anschließen konnte:

---

894 Sonnenfeldt 2003: 156. Das Wiedersehen mit einer jüdischen Jugendfreundin schildert Sonnenfeldt (2003: 159) allerdings deutlich weniger feinfühlig: „Ihre Eltern waren umgekommen. Ich lud sie zum Abendessen ein. Auf der Karte stand nur Aal, den wir zu einer Flasche Chablis verzehrten."
895 Sonnenfeldt 2003: 193.
896 Sonnenfeldt 2003: 165.
897 Sonnenfeldt 2003: 174.

Ich empfand keinen persönlichen Hass gegenüber den Angeklagten und Zeugen, denen ich in Nürnberg begegnete. [...] Eigentlich verachtete ich alle Angeklagten [...].[898]

In einem Interview, in dem er nach seinen Empfindungen im Zusammenhang mit dem Prozess gefragt wurde, kommt Sonnenfeldt differenzierter auf das Thema Hass zurück:

Ich hatte damals eigentlich gar keine Zeit für meine eigenen Gefühle [...] Es ist also nicht so, dass ich unfähig gewesen wäre zu hassen. Aber in Nürnberg hatte ich meine Gefühle zu kontrollieren, um meine Aufgabe ausfüllen zu können.[899]

Vollkommen emotionsfrei verliefen die Verhöre allerdings nicht. Sonnenfeldt empfand es beispielsweise als peinlich, wenn die amerikanischen Ankläger aus Unkenntnis des deutschen Regierungssystems sachlich falsche Vorwürfe formulierten. Der Dolmetscher lässt hier erkennen, wie sehr er sich bereits mit seiner neuen Heimat identifizierte, und beschreibt, wie er sein Kulturwissen nutzte und korrigierend in den Ablauf eingriff:

In solchen Fällen schrieb ich kleine Notizen für die Ankläger.[900]

In einem Interview für den *Focus* aus dem Jahr 2006 kommt ebenfalls zum Ausdruck, dass Sonnenfeldt die belastenden Aspekte seiner Arbeit nicht vollkommen abstreifen konnte:

Das Schwerste für mich war allerdings, dass ich während der Verhöre nicht nur in die Rolle des Anklägers schlüpfen musste, sondern auch in die des Angeklagten.[901]

---

898 Sonnenfeldt 2003: 174.
899 Schönstein 2006.
900 Sonnenfeldt 2003: 174.
901 Schönstein 2006.

PROZEDURALES WISSEN

Sonnenfeldts Vorsatz, beim Dolmetschen besondere Sorgfalt an den Tag zu legen, mündete nicht, wie man hätte erwarten können, in eine spezielle Vorbereitung auf die Dolmetscheinsätze in Form eines intensiven Aktenstudiums oder einer Einarbeitung in die juristische Terminologie. Der Autor berichtet zwar davon, dass er größere Mengen beschlagnahmter Dokumente las, hielt aber eine weitergehende Beschäftigung mit seiner Funktion im Prozess für nicht erforderlich:

Im Gegensatz zu den Anwälten brauchte ich mich nicht mit juristischen Theorien auseinander zu setzen oder mich auf meine Rolle in dem bevorstehenden Prozess vorzubereiten, und so hatte ich viel Zeit, um die Angeklagten bei den Vernehmungen vor dem eigentlichen Prozess zu beobachten.[902]

Nach der Eröffnungsverhandlung des Prozesses kamen die Dolmetscher des Militärtribunals zum Einsatz und man bat Sonnenfeldt, sich dem Team anzuschließen. Er zog sich allerdings nach der ersten Sitzung zurück und dolmetschte weiter für die amerikanische Staatsanwaltschaft, denn:

In der ersten Sitzung musste ich ständig juristische Ausdrücke nachschlagen, die ich nicht verstand, und das war mir unangenehm. Ich fand diese juristische Auseinandersetzung so langweilig, dass ich beschloss, ich wolle nicht Wochen oder sogar Monate in der Glaskabine sitzen, um Kreuzverhöre zu übersetzen, an deren Vorbereitung ich beteiligt gewesen war.[903]

EINSCHÄTZUNGEN UND WERTUNGEN

Dem insgesamt nüchternen Erzählansatz des Autors entspricht auch seine Bewertung von Vorgängen, Zusammenhängen und zentralen Akteuren, bei der er sich auf wenige wesentliche Elemente beschränkt. Die Hauptangeklagten handelt Sonnenfeldt in Gruppen ab; vergleichsweise ausführlich setzt er sich mit seinem „Hauptkunden" Hermann Göring und dessen Verhältnis zu Hitler auseinander. Streicher wird mehrfach als „widerlich" bezeichnet[904] und Ribbentrop erscheint als „geschwätziger, seichter Champagnerverkäufer und

---

902 Sonnenfeldt 2003: 175.
903 Sonnenfeldt 2003: 196.
904 Vgl. Sonnenfeldt 2003: 166, 173.

Emporkömmling"⁹⁰⁵. Die historischen Hintergründe sowie generelle Fragen wie die Kollektivschuld der Deutschen werden gestreift und allenfalls kurz kommentiert; Sonnenfeldt zitiert dafür längere Passagen aus den Plädoyers der amerikanischen Anklage. Interessant, wenn auch nicht ohne stereotype Anklänge ist seine blitzlichtartige Beleuchtung der vor Gericht agierenden Juristen:

*Im Gegensatz dazu (zu den Vertretern der amerikanischen Staatsanwaltschaft, A. d. V.) waren die britischen Ankläger ungeheuer effizient. Ich bewunderte ihre kühle Haltung und ihre samtweiche Höflichkeit, mit der sie ihre messerscharfen Fragen umgaben. Die deutschen Verteidiger waren zum Teil tüchtige, aufrechte Anwälte, zum Teil aber auch Trottel. Die Franzosen waren pedantisch, und den Russen sah man an, dass sie die Angeklagten am liebsten auf der Stelle erschossen hätten.*⁹⁰⁶

FAZIT
Richard Sonnenfeldt vermittelt dem Leser den Eindruck eines Menschen, der frei von emotionalen Befindlichkeiten, religiösen Bindungen oder Zweifeln an der Richtigkeit seines Tuns selbstbewusst, unbeirrt und ungeachtet der schicksalhaften Wendungen zielstrebig seinen Weg durchs Leben gegangen ist.⁹⁰⁷ Das Dolmetschen beim Nürnberger Kriegsverbrechertribunal stellt eine, aber längst nicht die zentrale Komponente dieses Lebens dar und so tritt auch Sonnenfeldts Rolle als Dolmetscher hinter der Rolle als Vertreter der amerikanischen Anklage und als Amerikaner überhaupt in den Hintergrund. Von Äquidistanz des Gerichtsdolmetschers zu Anklage und Angeklagten oder Unparteilichkeit kann keine Rede sein, Reflexionen über das dolmetscherische Selbstverständnis fehlen ebenso wie Aussagen darüber, wie der Laiendolmetscher mit militärischem Hintergrund seine Rolle und seine Aufgaben als Sprachmittler bewältigt hat. Trotz seiner persönlichen Kontakte zu etlichen Angeklagten und Zeugen und ungeachtet der Prägung in seiner deutschen Primärkultur sieht sich Sonnenfeldt als Vertreter der amerikanischen Nation, deren Werte er vertritt und verteidigt. Ihr gilt, selbstverständlich auch im beruflichen

---

905 Sonnenfeldt 2003: 174.
906 Sonnenfeldt 2003: 202.
907 Charakteristisch für diese Einstellung ist auch sein Kommentar zur Situation einer emigrierten Freundin (2003: 123): „Als Osteuropäerin, die in eine deutsch-jüdische Familie eingeheiratet hatte, schleppte sie weniger emotionales Gepäck mit sich herum."

Handeln, seine uneingeschränkte Loyalität. Er erscheint als Macher, der zwar über die großen Verfehlungen von Diktatur und Nationalsozialismus sinniert, persönliche Befindlichkeiten jedoch entweder nicht spürt oder sie den Leser nicht spüren lassen will.

7.4.1.11 Siegfried Ramler

Siegfried Ramler wurde 1924 in Wien in eine jüdische Familie polnischgalizischer Herkunft hineingeboren. Die beiden älteren Schwestern Ramlers wanderten Anfang der Dreißigerjahre nach Palästina aus und konnten dort nach dem „Anschluss" auch den aus Wien vertriebenen Eltern Zuflucht bieten; der Großvater mütterlicherseits wurde in Buchenwald ermordet. Ramler besuchte ab 1934 das Wiener Sperlgymnasium, wo „ausgezeichnete Deutschlehrer"[908] seine Liebe zur Sprache weckten und damit die Weichen für seine berufliche Orientierung stellten. Einen Monat nach der Pogromnacht von 1938 gelangte er als Vierzehnjähriger gemeinsam mit über zehntausend anderen jüdischen Kindern und Jugendlichen aus Deutschland, Österreich und dem Sudetenland im Rahmen eines sogenannten Kindertransportes nach England, wo er bei Verwandten unterkam. Ramler arbeitete tagsüber und lernte in seiner Freizeit sowie an einer Abendschule Englisch:

In relativ kurzer Zeit konnte ich mich in Englisch ebenso flüssig ausdrücken wie in meiner Muttersprache, und bald darauf gelang mir das ebenso im Französischen. Diese Dreisprachigkeit war der eigentliche Ausgangspunkt für meine Dolmetschertätigkeit bei den Nürnberger Kriegsverbrecherprozessen [...].[909]

Ramler erlebte die deutschen Bombenangriffe auf London und folgte einem Aufruf der Alliierten, die nach der Landung in der Normandie für die Entwaffnung der Wehrmachtssoldaten und die Vorbereitung der Besetzung des Landes Personen mit guten Deutschkenntnissen suchten. Als Übersetzer der US-Streitkräfte hatte er Räumungsbefehle zu übermitteln und sich um die Versorgung der amerikanischen Soldaten zu kümmern. Außerdem half er bei der Sicherstellung von Dokumenten und Archivmaterial und erteilte interessierten Offizieren und Soldaten Deutschunterricht. Als seine Einheit kurz nach

---

908 Ramler 2010: 18.
909 Ramler 2010: 44.

Kriegsende nach Erlangen bei Nürnberg kam, erfuhr er von dem bevorstehenden Prozess gegen führende Nationalsozialisten, missachtete einen Befehl zur Rückkehr nach England und erreichte statt dessen eine Anstellung bei der US-Zivilverwaltung, die ihn der Sprachenabteilung zuwies. Ramler wurde aktiv in die Vorbereitung des Hauptverfahrens vor dem Internationalen Militärgerichtshof eingebunden und dolmetschte zunächst im Vorverfahren die Vernehmungen der angeklagten Hauptkriegsverbrecher:

Diese begannen immer am frühen Vormittag und dauerten oft bis in die Nacht. Da es um die Erhärtung der Anklageerhebung und die Überprüfung der Stichhaltigkeit des dokumentarischen Beweismaterials ging, waren in die Vernehmungen sowohl Angeklagte als auch Zeugen einbezogen.[910]

Er gehörte dem Nürnberger Stab von 1945 bis 1949 an und hatte ab 1947 die Aufgabe, als Chef der Dolmetscherabteilung zusätzlich zur Arbeit als Simultandolmetscher den Arbeitsplan der Dolmetscherteams festzulegen. Im Anschluss an das Hauptkriegsverbrechertribunal dolmetschte er bei den Nachfolgeprozessen, u. a. im Nürnberger Ärzteprozess.

1949 ließ sich Ramler mit seiner Frau Piilani, einer Hawaiianerin, die in Nürnberg als Gerichtsstenografin gearbeitet hatte, auf Hawaii nieder, erlangte einen Hochschulabschluss in Politikwissenschaften und fand seine Berufung als Lehrer für Deutsch und Französisch an der Punahou School, einer renommierten Privatschule, zu deren Absolventen u. a. US-Präsident Obama gehört. Hier übernahm er zunehmend planerische und koordinierende Aufgaben und engagierte sich passioniert in der internationalen Bildungskooperation und beim Aufbau entsprechender Kontakte im asiatisch-pazifischen Raum. Nach seiner Pensionierung blieb er dem Bildungsbereich treu, reiste viel und setzte sich in Artikeln und Essays mit bildungspolitischen Themen und persönlichen Erfahrungen auseinander.

Ramlers Memoiren „Die Nürnberger Prozesse. Erinnerungen des Simultandolmetschers Siegfried Ramler", ursprünglich auf Englisch erschienen[911], umfassen einen Zeitraum von gut achtzig Jahren zwischen 1924 und dem Ruhestand des Autors auf Hawaii. Der Schwerpunkt seines Berichts liegt auf

---

910 Ramler 2010: 64 f. Zur Arbeit der Nürnberger Dolmetscher sowie technischen, personellen und weiteren Aspekten vgl. Gaiba 1998 und Herz 2011.

911 Titel der englischen Ausgabe: „Nuremberg and Beyond. The Memoirs of Siegfried Ramler. From 20th Century Europe to Hawai'I". Ahuna Press, 2008.

den vier Jahren, die er in Nürnberg als Dolmetscher beim Hauptprozess und den Nachfolgeprozessen verbrachte, wobei er sowohl seine sprachmittlerische Tätigkeit als auch die juristischen Umstände beleuchtet. Im letzten Drittel seines Buches befasst sich Ramler mit der Zeit „nach Nürnberg", seinem Leben und Wirken als Pädagoge auf Hawaii sowie seinen Aktivitäten im Ruhestand.

Die autobiografische Motivation des Autors resultiert zum einen aus dem Drängen von Freunden und Kollegen, Erinnerungen an persönlich Erlebtes und historische Ereignisse aus acht Lebensjahrzehnten niederzuschreiben. Ramler schildert im Schlussteil seines Buches, wie ihm diese Auseinandersetzung mit der Vergangenheit im Gegensatz zu seinen vorherigen Aufsätzen über beruflich relevante Themen nun auch eine Reflexion über subjektive Gefühle und Befindlichkeiten abverlangte, und bedauert, nicht schon früher damit begonnen zu haben, „da dies (ein zeitnahes Erinnern) das Geschilderte gewiss durch das eine oder andere farbige Detail vertieft und bereichert hätte"[912]. Darüber hinaus bewegt den Autor das Bewusstsein, „unmittelbare Einblicke in so etwas wie eine erste und unzensierte Geschichtsschreibung"[913] erhalten zu haben, sowie das Anliegen, dem Leser das Novum Kriegsverbrechertribunal mit all seinen juristischen, menschlichen und technischen Facetten näher zu bringen. Gerade die detaillierte Schilderung des Verfahrens belegt, mit welch großer persönlicher Anteilnahme Ramler die Vorbereitung und die Durchführung der Verhandlungen begleitete. Auch nach Ende der Nürnberger Prozesse ließen ihn Themen wie deren Bedeutung für die Entwicklung des Völkerrechts und die „so bahnbrechende wie erfolgreiche Ausarbeitung eines praxistauglichen Verfahrens der simultanen Verdolmetschung in gleich mehrere Sprachen auf einmal"[914] nicht los und veranlassten ihn zu Publikationen und Vortragsreisen. Wie nachhaltig die Teilnahme am Hauptkriegsverbrechertribunal und den Nachfolgeprozessen sein eigenes Leben beeinflusste, betont Ramler noch einmal im Schlusswort:

Sie (die Prozesse) prägten meine Weltsicht und meine zukünftige Rolle als Erzieher und den an der Verständigung zwischen den Menschen interessierten Weltbürger. [...] Die Erfahrungen von Nürnberg [...] führten mir zwingend vor Augen, welch enorme Gefahr von unkontrollierter Macht

---

912 Ramler 2010: 181.
913 Ramler 2010: 66.
914 Ramler 2010: 83.

ausgeht und wie notwendig es ist, Recht und Gerechtigkeit weltweit zur Durchsetzung zu verhelfen.[915]

Der Blick des Autors geht jedoch weit über das eigene Schicksal hinaus. Er zeigt auf, wie bis in die Gegenwart hinein Verbrechen gegen die Menschlichkeit begangen werden, und plädiert eindringlich für Demokratie, Gerechtigkeit sowie einen offenen, unvoreingenommenen und toleranten Umgang miteinander.

AUSSAGEN ZUM ROLLENVERSTÄNDNIS
Sowohl im großen politischen Kontext als auch in Bezug auf seine Dolmetschertätigkeit in Nürnberg sieht sich Ramler aus einer zweifachen Perspektive: Als Zeitzeuge, dessen Leben ohne den Einfluss der historischen Ereignisse sicher völlig anders verlaufen wäre, war er „kritischer Beobachter und [...] in die Zeitgeschichte verstrickter Akteur"[916] zugleich, als Gerichtsdolmetscher war er Sprachmittler und existenziell Geschädigter in einem. So beschreibt er seine Bemühungen, ungeachtet der psychischen Belastung professionell zu agieren und sich von den Inhalten der Aussagen bei seiner anspruchsvollen Arbeit nicht beeinträchtigen zu lassen:

Auch wenn ich angesichts des langen Kataloges der ungeheuerlichen Verbrechen, die im Laufe der Verfahren durch Zeugenaussagen und verschiedene Dokumente ans Licht kamen, selbstverständlich nicht ungerührt blieb, so lag mein Hauptaugenmerk doch auf meiner Aufgabe als Dolmetscher. Ich durfte mich durch meine persönliche Lebensgeschichte nicht von der ohnehin schon schwierigen Arbeit am Mikrophon ablenken lassen. Erst Jahre später, als ich mehr Abstand zu dem damaligen Geschehen gewonnen hatte, erlaubte ich es mir, meine persönliche Meinung zur historischen Bedeutung der Prozesse zu äußern.[917]

Die Nürnberger Prozesse haben u. a. deshalb historischen Stellenwert, weil zur Simultanverdolmetschung ein technisch vollkommen neues und bis dato unbekanntes Verfahren zur Anwendung kam, an dessen Konzipierung Ramler maßgeblich beteiligt war. Man leistete Pionierarbeit in zweifacher Hinsicht:

---

915 Ramler 2010: 187.
916 Ramler 2010: 185. Vgl. Ramler 2010: 29.
917 Ramler 2010: 100.

Ohne dass wir uns auf eine bewährte Praxis oder methodologisch gesichertes Wissen stützen konnten, wurde die kurzfristige Ausarbeitung eines Verfahrens der Simultanverdolmetschung in gleich vier Sprachen zu unserer vordringlichsten Aufgabe. [...] Zudem galt es, die technische Anlage zu planen und einzurichten, die man für die Funkübertragung unserer Übersetzungen in die Kopfhörer sämtlicher vor Gericht vertretenen Parteien benötigte.[918]

Das „wir", das Ramler konsequent bei der Beschreibung genereller Aspekte, aber auch einzelner Dolmetschsituationen verwendet, steht für den kollegialen Ansatz des Autors, der sich nicht in den Vordergrund schiebt, sondern sich als Teil eines Teams versteht:

Wir Nürnberger Dolmetscher waren eine bunte Truppe hinsichtlich nationaler Herkunft, sprachlicher Ausbildung und beruflichem Werdegang; [...].[919]

Diese an sich so heterogene Truppe trat jedoch geschlossen auf, wenn es darum ging, die Voraussetzungen für hochwertige Verdolmetschungen zu schaffen. So setzten die Dolmetscher beispielsweise ihre Forderung durch, das Gericht müsse bereits übersetzte Verhandlungsunterlagen rechtzeitig zur Verfügung stellen:

Um eine brauchbare sowie fehlerfreie Übersetzung bieten zu können, war es unumgänglich, dass alle Schriftsätze, aus denen Anklage, Verteidigung oder Zeugen soeben vorlasen, auch den Dolmetschern vorlagen. [...] In Anbetracht des grundlegenden Unterschieds zwischen einer mündlich vorgetragenen im Gegensatz zu einer aus einem Schriftstück abgelesenen Äußerung handelte es sich hier um eine wichtige Forderung, auf der wir bestehen mussten.[920]

Gleichzeitig vertraten die Nürnberger Dolmetscher ein Rollenverständnis, das auf eine bewusste Zurücknahme der eigenen Person hinauslief:

---

[918] Ramler 2010: 76.
[919] Ramler 2010: 82. Analog dazu (Ramler 2010: 76) wird „unser Übersetzerteam" erwähnt.
[920] Ramler 2010: 81.

Unser Ziel war es idealerweise, dass der Zuhörer von der Übersetzung an sich möglichst wenig mitbekam und die Stimme im Kopfhörer zunächst einmal für die des tatsächlichen Sprechers halten sollte.[921]

Ramler erwähnt zwar auch spezifische, typische Verhaltensweisen seiner Kollegen „zumindest in der Frühphase der Verhandlungen"[922], nennt jedoch keine Namen. Die Individualität hielt sich offensichtlich in Grenzen und beeinträchtigte weder den Teamgeist der Dolmetschergruppe noch den Prozessverlauf als solchen. Insgesamt erweckt Ramlers Darstellung den Eindruck, als habe er seine Aufgabe ungeachtet ihrer komplexen Anforderungen pflichtbewusst, souverän und zur Zufriedenheit aller Beteiligten bewältigt. Welche Einstellung die „Kunden" – Richterschaft, Anklage, Beschuldigte und Verteidigung – mit ihren divergierenden Interessen gegenüber den Dolmetschern vertraten, erwähnt der Autor nur am Rande. Einen eindeutigen Bezug gab es nach Ramler lediglich zum Vorsitzenden Richter, Lord Justice Geoffrey Lawrence, der offenkundig die Nöte der Dolmetscher wahrnahm und die Beteiligten wiederholt aufforderte, langsam und deutlich zu sprechen.

Wir Dolmetscher waren ihm (dem Verhandlungsführer) zutiefst dankbar für sein großes Verständnis für die Herausforderungen, die wir tagtäglich an den Mikrophonen meistern mussten.[923]

Die größten Reibungspunkte entstanden naturgemäß im Verhältnis zu den Angeklagten und ihren Verteidigern: Göring und Ribbentrop ließen sich trotz vorhandener Englischkenntnisse dolmetschen, um Zeit zu gewinnen; die deutschen Strafverteidiger erhoben wiederholt Einspruch gegen die Verdolmetschung ins Englische, weil sie sich nicht korrekt wiedergegeben glaubten. Ramler musste in einzelnen Fällen seine Wortwahl gegenüber der Verteidigung rechtfertigen, was ihn aber offensichtlich nicht verunsicherte, denn Reflexionen über die eigene Leistung oder Kompetenz fehlen. Diese gleichsam zurückgenommene Selbstsicherheit ist vermutlich u. a. darauf zurückzuführen, dass Ramler sich nicht nur in der Übersetzer- und Dolmetschergemein-

---

921 Ramler 2010: 78.
922 Ramler 2010: 78.
923 Ramler 2010: 69. Vgl. Ramler 2010: 66.

schaft verankert fühlte, sondern sich auch mit dem Gericht als Ganzem identifizierte: „Wir alle, die wir zum Stab des Nürnberger Gerichtshofs zählten".[924]

UMGANG MIT EMOTIONEN
Ramler formuliert sehr distanziert und reduziert, wenn es darum geht, die emotionale Komponente von Zeugenaussagen oder seinen eigenen emotionalen Zustand angesichts der Vorgänge im Gerichtssaal zu beschreiben, und betont, er habe vorrangig seine Aufgabe als Dolmetscher wahrgenommen. Auch die Frage einer Journalistin des österreichischen „Standard", ob er angesichts der Gräuel, die vor Gericht behandelt wurden, nie geschockt gewesen sei, beantwortet er in diesem Sinne:

Ich war damals sehr jung: 22 Jahre. Meine Herausforderung war das Sprachliche, es wurde erstmals simultan übersetzt, da war ich fast in Trance.[925]

Den tranceartigen Zustand, den der Leistungsdruck beim Simultandolmetschen regelmäßig bei ihm hervorrief und dem zufolge er oft außerstande war, nach Ende einer Verhandlung Aussagen über den Inhalt des Gesagten bzw. Gedolmetschten zu machen, beschreibt Ramler auch in seinem Buch. Seinem Eindruck nach war der Eindruck des Surrealen, eines von der Wirklichkeit stellenweise abgehobenen Erlebens, typisch für die gesamte Atmosphäre im Nürnberg der Nachkriegszeit:

Die ganze Zeit, die ich in Nürnberg verbrachte, erlebte ich wie in leichtem Fieber, wie mit einem geschärften Sinn für das Heute. [...] Man arbeitete tagsüber im Büro oder aber im Gerichtssaal, abends dann traf man sich zum Feiern im Nürnberger Grand Hotel. [...] Dieses turbulente Leben entbehrte nicht unwirklicher Züge, [...].[926]

---

[924] Ramler 2010: 71. Vgl. Ramler 2010: 99.
[925] Graber 2010. Von dem „Trancezustand", in den der Dolmetscher wie ein „Medium" gerate, um dann „sein Bestes" zu leisten, spricht auch Sommer (1991: 242) in Anspielung auf ein Zitat Paul Schmidts.
[926] Ramler 2010: 102. Behr/Corpataux (2006: 43) dazu: „Wie stark die emotionale Eingebundenheit in die grauenvollen Ereignisse derer war, die direkt betroffen waren, konnte vermutlich im Voraus nicht abgeschätzt werden. [...] Dass die Mehrheit von ihnen (d. h. der Dolmetscher), jeglicher emotionaler Belastung zum Trotz, ihre Arbeit dennoch beispiellos verrichtete, muss als besondere

Nach Ramlers Aussage ist die Tatsache, dass die Dolmetscher sich weniger oder kaum mit den inhaltlichen Aspekten der Verhandlungen auseinander setzten, auf das hohe Maß an Konzentration und Anstrengung zurückzuführen, das die Arbeit im Gerichtssaal ihnen abverlangte. Geht man jedoch davon aus, dass jede ausgangssprachliche Äußerung zunächst einen kognitiven Verarbeitungsprozess durchläuft, bevor sie als Aussage in der Zielsprache produziert werden kann – was Ramler im Übrigen am Beispiel des zweideutigen „Nazideutsch" selbst erläutert – , ist diese Aussage anzuzweifeln und erscheint eher wie eine Schutzbehauptung. Die Textpassagen, in denen der Autor Erinnerungen anführt, liefern jedoch Hinweise darauf, welche Zusammenhänge bei ihm besondere emotionale Spuren hinterließen, und bestätigen die Aussagen der Gedächtnisforschung, wonach Ereignisse besonders gut im Gedächtnis haften bleiben, wenn sie emotional konnotiert sind. Dies gilt zum einen für Ramlers Erinnerungen an seine Jugend in Wien und die beängstigenden Vorgänge in der sogenannten Reichskristallnacht, bezieht sich aber auch auf die Zeit in London, die nach Ramler trotz der Luftangriffe durch eine Atmosphäre der Freundlichkeit und Offenheit gekennzeichnet war, und auf seine uneingeschränkt positiven ersten Kontakte zu den Amerikanern. Bei der Erinnerung an den Hauptkriegsverbrecherprozess nennt er so einschneidende und aufwühlende Momente wie die ersten Vernehmungen der NS-Führungselite, bei denen diese noch spontan und weitgehend unverfälscht aussagte[927], den Auftritt des Auschwitz-Kommandanten Rudolf Höß vor dem Tribunal sowie die Nacht im Oktober 1946, in der die Todesurteile vollstreckt wurden.

PROZEDURALES WISSEN
Ramler gelangte allein aufgrund seiner Sprachkenntnisse in das Nürnberger Übersetzer- und Dolmetscherteam und besaß zu diesem Zeitpunkt weder eine philologische noch eine translatorisch ausgerichtete Ausbildung. Sein „Eignungsprofil" – Bilingualität infolge deutschsprachiger Erziehung und eines längeren, intensiv erlebten Aufenthalts im Land einer zweiten Sprache – teilte er mit etlichen seiner Nürnberger Kollegen, die ein spezielles Auswahlverfahren durchliefen:

(Wir) führten eine Art von Scheinprozessen durch, die es uns gestatteten, aus der simulierten Praxis heraus zu beurteilen, ob ein Bewerber imstande

---
Leistung hervorgehoben werden."
927 Vgl. 2010: Ramler 65.

war, ohne zeitliches Hintanbleiben auf einen sprachlichen Reiz zu antworten. Dabei stellen wir immer wieder fest, dass gerade ausgebildete Philologen und Sprachwissenschaftler mit erstklassiger akademischer Bildung und reichlich beruflicher Erfahrung oftmals nicht in der Lage waren, augenblicklich oder aber unter Druck auf das soeben Gehörte zu reagieren.[928]*

Ohne über fundierte sprachtheoretische und dolmetschtechnische Kenntnisse zu verfügen, entwickelte er einen professionellen Ansatz zur Bewältigung der strukturellen Unterschiede zwischen dem Deutschen und dem Englischen und reflektierte über Strategien, mit denen seine Kollegen und er beispielsweise dem wiederkehrenden Problem der Endstellung des Verbs im deutschen Nebensatz begegnen konnten:

Nahm man umgekehrt das Verb vorweg, bevor man es tatsächlich gehört hatte, konnte dies andererseits – und insbesondere in einem Prozess, bei dem es um Leben und Tod ging – für den Zeugen oder aber Angeklagtem höchst problematische Folgen haben und sich so unter Umständen äußerst nachteilig auswirken.[929]

Eine der großen Herausforderungen bei dieser Tätigkeit, die Ramler als faszinierend und anspruchsvoll zugleich beschreibt, bestand darin, auch unter großer Belastung die Konzentration aufrechtzuerhalten. Dies galt zum einen für das Sprechtempo, denn nach Aussage des Autors hatten die Dolmetscher den Anspruch, dem Sprachfluss des Redners so zu folgen, dass „echte Gleichzeitigkeit"[930] entstand, zum anderen für die Lösung terminologischer Fragen. Als es beim Ärzteprozess um medizinische Details ging, die sich in der Arbeitssituation ad hoc nicht recherchieren oder anderweitig angemessen klären ließen, handelten Ramler und seine Kollegen pragmatisch und kleideten „die lateinischen Wortwurzeln zumindest in die entsprechende korrekte englische bzw. deutsche Aussprache"[931]. Ein weiteres „terminologisches" Problem entstand durch die Zweideutigkeit des nationalsozialistischen Sprachgebrauchs: An sich harmlose Wörter wie „Endlösung" oder „erfassen" hatten in der Lin-

---

928 Ramler 2010: 78.
929 Ramler 2010: 79.
930 Ramler 2010: 79.
931 Ramler 2010: 113 f.

gua Tertii Imperii eine fatale zusätzliche Bedeutungskomponente erhalten, die jedoch von Verteidigung und Anklage unterschiedlich ausgelegt wurde. Dies führte zu einer zusätzlichen kognitiven und psychischen Belastung für die Dolmetscher und zwang Ramler in einem Fall sogar, die Richtigkeit seiner Übersetzung nachzuweisen.[932]

EINSCHÄTZUNGEN UND WERTUNGEN

Ungeachtet der bedrückenden Erlebnisse, die Ramlers Jugend prägten („die ganze grausame Geschichte der Naziära der Dreißiger Jahre"[933]), seiner Erfahrungen in den Londoner Bombennächten und seiner Eindrücke aus dem Nürnberger Gerichtssaal – was zusammengenommen sicher ausreichen würde, um einen Menschen verbittern oder an der Welt verzweifeln zu lassen – erscheint Ramlers Schilderung positiv und dem Leben zugewandt. Sein Aufruf zu einer weltoffenen Grundhaltung, „die weit über alle Staatsgrenzen und borniertes Nationaldenken hinausreicht"[934], entspringt einer unvoreingenommenen Herangehensweise an alles Neue, Unvertraute. So stehen die Empfindungen beim Abschied von Wien stellvertretend für eine Lebenseinstellung, die bis in die letzten Zeilen von Ramlers Memoiren durchschimmert:

Ich empfand keine Angst vor der Zukunft [...]. Das Gefühl des Gespanntseins auf eine, wenn auch ungewisse, unbekannte Zukunft sollte mich von nun an mein ganzes Leben lang begleiten. Statt mit Heimweh oder nostalgischer Sehnsucht auf das Verlorene zurückzuschauen, sah ich den neuen Abenteuern und Chancen, die auf mich warteten, freudig entgegen.[935]

Sein Stil ist sachlich, bisweilen trocken, und frei von expressiven Tönen oder gar Larmoyanz. Seine Charakterisierung der Angeklagten, aber auch des Verhaltens der deutschen Bevölkerung im Allgemeinen ist nüchtern und ausgewogen; am negativsten beurteilt er Hermann Göring (stolz und eitel), den größten Eindruck hinterließ bei ihm Rüstungsminister Albert Speer.[936] Interes-

---

932 Vgl. Ramler 2010: 80. Poltorak (1988: 29) bestätigt dies: „Die richtige Übersetzung (gemeint ist hier die Verdolmetschung, A. d. V.) ging häufig weit über den Rahmen einer rein technischen Aufgabe hinaus und reichte oft weit in die Politik hinein."
933 Ramler 2010: 187.
934 Ramler 2010: 185.
935 Ramler 2010: 30.
936 Vgl. Ramler 2010: 87. Vgl. Ramler 2010: 73, 111 sowie die Aussagen im o. e. Interview (Graber 2010).

sant ist das Bild, das Ramler – ähnlich wie Sonnenfeldt – von den beteiligten Juristen zeichnet: Die deutschen Strafverteidiger beschreibt er als gediegen und abgeklärt wirkend, den amerikanischen Hauptankläger Jackson als rednerisch brillant, aber inhaltlich schwach, die Anklagevertreter der Briten als rhetorisch beeindruckend und die russischen Ankläger als detailverliebt und formalistisch.

FAZIT
Siegfried Ramler tritt aus seinen Memoiren als Mensch hervor, der sich auch einer ungewissen Zukunft stets offen und zuversichtlich stellte und nun mit Gelassenheit und Zufriedenheit auf ein erfülltes Leben zurückblickt.[937] Seine Tätigkeit als Dolmetscher nimmt dabei nur einen vergleichsweise kleinen zeitlichen Raum ein, ist aber um so bedeutender, als sie sich bei einem der zentralen Ereignisse der Nachkriegsgeschichte abspielte und der Autor dabei ungeachtet seiner persönlichen Involviertheit außergewöhnliche Leistungen sowohl in sprachlicher als auch in technischer Hinsicht vollbrachte. Diese wertet er bescheiden, aber auch mit leisem Stolz.

Sein Verständnis von der Rolle des Dolmetschers im Gerichtsprozess entwickelte Ramler intuitiv-autodidaktisch. Es läuft darauf hinaus, dass der Dolmetscher sich soweit zurücknimmt, dass die Kommunikation als möglichst direkt und nicht gemittelt erscheint. Der nüchternen Art und Weise nach zu urteilen, mit der Ramler die Prozessbeteiligten und sein eigenes Wirken in diesem Verfahren beschreibt, hat er sich von keiner der Seiten vereinnahmen lassen, sondern Distanz in alle Richtungen gewahrt. Die Emotionen, die im Zusammenhang mit der schwierigen Materie im Gerichtssaal und bei den Vorverhandlungen unweigerlich entstehen mussten, hat er offensichtlich nicht an sich herangelassen bzw. verdrängt, so dass sie seine Arbeit zumindest von außen betrachtet nicht beeinflussten.

---

[937] Diesen Eindruck bestätigte er im Interview (Graber 2010): „Aber ich beschäftige mich nicht so viel mit der Vergangenheit, mich interessieren mehr Gegenwart und Zukunft."

7.4.2 Bilinguale Dolmetscher mit Deutsch als einer ihrer Muttersprachen

7.4.2.1 Erwin Weit

Erwin Weit wurde 1928 in Wien[938] geboren und und floh nach der Annexion Österreichs mit seinen Eltern nach Polen, wo offensichtlich die Grundlage für seine polnischen Sprachkenntnisse gelegt wurde. 1941 geriet er nach dem Überfall auf die Sowjetunion bei Lemberg in den deutschen Vormarsch und wurde aufgrund seiner jüdischen Abstammung verfolgt. Hansjakob Stehle, langjähriger Polen- bzw. Italienkorrespondent deutscher Medien, rezensierte 1970 Weits Memoiren und kommentierte dabei den Lebensweg des Autors folgendermaßen:

> *[…] Weit war auch kein professioneller Dolmetscher. […] 1945 dank dem Einmarsch der Russen, wie er selbst schreibt, gerade noch den Gaskammern der Nazis entronnen, wurde er „langsam zum überzeugten Kommunisten". 1957 bis 1963 Parteisekretär des Hauptvorstandes des Polnischen Journalistenverbandes, genoß er so viel Vertrauen, daß man ihn (auf improvisierte Weise, wie in Polen viele Karrieren gemacht werden) immer häufiger und schließlich ganz als Dolmetscher der Parteispitze heranzog.*
>
> *Er blieb es auch dann noch – und das ist typisch für das Widersprüchliche in Polen –, als er 1965 der Partei den Rücken kehrte, und immer noch bei der wichtigen Warschauer Konferenz von 1968, als man ihm anderseits nicht einmal mehr einen Reisepaß nach Ungarn geben wollte und als die hysterische „antizionistische" Kampagne jenes Jahres in vollem Gang war. Dennoch ließ man den Träger höchster Staatsgeheimnisse ein halbes Jahr später als Juden legal nach Westen emigrieren – wie viele andere, die seitdem ihre Kenntnisse und ihre verständliche Bitterkeit ausbreiten […].[939]*

Im Februar 1969 schied Weit aus dem polnischen Staatsdienst aus und verließ das Land; weitere Informationen über ihn liegen nicht vor.

---

938 Zu den biografischen Angaben vgl. Weit 1970 (Klappentext), Lawaty (2000: 1377) und den Artikel „Klatsch vom dritten Mann. Hansjakob Stehle über Gomulkas Dolmetscher". Stehle (1970) gibt abweichend an, Weit sei in Galizien zur Welt gekommen.

939 Stehle 1970. Der Journalist wirft Weit etliche Verzerrungen und Fehleinschätzungen vor und resümiert, das Buch sei kein geschichtlich bedeutsames Dokument, sondern lediglich „die ungenaue Kunde aus einem schwer verständlichen Land".

Weits Erinnerungen „Ostblock intern. 13 Jahre Dolmetscher für die polnische Partei- und Staatsführung" beginnen mit dem Tag seiner Ausreise in den Westen und den Schikanen der Passkontrolle am Warschauer Flughafen – Weit hatte in seinem Auswanderungsantrag angeben müssen, er wolle als Zionist nach Israel reisen, und zählte damit zur Gruppe der Volksfeinde. Anschließend geht Weit zurück zum Ausgangspunkt seiner Karriere als Dolmetscher im Sommer 1954. Er arbeitete zu diesem Zeitpunkt als Journalist bei einer Warschauer Tageszeitung und wurde gemeinsam mit anderen mehrsprachigen Laien nach einem kurzen Probelauf als Simultandolmetscher für einen internationalen Architektenkongress verpflichtet, da man für etwas Zweitrangiges wie die „technischen Kongreßarbeiten"[940] keine Devisen ausgeben wollte. Weitere Dolmetschaufträge folgten ebenso wie das Angebot, beim Staatsverlag Polonia die deutsche Redaktion zu leiten. Weit wurde daraufhin immer häufiger für Einsätze im politischen Bereich engagiert und dolmetschte Ende 1958 zum ersten Mal bei Gesprächen zwischen Walter Ulbricht und Władysław Gomułka, der 1956 mit dem Anspruch an die Macht gekommen war, das Land politisch-moralisch zu erneuern und einen Sozialismus mit menschlichem Antlitz zu verwirklichen. Auch Vertreter aus dem Westen wie der damalige SPD-Fraktionsvorsitzende im Bundestag Helmut Schmidt oder der österreichische Gewerkschaftsführer Franz Olah gehörten zu Weits „Kunden". Daneben begleitete der Dolmetscher polnische Partei-, Parlaments- und Staatsratsdelegationen auf Reisen ins deutschsprachige Ausland. Die Erinnerungen enden mit dem Warschauer Gipfeltreffen im Juli 1968, auf dem die Parteiführer der fünf Interventionsmächte über die Entwicklung in der Tschechoslowakei berieten, und einem kurzen Hinweis auf den Überfall auf die CSSR einen Monat später.

Weit nennt kein konkretes Motiv, das ihn bewegt haben könnte, sich rückblickend noch einmal mit seinen Erfahrungen als Dolmetscher auseinander zu setzen, betont aber mehrfach, es sei ihm bei seiner Tätigkeit für die Staats- und Parteispitze nicht um persönliche Vorteile, sondern um Einblicke in die tatsächlichen Verhältnisse gegangen.

Das war für mich kein politisches Hobby, sondern eine sozusagen private Lebensnotwendigkeit. Ich wollte wissen, ob ein Regime, das die Losungen des Sozialismus auf seine Fahnen geschrieben hatte, [...] bereit war, das

---

940 Weit 1970: 18.

Wohl und die Entwicklung der Gesellschaft als das primäre Ziel anzuerkennen und dafür zu wirken.[941]

Die Detailliertheit, mit der der Memoirist die Interna der sozialistischen Staatengemeinschaft dokumentiert, belegt sein Anliegen, einem möglichst breiten Publikum die Zwänge und Widersprüche dieses Systems vor Augen zu führen.

AUSSAGEN ZUM ROLLENVERSTÄNDNIS

Weit konnte zwar keine entsprechende Berufsausbildung vorweisen, verstand sich aber als Dolmetscher und entsprach in seinem Verhalten dem, was man von einem professionellen Sprachmittler erwarten würde, wenn er etwa zur Vorbereitung auf einen Dolmetscheinsatz um Vorabübermittlung eines Manuskriptes bat.[942] Die entsprechende Terminologie verwendet der Autor allerdings auffällig inkonsistent, vielleicht eine unbewusste Folge des beruflichen Seiteneinstiegs: Mal ist von *Dolmetschern* die Rede, dann wieder von *Simultan-Übersetzern* (im Unterschied zu *Textübersetzern*[943]) oder *Kabinen-Dolmetschern*. Neben Konsekutiv- und Simultaneinsätzen zählte auch das Flüsterdolmetschen zu Weits Aufgaben.

Weit positioniert sich in erster Linie als Nicht-Funktionär und neutraler Beobachter mitten im kontroversen politischen Geschäft und sah seinen Arbeitseinsätzen mit einer Mischung aus gelassenem Interesse und Neugier entgegen[944]. Die Vorteile dieser Neutralität formuliert er gleich im ersten Kapitel seines Buches:

Da ich kein Funktionär war, stand ich nie vor der Alternative: Entweder du führst dich als Speichellecker auf [...] oder du bewahrst deine Selbstachtung [...].[945]

Unabhängigkeit scheint für Weit, der formell nach wie vor beim Verlag Polonia beschäftigt war, ein zentrales Element seines Berufsverständnisses gewesen

---

941 Weit 1970: 23.
942 Vgl. Weit 1970: 103.
943 Vgl. Weit 1970: 249.
944 Vgl. Weit 1970: 42.
945 Weit 1970: 11. Vgl. Weit 1970: 227. Diese Aussage steht allerdings im Kontrast zu der Tatsache, dass Weit als Parteisekretär im Hauptvorstand des polnischen Journalistenverbandes zwischen 1957 und 1963 sehr wohl einen Funktionärsposten bekleidete.

zu sein, denn er kommt mehrfach auf seine „Außenseiterrolle" zurück und schildert die Einblicke, die er von dieser Position aus gewinnen konnte[946]. Dabei geht es ihm in erster Linie darum, die Diskrepanz zwischen der tatsächlichen Situation (im Land, innerhalb der Gesellschaft, im Verhältnis zwischen Kirche und Staat) und der offiziellen Darstellung aufzuzeigen, zwischen dem, was als kommunistische Doktrin verkündet wurde, und dem, was Partei und Funktionäre nicht zuletzt aus Propagandagründen daraus machten. Diese bisweilen schizophren anmutende Doppelbödigkeit zieht sich durch den gesamten Text und prägt naturgemäß auch Weits berufliche Tätigkeit:

Es kam immer wieder zu der von mir schon oft beobachteten Erscheinung, daß im Rahmen einer Konferenz eigentlich zwei Konferenzen abgehalten wurden. Auch dieses Treffen (die Generalversammlung des internationalen Auschwitz-Komitees im Juni 1961, A. d. V.) spielte sich auf zwei verschiedenen Ebenen ab.[947]

Neben diesem Selbstbild gab es noch den Blick von außen, d. h. die Wahrnehmung des Dolmetschers durch Auftraggeber und Rezipienten. Sie erwies sich als ambivalent, denn das Verhältnis gestaltete sich vor dem Hintergrund eines totalitären Systems, in dem der Zugang zu Informationen sowie die Außendarstellung des Staates eine wichtige Rolle spielten. So berichtet Weit einerseits, man habe ihn zu internen Besprechungen hinzugezogen, um ihn vorab über die Hintergründe und die Schwerpunkte bevorstehender Verhandlungen in Kenntnis zu setzen.[948] Als Dolmetscher habe er die Möglichkeit gehabt, die Schranke zwischen wahrer und offiziell vermittelter Information „mit einem Sprung zu überwinden"[949]. Am Beispiel des Polen-Besuchs von Helmut Schmidt im Jahr 1966 wird allerdings deutlich, dass diese vermeintliche Freiheit ggf. der Staatsräson unterlag. Als direkt Beteiligter musste der Dolmetscher wider besseres Wissen hinnehmen, dass das nach der Unterredung angefertigte interne Protokoll für die polnische Parteileitung einige Aussagen

---

946 Vgl. Weit 1970: 19 f., 23, 124 f. Weit spricht in diesem Zusammenhang auch von dem Vertrauen und dem Wohlwollen, das ihm die polnischen Funktionäre in wachsendem Maße entgegenbrachten, auch wenn er sich kollektiven Vergnügungen wie Trinkgelagen und Jagden entzog.
947 Weit 1970: 70. Vgl. dazu Stengel (2012: 450): „Irrtümlich verlegt Weit hier die Generalversammlung ins Jahr 1961."
948 Vgl. Weit 1970: 19, 51, 111.
949 Weit 1970: 31.

Schmidts vollkommen verzerrt wiedergab. Auch die scheinbar großzügige Einbindung in die Vorbereitung politischer Verhandlungen hatte eine Kehrseite: Man versuchte Weit als Informanten zu gewinnen und über Gesprächsinhalte auszufragen, ein Ansinnen, dem er jedoch ausweichen konnte.[950]

Andererseits berichtet der Memoirist von Fällen, in denen er seine strikt neutrale Position aus eigenem Antrieb aufgab und in den Gesprächsverlauf eingriff, um Peinlichkeiten auszuräumen, so etwa beim Besuch des österreichischen Gewerkschaftsführers, der das in den Staaten des Ostblocks obligatorische Taschengeld für offizielle Gäste empört zurückgewiesen hatte.

Erst als ich einem der polnischen Betreuer zuflüsterte, man solle doch um Himmels willen das Kuvert sofort zurücknehmen, sonst könne es großen Krach geben, denn Olah müsse das doch als Versuch einer Bestechung und als Beleidigung empfinden, wurde er den Umschlag wieder los.[951]

Auch wenn es über das Protokollarische hinaus um inhaltliche Aspekte von Reden ging, mischte Weit sich wiederholt korrigierend ein und erfuhr in der Regel dafür Wertschätzung:

Da man beim Übersetzen jeden Satz genau analysieren muß, ist es leicht, logische oder sachliche Fehler aufzudecken. Wenn ich bislang bei Gomulka und den anderen Warschauer Spitzenfunktionären zu bestimmten Punkten Bedenken angemeldet hatte, waren sie immer wohlwollend und mit Dank entgegengenommen worden. In dem Manuskript hatte man meine Korrekturvorschläge stets berücksichtigt.[952]

Weitaus heikler gestaltete sich eine große Auseinandersetzung zwischen dem polnischen Staat und der katholischen Kirche, bei der es um zwei Versionen der Übersetzung eines Briefes der polnischen Bischöfe an die deutschen Katholiken ging. Weit sollte als Sprachsachverständiger und „Kronzeuge" die

---

950 Weit 1970: 65. An anderer Stelle (1970: 133) bat man ihn, Fehler in einem deutschen Bericht über eine polnische Delegation nicht an den Delegationsleiter weiterzumelden.
951 Weit 1970: 62 f. Bei einem anderen „peinlichen Schauspiel" (Weit 1970: 126) – polnische Partei- und Regierungsfunktionäre trugen ihre internen Machtspiele in Anwesenheit einer Delegation aus der DDR aus – gibt es keinen Hinweis auf eine Intervention des Dolmetschers.
952 Weit 1970: 132. Vgl. Weit 1970: 142. Dass es auch Gegenbeispiele gab, verdeutlicht der Autor (1970: 145 f.) anhand einer heftigen Auseinandersetzung mit Gomulka, in der es um die Formulierungen in einer bevorstehenden Ansprache ging.

Richtigkeit der staatlichen Textversion bestätigen, fand allerdings 201 Fehler und Entstellungen. Hier kollidierte das Qualitätsbewusstsein des Translators (man könnte auch von Berufsehre sprechen) mit der von Auftraggeberseite erwarteten bedingungslosen Loyalität – Weit machte die Mängel gegen den Widerstand der beteiligten Funktionäre publik. Die Parteiführung musste daraufhin ihren Angriff auf die Kirche zurücknehmen. Einer weiteren prekären Situation, in der gehäuft negative Äußerungen über die Kirche fielen, entzog sich der Dolmetscher mit einer Notlüge:

Als mir diese Lügenkanonade zu viel wurde, entschuldigte ich mich mit Kopfschmerzen und ging für zehn Minuten an die frische Luft.[953]

Weit erwähnt nicht, ob und wie seine Auftraggeber oder seine Vorgesetzten auf diese Eigenmächtigkeiten reagierten, was darauf schließen lässt, dass sein Vorgehen toleriert wurde. Seine Position scheint ohnehin gefestigt gewesen zu sein, denn man vertraute ihm, forderte ihn regelmäßig an und akzeptierte sogar seine Abneigung gegen das Eisenbahnfahren. Gomulka ging soweit, den Dolmetscher als „meine Zunge"[954] zu bezeichnen, eine Rollenzuweisung, die Weit für sich übernahm und die dazu führte, dass er sich dem Parteichef gerade Ulbricht gegenüber in besonderer Weise verpflichtet fühlte:

Wenn Ulbricht nun sofort nach meinen ersten Worten mit einer polemischen Antwort begann, betrachtete ich mich nicht als Dolmetscher, der von Ulbricht unterbrochen wurde, sondern als „Gomulkas Zunge" und sprach lauter.

Bei aller Distanziertheit gegenüber Funktionären und Parteiapparat identifizierte sich Weit angesichts des kontroversen, unterschwellig feindseligen polnisch-(ost)deutschen Verhältnisses eindeutig mit seiner eigenen, polnischen Seite. Diese daraus resultierende Loyalität kommt vor dem Hintergrund des VII. Parteitags der SED 1967 zum Ausdruck:

Wir (hier ist die gesamte polnische Delegation gemeint, A. d. V.) waren durch schlechte Erfahrungen gewarnt, denn in der Vergangenheit hatten

---

953 Weit 1970: 102.
954 Weit 1970: 223.

wir schon bei ähnlichen Anlässen zahlreiche Fehler und Entstellungen in der gelenkten Presse der DDR festgestellt.[955]

Unstimmigkeiten im Verhältnis zwischen den sozialistischen Bruderparteien, die vordergründig sprachlicher Natur waren, tatsächlich jedoch auf unterschiedlichen politischen Auslegungen und Ansätzen beruhten, stellten keine Seltenheit dar und provozierten den sprachlich kundigen und kritisch mitdenkenden Dolmetscher:

Die Sache mit der Bezeichnung „Bundesrepublik Deutschland" oder „westdeutsche Bundesrepublik" war schon seit langem ein Dorn im Auge unserer Gastgeber. Es war nicht das erste Mal, daß man mich veranlassen wollte, die DDR-Sprachregelung zu beachten. Ich widersetzte mich jedes Mal. [...] Auf Sturheit reagierte ich eben auch mit Sturheit.[956]

Weit wurde sogar beauftragt, beim SED-Zentralorgan zu intervenieren, die Reden der polnischen Vertreter ohne „Verbesserungen" zu veröffentlichen.

UMGANG MIT EMOTIONEN

Gerade die ersten beiden Kapitel, in denen der Autor dramatische Wendepunkte in seinem Leben anspricht, zeichnen sich durch einen hohen Grad an Emotionalität aus. Dies trifft ebenfalls auf den Besuch einer hochrangigen DDR-Delegation im Dezember 1958 zu, als Walter Ulbricht, „ein lebendiger Agitator"[957], die Reformpolitik von Parteichef Gomulka öffentlich angriff. Weit dolmetschte satzweise aus dem Stegreif, macht jedoch keine Angaben darüber, wie er mit Ulbrichts breitem rhetorischen Spektrum in Form von humoristischen Kniffen, Seitenhieben und Drohszenarien umging oder welche Wirkung der Redner bzw. der Dolmetscher bei den Zuhörern hervorrief. Dasselbe gilt für „eins der zynischsten Gespräche, die ich zu übersetzen hatte"[958], sowie für

---

955 Weit 1970: 132. Vgl. Weit 1970: 149 ff.

956 Weit 1970: 147. Das über die grammatische Form ausgetragene Politikum ‚Bundesrepublik Deutschland' – Teilstaat vs. Alleinvertretungsanspruch – gab es auch im sowjetisch-deutschen Kontext. In Bezug auf Polen schreibt Weit (1970: 148), dass die dortige Politik nach seiner Ausreise auf die Generallinie der sozialistischen Staatengemeinschaft einschwenkte: „Es gab keine ‚Bundesrepublik Deutschland' mehr."

957 Weit 1970: 44.

958 Weit 1970: 125. Es ging um die geheimdienstliche Überprüfung von Kandidaten für den polnischen Sejm.

mehrere Situationen, in denen Gomulka sich erregte, laut wurde, brüllte – Weit schildert zwar die atmosphärischen Schwingungen und Störungen dieser Unterredungen, geht jedoch nicht darauf ein, welche Strategie er anwandte. Selbst das alle Anwesenden schockierende Auftreten Ulbrichts in Bezug auf die deutsche Minderheit in Polen („Meinetwegen sperrt sie ein!")[959] wird in der Schilderung Weits auf eine im Grunde nichtssagende Aussage reduziert: „Ich übersetzte betroffen die Antwort des DDR-Staatsratsvorsitzenden."[960]

PROZEDURALES WISSEN

Nur wenige Passagen des Buches enthalten Hinweise auf die Dolmetschtechnik des Autors: An einer Stelle kommt die Bedeutung von Pausen zur Regeneration zur Sprache[961], Aspekte wie die Notizennahme in Verhandlungssituationen bleiben jedoch gänzlich außen vor. Gespräche in kleinerer Runde wurden häufig „simultan übersetzt", eine in den osteuropäischen Staaten weit verbreitete Praxis: Der Redner spricht und der Dolmetscher setzt kurz darauf mit der Verdolmetschung ein, so dass zwei Sprecher gleichzeitig zu hören sind. Besonders ungeduldigen Zuhörern fällt es häufig schwer, das Ende der Verdolmetschung abzuwarten, ein Phänomen, mit dem Weit beim Besuch eines österreichischen Gewerkschaftsvertreters ebenfalls konfrontiert wurde:

Da ich simultan übersetzte, glaubte Kliszko sofort zu wissen, worauf Olah hinauswollte. Er unterbrach ihn. […] Schweigen ist zuweilen Gold, zumindest bis der Gesprächspartner seinen Satz beendet hat.[962]

Im Fall von großen Ansprachen und wichtigen offiziellen Reden erhielt der Dolmetscher in der Regel vorab ein Manuskript, damit er in der eigentlichen Dolmetschsituation eine komplette schriftliche Übersetzung zur Hand hatte. Weit schildert, wie er solche Übersetzungen mit einem Diktiergerät und der Hilfe einer Schreibkraft anfertigte, und erwähnt u. a. den missglückten Versuch „ungebetener Gäste", beim VII. Parteitag der SED sein Diktiergerät mit der Rede Gomulkas noch vor dem eigentlichen Auftritt abzuhören.[963] Anders

---

959 Weit 1970: 203.
960 Weit 1970: 203.
961 Vgl. Weit 1970: 223.
962 Weit 1970: 63.
963 Vgl. Weit 1970: 141.

verhielt es sich bei den Feierlichkeiten zu Ulbrichts 70. Geburtstag, als er für eine Fernsehdirektübertragung einige Stunden lang allein live (und) simultan „übersetzen" musste.[964] Neben der Sicherheit, die eine vorab übersetze Rede bot, schätzte Weit offenkundig auch die Gestaltungsmöglichkeiten bei frei formulierten Texten, so im Falle von Walter Ulbricht:

Ich hatte mich während der vorhergehenden Tage, was die Übersetzertätigkeit anbelangt, schon auf ihn eingespielt, und wir verstanden uns in dieser Hinsicht gut. Für mich war es sogar leichter, ihn aus dem Stegreif sprechend zu übersetzen, als die im Parteichinesisch formulierten, langatmigen Sätze, deren er sich in anderen Fällen bediente.[965]

EINSCHÄTZUNGEN UND WERTUNGEN

Den weitaus größten Teil des Buches nehmen Beschreibungen politischer Hintergründe und historischer Ereignisse sowie Charakterschilderungen einzelner Akteure ein, deren charakterliche Eigenschaften und rhetorische Qualitäten der Autor kontrastiv und detailliert aufzeigt. Als unmittelbar Beteiligter blickt Weit hinter die Kulissen der politischen Abläufe in seinem eigenen Land, beleuchtet aber auch die vordergründig freundschaftlichen Beziehungen innerhalb des Ostblocks und setzt sich kritisch und stellenweise ironisch mit der Diskrepanz zwischen ideologischem Anspruch und gesellschaftlicher Wirklichkeit auseinander.

FAZIT

Erwin Weit präsentiert sich als politisch denkender, die Verhältnisse kritisch hinterfragender Zeitzeuge, dem seine Bilingualität die Möglichkeit eröffnete, aus einer vermeintlich neutralen und grundsätzlich patriotisch-loyalen Position heraus die zentralen Figuren jener Zeit aus nächster Nähe zu beobachten, die Vorgänge im staatlichen Machtapparat auf nationaler wie internationaler Ebene zu verfolgen und dabei Anspruch und Wirklichkeit abzugleichen. Sein Anliegen als Memoirist besteht in erster Linie darin, die so gewonnenen Informationen und Erkenntnisse im Zuge einer „persönlichen Bilanz"[966] einem

---

964 Vgl. Weit 1970: 196.
965 Weit 1970: 44. An anderer Stelle (Weit 1970: 223) geriet er allerdings mit dem Politiker aneinander: Ulbricht wollte ihn nicht ausreden lassen, woraufhin der Dolmetscher seine Stimme erhob, um sich schließlich mithilfe der Lautstärke gegen den Kontrahenten durchzusetzen.
966 Weit 1970: 168.

größeren Publikum zugänglich zu machen. Dabei wird deutlich, dass die Beziehung zwischen dem Dolmetscher und seinen Auftraggebern den Vorgaben einer übergeordneten Struktur, dem Machtverhältnis zwischen Individuum und autoritärem Staat, zu folgen hatte.

Weit erwähnt zwar Dolmetschsituationen, in denen er mit seinem sprachlichen und interkulturellen Wissen intervenierte, um einem möglichen Konflikt der Kommunikationspartner zuvorzukommen, aber im Vergleich zur Abrechnung mit dem politischen System, dessen Spielball der Autor bis zu seiner Ausreise blieb, kommt dem Dolmetschen mit all seinen auch emotionalen Implikationen in den Erinnerungen nur eine nachgeordnete Rolle zu; es bleibt im Großen und Ganzen unreflektiert.

7.4.2.2 Ivan Ivanji

Ivan Ivanji wurde am 24. Januar 1929 als Sohn einer jüdischen Arztfamilie in Veliki Bečkerek (heute Zrenjanin) in der Vojvodina/Serbien geboren. 1944/45 verbrachte er über ein Jahr in den Konzentrationslagern Auschwitz und Buchenwald. Nach dem Krieg studierte er Germanistik, arbeitete u. a. als Lehrer und Theaterintendant und wurde als Schriftsteller, Publizist und Übersetzer bekannt. Zwischen 1965 und 1980 dolmetschte er für die jugoslawische Staatsführung. In den Jahren 1974 bis 1978 vertrat er Jugoslawien als Kulturattaché in Bonn, wechselte dann ins jugoslawische Außenministerium und war von 1982 bis 1988 Generalsekretär des jugoslawischen Schriftstellerverbandes. Seit 1992 lebt Ivanji in Wien und Belgrad.[967]

In seinem Buch „Titos Dolmetscher. Als Literat am Pulsschlag der Politik" schildert Ivanji zunächst seinen Weg zum Dolmetschen. Er war in seiner Kindheit im Banat ganz selbstverständlich an drei Sprachen – Ungarisch, Serbisch und Deutsch – herangeführt worden, was ihn dazu veranlasste, Germanistik zu studieren. Als junger Journalist und Reporter einer Jugendzeitung knüpfte er auf Auslandsreisen Kontakte zu deutschen Jugendorganisationen, wo er seine Sprachkenntnisse auch im Sinne der internationalen Verständigung praktisch anwenden konnte. In politischen Kreisen wurde man auf sein Talent aufmerksam und engagierte ihn im März 1965 als Dolmetscher für den Besuch einer hochrangigen österreichischen Delegation. Seine Auftraggeber

---

[967] Zu den biografischen Daten vgl. Ivanji 2008: 6 und weitere Angaben im Text sowie die Gedenkworte des Autors anlässlich des Konzerts „Gedächtnis Buchenwald" des Weimarer Kunstfests 2010.

waren von Ivanjis Leistung so beeindruckt, dass er fortan regelmäßig bei Gesprächen und Verhandlungen auf hoher und höchster Ebene eingesetzt wurde. Ivanji berichtet von mehreren Zusammentreffen mit dem österreichischen Bundeskanzler Bruno Kreisky sowie von privaten Kontakten zu den Botschaftern der Republik Österreich. Er dolmetschte Gespräche mit den führenden deutschen Sozialdemokraten (Brandt, Wehner, Schmidt), aber auch mit Hans-Dietrich Genscher sowie Helmut Kohl und begleitete Staatschef Tito auf Auslandsreisen. Ivanji beleuchtet rückblickend sein Intermezzo als jugoslawischer Presse- und Kulturattaché in Bonn, das von einer Atmosphäre geheimdienstlicher Aktivitäten und terroristischer Anschläge geprägt war, geht auf seine literarische und übersetzerische Tätigkeit und seine Kontakte zu Schriftstellern wie Andrić, Grass und Böll ein und beendet sein Buch mit der Schilderung der Gipfelkonferenz der Blockfreien in Havanna 1979, bei der er Tito zum letzten Mal begegnete, sowie einer Würdigung der Person Titos.

Ivan Ivanji ist Schriftsteller und als solcher kann er gar nicht anders, als Erlebtes literarisch zu verarbeiten. Die Einleitung zu seinen Erinnerungen macht dies deutlich: Er stellt Bezüge zu anderen prominenten Autobiografen her und gesteht in Anlehnung an Egon Erwin Kisch,

[...] dass auch bei mir ein Imperativ bestanden hat, der mich zu diesem Versuch bewogen hat: „Schreib es auf, Ivanji!"[968]

Unterstützung für sein Vorhaben fand er bei keinem geringeren als Günter Grass:

Er sagte mir, Dolmetscher gebe es zwar viele, aber kein Literat sei in einer solchen Position gewesen.[969]

Für ihn als Schriftsteller zählt, das gibt Ivanji offen zu, in erster Linie der Erfolg, aber dieser wird normalerweise durch Dichtung und weniger durch die Darstellung der Realität, wie er sie wahrnimmt, erzielt. In diesem Spannungsfeld legt der Autor, der nach eigenen Worten Menschen beschreiben und dabei

---

[968] Ivanji 2008: 7. Der Autor irrt allerdings bei seinen Angaben über Paul Schmidt, den er zum „Leiter der Sprachenschule des Auswärtigen Amtes der Bundesrepublik Deutschland" macht. Gemeint ist das SDI in München.

[969] Ivanji 2008: 7 f.

eher aufrichtig denn objektiv sein möchte[970], seinen Rückblick an. Er gestaltet ihn kontrastreich und anekdotisch und vermittelt dadurch ein sehr lebendiges, stellenweise amüsantes Bild der jugoslawischen Politik und der beteiligten Hauptakteure sowie ihrer Gesprächspartner im deutschsprachigen Raum ab Mitte der 1960er bis Anfang der 1980er Jahre. Neben seinen Beobachtungen finden sich immer wieder „technische" Anklänge an die Arbeit des Literaten: Wie erinnert man sich und woran? Wie funktioniert Erinnerung?

AUSSAGEN ZUM ROLLENVERSTÄNDNIS

Ivanji spricht von seiner Dolmetschtätigkeit als einem „Gastspiel in der Welt der Diplomatie"[971] und bekräftigt dies mit der Aussage, er sei nie hauptberuflicher Dolmetscher gewesen. So stolperte er ohne Einführung und geradezu amateurhaft in seinen ersten Einsatz:

Niemand belehrte mich, wie ich mich benehmen und was ich anziehen sollte. Niemand wies mich an, über alles, was ich hören würde, strenges Stillschweigen zu bewahren. [...] Niemand sprach mich an, niemand gab mir einen Ratschlag oder eine Weisung.[972]

Trotz der Unsicherheiten fand Ivanji bei dieser Feuertaufe den Mut, seinen augenscheinlich nicht sattelfesten österreichischen Dolmetscherkollegen zu korrigieren, nicht ohne Erfolg:

Der österreichische Kollege tat mir Leid, aber stolz war ich auch. Als die Sitzung beendet war, kam Popović (der jugoslawische Außenminister) auf mich zu und reichte mir die Hand: „Ich habe von Ihnen gehört, aber nicht gewusst, dass Sie so gut sind. Jetzt nehme ich Sie mit zu Tito."[973]

Ivanji scheint rasch in die Dolmetscherrolle hineingefunden zu haben, denn bereits bei seiner ersten Auslandsdienstreise in die DDR im Juni 1965 setzte er sich hartnäckig für ein Anliegen ein, das auch im Sprachendienst des Auswärtigen Amtes bei Kontakten zu Vertretern des Ostblocks seinerzeit konsequent

---

970 Vgl. Ivanji 2008: 9.
971 Ivanji 2008: 7.
972 Ivanji 2008: 12 ff.
973 Ivanji 2008: 13. Auch Außenminister Genscher war von Ivanjis Arbeit angetan und bescheinigte dem Dolmetscher große Überzeugungskraft. Vgl. Ivanji 2008: 66.

vertreten wurde. Er plädierte dafür, jeder Dolmetscher solle seinen eigenen Auftraggeber übersetzen, mithin aus der Muttersprache in die Fremdsprache arbeiten, um zu gewährleisten, dass die Intention des Sprechers gewahrt und das Gesagte adäquat übertragen wird.

Für mich war es immer wichtig, die Meinung der „eigenen Seite" wiederzugeben, mit der ich mich identifizieren konnte. Das ist vielleicht unprofessionell, weil der Dolmetscher ja keine eigenen Gefühle und Meinungen einsetzen dürfte, aber ich war in dieser meiner Eigenschaft vielleicht doch immer nur ein besserer Amateur.[974]

Was Ivanji hier intuitiv einforderte, die Berücksichtigung der Wirkung von Sprache im Spannungsfeld der Ideologien, formuliert er an späterer Stelle noch einmal in konkreter Form. Es gebe „heikle Begriffe", die „hier und dort verschieden interpretiert und deshalb bei Übersetzungen vorsichtig und mit Kenntnis der Hintergründe gebraucht werden" müssten[975]. Seine Überzeugung – der Dolmetscher ist für eine korrekte Sprache verantwortlich, den Inhalt verhandeln und verantworten die Vorgesetzten – vertrat Ivanji konsequent auch in den Fällen, in denen es um die Übersetzung von Kommuniqués oder Redetexten ging und Auseinandersetzungen über unterschiedliche Textversionen entstanden. Die Art des Umgangs mit ideologisch befrachteter Lexik ist dabei bezeichnend für die Position, die Jugoslawien in den Machtkämpfen des Kalten Kriegs zwischen den west- und den osteuropäischen Staaten einnahm.

Ich musste mich wieder einmal mit der DDR wegen der deutschen Sprache herumschlagen. Interessant – im Westen Deutschlands und in Österreich habe ich nie Streitereien um die Sprache gehabt.[976]

Ähnlich wie Erwin Weit schildert auch Ivanji das Misstrauen, das man auf politischer Ebene der DDR als engagiertestem Anhänger der Sowjetunion

---

974 Ivanji 2008: 85. Eine gewisse Akzentverschiebung ist hier allerdings anzumerken: Die Aufgabe der westdeutschen Dolmetscher bestand zuallererst darin sicherzustellen, dass auch bzw. gerade im Umgang mit ideologisch konnotierter Lexik der Standpunkt der eigenen Seite vertreten wurde. Ob sich der Dolmetscher persönlich damit identifizierte, stand auf einem anderen Blatt.

975 Ivanji 2008: 112.

976 Ivanji 2008: 122. Vgl. Ivanji 2008: 89: „Ich [...] sagte dann den Deutschen: ‚Für die Sprache bin ich verantwortlich. Wenn in den Texten Verschiedenes stehen soll, können das nur die Genossen Ulbricht und Tito entscheiden, wir hier nicht!'"

entgegenbrachte und das sich nicht zuletzt in sprachlichen Kontroversen manifestierte:

Gewitzt durch die Tricks, die in der DDR manchmal angewendet wurden, bestanden wir darauf, dass ich und nicht irgendein von den Veranstaltern bestimmter Kollege Titos Rede simultan aus der Kabine übertragen sollte. Ich war nicht sicher, ob Tito im letzten Augenblick etwas verändern würde, [...] und dann würde natürlich das „gesprochene Wort" gelten.[977]

Der Stolz auf die eigene Leistung und die Anerkennung von außen, aber sicher auch die Tatsache, dass er spätestens seit den 1970er Jahren eine etablierte Figur in der jugoslawischen Kulturszene darstellte, bewirkten, dass Ivanji sich in seiner Dolmetscherrolle als Persönlichkeit wahrgenommen fühlte, nicht als Instrument. Er beschreibt dies als eine grundsätzliche Herangehensweise in der jugoslawischen Diplomatie:

Bei uns in Jugoslawien war es üblich, den Dolmetscher schon zu Vorbereitungsgesprächen an der Spitze heranzuziehen, damit er sich auf Probleme vorbereiten und eventuell Fragen stellen konnte. [...] Für die Sache ist es [...] nützlich, wenn man sich konkret vorbereiten kann.[978]

Das so gewonnene Selbstbewusstsein ließ Ivanji wiederholt über die vordergründig sprachliche Vermittlung von Inhalten hinaus aktiv werden und in das Kommunikationsgeschehen eingreifen.[979] Gestützt auf seine umfassende kulturelle Kompetenz machte er sich daran, die persönlichen Kontakte zwischen einzelnen Politikern gerade zu rücken, und konstatiert befriedigt:

Ein Dolmetscher kann manchmal einiges bewirken, wenn er nicht nur Wort für Wort übersetzt.[980]

Damit trug er offensichtlich zur Verständigung bei; von Neutralität oder Äquidistanz zwischen Dolmetscher und beiden Kommunikationspartnern

---

977 Ivanji 2008: 123. Vgl. Ivanji 2008: 124 f.
978 Ivanji 2008: 19 f.
979 Vgl. 2008: Ivanji 20.
980 Ivanji 2008: 52.

konnte jedoch keine Rede mehr sein. Ivanji positioniert sich zumindest rückblickend – „Die Überprüfung dessen, woran man sich erinnert oder zu erinnern glaubt, ist oft ein Problem."[981] – sehr nah an den zu dolmetschenden Personen und erscheint häufig eher als Kumpel oder Komplize denn als nüchterner Augenzeuge.[982] Die Umstände begünstigten diese Tendenz: Bei einem teilweise privaten Besuch Willy Brandts wurde Ivanji als „Vertreter Belgrads"[983] zur Betreuung des Gastes abgeordnet, was er dazu nutzte, den Exkanzler nach den Gründen für seinen Rücktritt 1974 zu befragen. Andererseits förderte gerade Tito, lange Zeit Ivanjis „Hauptkunde", diese an Vertraulichkeit grenzende Nähe. Wie eng das Verhältnis zwischen Staatschef und Dolmetscher war, belegt die Schilderung einer Pressekonferenz anlässlich des Staatsbesuchs in der DDR 1974. Erich Honecker hatte Tito mit seinem „Redeschwall" so verärgert, dass dieser lediglich mit einer unwirsch gebrummten Replik antworten wollte. Ivanji verweigerte die Übersetzung und schwieg, so dass Tito seinen Satz in höflicherer Form wiederholen musste.

Das übersetzte ich natürlich. [...] Wir hatten einander verstanden. Ich hatte schweigend gefragt: Genosse Präsident, wollen Sie das wirklich so gesagt haben? Ihn konnte ich mit der Übersetzung nicht einfach „verbessern", wie ich es mit manchen anderen Politikern mitunter getan habe – schon deshalb, weil er selbst so gut Deutsch sprach.[984]

Ivanji selbst äußert sich offen zu den zwischenmenschlichen und ethischen Aspekten seiner Arbeit:

Ich habe den einen oder anderen meiner Chefs gern gehabt, verehrt oder auch verachtet, einige gingen mir direkt auf die Nerven, aber den Auftrag, für jemanden zu dolmetschen, habe ich nur einmal abgelehnt [...].[985]

---

981 Ivanji 2008: 28.
982 Vgl. Ivanji 2008: 29. Etliche Textstellen belegen dies: Er duzte sich mit dem österreichischen Botschafter und bezeichnet sein Verhältnis zu einem Hauptabteilungsleiter im Außenministerium als kumpelhaft.
983 Ivanji 2008: 34.
984 Ivanji 2008: 99. Bei einem Deutschland-Besuch 1974 war es Tito, der seinen Dolmetscher aufforderte (2008: 119): „Wir (sic!) müssen improvisieren, einverstanden?" Vgl. Ivanji 2008: 127 f.
985 Ivanji 2008: 64. Worin der Grund für die Ablehnung lag, bleibt offen. Der Verfasser erwähnt im übrigen an etlichen Stellen private freundschaftliche Kontakte zu hochrangigen jugoslawischen Politikern.

Dessen ungeachtet musste er sich in die protokollarische Rangordnung fügen: Auf den Delegationsleiter folgen zunächst weitere führende politische Vertreter und Funktionäre, dann Leibärzte, Leibwächter usw. und am Ende der oder die Dolmetscher, nach Ivanji bedauernswerte „Zwitter", die das Protokoll bei Veranstaltungen aus der letzten Reihe wieder in die erste und dort gleich neben die Hauptperson befördert.[986] Dass Ivanji dem permanenten Rollenwechsel zwischen wichtig und unwichtig durchaus etwas Positives abgewinnen konnte, belegt er mit folgender Aussage:

Als Dolmetscher versucht man, nicht fotografiert zu werden, aber manchmal ist es unvermeidlich, dass man zwischen den Staatschefs erscheint, als sei man die wichtigste Person.[987]

Die ostentative Gelassenheit kann allerdings nicht darüber hinweg täuschen, dass der Dolmetscher gleichwohl an seiner Position hing, sie für bedeutend erachtete und ihre Vorzüge zu schätzen wusste, auch wenn an späterer Stelle von Langeweile beim Dolmetschen die Rede ist[988]. Als man ihn Mitte der 1970er Jahre – vorübergehend, aber das wusste er in jenem Moment nicht – vom Dolmetschen suspendierte, weil er einen einflussreichen Minister eigenmächtig korrigiert und öffentlich kritisiert hatte, traf ihn diese Entscheidung hart:

Ich konnte natürlich weiterleben, ohne für Tito und andere hohe Funktionäre zu dolmetschen, aber ein Schock war es für mich doch. Zugegeben – ich liebte es, wenn man mich mit einer schwarzen Limousine abholte, wenn man mich damit direkt zum Sonderflugzeug brachte, wenn die Polizei mit Motorrädern vor uns herfuhr und mir Hubschrauber zur Verfügung standen, ich war eitel, ich hielt mich für schrecklich wichtig. Und man verdiente mit dieser Tätigkeit auch einiges Geld.[989]

UMGANG MIT EMOTIONEN
Ivanji erwähnt Emotionen oder Befindlichkeiten eher im generellen Kontext und vor allem dann, wenn sie für die Absurdität oder Absonderlichkeit einer

---

986 Vgl. Ivanji 2008: 86.
987 Ivanji 2008: 87.
988 Ivanji 2008: 30. Langeweile empfand der Autor (2008: 72) nach eigenem Bekunden auch während seiner dreijährigen Tätigkeit im jugoslawischen Außenministerium.
989 Ivanji 2008: 116. Ivanji spricht auch an anderer Stelle (2008: 34) offen über seine Eitelkeit.

Situation von Bedeutung waren. So schildert er mehrfach seine eigene Unverblümtheit Vorgesetzten gegenüber:

In meinem ganzen Leben war ich stets viel zu frech, als das ich so etwas auf mir hätte sitzen lassen, und sagte also ebenso laut: [...].[990]

Im Zusammenhang mit einem Besuch Kreiskys spricht Ivanji von einem „teils peinlichen, teils komischen Vorfall"[991], geht aber nicht auf dolmetschrelevante Aspekte oder sein persönliches Verhalten in der konkreten Situation ein. Es entsteht der Eindruck, als habe auch an dieser Stelle das Anekdotische im Vordergrund gestanden. Daneben berichtet Ivanji von Fällen, in denen er die Aussagen seiner Kunden eigenmächtig umgestaltete, sie zum Beispiel höflicher formulierte, um den gesellschaftlich anerkannten Konventionen Rechnung zu tragen und Konflikte zu vermeiden. Bei Tito stieß er damit auf Zustimmung, im Falle Herbert Wehners gelang ihm das nicht, da dieser über die Person des Dolmetschers eine persönliche Auseinandersetzung mit einem Dritten, Hans-Jürgen Wischnewski, führte.

Der slowenische Protokollbeamte bat mich, Wehner zu fragen, ob er das ehemalige KZ besichtigen wolle. Ich gab die Frage weiter. Wehner sehr laut: „Welches Konzentrationslager?"
Ich, ihn schon kennend, mit bitterer Stimme, leise, denn an den Nachbartischen hörte man zu und hatte Wehner sicher erkannt: „Herr Wischnewski hat doch empfohlen ..."
„Was für ein Wischnewski?"
Ich, eindringlich: [...]
Wehner, absichtlich so laut, dass es viele im Saal mitbekamen:
„Wischnewski war am Ende des Krieges NS-Führungsoffizier. Er soll ruhig Konzentrationslager besichtigen. Ich war Mitglied des Politbüros der Ka Pe De, ich gehe in keine Konzentrationslager!"[992]

---

990 Ivanji 2008: 51. Vgl. Ivanji 2008: 69.
991 Ivanji 2008: 24.
992 Ivanji 2008: 44.

PROZEDURALES WISSEN

Ivanji brachte nicht nur deutsche Sprachkenntnisse mit, die seit seiner Kindheit sorgfältig aufgebaut und bewusst gepflegt worden waren, sondern auch Freude am Jonglieren mit der Sprache. Er besaß keine sprachmittlerische Ausbildung, scheint sich nie mit den theoretischen Seiten des Dolmetschens auseinandergesetzt zu haben[993] und wurde von seinen Auftraggebern auch nicht an die protokollarischen Besonderheiten und Erfordernisse seiner Tätigkeit herangeführt. Dessen ungeachtet reagierte er intuitiv professionell, wenn es darum ging, aus Dolmetschersicht wichtige Positionen wie die Sprachrichtung oder die Wortgenauigkeit bei der Übersetzung von Dokumenten zu verteidigen. Er ging offenkundig entspannt an seine Einsätze heran und sagt von sich, er habe grundsätzlich nie Lampenfieber[994]. Ivanji machte generell keine privaten Aufzeichnungen der von ihm gedolmetschten Gespräche und scheint auch keine Notizen genommen zu haben, auf die er sich bei der Niederschrift der Memoiren hätte verlassen können. Erinnerlich sind ihm nach mehrfachem Bekenntnis hauptsächlich Dinge, die ihn selbst interessierten:

Ich übersetzte zwar (ein Gespräch zwischen dem jugoslawischen Außenminister und Hans-Dietrich Genscher, A. d. V.) und ein Staatsgeheimnis war es gewiss nicht; da es mich aber wenig interessierte und die Dolmetscherei ja einem gewissen Automatismus unterliegt, habe ich mir nichts gemerkt.[995]

FAZIT

Das zentrale Anliegen von Ivan Ivanjis Memoiren besteht darin, den Leser zu unterhalten. Dies geht aus dem Duktus des Buches hervor; eine Ausnahme bildet lediglich die Schilderung des Besuchs auf dem Gelände des KZ Buchenwald. Ivan Ivanji postuliert gleich zu Beginn seiner Darstellung, er wolle den politischen Inhalt der von ihm gedolmetschten Gespräche ausklammern und finde solche Aspekte ohnehin „langweiliger als die Anekdoten, die man in Zusammenhang mit Staatsbesuchen erzählen kann"[996]. Die Textpassagen, in denen politische Hintergründe wie die Position Jugoslawiens innerhalb des

---

993 Vgl. Ivanji 2008: 23.
994 Vgl. Ivanji 2008: 15.
995 Ivanji 2008: 74.
996 Ivanji 2008: 22.

sozialistischen Lagers und bei den Blockfreien zur Sprache kommen, sind folgerichtig der Tatsache geschuldet, dass Anekdoten schließlich einen Kontext benötigen. So präsentiert der Literat und Genießer, der seine Person immer wieder geschickt in den Vordergrund rückt, viele amüsante Szenen, in denen es in erster Linie um das Atmosphärische geht („Man plauderte über Belangloses und trank Whisky."[997]) und erst danach um Politisches und die damit verbundenen Aufgaben des Dolmetschers. Ivanji versteht sich qua Herkunft und Erziehung als kompetenter Sprach- und Kulturmittler, der sich für die Korrektheit der Übertragung verantwortlich fühlt, jedoch auch selbstbewusst eingreift, wenn er das Verhalten seiner Auftraggeber missbilligt. Er bewegt sich dabei in dem Spannungsfeld zwischen den Strukturen und Usancen eines autoritären Systems einerseits und der von Vertrauen geprägten und für ihn durchaus profitablen Nähe zu den Vertretern dieses Systems andererseits [998]. Die zentrale Figur ist hier – der Titel der Memoiren kündigt es bereits an – Josip Broz Tito, den Ivanji respektvoll und durchweg positiv zeichnet. In Fällen, in denen Zweifel am Bild des Marschalls angebracht sind, überlässt der Autor dem Leser die Entscheidung:

Empfand er (Tito) den Kult, der mit seiner Person getrieben wurde, immer als lästig [...] oder war er so eitel, dass er es genoss, auch wenn es lästig war? Ich weiß es nicht.[999]

Den Ansatz, Festlegungen zu vermeiden, verfolgt Ivanji auch an anderer Stelle. Er erhebt erklärtermaßen keinen Anspruch auf Wahrhaftigkeit oder Vollständigkeit und betont mehrfach, er erinnere sich nicht oder nur ungenau an die Einzelheiten des Vorgefallenen. Dazu passt u. a., dass er Helmut Kohl zum Ministerpräsidenten von Baden-Württemberg macht.[1000]

---

997 Ivanji 2008: 70.
998 Gerade diese Nähe macht der Rezensent der NZZ dem Autor zum Vorwurf (Stolzmann 2008): „Der Leser vermisst Abstand, er spürt: Der Dolmetscher war mitnichten kühler Zeuge, er war Nutzniesser des Systems und Rädchen im Getriebe."
999 Ivanji 2008: 18.
1000 Vgl. 2008: Ivanji 78.

7.4.3 Dolmetscher mit Russisch als Muttersprache
7.4.3.1 Tamara Solonevič

Tamara Vladimirovna Solonevič (Tamara Solonewitsch) wurde am 11. April 1894 im Russischen Reich geboren. Sie war mit dem russischen Autor Ivan Solonevič[1001] verheiratet und teilte dessen kritische Einstellung gegenüber der Sowjetmacht, was ihr Leben maßgeblich beeinflussen sollte. Die Familie zog 1926 von Odessa nach Moskau, wo Tamara Solonevič als Dolmetscherin bei der Kommission für internationale Beziehungen des Zentralrats der sowjetischen Gewerkschaften tätig war. Von 1928 bis 1931 wurde sie als Stenotypistin an die sowjetische Handelsvertretung in Berlin abgeordnet.[1002] Nach ihrer Rückkehr in die Sowjetunion arbeitete sie erneut als Begleitdolmetscherin, bis sie 1933 nach Berlin ausreisen durfte. Gemeinsam mit ihrem Mann, der 1934 aus der Sowjetunion floh, siedelte sie nach Sofia über. Dort gab Ivan Solonevič von 1936 bis 1938 die Emigrantenzeitung „Stimme Russlands" heraus, an der seine Frau mitwirkte, bis sie am 3. Februar 1938 einem Bombenattentat des sowjetischen Geheimdienstes zum Opfer fiel.[1003] Ivan Solonevič starb 1953 in Montevideo/Uruguay.

Tamara Solonevičs Erinnerungen „Hinter den Kulissen der Sowjetpropaganda. Erlebnisse einer Sowjetdolmetscherin" setzen mit der Ankunft in Moskau im September 1926 ein. Dem Umzug aus dem sonnigen, südlichen Odessa in die düster wirkende Hauptstadt liegt ein Motiv zugrunde, das im Laufe der Erzählung immer wieder auftaucht:

Nach Moskau gelangen und von dort ins Ausland! […] Mit meinem Sohn ins Ausland kommen und dort zu bleiben versuchen, bis Wanja, mein Mann, sich auf irgendeine Weise zu uns durchschlagen wird. Denn – zeitlebens in Sowjetrußland bleiben, das heißt, bei lebendigem Leibe verfaulen, […] niemals sagen können, was man denkt, […].[1004]

1001 Ivan Luk'janovič Solonevič, geb. 1891, verfasste u. a. das Buch „Rossija v konclagere", 1936/Neuauflage 2005, das in mehrere europäische Sprachen übersetzt wurde (Titel der deutschen Ausgabe: „Die Verlorenen. Eine Chronik namenlosen Leidens", Teil I und II, 1937).
1002 Dieser Abordnung hat Solonevič ein eigenes Buch gewidmet, dessen Ausführungen in diese Arbeit nicht einfließen: „Drei Jahre bei der Berliner Sowjet-Handelsvertretung", erschienen 1939 in der Essener Verlagsanstalt. Der Verlag war nach Mandl (2011: 21) nationalsozialistisch ausgerichtet; die deutschen Ausgaben der Bücher der Solonevičs wurden zu Propagandazwecken verwendet.
1003 Vgl. Angaben des Sakharov-Center. Das Attentat richtete sich ursprünglich gegen Ivan Solonevič.
1004 Solonevič 1937: 7 f.

Durch Vermittlung einer ehemaligen Mitinsassin – die gesamte Familie war 1920 in Odessa drei Monate lang inhaftiert gewesen – fand Solonevič in Moskau Arbeit als Dolmetscherin beim Zentralrat der Gewerkschaften und wurde sogleich damit beauftragt, eine englische Bergarbeiterdelegation auf einer ausgedehnten Informationsreise zu den russischen Kohlerevieren zu betreuen. Ein weiterer Einsatz als Begleitdolmetscherin sowie eine Tätigkeit als Referentin in der Kommission für internationale Beziehungen im Bergarbeiterkomitee schlossen sich an. Nach der Rückkehr aus Deutschland war die Versorgungslage in Moskau kritischer denn je, aber Solonevič genoss durch ihre Arbeit als Referentin gewisse Vorteile. Sie wurde dem „Stab zum Empfang der Delegationen" zugeteilt, dessen Mitarbeiter sich in Moskau um die ausländischen Gäste kümmerten, u. a. Berühmtheiten wie den Journalisten und Schriftsteller Egon Erwin Kisch, den französischen Linksintellektuellen Paul Vaillant-Couturier oder den deutschen Kommunisten Fritz Heckert. Ihr Rückblick endet mit der Ausreise nach Deutschland im September 1933.

Die Beweggründe, aus denen heraus sie ihre Erinnerungen niedergeschrieben hat, werden bereits im Titel des Buches ersichtlich: Wer „hinter die Kulissen" schaut, will aufdecken, was eigentlich geschah. Das Anliegen der Autorin, die Widersprüchlichkeiten des sowjetischen Systems, die im Kontakt mit Ausländern besonders plastisch hervortreten, aufzudecken und die Welt über die Janusköpfigkeit der sowjetischen Politik und die Spezifik ihrer Propagandamaßnahmen aufzuklären, zieht sich wie ein roter Faden durch den Text.[1005]

AUSSAGEN ZUM ROLLENVERSTÄNDNIS
Solonevič war offenkundig Philologin, äußert sich aber nur indirekt zu den Umständen des Spracherwerbs. Der erste Hinweis auf ihre Französischkenntnisse findet sich in der Schilderung des Gefängnisaufenthalts:

Französisch war mein Spezialfach gewesen; bis zu meiner Verheiratung war ich Lehrerin der französischen Sprache am Gymnasium gewesen, kannte Paris und schätzte französische Konversation sehr.[1006]

1005 Vgl. Solonevič 1937: 44 f., 47.
1006 Solonevič 1937: 32. Nach Mandl (2011: 18) hatte Solonevič ihre Schulbildung in einem Institut für höhere Töchter erhalten und daran anschließend Hochschulkurse für Frauen besucht und Französischkurse in Paris absolviert.

Beim Einstellungsgespräch in Moskau profitierte sie von ihren Englischkenntnissen und den vorhergehenden Anstellungen in Odessa, u. a. bei der American-Relief-Administration. Angaben darüber, wie sie zum Dolmetschen kam oder ob jemand sie zuvor im Sprachmitteln unterwiesen hatte, macht die Verfasserin nicht. Sie unterstreicht allerdings, dass sie fachlich vollkommen unvorbereitet in diese neue Tätigkeit ging und nicht die leiseste Vorstellung von ihrem Arbeitgeber, der Zusammensetzung der zu betreuenden Delegationen oder den organisatorischen Hintergründen hatte. Dieses vermeintliche Manko belastete sie allerdings nicht, im Gegenteil:

Irgendwelche besondere Kenntnisse des europäischen Gewerkschaftslebens besaß ich nicht, aber in der Sowjetunion wundert sich auch der Schuster nicht darüber, wenn er plötzlich zum Richter ernannt wird … Sachkenntnisse? – Danach fragt bei uns niemand.[1007]

So betreute sie ausländische Arbeiterdelegationen, die gewöhnlich zu den Mai- oder den Oktoberfeiern nach Moskau kamen und anschließend die großen Industriezentren des Landes (das damalige Leningrad, Moskau, Charkov) besuchten. Diese Reisen mit einem Abstecher ans Schwarze Meer waren lückenlos verplant, damit die Ausländer weder Zeit zum Nachdenken hatten noch mit der realen Situation im Sowjetstaat in Berührung kamen.

Gleich bei ihrem ersten Einsatz für eine englische Bergarbeitergruppe geriet Solonevič in einen Gewissenskonflikt, der sie den Kommunikationspartnern gegenüber in eine heikle Lage brachte. Die Verdolmetschung einer Resolution, in der die Arbeiter der russischen Amo-Werke ihren englischen Kollegen monatlich zwei Prozent ihres Lohns zusagten bzw. zusagen mussten, löste Schamgefühle bei ihr aus, weil sie die bedrückende wirtschaftliche Lage ihrer Landsleute kannte. Andererseits empfand sie Stolz auf ihr Land, das die ausländischen Besucher mit seiner Weite und seiner Gastfreundschaft beeindruckte. Der Ambivalenz ihrer Wahrnehmung war sie sich bewusst:

Sehr oft ertappte ich mich dabei, daß ich mich gewissermaßen teilte: einerseits wollte ich den Engländern unter allen Umständen die Wahrheit

---

1007 Solonevič 1937: 44.

über die wahre Lage der Dinge in der Sowjetunion sagen, andererseits ergriff mich ein unerklärlicher russischer Stolz [...].[1008]

In welchen sprachlichen (dialektischen) und systembedingten Zwängen die Dolmetscherin gefangen war, zeigt eine weitere Szene auf derselben Reise:

Die beiden Delegierten Williams und Lloyd Davis waren richtige englische Kommunisten. Sie verstanden zwar kein Wort russisch, aber kontrollierten trotzdem meine Übersetzung Wort für Wort, und wenn ich nur die geringste Abweichung von der ‚marxistischen Analyse' und dem ‚Wesen des Klassenkampfes' zeigte, unterbrachen sie mich rücksichtslos und verbesserten mich.[1009]

Als Solonevič dann noch geradezu missionarisch versuchte, ihre englischen Zuhörer auf die Kehrseite des russischen Scheidungsrechts aufmerksam zu machen, handelte sie sich den „guten Rat" eines linientreuen englischen Delegierten ein, mit ihren Aussagen zurückhaltender zu sein.[1010] Ungeachtet der scheinbaren Gleichheit der Positionen und Meinungen vertrat doch, so erkannte sie, jede Seite in diesem hochpolitischen Kontext ihre eigene *Wahrheit*[1011]. Beim Umgang mit diesem Begriff musste sie sich um ihrer eigenen Sicherheit willen außerordentlich vorsichtig verhalten, zumal wenig später sprachkundige Vertreter der Geheimpolizei zu ihnen stießen. Eigenmächtigkeiten bei der Verdolmetschung wurden, auch wenn Solonevič nach eigenem Bekunden dem bolschewistischen System nach besten Kräften schaden wollte und sich bei der Verdolmetschung von Propagandalügen „selbst abscheulich vorkam"[1012], nun vollends unmöglich:

Ich fühlte mich selbst bei den kleinsten Fragen gehemmt. Bisher hatte ich bei meinen Übersetzungen mehr oder weniger neutral bleiben können,

---

1008 Solonevič 1937: 66.
1009 Solonevič 1937: 68 f.
1010 Solonevič 1937: 69.
1011 Diesen Aspekt und die daraus erwachsenden Widersprüchlichkeiten erwähnt die Autorin mehrfach (vgl. Solonevič 1937: 87, 89, 91, 123, 179, 221), um zur Beschreibung ihres Dilemmas schließlich (1937: 116) auf das bekannte Godunov-Zitat zurückzugreifen: „Ach, wie schwer ist das Amt einer Sowjetdolmetscherin!"
1012 Solonevič 1937: 95.

d.h. ich hatte die frechsten Übertreibungen bei der Schilderung des Sowjetparadieses weglassen können, hatte sozusagen „frei" übersetzt. Jetzt wurde von mir eine wörtliche Übersetzung verlangt.[1013]

Die Autorin berichtet von wiederholten Versuchen russischer Bergarbeiter, ihre englischen Kumpel mit Hilfe von heimlich zugesteckten handschriftlichen Zetteln über die wahre Lage zu informieren und das Lügenkonstrukt der sowjetischen Propaganda aufzudecken, aber niemand traute sich, diese Zettel weiterzugeben, geschweige denn, deren Inhalt korrekt zu übersetzen, denn:

Es ist klar, daß eine Dolmetscherin unter diesen Umständen es gar nicht riskieren kann, die Wahrheit zu sagen, denn ein einziger Hinweis des Ausländers auf einen solchen ‚Verrat an der Arbeiterklasse' kann ihr den Kopf kosten.[1014]

Selbst nach einer gewissen Einarbeitungszeit empfand Solonevič das Dolmetschen bei großen Versammlungen als besonders belastend; als stressig erwiesen sich auch das permanente Eingespanntsein in der Kommunikation zwischen ausländischen Gästen und sowjetischen Gastgebern sowie das Lavierenmüssen zwischen offizieller Version und realer Situation. Zu einem bestimmten Zeitpunkt machte sich die Kombination aus psychischer und physischer Anspannung bemerkbar und führte zu dem Seufzer

Das ewige Übersetzen hängt mir schon zum Halse heraus. Ich möchte so gern einmal in Ruhe essen können, nicht immer auf Reden und Fragen aufpassen müssen, einmal ein gewöhnlicher Sterblicher sein und nicht mehr Dolmetscherin, [...].[1015]

Gegen Ende der Reise wurden die Dolmetscherinnen sogar unter Druck gesetzt, um sicherzustellen, dass die von den Sowjets aufgesetzte Abschlussresolution die Zustimmung und Unterschrift der englischen Gäste fand. Im Kontrast dazu steht das im vorletzten Kapitel geschilderte Verhalten einiger fran-

---

1013 Solonevič 1937: 78. Weitere Gewissenskonflikte blieben ihr nicht erspart. Vgl. Solonevič 1937: 93 f., 114 f.
1014 Solonevič 1937: 124. Die Autorin schildert ebenfalls (1937: 153 f.), wie eine Dolmetscherkollegin ihrer Naivität zum Opfer fiel, verhaftet wurde und verschwand.
1015 Solonevič 1937: 118.

zösischer Delegationen, deren Mitglieder sich nicht mit den offiziellen Antworten zufrieden gaben, sondern Widersprüche zwischen dem, was ihnen über das Wunderland UdSSR erzählt worden war, und dem, was sie bei ihrem Besuchsprogramm im Frühjahr 1932 sahen, unverblümt ansprachen. Solonevič übersetzte wortgetreu sowohl die kritischen Kommentare der Gäste als auch die Beschwerden der russischen Arbeiterinnen, es sei denn, es hieß:

„Genossin Dolmetscherin, das brauchen Sie nicht zu übersetzen, wir regen das junge Mädchen (eine der Arbeiterinnen) nur unnötig auf."[1016]

Als jedoch beim Besuch einer Besserungsanstalt für Prostituierte, einem Phänomen, das es im Land des siegreichen Proletariats eigentlich gar nicht gab, einer der Delegierten die Sache auf die Spitze trieb und sich über die Einrichtung und die Leiterin lustig machen wollte, fühlte sich die die Dolmetscherin persönlich angegriffen, ging auf Distanz zu ihrer Rolle und verweigerte die Dienstleistung:

Da es offensichtlich war, dass der junge Franzose nur seine schlechten Witze mit uns machen wollte, ließ ich ihn links liegen und übersetzte nur noch Fragen der anderen Delegierten.[1017]

UMGANG MIT EMOTIONEN

Das gesamte Buch zeichnet sich durch einen hohen Grad an Emotionalität aus, egal ob Solonevič die Lebensumstände in der UdSSR beleuchtet, den Kurs der Partei anprangert oder die verschiedenen Dolmetschsituationen schildert. Diese Emotionalität manifestiert sich in der Lebhaftigkeit der Darstellung, die u. a. durch den Gebrauch ausdrucksstarker Adjektive und rhetorischer Fragen erzeugt wird. Abgesehen von diesem Grundton und der Schilderung des von Angst und Anspannung geprägten ersten Arbeitseinsatzes geht die Autorin nicht auf den Aspekt der Emotionalität von Dolmetschkontexten ein. So bleibt beispielsweise offen, ob die Begeisterung, mit der die ausländischen Zuhörer auf Solonevičs Verdolmetschung reagierten, der Qualität der Dolmetschleistung zu verdanken ist oder ob sie nicht eher vom Situationskontext herrührt und als Manifestation von Solidarität, Einigkeit und Zustimmung gewertet werden muss.

....

1016 Solonevič 1937: 237.
1017 Solonevič 1937: 245.

PROZEDURALES WISSEN

Solonevič war sich ihres unzureichenden Hintergrundwissens bewusst und sprach die englischen Redner, die sie bei ihrem ersten Einsatz zu dolmetschen hatte, vor Beginn der Veranstaltung auf den Inhalt ihrer Ansprachen an. Hinweise zu Dolmetschtechnik und -strategie erhielt sie von einer Kollegin:

„*Nehmen Sie Bleistift und Notizblock. Versuchen Sie möglichst ausführlich aufzuschreiben, was der Redner sagt. Dann übersetzen Sie, und zwar vor allem laut, daß man es in der äußersten Ecke hört.*"
„*Aber wenn ich plötzlich irgend etwas nicht verstehe?*"
„*Dann machen Sie von sich irgend etwas dazu. Das ist nicht so gefährlich, da ist gar nichts weiter dabei!*"[1018]

Das Urteil dieser bereits erfahrenen Dolmetscherin im Anschluss an die Leistung macht deutlich, worauf es den Auftraggebern ankam:

„*Sie haben nicht sehr genau übersetzt, aber dafür laut, und die Engländer sind zufrieden. Ihnen gefiel Ihre Intonation. [...]*"[1019]

Gedolmetscht wurde satzweise und ohne Notizen, während der Redner noch sprach, oder auch konsekutiv in ganzer Länge nach Abschluss einer Rede. Solonevič beschreibt den ersten Einsatz in allen Einzelheiten: ihre Aufregung und ihre Selbstzweifel, die Anflüge von Panik, weil sie nicht nur mit schwer verständlichen englischen Dialekten konfrontiert wurde, sondern auch die sperrige politische Lexik und ihr bis dato völlig unbekannte terminologische Bezeichnungen zu bewältigen hatte, sowie ihre Erleichterung angesichts der zunehmenden Sicherheit beim Dolmetschen. Über den dafür genannten Grund ließe sich sicher diskutieren:

Wieder beginne ich fieberhaft mitzuschreiben, aber jetzt geht die Sache schon viel besser. Frauen lassen sich überhaupt leichter übersetzen. Ihr Satzbau ist

---

1018 Solonevič 1937: 55.
1019 Solonevič 1937: 61.

nicht so verwickelt, und sie verschlucken auch die Endungen nicht. Der ganze Inhalt der Reden ist bei Frauen einfacher und übersetzt sich besser.[1020]

Ein paar Tage später bewertete Solonevič die Qualitäten der Redner und der Reden bereits aus einer anderen Warte. Sie hatte sich an die bolschewistische Dialektik und die daraus resultierende Gleichförmigkeit in den Äußerungen der sowjetischen Redner gewöhnt und konstatiert:

Ihre Reden (die der Engländer, A. d. V.) sind viel origineller, lebendiger, vielseitiger und daher viel schwerer (sic!) zu übersetzen. Bei den Russen ist alles auf ein und dieselbe Manier, mit den gleichen Varianten.[1021]

EINSCHÄTZUNGEN UND WERTUNGEN

Neben der ausführlichen, stellenweise ironischen Schilderung der Lebensumstände in der Sowjetunion, die Solonevič durchweg harsch kritisiert[1022], befasst sich die Autorin, die sich selbst als impulsiv und optimistisch bezeichnet[1023], vor allem mit den Menschen ihres engeren Umfeldes. Ihrer offenbar beeindruckenden Kollegin Sofia Igelström, der „beste(n) Sowjetdolmetscherin, die es je gegeben hat"[1024], widmet sie ein eigenes Kapitel. Die plastische und kontrastreiche Charakterzeichnung ungeliebter sowjetischer Funktionäre oder naiver und gerade deshalb sympathischer Ausländer wie der Frau des englischen Streikführers Cook macht das Buch ungemein lebendig und verdeutlicht ein weiteres Mal die vielschichtige Diskrepanz zwischen der Sowjetunion und dem westlichen Ausland sowie zwischen dem kommunistischen Selbstbild und Fremdbild. Als Kind ihrer Zeit (und ihrer Erziehung?) erscheint die Dolmetscherin, wenn es um jüdische Mitmenschen – Kollegen, Funktionäre u. a. – geht:

Das Chaos in der Kommission war unbeschreiblich. Meiner Ansicht nach kann dort, wo ein Jude dirigiert, überhaupt keine Ordnung herrschen, sondern es gibt immer eine ‚jüdische Hast', und das, was man im alten

---

1020 Solonevič 1937: 59.
1021 Solonevič 1937: 71.
1022 „In der Sowjetunion verteidigt die Gewerkschaft nicht etwa die Interessen der Arbeiter, sondern sie arbeitet regelrecht gegen ihre Interessen und hilft der Sowjetmacht, die Schlinge um ihren Hals noch fester zu ziehen." Solonevič 1937: 63.
1023 Vgl. Solonevič 1937: 9 bzw. 173.
1024 Solonevič 1937: 105. Zur Kollegin Israilewitsch vgl. Solonevič 1937: 215 ff.

Odessaer Jargon als ‚Garmider' (aufgeregtes Durcheinanderschreien, Fußnote der Autorin) bezeichnete.[1025]

FAZIT

Tamara Solonevič präsentiert sich in ihren Memoiren als lebensfrohe, ironische, kritische und zugleich realistische Frau, die ihr Ziel, dem ungeliebten Regime den Rücken zu kehren, nie aus den Augen verlor. Die Memoiristin, selbst eine Angehörige der Intelligenzija, gewährt aus der Perspektive einer Augenzeugin Einblicke in sowjetisch-kommunistische Denkweisen und Verhaltensmuster und beschreibt die Zwangslage, in die sie bei ihrer Dolmetscharbeit angesichts der Diskrepanz zwischen Heimatliebe und eigener politischer Überzeugung einerseits sowie dem offiziellen staatlichen Kurs andererseits immer wieder geriet. Soweit die äußeren Umstände es erlaubten, nutzte sie ihren Spielraum als Dolmetscherin aus, um die sowjetische Propaganda zu konterkarieren, agierte aber mit Blick auf die im Fall von Fehlverhalten drohenden Sanktionen bei aller Kritik am System nicht heroisch, sondern zurückhaltend. Dass sie das Dolmetschen stellenweise als belastend empfand, ist angesichts des permanenten psychischen Drucks und der fehlenden Qualifikation, die ihr beispielsweise Strategien zum Umgang mit ihrer Rolle hätte vermitteln können, nicht verwunderlich.

Zum Zeitpunkt der Niederschrift der Memoiren befand sich Solonevič in einer gewissen zeitlichen, räumlichen und auch ideologischen Distanz zum erlebten Geschehen. Aus dieser Distanz heraus beleuchtet sie eine weitere Perspektive und ermöglicht dem Leser mit ihrer Außenansicht auf die UdSSR den Kontrast zwischen kommunistischem Selbstbild und europäischem Fremdbild nachzuvollziehen:

Wie ich das auch sonst oft bei Kommunisten, besonders bei den sogenannten Emporkömmlingen innerhalb der Partei feststellen konnte, hatte er (der Direktor der Kosmetikfabrik ‚Krasnaja Rosa') keinen Begriff von dem, was die europäische Industrie leistete, und die Sowjeterzeugnisse waren für ihn der Gipfel von Schönheit und Feinheit.[1026]

1025 Solonevič 1937: 201. Vgl. Solonevič 1937: 61, 64, 138, 143, 195. Nach Mandl (2011: 18) machte sich Solonevičs Onkel Aleksej Šmakov durch die Veröffentlichung zahlreicher antisemitischer Hetzschriften einen Namen.
1026 Solonevič 1937: 241.

7.4.3.2 Valentin Berežkov

Valentin Michajlovič Berežkov (Valentin Bereschkow) wurde am 2. Juli 1916 als Sohn eines Schiffsbauingenieurs in St. Petersburg geboren.[1027] Er ging in Kiev auf eine deutsche Schule, erwarb einen Abschluss als Ingenieur und bildete sich in Abendkursen, wo er auch Englisch lernte, zum Dolmetscher und Reiseführer weiter. Spanisch kam als nächste Sprache hinzu. Ab 1938 war er in der sowjetischen Armee an verschiedenen Standorten als Englischlehrer für Militärangehörige sowie als Übersetzer und Dolmetscher tätig. Seine Karriere als Dolmetscher für Mitglieder der sowjetischen Führung begann Mitte 1940, als er eine Außenhandelsdelegation nach Deutschland begleitete. Nach einer kurzen Station im Volkskommissariat für Außenhandel als Referent und Dolmetscher für Anastas Mikojan wechselte Berežkov ins Volkskommissariat des Äußeren, wo er zunächst während Molotovs Deutschland-Reise im November 1940 dolmetschte und danach als Deutschland-Referent und Dolmetscher Verwendung fand. Sein Einsatz an der sowjetischen Botschaft in Berlin endete mit dem Angriff Deutschlands auf die Sowjetunion. Berežkov fungierte kurzfristig als Verbindungsmann zum Auswärtigen Amt, bevor er nach Moskau zurückkehrte, wo er neben seiner Zuständigkeit für die sowjetisch-amerikanischen Beziehungen u. a. die Gespräche zwischen Stalin und Roosevelt bei der Teheraner Konferenz 1943 sowie weitere Verhandlungen der sowjetischen Führung mit Politikern wie Churchill, Hull und Eden dolmetschte. 1944 wurde er unter dem Vorwurf entlassen, seine Eltern hätten sich im Zuge der deutschen Okkupation der Ukraine in den Westen abgesetzt, und dann zur Zeitschrift „Krieg und Arbeiterklasse" abgeordnet.[1028] Nach dem Krieg arbeitete er zunächst als Journalist und Publizist, dann bis 1983 als Vertreter des USA-Kanada-Instituts in der sowjetischen Botschaft in Washington. Ab 1992 lehrte er als Gastprofessor am Monterey Institute of International Studies in Kalifornien, wo er am 24. November 1998 starb.

Berežkovs Erinnerungen an seine Dolmetscheinsätze für die sowjetische Führung liegen auf Russisch in (mindestens) zwei Fassungen vor. Die eine

---

1027 Zu den folgenden Ausführungen vgl. Torčinov/Leontjuk 2000: 80 ff. sowie diverse Einträge zum Stichwort Berežkov im „Spiegel" und in russischen Internetportalen.

1028 Nach Berežkovs Aussage verdankte er diese Strafversetzung der Fürsprache Molotovs; andere in ähnlicher Weise belastete Referenten des Außenministers hatten dieses Glück nicht gehabt und waren erschossen worden. Berežkovs Eltern waren über Deutschland nach Kalifornien gelangt. Berežkov traf seine Mutter durch Vermittlung einer Bekannten 1969 in Genf und fand 1992 nach seiner Übersiedelung in die USA auch seine tot geglaubte Schwester wieder.
Der Titel „Krieg und Arbeiterklasse" wurde bis Juni 1945 verwendet, seitdem heißt die Wochenzeitung „Novoe Vremja".

erschien 1993 unter dem Titel „Kak ja stal perevodčikom Stalina" (Wie ich Stalins Dolmetscher wurde) im Moskauer Verlag DEM, die zweite, „Rjadom so Stalinym" (An Stalins Seite), 1998 im Verlagshaus Vagrius. Die beiden Versionen weisen zwar etliche gleichlautende Passagen auf, sind aber nicht identisch. Im Jahr 1991 erfolgte eine Übersetzung ins Deutsche, die wiederum mit keiner der beiden russischen Vorlagen übereinstimmt.[1029] Laut Aussage von Kurt Baudisch, einem der drei Übersetzer aus dem Russischen, übergab ihm Berežkov 1991 bei einem Treffen getippte Manuskripte und legte dann gemeinsam mit dem Übersetzer die Reihenfolge der Kapitel fest.[1030] So entstand eine dritte Textversion, die sich sowohl in der Abfolge als auch in der Benennung der Kapitel und möglicherweise im Umfang einzelner Aussagen von den russischen Vorlagen unterscheidet.[1031] Die deutsche Schlussbetrachtung setzt sich beispielsweise ebenso wie das russische Postskriptum mit der Perestroika und ihren Folgen für die Sowjetunion und das Kräfteverhältnis zwischen Ost und West auseinander, weist jedoch – vermutlich in Ausrichtung auf das Zielpublikum – einen sehr viel milderen Duktus auf.

Angesichts dieser Divergenzen habe ich beschlossen, der vorliegenden Arbeit den deutschen Text von 1991 zugrunde zu legen („Ich war Stalins Dolmetscher. Hinter den Kulissen der politischen Weltbühne"). Auch er folgt im Übrigen nicht der chronologischen Abfolge der Ereignisse, sondern präsentiert in loser Form zentrale Abschnitte und Wendungen im Leben des Autors. Wie-

---

1029 Valentin M. Bereschkow: „Ich war Stalins Dolmetscher. Hinter den Kulissen der politischen Weltbühne", übersetzt aus dem Russischen von Kurt Baudisch, Vera Stutz-Bischitzky und Yvonne Thiele. München: Universitas Verlag, 1991. Titel der 1994 erschienenen englischen Ausgabe: Valentin M. Berezhkov: „At Stalin's Side. His Interpreter's Memoirs From the October Revolution to the Fall of the Dictator's Empire", New York: Birch Lane Press.
Weitere autobiografische Werke Berežkovs: „S diplomatičeskoj missiej v Berlin, 1940-1941 gg.", Moskau, 1967 (deutscher Titel: „In diplomatischer Mission bei Hitler in Berlin 1940 – 1941", Frankfurt/M., 1967); „Tegeran, 1943: Na konferencii Bol'šoj trojki i v kuluarach", Moskau, 1968; „Gody diplomatičeskoj služby", Moskau, 1972 (deutscher Titel: „Jahre im diplomatischen Dienst", Berlin, 1975); „Roždenie koalicii", Moskau, 1975; „Put' k Potsdamu", Moskau, 1975; „Stranicy diplomatičeskoj istorii", Moskau, 1982.

1030 Am 25.09.2012 erwähnte Kurt Baudisch in unserem Telefongespräch u. a., Berežkov sei mit der Übersetzung nicht zufrieden gewesen, da aufgrund des durch den Verlag erzeugten Zeitdrucks und des nachlässigen Lektorats ein sehr uneinheitlicher Text entstanden sei. Ein Beleg hierfür ist die nicht konsistente Verwendung der Begriffe *Dolmetscher* und *Übersetzer*.

1031 Gerhard Koralus, Vertragsleiter Signum/Universitas bei der Münchner Verlagsgruppe Langen-Müller/Herbig/Nymphenburger, schrieb mir dazu am 14.09.2011 per E-Mail: „Wir erwarben die Rechte an dem Buch 1989 von Global Media Publishers, Helsinki. Von dort fielen sie 1992 zurück an Valentin M. Bereschkow, Institute of International Studies, Russian Department, 425 Van Buren Street, Monterey, CA 93940 USA. Aus welcher Vorlage unsere deutsche Übersetzung erfolgte, läßt sich leider nicht feststellen, und natürlich können wir auch nicht wissen, welche sonstige Ausgaben existieren."

derholungen bestimmter Aussagen lassen erkennen, dass hier ein Text nicht durchgängig konzipiert, sondern nachträglich aus ursprünglich eigenständigen Elementen zusammengesetzt wurde.[1032] Diese Ausgabe der Memoiren setzt in Berežkovs Geburtsjahr 1916 ein und endet mit einer politischen Bestandsaufnahme der Perestroika noch vor dem Zusammenbruch der Sowjetunion. Der Autor konzentriert sich im ersten Drittel seiner Schilderung auf Kindheit und Jugend vor dem Hintergrund des Bürgerkriegs und der langsamen Normalisierung der Lebensumstände in der damals jungen Sowjetunion. Später rücken seine berufliche Tätigkeit und der Verlauf des 2. Weltkriegs sowie die Auseinandersetzungen zwischen den führenden Politikern jener Jahre in den Vordergrund, bevor er sich gegen Ende mit einem familiären Fiasko, dem vermeintlichen Asylantrag seines Sohnes Andrej in den USA, befasst.[1033]

Berežkov nennt keine expliziten Motive für die Niederschrift seiner Erinnerungen, leitet sie aber, wie seine Anspielungen an etlichen Textstellen belegen, aus seiner Rolle und Bedeutung als Zeitzeuge ab. So konstatiert er nach dem Zusammentreffen mit Hitler, er sei wahrscheinlich einer der sehr wenigen Menschen, die den wichtigsten Politikern der Zeit des Zweiten Weltkriegs die Hand geschüttelt hätten.[1034] Seine Spekulation zu Beginn des Textes unterstreicht diese Selbsteinschätzung:

Ohne Großmutters Hartnäckigkeit hätte mein Geburtsort in den USA gelegen. Möglicherweise wäre ich dann nicht Stalins, sondern Roosevelts Dolmetscher geworden.[1035]

Aus der Nähe zum historischen Geschehen bezieht Berežkov die Legitimation zur Präsentation der eigenen Sicht der Dinge, wobei er durchaus differenziert urteilt: So rechtfertigt er zwar als loyaler Staatsbürger seines Landes die Besetzung Ostpolens im Herbst 1939 sowie den Überfall auf die baltischen Staaten im Juni 1940 im Einklang mit dem Geheimen Zusatzprotokoll zum deutschrussischen Nichtangriffspakt, führt aber die langwierigen und blutigen Ausei-

---

1032 Vgl. beispielsweise die doppelte Beschreibung der Anreise zur Teheraner Konferenz (Berežkov 1991: 375 ff.).
1033 Berežkovs Sohn Andrej hatte, als sein Vater an der sowjetischen Botschaft in Washington stationiert war, anscheinend versucht, die Seiten zu wechseln, woraufhin die gesamte Familie umgehend in die Heimat zurückbeordert wurde. Vgl. Schiller 1983.
1034 Berežkov 1991: 266.
1035 Berežkov 1991: 14.

nandersetzungen mit Widerständlern nach dem Krieg weitgehend auf das repressive sowjetische Vorgehen in den ersten Kriegsjahren zurück.[1036]

Der Memoirist setzt sich jedoch nicht nur mit der Vergangenheit auseinander, sondern beleuchtet aus der Distanz zu den Ereignissen, an denen er teilhatte, heraus auch die jüngste politische Entwicklung:

Als der „Gebieter" tot war, die Angst nachließ und der Enthusiasmus verschwand, begann das System auf der Stelle zu treten und unser Land an den Rand des Abgrunds zu führen. Ich bin überzeugt, daß gerade darin einer der Hauptgründe für den Mißerfolg der Perestrojka besteht: Das immer noch – besonders auf dem Lande – aufrechterhaltene Stalinsche System, nun jedoch ohne den geringsten Enthusiasmus und frei von Angst, behindert die Entwicklung.[1037]

Wie Berežkov kommentarlos erwähnt, trat sein ältester Sohn Sergej in die Fußstapfen seines Vaters und dolmetschte u. a. für Michail Gorbačëv und Boris El'cin, während seine Enkelin Anastasija als Simultandolmetscherin tätig ist.[1038]

AUSSAGEN ZUM ROLLENVERSTÄNDNIS

Zu den Schlüsselszenen in den Erinnerungen des Dolmetschers gehören seine erste Begegnung mit Hitler und damit die Situation, die den Ausgangspunkt für seine Karriere „an Stalins Seite" darstellte. Berežkov beschreibt die Zusammenkunft in der Berliner Reichskanzlei am 12. November 1940 in allen Einzelheiten bis hin zu Hitlers Händedruck („schlaff und ausdruckslos")[1039], macht zwar keine Angaben zum Inhalt der Unterredung oder zu dolmetschrelevanten Aspekten, gibt aber wortgetreu seine kurze Unterhaltung mit Hitler wieder:

Als ich Molotows Worte zu dolmetschen begann, mit denen er seine Freude über das Zusammentreffen mit dem Reichskanzler zum Ausdruck brachte, blickte mich Hitler, anscheinend wegen meines Berliner Akzents überrascht, aufmerksam an und fragte plötzlich:

1036 Vgl. Berežkov 1991: 193 ff. Vgl. auch Berežkov 1991: 254 f.
1037 Berežkov 1991: 227.
1038 Vgl. hierzu die russische Fassung *Rjadom so Stalinym* (Berežkov 1998: 469).
1039 Berežkov 1991: 266. Zum Vergleich Stalin (Berežkov 1991: 346): „Seine Hand war klein, sein Händedruck weichlich und schlaff."

„Was sind Sie, ein Deutscher?"
„Nein", antwortete ich und beeilte mich, Molotow zu informieren, worum es ging. Ich nahm an, daß beide Politiker das Gespräch fortsetzen würden, aber der „Führer" ließ nicht locker:
„Sind Sie ein Volksdeutscher?"
„Nein, ich bin Russe."
„Unmöglich", sagte Hitler verwundert.[1040]

Ähnlich anekdotisch schildert er, gestützt auf eine Aussage des Augenzeugen Averell Harriman, wie er Stalins persönlicher Dolmetscher wurde:

Die Unterredung (zwischen Stalin und einer anglo-amerikanischen Delegation, A. d. V.) wurde zunächst auf sowjetischer Seite von Pawlow und auf amerikanischer von Charles Bohlen, dem dritten Botschaftssekretär der USA in der UdSSR, gedolmetscht. Pawlow hatte zu einem bestimmten Zeitpunkt gewisse Schwierigkeiten mit der Übersetzung, und Bohlen musste ihm zu Hilfe kommen. Das gefiel Stalin nicht, und er wandte sich mit der Frage an Molotow: „Weshalb verbessert ein Amerikaner meinen Dolmetscher? Das gehört sich nicht. Wo ist denn der junge Mann, der bei den Gesprächen mit Hitler übersetzt hat? Er soll kommen und uns helfen."
„Aber er hat doch aus dem Deutschen übersetzt ..."
„Das macht nichts. Wenn ich es ihm sage, wird er auch aus dem Englischen übersetzen ..."[1041]

Vor diesem Hintergrund ist es verwunderlich, dass Berežkov die äußeren Umstände seiner Dolmetscheinsätze plastisch und bisweilen akribisch schildert und seitenlang über die politischen Geschehnisse jener Jahre referiert, seine Funktion als Dolmetscher hingegen nur am Rande erwähnt, obwohl seine dolmetscherischen Qualitäten und seine Kulturkompetenz offenkundig ausschlaggebend für die Berufung als Mikojans Referent und damit den Einstieg in das Dolmetschen für die sowjetische Führung gewesen waren. „Es stehen wichtige Gespräche mit den Deutschen bevor, und dafür brauche ich einen guten Dolmetscher, der über Erfahrungen mit Deutschland verfügt.", hatte der

....
1040 Berežkov 1991: 267.
1041 Berežkov 1991: 345.

Außenhandelskommissar zu dem damals 24-Jährigen gesagt.[1042] Dieser sah sich an seinem neuen Arbeitsplatz mit einem breiten Aufgabenspektrum konfrontiert:

Sehr schnell begriff ich, wie wenig ich wußte. Ich mußte dickleibige Dossiers mit dem Briefwechsel der letzten Jahre und Protokolle von Wirtschaftsverhandlungen durcharbeiten, Telegramme der sowjetischen Handelsvertretungen im Ausland sowie Exzerpte von Beschlüssen des ZK der KPdSU und des Rates der Volkskommissare lesen. Auch hatte ich mich mit Abkommen und Vereinbarungen zwischen der UdSSR und Deutschland seit der Zeit der Weimarer Republik vertraut zu machen. Und all dies neben meiner laufenden Arbeit, den vielstündigen Unterredungen mit Deutschen, an denen ich als Übersetzer teilnahm und außerdem damit beauftragt war, Telegramme an die sowjetische Handelsvertretung in Berlin vorzubereiten sowie das Protokoll jedes Gesprächs zu führen, das dann an die Mitglieder des Politbüros verschickt wurde.[1043]

Mit der Zeit entstand offensichtlich eine gewisse Vertrautheit zwischen Dolmetscher-Referent und Volkskommissar, denn der Autor schildert mehrfach private Unterredungen mit Anastas Mikojan. Dabei wurden die Dolmetscher im kontrollfixierten Sowjetstaat auch in das allgemeine Überwachungssystem einbezogen, wie Berežkov im Zusammenhang mit dem in Ungnade gefallenen Molotov schreibt:

Seinerzeit gab es bei uns eine strenge Vorschrift: Unterredungen mit Ausländern, und das galt auch für Politbüromitglieder, durften nur in Anwesenheit eines, besser jedoch zwei „Zeugen" geführt werden. Gewöhnlich war der Dolmetscher dieser „Zeuge".[1044]

Insgesamt sind es nur einige wenige Stellen, an denen Berežkov seine Einsätze als Dolmetscher anspricht, so vor einem Empfang in Moskau im Oktober 1940 („Ich vermute, daß ich in der zweiten Reihe zwischen dem Gastgeber und seinem wichtigsten Gast sitzen würde – ich sollte hier ja lediglich [!] als Dol-

---

1042 Berežkov 1991: 248.
1043 Berežkov 1991: 251 f.
1044 Berežkov 1991: 469.

metscher fungieren.")[1045] sowie bei der Vorbereitung und Durchführung der deutsch-sowjetischen Verhandlungen in Berlin im November 1940, als Berežkov bereits für das Volkskommissariat des Äußeren arbeitete:

An den Gesprächen in der Reichskanzlei nahmen von deutscher Seite Hitler und Ribbentrop sowie die Übersetzer Schmidt und Hilger teil. Die sowjetische Seite war durch Molotow und Dekanosow vertreten, Übersetzer waren Pawlow und ich.[1046]

Berežkovs Aussagen zu seiner Tätigkeit als Referent lassen ebenso wie die Vermutungen und Wertungen, die er aus seiner politisch-fachlichen Kompetenz ableitet, den Schluss zu, dass er sich in erster Linie als Angehöriger des diplomatischen Dienstes sah, obwohl der eigene Bedeutungszuwachs durch die Rolle als Dolmetscher entstanden war, die ihn in die Nähe der zentralen politischen Figuren jener Zeit gerückt hatte. Die Übernahme ins Volkskommissariat des Äußeren und die Aussicht, später eventuell für Stalin zu dolmetschen, kommentiert er mit den Worten: „So begann meine diplomatische [sic!] Laufbahn."[1047] Auch bei der Arbeit an der Botschaft in Berlin gewichtet er die politische Komponente stärker als die sprachlich-kommunikative:

Als ich, Ende Dezember (1940) zum ersten Sekretär der Botschaft ernannt, meine neuen Pflichten übernahm, verhielt sich Wladimir Georgijewitsch (Dekanosov, der neue sowjetische Botschafter) sehr freundlich zu mir. Oft lud er mich zu sich zum Abendessen ein und nahm mich zu allen wichtigen Verhandlungen mit, obwohl es in der Botschaft einen speziellen Dolmetscher gab. Dekanosow gab mir nicht nur alle Telegramme zum Lesen, die das Verhältnis zu Deutschland betrafen, sondern auch die Unterlagen, die man ihm als Mitglied des Zentralkomitees der Partei aus Moskau schickte.[1048]

....

1045 Berežkov 1991: 256, Hervorhebung d. Verf.
1046 Berežkov 1991: 261. Vgl. die Schilderung eines Abendessens zum Abschluss der Moskauer Konferenz 1943 (Berežkov 1991: 397). Im russischen Text wird durchgängig das Wort perevodčik verwendet; die Entscheidung der Übersetzer, hier von *Übersetzer*, dort von *Dolmetscher* zu sprechen, ist vermutlich auf mangelnde Absprache infolge der von Kurt Baudisch erwähnten Zeitnot vor der Drucklegung zurückzuführen.
1047 Berežkov 1991: 263.
1048 Berežkov 1991: 298. Berežkov löste damals Vladimir Pavlov (1915-1993) ab, der nach Moskau in

Ein ganz anderes Bild vom Dolmetschen und von der eigenen Rolle als Dolmetscher entwickelt Berežkov interessanterweise in einem weiteren Werk, das an dieser Stelle kurz vorgestellt werden soll. In dem stringent konzipierten, dem chronologischen Ablauf der Ereignisse folgenden Buch „Jahre im diplomatischen Dienst" befasst er sich schwerpunktmäßig mit Molotovs Berlin-Reise 1940, der Teheraner Konferenz 1943 und dem Treffen der Alliierten in Dumbarton Oaks im Herbst 1944, bei dem der Grundstein für die Gründung der Vereinten Nationen gelegt wurde. Insbesondere in der ersten Hälfte des Textes verdeutlicht der Autor anhand verschiedener Dolmetschanlässe, bei denen er im Team oder allein aktiv war, welche Aspekte des Dolmetschens ihm wichtig sind. Am Beispiel seines Kollegen Vladimir Pavlov beleuchtet Berežkov beispielsweise das Thema Aus- und Fortbildung. Er bedauert, selbst keine spezifische Ausbildung für das Dolmetschen erhalten zu haben, und spricht von seinem Bemühen, dieses Manko neben der arbeitsintensiven Referententätigkeit im Volkskommissariat durch praktische Erfahrungen auszugleichen. Pavlov habe mit bewundernswerter Ausdauer und Beharrlichkeit jede freie Minute zum Ausbau seines Wortschatzes genutzt.[1049] Daneben hält Berežkov aber auch politische Hintergrundkenntnisse und Methodenwissen für bedeutend:

Indessen erfordert das Dolmetschen bei diplomatischen Verhandlungen besondere berufliche Fertigkeiten, Geistesgegenwart und große Konzentrationsfähigkeit. Es ist notwendig, die sprachlichen Kenntnisse ununterbrochen zu erweitern. Erforderlich ist ferner die sichere Kenntnis der Kurzschrift; man muß den Text nach dem Gespräch rasch entschlüsseln und für den Kurzbericht das Wichtigste bestimmen können.[1050]

---

den zentralen Apparat des Volkskommissariats abberufen worden war, um dort die Leitung der Mitteleuropäischen Abteilung zu übernehmen. Pavlov, ursprünglich Ingenieur, hatte sich in seiner Freizeit mit Fremdsprachen beschäftigt und wurde aufgrund seiner beeindruckenden Deutschkenntnisse von Molotov ins Volkskommissariat des Äußeren geholt. „Stalins Stimme" dolmetschte 1939 gemeinsam mit Gustav Hilger die Verhandlungen zwischen Ribbentrop und Molotov, nahm zwischenzeitlich verschiedene diplomatische Funktionen wahr und galt als Günstling Stalins, für den er bis zu dessen Tod 1953 tätig war. Danach schob man ihn zum Verlag für fremdsprachige Literatur ab. Vgl. Torčinov/Leontjuk 2000: 369 f.; Pavlov 2000: 94 ff.; Happel 2012: 69 ff.; „Bitte keine Ovationen", 1949.

1049 Vgl. Berežkov 1975: 158.
1050 Berežkov 1975: 157 f.

Was das in der Praxis bedeutete, welche Rolle das Redetempo oder eine deutliche Aussprache für die Qualität der Verdolmetschung spielen, erfuhr Berežkov bei seinen Einsätzen für Stalin und dessen Gesprächspartner, in diesem Fall Roosevelt:

Stalin zu übersetzen erforderte die Anspannung aller Kräfte. Er sprach leise, mit Akzent, und an eine Rückfrage war gar nicht zu denken. Ich mußte meine ganze Aufmerksamkeit aufbieten, um seine Äußerungen im Fluge zu erfassen und sie sofort in englischer Sprache zu wiederholen. […] Mein Glück war, daß Stalin in gemessenem Ton sprach und nach jedem Satz eine Pause für die Übersetzung machte.[1051]

Roosevelt kam seinerseits dem Dolmetscher entgegen, der sich wegen der Aussprache des Amerikaners Sorgen gemacht hatte:

Roosevelt sprach exakt, deutlich, wenn er auch die Wörter etwas dehnte, in kurzen Sätzen, mit häufigen Pausen. Offenbar hatte er nicht geringe Erfahrungen mit gedolmetschten Unterredungen …[1052]

Wie groß die Anspannung gewesen war, spürte Berežkov erst nach Ende des Einsatzes:

Erst jetzt wurde ich mir voll und ganz der Bedeutung all dessen, was ich hier miterlebte, bewußt. Solange ich bei den Verhandlungen übersetzte, später das Protokoll niederschrieb und die Entwürfe für die Telegramme nach Moskau abfaßte, war ich ganz und gar in Anspruch genommen […].[1053]

Zu den Erfahrungen des Dolmetschers gehören allerdings auch unangenehme Situationen. Berežkov berichtet von einem Abendessen im Rahmen der Teheraner Konferenz, bei dem er sich, weil er vorher nicht zum Essen gekommen war, in einer kurzen Unterhaltungspause ein Stück Fleisch in den Mund schob und prompt eine Frage Churchills an Stalin dolmetschen sollte.

1051 Berežkov 1975: 157.
1052 Berežkov 1975: 159 f.
1053 Berežkov 1975: 186.

Eine peinliche Stille trat ein. Stalin sah mich fragend an. Ich wurde knallrot vor Verlegenheit, konnte kein Wort über die Lippen bringen und versuchte vergebens, den Bissen hinunterzuwürgen.[1054]

Die (westlichen) Teilnehmer lachten, Stalin war wütend und der Dolmetscher streut Asche auf sein Haupt für ein Vergehen, das man wohl auch heute als Fehlverhalten werten, aber sicher nicht als derart gewichtig und bedrohlich empfinden würde.

Jeder berufsmäßige Übersetzer weiß, daß ich mir einen schweren Fehler geleistet hatte: Ich war mit einer wichtigen Aufgabe betraut worden, und ich hatte die Verantwortung für mein Versehen zu tragen. Ich verstand das selbst sehr gut, hoffte aber, alles werde mit einem Scherz enden.[1055]

Der Vorfall hatte offenbar für Berežkov kein Nachspiel, denn von Sanktionen ist nicht die Rede, steht jedoch beispielhaft für den allgegenwärtigen, über den üblichen Stress weit hinausgehenden politischen Druck, dem Berežkov und seine Kollegen im stalinistischen System ausgesetzt waren.

UMGANG MIT EMOTIONEN
Alle Aspekte, die Berežkovs Funktion als Dolmetscher betreffen, sei es die persönliche Sicht auf seine Rolle in der Kommunikation, die Wahrnehmung der eigenen Leistung durch die Kommunikationspartner oder auch technische Momente, werden von Berežkov als zweitrangig behandelt und höchstens am Rande thematisiert. Dies gilt ebenfalls für emotional geprägte Situationen und den Umgang mit der eigenen Emotionalität bzw. dem Emotionsausdruck anderer. Der Autor erwähnt zwar das Äußere und die charakterlichen Besonderheiten der beteiligten Personen sowie die jeweils vorherrschende Stimmung, was seinem Bericht Farbe und Lebendigkeit verleiht, äußert sich aber ungeachtet der Brisanz der behandelten Themen und der Gegensätzlichkeit der Akteure so gut wie nie über Gefühlsregungen oder gar Gefühlsausbrüche der jewei-

---

1054 Berežkov 1975: 213.
1055 Berežkov 1975: 214. Dass Stalin andererseits die anspruchsvolle Arbeit der Dolmetscher wahrnahm und zu würdigen wusste, belegt ein Trinkspruch bei einem Mittagessen mit Churchill und Roosevelt auf der Konferenz von Jalta 1945 (Happel 2012: 77, zit. nach den Memoiren von Churchills Dolmetscher Arthur Herbert Birse): „Wir sind darauf angewiesen, dass sie (die drei Dolmetscher) unsere Ideen uns gegenseitig übermitteln. Ich erhebe mein Glas auf unsere Dolmetscher."

ligen Kontrahenten und bleibt auch bei der Beschreibung seines eigenen Gefühlszustands sehr vage. Im Vorfeld von Dolmetscheinsätzen für Stalin ist von Panik und Nervosität die Rede, was allerdings angesichts der von Misstrauen und Angst geprägten Stimmung im Kreml nicht verwunderlich scheint. Berežkov sagt von sich selbst, es sei eine „unerhörte nervliche Konzentration vonnöten" gewesen, um den Ansprüchen Stalins gerecht werden zu können.[1056] Im Kontrast zur Selbstwahrnehmung des Dolmetschers, aber auch zur Situation im Land, die mit dem Vorrücken der Deutschen immer bedrohlicher wurde, steht die „ungezwungene, ruhige Atmosphäre", die „wohltuende Ruhe", mit der Stalin seine hochrangigen ausländischen Besucher zu beeindrucken wusste und die er auch seinem Dolmetscher gegenüber an den Tag legte.[1057]

Mir gegenüber verhielt sich Stalin stets ausgewogen und mit einer gewissen Gleichgültigkeit. Bisweilen schien es mir, als blicke er durch mich hindurch, etwa wie durch ein im Zimmer befindliches Möbelstück. Doch wie sich bald herausstellte, wählte er selbst jedes Mal den Übersetzer aus. Mitunter wurde Pawlow zu den Gesprächen mit den Amerikanern hinzugezogen und ich zu den Gesprächen mit den Engländern, obwohl die USA in meinen Kompetenzbereich fielen und umgekehrt. Es kam aber auch vor, daß einige Wochen hintereinander nur einer von uns beiden eingesetzt wurde, unabhängig davon, mit wem die Unterredung geführt wurde. Beide waren wir in einem derartigen Fall verunsichert, nervös und rätselten, wodurch wir das Mißtrauen des „Herrn" erregt und seine Unzufriedenheit hervorgerufen haben konnten.[1058]

So wurde Stalins hochbrisantes Gespräch mit Churchill im August 1942 in Moskau, in dem es vorrangig um die von den Westalliierten zugesagte Eröffnung einer zweiten Front in Europa ging, von Pavlov gedolmetscht, während Berežkov Protokoll führte – eine dem oben beschriebenen Schema folgende, normale Verteilung der Funktionen unter Kollegen.

1056 Berežkov 1991: 348.
1057 Berežkov 1991: 350. Zur Reaktion der ausländischen Politiker auf den „erbarmungslosen, blutigen Tyrannen" Stalin schreibt Berežkov (1991: 418): „Und die Fähigkeit Stalins, die Rolle eines liebenswürdigen Gastgebers zu spielen, sein Geschick, einen Gesprächspartner zu bezaubern, bewirkten, daß dieser Erleichterung empfand und bestrebt war, mit ihm eine gemeinsame Sprache zu finden […]."
1058 Berežkov 1991: 351 f.

Auch in Beziehung auf seine eigene Emotionalität im beruflichen Kontext ist Berežkov sehr zurückhaltend. Um so auffälliger sind zwei Gefühlsausbrüche, die von ganz unterschiedlichen Ereignissen ausgelöst wurden und einiges über sein Rollenverständnis aussagen. Zum einen ist dies ein Jubelruf über einen Viermächtepakt, der der Sowjetunion zu Stützpunkten an den südlichen Meerengen verhelfen sollte und von dem sich der Autor im selben Atemzug im Nachhinein selbstkritisch distanziert. Hier ist Berežkov weder Dolmetscher noch Referent, sondern nur ein glühender Patriot:

Als ich Botschafter von der Schulenburg zum Ausgang begleitete, gingen die Gefühle mit mir durch. Unsere Stützpunkte am Bosporus und den Dardanellen! Das war phantastisch. [...] Würde Stalin tatsächlich jetzt den alten Traum der russischen Herrschaft verwirklichen? [...] Ich bekam einen Großmachtkoller [...].[1059]

Die zweite sehr persönliche Passage betrifft die Konferenz von Jalta, die nach Berežkovs Entlassung aus dem Außenministerium stattfand. Er musste sich damit abfinden, ungeachtet der jahrelangen großen Nähe zu seinen Auftraggebern sowohl in menschlicher als auch in fachlicher Hinsicht austauschbar zu sein, was sein Selbstwertgefühl stark belastete.

Vier Jahre lang hatte ich in der Überzeugung gelebt, für solche Gespräche unbedingt nötig zu sein. Es war mir unbegreiflich, daß ich nicht dort war, alles aber so ablief, als hätte es mich nie gegeben. Das war beleidigend und kränkend. Ohne den Übersetzer sind die Gesprächspartner quasi taubstumm. Er ist unabdingbar und unentbehrlich. Doch wie ich sah, wurde er lediglich als Fachmann benötigt, nicht aber als Persönlichkeit.[1060]

PROZEDURALES WISSEN
In seinem autobiografischen Werk „Ich war Stalins Dolmetscher" erwähnt Berežkov die Notizen, die er sich beispielsweise bei den Verhandlungen in der Berliner Reichskanzlei oder bei der Teheraner Konferenz 1943 machte, lediglich im Sinne von Gedächtnisstützen für das spätere Gesprächsprotokoll, trifft aber keine Aussagen darüber, ob oder wie er diese Aufzeichnungen beim

---

1059 Berežkov 1991: 296.
1060 Berežkov 1991: 483.

Dolmetschen einsetzte.[1061] Detailliertere Angaben hierzu finden sich in seinem Buch „Jahre im diplomatischen Dienst", in dem sich Berežkov mit Kollegen wie Paul Schmidt und Gustav Hilger und deren Kompetenzen befasst. Ersterer, nach Berežkov ein Meister der Notizentechnik, „bedeckte als geübter Stenograph große linierte Papierbogen schnell mit seinen Zeichen"[1062]. Seine persönliche Methode mit Kurzschrift und eigenen Abkürzungen bezeichnet Berežkov in diesem Zusammenhang als „primitiv", nutzte sie aber dennoch, um ein Gespräch festhalten und anschließend exakt wiedergeben zu können. Hilger, der das Treffen in der Reichskanzlei für die deutsche Seite dolmetschte, beeindruckte den Autor offensichtlich in vielerlei Hinsicht: Er sprach „vortrefflich russisch", sah sogar wie ein Russe aus und hätte, so Berežkov, für einen russischen Intellektuellen gehalten werden können, „wie ihn Anton Tschechow so plastisch geschildert hat".[1063] Darüber hinaus fallen die Namen von Kollegen wie Vladimir Pavlov, den Briten Dunlop und Birse oder dem Amerikaner Bohlen, Einzelheiten wie Arbeitsweise und Qualität ihrer Leistung sowie das Verhältnis der Dolmetscher untereinander kommen jedoch nicht zur Sprache.

EINSCHÄTZUNGEN UND WERTUNGEN

Mit offenkundiger Freude an der Darstellung und bisweilen nah am Klischee charakterisiert Berežkov zahlreiche Spitzenpolitiker der damaligen Zeit: Anastas Mikojan wird als „halsstarrige(r) und schlaue(r) Armenier"[1064] beschrieben, der deutsche Verhandlungsführer Botschafter Ritter als „ein vierschrötiger Mann mit einem gewaltigen Brustkorb und ausladenden Schultern, der eher einem Ringer als einem Diplomaten glich […] ehrgeizig, ausdauernd und eigensinnig"[1065]. Ausführlich widmet sich Berežkov auch dem deutschen Botschafter von der Schulenburg; sein zentrales Augenmerk gilt jedoch der „schrecklichen Romanze", dem Verhältnis zwischen den beiden Diktatoren, Hitlers Taktieren, der Figur Stalins sowie den Beziehungen zwischen Stalin und seinen Verbündeten resp. Kontrahenten Roosevelt und Churchill.[1066] Da-

---

1061 Vgl. Berežkov 1991: 263.
1062 Berežkov 1995: 34.
1063 Berežkov 1997: 33.
1064 Berežkov 1991: 254.
1065 Berežkov 1991: 252. Lew Besymenski (2002: 320) erwähnt im Zusammenhang mit den Berliner Verhandlungen, „der Diplomat Valentin Bereshkow" habe unter dem Namen Bogdanow als Dolmetscher daran teilgenommen.
1066 Vgl. Berežkov 1991: 266 f., 293 ff., 344 f., 377 ff., 412 ff.

neben beschäftigen ihn neben verschiedenen Einzelschicksalen (Außenminister Litvinovs mysteriöser Tod, Botschafter Dekanosovs Lebenswandel und Ende) der Stalinismus, seine Folgen und Auswirkungen.

Zu den zentralen Passagen der Memoiren gehört zweifellos neben der oben erwähnten ersten Begegnung mit Hitler die Schilderung der Beziehungen zwischen Deutschland und der Sowjetunion zum Zeitpunkt der Ausarbeitung und Unterzeichnung des Nichtangriffspaktes. Der Autor widmet ihr etliche Seiten seines Buches und erweckt mit eindrucksvoll detailgenauen Beschreibungen verschiedener Szenen – Hitler in Berchtesgaden, Molotov im Kreml, Hochstimmung und Champagner nach Vertragsabschluss – den Eindruck, als sei er persönlich vor Ort und an den Gesprächen und Verhandlungen beteiligt gewesen. Dies trifft jedoch nicht zu: Berežkov dolmetschte lediglich die Begegnung zwischen Ribbentrop und Molotov in Berlin im November 1940 sowie die Übermittlung der deutschen Kriegserklärung an Dekanosov in der Nacht zum 22. Juni 1941. Es gibt etliche weitere Passagen im Text, in denen der Autor mit seiner Darstellung des Ablaufs von Unterredungen bis hin zu wörtlichen Zitaten den Eindruck von Augenzeugenschaft und Authentizität erweckt, ohne sich letztlich festzulegen, ob diese tatsächlich auf einer persönlichen Beteiligung am Geschehen beruhen.[1067]

FAZIT

Valentin Berežkov bekennt gleich zu Beginn seiner Darstellung, dass er allein aufgrund seiner Funktion als Dolmetscher die Einblicke und Kenntnisse erhielt, die ihn als Augenzeugen legitimieren und die für das Publikum von Interesse sind. Der Titel der Memoiren bringt diesen Ansatz zum Ausdruck, der Gedanke als solcher wird jedoch im Folgenden vernachlässigt. Details der Ausbildung fehlen ebenso wie Aussagen über das sprachliche Kompetenzniveau, zum Thema Dolmetschstrategien (etwa bei der Bewältigung emotionsgeladener Situationen) oder zum translatorischen Selbstverständnis; auch die

---

[1067] Vgl. Berežkov 1991: 297: „Als Hitler die Information über die Unterredung Schulenburgs mit Molotow erhielt, erklärte er: ‚Rußland muß man möglichst bald in die Knie zwingen.'" Berežkov war weder bei der erwähnten Unterredung noch im Moment dieser Aussage Hitlers anwesend. Vgl. Berežkovs Aussagen und Vermutungen über die Beziehungen zwischen Stalin und Roosevelt im Kapitel „Die Zweite Front" sowie die Beschreibung der Unterredung zwischen Stalin und Churchill in Stalins Privatwohnung im Kreml (1991: 423 ff.) und ihres Treffens im Oktober 1944 (1991: 428 ff.).
Im Übrigen erwähnt Simon Sebag Montefiore (2005: 476 f.) in seiner Schilderung der alliierten Konferenzen und der Begegnungen Stalins mit Churchill und Roosevelt sehr viel häufiger den Dolmetscher Pavlov als dessen Kollegen Berežkov.

Frage der Vereinbarkeit der beiden Funktionen (Referent und Dolmetscher) bleibt unreflektiert. Das vordringliche Anliegen des Verfassers besteht darin, weltpolitisch bedeutende historische Geschehnisse sowie Interna des Stalinismus aus der Warte des unmittelbar Beteiligten und daher (vermeintlich) bis ins Detail Informierten, der noch dazu diese Zeit unbeschadet überlebt hat, zu beleuchten. Individuelle Erfahrungen werden mit historischen Fakten verknüpft und wechseln mit Szenen, bei denen unklar ist, ob der Dolmetscher tatsächlich anwesend war.

Dass Berežkov in dem zweiten hier erwähnten Werk „Jahre im diplomatischen Dienst" anders vorgeht, seine Rolle als Dolmetscher beleuchtet, die Berufsgruppe sogar als unabdingbar bezeichnet und die Anforderungen an einen guten Dolmetscher explizit formuliert, ist meines Erachtens darauf zurückzuführen, dass sich die Bücher an unterschiedliche Leserkreise wenden. „Ich war Stalins Dolmetscher" spricht vorrangig diejenigen an, die möglichst hautnah an die Figur Stalins und die Phänomene des Stalinismus heranrücken möchten – da spielen Persönlichkeit und Arbeitsweise der Informationsquelle nur eine geringe Rolle. In Berežkovs zweitem Werk hingegen stehen die diplomatischen Aktionen und Konferenzen im Vordergrund und damit auch derjenige, der die entsprechende gemittelte Kommunikation zu bewerkstelligen half. Berežkov ist sich dieses Wertes bewusst und unterstreicht ihn durch seine Darstellung.

7.4.3.3 Tat'jana Stupnikova

Tat'jana Sergeevna Stupnikova wurde 1923 geboren und schuf die Grundlage für ihre hervorragenden Deutschkenntnisse in den Dreißigerjahren in Berlin, wohin der Vater, ein renommierter Chemiker, zu einem mehrjährigen Forschungsaufenthalt entsandt worden war. Stupnikova ging dort in die Grundschule.[1068] Nach der Rückkehr in die Sowjetunion besuchte sie die Moskauer Karl-Liebknecht-Schule, in der Kinder von deutschsprachigen Ausländern gemeinsam mit Kindern der sowjetischen Nomenklatura auf Deutsch unterrichtet wurden, bis die Schule Anfang 1938 schließen musste, weil im Zuge der Stalinschen Säuberungen sämtliche Lehrer verhaftet worden waren.[1069] 1937 erreichten die Repressalien auch Stupnikovas Familie: Die Mutter wurde in ein

---

1068 Zu den biografischen Details vgl. Stupnikovas eigene Angaben sowie Zwilling (2005), Mjaėots (2009) und Michalkov (2000).

1069 Für die aus Deutschland geflüchteten Lehrer, die dem Faschismus entkommen zu sein glaubten, war dies doppelt bitter. Vgl. Mussijenko/Vatlin 2005: 155 ff.

Straflager in der Kolyma-Region deportiert, der Vater nach Artikel 58 des Strafgesetzbuches (konterrevolutionäre Aktivitäten) zur Zwangsarbeit in einem speziellen Forschungslabor für inhaftierte Wissenschaftler verurteilt. Tat'jana Stupnikova, nun „Tochter eines Volksfeindes", musste unter schwierigsten Umständen sich und ihre kleine Schwester versorgen und den Kontakt zu den Inhaftierten aufrecht erhalten, bis Sergej Stupnikov aufgrund des erfolgreichen Abschlusses der Forschungsarbeiten begnadigt und entlassen wurde. Daraufhin konnte seine Tochter an einem Lehrgang an der Aufklärungsschule bei der Militärhochschule für Fremdsprachen[1070] teilnehmen. Nach einigen Wochen Ausbildung wurde sie 1944 an die Front geschickt und als Dolmetscherin in Polen, Deutschland und in der Tschechoslowakei eingesetzt; das Kriegsende erlebte sie in Prag. Wegen ihrer sprachlichen Qualitäten wurde sie zum Stab von Marschall Georgij Žukov, dem Oberbefehlshaber der Sowjetischen Militäradministration in Deutschland, abkommandiert, wo sie u. a. bei Verhandlungen und Sitzungen über grundlegende Fragen der Nachkriegsordnung in der sowjetischen Besatzungszone dolmetschte. Von dort aus holte man sie in die Gruppe der Simultandolmetscher im Prozess der Alliierten gegen die Hauptkriegsverbrecher, der vom 20. November 1945 bis zum 1. Oktober 1946 in Nürnberg stattfand. Nach der Rückkehr in die Sowjetunion erwarb sie an der Moskauer Hochschule für Bibliothekswesen einen Abschluss als Bibliothekarin. Zur Finanzierung ihres Doktorandenstudiums übersetzte sie Beutefilme für Stalin; später arbeitete sie zunächst in der Leninbibliothek und dann in der Bibliothek für fremdsprachige Literatur, übersetzte aus dem Deutschen (so etwa Irmgard Keuns Roman „Das Mädchen, mit dem die Kinder nicht spielen durften" oder Mörikes „Mozarts Reise nach Prag") und dolmetschte bei Veranstaltungen verschiedener Art. Tat'jana Stupnikova starb am 1. Februar 2005 in Moskau.

Stupnikova ist die einzige russische Dolmetscherin, die ihrer Arbeit in Nürnberg ein separates Buch gewidmet hat, und entspricht damit der Feststellung von Markowitsch/Welzer, dass Autobiografisierung ebenso wie Individualität „unter gesellschaftlichen Verhältnissen, die von einem statischen Machtgefüge und einer unumstößlich scheinenden Ordnung geprägt sind", seltener anzutreffen sind.[1071] Ihre Memoiren „Ničego krome pravdy. Njurn-

---

1070 Vgl. dazu den Ausbildungsweg von Michail Zwilling. Die Militärhochschule (auch: Militärinstitut) für Fremdsprachen (ВИИЯ/VIIJa) der Roten Armee „(gilt) als Kaderschmiede des Militärgeheimdienstes GRU". Vgl. „Waffen gegen Diamanten", 2008.

1071 Markowitsch/Welzer 2005:15.

bergskij process. Vospominanija perevodčika" (Nichts als die Wahrheit. Der Nürnberger Prozess. Erinnerungen einer Dolmetscherin)[1072] enthalten Beobachtungen aus dem Gerichtssaal, in erster Linie anhand der Vernehmungen der Angeklagten, ergänzt durch Informationen zu Hintergrund und Werdegang der beteiligten Personen sowie Exkurse in die Kindheit und die schon von Repressalien gekennzeichnete Jugend der Autorin. Einzelaspekte werden als Teil eines großen Ganzen deutlich, wenn Stupnikova mithilfe solcher „Abweichungen vom Thema" historische Momente wie die Unterzeichnung des Nichtangriffspaktes mit Nürnberger Szenen wie dem Auftritt Ribbentrops vor dem Militärtribunal verknüpft. Dabei greift die Autorin nach eigenen Angaben auch auf Werke von Historikern sowie auf die Erinnerungen von Dolmetscherkollegen wie Valentin Berežkov und Aleksandr Švejcer zurück. Darüber hinaus erinnert sich Stupnikova an komisch-absurde Episoden im Justizpalast wie ein unfreiwilliges Mittagessen in Gesellschaft des amerikanischen Henkers John C. Woods, der noch vor Prozessende angereist war, um die Technik zu überprüfen, und gewährt Einblicke in die Details der Unterbringung und Verköstigung der Dolmetscher, die für sowjetische Verhältnisse geradezu luxuriös anmuteten.

Stupnikova setzt sich vergleichsweise ausführlich mit den beiden Motiven auseinander, die sie zur Niederschrift ihrer Erinnerungen veranlasst haben. Im einführenden Kapitel schildert sie, wie aus einem deutsch-sowjetischen kulturellen Missverständnis heraus in ihr der Wunsch entstand, Klarheit zu schaffen und Zeugnis abzulegen, wie sie sich dieser schwierigen Aufgabe annahm und wie sie nach und nach von ihr gefangen genommen wurde, auch wenn sie fürchtete, bei allen, die nicht Zeugen der Ereignisse waren, auf Unglauben und Unverständnis zu stoßen.[1073] Schließlich sei sie weder Historikerin noch Juristin oder Journalistin, ja noch nicht einmal eine diplomierte Übersetzerin oder Dolmetscherin gewesen:

Я вроде Одиссея. Меня зовут Никто.[1074]

1072 2014 erschien eine deutsche Ausgabe unter dem Titel „Die Wahrheit, die reine Wahrheit und nichts als die Wahrheit: Erinnerungen der russischen Dolmetscherin Tatjana Stupnikova an den Nürnberger Prozess", hrsg. von Dörte Andres.
1073 Vgl. Stupnikova 2003: 16, 74. Ihre Schilderung der in ihrer Grausamkeit unfassbaren Aussage von Rudolf Höß (2003: 176) bekräftigt sie folglich mit einem „Ich schwöre, …".
1074 Stupnikova 2003: 16.

Nachdem allerdings etliche andere ihre Memoiren verfasst hätten, sei es nun an der Zeit, dass sich die Dolmetscher zu Wort meldeten, auch weil sie in der Regel jünger gewesen seien als die übrigen Prozessbeteiligten. Selbstkritisch stellt sie jedoch zugleich ihr eigenes Anliegen in Frage und bezweifelt, ob die spezifische Stimmung im Gerichtssaal mit Worten überhaupt angemessen wiedergegeben werden kann.

Eng verknüpft mit dem Wunsch, die Dinge wahrheitsgemäß zu schildern, ist Stupnikovas eigentliches Anliegen: Sie will, auch wenn ihr dies schwerfällt, die in Nürnberg gewonnene Erkenntnis darlegen, dass die beiden Diktaturen, die sie als Zeitzeugin miterlebte – unmittelbar in der Sowjetunion und an der Front, mittelbar im Nürnberger Gerichtssaal –, etliche Ähnlichkeiten und Parallelen aufweisen. Stalinismus und Nationalsozialismus sind, das verdeutlicht sie an verschiedenen Beispielen, eng miteinander verwandte Systeme, gleichsam Zwillinge[1075], und ihr zentrales gemeinsames Charakteristikum ist die massenhafte Verfolgung und Vernichtung von Menschen. Vergleiche drängten sich im Prozessverlauf immer wieder auf, so zum Beispiel bei der Anklage gegen die NSDAP als kriminelle Organisation, und stürzten die sowjetischen Dolmetscher jedes Mal in ein emotionales Dilemma:

Дело в том, что при рассмотрении преступлений руководящего состава нацистской партии [...] с особой ясностью выявилось сходство с другой партией. Сознавать его, поверьте, мне было очень тяжело. Никто из нас не хотел, находясь в чужой стране, да еще на Нюрнбергском процессе проводить сравнения. Сравнения возникали сами собой.[1076]

Noch im Nachhinein sei ihr unbegreiflich, so Stupnikova, wie sich zwei Kulturvölker derart verführen und täuschen lassen konnten. Mit dem Blick zu-

---

1075 Vgl. Stupnikova 2003: 18, 41, 45 ff., 88, 164, 183, 196. Stupnikova denkt sogar darüber nach (2003: 61, 196), wie es gewesen wäre, wenn das Nürnberger Tribunal seine Arbeit in Moskau fortgesetzt und dort die wichtigsten bolschewistischen Verbrecher angeklagt und gerichtet hätte.

1076 Stupnikova 2003: 149. Vgl. Stupnikova (2003: 150): hier beschreibt sie ihre Empfindungen angesichts des Abschlussplädoyers des sowjetischen Chefanklägers Rudenko zur Rolle von NSDAP, Gestapo, Konzentrationslagern u. ä. – all das gebe es schließlich auch in der UdSSR. Gegen Ende des Buches stellt sie den Vergleich noch einmal in einen persönlichen Kontext, denn Phänomene wie Grausamkeit, Folter, Erniedrigung und Verrat, um die es im Gerichtssaal ging, hatten auch ihre Familiengeschichte leidvoll geprägt.

rück verknüpft die Verfasserin den dringenden Appell an Russen und Deutsche, Ähnliches nie wieder geschehen zu lassen.[1077]

AUSSAGEN ZUM ROLLENVERSTÄNDNIS

Im Nürnberger Gerichtssaal durfte nur in die Muttersprache gedolmetscht werden, was die sowjetische Seite zwang, gewissermaßen über Nacht Simultandolmetscher für Deutsch, Englisch und Französisch ausfindig zu machen und nach Bayern zu schicken, wofür man sich der besonderen Qualitäten des Geheimdienstes bediente.[1078] Stupnikova gehörte zu der zweiten Gruppe von entsandten Dolmetschern und war von Januar 1946 bis Januar 1947 in Nürnberg tätig. Mit 22 Jahren war sie in diesem Prozess eine außergewöhnlich junge Dolmetscherin und es ist nicht verwunderlich, dass sie damals den Begriff *Simultandolmetscher* zum ersten Mal hörte.[1079]

Stupnikova beschreibt ihre eigene Rolle als die eines „bescheidenen Dolmetschers und Statisten"[1080], und so flammend ihre Appelle, so intensiv ihre Schilderungen der Akteure, so zurückhaltend ist die, wie sie sagt, „laienhafte" Einschätzung ihrer eigenen Bedeutung.[1081] So äußert sie sich nicht zu Aspekten wie translatorischer Loyalität oder möglicher Parteinahme für eine der beiden Seiten. Sie betont allerdings, wie körperlich und psychisch belastend die Aufklärungsarbeit vor Gericht für alle Beteiligten war, und spricht in diesem Zusammenhang von einem erbitterten Kampf, den sich Anklage und Verteidiger jeden Tag aufs Neue lieferten.[1082] Wie schwer es ihr fiel, sich auf die rein sprachlichen Aspekte zu konzentrieren, und wie gern sie sich persönlich zu Wort gemeldet hätte, wenn die Selbstdarstellung der Angeklagten und ihre Wortwechsel mit Verteidigern und Anklägern schier unerträglich wurden, belegt der emotionale Ausbruch der Dolmetscherin gegen Ende ihres Buches.

1077 Vgl. Stupnikova 2003: 17 ff., 36 f., 54 f., 73, 122.

1078 Stupnikova schildert eindrücklich den Moment, als sie den für die Tochter eines Volksfeindes außerordentlich beunruhigenden Befehl des stellvertretenden Geheimdienstchefs erhielt, sie habe sich unverzüglich der sowjetischen Delegation beim Internationalen Kriegsverbrechertribunal anzuschließen und in Nürnberg simultan zu dolmetschen.

1079 Stupnikova 2003: 13.

1080 Stupnikova 2003: 63. Gegen Ende des Buches (2003: 105, 192) greift Stupnikova das Bild der Statisten nochmals auf: Diese haben keinen Anspruch darauf zu wissen, was hinter den Kulissen vor sich geht, und müssen nach Ende der Vorstellung unverzüglich die Bühne verlassen, damit sich dort die Hauptdarsteller dem Publikum präsentieren können.

1081 Vgl. Stupnikova 2003: 193, ebenso 126.

1082 Vgl. Stupnikova 2003: 26. Dies gilt z. B. auch für das unvergessliche, weil bis ins Detail ausgefeilte und intellektuell geschliffene Wortgefecht zwischen dem amerikanischen Hauptankläger Jackson und Hjalmar Schacht. Vgl. Stupnikova 2003: 59.

Более того, слушая их диалоги с защитниками и обвинителями, я иногда ощущала острое желание высунуть голову из нашего переводческого „окопа" и громко крикнуть судьям: „Этого надо повесить. По его вине на полях сражений и в концентрационных лагерях погибли тысячи отцов, мужей и сыновей!" [...] Или: „Он преследовал и зверски уничтожал людей только за то, что они, по его мнению, не принадлежали к арийской расе!"[1083]

Aussagen über ihr Rollenverhalten in konkreten Arbeitssituationen fehlen hingegen in Stupnikovas Erinnerungen. Eine Ausnahme bildet das Kapitel über die Vernehmung von Fritz Sauckel im Mai 1946, als der Prozess fortgeschritten war und die Dolmetscher bereits einige Erfahrung im Umgang mit den handelnden Personen und der Materie gesammelt hatten. Unter der Überschrift „Wie ich Sauckel war" schildert Stupnikova, wie sie und ihr englischer Kollege nach einem gereizten Ausruf des amerikanischen Chefanklägers Dodd („Man müsste Sie hängen!") und einer ebenso erregten Replik Sauckels von der Emotionalität der Auseinandersetzung angesteckt wurden und ihre professionelle Distanz vollkommen einbüßten. Beide Dolmetscher imitierten reflexartig die Kontrahenten in Wortlaut und Gestik, Stupnikova brach in Tränen aus und der Vorsitzende Richter Sir Geoffrey Lawrence musste die Sitzung unterbrechen:

Такой эмоциональный диалог невольно захватил нас с коллегой. Всё мы исправно и быстро переводили, и перевод беспребойно поступал в наушники сидевших в зале русскоязычных слушателей.
И вдруг с нами произошло что-то непонятное. Когда мы очнулись, то, к своему великому ужасу, увидели, что мы вскочили с наших стульев и, стоя в нашем аквариуме, ведем с коллегой громкий резкий диалог, под стать диалогу обвинителя и подсудимого.[1084]

Obwohl ein Spitzel Stupnikovas Ausrutscher weitermeldete, blieb der Vorfall für sie ohne Folgen. Wie kritisch die Arbeit der sowjetischen Dolmetscher nicht nur vom eigenen Geheimdienst verfolgt wurde und welchem Druck sie

---

1083 Stupnikova 2003: 166 f.
1084 Stupnikova 2003: 131 f. Lawrence wird von der Autorin mehrfach als „unser Mr. Pickwick" bezeichnet; warum sie hier eine Parallele zu Dickens' Romanfigur zieht, erläutert sie allerdings nicht.

generell ausgesetzt waren, belegt ein Tagebucheintrag von Viktor Freiherr von der Lippe, Hilfsverteidiger des früheren deutschen Oberbefehlshabers der deutschen Kriegsmarine bei den Nürnberger Prozessen, der am 27. Mai 1946 Folgendes festhielt:

Fortsetzung des Kreuzverhörs Schirach durch Dodd und General Alexandrow. Die russischen Dolmetscher übersetzen aus einem Dokument, Schirach habe Hitlers Lehre als „Gottheit" angenommen, dann als „Wahrheit", schließlich in der dritten Übersetzung als „Aufrichtigkeit", bis endlich Dr. Servatius, der gut russisch spricht, jedenfalls besser als die Dolmetscher, interveniert und erklärt, gemeint sei „Offenbarung".[1085]

Trotz aller Kritik am Stalinismus verstand sich die Autorin allerdings als treue Bürgerin ihres Vaterlandes, wenn es um dessen Anliegen vor Gericht ging. Dies wird in ihrer Einschätzung des Verhörs von Generalfeldmarschall Paulus deutlich, der als Zeuge der sowjetischen Anklage wertvolle, weil die Angeklagten belastende Aussagen gemacht hatte:

[...] возвращаюсь во Дворец юстиции, где в дни допроса Паулюса 11 и 12 февраля 1946 года все мы (!) радовались нашему (!) успеху. Он заключился не только во внезапном сенсационном появлении важного свидетеля в зале суда, но и в содержании его показаний.[1086]

UMGANG MIT EMOTIONEN

Im Unterschied zu den Memoiren der anderen Dolmetscher, auch derjenigen, die selbst in Nürnberg im Einsatz waren, sind in diesem Buch Emotionen permanent präsent. Sie manifestieren sich in rhetorischen Fragen und pathetischen Ausrufen, aber auch in ironisch-bitteren Kommentaren und spiegeln die persönliche Betroffenheit und Empathie der Autorin.[1087] Sie selbst bezeichnet ihren Text als eine „emotionale Erzählung"[1088] und greift immer wieder zu

---

1085 von der Lippe 1951: 294, Hervorhebung im Original.
1086 Stupnikova 2003: 173, Hervorhebung d. Verf.
1087 So kommentiert die Autorin (2003: 186 f.) ihren eigenen Vergleich der Arbeit von Gerichten – in Nürnberg brauchte man 250 Tage für 24 Angeklagte und 12 Todesurteile, im Moskauer Prozess von 1938 gegen den antisowjetischen rechtstrotzkistischen Block reichten 7 Tage, um die 18 Angeklagten zum Tode zu verurteilen – mit einem trotzigen „Вот это был ударный коммунистический труд!".
1088 Stupnikova 2003: 9. Vgl. Stupnikova 2003: 18. Der Grad an Emotionalität wird nicht nur in den

Begriffen wie *чувства* (Gefühle), *переживания* (Seelenzustand, Gemütsbewegung), *человеческие страсти* (menschliche Leidenschaften) oder *волнения/душевное волнение* (Erregung). Die mit dem Prozess verbundenen Gefühle und Gedanken, so Stupnikova, würden sich „bis heute", d. h. bis zum Moment der Niederschrift, belastend auf ihren Seelenfrieden und ihre Lebensfreude auswirken.[1089] Was das konkret bedeutet, verdeutlicht sie anhand der Wirkung, die die Aussage des Kommandanten von Auschwitz Rudolf Höß auf sie hatte:

С того дня прошло больше 50 лет, но я хорошо помню страшные показания Гёсса и мучительное желание плакать и кричать от охвативших меня скорби о жертвах и гнева по отношению к палачам.[1090]

Auch für die Vergegenwärtigung der Szenen im Gerichtssaal spielen die mit den Erlebnissen verknüpften Emotionen eine wichtige Rolle; sie werden nochmals abgerufen, um die Vergangenheit präsent werden zu lassen.

Я должна ныне вновь направиться во Дворец юстиции, чтобы не только вспомнить, но и ощутить то время таким, каким оно было для меня в 1946 году.[1091]

Das zentrale, von der Autorin plastisch, aber sachlich und ohne zu lamentieren immer wieder thematisierte Gefühl ist die Angst: Angst als allgemein vorherrschendes lähmendes gesellschaftliches Phänomen in einem totalitären System, Angst aber auch als bedrückender persönlicher Begleiter, der über Jahrzehnte hinweg in jeder beliebigen Situation aufkommen und sogar eine fronterfahrene Sowjetbürgerin lähmen konnte, bis Stupnikova schließlich im hohen Alter in der Lage war, Angst und Zweifel zu überwinden und das Erlebte niederzuschreiben.[1092]

Appellen an die Leserschaft deutlich, sondern auch in Stil und Wortwahl der Autorin (2003: 115): „И снова, и снова я повторяю, что пишу толькo Правду, ничего кроме Правды. Да поможет мне Бог!"
1089 Vgl. Stupnikova 2003: 19.
1090 Stupnikova 2003: 175.
1091 Stupnikova 2003: 19.
1092 Vgl. Stupnikova 2003: 65, 11, 13, 15, 30 ff., 50, 63, 183. Am ersten Arbeitstag verlief sich Stupnikova vor lauter Aufregung im Justizpalast und landete in einer Arrestzelle der amerikanischen

Weitere Emotionen, die die Arbeit im Gerichtssaal begleiteten, waren Neid und Missgunst im Innenverhältnis zu Dolmetscherkollegen und anderen Mitgliedern der sowjetischen Delegation sowie ein Gefühlsspektrum von Erstaunen über Ungläubigkeit bis hin zu Ablehnung und Entsetzen angesichts der Aussagen der Angeklagten sowie der Ungeheuerlichkeiten, die in den Verhandlungen zutage traten. Ebenfalls mit Erstaunen registriert Stupnikova, dass Geoffrey Lawrence als Vorsitzender Richter während des Prozesses gerade den Angeklagten gegenüber streng auf die Einhaltung der international anerkannten Rechtsnormen achtete und dass durchaus differenzierte Urteile gefällt wurden (neben den Todesstrafen gab es Haftstrafen und Freisprüche) – der Kontrast zum Ablauf stalinistischer Prozesse war augenfällig. Der sowjetische Richter Nikičenko konnte somit gar nicht anders, als seine (im weiteren Sinne Stalins) Forderung nach einem Todesurteil für unterschiedslos alle Angeklagten in einer Sondermeinung zum Sitzungsprotokoll zu formulieren.

Das Tribunal war allein aufgrund der Unfassbarkeit der hier verhandelten Fälle und der Wucht der Anklage (Verbrechen gegen die Menschlichkeit) eine hochemotionale Angelegenheit, was sich zwangsläufig auf die Dolmetscher aller Sprachrichtungen übertragen musste. Für die Dolmetscher aus der Sowjetunion kam ein weiteres belastendes Element hinzu, denn sie erfuhren im Laufe der Verhandlung Dinge über ihren Staat, die sie nicht hätten wissen dürfen, und fühlten sich entsprechend verunsichert. Stupnikova verdeutlicht dies am Beispiel des ehemaligen Außenministers von Ribbentrop, der maßgeblich an den Geheimen Zusatzprotokollen zum deutsch-sowjetischen Nichtangriffspakt beteiligt gewesen war. Ribbentrops Verteidiger sprach das Thema bei der Vernehmung seines Mandanten im Gerichtssaal an und traf damit einen wunden Punkt, denn eine Veröffentlichung der bis dato in der UdSSR unbekannten Dokumente hätte die sowjetische Seite in ein sehr ungünstiges Licht gerückt. Die Juristen der sowjetischen Delegation, die nicht nur die Politik Stalins, sondern in letzter Konsequenz ihr eigenes Leben zu verteidigen hatten, gerieten in echte Bedrängnis. Ungeachtet der wiederholten Intervention des sowjetischen Anklagevertreters Rudenko, der das Ganze als Fälschung darzustellen versuchte, wurde der Text der Protokolle und mit ihm das ungeheure Ausmaß der Verschwörung zwischen Stalin und Hitler bekannt ge-

---

Militärpolizei, wo sie sich und ihre Familie in Moskau bereits auf dem Weg in den GULAG sah. Gefunden und gerettet wurde sie von ihrem Dolmetscherkollegen Konstantin, ihrem späteren Mann. Shirokova zufolge (2009: 60) könnte es sich dabei um den Französischdolmetscher Konstantin Curinov gehandelt haben.

macht, was auch unter den Dolmetschern für große Erregung sorgte. Stupnikova beschreibt die doppelte Herausforderung, die Aussagen und deren Tragweite in diesem Moment nicht nur persönlich zu erfassen und zu verarbeiten, sondern sie zugleich auch noch in allen Nuancen und ohne Gefühlsregung dolmetschen zu müssen:

А если к этому добавить, что кое-кто сидел еще и в кабине перевода и должен был с предельной точностью доносить до присутствующих в переводе на русский язык смысл каждого выступления, каждой молниеносной реплики и замечания, в моем случае – немецко-говорящих участников диалога, при этом сохраняя спокойствие и ничем не выдавая своих чувств и своего отношения к происходящему... Тогда-то вы и поймете, с какими психологическими трудностями сталкивается человек, по воле судьбы ставший нежданно-негаданно участником такого события, как Международный процесс в Нюрнберге. Я сознательно не упоминаю здесь о профессиональных трудностях перевода. О них надо говорить особо.[1093]

Auch Stupnikovas Kollege Michail Voslenskij (Michael Voslensky) spricht vom dem Gefühl der Zerrissenheit, das sich der sowjetischen Dolmetscher bemächtigte:

Und ich begriff während der gesamten Verhandlung, daß unser System unter Stalin im Grund genauso verbrecherisch war wie das nationalsozialistische. [...] Wir waren uns alle dieser Tatsachen bewußt, aber wir sprachen in der sowjetischen Delegation nicht darüber. [...] Da erklärten die Westmächte alles zum Verbrechen, was eigentlich bei uns die Norm war, mit der wir zu Hause ja leben mußten.[1094]

[1093] Stupnikova 2003: 97. Auch die Verdolmetschung der Aussagen von Albert Speer zum Thema Zwangsarbeiter, so Stupnikova (2003: 143), sei ihr schwer gefallen. Wie sie die Situation bewältigte, beschreibt sie allerdings nicht. Miriam Winter schildert dieses Dilemma autokratischer Herrschaftssysteme am Beispiel der Dolmetscher im Dritten Reich: Einerseits war das Regime auf kompetente, d. h. auch interkulturell versierte Dolmetscher angewiesen, andererseits sollten diese vor äußeren, womöglich ideologischen Einflüssen und Zweifeln am System bewahrt werden. Vgl. Winter 2012: 9 ff.

[1094] Zit. nach Papadopoulos-Killius 1999: 54. Das Zitat entstammt einem Interview mit dem Übersetzer und Dolmetscher aus dem Jahr 1996. Voslensky (1920-1997), Verfasser des systemkriti-

Ein zweites, nicht weniger schockierendes Ereignis, nach Voslensky eine selbst verschuldete Blamage[1095], war für die sowjetischen Prozessteilnehmer die Aufdeckung der wahren Hintergründe der Erschießung von mehr 10 000 polnischen Kriegsgefangenen im Wald von Katyn'. Stupnikova, in deren Schicht die Vernehmung eines Hauptzeugen der Verteidigung fiel, beschreibt, dass der Dialog als solcher – kurze, verständliche Fragen des Verteidigers sowie militärisch exakte Antworten des Zeugen – für die Verdolmetschung kein Problem darstellte. Allerdings wurde den Dolmetschern ein Höchstmaß an Präzision abverlangt, wollten sie nicht zum Sündenbock für ungewollte Wendungen im Verfahren werden:

В данном случае каждое слово могло вызвать нежелательную дискуссию или, что еще хуже, упрек в адрес переводчика, которого главные действующие лица, когда дело принимает нежелательный оборот, превращают в козла отпущения.[1096]

Stupnikova empfand ihre Arbeit an diesem „schwarzen Tag"[1097], an dem die sowjetische Version der Verbrechen von Katyn' widerlegt wurde, nicht nur aufgrund der besonderen Anforderungen an das Dolmetschen als äußerst bedrückend. Dieses neue Wissen und die damit einhergehende Scham waren nur schwer mit ihrer mehrfach unterstrichenen Heimatverbundenheit in Einklang zu bringen:

Слушать и переводить показания свидетелей мне было несказанно тяжело, и не из-за сложности перевода, а на сей раз из-за непреодолимого чувства стыда за моё единственное многострадальное Отечество, которое не без основания можно было подозревать в совершении тягчайшего преступления.[1098]

---

schen Werks „Nomenklatura. Die herrschende Klasse der Sowjetunion" (1980), war nach dem Krieg als Politikwissenschaftler und Historiker tätig und setzte sich 1972 bei einer Dienstreise in die Bundesrepublik ab.

1095 Papadopoulos-Killius 1999: 55.
1096 Stupnikova 2003: 107. Stupnikova schildert später (2003: 121 f.) einen Vorfall, bei dem die Sitzung unterbrochen werden musste, weil Alfred Rosenberg einer jungen, vermutlich übereifrigen deutschen Dolmetscherin laut vorgeworfen hatte, sie habe falsch aus dem Russischen übersetzt.
1097 Stupnikova 2003: 112. Gemeint ist der 1. Juli 1946.
1098 Stupnikova 2003: 112.

Für die dolmetschenden sowjetischen „Statisten" gehörte der Fall Katyn' zu den Schlüsselmomenten des Prozesses. Stupnikova erwähnt ihre Kollegen zwar nur am Rande und macht mit Ausnahme einer zarten Anspielung auf den besonders sympathischen Grafen Vasil'čikov keine Aussagen über persönliche Beziehungen oder die Freizeitgestaltung nach den Dolmetschschichten, bescheinigt ihnen jedoch ein hohes Maß an Solidarität und Einsatzbereitschaft:

Скажу одно: вся наша переводческая братия работала не щадя живота своего.[1099]

Sie schildert, wie die Dolmetscher im heißen Sommer 1946, als mit den Vernehmungen der Hauptangeklagten sowie den Plädoyers von Verteidigung und Anklage ein Großteil des Prozesses abgeschlossen war, ihrer Ermüdung und der Sehnsucht nach der Heimat in selbstgedichteten ironischen Liedversen Ausdruck verliehen:

Мы, переводчики, тоже не молчали – начали сочинять и тихонько распевать песни на животрепещущую тему: „Пора кончать, хотим домой!" В одной из песен были такие слова:

> *Если год процесс тянуть*
> *Кажется вам мало,*
> *Дайте нам передохнуть*
> *И начнем сначала!*[1100]

PROZEDURALES WISSEN

Stupnikova weist bereits zu Beginn ihrer Darstellung offen darauf hin, dass sie keine Ausbildung zur Dolmetscherin besaß, dass ihr aber die anspruchsvolle Arbeit für die Sowjetische Militäradministration und beim Nürnberger Prozess bei ihrer späteren Berufstätigkeit sehr zugute gekommen sei.[1101] Ob und wie sie und ihre Kollegen auf ihre Aufgabe vorbereitet wurden, bleibt offen. Die technischen Aspekte der Arbeitsbedingungen thematisiert die Memoiristin im Unterschied zu den psychischen Belastungen nicht. Offenkundig entwickelten die

---

1099 Stupnikova 2003: 158.
1100 Stupnikova 2003: 147.
1101 Vgl. Stupnikova 2003: 17.

Dolmetscher eine gewisse Routine, denn gegen Ende des Prozesses habe es, so Stupnikova, immer weniger unüberwindbare Schwierigkeiten gegeben.[1102]

Generell vermittelt ihre Darstellung den Eindruck, als sei das Dolmetschen in Nürnberg dem Grundsatz der Praktikabilität und des learning by doing gefolgt. So wurden Realien wie die Unterabteilungen oder Rangbezeichnungen der NSDAP zur Vermeidung von Missverständnissen nicht übersetzt, sondern lediglich transliteriert. Der Parteiname selbst stellte für die Dolmetscher aus der Sowjetunion eine besondere Herausforderung dar, enthielt er doch das Element *sozialistisch*, aber eben nicht in Bezug auf den Staat, der diese Bezeichnung als einziger führen durfte. Not machte auch hier erfinderisch:

Когда в наушники синхронистов поступали такие слова и речь шла не о Советском Союзе, а о нацистской Германии, советский переводчик был обязан как-то выкручиваться. Одним словом – „черного и белого не называть!" Что касается названия националсоциалистической партии, то нас, простых синхронистов, спасало [...] короткое, легко и быстро произносимое, „удобное" для синхронного перевода сокращение NSDAP.[1103]

Für die Nürnberger Dolmetscher, die aus dem Deutschen in ihre Muttersprache arbeiteten, waren der Arbeitsumfang und die daraus resultierende physische und psychische Beanspruchung besonders groß, zumal die Gruppe als solche vergleichsweise klein war: Stupnikova spricht von insgesamt rund 40 Dolmetschern und Übersetzern im Gegensatz zu 640 Sprachmittlern, die die Amerikaner im Einsatz hatten[1104]. Sie erwähnt, dass sie und ihre Kollegen im Bedarfsfall zusätzlich zu den Einsätzen im „Dolmetscheraquarium", den verglasten Kabinen im Gerichtssaal, die Übersetzer unterstützten, die Unmengen deutscher Dokumente zu übertragen hatten. Die Übersetzungen wurden den Stenografistinnen direkt in die Maschine diktiert. Nach Ende des Prozesses wurden die sowjetischen Dolmetscher für drei Monate in Leipzig eingesetzt, wo sie die russischen Übersetzungen der Prozessstenogramme mit der Originalversion abzugleichen hatten.

1102 Vgl. Stupnikova 2003: 181.

1103 Stupnikova 2003: 148. Nach Rybalkina (2011: 15) wurde für den im sowjetischen politischen Diskurs belegten Begriff *sozialistisch/socialističeskij* das stammverwandte Kunstwort *socialistskij* erfunden.

1104 Stupnikova 2003: 158.

Neben der reinen Masse an Arbeit erschwerten psychische Faktoren die Einsätze im Gerichtssaal. Zum einen waren dies Aussagen, die „schwer" im Sinne von emotional schwer erträglich zu dolmetschen waren (im Unterschied zu „leicht" im Sinne von leicht verständlichen Äußerungen). So bereitete der Dolmetscherin der bayerische Akzent des Angeklagten Streicher weniger Probleme als die Tatsache, in seiner Person den „Antisemiten Nr. 1"[1105] wiedergeben zu müssen. Der zweite Punkt, der ihr ein Höchstmaß an Konzentration und Anstrengung abverlangte, war der sich immer wieder aufdrängende Vergleich zwischen den Darstellungen der Angeklagten und der sowjetischen Realität mit ihren Auswirkungen auf Stupnikovas eigenes Leben.[1106]

Ungeachtet der hohen körperlichen und psychischen Anforderungen kommt Stupnikova zu dem Schluss, es gebe für einen Berufsanfänger nichts Besseres als eine solche intensive und lang andauernde Praxis, wie sie sie im Rahmen des Nürnberger Prozesses erfuhr. Dass allerdings nicht alle dienstverpflichteten Dolmetschanfänger mit ihrer Aufgabe so gut zurecht kamen wie sie selbst, schildert die Autorin am Beispiel einer Deutschlehrerin der Moskauer Lomonosov-Universität. Diese tat sich mit den im Gerichtssaal zu hörenden deutschen Dialekten schwer und war nicht in der Lage, ihre Rolle als Pädagogin aufzugeben und die für diese konkrete Dolmetschaufgabe weniger relevanten phonetischen Aspekte zu vernachlässigen.

EINSCHÄTZUNGEN UND WERTUNGEN

Neben der Auseinandersetzung mit den Parallelen zwischen den beiden totalitären Regimen und der wiederkehrenden Frage, warum der Stalinismus nicht in ähnlicher Weise vor Gericht gestellt wurde wie der Nationalsozialismus, gilt das Augenmerk der Autorin vor allem den Angeklagten. Sie stellten schließlich die lebendige Verkörperung des Feindes dar, dem sie an der Front gegenüber gestanden hatte, auch wenn sie in all ihrer Gepflegtheit nichts mit den einfachen deutschen Soldaten gemein hatten, die sich ab 1944 zunehmend in Kriegsgefangenschaft begeben und Stupnikovas Mitgefühl geweckt hatten.

От Нюрнбергского процесса в моей памяти навсегда остались подсудимые, ведь я впервые именно здесь, в зале суда, увидела и

1105 Vgl. Stupnikova 2003: 156.
1106 Vgl. Stupnikova 2003: 181. Die Autorin empfand dies wie eine offene Wunde (2003: 181), die sie praktisch durch ihre gesamte Nürnberger Zeit schmerzhaft begleitet habe.

услышала наших действительных врагов, против которых мы воевали на фронте.[1107]

Stellvertretend für die Angeklagten setzt sie sich ausführlich mit der Figur und der Rolle Hermann Görings auseinander, mit dem sie kurz vor seinem Selbstmord noch eine persönliche Begegnung hatte. „Die letzte Frau, die Göring in den Armen hielt" war Tat'jana Stupnikova, die auf dem Weg zu den Kabinen ausrutschte und von einem lächelnden Göring mit den Worten „Vorsicht, mein Kind!" vor dem Hinfallen bewahrt wurde.[1108] Was als Sensationsmeldung durch die Weltpresse hätte gehen und Stupnikova reich machen können, blieb zu ihrem Glück ein Vorfall am Rande des Geschehens, denn diese Umarmung hätte unweigerlich die ebenfalls zur sowjetischen Delegation gehörenden und über Moral und Handlungen der Delegationsmitglieder wachenden Geheimdienstagenten auf den Plan gerufen. Als nach Görings Selbstmord die Frage nach der Herkunft des Gifts aufkam, durchlebte Stupnikova deshalb erneut angsterfüllte Momente.

FAZIT

Während Memoiristen wie Siegfried Ramler oder Richard Sonnenfeldt ihre Tätigkeit in Nürnberg zum Ausgangspunkt für eine umfassende Darstellung ihres gesamten Lebens nehmen und dabei auch auf die Zeit nach Nürnberg eingehen, konzentriert sich Tat'jana Stupnikova auf ihre Eindrücke von den Personen und Ereignissen im Kontext des Kriegsverbrechertribunals. Diese Erinnerungsarbeit geht mit der Erkenntnis einher, dass es einen Zusammenhang zwischen Gefühlen und Erinnerung gibt, und mit dem Anspruch, Zeugnis abzulegen und Erlebtes analog zum Nürnberger Eid wahrhaftig wiederzugeben – „die reine Wahrheit und nichts als die Wahrheit".

Über das Leben nach der Rückkehr in die Sowjetunion sowie die Arbeit als Bibliothekarin, Übersetzerin und Dolmetscherin[1109] erfährt der Leser nur aus Randbemerkungen. Persönliches spart die Verfasserin angesichts ihres eigentlichen Anliegens vollkommen aus: Wie ein zweiter Erzählstrang ziehen sich die Parallelen und Vergleiche zwischen Stalinismus und Nationalsozialismus

---

1107 Stupnikova 2003: 164.
1108 Vgl. Stupnikova 2003: 78.
1109 Kurt A. Körber berichtet in seinen Erinnerungen (1967) an eine Reise durch die UdSSR von einer Betreuung durch Stupnikova.

durch das Buch. Anhand der Aussagen von Angeklagten, Verteidigern und Zeugen, aber auch von Richtern und Anklagevertretern verdeutlicht Stupnikova die erschütternde Ähnlichkeit der beiden totalitären Systeme. Dass dies sowohl im Moment des Erlebens als auch zum Zeitpunkt des Erinnerns eine große psychische Belastung für sie darstellte, weil Gefühle wie Vaterlandsliebe, Loyalität und Angst vor der Staatsmacht mit der Wucht unwiderlegbarer historischer Fakten kollidierten, gibt sie offen zu. Angesichts dieser Akzentsetzung ist es nachvollziehbar, dass der Verfasserin Fragen nach ihrem Selbstverständnis als Dolmetscherin oder dolmetschrelevante technische Aspekte zweitrangig erscheinen und nur selten thematisiert werden. Der Text lässt überdies die große persönliche Bescheidenheit der Autorin erkennen. „Wir Simultandolmetscher" heißt es ab und zu – Stupnikova versteht sich als Teil einer Gruppe, sieht sich selbst als einfache Zeugin der Ereignisse und ist äußerst zurückhaltend und selbstkritisch, wenn es um ihre eigene Person geht.

EXKURS: RUTH LEVY-BERLOWITZ
Die Dolmetscherin Ruth Levy-Berlowitz wird an dieser Stelle erwähnt, weil ihre Arbeit beim Prozess gegen Adolf Eichmann, den Leiter des „Judenreferats" im Reichssicherheitshauptamt, Parallelen zu dem Einsatz Tat'jana Stupnikovas in Nürnberg aufweist. In beiden Gerichtsverfahren ging es um Verbrechen gegen die Menschlichkeit, die mit Hilfe von Zeugen aufgearbeitet werden sollten, und für beide stellt sich die Frage nach dem Verhalten der Dolmetscher in derartigen existentiellen Kontexten. Levy-Berlowitz hat ihre Erinnerungen zwar nicht in Form von Memoiren festgehalten, äußerte sich aber mehrfach mündlich, zuletzt im Zusammenhang mit der Übergabe ihres eigenen Exemplars des Urteils gegen Eichmann an das Haus der Geschichte in Bonn im Mai 2012.[1110]

Ruth Levy-Berlowitz wurde am 13. September 1925 in Dresden geboren und emigrierte 1936 mit ihren Eltern nach Palästina. Sie studierte in England und erwarb 1952 ein Diplom als Dolmetscherin für Englisch, Französisch und Spanisch der École d'interprètes de Genève, der heutigen Faculté de traduction et d'interprétation (FTI) der Universität Genf. Von 1952 bis 1956 arbeitete sie als Presseübersetzerin und -analystin bei der Botschaft der USA in Israel. Auf Bitten der israelischen Polizei dolmetschte sie beim Prozess gegen Adolf Eich-

---

[1110] Vgl. Hannusch 2011; Wolf 2012; Görtz 2012; Bock/vom Hofe 2012; Gallas (o.J.); Pressemitteilung des Hauses der Geschichte, Bonn.

mann, der vom 11. April bis zum 15. Dezember 1961 in Jerusalem stattfand, ins Deutsche. Sie trug ebenfalls das Urteil auf Deutsch vor und dolmetschte darüber hinaus die folgenden Verhandlungen vor dem Berufungsgericht bis zur Bestätigung des Todesurteils am 29. Mai 1962. Anschließend war sie als Konferenzdolmetscherin tätig, bis sie 25 Jahre später im ersten Prozess gegen den ukrainischen KZ-Wächter John Demjanjuk in Jerusalem ein weiteres Mal als Dolmetscherin in einem Verfahren gegen NS-Verbrecher auftrat.[1111]

Bei dem Prozess gegen Eichmann gab es mehrere Teams von Simultandolmetschern. Prozesssprache war Hebräisch; Levy-Berlowitz arbeitete gemeinsam mit einem Kollegen aus Wien acht Stunden täglich in Schichten zu 20-30 Minuten aus dem Hebräischen, dem Englischen und dem Französischen. Ihre Aussagen aus den Jahren 2011 und 2012 ergeben das Bild einer Dolmetscherin, die ungeachtet des Grauens, mit dem sie konfrontiert wurde, nüchtern und distanziert an ihre Aufgabe heranging. Diesen Ansatz verfolgte sie von Anfang an: Um zu testen, ob sie die Belastung würde verkraften können, zog sie sich eine Woche lang mit Akten und Berichten zum Fall Eichmann in ein Hotel am Strand von Herzlia zurück.

„Ich brauchte einen neutralen Raum", sagt sie. „Eine Woche lang habe ich mit Eichmann gelebt, gegessen, gearbeitet."[1112]

Levy-Berlowitz war offensichtlich in der Lage, die Dinge so weit intellektuell zu verarbeiten und zu abstrahieren, dass sie sowohl die räumliche Nähe zum Angeklagten – er und die Dolmetscherin saßen in eigenen Kabinen, 20 Meter voneinander entfernt – als auch die schwer zu ertragenden Zeugenaussagen als Herausforderung annehmen und sich innerlich dagegen wappnen konnte. Von sich selbst sagt sie, sie habe, als der Auftrag im Raum stand und ihre Familie ihr vehement abriet, als professionelle Dolmetscherin Neugier verspürt und auch eine gewisse Abenteuerlust[1113]. Diese Bemerkung mag irritierend, gar leichtfertig klingen, wird von der Autorin aber sogleich relativiert:

„Natürlich war es nicht leicht", sagt Levy-Berlowitz. „Aber das Simultandolmetschen hilft dabei, dass sich das Gehörte nicht im Gedächtnis fest-

---

1111 Vgl. Bowen 1990: 6.
1112 Hannusch 2011.
1113 Görtz 2012; Wolf 2012.

haken kann. Man ist darauf konzentriert, die richtigen Worte zu finden, den richtigen Ton, das Tempo einzuhalten."[1114]

Levy-Berlowitz' Rollenverständnis – „Ich tat meine Pflicht"[1115] – manifestiert sich ebenfalls in der Art und Weise, wie die Dolmetscherin mit dem Emotionsausdruck der Zeugen umging und deren Grauen in Worte fasste. Sie habe sich auf sie eingestellt und dabei versucht, die Emotionalität in Ton und Diktion ein wenig abzuschwächen, ohne jedoch die Aussagen vollkommen zu neutralisieren:

„Bei dieser Materie wäre es unangebracht gewesen, den Text seelenlos und ganz sachlich herunterzusprechen", sagt Ruth Levy-Berlowitz.[1116]

Und obwohl Eichmann sich noch nicht einmal im Moment der Verkündigung des Todesurteils zu einer Reaktion habe hinreißen lassen, sei sie (die zwei Tanten im KZ Majdanek verlor) nie versucht gewesen, ihre persönliche Meinung in die Verdolmetschung einfließen zu lassen. So habe sie auch keine Genugtuung über das Todesurteil verspürt. Irritiert habe sie allenfalls der fehlende Widerhall ihrer Worte beim Angeklagten:

„Da kam nichts. Da saß eine Figur, wie versteinert in einem Glaskäfig von beiden Seiten flankiert von zwei stummen Wächtern."[1117]

FAZIT
Ruth Levy-Berlowitz definiert ihre Rolle von einem streng professionellen Standpunkt aus. Sie war offenkundig in der Lage, ihre persönliche Betroffenheit so weit auszublenden, dass sie sich ungeachtet der starken emotionalen Komponente nicht auf die Verdolmetschung auswirkte. Dies mag zum einen mit dem Charakter der Dolmetscherin zu tun haben (in den zitierten Zeitungsberichten ist von der „ihr eigenen, lakonischen Art" sowie von Nüchternheit und Distanziertheit die Rede), dürfte zum anderen aber auch auf die Ausbildung zurückzuführen sein, die die Dolmetscherin offensichtlich befä-

---

1114 Hannusch 2011. Einen Ausgleich suchten die Dolmetscher abends in „normaler" Unterhaltung; Levy-Berlowitz sagt, nie in ihrem Leben sei sie so oft in Bars gewesen wie zu jener Zeit.
1115 Görtz 2012.
1116 Hannusch 2011.
1117 Görtz 2012.

higte, ihre Rolle als Translatorin bewusst zu wählen und professionell zu vertreten. Aber selbst die durch Simultanverdolmetschung und Berufsethik erzeugte Distanz ließ sich offensichtlich nicht permanent aufrechterhalten – Levy-Berlowitz nennt es innerliche Abschottung, die Nürnberger Dolmetscher berichten von abendlichen Ablenkungen und Wochenendausflügen ins „normale Leben". Vermutlich wurde die Auseinandersetzung mit der Thematik nur verlagert. So wäre zumindest Levy-Berlowitz' Aussage zu interpretieren, es habe anschließend Jahre gedauert, bis sie wieder bereit gewesen sei, sich mit der Shoa auseinanderzusetzen.

7.4.3.4 Viktor Suchodrev

Viktor Michaijlovič Suchodrev wurde am 12. Dezember 1932 geboren und starb am 16. Mai 2014 in Moskau. Die Kriegsjahre verbrachte er in England, wo seine Mutter für die sowjetische Handelsvertretung tätig war. Sein Vater hielt sich bis 1949 inkognito als Offizier des Militärischen Aufklärungsdienstes in den USA auf. Mutter und Sohn kehrten 1945 nach Moskau zurück, wo Suchodrev 1951 ein Studium an der Fremdsprachenhochschule begann. Seine Englischkenntnisse waren zu diesem Zeitpunkt bereits so gut, dass er parallel zu seinem eigentlichen Studienfach Französisch sämtliche Englischprüfungen ablegte. Durch Fürsprache des damaligen sowjetischen Chefdolmetschers Oleg Trojanovskij[1118] wurde Suchodrev 1956 nach dem Examen direkt in den Sprachendienst des Außenministeriums übernommen, der u. a. die Dolmetscher für Vertreter der sowjetischen Führung stellte. Suchodrev dolmetschte bis 1989/90 Unterredungen auf höchster Ebene und war anschließend bis zum Renteneintritt beim Sekretariat der Vereinten Nationen in New York tätig.

Die nachfolgende Darstellung beruht auf der zweiten, veränderten und ergänzten Auflage der Memoiren von Viktor Suchodrev „Jazyk moj – drug moj.

1118 Oleg Aleksandrovič Trojanovskij (1919-2003) wuchs als Sohn des ersten Sowjetbotschafters in Washington in den USA auf und schlug eine Karriere im diplomatischen Dienst ein, wo er zunächst in einer Doppelfunktion als Referent und Dolmetscher tätig war. Trojanovskij hatte wie Michail Zwilling kurzzeitig die Militärhochschule für Fremdsprachen besucht und gehörte sechs Monate lang einer Gruppe der sowjetischen Dolmetscher beim Hauptkriegsverbrecherprozess in Nürnberg. 1947 dolmetschte er zum ersten Mal für Stalin. Später vertrat er die UdSSR als Botschafter in Japan, bei den Vereinten Nationen und in China. Trojanovskij veröffentlichte 1997 seine Erinnerungen unter dem Titel „Čerez gody i rasstojanija" (etwa: „Rückschauend betrachtet", Moskau: Vagrius). Da sich der Autor vorrangig mit dem politischen Geschehen und weniger mit dolmetschrelevanten Aspekten auseinandersetzt, werden seine Memoiren im Rahmen der vorliegenden Arbeit nicht detailliert behandelt. Zu seiner Kompetenz als Dolmetscher hieß es von amerikanischer Seite, er „habe sich eine derartige Kenntnis amerikanischer Schwächen angeeignet, daß er als Dolmetscher bei Verhandlungen ‚gefährlicher' sei als der offizielle Verhandlungspartner". Vgl. den „Spiegel"-Eintrag „Arleigh A. Burke".

Ot Chruščëva do Gorbačëva... (Meine Sprache – mein Freund. Von Chruščëv bis Gorbačëv ...)[1119] und enthält neben den persönlichen Erinnerungen des Autors u. a. die Aufzeichnung eines Gesprächs zwischen dem Ehepaar Suchodrev und dem Stiefsohn Suchodrevs, einem Journalisten, über den beruflichen Wechsel des Dolmetschers in eine rein politische Funktion sowie eine abschließende Würdigung der Person Suchodrevs durch den russischen Diplomaten und ehemaligen Außenamtssprecher Boris Pjadyšev[1120].

Suchodrevs Rückblick beginnt mit der Versetzung seiner Mutter nach London Anfang August 1939 und wendet sich nach der Schilderung der Kriegsereignisse rasch der Ausbildung zum Übersetzer und Dolmetscher und dem Arbeitsbeginn im Außenministerium zu. Die Schilderung orientiert sich an den zentralen politischen Figuren, für die der Dolmetscher dann tätig war – Chruščëv, Kosygin, Brežnev, Gromyko, Gorbačëv –, und erfasst in einem abschließenden Kapitel Persönlichkeiten wie Van Cliburn[1121], mit denen er privat zusammentraf. Der Autor stützt sich auf die Beobachtungen, die er während seiner Dolmetscheinsätze machte, und reiht Unterredungen, Empfänge, Reisen und kleine zwischenmenschliche Begebenheiten wie eine Kette von Episoden aneinander. Diese persönlichen, anekdotenhaften Eindrücke und die besondere Atmosphäre in den außenpolitischen Beziehungen jener Jahre stehen im Zentrum der Erzählung, während die Interna der sowjetischen Politik und die Inhalte der bilateralen Verhandlungen lediglich den Rahmen darstellen. Suchodrevs Stil ist nuancenreich, seine Wortwahl bildhaft und, sobald die Absurditäten der sowjetischen Realität zur Sprache kommen, nicht ohne Ironie.

Gleich in seinem Vorwort kommt Suchodrev auf seine Rolle als Augenzeuge weltpolitisch bedeutsamer Ereignisse zu sprechen, den russische und ausländische Medien nach wie vor gern als Experten konsultieren und um eine Bewertung historischer Fakten oder Persönlichkeiten bitten. Dieses Interesse, so der Autor, habe ihn veranlasst, seine Erinnerungen zu systematisieren und niederzuschreiben.[1122] An Selbstbewusstsein mangelt es ihm dabei nicht, stellt er sich doch in eine Reihe mit „anderen hochrangigen Memoiristen" wie Henry Kissinger oder dem langjährigen sowjetischen Botschafter in den USA

1119 Die Erstveröffentlichung datiert aus dem Jahr 1999 (Moskau: Verlag Olimp).
1120 Zur Person Pjadyševs vgl. „Der Fall Rust: Langes Warten".
1121 Der im Februar 2013 verstorbene Pianist aus Texas gewann 1958, mitten im Kalten Krieg, den ersten Internationalen Tschaikowski-Wettbewerb in Moskau und erlangte damit bei vielen Russen bzw. ehemaligen Sowjetbürgern nachhaltige Popularität.
1122 Vgl. Suchodrev 2008: 8.

Anatolij Dobrynin und nennt verschiedene Zeitgenossen, in deren Memoiren er selbst Erwähnung fand.[1123] Seine Erinnerungen will er nicht als eine reine Autobiografie verstanden wissen, sondern als umfassenderes Werk, das neben den Fakten auch das politische und gesellschaftliche Klima jener Jahre sowie eigene Emotionen und Einschätzungen widerspiegelt und die Zusammenhänge wahrheitsgemäß schildert.

AUSSAGEN ZUM ROLLENVERSTÄNDNIS

Suchodrev setzt sich sein gesamtes Buch hindurch immer wieder mit der Rolle und dem Stellenwert des Dolmetschers in der Kommunikation auseinander. Bereits im Vorwort führt er den (fachfremden) Leser in die Materie ein und charakterisiert den „dolmetschenden Augenzeugen" bzw. den „(die Dinge) bezeugenden Dolmetscher"[1124] als eigenständige Persönlichkeit, die in einer Arbeitssituation sehr wohl Gefühle und einen individuellen, womöglich von der offiziellen Linie abweichenden Standpunkt entwickeln kann, beides aber keinesfalls zum Ausdruck bringen darf. Wie der Dolmetscher seinen Handlungsspielraum definierte bzw. welche Kompetenzen ihm von Auftraggeberseite übertragen wurden, hing von der Persönlichkeitsstruktur des jeweiligen „Kunden" ab. Angesichts der generellen Aversion Chruščëvs gegen fremde Meinungen hatte Suchodrev ungeachtet der räumlichen und persönlich-ideellen Nähe zu dem Politiker praktisch keine Möglichkeit, eigene Bedenken, Korrekturen o. ä. zu äußern, war also quasi machtlos. Er beschreibt dies sehr plastisch:

И если (Хрущёв) уж что-то утверждал, то оспорить его было невозможно. Нельзя. Бесполезное занятие. А когда у него не хватало аргументов, он использовал свою власть. Нет аргументов – кулаком по столу![1125]

Offensichtlich entwickelte er aber einen eigenen modus vivendi, um die ambivalente Rolle als Befehlsempfänger eines Politikers, mit dessen Kurs er sich grundsätzlich identifizierte, und als kritischer Angehöriger des Sowjetvolks,

---

1123 Suchodrev 2008: 7 f.

1124 Die von Suchodrev an dieser Stelle (2008: 8 f.) gewählte binominale Form свидетель-переводчик hat keine direkte Entsprechung im Deutschen und zwingt den Übersetzer zu einer Hilfskonstruktion wie der oben beschriebenen.

1125 Suchodrev 2008: 120.

dem dieser Politiker vorschrieb, wie es denken und sich verhalten sollte, miteinander in Einklang zu bringen. Er schildert, wie er sich bereits in den Anfangsjahren seiner Karriere innerlich von dem Anspruch seines Vorgesetzten auf die ultimative Wahrheit distanzierte:

Должен сказать, что уже в те годы я внутренне восставал против такого подхода. Думаю, что Хрущёв не понимал, что он подобными своими высказываниями обеднял, принижал советский народ.[1126]

Nach außen war sein Verhalten pflichtbewusst und rollenkonform: Ungeachtet des inneren Zwiespalts wäre er, so seine Projektion, selbst dem größten Unsinn aus Chruščëvs Mund mit einer tadellosen Verdolmetschung begegnet.

А я при этом, как обычно, буду стоять у его плеча и абсолютно доподлинно, я бы сказал верноподданно и буквально, переводить все то, что скажет премьер, в душе, разумеется, понимая, что озвучиваю полный бред. И это будет ясно любому здравомыслящему человеку! Но ведь – буду же переводить! Потому что такова профессия. Такова работа. Такова обязанность...[1127]

Während jedoch Chruščëvs Machtfülle und persönliche Autorität den Handlungs- und Eingreifmöglichkeiten des Dolmetschers enge Grenzen setzten, erweiterte sich der Handlungsspielraum in dem Moment, da ältere, auf internationaler Bühne unerfahrene bzw. gesundheitlich angeschlagene Politiker zu dolmetschen waren: An dieser Stelle war die interkulturelle Kompetenz des Dolmetschers gefragt, wollte man Peinlichkeiten und Missverständnisse vermeiden. Suchodrev beschreibt, wie er den sowjetischen Vertretern, aber auch ausländischen Gästen durch sein Intervenieren in verschiedenen Situationen zur Hilfe kam: Leonid Brežnev war die amerikanische Sitte des Aperitifs unbekannt, Außenminister Gromyko benötigte Unterstützung in der Wahl der passenden Kleidung für ein Gespräch mit Fidel Castro und der amerikanische

---

1126 Suchodrev 2008: 121. An anderer Stelle (2008: 143 f.) empfindet der Autor Scham angesichts der Einschätzung Kennedys durch die sowjetische Führung. Die Loyalität gegenüber dem eigenen Land hinderte den Dolmetscher allerdings nicht daran, mit Menschen aus kapitalistischen Staaten, die er auf dienstlichem Weg kennen gelernt hatte, Freundschaft zu schließen.

1127 Suchodrev 2008: 122.

Publizist Walter Lippmann war mit dem für ihn ungewohnten Maß an kaukasisch-sowjetischer Gastfreundschaft überfordert[1128]. Unannehmlichkeiten zeichneten sich ab, als Kliment Vorošilov bei einem Staatsbesuch in Indien in völliger Unkenntnis der kulturellen und politischen Hintergründe von einem Fettnäpfchen ins nächste zu treten drohte, wurden aber durch den Dolmetscher aufgefangen:

Здесь я запнулся и, еле сдерживая смех, вновь стал сглаживать перлы его образной речи.[1129]

Dieses Vorgehen, das man auch als Kompetenzüberschreitung hätte auslegen können, wurde in der Regel akzeptiert und honoriert. Ministerpräsident Aleksej Kosygin, den Suchodrev auf etlichen Auslandsreisen begleitete, war sprachlichen Korrekturen und sogar inhaltlichen Anregungen gegenüber ausgesprochen aufgeschlossen, woraufhin der Dolmetscher Versprecher oder Informationslücken des Politikers diverse Male unauffällig ausbügelte. Für seinen Berufsstand formuliert er dazu folgendes Credo:

У нас, переводчиков, существует негласное правило, согласно которому в случае явной оговорки того, с кем работаешь, следует при переводе исправить ее, не акцентируя внимание подопечного на допущенную оговорку. Я, во всяком случае, всегда так поступал.[1130]

Handelte es sich bei diesen Szenen um Aktionen unter Gleichen (bezogen auf die physische und psychische Handlungsfähigkeit), so kehrte sich im Falle des zunehmend siechen Leonid Brežnev das Verhältnis zwischen Auftraggeber und Dolmetscher sogar um. Der Dolmetscher wurde zum politischen Akteur, der aus Mitgefühl und Verantwortungsbewusstsein heraus ein gewisses Unbehagen überwand und seinem Vorgesetzten Anweisungen erteilte, um den Eindruck zu erwecken, der Sowjetführer sei nach wie vor zu hundert Prozent handlungsfähig.[1131] Dass sein Verhalten nicht als übergriffig empfunden wurde,

---

1128 Vgl. Suchodrev 2008: 322 bzw. 43.

1129 Suchodrev 2008: 166. Als der ruhmreiche Sowjetmarschall einem indischen Sektenmitglied gar die verfilzten Haare kämmen wollte, verhindert Suchodrev dies. Vgl. Suchodrev 2008: 332.

1130 Suchodrev 2008: 223.

1131 Vgl. Suchodrev 2008: 357, 360 f. Es ging so weit, dass Suchodrev dem Generalsekretär in einem

belegt folgende Szene. Nach der Unterzeichnung des START 2-Vertrags in Wien hatten sich Carter und Brežnev spontan umarmt und geküsst, woraufhin der sowjetische Parteichef, unsicher ob der Angemessenheit seines Handelns, nicht etwa seine Kollegen aus dem Politbüro konsultierte, sondern den um Selbstbeherrschung ringenden Dolmetscher:

– *Скажи, Витя, а ничего, что я с Картером расцеловался? Но ведь он первый...*
Собрав всю свою волю в кулак, чтобы сохранить на лице серьезную мину, я ответил, что все выглядело абсолютно нормально и в такой исторический момент так и нужно было поступить. Брежнев, кажется, успокоился.[1132]

Suchodrev agierte damit offensichtlich ganz im Sinne der sowjetischen Führung, die seine Herangehensweise nicht nur tolerierte, sondern auch durch eine zügige Beförderung innerhalb des Außenministeriums honorierte. Der Autor weist in diesem Zusammenhang darauf hin, dass etliche (männliche) Kollegen, so auch Oleg Trojanovskij, ihre Karriere als Dolmetscher begannen und mit einem Botschafterposten beendeten.[1133]

Anerkennung für seine Kompetenz und seine Leistungen erfuhr Suchodrev, so betont er mehrfach, sowohl im Innen- als auch im Außenverhältnis. Als Beispiel zieht er Chruščëv heran, der ihn in seinen Erinnerungen wohlwollend erwähnte und die Professionalität und die Kompetenz seines Dolmetschers lobte[1134], aber auch den britischen Premier Harold Wilson, der Suchodrev aufgrund seiner hervorragenden Sprachkenntnisse zunächst für einen englischen Journalisten gehalten hatte,[1135] und den Schauspieler Gary Cooper, der bei dem Besuch Chruščëvs in Hollywood Suchodrevs Arbeit verfolgt hatte.

Gespräch mit Präsident Carter aus einem Stapel mit vorbereiteten Antwortzetteln den jeweils zur Frage Carters passenden heraussuchen und die Antwort ggf. noch anpassen musste. Brežnev verlas dann den Text.

1132 Suchodrev 2008: 371.

1133 Vgl. Suchodrev 2008: 369.

1134 Vgl. Suchodrev 2008: 34 bzw. 37. Die erste Begegnung zwischen dem damals 23 Jahre alten Dolmetscher und dem Politiker fand auf einem Botschaftsempfang statt. Suchodrevs Urteil (2008: 45 f.): „В общем, первое впечатление: Хрущев хороший, нормальный мужик. И совсем нестрашно его переводить." Ebenso wie später Leonid Brežnev duzte Chruščëv den Dolmetscher im Übrigen.

1135 Suchodrev lässt nicht unerwähnt (2008: 196 f.), dass Wilson diese Episode sogar in seine Memoiren aufnahm; ähnlich verfuhr der Chruščëv-Schwiegersohn Aleksej Adžubej.

Die Wertschätzung mündete auf beiden Seiten des Eisernen Vorhangs in Vertrauen, was in verschiedener Hinsicht bemerkenswert ist. So bat Brežnev, wenn auch anfangs international noch unerfahren, so doch immerhin der erste Mann im Staate, seinen Dolmetscher [sic!] um dessen Einschätzung der ersten Unterredung mit Nixon[1136]; der amerikanische Präsident wiederum verzichtete bei dem Vier-Augen-Gespräch mit dem Sowjetführer auf seinen eigenen Dolmetscher und wählte später dezidiert Suchodrev für die Simultanverdolmetschung einer Fernsehansprache an das sowjetische Volk.[1137] Dieser Wunsch führte allerdings zu einem Loyalitätskonflikt. Bei aller oben erwähnten Kritik an der Personalpolitik der Sowjetunion fühlte Suchodrev sich eindeutig seiner sowjetischen Heimat zugehörig[1138] und fürchtete den Eindruck zu vermitteln, er vertrete Nixons Standpunkt, wenn er seinem eigenen Anspruch an gutes, auftraggeberorientiertes Dolmetschen nachkommen würde. Mit der Zustimmung von Außenminister und Generalsekretär konnte der Einsatz jedoch stattfinden.

Zum Aspekt der Kollegialität äußert sich Suchodrev eher selten und dann vor allem im Zusammenhang mit organisatorischen Fragen, etwa dem Rauchen während politischer Unterredungen. Insgesamt entsteht der Eindruck von Kollegialität über die ideologischen Gräben hinweg.[1139] Die Qualität von Dolmetschleistungen wird hingegen an mehreren Stellen thematisiert. Suchodrev betont die Komplexität des Dolmetschens und die hohen Maßstäbe, die er bei seiner Arbeit setzte, die aber als allgemeingültig verstanden werden können:

[…], поскольку ему (т.е. переводчику) приходится […] играть ту же роль, а именно – быть единственным посредником, дающим возможность людям, не понимающим языка друг друга, общаться, причем общаться так, чтобы они забыли о самом присутствии переводчика, чтобы им казалось, что они действительно общаются напрямую друг с другом.[1140]

1136 Vgl. Suchodrev 2008: 291.
1137 Vgl. Suchodrev 2008: 281 und 297, 301.
1138 Dies verdeutlicht bereits eine der ersten Kapitelüberschriften: „Unser Gast Walter Lippmann". Die Identifizierung mit dem eigenen Land und dessen Politik zieht sich durch den gesamten Text. Auch den Abschuss des amerikanischen U2-Flugzeugs im Jahr 1960 kommentiert der Autor (2008: 53), als sei er persönlich beteiligt gewesen: „Самолет нам удалось сбить над Свердловском, […]".
1139 Vgl. Suchodrev 368 f. Einen Seitenhieb auf den amerikanischen „seelenlosen Umgang mit den Dolmetschern" kann sich der Autor allerdings nicht verkneifen (370).
1140 Suchodrev 9.

Perfektion, so seine Schlussfolgerung, sei dann erreicht, wenn der Dolmetscher wie ein notwendiges Übel anwesend und zugleich unsichtbar sei und die Illusion einer direkten Kommunikation zwischen den Gesprächspartnern gewährleiste. Insgesamt vermitteln die Schilderungen den Eindruck, dass der Verfasser sich den besonderen Anforderungen seiner Tätigkeit pragmatisch, kompetent und selbstbewusst stellte, sie mit vollem Engagement ausübte und Befriedigung daraus zog, was ihn nicht daran hindert, auch auf die damit einhergehenden physischen und psychischen Belastungen des Berufs hinzuweisen oder sich über eine Pause zu freuen, wenn es nichts zu dolmetschen gab.[1141]

UMGANG MIT EMOTIONEN
Suchodrev bewegte sich bei seinen Dolmetscheinsätzen im Makrokosmos des Kalten Kriegs und zugleich im Mikrokosmos der sowjetischen Führungselite. Diese beiden Faktoren – absolut konträre Weltanschauungen auf der einen Seite, Kapricen einzelner Figuren innerhalb einer starren politischen Hierarchie auf der anderen – mussten sich zwangsläufig auf die Unterredungen und Verhandlungen auswirken und trafen, in Worte, Gestik und Mimik gefasst, als erste unter den Kommunikationsteilnehmern die Dolmetscher. Wie ging Suchodrev mit Misstönen und Spannungen um?

Der Autor schildert sowohl terminologische Probleme, die aus den politischen Divergenzen resultierten (das russische „Sowjetvolk" waren für die Amerikaner „die Menschen, die in der UdSSR leben")[1142], als auch belastende atmosphärische Störungen wie etwa einen „außerordentlich scharfen Grundton" oder ein „mühsames, schwieriges Gespräch"[1143]. Sicher nicht ohne Grund weist er darauf hin, die sowjetisch-amerikanischen Verhandlungen seien, solange sie von Außenminister Gromyko geleitet wurden, stets außerordentlich zivilisiert geführt worden. Zu seinem Verhalten und seinen persönlichen Empfindungen macht Suchodrev allerdings sowohl in diesem Zusammenhang als auch generell so gut wie keine Angaben; eine Ausnahme bildet Nixons Fernsehansprache an das sowjetische Volk, in der dieser im Zusammenhang mit der Leningrader Blockade aus dem berührend-bedrückenden Tagebuch der Schülerin Tanja Savičeva zitierte.[1144]

1141 Vgl. Suchodrev 299, 422.
1142 Vgl. Suchodrev 297.
1143 Vgl. Suchodrev 292 f.
1144 Vgl. Suchodrev 2008: 297. Seine Verdolmetschung der Ansprache war anscheinend so authentisch, dass sie ihm ein Lob des KGB-Chefs einbrachte.

Eine weitere Herausforderung stellten für den Dolmetscher die sowjetischen Spitzenpolitiker dar, die mit ihren Charaktereigenschaften und Umgangsformen den Ablauf von Unterredungen und Verhandlungen unterschiedlich stark beeinflussten. Über ein besonderes Maß an Emotionalität und Emotionsausdruck verfügte der extrovertierte Nikita Chruščëv. Suchodrev wurde mit dessen aufbrausendem Wesen zwar nach und nach vertraut, konnte sich aber der Wirkung der Gefühlsausbrüche seines Chefs nicht immer entziehen.

И вдруг Хрущев становится мрачнее тучи. [...] Тут даже у меня сердце екнуло.[1145]

Er beschreibt, wie er seine Worte in heiklen Situationen, so bei provozierenden Interviewfragen, gezielt abmildernd wählte, um die Stimmung nicht weiter aufzuheizen[1146], berichtet aber auch von klassischen Konflikten, die aus einer zu wörtlichen oder nicht hundertprozentig treffenden Übersetzung resultierten.[1147] Suchodrev hatte sich mit der Zeit derartig in Chruščëv eingefühlt, dass er bei dessen Lieblingssprichwort nicht automatisch auf die Wörterbuchbedeutung zurückgriff, sondern es gemäß Chruščëvs Intention auslegen und übersetzen konnte:

Оказалось, я был прав: Хрущев действительно вкладывал в известное выражение совсем другой смысл. Так наконец была раскрыта тайна, мучившая переводчиков.[1148]

Die souveräne Interpretationsleistung des Dolmetschers war in diesem Fall von besonderer Bedeutung, ging es doch um die Frage, ob die Sowjetunion dem Westen drohen oder ihn lediglich mit ihren Errungenschaften beeindrucken wollte.

1145 Suchodrev 2008: 63. Der Dolmetscher erwähnt auch seine Enttäuschung (2008: 88), als sein Chef nach einem sehr freundlichen Empfang in Hollywood die Arbeit in den Filmstudios heftig kritisierte und das Verhalten der Schauspielerinnen als amoralisch bezeichnete.
1146 Vgl. Suchodrev 2008: 58 f.
1147 Vgl. Suchodrev 2008: 76.
1148 Suchodrev 2008: 92. Sein Kollege Lepanov hatte im Fall des „My vam ešče pokažem Kuz'kinu mat'!" (im Sinne von „Wir werden es euch noch zeigen!" oder „Ihr werdet euer blaues Wunder erleben!") die einzelnen Elemente zunächst wörtlich übersetzt und dann versucht, das Sprichwort zu erläutern, offensichtlich wenig erfolgreich. Suchodrev schildert eine ähnliche Begebenheit (2008: 96 ff.) im Zusammenhang mit Chruščëvs Äußerung „Pridët vremja, i my vas pochoronim", die der Parteichef nicht als Kampfansage verstanden haben wollte, sondern als Gewissheit, der Sozialismus werde den Kapitalismus unausweichlich besiegen.

Zu den individuellen emotionalen Ausdrucksformen Chruščëvs gehörten neben der erhobenen Stimme auch nonverbale gestische und mimische Elemente. Suchodrev macht keine konkreten Angaben dazu, wie er bei seiner Verdolmetschung damit umging, inwieweit er Tonfall bzw. Gesten seines Chefs übernahm oder ob er einen neutralen Modus wählte. Aus der Beschreibung seiner generellen Herangehensweise – Dolmetschen als nicht nur wortgetreue, sondern auch die Emotionen des Redners nachvollziehende Wiedergabe des Gesagten – wird jedoch sein Standpunkt ersichtlich:

> К тому же переводить мне придется четко и точно, с той же эмоциональной нагрузкой, с какой будет выступать сам президент.[1149]

PROZEDURALES WISSEN

Suchodrev macht anhand verschiedener Dolmetschanlässe bestimmte Aspekte seines Verhaltenskodexes als Dolmetscher deutlich, den er offensichtlich konsequent verfolgte und auch durchzusetzen wusste. Dazu gehören körperliche Nähe zum jeweiligen Redner (der Dolmetscher hielt sich bei Gesprächen im Stehen grundsätzlich links hinter der zu dolmetschenden Person) sowie das Bestreben, sich bei Ortswechseln nicht abhängen zu lassen. Inwieweit ihn die Studieninhalte seiner Ausbildungsstätte auf solche Verhaltensstrategien oder berufsethische Fragen vorbereitet hatten, bleibt offen.

Auch zur Frage der Notizennahme äußert sich der Verfasser sehr zurückhaltend. So erinnert er sich zwar an seine beiden ersten Einsätze an der Seite Chruščëvs, war aber bei diesen Empfängen offensichtlich zunächst ohne Block und Stift unterwegs, denn nachträglich bedauert er gerade im Hinblick auf spätere Memoiren, damals nichts schriftlich festgehalten zu haben.[1150] Generell war es üblich, dass die Dolmetscher bei offiziellen Gesprächsterminen oder Interviews Notizen anfertigten, aus denen detaillierte Protokolle erstellt wurden, die wiederum die Grundlage für weitere diplomatische Aktivitäten wie die Aushandlung internationaler Vereinbarungen bilden konnten. Suchodrev vermerkt dies stolz, nicht ohne auf die Hochrangigkeit der von ihm gedolmetschten Personen hinzuweisen:

1149 Suchodrev 2008: 296.
1150 Vgl. Suchodrev 2008: 37.

> *Так что в конце многих документов о важнейших встречах руководителей моей страны с высшими представителями других государств, прежде всего США, Англии, Индии, повторяю, очень многих документов, покоящих сейчас в архивах, напечатано, как официально положено: „Записал В. Суходрев".*[1151]

Suchodrev erwähnt also die Nachbereitung der Gesprächstermine – weil sie ihm einen Platz in den Archiven sicherte? –, äußert sich jedoch nur in Ausnahmefällen zu der Frage, ob und wie er sich auf seine Dolmetscheinsätze vorbereitete. So berichtet er im Zusammenhang mit dem Treffen zwischen Chruščëv und Kennedy in Wien im Juni 1960 zwar von der intensiven Vorbereitung beider Politiker auf die Begegnung, lässt aber offen, ob und in welcher Weise er ihrem Beispiel folgte. Bei der Verdolmetschung einer inoffiziellen Unterredung zwischen Henry Kissinger und Leonid Brežnev 1972 in Moskau hingegen, bei der es u. a. um den Vietnamkrieg ging, arbeitete er sich vorher in das Thema ein, um der komplexen Materie gerecht zu werden:

> *Мне было легко переводить, несмотря на сложность вопросов, потому что я имел возможность заранее подготовиться, вкинуть в суть дела.*[1152]

Ansprachen und Reden hochrangiger Politiker zu bestimmten Anlässen wurden grundsätzlich vorab im Sprachendienst übersetzt, was Chruščëv jedoch nicht daran hinderte, sein Manuskript zu ignorieren und spontan auf Anspielungen seines Vorredners einzugehen. Das amerikanische Publikum goutierte diese lebendige Form der Auseinandersetzung, für den Dolmetscher stellte sie eine ungleich größere Belastung dar:

> *Можно представить чувства и ощущения переводчика, работающего в таких условиях. В переполненном зале, в прямом эфире, когда на тебя направлены объективы телекамер, ты должен мгновенно, без пауз, не раздумывая, дать точный ответ.*[1153]

1151 Suchodrev 2008: 11. Vgl. Suchodrev 2008: 284 ff. und 314.
1152 Suchodrev 2008: 278.
1153 Suchodrev 2008: 95. Die Rede ist von einem Abendessen auf Einladung des Bürgermeisters von

Nicht einfach zu dolmetschen, weil bildhaft in der Formulierung und des Englischen kundig war Gromyko, der seinen Dolmetscher zuweilen öffentlich korrigierte, seinerseits aber keine Hilfestellung duldete, wenn er in der Fremdsprache nicht zurechtkam. Suchodrev erwähnt entsprechende Vorkommnisse, vermittelt aber den Eindruck, dass sie das an sich gute, beinahe vertrauensvolle Arbeitsverhältnis zwischen ihm und seinem Vorgesetzten nicht belasteten.[1154]

EINSCHÄTZUNGEN UND WERTUNGEN
Suchodrevs Karriere in der Übersetzer- und Dolmetscherabteilung des Außenministeriums nahm eine steile Entwicklung: Vom Übersetzen wechselte er relativ rasch zum Dolmetschen, nahm Termine mit dem stellvertretenden Außenminister wahr und wurde bald darauf für die Sowjetführung tätig. Er beschreibt sehr anschaulich den ersten, unvergesslichen persönlichen Kontakt zu denjenigen, die er bis dahin nur von offiziellen Portraits kannte, und ebenso seine Verblüffung darüber, dass es sich bei politischen Größen wie Chruščëv, Molotov oder Mikojan um Menschen von eher durchschnittlicher Statur handelte. Der Gedanke des Exklusiven verlor sich sehr bald, wie der Autor lakonisch konstatiert:

Встречи с сильными мира сего стали просто работой.[1155]

Das ausführlichste Kapitel dieses Buches ist Nikita Chruščëv gewidmet, für den Suchodrev acht Jahre tätig war. Aus der unmittelbaren Nähe zu dem Partei- und Regierungschef, die bis in den gemeinsamen Urlaub am Schwarzen Meer hineinreichte, entsteht ein facettenreiches Charakterbild, in dem besonders Chruščëvs Impulsivität, sein Starrsinn und seine unverblümte, bisweilen derbe Ausdrucksweise, aber auch seine Kontaktfreudigkeit und seine fast missionarische Redseligkeit immer wieder zur Sprache kommen. Zum Abschluss der ausgedehnten Reise quer durch die USA 1959 resümiert der Dolmetscher:

(Я) сейчас убежден, что именно тот визит в Америку был звёздным часом Никиты Сергеевича. Тогда проявились его лучшие ка-

---
Los Angeles.
1154 Vgl. Suchodrev 2008: 445, 464.
1155 Suchodrev 2008: 37.

чества: руководителя, оратора, мастера-полемиста, человека, умеющего постоять за себя и свою идеодогию.[1156]

Er geht ebenfalls auf die Veränderungen im Wesen und im Verhalten des wichtigsten sowjetischen Politikers Ende der 1950er/Anfang der 1960er Jahre ein und beschreibt, wie Chruščëv eben jenem Personenkult verfiel, den er 1956 in seiner Geheimrede auf dem 20. Parteitag der KPdSU noch angeprangert hatte, und wie ihn ausgerechnet seine engsten Mitstreiter im Herbst 1964 gnadenlos fallen ließen.

Nach Chruščëvs Sturz übernahm der langjährige Vorsitzende des sowjetischen Ministerrates Aleksej Kosygin einen Großteil der Auslandsreisen. Ihm, einem fähigen Diplomaten, brachte der Memoirist nach eigenem Bekunden von den zu dolmetschenden Politikern aus der sowjetischen Führungsriege die größte Wertschätzung entgegen: Er sei seinen Kollegen nicht nur intellektuell überlegen gewesen, sondern habe sich auch durch Freundlichkeit, Aufgeschlossenheit und Gelassenheit, Sinn für Humor und insbesondere einen korrekten Umgang mit der russischen Sprache ausgezeichnet.[1157] Gegen Ende der Darstellung seiner Arbeit für Kosygin lässt Suchodrev jedoch auch kritische Töne anklingen: Kosygin sei mitverantwortlich gewesen für den außerordentlich rigiden Umgang des Sowjetstaates mit Dissidenten, Wehrdienstverweigerern und speziell Andrej Sacharov.

Als zentrale Auftraggeber folgten der neue Parteichef Leonid Brežnev, der langjährige Außenminister Andrej Gromyko und Mitte der achtziger Jahre Michail Gorbačëv. Suchodrev beschreibt sie und ihre Kontrahenten im politischen Kontext ihrer Zeit, legt den Fokus bei der Schilderung der diversen Unterredungen und Reisen aber auf informelle Details und eher unterhaltsame Aspekte. So dürfte vor allem dem sowjetisch enkulturierten Leser die Diskrepanz zwischen der damals üblichen Außendarstellung der obersten politischen Führungsebene und dem hier beschriebenen Menschlichen-Allzumenschlichen auffallen.

Da Suchodrev Anfang der achtziger Jahre vom Sprachendienst in das Nordamerika-Referat des Außenministeriums gewechselt war, dolmetschte er nur unregelmäßig für Michail Gorbačëv, den neuen und letzten Generalsekretär der

---

1156 Suchodrev 2008: 110. Im deutlichen Kontrast dazu steht die Darstellung von Außenminister Gromyko, für den Suchodrev 29 Jahre lang tätig war: ernst und dabei durchaus humorvoll, distanziert, durchsetzungsfähig, taktisch geschickt und so kompetent, dass er ohne Spickzettel oder vorbereitete Redemanuskripte auskam.

1157 Die sprachlichen Kompetenzen seiner Auftraggeber sind für Suchodrev gleichsam ein Gütemerkmal: Seine Wertschätzung für Indira Gandhi macht er ebenfalls an ihrer Eloquenz fest.

KPdSU. Das Kapitel über Gorbačëv ist demzufolge das kürzeste des Buches und klingt wie eine persönliche Abrechnung mit dem Politiker, der, so Suchodrev, „letztendlich einen Schlussstrich unter unsere alte [sowjetische] Existenz gezogen hat"[1158]. Gorbačëv sei sicher im Auftreten und redegewandt, aber mit zunehmender Popularität abgehoben und dem Dolmetscher gegenüber herablassend und beinahe unhöflich gewesen. Ähnlich negativ – „unpünktlich" und „besserwisserisch" – urteilt der Autor über Gorbačëvs Frau Raisa.

Anhand der Gesprächspartner der sowjetischen Führung – neben Politikern wie John F. Kennedy und Henry Kissinger auch einflussreiche Medienvertreter wie William Hurst jr., Walter Lippmann oder Lord Thomson – sowie der Reiseziele verdeutlicht Suchodrev die Schwerpunkte der sowjetischen Außenpolitik jener Jahre sowie die Wahrnehmung des Landes von außen.

FAZIT

Viktor Suchodrev präsentiert sich in seinen Erinnerungen als professionell agierender Dolmetscher, der sich selbstbewusst und flexibel in der jeweiligen Kommunikationssituation verortete und daraus seine eigene Bedeutung für die Historie ableitete. Als Beleg dafür werden schriftliche oder mündliche Zeugnisse hochrangiger Persönlichkeiten herangezogen. Seinen Ausführungen zufolge wusste sich Suchodrev mit Empathie sowie mit Kultur- und Handlungskompetenz auf die Persönlichkeitsstruktur seiner unterschiedlichen „Kunden" einzustellen und den sich ihm jeweils eröffnenden Entscheidungsspielraum souverän auszunutzen. Dabei nahm er die Emotionalität bestimmter Momente wahr, ohne sie jedoch im Kontext seines Rollenverständnisses zu reflektieren. Dass er bisweilen von der ihm grundsätzlich zugewiesenen passiven Sprachmittlerrolle in die eines aktiven Mitgestalters von Kommunikation wechselte bzw. wechseln musste, um die Außenwirkung seines Landes zu schützen, wurde von Auftraggeberseite toleriert und honoriert.

Suchodrevs Loyalität gehörte, ohne dass er als Ideologe auftritt, trotz freundschaftlicher Kontakte zu westlichen Ausländern erkennbar dem eigenen Land. Auf privater Ebene war er sich zwar der sowjetischen Unzulänglichkeiten und Ambivalenzen bewusst, auf funktionell-dienstlicher Ebene fühlte er sich jedoch dem Rednertext verpflichtet, auch wenn dieser seinen persönli-

---

1158 Suchodrev 2008: 448. Neuer Chefdolmetscher für Englisch wurde Pavel Palaščenko, der ebenfalls später vom Dolmetschen in den diplomatischen Bereich wechselte und unter dem Titel „Mein unsystematisches Wörterbuch" ein zweibändiges Hilfswerk (Glossar) für Dolmetscher und Übersetzer verfasste.

chen Erkenntnissen zuwiderlief. Der Leser erfährt in diesem Zusammenhang vieles über den politischen Alltag und die Gegebenheiten in der Sowjetunion der 1950er bis 1980er Jahre. Eine heute beispielsweise undenkbare Szene – Leonid Brežnev fragte den Dolmetscher nach dem englischen Wort für „Auf Wiedersehen" – lässt erkennen, wie abgeschottet die Sowjetunion und ihre Führungsriege in jenen Jahren waren.

7.4.3.5 Aleksandr Švejcer

Aleksandr Davydovič Švejcer wurde 1923 in Moskau geboren und starb dort noch vor Erscheinen seiner Memoiren im Jahr 2002. Als bedeutender russisch-sowjetischer Anglist und Translator machte er sich sowohl als Simultandolmetscher bei internationalen Organisationen als auch im Bereich der universitären Lehre und Forschung einen Namen. Er unterrichtete an der Militärhochschule für Fremdsprachen und an der heutigen Moskauer Staatlichen Linguistischen Universität, bevor er an das Sprachwissenschaftliche Institut der Russischen Akademie der Wissenschaften wechselte, wo er sich auch habilitierte. Die sowjetisch-russische Sprach- und Translationswissenschaft verdankt ihm etliche soziolinguistische und übersetzungswissenschaftliche Standardwerke.

Švejcer hatte in Moskau eine Schule mit intensivem Englischunterricht besucht und wurde im August 1941 an der Militärfakultät für westliche Sprachen, aus der später die Militärhochschule für Fremdsprachen der Roten Armee hervorging, aufgenommen und sogleich in das zweite Studienjahr eingestuft. Seine 2. Fremdsprache war Deutsch. Auf die Evakuierung der Studierenden nach Stavropol' an der Wolga (heute Togliatti) folgte Anfang 1943 ein Fronteinsatz in Ostpreußen. Nach dem Krieg engagierte man Švejcer, dem sein Freund und Kollege Michail Zwilling glänzende Englischkenntnisse sowie herausragende dolmetscherische Fähigkeiten attestiert[1159], als Simultandolmetscher für die Sitzungen des Internationalen Militärtribunals für den Fernen Osten in Tokio und setzte ihn in den folgenden Jahrzehnten im Rahmen der amerikanisch-sowjetischen Kontakte in verschiedenen Bereichen ein. Anfang der 1970er Jahre wurde er ohne Angabe von Gründen mit einem fünfjährigen Ausreiseverbot belegt, konnte jedoch anschließend wieder für die ILO in Genf arbeiten.

Švejcers Erinnerungsbuch „Glazami perevodčika. Iz vospominanij" (Mit den Augen eines Dolmetschers. Aus den Erinnerungen) beginnt mit einem Vorwort

---

1159 Vgl. Švejcer 2012: 10. Švejcer (2012: 120) lobt im Gegenzug die exzellenten Deutschkenntnisse und Kompetenzen Zwillings.

des Sohnes und Herausgebers Vladimir, der die große Bandbreite der Fähigkeiten seines Vaters sowie dessen positive, lebensbejahende Einstellung hervorhebt[1160], einer biografischen Notiz von Michail Zwilling und einem Vorwort aus der Feder des Memoiristen. Švejcer beschreibt sodann einige Höhepunkte seines Berufslebens: die Tätigkeit in Tokio ab 1947, eine ausgedehnte Reise durch die USA mit einer sowjetischen Delegation im Jahr 1960 sowie Simultaneinsätze auf den Pugwash-Konferenzen[1161] zwischen 1962 und 1971 und auf den amerikanisch-sowjetischen Dartmouth-Friedenskonferenzen zwischen 1962 und 1989[1162]. Im Schlusskapitel behandelt der Autor anhand verschiedener Episoden seines Berufslebens grundlegende Aspekte des Dolmetschens und blickt auf die Zusammenarbeit mit Kollegen wie Zwilling, Suchodrev (zunächst ein Schüler Švejcers) und anderen zurück. Seine Erzählungen über seine Arbeit seien, so Švejcer, bei den Zuhörern auf eine derartige Resonanz gestoßen, dass er sich nun dem Strom der Memoirenliteratur anschließe, um den bereits bekannten Details eigene, aus der besonderen Perspektive des Sprach- und Kulturmittlers gewonnene Erkenntnisse hinzuzufügen:

Ведь позиция переводчика как наблюдателя уникальна. Его роль как посредника между двумя языками и двумя культурами дает возможность подмечать многое из того, что искользает из поля зрения других участников международных встреч.[1163]

AUSSAGEN ZUM ROLLENVERSTÄNDNIS

Švejcer bekennt sich bereits im Vorwort zu seiner Leidenschaft für das Simultandolmetschen und kommt gegen Ende des Buches noch einmal auf die Faszination zurück, die dieser Beruf mit all seinen Anforderungen und Facetten auf ihn ausübte:

1160 Švejcer sen. bestätigt dies an etlichen Stellen seines Berichts (vgl. Švejcer 2012: 18) durch die Betonung des Positiven in den Umständen, die er erlebte.

1161 Bei den Pugwash-Konferenzen handelt es sich um ein Diskussionsforum, auf dem renommierte internationale Wissenschaftler ab 1957 zusammenkamen, um einen Beitrag zu Fragen der atomaren Bedrohung, der Rüstungskontrolle und der Konfliktbewältigung zu leisten. Dabei wurde u. a. der Grundstein für die Verhandlungen zum SALT-Vertrag gelegt.

1162 Die Dartmouth-Bewegung führte sowjetische und amerikanische Vertreter der Öffentlichkeit wie Publizisten, Schriftsteller und Geschäftsleute zusammen, die sich in inoffiziellem Rahmen mit den bilateralen Beziehungen auseinander setzten, Vorschläge und Initiativen der jeweils anderen Seite sondierten und damit verschiedenen politischen Übereinkünften den Weg ebneten. Vgl. Spangenberg 1978: 304 ff. und Dallas/Gilmore (2010).

1163 Švejcer 2012: 14.

Ведь синхрон – это не только нелегкий труд, но и приносящее удовлетворение состязание в мастерстве, и, что самое главное, это – „праздник, который всегда с тобой", переносящий тебя из атмосферы будничной повседневности в совершенно другой мир.[1164]

Bei aller hier erkennbaren Begeisterung macht er ebenfalls deutlich, dass dieses „Fest fürs Leben" bestimmter Kompetenzen bedarf und dass auch theoretische Aspekte wie Berufsethik und Verantwortungsbewusstsein für die Arbeit eines Dolmetschers von entscheidender Bedeutung sind.[1165] So definiert er am Anfang seines Buches – einem Credo gleich – sein Verständnis von der Rolle eines Simultandolmetschers und damit auch den Maßstab, den er an seine Leistung anlegt:

Переводчик-синхронист, постоянно „перевоплощаясь" в разных участников встречи, лучше, чем кто-либо другой, слышит голос и той, и другой стороны. Его восприятие менее тенденциозно и в большей мере свободно от предвзятых установок. В то же время он острее ощущает те на первый взгляд „несущественные" детали, которые порой вносят серьезные коррективы в общую оценку происходящего.[1166]

Švejcer konnte sich jedoch nicht ausschließlich auf das Dolmetschen konzentrieren, sondern bekam von seinen Auftraggebern zusätzlich weitere Funktionen übertragen. In Tokio musste er zunächst parallel als Gerichtssekretär und Dolmetscher für den sowjetischen Vertreter auf der Richterbank Ivan Zarjanov arbeiten, der für seinen gewagten Humor, Doppeldeutigkeiten und eine Vorliebe für Metaphern bekannt war. Ein Kollege warnte Švejcer, er solle sich vorab darauf einstellen und auf keinen Fall die Worte seines Vorgesetzten ungefiltert wiedergeben. Der Dolmetscher war ratlos:

Легко сказать! Этому нас не учили в институте.[1167]

1164 Švejcer 2012: 131.
1165 Vgl. Švejcer 2012: 118, 123.
1166 Švejcer 2012: 14.
1167 Švejcer 2012: 20.

Später behalf er sich in derartigen Situationen mit Beispielen aus einem amerikanischen Witzlexikon oder wandelte bzw. schwächte Zarjanovs Aussagen ab, um ihnen die Peinlichkeit zu nehmen. Wie er dabei im Einzelnen vorging, bleibt offen. Eher beiläufig schildert der Autor, wie er auch bei der Pugwash-Konferenz 1970 in Lake Geneva/Wisconsin eine doppelte Funktion als Dolmetscher und als Vertreter seines Landes wahrzunehmen hatte. Da die beiden offiziellen Delegationsmitglieder zum Zeitpunkt der Abschlusssitzung bereits abgereist waren, oblag es dem Dolmetscher, die sowjetische Seite zu vertreten und ihren Standpunkt wider besseres Wissen und mit einem Gefühl tiefer Scham im Abschlussbericht durchzusetzen.[1168]

Švejcer beleuchtet die Rolle des Dolmetschers nicht nur aus seinem eigenen Blickwinkel, sondern auch aus der Perspektive der Auftraggeber, immerhin Vertreter der sowjetischen Elite, die allerdings die Dolmetschleistungen sowohl in kognitiver als auch in interkultureller Hinsicht zumeist nicht adäquat zu würdigen wussten. Die folgenden Beispiele verdeutlichen dies. Während einer großen Delegationsreise durch neun US-Staaten musste Švejcer auf Verlangen des Delegationsleiters zunächst konsekutiv in beide Sprachrichtungen dolmetschen, weil der sowjetische Funktionär Eisenhowers persönlichem Dolmetscher aufgrund dessen Abstammung aus einer weißen (antibolschewistischen) Emigrantenfamilie misstraute. So kam es an einem Tag voller Besichtigungen, Ansprachen und Gespräche zu einem Dolmetschmarathon, bis der amerikanische Kollege sich anbot, Švejcer abzulösen. Letzterer wurde anschließend wegen seiner vermeintlichen Schwäche gerügt – die Antwort des Vorgesetzten spiegelt eindrücklich, welchen Stellenwert er der Leistung des Dolmetschers beimaß:

Шеф смотрит на меня с еще большим укором: „Что же мне тогда говорить? Ведь ты только переводишь, а я еще и думаю".[1169]

Švejcer hält dem Delegationsleiter seine Unerfahrenheit zugute und lobt dessen Offenheit und Kritikfähigkeit, bemängelt aber zugleich das unzureichende

---

1168 Vgl. Švejcer 2012: 76 f. Hier ging es um den Einmarsch sowjetischer Truppen in der ČSSR 1968, der als absolutes Tabuthema in keinem Dokument auftauchen durfte, selbst wenn er durch Delegierte angesprochen worden war.
1169 Švejcer 2012: 47. An anderer Stelle (2012: 116 f.) kommt der Autor nochmals auf das beliebte Vorurteil zurück, Dolmetscher brauchten nicht zu denken, sondern müssten das Gesagte lediglich maschinell umkodieren.

Bildungsniveau sowie den beschränkten geistigen Horizont des Funktionärs, der auf dem Höhepunkt seiner Karriere Politbüromitglied und stellvertretender Ministerratsvorsitzender werden sollte und dessen Aussagen der Dolmetscher offensichtlich zu geistigem Glanz verhalf. Einen befreundeten Journalisten veranlasste dies zu folgendem Kommentar:

„Это тот самый Саша Швейцер, который делал из Полянского интелллигента".[1170]

Auch in anderen Fällen wurde die Kulturkompetenz auf Seiten der Dolmetscher weder wahrgenommen noch gewürdigt: Ein Kollege Švejcers, der versuchte, einen missgelaunten, einsilbigen Funktionär in einem Gespräch mit einer Amerikanerin zu höflicheren Antworten zu bewegen, wurde aufgefordert, diesen Part doch selbst zu übernehmen: „Вот ты это ей и скажи."[1171] Massive Ignoranz und Herablassung schlug den Dolmetschern gleichfalls auf den Parteitagen der KPdSU entgegen – Švejcer berichtet, man habe sie bisweilen noch nicht einmal in den Cafeterien für die Delegierten verköstigen wollen.[1172] Vor diesem Hintergrund ist es nicht verwunderlich, dass der Dolmetscher Lob von der eigenen Seite vermisste. Dass es auch anders ging, zeigt Švejcer mit seinem Hinweis auf das Verhalten Präsident Eisenhowers:

Айк похвалил мой перевод и сказал, что готов поменять меня на одного из американских переводчиков.[1173]

Am Beispiel etlicher seiner Kollegen verdeutlicht der Memoirist, dass es zu Sowjetzeiten für Dolmetscher unumgänglich war, beruflich zweigleisig zu fahren und neben den anstrengenden und zugleich außerordentlich schlecht dotierten Dolmetscheinsätzen für das Außenministerium oder das Zentralkomitee der KPdSU einen zumindest prestigeträchtigen zweiten Arbeitsplatz als Universitätsdozent innezuhaben. Er verweist in diesem Zusammenhang auf die entspre-

---

1170 Švejcer 2012: 50.
1171 Švejcer 2012: 57.
1172 Vgl. Švejcer 2012: 123. Der Autor betont ausdrücklich, dass es sich hier um eine speziell sowjetische Einstellung handelte, denn im Ausland sei man ihnen stets höflich und zuvorkommend begegnet.
1173 Švejcer 2012: 58. Auch die Anekdote, dass sowjetische Kinobesucher, die einen Film über die Amerikareise sahen, den Dolmetscher für den Delegationsleiter hielten, weil er größer war und präsentabler aussah, spiegelt den Wunsch des Autors nach Anerkennung. Diese stellte sich, so der Verfasser (2012: 62), jedoch bei späteren Reisen mit Poljanskij ein.

chenden AIIC-Normen zu Arbeitsbedingungen und Honoraren von Dolmetschern, die jedoch in der Sowjetunion sträflich missachtet worden seien. Erst in jüngerer Zeit habe sich die Lage so verbessert, dass viele Kollegen nun ihren Lebensunterhalt vollständig mit Dolmetschaufträgen finanzieren könnten.

UMGANG MIT EMOTIONEN
Švejcer skizziert die allgemeine Stimmungslage in den Jahren des Kalten Kriegs und schildert beispielsweise den Zorn, mit dem die sowjetischen Funktionäre auf Protestaktionen amerikanischer Bürger reagierten, macht aber keine Angaben dazu, wie sein persönlicher Anteil an der Kommunikation in einzelnen polemisch gefärbten Gesprächssituationen aussah. Am Beispiel eines Kollegen schildert er allerdings, wie ein sowjetischer Dolmetscher bei einer der kontroversen Diskussionen der Pugwash-Konferenzen die Emotionalität im Ausdruck des offensichtlich sympathischen, aber nicht unbedingt linienkonformen Redners noch verstärkte:

Однажды, когда бесконечные словопрения по поводу каких-то пунктов резолюции о европейской безопасности окончательно зашли в тупик, Лев Андреевич (Арцимович) не выдержал и, прервав очередную тираду В.М. Хвостова, рявкнул: „Долго мы еще будем заниматься этой ерундой?" Мой коллега Миша Брук очень точно передал интонацию Арцимовича и даже несколько усилил эмоциональность реплики, переведя „ерунду" американским сленгизмом baloney.[1174]

Eine der wenigen Situationen, in denen Švejcer sich selbst bei der Arbeit schildert, betrifft die Fernsehansprache John F. Kennedys, in der der amerikanische Präsident die Sowjetunion im Oktober 1962 ultimativ zum Abzug ihrer Raketen von Kuba aufforderte. Švejcer hielt sich damals mit einer sowjetischen Delegation zur 3. Dartmouth-Konferenz in den USA auf und dolmetschte die Rede simultan. Angesichts der Dramatik der Situation erscheint sein Kommentar außerordentlich knapp und zurückhaltend:

1174 Švejcer 2012: 78 f., Hervorhebung im Original.

Мне пришлось напрягать все усилия, для того чтобы поспевать за быстрым темпом его речи и не упустить ничего существенного.[1175]

PROZEDURALES WISSEN

In den zentralen Kapiteln seiner Memoiren behandelt Švejcer dolmetschrelevante Fragen wie etwa den Umgang mit Stress oder schwierigen Dolmetschsituationen nur am Rande und eher unter anekdotischen Gesichtspunkten. So schildert er mit einem gewissen Stolz, wie er ohne sonderliche Probleme der Bitte eines amerikanischen Offiziers nachkam, den Sitzungen des Alliierten Rates für Japan durch eine möglichst hohe Sprechgeschwindigkeit bei der Verdolmetschung zu medialer Aufmerksamkeit zu verhelfen.[1176] An anderer Stelle berichtet der Autor von einer konsekutiv zu dolmetschenden unerwartet langen Rede des Hauptsponsors der Pugwash-Konferenzen Cyrus Eaton, die er, weil er seinen Notizblock nicht dabei hatte, erfolgreich mit Hilfe seiner Finger memorierte, was ihm den Applaus des Publikums einbrachte.[1177] Darüber hinaus fehlen jedoch Angaben zu der Art und Weise, wie die Konsekutivverdolmetschung ablief (satz- oder abschnittsweise, mit Notizen oder ohne etc.), ebenso wie Hinweise auf eine nachfolgende Protokollierung des Gesprächsablaufs, wie andere sowjetische Dolmetscher sie beschreiben. Dabei ist an mehreren Stellen von Berichten die Rede, mit denen die Partei- und Staatsführung über Verhandlungen und Gespräche informiert wurde und die, wenn es opportun schien, in ihren Formulierungen den Erwartungen der „höheren Instanzen" angepasst wurden.[1178]

Im Eingangs- und im Schlusskapitel finden sich allerdings ausführlichere Aussagen zu den spezifischen Anforderungen an Dolmetscher und zum Umgang mit problematischen Rednern und Redeinhalten. Anhand von Anekdoten aus dem Kollegenkreis illustriert der Autor die Faktoren, die als besonders Stress produzierend gelten: Fallstricke sprachlicher Art (Zahlen, Zitate oder geflügelte Worte), rednerspezifische Eigenheiten (Chruščëvs Vorliebe für Improvisationen) sowie organisatorische Mängel (Nachtsitzungen, Dauereinsatz und fehlende Erholungspausen). Nicht ohne Grund bezeichnet Švejcer den Weltfriedenskongress 1955 in Helsinki als seine Feuertaufe als Simultandol-

---

1175 Švejcer 2012: 93.
1176 Vgl. Švejcer 2012: 36 f.
1177 Vgl. Švejcer 2012: 68.
1178 Vgl. Švejcer 2012: 58.

metscher. Ein nur vordergründig amüsantes Beispiel von dort verdeutlicht die Auswirkungen der Belastung auf die Qualität der Dolmetschleistung:

Ошалевшие от усталости переводчики едва справились с обрушившимся на них словесным водопадом. Помню, как мой коллега, переводчик с французского, безуспешно борясь со сном, перевел французское notre travail *(наш труд) как „наша трава".*[1179]

Švejcers Ton bei der Beschreibung all dieser Vorkommnisse ist sachlich und in keiner Weise wertend oder anklagend; einen emotionalen Anstrich weisen lediglich die Stellen auf, an denen er die Qualitäten und außerordentlichen Fähigkeiten seiner Kollegen hervorhebt.[1180] Welche Strategien zur Stressbewältigung die Dolmetscher anwendeten, ob sie sich dabei auf Ausbildungsinhalte stützen konnten und ob sie sich im Einzelfall gegen die übermäßige Beanspruchung zur Wehr setzten, bleibt offen.

EINSCHÄTZUNGEN UND WERTUNGEN

Švejcer versteht sich nicht als Geschichtsschreiber, sondern betrachtet das Ost-West-Verhältnis im Allgemeinen und die Höhen und Tiefen der amerikanisch-sowjetischen Beziehungen im Besonderen in erster Linie anhand der Erfahrungen, die er im Rahmen seiner persönlichen Dolmetscheinsätze sammeln konnte. Sein Augenmerk gilt weniger den großen politischen Ereignissen jener Jahre als vielmehr den Stereotypen und Klischees, mit deren Hilfe die beiden großen Kontrahenten im Kalten Krieg einander definierten, und er ist erkennbar um eine differenzierte, die Feindbilder aufbrechende Herangehensweise bemüht. Eine besondere Rolle spielen dabei die Menschen, mit denen der Dolmetscher berufsbedingt konfrontiert wurde, ihre Charaktere und die Umstände, die ihr Leben und Handeln bestimmten. Švejcer schildert die internen Abläufe im politischen System der Sowjetunion sowie die Zwänge, denen sich die Verantwortlichen unterzuordnen hatten, und entwirft somit ein Bild der sowjetischen Realität jener Zeit mit ihren Ambivalenzen und Widersprüchen.[1181] So porträtiert er den Assistenten des sowjetischen Anklagevertreters in Tokio, Lev Smirnov, als scharfsinnigen, bewundernswert gebildeten Juris-

---

1179 Švejcer 2012: 116.
1180 Vgl. Švejcer 2012: 119.
1181 Vgl. Švejcer 2012 : 22, 53, 56, 73 f., 78.

ten, der später seinen Diensteifer im Prozess gegen die Dissidenten Andrej Sinjavskij und Julij Daniėl' unter Beweis stellte und es bis zum Vorsitzenden des Obersten Sowjets brachte. Mit besonderer Sympathie erinnert sich Švejcer an den sowjetischen Atomphysiker Lev Arcimovič, der sich als eigensinniger, unkonventioneller Wissenschaftler von der Masse der Forscher abhob, und an dessen Kollegen, den Nobelpreisträger Pëtr Kapica. Darüber hinaus porträtiert er in lebendigen Charakterstudien Kollegen wie den Englischdolmetscher Hans (Gans) Vladimirskij, der trotz einer sechsjährigen Inhaftierung im Zuge der stalinistischen Repressionen mit einer ungeheuren Lebensenergie beeindruckte und diese auch beim Dolmetschen zum Ausdruck brachte.[1182]

FAZIT

Aleksandr Švejcers Anliegen ist es zum einen, den fachfremden Leser seriös und zugleich unterhaltsam über das Wesen und die Komplexität des Dolmetschens aufzuklären. Seinem Rollenverständnis zufolge ist der Dolmetscher als Sprach- und Kulturmittler ein neutraler und zugleich höchst sensibler, empathischer Beobachter, der die Aussagen seiner Kunden unvoreingenommen rezipiert und dabei auch Zwischentöne und vermeintlich unwesentliche Details registriert. Diese Form der Wahrnehmung folgt dem Ansatz des Autors, die Dinge nicht ausschließlich aus der eigenen Perspektive zu betrachten, sondern gerade bestehende Stereotypen und Vorurteile aus dem bilateralen Verhältnis aufzugreifen und zu hinterfragen. Die sowjetisch-amerikanischen Beziehungen in den 1960er-1980er Jahren bilden denn auch den zweiten Schwerpunkt seiner Aussagen. Švejcers eigene Rolle als Zeitzeuge resultiert zwar aus der Funktion als Dolmetscher, tritt aber in den Erinnerungen zugunsten der Schilderung von politischen Abläufen und zentralen Akteuren in den Hintergrund.

Švejcer formuliert sehr dezidiert seinen Anspruch an die Qualität einer Dolmetschleistung und spielt indirekt darauf an, dass er selbst diese Anforderungen sehr wohl erfüllte und dafür Wertschätzung erfuhr. Insgesamt ist er mit Aussagen zu seiner eigenen Person und seiner Berufsethik allerdings zurückhaltend; dies gilt für Hinweise auf die Vorbereitung konkreter Dolmetschanlässe ebenso wie für den Umgang mit Emotionen. Gleichwohl erfährt der Leser indirekt einiges über die Meinung des Autors zu diesen Themen, denn er referiert vergleichsweise ausführlich über die Charakterzüge und die Arbeits-

---

1182 Vgl. Švejcer 2012: 121 f.

weise einiger seiner teils langjährigen Dolmetscherkollegen und lässt sie auch persönlich zu Wort kommen. Aus den Schilderungen der nicht immer gradlinigen Lebenswege – Švejcer berichtet u. a. von Emigranten und Repatrianten – entsteht ein authentisches Bild der sowjetischen Dolmetschergemeinschaft jener Zeit.

7.4.3.6 Michail Zwilling

Michail Jakovlevič Zwilling (Cvilling) wurde am 24. Juli 1925 in Odessa geboren und starb am 12. Juli 2013 in Moskau. Der Grundstein für seine Deutschkenntnisse wurde auf einer deutschsprachigen Schule in Kattowitz gelegt[1183]; nach der Rückkehr in die Sowjetunion besuchte er deutsche Schulen in Leningrad und Moskau[1184] und wurde nach Kriegsausbruch im Sommer 1941 mit 16 Jahren in einen Schnellkurs für Militärübersetzer und -dolmetscher an der Militärfakultät der 2. Moskauer Staatlichen Fremdsprachenhochschule aufgenommen.[1185] Im folgenden Jahr engagierte man ihn aufgrund seiner sprachlichen Qualifikation bereits als Dozenten, bevor im Januar 1945 ein Einsatz als Dolmetscher an der 3. Weißrussischen Front begann. Nach Kriegsende holte er an der nunmehrigen Militärhochschule für Fremdsprachen der Roten Armee sein Diplom nach und begann dort zu unterrichten.

Seinen ersten Einsatz als Simultandolmetscher auf höchster politischer Ebene hatte er 1957 auf einem internationalen Kongress der Kommunistischen Parteien und Arbeiterparteien anlässlich des 40. Jahrestages der Oktoberrevolution. Fortan wurde er auf Parteitagen der KPdSU sowie anderen hochrangigen Veranstaltungen der sowjetischen Partei- und Staatsführung, internationalen wissenschaftlichen Konferenzen und Zusammenkünften gesellschaftlicher Verbände eingesetzt, arbeitete aber auch bis ins hohe Alter als Simultan- und

---

1183 Zwillings Vater war Repräsentant der sowjetischen Außenhandelsbank. Zu diesen und allen weiteren Angaben vgl. das Interview von D. Šadov mit Michail Zwilling (Zwilling 2009).

1184 Es handelte sich um die berühmte Karl-Liebknecht-Schule, zu deren Schülern auch Tat'jana Stupnikova gehörte .

1185 Bezeichnung durch Zwilling im Gespräch am 9.7.2010. Die Militärfakultät wurde 1942 in die Militärhochschule (in manchen Texten „Militärinstitut") für Fremdsprachen der Roten Armee (VIIJa) umgewandelt. Heute ist es die Universität des Verteidigungsministeriums der Russischen Föderation. Vgl. Ždanova (2009: 6 ff).
Zur Bedeutung der Arbeit von Übersetzern und Dolmetschern bei der Roten Armee vgl. die persönlichen Erinnerungen von Michail Zwilling im Sammelband von 2009 („Militärdolmetscher als Kampfeinheit der Philologen") sowie einen Bericht von Andrej Zotov im russischen Fernsehsender Pervyj kanal von 2010. Ergänzend dazu seien die 1965 erschienenen Erinnerungen des aus Livland stammenden Historikers, Publizisten und Übersetzers Siegfried von Vegesack an seine Zeit als Wehrmachtsdolmetscher genannt.

Konsekutivdolmetscher für eine große Bandbreite ausländischer Auftraggeber und war parallel dazu in forschender und lehrender Funktion an verschiedenen Moskauer Hochschulen tätig. Zuletzt hatte er den Lehrstuhl für Theorie, Geschichte und Kritik der Translation an der Moskauer Staatlichen Linguistischen Universität (MGLU) inne. Er zählt gemeinsam mit Vilen Komissarov, Aleksandr Švejcer und anderen zu den Begründern der akademischen Dolmetscherausbildung in der Sowjetunion, trat als Mitherausgeber einer Reihe deutsch-russischer Wörterbücher in Erscheinung und verfasste Lehrbücher und über 60 Aufsätze zu translationswissenschaftlichen Themen.[1186]

Bei der Literatur, die Aufschluss über das Leben und das berufliche Wirken Michail Zwillings gibt, handelt es sich nicht um Memoiren im engeren Sinne, sondern um mehrere Kapitel aus seinem Sammelband wissenschaftlicher Aufsätze zum Thema Translation aus dem Jahr 2009[1187]. Darüber hinaus wurden Interviews und Nachrufe ausgewertet, darunter ein ausführliches Gespräch, das die Verfasserin am 9. Juli 2010 in Berlin mit Professor Zwilling führen konnte. Da es sich bei dem untersuchten Material nicht um eigenständige, umfängliche Memoiren handelt, ist die Frage nach der autobiografischen Motivation des Autors nicht eindeutig zu beantworten. Wer jedoch über Jahrzehnte hinweg in unterschiedlichsten Kontexten dolmetscht, hat etwas zu erzählen, beispielsweise Kuriositäten aus dem Umgang mit ansonsten unnahbaren Spitzenpolitikern. So lassen auch die Anekdoten aus Zwillings Berufsleben Erzählfreude und Witz erkennen. Darüber hinaus spiegeln die dezidierten Hinweise des Autors auf die Spezifika des Simultandolmetschens seinen Wunsch, bestimmte Aspekte dieses Berufs an die Leser generell und – aus der Sicht des Lehrenden – an potentielle Nachwuchsdolmetscher im Besonderen heranzutragen. Dazu gehört die Aufforderung an Studierende, die eigenen Fähigkeiten mit einem realistischen Blick zu prüfen; Zwilling betont aber auch die Bedeutung des Hörverstehens, das unbedingten Vorrang vor der Auseinandersetzung mit schriftlich präsentierten Texten habe und das bei der Ausbildung von Dolmetschern primär zu trainieren sei:

1186 Zu diesen und weiteren biografischen Details vgl. V. V. Sdobnikovs Vorwort zum Sammelband von 2009, das Interview mit Zwilling in Ždanova (2009: 40-81) sowie den Nachruf auf Michail Jakovlevič Zwilling von Stephan Walter/Johannes Gutenberg-Universität Mainz/Germersheim (2013).

1187 Im Russischen wird begrifflich nicht zwischen *Übersetzern* und *Dolmetschern* unterschieden, gemeint sind in der Regel sowohl das Übersetzen als auch das Dolmetschen als Formen der Translation.

И хотя читать все же легче, чем слушать, доминирующим источником информации для синхрониста всегда остается живая речь.[1188]

Insgesamt handele es sich um einen höchst anspruchsvollen Beruf, der jedoch zugleich außerordentliche Möglichkeiten biete, den eigenen Horizont zu erweitern, mit Menschen in Kontakt zu kommen und Lebenserfahrung zu gewinnen. Außerdem eröffne die hier gewonnene Qualifikation den Weg zu anderen beruflichen Betätigungen in der Politik, der Diplomatie und weiteren Bereichen.

AUSSAGEN ZUM ROLLENVERSTÄNDNIS
Zwilling selbst sieht den Kriegsbeginn 1941 als unmittelbaren Auslöser für seine Berufswahl: Wie viele andere seiner Generation wollte er dem Vaterland dienen und konnte dazu seine deutschen Sprachkenntnisse anbieten. Bei seiner Betrachtung der Rolle des Dolmetschers wird deutlich, wie sehr sich das totalitäre politische System auf das Rollenverständnis und die Spielräume, aber auch die Fremd- und die Eigenwahrnehmung von Dolmetschern auswirkte. Zwilling stand, bevor mit Boris El'cin, wie er sagte, „alles viel lockerer"[1189] wurde, 50 Jahre lang, bis zum Zusammenbruch der UdSSR, im Dienste der sowjetischen Führung. Die Einstellung gegenüber Dolmetschern in dieser Zeit bezeichnet er als ambivalent: Einerseits habe es ein Machtgefälle zwischen den sprachunkundigen, im Kontakt mit Ausländern absolut hilflosen normalen Sterblichen und den Dolmetschern gegeben, die zudem Privilegien wie Auslandsreisen genossen, andererseits hätten gerade Funktionäre ihre Dolmetscher gern als Laufburschen und Kofferträger missbraucht.

Macht und Ohnmacht der Dolmetscher lagen allerdings nah beieinander, denn etliche Vertreter dieses „zutiefst friedlichen Berufszweiges" wurden der Spionage für den Feind verdächtigt und verfolgt, was gerade in den 30er Jahren viele Vertreter des Fachs dazu bewogen habe, so Zwilling, ihre Sprachkenntnisse zu verschweigen. In den ersten Nachkriegsjahren hingegen seien gerade sowjetische Englischdolmetscher wegen ihrer beruflich bedingten Kon-

---

1188 Zwilling (2009: 11). Zum Dolmetschen unter akustisch erschwerten Bedingungen führt er weiter aus (2009: 18): „Видимо, надо студентов учить аудированию в неблагоприятных условиях, причем не только военных переводчиков."
1189 Dieses Zitat entstammt ebenso wie alle weiteren Zitate auf Deutsch dem Gespräch der Verfasserin mit Prof. Zwilling am 9. Juli 2010 in Berlin.

takte zu den Alliierten nicht selten in Straflagern gelandet.[1190] Auch später seien die Simultandolmetscher bei ihrer Arbeit im Kreml (d. h. für die Partei- und Staatsführung) einer permanenten Kontrolle durch ebenfalls sprachkundige Funktionäre ausgesetzt gewesen. Zwillings Beispiel aus seiner Dolmetschpraxis verdeutlicht, in welche Zwangslagen der Dolmetscher geraten konnte, wenn es darum ging, sprachliche und außersprachliche Inhalte an politische Vorgaben anzupassen sowie fremde und eigene Sichtweisen miteinander in Einklang zu bringen. Beim Besuch einer sowjetischen Delegation in Luxemburg wurde ein Stahlwerk besichtigt und die Rede kam auf die Gewerkschaften – nach offizieller sowjetischer Auffassung treue Verfechter der kommunistischen Industriepolitik, laut Aussage des Luxemburger Betriebsleiters aber Bremser des technischen Fortschritts.

Als der Parteisekretär von Dnepropetrovsk das hört, sagt er mit einer entsprechenden Geste (würgender Handgriff): „Профсоюзы – да они у меня вот где!" Und das soll ich dolmetschen. Zu unserer Delegation gehörte ein leitender Funktionär der Internationalen Abteilung des ZK, quasi des Außenministeriums des ZK, [...] und der sieht mich mit so einem eindringlichen Blick an – er kann sich ja nicht einmischen –, aber ich sehe ihm an, dass er von mir erwartet, dass ich das nicht übersetze. Und ich habe es nicht übersetzt, aber ich muss diese Emotion wiedergeben, diese Geste. Und da habe ich übersetzt: „Ja, ja, die Gewerkschaften haben immer alles fest im Griff." Sein Gesicht strahlte bei meiner Übersetzung und später hat er mir auf die Schulter geklopft.

Des Weiteren schilderte er das Gefühl der Peinlichkeit, das ihn überfiel, wenn auf Parteitagen in den letzten Regierungsjahren Leonid Brežnevs ein Drittel der ohnehin knappen Redezeit der Delegierten Lobgesängen auf die Parteileitung und auf den Generalsekretär vorbehalten war, so dass für persönliche

---

1190 Zwilling beschreibt in diesem Zusammenhang die gesellschaftlichen Kreise, aus denen sich die Dolmetscher in den Jahren und Jahrzehnten nach der Oktoberrevolution rekrutierten. Zunächst handelte es sich um Angehörige der vorrevolutionären Intelligenzija, innerhalb derer die Kenntnis des Französischen und des Deutschen selbstverständlich war bzw. falls sie die Ereignisse der 1920er und 1930er Jahre überlebt hatten, als Übersetzer/Dolmetscher, Dozenten, Redakteure, Lexikographen usw. tätig waren. Zu ihnen gesellten sich später Repatrianten und Antifaschisten auf der Flucht vor Hitler, Mussolini und Franco. „In meiner Generation bzw. bei den Leuten, die in den 10er oder 20er Jahren des 20. Jahrhunderts geboren wurden, kamen die Leute mehr oder weniger zufällig zu ihrem (Dolmetscher-) Beruf. Eine Ausbildung oder vorgezeichnete Laufbahn hat es damals nicht gegeben." Zwilling im oben erwähnten Gespräch.

Vorschläge oder Anliegen nur minimal Zeit blieb, während sich die Phrasen permanent wiederholten.

Jeder Redner sagte das nur einmal, aber der Dolmetscher musste dann die ganze Woche hindurch immer die gleichen Worte wiederholen. [...] Das war eine Pflichtübung für die Dolmetscher. Ich empfand das als peinlich, besonders wenn die Leute über ernsthafte Probleme sprechen zu können glaubten, aber da [...] war nichts zu machen.

Als weiteren problematischen Punkt im Verhältnis zwischen dem Dolmetscher und seinen (machtvollen) Auftraggebern nannte Zwilling die Verdolmetschung von Wortspielen, landeskundlich unterlegten Anspielungen sowie Witzen. Hier sah er sich, weil offensichtlich kein Spielraum für Eigenmächtigkeiten gegeben war, ebenfalls in der Pflicht:

Nach einem anstrengenden Einsatz ist am Abend ein geselliges Beisammensein. Das beginnt natürlich mit einem freundlichen Austausch von Eindrücken über den Verlauf dieser Arbeit, aber dann lösen sich die Zungen nach dem dritten, vierten Gläschen und dann kommt es zu Witzen. Es kommen manchmal ziemlich anzügliche Witze vor, dann muss sich der Dolmetscher vor den Damen entschuldigen, dass er das übersetzen muss, aber da ist nichts zu machen.

Zwilling berichtete auch von einem Fall, bei dem er speziell als Kulturmittler intervenierte und die Erfahrung machte, dass letztlich doch der Dolmetscher für eine misslungene Kommunikation verantwortlich gemacht wird. Der damalige DKP-Vorsitzende Kurt Bachmann sollte ein Glückwunschschreiben erhalten, bei dem im russischen Ausgangstext die Höflichkeitsform *Sie* verwendet wurde. Zwilling, der das Ganze übersetzen und später auf dem Parteitag verlesen sollte, plädierte, allerdings erfolglos, für das genossentypische *Du*:

Und als ich begann, das auf Deutsch vorzutragen, ging ein Murren durch den Saal. Von den deutschen Kommunisten wurde das als eine Art Distanzierung betrachtet, aber da war nichts zu machen. Und die Unzufriedenheit ging auf meine Kosten – der Dolmetscher war schuld.

Zwillings Ausführungen zur Ausbildung von Dolmetschern in der UdSSR bzw. Russland machen deutlich, welch hohen Stellenwert er der Rolle des Dolmetschers in der Kommunikation beimisst und welche Maßstäbe er daraus für die Ausbildung ableitet. Zu Sowjetzeiten, so der Autor, seien beispielsweise Absolventen der Moskauer Staatlichen Pädagogischen Fremdsprachenhochschule „Maurice Thorez" (heute: MGLU) oder der Moskauer Staatlichen Hochschule für Internationale Beziehungen nach einem strengen Auswahlverfahren in zweijährigen Kursen zu speziellen UNO-Dolmetschern ausgebildet worden. Nach der Perestroika sei aufgrund der Öffnung des Landes und der Märkte eine große Nachfrage nach Dolmetschleistungen entstanden, die leider u. a. von Absolventen fachfremder universitärer Ausbildungsstätten angeboten würden. Die Kunden könnten im Einzelfall nicht nachvollziehen, dass der Grund für eine misslungene Verständigung mit ausländischen Partnern ggf. in einer unzureichenden Übersetzungs- bzw. Dolmetschqualität zu suchen sei. Hier müssten bestimmte Standards und Rahmenbedingungen geschaffen werden:

Получается, кто как хочет, тот так и переводит. [...] Учителем переводчика может быть только переводчик [...] Ведь вы не будете спорить с тем, что человек, умеющийся кататься на коньках, не является фигуристом.[1191]

Weiter führt er aus, dass es seiner Meinung nach unter den Dolmetschern sowohl Generalisten mit einem breiten Einsatzspektrum als auch Spezialisten für einzelne Themenbereiche geben sollte, und weist auf die besonderen Anforderungen an Militärdolmetscher hin. Seine Aussage, gerade ein Militärdolmetscher werde immer wieder mit unvorhersehbaren Aussagen konfrontiert und müsse bei der Bewältigung schwieriger Kommunikationssituationen besonders geschickt sein[1192], gilt meines Erachtens für Dolmetschkontexte generell.

Interessant ist an dieser Stelle Zwillings Unterscheidung zwischen Konsekutiv- und Simultandolmetschern. Zwilling, der selbst überwiegend im Simultanbereich tätig war, gewichtet sie zwar als gleichwertig, beleuchtet sie aber doch nach unterschiedlichen Kriterien. Simultanstudierenden empfiehlt er, auf ihre innere Stimme zu hören und nicht um jeden Preis diesen Abschluss anzustreben – bei unzureichenden Voraussetzungen seien die Chancen auf dem Arbeits-

---

1191 Šadov 2009: 6.
1192 Vgl. Zwilling 2009: 17.

markt gering. Von einem Konsekutivdolmetscher erwarte er in erster Linie ein breit angelegtes Allgemeinwissen. Meiner Meinung nach treffen beide Aussagen für beide Dolmetscharten zu: Ein Konsekutivdolmetscher, der sich in seiner Haut nicht wohlfühlt, wird sich mit seiner Arbeit schwer tun und ein Simultandolmetscher wird, selbst wenn er hauptsächlich auf Fachkonferenzen arbeitet, auch sein Weltwissen permanent pflegen und ausbauen müssen.

UMGANG MIT EMOTIONEN
In der anekdotisch gefärbten Schilderung seines Berufslebens und seiner Sichtweise des Dolmetschens erwähnt Zwilling u. a. die Emotionsausbrüche Chruščëvs, die sich beispielsweise in Kraftausdrücken manifestierten:

Когда албанский лидер Энвер Ходжа проявил строптивость, Никита Сергеевич не стеснялся в выражениях по его адресу.[1193]

Danach gefragt, wie er denn konkret beim Dolmetschen damit umgegangen sei, antwortete er:

Da muss man natürlich nach Möglichkeit das tun, was der Redner selbst tut: Grobe Ausdrücke durch grobe, volkstümliche wiedergeben, sarkastische usw., da muss man sich schon Mühe geben. [...] Es war damals irgendwie eine Art Spiel, dass ich mir selbst einmal etwas herausnehmen kann, was mir sonst verboten ist.

Seiner Meinung nach gebe es beim Umgang mit Emotionen einen Unterschied zwischen Verhandlungs- (Konsekutiv-) und Simultandolmetschen: Beim Verhandlungsdolmetschen produziere sich der Redner unmittelbar vor den Zuhörer und der Dolmetscher sei gewissermaßen zweitrangig, wohingegen eine Verdolmetschung aus der Simultankabine die Rede des eigentlichen Redners gleichsam ersetze und der Dolmetscher angehalten sei, die Emotionalität „doch irgendwie hinüberzubringen". Insgesamt sei die Emotionalität des Redners anzudeuten, d. h. weder zu übertreiben noch sie völlig zu neutralisieren. In der Praxis, bei Zwillings Feuertaufe auf einem Kongress des sowjetischen Komponistenverbandes, sah das folgendermaßen aus:

1193 Zwilling 2009: 10.

Komponisten und Vertreter anderer Kunstgattungen sind auch sehr emotional oder zumindest versuchen sie, emotional aufzutreten in der Wortwahl und in der Tongebung usw. [...] Das ist dann eine schwierige Sache, wenn man diese Emotionalität gewissermaßen spürt, aber zugleich auch empfindet, dass sie einigermaßen gekünstelt ist. Da beschränkt man sich natürlich darauf, die Wörter möglichst genau zu dolmetschen, aber diese stimmlichen Höhenflüge kann man nicht nachvollziehen.

Dass dieser Aspekt zu Sowjetzeiten nicht in der alleinigen Verantwortung der Dolmetscher lag, sondern auch politische Implikationen nach sich zog, schilderte Zwilling anhand einer Rede Fidel Castros. Dieser hatte auf einem Kongress in Moskau in den 60er Jahren, als Chruščëv schon auf friedliche Koexistenz setzte, außerordentlich lebhaft gegen den Imperialismus gewettert und der Spanischdolmetscher hatte, „ob absichtlich oder aus Affinität", diesen Duktus nachvollzogen.

Da kam ein Mitarbeiter von der Internationalen Abteilung des ZK gelaufen, [...] riss die Kabinentür auf und sagte mit einer entsprechenden Handbewegung: „Меньше эмоций! Меньше эмоций!" Das heißt, dass die damalige Parteileitung nicht daran interessiert war, dass sich die einfachen Delegierten dieses Kongresses von dieser Emotionalität mitreißen lassen, weil das in die falsche Richtung ging.

PROZEDURALES WISSEN
Sowjetische Militärdolmetscher wie Tat'jana Stupnikova und Evgenij Gofman, die beim Nürnberger Hauptkriegsverbrecherprozess gearbeitet hatten, führten ihre Kollegen, so Zwilling, nach der Rückkehr aus Deutschland an das Simultandolmetschen heran. Zwilling erhielt sogar ein erstes „Training" unter Gofmans Anleitung. Anhand seines ersten Einsatzes im Rahmen des oben erwähnten Komponistenkongresses schildert er die zentralen Herausforderungen, mit denen der Neuling trotz seiner hervorragenden Deutschkenntnisse zu kämpfen hatte: zum einen die kongressspezifische Mischung aus sowjetischem Pathos, Musikterminologie und den unterschiedlichen Akzenten der nicht-russischen Muttersprachler, zum anderen eine enorme Konzentration und die Fähigkeit, Informationen über mehrere Kanäle gleichzeitig aufzunehmen und zu verarbeiten. Zwilling resümiert:

И если вообще попытаться вкратце суммировать, чему я все же научился как синхронист за несколько десятилетий профессиональной практики, то это – умение управлять собой, сохранить самоконтроль, не теряться в сложной обстановке (как языковой, так и ситуативной).[1194]

Ebenso wie Suchodrev oder Eberlein verweist Zwilling auf die rednerischen Besonderheiten Nikita Chruščëvs, der die Dolmetscher mit Ukrainismen, Flüchen und Abweichungen vom Manuskript in Atem hielt und zu gesteigerten kognitiven Leistungen zwang. Leonid Brežnev sei dagegen trotz seiner altersbedingt undeutlichen Aussprache leicht zu dolmetschen gewesen, habe aber des öfteren Manuskriptseiten vertauscht und die Dolmetscher damit zu translatorischen Seiltänzern gemacht. (Auch hier fehlen leider Angaben dazu, worauf genau diese Aussage beruht und mit welchen Strategien der Dolmetscher diesen Schwierigkeiten begegnete.)

Zwilling spricht ähnlich wie Švejcer die ungeheure Arbeitsbelastung der Dolmetscher an, die neben der Arbeit in den Kabinen teilweise in Nachtsitzungen redaktionelle Aufgaben wahrnehmen und Tagungsdokumente in verschiedenen Sprachen abgleichen mussten, und lobt im Vorwort zu den Memoiren seines Kollegen Švejcer ausdrücklich dessen Qualitäten als Relaisgeber.[1195] Insgesamt rühmt er den Corpsgeist der Simultandolmetscher, ihren gegenseitigen Respekt und das alle verbindende Bewusstsein der gemeinsamen Verantwortlichkeit.

FAZIT

Michail Zwillings Aussagen und Ausführungen machen deutlich, wie wenig Spielraum der Dolmetscher in einem System hat, das keine andere als die staatliche Ideologie duldet. Eigeninitiative, vorausschauendes kompetenzbasiertes Mitdenken oder gar Kritik ist nicht gefragt, dementsprechend eng orientiert sich der Dolmetscher an seinem Auftraggeber. Zwillings Beschreibung des Dolmetschers als Hilfskraft und Laufbursche korreliert mit den Aussagen anderer Dolmetscher aus sozialistischen Staaten, wobei etwa Werner Eberlein seine Zusatz- bzw. Parallelfunktion im Gegensatz zu Zwilling, der sich ausschließlich als Sprach- und Kulturmittler versteht, positiv deutet. Auffällig ist

---

1194 Zwilling 2009: 10.
1195 Švejcer 2012: 10.

der Unterschied, den Zwilling zwischen Simultan- und Konsekutivdolmetschen bzw. den Anforderungen an die jeweiligen Dolmetscher macht. Er mag der überwiegenden Beschäftigung des Autors mit dem Simultandolmetschen geschuldet sein, würde aber heutigen Anforderungsprofilen nicht mehr entsprechen.

In allen Darstellungen, seien sie anekdotisch gefärbt oder mit ernstem Unterton formuliert, spürt man die anhaltende Freude Michail Zwillings am Beruf, am Unvorhergesehenen, an der Möglichkeit, sprachlich und inhaltlich kreativ zu sein, sowie das Bestreben, die eigenen Erfahrungen didaktisch nutzbar zu machen, in die Dolmetschlehre einfließen zu lassen und so die nachfolgenden Generationen noch besser auf ihren Beruf vorzubereiten. Um so bedauerlicher ist es, dass all diese Erfahrungen und Erlebnisse nicht in eine eigenständige Autobiografie gemündet sind.

8 Auswertung und Zusammenfassung

Emotionen sind psycho-physische Phänomene und bilden das Kernstück des Reizevaluierungssystems des Gehirns. Als evolutionäres Produkt sind sie genetisch fixiert, werden aber kulturell geformt, sie sind universell und gleichzeitig Ausdruck eines individuellen Zustands. Sie dienen als Signalsystem, mit dessen Hilfe Individuen Informationen über ihre emotionale Verfassung und ihre Handlungsabsichten austauschen. Somit sind Emotionen nicht nur ein wesentlicher Faktor des Privatlebens, sondern wirken sich auch auf das Arbeitsleben und die Beziehungen innerhalb einer Gesellschaft sowie zwischen unterschiedlichen Kulturkreisen aus. Wie gehen Dolmetscher, deren kommunikative Tätigkeit nicht nur interlinguale, sondern auch interkulturelle und soziale Komponenten beinhaltet, bei der Sinnvermittlung über Sprach- und Kulturgrenzen hinweg mit Emotionserleben um? Welchen Einfluss haben Emotionen auf Dolmetschleistungen und das berufliche Selbstverständnis von Dolmetschern? So lautete knapp gefasst die Ausgangsfrage der vorliegenden Arbeit.

Ausgehend von der vielzitierten Komplexität des Dolmetschvorgangs und dem Beispiel anderer multidisziplinärer Forschungsansätze folgend wurden zunächst die Teilaspekte angesprochen, die für die Erstellung eines mündlichen Translats relevant sind, um dann die emotionale Komponente als Variable des Dolmetschprozesses im Hinblick auf ihre Bedeutung für die mündlich gemittelte Translation einzuführen und zu beschreiben. Da es sich bei dem untersuchen Material um Memoiren handelt, war es darüber hinaus erforderlich, die Spezifik dieser Textsorte zu beleuchten (Autobiografik, Gedächtnis- und Erinnerungsforschung), um eine angemessene Auswertung zu gewährleisten.

Die Auseinandersetzung mit dem Textmaterial folgt dem Gedanken des autobiografischen Paktes. Auch wenn als gesichert gilt, dass Gedächtnisinhalte dem zeitbedingten Zerfall bzw. der Abänderung unterliegen und dass individuelle Faktoren deren Reproduktion beeinflussen, wurde zugunsten der Memoiristen davon ausgegangen, dass diese sich zum einen zuverlässig an die Geschehnisse erinnern und zum zweiten sowohl die Fakten als auch ihre eigene Person, deren Funktion, Rolle, Bedeutung usw. im Großen und Ganzen wahrheitsgemäß darstellen. Aufgrund ihrer in sich logischen und kohärenten

Darstellung wirken alle untersuchten Memoiren authentisch; gleichwohl gibt es erhebliche Unterschiede in der Selbsteinschätzung, die sich aus Qualität und Quantität derjenigen Passagen ablesen lässt, in denen die Autoren ihre eigene Person beleuchten.

UMFANG UND ART DES BESCHRIEBENEN GEFÜHLSERLEBENS
Die Memoiren präsentieren ein breites Spektrum an Dolmetscherpersönlichkeiten und Schicksalen und beeindrucken vielfach durch die Art und Weise, mit der die Memoiristen das eigene Wirken einordnen und werten sowie lebensgeschichtliche mit historischer Sinnkonstruktion verknüpfen. Die Darstellung folgt zwangsläufig höchst unterschiedlichen Schwerpunktsetzungen, von der Absicht, eine wahrhaftige Schilderung der Ereignisse zu gewährleisten, bis hin zum vorrangig literarischen Anspruch. Dabei werden, das ist als Erstes festzuhalten, Emotionsäußerungen von Rednerseite und das Verhalten der Memoiristen in solchen Situationen nur selten angesprochen.

Vergleicht man die Emotionsintensität der 19 Autorenaussagen sowohl in Bezug auf die Häufigkeit, mit der (fremde oder eigene) Gefühle thematisiert werden, als auch im Hinblick auf den Emotionsgehalt der Aussagen an sich, so ergibt sich eine Skala, an deren unterem Ende („emotionsarm", nüchtern, fast unterkühlt) Dolmetscher wie Sonnenfeldt anzusiedeln sind, während Stupnikova, die im selben emotional höchst aufgeladenen Nürnberger Prozess tätig war, am oberen, deutlich expressiveren Ende rangiert. Die Frage nach dem Warum drängt sich auf, ist allerdings nicht eindeutig zu beantworten. Einerseits finden wir die Aussage bestätigt, autobiografische Texte weiblicher Autoren wiesen einen höheren Grad an Emotionalität auf als die ihrer männlichen Kollegen: Die persönlichsten, expressivsten Schilderungen stammen von Tamara Solonevič und Tat'jana Stupnikova. Da die Gruppe der männlichen Memoiristen zahlenmäßig allerdings ungleich größer ist, liegt keine echte Vergleichsbasis vor, was den Aussagewert schmälert. Gewichtiger scheint die Tatsache, dass die Autoren im ersten Drittel des 20. Jahrhunderts aufwuchsen (vier von ihnen wurden noch im 19. Jahrhundert geboren) und somit Generationen angehören, in denen die Manifestation von Gefühlen im Sinne des Ausdrucks eigener Befindlichkeiten nicht mit dem männlichem Rollenbild korrelierte, insbesondere wenn der Betreffende eine Aufgabe in der Öffentlichkeit wahrzunehmen hatte. Dies gilt auch für die hier erwähnten Dolmetscher: Ihr Handeln war sichtbar und unterlag damit dem geltenden gesellschaftlichen Normen- und Sanktionskanon. Nicht ohne Grund greifen etliche der Autoren in ihren Erinnerungen auf Metaphern aus der Terminologie des Theaters zurück, um den Aspekt der Öffentlichkeit, den Ablauf der Handlung und die Beziehungen zwischen den Protagonisten bzw. Dolmetschern und Publikum zu veranschaulichen.

Wenn die Autoren jedoch das Thema Emotionen erwähnen, geht es hauptsächlich um negative Gefühle wie Scham, Peinlichkeit und Ärger. Diese Feststellung entspricht Jahrs Aussage, negativ besetzte Emotionen (hier: des Dolmetschers) würden mit höherer emotionaler Intensität kommuniziert (hier: dem Leser vermittelt) als positive. Das beschriebene Gefühlserleben stellt eine Reaktion auf Reize in Form von Aussagen oder Handlungen anderer Personen dar und betrifft somit die Dolmetscher selbst und nicht die Redner, deren Emotionsausdruck inklusive Wahrnehmung und Verarbeitung durch den Dolmetscher der eigentliche Gegenstand dieser Arbeit sein sollte. Dennoch sind diese Momente für den Dolmetschprozess relevant, denn der gesetzte Reiz zwingt den Dolmetscher zu einer Handlungsentscheidung. Etliche der Autoren beschreiben Situationen, in denen sie beiläufig und kommentarlos intervenierten, um Störungen in der Kommunikation vorzubeugen. Offensichtlich hängt das Bestreben, einen reibungslosen, unauffälligen Ablauf der Interaktion zu gewährleisten, mit mehreren Faktoren zusammen. Zum einen ist dies das Bewusstsein der eigenen Kompetenz (Kenntnis der Sachverhalte, der Darstellungsregeln der fremden Kultur sowie der damit verknüpften Rezipientenerwartung), verbunden mit der Verantwortung für das Gelingen der Kommunikation sowie der Verantwortung für die eigene Person. Aus dem Wissen heraus, dass Fehlleistungen zumeist dem Dolmetscher angelastet werden, schaltet er sich, einer Art Selbstschutzmechanismus folgend, ein, statt den Redner bloßzustellen, und vermeidet so neben Sanktionen auch Peinlichkeit, einhergehend mit drohendem Fremdschämen. Zum anderen ist relevant, inwieweit sich der Dolmetscher mit seinem Auftraggeber oder dessen Gegenüber bzw. beiden Kommunikationspartnern und dem von ihnen – einzeln oder gemeinsam – vertretenen Anliegen identifiziert. Kusterer belegt exemplarisch Jahrs These, wonach eine starke persönliche Nähe des Verfassers (hier: des Dolmetschers) zu den Sachverhalten eine gesteigerte emotionale Intensität (hier: bei der Gestaltung des Translats) verursachen kann; dasselbe gilt für seinen dolmetscherischen Ansatz, einen auf Rednerseite nicht überzeugend dargestellten Sachverhalt durch ein stärkeres emotionales Engagement zu kompensieren, d. h. Mängel auf der Inhaltsebene durch eine betont expressive Ausdrucksweise auszugleichen.

Während weitere negative Gefühle wie Schuld und Trauer kaum angesprochen werden, liefert der Nürnberger Prozess gegen die Hauptkriegsverbrecher den Rahmen für die Auseinandersetzung mit existentiellen Emotionen wie Angst und Hass. Auch sie werden als Phänomene beschrieben, die die Dolmetscher in Bezug auf sich selbst thematisieren und die sie nun im Zusammenhang mit der Vergegenwärtigung jener Zeit aus dem Gedächtnis abrufen, wo sie offenkundig besonders nachhaltig gespeichert waren. Ungeachtet der persönlichen Betroffenheit beschreibt allerdings keiner der Gerichtsdolmetscher eigenes Gefühlserleben in Form von Hass. Dort, wo diese Emotion angesprochen wird, etwa als fester Bestandteil von Interviews, entsteht der Eindruck, als hätten die Dolmetscher dieses Gefühl während der Gerichtsverhandlungen für sich gar nicht zugelassen, sondern stattdessen bei ihren Simultaneinsätzen gleichsam automatisch funktioniert in dem Bemühen, die zutiefst bedrückenden Inhalte mit einem Höchstmaß an Disziplin und Distanz auf einer rein sprachlich-professionellen Ebene abzuhandeln und alle weiteren, auch persönliche Implikationen zu verdrängen. Die Frage nach den genauen Abläufen und den hierbei angewendeten Verarbeitungsstrategien müsste von der Emotionspsychologie untersucht werden; spekulativ lässt sich vermuten, dass die kognitiven Kapazitäten der Dolmetscher angesichts des ungemein hohen Maßes an Belastung nicht ausreichen, um im konkreten Moment sämtlichen neuen Informationen angemessen gerecht werden zu können, und dass deshalb die Notstrategie der Reduktion auf den zentralen Gedanken – Pflichterfüllung im Sinne einer Wiedergabe der Redneräußerung – gewählt wurde. Durch diese Unterdrückung alles Emotionalen (die nicht immer gelang, wie Stupnikova eindrucksvoll belegt) entlasteten sich die Dolmetscher zugleich von der Notwendigkeit, situationskonforme Ausdrucksformen finden zu müssen.

Gefühlszustände wie Liebe, Verliebtsein und Zuneigung ebenso wie Freude und Glück, Erheiterung und Überraschung werden hingegen wie vermutet bei Rednern oder Kommunikationsteilnehmern dieser offiziellen Kontexte von den Memoiristen so gut wie gar nicht angesprochen. Auch Ekel und Verachtung sowie Neid und Eifersucht fehlen in den Schilderungen, was darauf zurückzuführen sein dürfte, dass die Mehrheit der Verfasser ihr zentrales Anliegen in der Darstellung der historischen Ereignisse und weniger in der Erörterung persönlicher Befindlichkeiten sehen.

Der Zustand der Unruhe im Sinne von Nervosität wird zwar stellenweise erwähnt, dann aber eher im Hinblick auf die persönliche Verfassung des Dolmetschers, beispielsweise vor dem ersten beruflichen Einsatz oder im Vorfeld schwieriger Verhandlungen. Umgekehrt weisen verschiedene Autoren auf die Bedeutung der fachlichen und terminologischen Vorbereitung hin. Sie verfolgen damit das mittlerweile wissenschaftlich untersuchte und begründete Ziel, zumindest einen Teil der kognitiven Belastung vorzuverlagern und dadurch Stress und Belastung in der eigentlichen Dolmetschsituation zu mindern und die Qualität der Leistung zu sichern.

Neben Erkenntnissen der Introspektion finden sich in den Memoiren jedoch auch einzelne Beobachtungen von Emotionsmanifestationen Dritter (in der Regel der Redner) sowie Aussagen über deren Auswirkungen auf das Dolmetschen. Was die Dolmetscher in der jeweiligen Situation als so relevant wahrgenommen haben, dass es eine Gedächtnisspur in ihrem Zentralnervensystem hinterlassen hat, sind in der Regel nonverbale Formen des Emotionsausdrucks, zum Beispiel verbalisierungsbegleitende Manifestationen wie Veränderungen der Stimme und des Sprechtempos oder nonvokale nonverbale Manifestationen im Bereich des Gesichtsausdrucks, der Gestik oder der Körperhaltung, vereinzelt auch Manifestationen in der sprachlich-inhaltlichen Form der Verbalisierung. Diese Schilderungen können als Beleg dafür gewertet werden, dass die nonverbalen Formen des Emotionsausdrucks tatsächlich universal sind und damit die nichtsprachliche Kommunikation auch über kulturelle Grenzen hinweg funktioniert. Die von einigen der Autoren vorgetragene Forderung, der Dolmetscher müsse den fremden „Zungenschlag" beherrschen, entspringt der Tatsache, dass sie sich der Wirkung psychologischer außersprachlicher Faktoren auf die gemittelte Kommunikation bewusst sind bzw. waren. Sie verfügten offensichtlich neben der Sensibilität für nichtsprachliche Ausdrucksformen über ein bestimmtes Maß an Empathie und nutzten diese Fähigkeit als selbstverständliche Teilkompetenz bei ihrer Arbeit. Diese Sichtweise kommt u. a. in Formulierungen wie „Sich-Verwandeln" oder „Hineinkriechen" in Personen bzw. Situationen zum Ausdruck.

UMGANG MIT EMOTIONEN UND FESTLEGUNG
DES HANDLUNGSSPIELRAUMS

Die Auseinandersetzung mit dem Emotionserleben Dritter, der ursprünglich das Interesse dieser Arbeit galt, nimmt in den Memoiren eindeutig weniger Raum ein als die Aussagen der Memoiristen über eigenes Emotionserleben und daraus resultierende (Dolmetsch-) Handlungen. Auch diese persönlichen Gefühlsreaktionen ermöglichen allerdings, so die Erkenntnis, Rückschlüsse auf die Einstellung der Dolmetscher gegenüber dem Redner bzw. dem Gesagten sowie dem bzw. den Rezipienten der Dolmetschleistung, denn sie sind objektgerichtet und spiegeln somit das soziale Beziehungsgeflecht, in dem die Interaktion vonstatten geht, sowie den Stellenwert, den Faktoren wie Macht (im Sinne von Machtverteilung) und Verantwortung in diesem System haben. In den emotionalen Reaktionen der Dolmetscher werden Denk- und Handlungsmuster erkennbar, die auf das Selbstbild und das Rollenverständnis sowie die damit verbundenen berufsethischen Grundsätze des jeweiligen Memoiristen zurückzuführen sind. Manche der Verfasser reflektieren auf der theoretischen Ebene darüber bzw. definieren explizit ihre Position im situativen Gefüge, andere verdeutlichen ihr Verständnis vom Handlungs- und Gestaltungsspielraum eines Dolmetschers anhand ihres Vorgehens in konkreten Settings, und wieder andere gehen der Frage nach, welche Bedeutung die berufliche Rolle für ihr gesamtes persönliches Leben hatte und ob die berufsbedingte Aufwertung der eigenen Person sinnstiftend dafür war.

Welchen Part aus dem Rollenrepertoire die Dolmetscher vertreten, kann je nach Kommunikationsanlass und Setting differieren, womit die dolmetschwissenschaftliche Aussage bestätigt wird, dass bei Dolmetschentscheidungen externe und interne Faktoren zum Tragen kommen, deren Gewichtung situationsabhängig jedes Mal neu festgelegt wird. Aus den Memoiren treten auf der einen Seite Dolmetscher hervor, die diese Variabilität und die damit verbundenen Imponderabilien positiv wahrnehmen und sich offen und kreativ auf die Erfordernisse des jeweiligen Settings einstellen. Für welchen Ansatz – diskret, aktiv hervortretend oder auch aus moralischen Gründen den Einsatz verweigernd – sich ein Dolmetscher letztlich entscheidet, hängt, so der aus den Memoiren gewonnene Eindruck, nicht zuletzt von seiner Persönlichkeit (z. B. seinem Durchsetzungswillen) und seinem Selbstbild ab, aber auch davon, ob auf Dolmetscherseite eine emotionale Beziehung zu dem verhandelten Thema vorliegt. Darüber hinaus wird die Aussage bestätigt, ältere und beruflich erfahrenere Dolmetscher seien eher gewillt, auf die Kommunikationspartner einzuwirken oder in den Ausgangstext einzugreifen. Die von den Memoiristen beschriebenen Interventionsformen sind vielfältig und variieren vom Einsatz möglichst unauffälliger sprachlicher und mimischer Mittel bis hin zur eigenmächtigen Präsentation eines selbst verfassten Textes als Ersatz für einen vermeintlich unpassenden Rednertext. Anlass zum Eingreifen bieten vorzugsweise auffällige, nicht standardmäßige Dolmetschkontexte, die sich zudem besonders gut literarisch verarbeiten lassen. Zum einen beschreiben die Autoren aus der Zeitzeugenwarte historisch brisante Momente und verleihen sich selbst im Nachhinein noch einmal Gewicht aufgrund der Tatsache, dabei anwesend gewesen zu sein, zum anderen lässt sich das eigene Können anhand der souveränen Bewältigung anspruchsvoller Gesprächssituationen mit nicht situationskonformem Rednerverhalten besonders gut unter Beweis stellen. Damit wird die Fähigkeit illustriert, die persönliche Entscheidungskompetenz auch unter Stress mit den Erwartungen der Kommunikationspartner abzugleichen und ad hoc eine (wie auch immer geartete: intervenierende, korrigierende, zieltextrezipientengerechte) Entscheidung zu treffen.

Neben diesem aktiven, seine Rolle flexibel auslegenden Dolmetschertypus findet man in den Memoiren eine weitere Gruppe von Dolmetschern, die sich innerhalb eines mehr oder weniger starren Kompetenzrahmens bewegen und eine konstante Loyalität gegenüber der Auftraggeberseite vertreten. Diese findet ihren Ausdruck u. a. in der Art und Weise, wie die Verfasser mit Emotionalität umgehen. So vertreten Suchodrev und Zwilling die Ansicht, die Emotion des Redners sei 1:1 nachzuvollziehen, und Eberlein, der einzige Autor, in dessen Schilderung der Begriff *Pathos* auftaucht, veranschaulicht anhand eines Berichts von dritter Seite seine überaus enge Orientierung an der Rhetorik und dem Emotionsausdruck des Redners.

ERKENNTNISSE ZUM ROLLENVERSTÄNDNIS
Die Memoiren und autobiografischen Aussagen, die die Basis für diese Untersuchung darstellen, bilden eine beeindruckend große Vielfalt von Dolmetscherpersönlichkeiten ab, was bereits vermuten lässt, dass diese sich unterschiedlich intensiv mit der eigenen Rolle und deren Gewicht in der Kommunikation auseinandergesetzt haben. Einer der Faktoren, die hier zum Tragen kommen, ist die Fremdwahrnehmung. Aus der Tatsache, dass einige Memoiristen ausdrücklich die Anerkennung betonen, die sie von außen, unter Umständen auch vom ideologischen Gegner, für ihre Leistung erfuhren, wird ersichtlich, welche Rolle die Wertschätzung durch Auftraggeber, Rezipienten und Kollegen für die Eigenwahrnehmung, für Zufriedenheit und Identifikation mit der beruflichen Funktion spielt. Inwieweit Erfolg und Anerkennung als Maßstab für den Wert der eigenen Persönlichkeit und des eigenen Lebens dienen, ist offensichtlich eine sehr individuelle Frage. Neben Dolmetschern, die in ihrer Rolle aufgehen oder dahinter verschwinden, präsentieren sich auch solche, deren Darstellung Raum für Individuelles, für den Menschen neben dem Dolmetscher lässt.

Ein weiterer Faktor, der Rückschlüsse auf das Rollenverständnis ermöglicht, ist das Metabild, das der jeweilige Autor von sich vermitteln möchte und das häufig bereits im Vorwort anklingt. Gemeinsam ist allen Memoiristen, dass ihr Zeitzeugentum den Hintergrund für ein Anliegen bildet, das über den autobiografischen Text an die Gesellschaft herangetragen werden soll. Abgesehen von diesem kleinsten gemeinsamen Nenner vertreten die Dolmetscherindividuen ein kontroverses Selbst- und Rollenbild. Der Gruppe der expliziten „Nicht-Dolmetscher", die sich über ihren eigentlichen (erlernten) Beruf definieren und das Dolmetschen lediglich als eine parallel zur Hauptfunktion ausgeübte Hilfstätigkeit von nachgeordneter Bedeutung sehen, der sie folglich in den Memoiren bestenfalls den Platz einer Randbemerkung zuweisen, stehen am anderen Ende des Spektrums die engagierten Dolmetschdienstleister mit klar ausgeprägten berufsethischen Grundsätzen gegenüber, deren Anliegen es ist, über die Besonderheiten und den Stellenwert dieses Berufs aufzuklären. Auch sie verfolgen als Zeitzeugen das Ziel, die Leser über die historischen Umstände und Hintergründe ihrer Dolmetscheinsätze zu informieren, gewichten jedoch beide Motive und deren Beleuchtung gleichmäßiger als die erste Gruppe. Diejenigen, die die Berufsrichtung bewusst gewählt und/oder eine entsprechende translatorische Ausbildung genossen hatten, und sei es in Form von Schnellkursen oder Lehrgängen, reflektieren und referieren deutlich intensiver über berufsspezifische Fragen wie Loyalität, Korrektheit, Verschwiegenheit, Kollegialität, Neutralität und Verantwortung als ihre Kollegen, die als ursprünglich Berufsfremde von dritter Seite zu Dolmetscheinsätzen herangezogen wurden und sich teilweise nur widerstrebend darauf einließen. Daneben lässt sich bei der ersten Gruppe ein stärker ausgeprägtes Bewusstsein für den Wert ihrer sprachlichen und kulturellen Kompetenzen sowie für ihre Funktion in der Kommunikation beobachten. Eine Ausnahme bildet Ehlert, der ungeachtet der vorhandenen berufsbildenden Grundlagen nicht auf die sprachlich-kommunikative Seite seiner Arbeit eingeht.

Die translatorischen Seiteneinsteiger bilden wiederum keine homogene Gruppe, was den Umgang mit dem neuen Metier betrifft, sondern unterscheiden sich in ihrer Wahrnehmung und der entsprechenden Darstellung in den Memoiren. Der eine Dolmetschertyp kompensiert nicht vorhandene Ausbildungsinhalte durch ein deutlich erkennbares Gespür für die Spezifik des Dolmetscherberufs, so etwa Jacob, der Literat mit dem sichtlichen Vergnügen am Spiel mit Sprache(n), Ramler, der als Opfer nationalsozialistischer Verfolgung selbst in der unmittelbaren Konfrontation mit den Tätern professionell handelt, oder Solonevič, die beim Kontakt mit Ausländern den mentalen Spagat zwischen persönlicher und staatlich verordneter Meinung bewältigen muss. Zur Frage, woher diese Sensibilität stammt, lassen sich lediglich Vermutungen anstellen: Im Falle Jacob könnte sie auf die bildungsbürgerliche Herkunft mit der breit angelegten, multikulturell orientierten familiären und schulischen Bildung zurückzuführen sein; bei Ramler und Solonevič handelt es sich offenkundig um Persönlichkeiten mit einer positiven Grundeinstellung, die durch die historischen Umstände mehrfach gezwungen waren, sich in neuen Lebensumständen zurechtzufinden, wobei sprachliche Ausdrucksfähigkeit, Einfühlungsvermögen und Kommunikationsbereitschaft sicherlich hilfreich waren, Eigenschaften also, die auch in der gemittelten Kommunikation von Nutzen sind. Der zweite Typ der Autodidakten kann zwar offensichtlich mit seinen Dolmetschleistungen die Erwartungen der Rezipienten erfüllen, erachtet diesen Aspekt jedoch nicht als relevant und setzt sich ungeachtet der positiven Rückmeldungen nur sporadisch mit dolmetschrelevanten Aspekten auseinander.

Es bleibt festzuhalten, dass ein translatorischer Hochschulabschluss bzw. eine entsprechend konzipierte Zusatzausbildung den Dolmetschermemoiristen augenscheinlich die entscheidenden Kompetenzen dafür vermittelten, ihre Funktion und ihren Platz im Kommunikationsgeschehen zu bestimmen und in Abhängigkeit vom jeweiligen Situationsgefüge immer wieder neu zu definieren sowie die damit verbundene (umfassende oder eingeschränkte) Handlungsfreiheit wahrzunehmen und falls erforderlich auch zu verteidigen. Dieser Weg in den Beruf ist jedoch, zumal in Krisenzeiten oder Ausnahmesituationen, offensichtlich nicht der einzig mögliche: Unter gewissen Voraussetzungen – hoch entwickelte muttersprachliche und fremdsprachliche Kompetenzen und Sensibilität für Sprachsysteme und ihre Unterschiede, ein tiefgreifendes Kulturverständnis, Lernfähigkeit und nicht zuletzt ein persönliches Interesse an der Verständigung von Menschen bzw. an einem bestimmten (Verhandlungs-) Ergebnis – können auch Dolmetscherlaien ein Bewusstsein für die Variabilität und die Tragweite dolmetscherischer Entscheidungen entwickeln, das die Produktion hochwertiger situationsadäquater Translate ermöglicht und sie befähigt, translatorische Aufträge zur Zufriedenheit der beteiligten Kommunikationspartner zu erfüllen. Zu den Aufträgen selbst liefern die Texte nur wenige Hinweise: Erwähnt werden „Kunden", die dem Dolmetscher seinen Status und den damit verbundenen Entscheidungsfreiraum durch einen explizit formulierten Dolmetschauftrag vorschreiben, aber auch Dolmetscher, die einen solchen Auftrag aus dem Situationskontext selbstständig ableiteten und dem Problem fehlender Vorgaben mit Reaktionsschnelligkeit und gesundem Menschenverstand begegneten.

Neben dieser ersten Erkenntnis zeichnen sich auf einer zweiten Ebene deutliche Unterschiede ab, was die Position der Dolmetscher im Dolmetschprozess und die Konsequenzen für das Selbstverständnis und die dolmetscherischen Gestaltungsmöglichkeiten betrifft. Neben der translatorischen Ebene, auf der grundsätzliche, gleichsam technische Entscheidungen über die Erwartungen an das Translat und den Aktionsspielraum des Dolmetschers getroffen werden, kommt in bestimmten Kontexten eine weitere – diesmal politische – Ebene zum Tragen, auf der die Machtverteilung innerhalb einer Kommunikationssituation und somit auch der Kompetenzrahmen des Dolmetschers aufgrund äußerer Einflüsse nach anderen, weitreichenderen, über translationsrelevante Aspekte im engeren Sinne hinausgehenden Kriterien geregelt und unter Umständen durch Sanktionen gesichert wird.

Der Begriff der Macht als Komponente der gemittelten Kommunikation wird von den Autodidakten unter den Dolmetschern eingeführt und mit einer Mischung aus Unbefangenheit und Stolz verwendet. Dollmann als Mittler zwischen zwei totalitären Staaten freut sich unverhohlen über die Machtfülle, die mit der Dolmetscherfunktion einhergeht, ohne sie jedoch als Element eines konstanten Loyalitätsverständnisses zu begreifen, und vertritt in der Kommunikation den jeweils opportun scheinenden Standpunkt. Für den US-Neubürger Sonnenfeldt als Vertreter einer demokratisch geprägten Siegernation, der beim Dolmetschen seine Position der Stärke bewusst und mit Duldung seiner Auftraggeber ausnutzt, ist Loyalität hingegen Teil der nationalen Identifikation, sprich patriotische Selbstverständlichkeit. Nicht alle Memoiristen hatten jedoch die Wahl, verantwortbare translatorische Entscheidungen im Sinne von Prunčs Normenpluralismus frei zu treffen, so dass die Frage nach der Loyalität hier in einem anderen Licht erscheint. Die geschilderten Dolmetscheinsätze spielten sich größtenteils unter konfliktbelasteten Umständen ab, bedingt beispielsweise durch die Zugehörigkeit der Verhandlungspartner zu antagonistischen Gesellschaftssystemen, d. h. in Translationssituationen, in denen die Frage nach dem Loyalitätsverhältnis der Kommunikationsteilnehmer besonders brisant ist.

In der Gesamtschau auf die Dolmetschermemoiren manifestieren sich zwei konträre Translationskulturen als Ausdruck unterschiedlicher politischer Konzepte. Die eine gestattete es den Dolmetschern, im Sinne einer demokratisch konzipierten Translationsethik zu handeln und Dolmetschaufträge wegen ethisch-moralisch nicht vertretbarer Ansinnen abzulehnen. Es wäre gleichwohl nicht korrekt, würde man den Vertretern der anderen Translationskultur pauschal vorwerfen, sich bei Interessenskonflikten in ihrem Interaktionsfeld womöglich gegen ihr Gewissen und zugunsten des Auftraggebers entschieden zu haben. Der (Sprach-) Raum, in dem sie sich bewegten, war, anders als von Happel postuliert, bei weitem nicht herrschaftsfrei, sondern analog zum gesellschaftlichen Raum hierarchisch-autoritär strukturiert, so dass jedwede Verdolmetschung potentiell immer auch ideologische Komponenten beinhaltete. Die politischen Verhältnisse, unter denen diese Dolmetscher agierten, ließen eine von der offiziellen Generallinie abweichende Haltung nicht zu. Wer einmal in die vorgegebenen Verhaltensregeln eingebunden war, verhielt sich gezwungenermaßen erwartungs- und rollenkonform und reflektierte möglicherweise erst aus der Distanz der Jahre und der veränderten Umstände nachträglich über diese Ambivalenz. Die für Dolmetscher in totalitären Systemen typische Multifunktionalität sorgte für eine noch stärkere Bindung an das System und bewirkte gleichzeitig eine weitere Einschränkung der Handlungsfreiheit.

Dies galt im Verhältnis nach außen wie nach innen. Etliche der Dolmetscher schildern den inneren Zwiespalt, in den ihre Arbeit sie stürzte, weil ihre auf patriotischer Zuneigung basierende uneingeschränkte Loyalität gegenüber dem Vaterland mit dem Wissen kollidierte, dass die Außendarstellung dieses Landes, die sie als Dolmetscher zu vertreten hatten, vielfach nicht der Realität entsprach. Wissen und Loyalität sind vor diesem Hintergrund konfligierende Phänomene, wie die Memoiren belegen. Jeder Dolmetscher wünscht sich möglichst umfangreiche Vorabinformationen zur Vorbereitung auf einen Dolmetscheinsatz; ein totalitäres System hebt jedoch in erster Linie auf die ideologischen Gesichtspunkte von Wissen ab und gewährt seinen Dolmetschern (ebenso wie den übrigen Normalbürgern) nur einen begrenzten Zugang dazu. Stupnikovas Schilderung illustriert eindrucksvoll, wie belastend sich ein Zuviel an Wissen für den Dolmetscher auswirken kann: Die Information muss mit der offiziellen „Wahrheit" und dem Gewissen abgeglichen werden und sodann in eine verantwortungsbewusst getroffene Dolmetschentscheidung münden, wobei die Verantwortung des Dolmetschers in einer Diktatur ebenfalls anders gelagert ist als in einem demokratischen Staatssystem. Neben der grundsätzlichen Verantwortung für die Qualität der Dolmetschleistung geht es um eine einwandfreie Außenwirkung des Auftraggebers und nicht zuletzt um die Verantwortung für das eigene Leben und das der nächsten Angehörigen, denn ein Fehlverhalten kann gravierende Folgen für Leib und Leben nach sich ziehen. Alle diese Überlegungen schränken die Entscheidungsfreiheit des Dolmetschers stark ein.

Andererseits – auch das ist ein interessantes Detail – schildern gerade multifunktional eingesetzte Dolmetscher aus sozialistisch geprägten Translationskulturen neben der offiziellen Seite ihrer Arbeit mit strengen Regeln und Vorgaben einen fast privaten Umgang mit den hochrangigen Politikern, für die sie tätig waren. Mit zunehmender Intensivierung des Dolmetscher-Redner-Verhältnisses entstand demnach ein Maß an Vertrauen in den Dolmetscher, das solche machtbewussten Politiker wie Chruščëv, Brežnev oder Tito dazu bewog, an gewissen Stellen in der Interaktion, wenn etwa interkulturelle, ihnen vermutlich weniger geläufige Aspekte zum Tragen kamen und die Grenzen der eigenen Kompetenz erreicht waren, Verantwortung abzugeben und dem Dolmetscher die Vollmacht über Inhalt und Form einer Aussage oder Handlung zu übertragen. Offensichtlich begünstigten längere gemeinsame Reisen das Entstehen einer solchen Stimmungslage, denn einige der Dolmetscher berichten, sie hätten von sich aus die Initiative zu einem Gespräch über Privates ergriffen. Die durch diese Aufwertung des Dolmetschers entstehende äußerliche Gleichrangigkeit, die bisweilen damit einherging, dass man den Dolmetscher duzte, repräsentierte allerdings lediglich eine Pseudonähe, denn die jeweiligen Politikerentscheidungen basierten auf dem Zufallsprinzip und waren nicht Teil eines vorab vereinbarten Handlungsmusters, auf das der Dolmetscher sich verlässlich hätte einstellen können. Das enge Verhältnis zwischen Politiker und Dolmetscher barg nicht nur Vorteile: So fiel Pavlov nach dem Tod seines Protektors Stalin politischen Rivalitäten zum Opfer und büßte seine vormals exponierte Position ein. Zudem lässt sich beobachten, dass Dolmetscher, die ihre Distanz aufgaben und sich von einem der Interaktionspartner vereinnahmen ließen, Gefahr liefen, instrumentalisiert und mit Sachaufgaben betraut zu werden, die über den ursprünglichen Mittlerauftrag hinausgingen. Nicht umsonst betonen etwa Ramler und Weit die Bedeutung der Äquidistanz bzw. der Unparteilichkeit.

FAZIT

> *Jeder Mensch erfindet sich früher oder später eine Geschichte,*
> *die er für sein Leben hält.*
>
> Max Frisch, Mein Name sei Gantenbein

Die Untersuchung veranschaulicht einmal mehr die Vielzahl der Variablen, denen das Dolmetschen unterliegt, und die daraus resultierende Vielschichtigkeit der Anforderungen, mit denen Dolmetscher sich konfrontiert sehen, und belegt in zweifacher Hinsicht die Bedeutung der – bislang eher als nachgeordnet wahrgenommenen – emotionalen Kompetenz von Translatoren. Sie ist einerseits komplementär zu Teilkompetenzen der interkulturellen Kompetenz wie kulturbezogenem Fakten- und Textwissen und der Fähigkeit zum Perspektivenwechsel zu sehen und kann andererseits als nicht minder wichtige Teilkomponente der sozialen Kompetenz von Übersetzern und Dolmetschern gewertet werden. Am Beispiel der Memoiristen und ihrer unterschiedlich stark ausgeprägten, teils auch wechselnden Identifikation mit der beruflichen Rolle zeigt sich des Weiteren, dass Vorstellungen über das Rollenbild zwar im Zuge der Dolmetscherausbildung vermittelt und internalisiert werden können und müssen, dass aber ihre Umsetzung in die Praxis einen lebenslangen Anpassungs- und Erfahrungsprozess darstellt, dessen Bewältigung Offenheit, Empathie und Lernbereitschaft voraussetzt.

DESIDERATA FÜR DIE DOLMETSCHFORSCHUNG UND DIE DOLMETSCHLEHRE

Man braucht sich nur vorzustellen, die Protagonisten der in den Memoiren beschriebenen historischen Szenen hätten sich über eine Lingua Franca direkt verständigt oder einen anderen Dolmetschertyp engagiert, um festzustellen, welche Bedeutung die Persönlichkeit des jeweiligen Dolmetschers für den Ablauf der Kommunikation hatte. Sie kommt naturgemäß besonders in den Kontexten zur Geltung, in denen der Dolmetscher als Kommunikationsteilnehmer physisch ganzheitlich (in persona) in Erscheinung tritt. Man kann sicher konzedieren, dass die Umstände, unter denen die erwähnten Autoren ihre Arbeit taten, Pioniercharakter hatten, historische Ausnahmesituationen waren oder sich durch sonstige Spezifika vom im heutigen Sinne „normalen" (Konferenz-) Dolmetschergeschäft abhoben und damit auch besondere, nichtstandardmäßige Dolmetschsettings mit entsprechenden Anforderungen kreierten. Dennoch bleibt der Eindruck, dass sich die Verfasser der Memoiren den Herausforderungen, mit denen man sie konfrontierte, ungeachtet ihrer persönlich oft nicht einfachen Lage mehrheitlich mit voller Einsatzbereitschaft, verantwortungsbewusst, flexibel und empathisch stellten. Würde man nun den Grad an Engagiertheit (der letztlich für das Ausmaß an Identifikation des Dolmetschers mit seinem Beruf steht) messen – immer vorausgesetzt, die Eigendarstellung der Verfasser ist wahrheitsgetreu –, fände man unter den Memoiristen zupackendere und zurückhaltendere und es erhebt sich die Frage, welches Maß an Dolmetscherpersönlichkeit eine Dolmetschsituation überhaupt braucht oder verträgt. Schließlich geht es bei diesem „Rollenspiel" um eine Inter-Aktion und es wäre aufschlussreich, die Perspektive zu wechseln und die Warte der Redner und der Rezipienten einzunehmen. Wie sehen sie die Funktion des Dolmetschers im Kommunikationsgeschehen, welche Erwartungen verbinden sie mit seiner Person und seiner Arbeit und welchen Ermessensspielraum gestehen sie ihm zu? Sind sie bereit, Verantwortung an den Dolmetscher abzutreten bzw. sind sie sich überhaupt der manipulativen Möglichkeiten der Sprachmittler bewusst und wie stehen sie dazu? Welchen Stellenwert hat Vertrauen in diesem Zusammenhang? Die Translations- bzw. Dolmetschwissenschaft hat im Rahmen ihrer Ethikdiskussion bislang vorrangig von Dolmetscherseite auf Fragen wie Rollen- und Machtverteilung in der gemittelten Kommunikation geblickt; gerade das Thema der Verantwortung des Translators ist sicher noch nicht abschließend erörtert. Nun sollte allerdings die anfangs aufgezeigte Verknüpfung von Translation mit soziologischen Erkenntnissen und sozialkonstruktivistischen Emotionstheorien aufgegriffen und weitergeführt werden, um die genannten Aspekte aus der Warte der primären Kommunikationspartner zu beleuchten. Darüber hinaus stellt sich die Frage nach der individuellen Gefühlsarbeit von Dolmetschern im 21. Jahrhundert: Wie managen sie bei ihren Einsätzen nicht nur die Emotionen Dritter, sondern auch den eigenen Gefühlshaushalt? Welchen Einfluss hat die zunehmende Präsenz und Akzeptanz von Emotionsmanifestationen im öffentlichen Raum auf ihre Arbeit?

Die Schlussfolgerung, die sich aus diesen Überlegungen für die moderne Dolmetschlehre ergibt, ist folgende: Die Ausbildung sollte, um die emotionale Kompetenz von Translatoren zu stärken, zum einen im Bereich der kontrastiven Kulturwissenschaften ansetzen und dort gezielt die Ebene der jeweiligen kulturspezifischen „Emotionstrigger", der Mentalitäten und Stereotype, der

Do's and Taboos etc., ansprechen und behandeln. Zum zweiten wäre es meines Erachtens wünschenswert, die zukünftigen Sprach- und Kulturmittler im Sinne eines ganzheitlichen Ausbildungsansatzes (noch deutlicher als dies bisher vielleicht schon geschieht) zu ermutigen, die vermittelten Lehrinhalte nicht als ultima ratio zu verstehen, sondern lediglich als Ausgangspunkt für eine weitergehende (und letztlich lebenslange) eigenständige Erschließung von Themen und Wissensgebieten. (Text-) Verstehen – als erster, unabdingbarer Schritt auf dem Weg zu einem wirkungsäquivalenten Translat im Sinne einer „Information über Gesagtes" – geschieht vor dem Hintergrund von Erfahrungen, Vor- und Weltwissen. Daher sollten die Studierenden angehalten und angeleitet werden, sich aufbauend auf dem Bewusstsein der eigenen kulturellen Identität mit der Alterität fremder Kulturen und kultureller Positionierungen auseinander zu setzen, die eigene Position aus der Außenperspektive zu betrachten sowie individuelle Standpunkte zu entwickeln und argumentierend zu vertreten. Ein derartiger Ansatz würde nicht nur die Kompetenzerweiterung im engeren Sinne befördern, sondern die Dolmetscher auch befähigen, sich als aktiv handelnde Experten im Kommunikationsgeschehen zu verstehen, deren Mitwirkung eine grundlegende Voraussetzung für Austausch und Entwicklung darstellt. Als solche wären sie in der Lage, der vorhandenen Vielzahl translatorischer Handlungssituationen professionell zu begegnen, d. h. das Maß ihrer Verantwortlichkeit in Abhängigkeit vom jeweiligen Kontext zu definieren bzw. mit dem Auftraggeber zu regeln, das manipulative Potenzial von Dolmetschsituationen zu erkennen und auch in konfliktbelasteten Kontexten reflektiert und angemessen zu agieren.

Literaturverzeichnis

ABELE-BREHM, ANDREA E.; GENDOLLA, GUIDO H. E. (2000): „Motivation und Emotion." In: Otto, J. H.; Euler, H. A.; Mandl, H. (Hg.), 297-305.
AHAMER, VERA SOPHIE (2007): „Die Gründung des Instituts für Dolmetschausbildung an der Universität Wien 1943." In: *Lebende Sprachen* 52 (2007) 1, 2-9.
AHRENS, BARBARA (2004): *Prosodie beim Simultandolmetschen*, Frankfurt/M. [u. a.]: Peter Lang.
AHRENS, BARBARA (2006): „'Structure and prominence' in Simultanverdolmetschungen." In: Heine, C.; Schubert, K.; Gerzymisch-Arbogast, H. (Hg.), 175 -194.
AHRENS, BARBARA; ALBL-MIKASA, MICHAELA; SASSE, CLAUDIA (HG.) (2012): *Dolmetschqualität in Praxis, Lehre und Forschung. Festschrift für Sylvia Kalina*, Tübingen: Gunter Narr.
AIIC: *Practical guide for professional conference interpreters*, http://aiic.net/page/628 [17.02.2015].
ALEKSEEVA, IRINA (2011): „Dolmetscher- und Übersetzerausbildung in Russland." In: Ammon, Ulrich; Kemper, Dirk (Hg.): *Die deutsche Sprache in Russland. Geschichte, Gegenwart, Zukunftsperspektiven*, München: Iudicium, 128-137.
Allgemeines Gebärdenlexikon des Instituts für Deutsche Gebärdensprache und Kommunikation Gehörloser der Universität Hamburg, http://www.sign-lang.uni-hamburg.de/projekte/plex/plex/lemmata/indizes/deutsche.htm [17.02.2015].
ANDRES, DÖRTE (2001): „Dolmetscher-Memoiristen – zwischen alter ego und ego." In: *Moderne Sprachen. Organ des Verbands der Österreichischen Neuphilologen für Moderne Sprachen, Literatur und Pädagogik* 45/1 (2001), Wien: Ed. Praesens, 23-37.
ANDRES, DÖRTE (2008): *Dolmetscher als literarische Figuren. Von Identitätsverlust, Dilettantismus und Verrat*, München: Martin Meidenbauer.
ANDRES, DÖRTE (2009): „Dolmetschen im medizinischen Bereich oder: die Hoffnung stirbt zuletzt." Vortrag im Rahmen der internationalen Fachkonferenz des BDÜ „Übersetzen in die Zukunft" am 13.09.2009 in Berlin (Mitschrift).
ANDRES, DÖRTE (2012): „Erwin Weit: Gratwanderung eines Dolmetschers." In: Kelletat, Andreas F.; Meger, Andreas (Hg.): *Worte und Wendungen. Texte für Erika Worbs mit Dank für zwei Jahrzehnte Germersheim*, Berlin: Saxa, 11-19.
ANDRES, DÖRTE (HG.) (2014): *Die Wahrheit, die reine Wahrheit und nichts als die Wahrheit: Erinnerungen der russischen Dolmetscherin Tatjana Stupnikova an den Nürnberger Prozess*, Berlin: Frank & Timme.
ANGELELLI, CLAUDIA V. (2004): *Revisiting the interpreter's role. A study of conference, court and medical interpreters in Canada, Mexico, and the United States*, Amsterdam; Philadelphia: John Benjamins.

ANGER, HEIKE: „Nur einen Schuhwurf entfernt." In: *Handelsblatt,* 11.02.1009, http://www.handelsblatt.com/politik/international/nachahmer-nur-einen-schuhwurf-entfernt/3108858.html [24.09.2015].

ANTOR, HEINZ (HG.) (2006): *Inter- und Transkulturelle Studien. Theoretische Grundlagen und interdisziplinäre Praxis,* Heidelberg: Winter.

ARGYLE, MICHAEL (2002): *Körpersprache und Kommunikation. Das Handbuch zur nonverbalen Kommunikation,* Paderborn: Junfermann.

„Arleigh A. Burke." In: *DER SPIEGEL* 9/1959, 25.02.1959, http://www.spiegel.de/spiegel/print/d-42624648.html [25.02.2015].

VON ARNIM, GABRIELE: „Ein glücklicher Mann." In: *DIE ZEIT* 51/2003, 11.12.2003, http://www.zeit.de/2003/51/P-Sonnenfeldt [24.09.2015].

ASSMANN, ALEIDA (^{2}2003): „Gedächtnis als Leitbegriff der Kulturwissenschaften." In: Musner, Lutz; Wunberg, Gotthard (Hg.): *Kulturwissenschaften. Forschung – Praxis – Positionen,* Freiburg: Rombach, 27-47.

ASSMANN, ALEIDA (2006): „Soziales und kollektives Gedächtnis." Vortrag im Rahmen der Veranstaltung „Kulturelles Gedächtnis: China zwischen Vergangenheit und Zukunft" der Bundeszentrale für politische Bildung, März 2006, http://www.bpb.de/files/0FW1JZ.pdf [24.09.2015].

ASSMANN, ALEIDA (2008): „Kollektives Gedächtnis." *Dossier Geschichte und Erinnerung der Bundeszentrale für politische Bildung,* http://www.bpb.de/themen/6B59ZU,0,0,Kollektives_Ged%E4chtnis.html [24.09.2015].

ASSMANN, ALEIDA (2012): „Einführung." In: Pelinka, Anton (Hg.): *Vorurteile. Ursprünge, Formen, Bedeutung,* Berlin; Boston: de Gruyter, 1-30.

ASSMANN, JAN (1988): „Kollektives Gedächtnis und kulturelle Identität." In: Assmann, Jan; Hölscher, Tonio (Hg.): *Kultur und Gedächtnis,* Frankfurt/M.: S. Fischer, 9-19.

ASSMANN, JAN (^{2}1999): *Das kulturelle Gedächtnis: Schrift, Erinnerung und politische Identität in frühen Hochkulturen,* München: Beck.

AUHAGEN, ANN ELISABETH (2000): „Interaktion." In: *Lexikon der Psychologie,* Heidelberg: Spektrum, http://www.spektrum.de/lexikon/psychologie/interaktion/7296 [17.02.2015].

BABEROWSKI, JÖRG; KAELBLE, HARTMUT; SCHRIEWER, JÜRGEN (HG.) (2008): *Selbstbilder und Fremdbilder. Repräsentationen sozialer Ordnungen im Wandel,* Frankfurt/M. [u.a.]: Campus.

BAHADIR, ŞEBNEM (2007): *Verknüpfungen und Verschiebungen. Dolmetscherin, Dolmetschforscherin, Dolmetschausbilderin,* Berlin: Frank & Timme.

BANSE, RAINER (2000): „Soziale Interaktion und Emotion." In: Otto, J. H.; Euler, H. A.; Mandl, H. (Hg.), 360-369.

BARIK, HENRI C. (1971): „A Description of Various Types of Omissions, Additions and Errors of Translation Encountered in Simultaneous Interpretation." In: *Meta* 16/4, 199-210.

BATTACCHI, MARCO W.; SUSLOW, THOMAS; RENNA, MARGHERITA (²1997): *Emotion und Sprache. Zur Definition der Emotion und ihren Beziehungen zu kognitiven Prozessen, dem Gedächtnis und der Sprache*, Frankfurt/M. [u.a.]: Peter Lang.

BAUMANN, THOMAS (2007): *Die spinnen, die Deutschen. Expeditionen durch den ganz normalen Wahnsinn*, München [u.a.]: Piper.

BAUMGART, ANETTE; JÄNECKE, BIANCA (²2000): *Russlandknigge*, München [u.a.]: Oldenbourg.

BAUMGART, WILFRIED (1972): „Hilger, Gustav." In: *Neue deutsche Biographie* Bd. 9, Berlin 1972, 143-144, http://daten.digitale-sammlungen.de/~db/0001/bsb00016326/images/index.html?id=00016326&groesser=&fip=193.174.98.30&no=&seite=157 [07.09.2015].

BAUR, WOLFRAM; EICHNER, BRIGITTE; KALINA, SYLVIA; MAYER, FELIX (HG.) (2012): *Übersetzen in die Zukunft – Dolmetscher und Übersetzer: Experten für internationale Fachkommunikation*, Tagungsband der Internationalen Fachkonferenz des Bundesverbandes der Dolmetscher und Übersetzer e. V. (BDÜ), Berlin, 28. - 30. September 2012, München: BDÜ.

BAUSINGER, HERMANN (⁴2005): *Typisch deutsch. Wie deutsch sind die Deutschen?* München: C.H. Beck.

BEHR, MARTINA (2013): *Evaluation und Stimmung. Ein neuer Blick auf Qualität im (Simultan-) Dolmetschen*, Berlin: Frank & Timme.

BEHR, MARTINA; CORPATAUX, MEIKE (2006): *Die Nürnberger Prozesse. Zur Bedeutung der Dolmetscher für die Prozesse und der Prozesse für die Dolmetscher*, München: Martin Meidenbauer.

BENTHIEN, CLAUDIA; FLEIG, ANNE (HG.) (2000): *Emotionalität. Zur Geschichte der Gefühle*, Köln [u.a.]: Böhlau.

BEREK, MATHIAS (2009): *Kollektives Gedächtnis und die gesellschaftliche Konstruktion der Wirklichkeit. Eine Theorie der Erinnerungskulturen*, Wiesbaden: Harrassowitz.

BERESCHKOW, VALENTIN M. (1991): *Ich war Stalins Dolmetscher. Hinter den Kulissen der politischen Weltbühne*, München: Universitas.

BERESCHKOW, VALENTIN M. (1975): *Jahre im diplomatischen Dienst*, Berlin: Dietz.

BEREŽKOV, VALENTIN MICHAJLOVIČ (1998): *Rjadom so Stalinym*, Moskau: Vagrius.

„Walentin Bereschkow." In: *DER SPIEGEL* 49/1998, 30.11.1998, http://www.spiegel.de/spiegel/print/d-7085859.html [23.02.2015].

„Berežkov Valentin Michajlovič." In: *Chronos*, http://www.hrono.ru/biograf/bio_b/berezhkov.html [23.02.2015].

„Berežkov Valentin Michajlovič." In: *Lingvotek*, http://www.lingvotech.com/beregkov [23.02.2015].

„Berežkov Valentin Michajlovič." In: *Velikie vlastiteli prošlogo*, http://vlastitel.com.ru/stalin/berezhkov/index.html [23.02.2015].

BEST, JOANNA; KALINA, SYLVIA (HG.) (2002): *Übersetzen und Dolmetschen. Eine Orientierungshilfe*, Tübingen [u.a.]: A. Francke.

BESYMENSKI, LEW (2002): *Stalin und Hitler. Das Pokerspiel der Diktatoren*, Berlin: Aufbau-Verlag.
BETZ, ALBRECHT (HG.) (2002): *Französisches Pathos. Selbstdarstellung und Selbstinszenierung*, Würzburg: Königshausen & Neumann.
BIRKENBIHL, VERA (¹⁵2001): *Signale des Körpers: Körpersprache verstehen*, Landsberg: mvg-Verlag.
„Bitte keine Ovationen." In: *DER SPIEGEL* 23/1949, 02.06.1949, http://www.spiegel.de/spiegel/print/d-44436655.html [20.08.2014].
BLAU, WOLFGANG; SELENE, ALYSA (2007): *German Dream. Träumen für Deutschland*, München: dtv.
BLESS, HERBERT; RUDER, MARKUS (2000): „Informationsverarbeitung und Stimmung." In: Otto, J. H.; Euler, H. A.; Mandl, H. (Hg.), 306-314.
BOCK, VERONIKA; VOM HOFE, MARK (REDAKTION): „Lebte, aß, schlief, trank, träumte Eichmann'. Ruth Levy-Berlowitz, Dolmetscherin im Eichmann Prozess." In: *WDR 5*, 08.07.2012, http://www.wdr5.de/sendungen/erlebte-geschichten/s/d/08.07.2012-07.05/b/lebte-ass-schlief-trank-traeumte-eichmann.html [letzter Zugriff: 05.09.2013].
BÖSCH, FRANK; BORUTTA, MANUEL (HG.) (2006): *Die Massen bewegen. Medien und Emotionen in der Moderne*, Frankfurt/M. [u.a.]: Campus.
BOLDYREV, VJAČESLAV EVGEN'EVIČ (2010): *Vvedenie v teoriju mežkul'turnoj kommunikacii. Kurs lekcij*, Moskau: Russkij jazyk.
BOHNE, JULIA (2010): *Bilingualität. Eine empirische Erhebung im Studiengang Dolmetschen und Übersetzen*, Hamburg: Kovač.
BOWEN, DAVID AND MARGARETA (1990): *Interpreting – Yesterday, Today, and Tomorrow*, Binghamton, N.Y.: State Univ. of New York.
BOWEN, MARGARETA (²1999): „Geschichte des Dolmetschens." In: Snell-Hornby, M.; Hönig, H. G.; Kussmaul, P.; Schmitt, P. A. (Hg.), 43-46.
BREDELLA, LOTHAR; MEIßNER, FRANZ JOSEPH; NÜNNING, ANSGAR; RÖSLER, DIETMAR (HG.) (2000): *Wie ist Fremdverstehen lehr- und lernbar? Vorträge aus dem Graduiertenkolleg „Didaktik des Fremdverstehens"*, Tübingen: Gunter Narr.
BÜHLER, HILDEGUND (1986): „Linguistic (semantic) and extralinguistic (pragmatic) criteria for the evaluation of conference interpretation and interpreters." In: *Multilingua* 5 (4), 231-235.
BUIS, CLAIRE-LISE: „Großmacht oder Jammertal? Selbstbild und Außenansicht der Deutschen." In: *Deutschlandradio Kultur*, 15.07.2010, http://www.dradio.de/dkultur/sendungen/politischesfeuilleton/1224931/ [25.9.2015].
BUSCH, KATHRIN; DÄRMANN, IRIS (HG.) (2007): *Pathos. Konturen eines kulturwissenschaftlichen Begriffs*, Bielefeld: transcript.
ČERNOV, GELIJ VASIL'EVIČ (1978): *Teorija i praktika sinchronnogo perevoda*, Moskau: Izdatel'stvo Meždunarodnye otnošenija.

CHABASSE, CATHERINE (2009): *Gibt es eine Begabung für das Simultandolmetschen? Erstellung eines Dolmetscheignungstests mit Schwerpunkt Simultandolmetschen*, Berlin: SAXA.
COLLADOS AÍS, ÁNGELA (1998/2002): „Quality Assessment in Simultaneous Interpreting: The importance of nonverbal communication." In: Pöchhacker, F.; Shlesinger, M. (Hg.), 326-336.
COLLADOS AÍS, ÁNGELA; IGLESIAS FERNÁNDEZ, EMILIA; PRADAS MACÍAS, E. MACARENA; STÉVAUX, ELISABETH (HG.) (2011): *Qualitätsparameter beim Simultandolmetschen. Interdisziplinäre Perspektiven*, Tübingen: Narr Francke Attempto.
CVILLING (ZWILLING), MICHAIL JAKOVLEVIČ (2005): „Pamjati Tat'jany Sergeevny Stupnikovoj." In: *Žurnal perevodčikov Mosty* 2 (06) 2005, http://www.rvalent.ru/most6.html [23.02.2015].
CVILLING (ZWILLING), MICHAIL JAKOVLEVIČ (2009): *O perevode i perevodčikach. Sbornik naučnych statej*, Moskau: Vostočnaja kniga.
DABROWSKA, JAROCHNA (1999): *Stereotype und ihr sprachlicher Ausdruck im Polenbild der deutschen Presse*, Tübingen: Gunter Narr.
DALLAS, PALOMA; GILMORE, MELINDA (HG.) (2010): *The Dartmouth Conference: The First 50 Years 1960—2010*, veröffentlicht von der Kettering Foundation, http://kettering.org/wp-content/uploads/Dartmouth_50_Years.pdf [24.09.2015].
DANIEL, UTE ([4]2004): *Kompendium Kulturgeschichte. Theorien, Praxis, Schlüsselwörter*, Frankfurt/M.: Suhrkamp.
DEMANDT, ALEXANDER ([2]2008): *Über die Deutschen. Eine kleine Kulturgeschichte*, Berlin: Propyläen.
DEMMERLING, CHRISTOPH; LANDWEER, HILGE (2007): *Philosophie der Gefühle. Von Achtung bis Zorn*, Stuttgart; Weimar: J.B. Metzler.
„Der Fall Rust: Langes Warten." In: *DIE ZEIT* 25/1987, 12.06.1987, http://www.zeit.de/1987/25/der-fall-rust-langes-warten [24.02.2015].
DINZELBACHER, PETER ([2]2008): *Europäische Mentalitätsgeschichte*, Stuttgart: Alfred Kröner.
DOLLMANN, EUGEN (1963): *Dolmetscher der Diktatoren*, Bayreuth: Hestia.
„Dolmetschkategorien in der ehemaligen DDR." PCS Professional Conference Systems GmbH, http://www.konferenztechnik.de/lexikon/dolmetschkategorien-in-der-ehemaligen-ddr/ [01.09.2015].
Dorsch. Psychologisches Wörterbuch ([15]2009), hrsg. von Hartmut O. Häcker, Bern: Hans Huber.
DRIESEN, CHRISTIANE; PETERSEN, HAIMO-ANDREAS (2011): *Gerichtsdolmetschen. Grundwissen und -fertigkeiten*, Tübingen: Gunter Narr.
Duden. Deutsches Universalwörterbuch A – Z, Mannheim 2001.
EBERLEIN, WERNER (2000): *Geboren am 9. November. Erinnerungen*, Berlin: Das Neue Berlin.

EBERT, CHRISTA (2004): „Literaturwissenschaft – Kolonialgebiet oder Kolonialmacht der Kulturwissenschaften?" In: Kittsteiner, Heinz Dieter (Hg.): *Was sind Kulturwissenschaften? 13 Antworten*, München: Wilhelm Fink, 75-88.

EHLERT, NIKOLAUS (1967): *Große Grusinische Nr. 17. Deutsche Botschaft in Moskau*, Berlin [u.a.]: Deutsche Buch-Gemeinschaft.

EHLERT, NIKOLAUS: „Die Mauer ist sehr schlecht, ich gebe es zu. Nikita Chruschtschows Geheimgespräche mit Botschafter Kroll." In: *DER SPIEGEL* 45/1964, 04.11.1964, http://www.spiegel.de/spiegel/print/d-46175946.html [18.02.2015].

„Eichmann, Adolf." In: *Theresienstadt 1941-1945. Ein Nachschlagewerk*, http://www.ghetto-theresienstadt.de/pages/e/eichmanna.htm [24.09.2015]

„Eklat in Istanbul: Schuhwerfer attackiert IWF-Direktor Strauss-Kahn." In: *Hamburger Abendblatt*, 01.10.2009, http://www.abendblatt.de/politik/ausland/article1209831/Schuhwerfer-attackiert-IWF-Direktor-Strauss-Kahn.html [24.09.2015].

ELLGRING, HEINER (2000): „Ausdruckstheoretische Ansätze." In: Otto, J. H.; Euler, H. A.; Mandl, H. (Hg.), 85-94.

EMING, JUTTA (2006): *Emotion und Expression. Untersuchungen zu deutschen und französischen Liebes- und Abenteuerromanen des 12.-16. Jahrhunderts*, Berlin [u.a.]: de Gruyter.

ENGEL, CHRISTINE; MENZEL, BIRGIT (HG.) (2011): *Kultur und/als Übersetzung. Russisch-deutsche Beziehungen im 20. und 21. Jahrhundert*, Berlin: Frank & Timme.

ENGELEN, EVA (2007): *Gefühle*, Stuttgart: Reclam.

ERLL, ASTRID (2005): *Kollektives Gedächtnis und Erinnerungskulturen*, Stuttgart; Weimar: J.B. Metzler.

ERLL, ASTRID; GYMNICH, MARION (2007): *Interkulturelle Kompetenzen – Erfolgreich kommunizieren zwischen den Kulturen*, Stuttgart: Klett.

ERTELT-VIETH, ASTRID (1990): *Kulturvergleichende Analyse von Verhalten, Sprache und Bedeutung im Moskauer Alltag. Beitrag zur einer empirisch, kontrastiv und semiotisch ausgerichteten Landeswissenschaft*, Frankfurt/M. [u.a.]: Peter Lang.

ESCH, CHRISTIAN; ROST, SUSANNE: „Das Werk eines Aufsteigers." In: *BERLINER ZEITUNG*, 30.09.2010, http://www.berliner-zeitung.de/archiv/moskau---der-vom-kreml-gefeuerte-buergermeister-juri-luschkow-hat-sich-mit-der-russischen-hauptstadt-ein-denkmal-gesetzt--mit-wirren-briefen-macht-er-aus-seinem-abgang-eine-machtpolitische-farce--das-werk-eines-aufsteigers,10810590,10745812.html [24.09.2015].

EUGSTER, RETO (2000): „Wissenswertes Wissen?" In: *Sozialjournal.ch*, http://www.sozialjournal.ch/download/wissensmanagement.pdf [17.02.2015].

EULER, HARALD A.; MANDL, HEINZ (HG.) (1983): *Emotionspsychologie. Ein Handbuch in Schlüsselbegriffen*, München [u.a.]: Urban & Schwarzenberg.

EULER, HARALD A. (2000): „Evolutionstheoretische Ansätze." In: Otto, J. H.; Euler, H. A.; Mandl, H. (Hg.), 45-63.

FABIAN, RAINER (2001): „Deutsches Selbstbild. Dimensionen deutscher Identität." In: Moldenhauer, Gebhard (Hg.): *Die Niederlande und Deutschland. Einander kennen und verstehen,* Münster [u.a.]: Waxmann, 307-320.

FELDWEG, ERICH (1996): *Der Konferenzdolmetscher im internationalen Kommunikationsprozeß,* Heidelberg: Groos.

FIEHLER, REINHARD (1990): *Kommunikation und Emotion. Theoretische und empirische Untersuchungen zur Rolle von Emotionen in der verbalen Interaktion,* Berlin [u.a.]: de Gruyter.

FOLLATH, ERICH; SCHEPP, MATTHIAS: „Wir Russen sind alle Anarchisten." In: *SPIEGEL-online,* 27.07.2008, http://www.spiegel.de/kultur/gesellschaft/architektur-boom-in-moskau-wir-russen-sind-alle-anarchisten-a-567592.html [24.09.2015].

FRIED, JOHANNES (2004): *Der Schleier der Erinnerung. Grundzüge einer historischen Memorik,* München: C.H. Beck.

FTSK – Fachbereich Translations-, Sprach- und Kulturwissenschaft der Johannes Gutenberg-Universität Mainz in Germersheim, http://www.fb06.uni-mainz.de/pdf/ftsk-broschuere.pdf [02.09.2015].

GAIBA, FRANCESCA (1998): *The Origins of Simultaneous Interpretation. The Nuremberg Trial,* Ottawa: University of Ottawa Press.

GALLAS, ELISABETH (O.J.): „Hannah Arendt und der Eichmann-Prozess. Eine doppelte Überschreibung." In: *Zeitgeschichte-online,* http://www.zeitgeschichte-online.de/kommentar/hannah-arendt-und-der-eichmann-prozess [25.09.2015].

GANZENMÜLLER, JÖRG (2009): „Identitätsstiftung und Trauerarbeit: Sowjetische Kontinuitäten in der russischen Erinnerung an die Belagerung Leningrads." In: Karl, Lars; Polianski, Igor J. (Hg.): *Geschichtspolitik und Erinnerungskultur im neuen Russland,* Göttingen: V & R unipress, 271-285.

Gardelegen, http://www.gardelegen.de/kultur/persoenlichkeiten/uebersicht/ [06.11.2012].

GEBHARDT, MIRIAM (2002): „Zur Psychologie des Vergessens: Antisemitismus in jüdischen Autobiographien vor und nach 1933." In: Wischermann, Clemens (Hg.): *Vom kollektiven Gedächtnis zur Individualisierung der Erinnerung,* Stuttgart: Franz Steiner, 53-64.

GEERTZ, CLIFFORD (1987): *Dichte Beschreibung. Beiträge zum Verstehen kultureller Systeme,* Frankfurt/M.: Suhrkamp.

GEIßLER, RALF: „Der Schuh auf dem UNO-Tisch." In: *Deutschlandradio Kultur,* Kalenderblatt vom 13.10.2005, http://www.deutschlandfunk.de/der-schuh-auf-dem-uno-tisch.871.de.html?dram:article_id=125299 [24.09.2015].

GERHARDS, JÜRGEN (1988): *Soziologie der Emotionen. Fragestellungen, Systematik und Perspektiven,* Weinheim [u.a.]: Juventa.

GHANTUS, WOLFGANG (2011): *Ein Diener vieler Herren. Als Dolmetscher bei den Mächtigen der Welt,* Leipzig: Militzke.

GILE, DANIEL (2009): *Basic concepts and models for interpreter and translator training*, Rev. ed. Amsterdam; Philadelphia: John Benjamins.
GILLIES, ANDREW (2004): *Conference interpreting, A new student's companion*, Krakow: Tertium.
GLAVINIC, THOMAS (2009): *Das Leben der Wünsche*, München: Carl Hanser.
GÖHRING, HEINZ (²1999): „Interkulturelle Kommunikation." In: Snell-Hornby, M.; Hönig, H. G.; Kussmaul, P.; Schmitt, P. A. (Hg.), 112-115.
GÖHRING, HEINZ (2002): *Interkulturelle Kommunikation. Anregungen für Sprach- und Kulturmittler*, herausgegeben von Andreas F. Kelletat und Holger Siever, Tübingen: Stauffenburg.
GÖRTZ, BIRGIT: „Geschichte. Urteil im Eichmann-Prozess in Bonn zu sehen." In: *Deutsche Welle*, 30.05.2012, http://www.dw.de/urteil-im-eichmann-prozess-in-bonn-zu-sehen/a-15985014 [24.09.2015].
GOLEMAN, DANIEL (1995): *Emotionale Intelligenz*, München; Wien: Carl Hanser.
GRABER, RENATE: „Es ging den Angeklagten nicht um Reue. Interview mit Siegfried Ramler." In: *Der Standard*, 18.11.2010, http://derstandard.at/1289608240286/Nuernberger-Prozesse-Es-ging-den-Angeklagten-nicht-um-Reue [23.02.2015].
GRBIĆ, NADJA; WOLF, MICHAELA (HG.) (1997): *Text – Kultur – Kommunikation. Translation als Forschungsaufgabe*, Festschrift aus Anlaß des 50jährigen Bestehens des Instituts für Übersetzer- und Dolmetscherausbildung an der Universität Graz, Tübingen: Stauffenberg.
GRBIĆ, NADJA; PÖLLABAUER, SONJA (HG.) (2008): *Kommunaldolmetschen/Community Interpreting. Probleme – Perspektiven – Potenziale*, Berlin: Frank & Timme.
GRUŠEVICKAJA, T. G.; POPKOV, V. D.; SADOCHIN, A. P. (2003): *Osnovy mežkul'turnoj kommunikacii. Učebnik dlja vuzov*, Moskau: JuNITI-DANA.
HALBWACHS, MAURICE (1985): *Das kollektive Gedächtnis*, Frankfurt/M.: S. Fischer.
HALL, EDWARD TWITCHELL (1976): *Beyond Culture*, New York [u.a.]: Doubleday.
HAMILTON, HUGO: „Vergangenheit ist keine Schwäche." In: *SPIEGEL SPECIAL* 4/2005, 26.04.2005, http://www.spiegel.de/spiegel/spiegelspecial/d-40128222.html [24.09.2015].
HANNUSCH, HEIDRUN: „Das Entsetzliche übersetzen." In: *DIE ZEIT* 17/2011, 20.04.2011, http://www.zeit.de/2011/17/S-Berlowitz [24.09.2015].
HAPPEL, JÖRN: „Stalins Stimme. Der Dolmetscher Vladimir Pavlov." In: *Osteuropa*, Heft 4/April 2012, 69-79.
HATHAWAY, S. R.; MCKINLEY, J. C.; ENGEL, R. R. (HRSG. DER DT. ADAPTATION) (2000): *Minnesota Multiphasic Personality Inventory-2; Manual*, Bern [u.a.]: Hans Huber, https://www.unifr.ch/ztd/HTS/inftest/WEB-Informationssystem/de/4de001/53f264d1f50e11d380fc005004431da2/hb.htm [13.08.2014].

HAUS DER GESCHICHTE: „Ich habe ihm ins Ohr geflüstert'. Urteil zum Eichmann-Prozess im Haus der Geschichte." Pressemitteilung. Bonn, Mai 2012, http://www.hdg.de/bonn/presse/news-details/ich-habe-ihm-ins-ohr-gefluestert/ [24.02.2015].

HEINE, CARMEN; SCHUBERT, KLAUS; GERZYMISCH-ARBOGAST, HEIDRUN (HG.) (2006): *Text and translation. Theory and methodology of translation,* Tübingen: Gunter Narr.

HELLPACH, WILLY (1954): *Der deutsche Charakter,* Bonn: Athenäum.

HENKELS, WALTER (1964): „ZITAT – Der Bonner Kolumnist Walter Henkels im ‚Wiesbadener Kurier'." In: *DER SPIEGEL* 51/1964, 16.12.1964, http://www.spiegel.de/spiegel/print/d-46176715.html [10.09.2015].

HENNIG, JÜRGEN; NETTER, PETRA (2000): „Ekel und Verachtung." In: Otto, J. H.; Euler, H. A.; Mandl, H. (Hg.), 284-296.

HEPP, ANDREAS; KROTZ, FRIEDRICH; THOMAS, TANJA (HG.) (2009): *Schlüsselwerke der Cultural Studies,* Wiesbaden: VS Verlag für Sozialwissenschaften.

HERINGER, HANS JÜRGEN (²2004): *Interkulturelle Kommunikation. Grundlagen und Konzepte,* Tübingen [u.a.]: A. Francke.

HERMANNS, FRITZ (2004): „Affektive Lexik. Ihre Darstellung in einer Auswahl einsprachiger Wörterbücher." In: Albrecht, Jörn (Hg.): *Übersetzung – Translation – Traduction. Neue Forschungsfragen in der Diskussion,* Tübingen: Gunter Narr, 95-106.

HERWARTH, HANS VON (1982): *Zwischen Hitler und Stalin. Erlebte Zeitgeschichte 1931 bis 1945,* Frankfurt/M. [u.a.]: Ullstein.

HERZ, PATRICK (2011): *Ein Prozess – vier Sprachen. Übersetzen und Dolmetschen im Prozess gegen die Hauptkriegsverbrecher vor dem Internationalen Militärgerichtshof Nürnberg, 20. November 1945 – 1. Oktober 1946,* Frankfurt/M. [u.a.]: Peter Lang.

HERZBERG, JULIA (2007): „Autobiographik als historische Quelle in ‚Ost' und ‚West'." In: Herzberg, J.; Schmidt, C. (Hg.), 15-62.

HERZBERG, JULIA; SCHMIDT, CHRISTOPH (HG.) (2007): *Vom Wir zum Ich. Individuum und Autobiographik im Zarenreich,* Köln [u.a.]: Böhlau.

HERZINGER, RICHARD: „Verdeutsche Welt." In: *DIE ZEIT* 06/1997, 31.01.1997, http://www.zeit.de/1997/06/Verdeutschte_Welt [24.09.2015].

HESSE, HORST-PETER (2003): *Musik und Emotion. Wissenschaftliche Grundlagen des Musik-Erlebens,* Wien; New York: Springer.

HILGER, GUSTAV (1955): *Wir und der Kreml. Deutsch-sowjetische Beziehungen 1918–1941. Erinnerungen eines deutschen Diplomaten,* Frankfurt/M. [u.a.]: Alfred Metzner.

HILLGRUBER, ANDREAS (HG.) (1967): *Staatsmänner und Diplomaten bei Hitler. Vertrauliche Aufzeichnungen über Unterredungen mit Vertretern des Auslandes 1939–1941,* Frankfurt/M.: Bernard & Graefe.

HODAPP, VOLKER (2000): „Ärger." In: Otto, J. H.; Euler, H. A.; Mandl, H. (Hg.), 199-208.

HOFSTÄTTER, PETER H. (1980): „Gerade wir Deutsche … Probleme des deutschen Selbstbildes." In: Gross, Johannes (Hg.): *Die deutsche Neurose. Über die beschädigte Identität der Deutschen,* Frankfurt/M. [u.a.]: Ullstein, 27-57.

HOFSTEDE, GEERT (1993): *Interkulturelle Zusammenarbeit. Kulturen – Organisationen – Management,* Wiesbaden: Gabler.

HOFSTEDE, GEERT; HOFSTEDE, JAN GERT (^{4}2009): *Lokales Denken, globales Handeln. Interkulturelle Zusammenarbeit und globales Management*, München: Deutscher Taschenbuch Verlag.

HOLDENRIED, MICHAELA (2000): *Autobiographie*, Stuttgart: Reclam.

HUPKA, RALPH B.; OTTO, JÜRGEN H. (2000): „Neid und Eifersucht." In: Otto, J. H.; Euler, H. A.; Mandl, H. (Hg.), 272-283.

INSTITUT FÜR DEMOSKOPIE ALLENSBACH (2001): SELBSTBILD DER DEUTSCHEN. Im Bereich von Technik und Industrie sehen sie sich als Weltmeister, *Allensbacher Berichte* Nr. 4/2001, http://www.ifd-allensbach.de/uploads/tx_reportsndocs/prd_0104.pdf [24.09.2015].

IÜD – Institut für Übersetzen und Dolmetschen der Universität Heidelberg, http://www.uni-heidelberg.de/studium/interesse/faecher/konferenzdolm.html [02.09.2015].

IVANJI, IVAN (^{2}2008): *Titos Dolmetscher. Als Literat am Pulsschlag der Politik*, Wien: Promedia.

IVANJI, IVAN: „Buchenwald, ich kann dich nicht vergessen." In: *Thüringische Landeszeitung*, 22.08.2010, http://www.tlz.de/web/zgt/kultur/detail/-/specific/Ivan-Ivanji-Buchenwald-ich-kann-dich-nicht-vergessen-868222721 [23.02.2015].

IZARD, CARROLL ELLIS (^{3}1994): *Die Emotionen des Menschen. Eine Einführung in die Grundlagen der Emotionspsychologie*, Weinheim: Beltz.

JACOB, HANS (1962): *Kind meiner Zeit. Lebenserinnerungen*, Köln; Berlin: Kiepenheuer & Witsch.

„Jacob, Hans." In: *Munzinger Online/Personen – Internationales Biographisches Archiv*, http://www.munzinger.de/document/00000010068 (abgerufen von Universitätsbibliothek Heidelberg am 20.8.2014).

JAEGER, FRIEDRICH; LIEBSCH, BURKHARD (Hg.) (2004): *Handbuch der Kulturwissenschaften. Band 1: Grundlagen und Schlüsselbegriffe*, Stuttgart; Weimar: J.B. Metzler.

JAEGER, FRIEDRICH; STRAUB, JÜRGEN (Hg.) (2004): *Handbuch der Kulturwissenschaften. Band 2: Paradigmen und Disziplinen*, Stuttgart; Weimar: J.B. Metzler.

JAEGER, FRIEDRICH; RÜSEN, JÖRN (Hg.) (2004): *Handbuch der Kulturwissenschaften. Band 3: Themen und Tendenzen*, Stuttgart; Weimar: J.B. Metzler.

JÄGER, LUDWIG (Hg.) (1988): *Zur historischen Semantik des deutschen Gefühlswortschatzes. Aspekte, Probleme und Beispiele seiner lexikographischen Erfassung*, Aachen: Alano.

JÄGER, MANFRED: „Werner Eberlein. Geboren am 9. November. Erinnerungen." In: *Deutschlandfunk*, 06.11.2000, http://www.deutschlandfunk.de/werner-eberlein-geboren-am-9-november-erinnerungen.730.de.html?dram:article_id=102120 [23.02.2015].

JAHR, SILKE (2000): *Emotionen und Emotionsstrukturen in Sachtexten. Ein interdisziplinärer Ansatz zur qualitativen und quantitativen Beschreibung der Emotionalität von Texten*, Berlin [u.a.]: de Gruyter.

Jerofejew, Viktor: „Wir Russen kommen." In: *FAZ*, 07.10.2003, http://www.faz.net/aktuell/feuilleton/buecher/viktor-jerofejew-wir-russen-kommen-1129997.html?printPagedArticle=true#pageIndex_2 [24.09.2015].

Jost, Jörg (2007): *Topos und Metapher. Zur Pragmatik und Rhetorik des Verständlichmachens*, Heidelberg: Winter.

Jureit, Ulrike (1999): *Erinnerungsmuster. Zur Methodik lebensgeschichtlicher Interviews mit Überlebenden der Konzentrations- und Vernichtungslager*, Hamburg: Erlebnisse.

Jurjew, Oleg (2008): *Zwanzig Facetten der russischen Natur*, Frankfurt/M. [u.a.]: Insel.

Kade, Otto (1968): *Zufall und Gesetzmäßigkeit in der Übersetzung*, Beiheft zur Zeitschrift Fremdsprachen I, Leipzig: VEB Enzyklopädie.

Kadrić, Mira (2001): *Dolmetschen bei Gericht: Erwartungen, Anforderungen, Kompetenzen*, Wien: WUV.

Kadrić, Mira (2012): „Rekrutierung von Polizeidolmetschenden im Lichte empirischer Forschung." In: Ahrens, B.; Albl-Mikasa, M.; Sasse, C. (Hg.), 93-110.

Kahle, Gerd (Hg.) (1981): *Logik des Herzens. Die soziale Dimension der Gefühle*, Frankfurt/M.: Suhrkamp.

Kalina, Sylvia (1998): *Strategische Prozesse beim Dolmetschen. Theoretische Grundlagen, empirische Fallstudien, didaktische Konsequenzen*, Tübingen: Gunter Narr.

Kalina, Sylvia (2002): „Fragestellungen der Dolmetschwissenschaft." In: Best, J; Kalina, S. (Hg.), 30-43.

Kalina, Sylvia (2004): „Zum Qualitätsbegriff beim Dolmetschen." In: *Lebende Sprachen* 49 (2004) 1, 2-8.

Kalina, Sylvia (2006): „Zur Dokumentierung von Maßnahmen der Qualitätssicherung beim Dolmetschen." In: Heine, C.; Schubert, K.; Gerzymisch-Arbogast, H. (Hg.), 253-268.

Kalverkämper, Hartwig (2008): „Simultandolmetschen als historische Leistung – Vorwort zum Themenband." In: *Kalverkämper, H.; Schippel, L.* (Hg.), 7-16.

Kalverkämper, Hartwig; Schippel, Larisa (Hg.) (2008): *Simultandolmetschen in Erstbewährung: Der Nürnberger Prozess 1945*, Berlin: Frank & Timme.

Kalverkämper, Hartwig; Schippel, Larisa (Hg.) (2009): *Translation zwischen Text und Welt – Translationswissenschaft als historische Disziplin zwischen Moderne und Zukunft*, Berlin: Frank & Timme.

Kalverkämper, Hartwig; Schippel, Larisa (Hg.) (2012): *„Vom Altern der Texte": Bausteine für eine Geschichte des interkulturellen Wissenstransfers*, Berlin: Frank & Timme.

Kaminer, Wladimir (2011): *Liebesgrüße aus Deutschland*, München: Manhattan.

Kaschuba, Wolfgang (2004): „Öffentliche Kultur – Kommunikation, Deutung und Bedeutung." In: Jaeger, F.; Liebsch, B. (Hg.), 128-138.

Kas'janova, Ksenija (1994): *O russkom nacional'nom charaktere*, Moskau: Institut nacional'noj modeli ėkonomiki.

Kehrein, Roland (2002): *Prosodie und Emotionen*, Tübingen: Niemeyer.

KEIL-BEHRENS, FRANK: „Arthur Sakheim. Vaters Land. Hamburg zeigt eine Ausstellung über den Theatermann Arthur Sakheim: Ein Rundgang mit seinem Sohn George." In: *Jüdische Allgemeine*, 05.07.2007, http://www.juedische-allgemeine.de/article/view/id/4032 [24.09.2015].

KERN, PETER CHRISTOPH (1994): „Pathos. Vorläufige Überlegungen zu einer verpönten Kommunikationshaltung." In: Löffler, Heinrich; Jakob, Karlheinz; Kelle, Bernhard (Hg.): *Texttyp, Sprechergruppe, Kommunikationsbereich*, Berlin [u.a.]: de Gruyter, 396-411.

KIRCHHOFF, HELENE (1976): „Das Simultandolmetschen. Interdependenz der Variablen im Dolmetschprozeß, Dolmetschmodelle und Dolmetschstrategien." In: Drescher, Horst W. (Hg.): *Theorie und Praxis des Übersetzens und Dolmetschens: Referate u. Diskussionsbeitr. d. internat. Kolloquiums am Fachbereich angewandte Sprachwiss. d. Johannes Gutenberg-Univ. Mainz in Germersheim (2. - 4. Mai 1975)*, Bern [u.a.]: Lang, 59-71.

KISSINA, JULIA: „Friert ihr im Winter?" In: *DIE ZEIT* 02/2006, 05.01.2006, http://www.zeit.de/2006/02/Russland_02 [09.10.2014].

KLEE, ERNST (2003): *Das Personenlexikon zum Dritten Reich. Wer war was vor und nach 1945?* Frankfurt/M.: S. Fischer.

KLEINING, GERHARD: „Über das nationale Selbstbild der Deutschen". In: *Psychologie und Praxis* 7 (1963), 2, 49-59, http://nbn-resolving.de/urn:nbn:de:0168-ssoar-8698 [24.09.2015].

KLUSSMANN, UWE: „Pathos der Patriarchen". In: *UniSPIEGEL* 1/2000, 01.01.2000, http://www.spiegel.de/spiegel/unispiegel/d-15981714.html [24.09.2015].

KOČETKOV, V. V. (2002): *Psichologija mežku'lturnych različij*, Moskau: PER SE.

KÖRBER, KURT A. (1967): *Ein Unternehmer reist durch die Sowjetunion. Gesellschaftliche Entwicklung in der UdSSR. Erlebnisse, Eindrücke, Perspektiven.* Hamburg-Bergedorf: Körber.

KOERFER, DANIEL: „,Ich flüsterte Adenauer alles unmittelbar …'." In: *DIE ZEIT* 52/1995, 22.12.1995, http://www.zeit.de/1995/52/Ich_fluesterte_Adenauer_alles_unmittelbar_ [18.02.2015].

KONSTANTINIDOU, MAGDALENA (1997): *Sprache und Gefühl. Semiotische und andere Aspekte einer Relation,* Hamburg: Helmut Buske.

KOPCZYŃSKI, ANDRZEJ (1994): „Quality in conference interpreting. Some pragmatic problems." In: Lambert, Sylvie; Moser-Mercer, Barbara (Hg.): *Bridging the Gap. Empirical research in simultaneous interpretation,* Amsterdam; Philadelphia: John Benjamins.

KOPP, JOHANNES; SCHÄFERS, BERNHARD (HG.) ([10]2010): *Grundbegriffe der Soziologie,* Wiesbaden: VS Verlag für Sozialwissenschaften.

KOSTER, LUC (2013): *Deutsche und amerikanische Gesten im interkulturellen Vergleich. Ein empirischer Beitrag zur Gestenforschung im Kontext der Dolmetschwissenschaft,* Trier: WVT.

KRANJČIĆ, CHRISTIAN (2010): „'... dass er treu und gewissenhaft übertragen werde.'" Zum Dolmetschen im Strafverfahren, Tübingen: Mohr Siebeck.
KRASAVSKIJ, NIKOLAJ A. (2008): Emocional'nye koncepty v nemeckoj i russkoj lingvokul'turach, Moskau: Gnosis.
KRUSE, OTTO (2000): „Psychoanalytische Ansätze." In: Otto, J. H.; Euler, H. A.; Mandl, H. (Hg.), 64-74.
KURZ, INGRID (1996): Simultandolmetschen als Gegenstand interdisziplinärer Forschung, Wien: WUV.
KURZ, INGRID (1997): „Dolmetschwissenschaft interdisziplinär. Die Erforschung kortikaler Prozesse beim Simultandolmetschen." In: Grbić, N.; Wolf, M. (Hg.), 249-264.
KURZ, INGRID (²1999): „Evaluierung von Translationsleistungen: Dolmetschleistungen." In: Snell-Hornby, M.; Hönig, H. G.; Kussmaul, P.; Schmitt, P. A. (Hg.), 392-393.
KURZ, INGRID (2004): „Neues aus der dolmetschwissenschaftlichen Forschung: Konferenzdolmetschen – Qualität aus Rezipientensicht." In: Zybatow, Lew N. (Hg.): Translation in der globalen Welt und neue Wege in der Sprach- und Übersetzerausbildung, Frankfurt/M. [u.a.]: Peter Lang, 179-194.
„Küsse für Nikita." In: DER SPIEGEL 12/1959, 18.03.1959, http://www.spiegel.de/spiegel/print/d-42624832.html [23.02.2015].
KUSTERER, HERMANN (1995): Der Kanzler und der General, Stuttgart: Günther Neske.
KUTTER, PETER (1983): „Spezielle Emotionen aus psychoanalytischer Sicht." In: Euler, H. A.; Mandl, H. (Hg.), 204-211.
KUTZ, WLADIMIR (2002A): „Dolmetschkompetenz und ihre Vermittlung." In: Best, J.; Kalina, S. (Hg.), 184-195.
KUTZ, WLADIMIR (2002B): „Interkulturelle Aspekte des Dolmetschens." In: Thome, Gisela (Hg.): Kultur und Übersetzung. Methodologische Probleme des Kulturtransfers, Tübingen: Gunter Narr, 131-168.
KUTZ, WLADIMIR: „Zur Bewertung der Dolmetschqualität in der Ausbildung von Konferenzdolmetschern." In: Lebende Sprachen 50 (2005) 1, 14-34.
KUTZ, WLADIMIR: „Korrektives Dolmetschen: Funktionen, Techniken, Ergebnisse und Grenzen." In: Lebende Sprachen 52 (2007) 1, 18-34.
KUTZ, WLADIMIR (2010): Dolmetschkompetenz. Was muss der Dolmetscher wissen und können? München: Europäischer Universitätsverlag.
LABOUVIE, EVA (2004): „Leiblichkeit und Emotionalität: Zur Kulturwissenschaft des Körpers und der Gefühle." In: Jaeger, F.; Rüsen, J. (Hg.), 79-91.
LAPPENKÜPER, ULRICH (2001): Die deutsch-französischen Beziehungen 1949–1963. Von der „Erbfeindschaft" zur „Entente élémentaire". Bd. II: 1958–1963, München: Oldenbourg.
LAWATY, ANDREAS (HG.) (2000): Deutsch-polnische Beziehungen in Geschichte und Gegenwart. Bibliographie 1900–1998. Band 1. – Politik, Gesellschaft, Wirtschaft, Kultur in Epochen und Regionen, Wiesbaden: Harassowitz.

LEBEDEWA, JEKATHERINA (2006): „Zur kulturellen Bedeutung des Maria-Motivs in der russischen ‚Dorfliteratur' im Fokus der Werke von Valentin Rasputin." In: Czarnecka, Mirosława; Ebert, Christa; Szewcczyk, Grażyna Barbara (Hg.): *Archetypen der Weiblichkeit im multikulturellen Vergleich. Studien zur deutschsprachigen, polnischen, russischen und schwedischen Literatur,* Wrocław; Dresden: Neisse, 69-81.

LEBEDEWA, JEKATHERINA (2008): „Zum Stereotyp der Körperfeindlichkeit in der dörflichen Kultur Russlands." In: Bruns, Thomas; Ressel, Gerhard (Hg.): *Metropole – Provinz. Urbanität und Ruralität in den slawischen Sprachen, Literaturen und Kulturen,* Frankfurt/M. [u.a.]: Peter Lang, 93-106.

LEBEDEWA, JEKATHERINA (2010): „Russisch-deutsche Differenzen im Kulturbegriff und deren Folgen für die Translation." In: Salevsky, H. (Hg.), 33-42.

LEDOUX, JOSEPH E. (1998): *Das Netz der Gefühle. Wie Emotionen entstehen,* München [u.a.]: Hanser.

LEJEUNE, PHILIPPE (1994): *Der autobiographische Pakt,* Frankfurt/M.: Suhrkamp.

LELORD, FRANCOIS; ANDRÉ, CHRISTOPHE (²2006): *Die Macht der Emotionen und wie sie unseren Alltag bestimmen,* München: Piper.

LEWADA, JURI (1993): *Die Sowjetmenschen 1989-1991. Soziogramm eines Zerfalls,* München: Deutscher Taschenbuch Verlag.

LIPPE, VIKTOR VON DER (1951): *Nürnberger Tagebuchnotizen. November 1945 bis Oktober 1946,* Frankfurt/M.: Fritz Knapp.

LITSCHEV, ALEXANDER (2001): *Rußland verstehen. Schlüssel zum russischen Wesen,* Düsseldorf: Grupello.

LÖW-BEER, MARTIN (2004): „Einfühlung, Mitgefühl und Mitleid." In: Herding, Klaus; Stumpfhaus, Bernhard (Hg.): *Pathos, Affekt, Gefühl. Die Emotionen in den Künsten,* Berlin [u.a.]: de Gruyter, 104-121.

LÖWE, BARBARA (2002): „Translatorische Kulturkompetenz: Inhalte – Erwerb – Besonderheiten." In: Best, J.; Kalina, S. (Hg.), 148-161.

LÖWE, BARBARA (2008/2009): *Historische Denkmuster in der politischen Gegenwart Russlands,* unveröffentlichtes Manuskript.

LÖWE, BARBARA (2010): „Geschichtsbilder (und Mentalität) in der kulturspezifischen Ausbildung von Translatoren." In: Salevsky, H. (Hg.), 79-94.

LÜSEBRINK, HANS-JÜRGEN (²2008): *Interkulturelle Kommunikation. Interaktion, Fremdwahrnehmung, Kulturtransfer,* Stuttgart; Weimar: J.B. Metzler.

MACK, GABRIELE (2002): „Die Beurteilung professioneller Dolmetschleistungen." In: Best, J.; Kalina, S. (Hg.), 110-119.

MANDL, HEINZ; REISERER, MARKUS (2000): „Kognitionstheoretische Ansätze." In: Otto, J. H.; Euler, H. A.; Mandl, H. (Hg.), 95-105.

MANDL, SUSANNE (2011): *Dolmetscherinnen unter Stalin am Beispiel Solonevič, Stupnikova und Zarubina,* Graz: Diplomarbeit, http://unipub.uni-graz.at/obvugrhs/content/titleinfo/216296 [12.10.2015].

MARCANTONIO, DANIELA (2016): *Gesten im interkulturellen Vergleich. Deutsche in Italien und Italiener in Deutschland,* Berlin: Frank & Timme.

MARKOWITSCH, HANS-JOACHIM; WELZER, HARALD (2005): *Das autobiographische Gedächtnis. Hirnorganische Grundlagen und biosoziale Entwicklung*, Stuttgart: Clett-Cotta.
MARKOWITSCH, HANS-JOACHIM (^{3}2009): *Dem Gedächtnis auf der Spur. Vom Erinnern und Vergessen*, Darmstadt: Wissenschaftliche Buchgesellschaft.
MARKUS, SANDRA (2002): *Bilanzieren und Sinn stiften*, Stuttgart: Steiner.
MARSZAŁEK, MAGDALENA (O.J.): „Autobiographie" (unveröffentlichtes Typoskript), http://www.uni-potsdam.de/fileadmin/projects/slavistik/marszalek/Marszalek_Autobiographie_Lexikon.pdf [17.02.2015]
MARTEN-CLEEF, SUSANNE (1991): *Gefühle ausdrücken. Die expressiven Sprechakte*, Göppingen: Kümmerle.
MATUSSEK, MATTHIAS (2006): *Wir Deutschen. Warum die anderen uns gern haben können*, Frankfurt/M.: S. Fischer.
MAYRING, PHILIPP (2000): „Freude und Glück." In: Otto, J. H.; Euler, H. A.; Mandl, H. (Hg.), 221-230.
MEES, ULRICH (1991): *Die Struktur der Emotionen*, Göttingen [u.a.]: Hogrefe.
MEES, ULRICH (2006): „Zum Forschungsstand der Emotionspsychologie – eine Skizze." In: Schützeichel, Rainer (Hg.): *Emotionen und Sozialtheorie. Disziplinäre Ansätze*, Frankfurt/M.: Campus, 104-124.
MEES, ULRICH; ROHDE-HÖFT, CORNELIA (2000): „Liebe, Verliebtsein und Zuneigung." In: Otto, J. H.; Euler, H. A.; Mandl, H. (Hg.), 239-252.
MEYER, NORBERT: „Väter: ‚Nie ein Schauspieler'." In: *DIE PRESSE*, 27.11.2009, http://diepresse.com/home/kultur/news/524834/Vaeter_Nie-ein-Schauspieler [24.09.2015].
MEYER, WULF-UWE; SCHÜTZWOHL, ACHIM; REISENZEIN, RAINER (HG.) (^{2}2001): *Einführung in die Emotionspsychologie. Band I: Die Emotionstheorien von Watson, James und Schachter*, Bern [u.a.]: Hans Huber.
MEYER, WULF-UWE; SCHÜTZWOHL, ACHIM; REISENZEIN, RAINER (HG.) (^{3}2003A): *Einführung in die Emotionspsychologie. Band II: Evolutionspsychologische Emotionstheorien*, Bern [u.a.]: Hans Huber.
MEYER, WULF-UWE; SCHÜTZWOHL, ACHIM; REISENZEIN, RAINER (HG.) (2003B): *Einführung in die Emotionspsychologie. Band III: Kognitive Emotionstheorien*, Bern [u.a.]: Hans Huber.
MEYER, WULF-UWE; REISENZEIN, RAINER; NIEPEL, MICHAEL (2000): „Überraschung." In: Otto, J. H.; Euler, H. A.; Mandl, H. (Hg.), 253-263.
MICHALKOV, A. (2000): „T. Stupnikova." In: *Novyj Mir* 3/2000, http://magazines.russ.ru/novyi_mi/2000/3/mihalk-pr.html [23.02.2015].
MIN'JAR-BELORUČEV, RJURIK KONSTANTINOVIČ (1969): *Posledovatel'nyj perevod*, Moskau: Voenizdat.
MIN'JAR-BELORUČEV, RJURIK KONSTANTINOVIČ (1980): *Obščaja teorija perevoda i ustnyj perevod*, Moskau: Voenizdat.
MISCH, GEORG (1907/1949): „Begriff und Ursprung der Autobiographie." In: Niggl, Günter (Hg.) (1989): *Die Autobiographie. Zu Form und Geschichte einer literarischen Gattung*, Darmstadt: Wissenschaftliche Buchgesellschaft, 33-54.

MJAĖOTS, OL'GA (2009): „Kapitanskij mostik. Govorit' pravdu neobchodimo." In: *Gazeta „Biblioteka v škole"* 09/2009, http://lib.1september.ru/articles/2009/09/10 [23.02.2015].
MÜSSELER, JOCHEN (HG.) (²2008): *Allgemeine Psychologie*, Berlin [u.a.]: Spektrum.
MUSNER, LUTZ; WUNBERG, GOTTHARD (HG.) (²2003): *Kulturwissenschaften. Forschung – Praxis – Positionen*, Freiburg: Rombach.
MUSSIJENKO, NATALIJA; VATLIN, ALEXANDER (2005): *Schule der Träume. Die Karl-Liebknecht-Schule in Moskau (1924-1938)*, Bad Heilbrunn: Julius Klinkhardt.
„Nationalcharakter." In: *Online-Lexikon zur Entwicklungspolitik*, OMNIA Verlag, http://www.omnia-verlag.de/weltimwandel/php/start.php?id=4759&bc=-4719-4759 [13.08.2014].
NEUMANN, BERND (1970): *Identität und Rollenzwang. Zur Theorie der Autobiographie*, Frankfurt/M.: Athenäum.
NIEMANN, ANJA JANE (2012): *Sprachstrukturelle Unterschiede und Strategien im Simultandolmetschen. Eine Untersuchung anhand der Sprachenpaare Französisch-Deutsch und Englisch-Deutsch*, Frankfurt/M. [u.a.]: Peter Lang.
NORD, CHRISTIANE (2011): *Funktionsgerechtigkeit und Loyalität. Die Übersetzung literarischer und religiöser Texte aus funktionaler Sicht*, Berlin: Frank & Timme.
NÜNNING, ANSGAR (HG.) (2005): *Grundbegriffe der Kulturtheorie und Kulturwissenschaften*, Stuttgart; Weimar: J.B. Metzler.
OTTO, JÜRGEN H.; EULER, HARALD A.; MANDL, HEINZ (HG.) (2000): *Emotionspsychologie. Ein Handbuch*, Weinheim: Psychologie Verlags Union.
OTTO, JÜRGEN H.; EULER, HARALD A.; MANDL, HEINZ (2000): „Begriffsbestimmungen." In: Otto, J. H.; Euler, H. A.; Mandl, H. (Hg.), 11-18.
PALAŠČENKO, PAVEL (2004): *Moj nesistematičeskij slovar'. Russko-anglijskij. Anglo-russkij. (Iz zapisnoj knigi perevodčika)*, Moskau: R. Valent.
PAPADOPOULOS-KILLIUS, ROSEMARIE (1999): „Der letzte Akt. Das IMT aus der Sicht von Übersetzern und Prozessbeobachtern." In: Ueberschär, Gerd R. (Hg.): *Der Nationalsozialismus vor Gericht. Die alliierten Prozesse gegen Kriegsverbrecher und Soldaten 1943-1952*, Frankfurt/M.: S. Fischer, 45-59.
PAULI, PAUL; BIRBAUMER, NIELS (2000): „Psychophysiologische Ansätze." In: Otto, J. H.; Euler, H. A.; Mandl, H. (Hg.), 75-84.
PAVLOV, VLADIMIR N. (2000): „‚Avtobiografičeskie zametki' V.N. Pavlova – perevodčika I.V. Stalina. Predislovie V.V. Sokolova." In: *Novaja i novejšaja istorija* 4/2000, 94-111.
PELINKA, ANTON (HG.) (2012): *Vorurteile. Ursprünge, Formen, Bedeutung*, Berlin [u.a.]: de Gruyter.
PEUCKERT, RÜDIGER (¹⁰2010): „Rolle, soziale." In: Kopp, Johannes; Schäfers, Bernhard (Hg.): *Grundbegriffe der Soziologie*, Wiesbaden: VS Verlag für Sozialwissenschaften, 243-246.
PIEPENBRINK, JOHANNES: „Emotionen und Politik (Editorial)." In: *Aus Politik und Zeitgeschichte* (ApuZ 32/33-2013, 30.07.2013), Herausgeber: Bundeszentrale für politische Bildung, Bonn, http://www.bpb.de/apuz/165743/editorial [24.09.2015].

PINKER, STEVEN (1998): *Wie das Denken im Kopf entsteht*, München: Kindler.
PIOK, ARNOLD (2003): *Kennedys Kuba-Krise. Planung, Irrtum und Glück am Rande des Atomkrieges 1960–1962*, Marburg: Tectum.
PÖCHHACKER, FRANZ (1994): *Simultandolmetschen als komplexes Handeln*, Tübingen: Gunter Narr.
PÖCHHACKER, FRANZ (2007): *Dolmetschen. Konzeptuelle Grundlagen und deskriptive Untersuchungen*, Tübingen: Stauffenburg.
PÖCHHACKER, FRANZ; SHLESINGER, MIRIAM (HG.) (2002): *The Interpreting Studies Reader*, London; New York: Routledge.
PÖCHHACKER, FRANZ (2008): „Dolmetschtheorie: Kognition, Interaktion, Institution." In: Schippel, Larisa (Hg.): *Translationskultur – ein innovatives und produktives Konzept*, Berlin: Frank & Timme, 43-69.
PÖCHHACKER, FRANZ (2012): „Qualität, die man versteht: ein funktional-kognitiver Ansatz." In: Ahrens, B.; Albl-Mikasa, M.; Sasse, C. (Hg.), 19-31.
PÖCHHACKER, FRANZ; ZWISCHENBERGER, CORNELIA: „Survey on quality and role: conference interpreters' expectations and self-perceptions." In: *The AIIC Webzine*, veröffentlicht am 15.3.2010 (Update: 17.6.2012), http://aiic.net/page/3405 [24.09.2015].
PÖCHHACKER, FRANZ; LIU, MINHUA (HG.) (2014): *Aptitude for interpreting*, Amsterdam; Philadelphia: John Benjamins.
POLTORAK, ARKADI (^{5}1988): *Nürnberger Epilog*, Berlin: Militärverlag der Deutschen Demokratischen Republik.
PRECHT, RICHARD DAVID (2007): *Wer bin ich – und wenn ja, wie viele?* München: Goldmann.
PREYER, GERHARD (2012): *Rolle, Status, Erwartungen und soziale Gruppe. Mitgliedschaftstheoretische Reinterpretationen*, Wiesbaden: VS Verlag für Sozialwissenschaften.
PRUNČ, ERICH (^{3}2012): *Entwicklungslinien der Translationswissenschaft. Von den Asymmetrien der Sprache zu den Asymmetrien der Macht*, Berlin: Frank & Timme.
PRUNČ, ERICH (2004): „Translationswissenschaft und Translationspraxis: Fremde oder Verbündete?" In: Österreichischer Übersetzer- und Dolmetscherverband: *50 Jahre UNIVERSITAS – Perspektiven im 21. Jahrhundert*, Sonderausgabe 4/2004, http://www.universitas.org/uploads/media/1204_sondern01.pdf [17.02.2015].
PRUNČ, ERICH (2005): „Translationsethik." In Sandrini, Peter (Hg.): *Fluctuat nec mergitur. Festschrift für Annemarie Schmid zum 75. Geburtstag*, Frankfurt/M. [u.a.]: Peter Lang, 165-194.
PRUNČ, ERICH (2009): „Was haben Chamäleons den TranslatorInnen zu sagen?" In: Kalverkämper, H.; Schippel, L. (Hg.), 115-137.
„Pugwash-Bewegung." In: *Academic dictionaries and encyclopedias*, http://universal_lexikon.deacademic.com/288682/Pugwash-Bewegung [24.02.2015].
Radio Bremen: „Gesprächszeit. Interview mit Wolfgang Ghantus.", 05.01.2012, http://www.radiobremen.de/nordwestradio/sendungen/gespraechszeit/gzwolfganggantus100.html [16.02.2012].

RADISOGLOU, THEODOROS (2005): „Die Geburtsstunde des Simultandolmetschens. Bedingungen für Dolmetscher beim Nürnberger Prozess." In: *MDÜ* 4-5/2005, 64-67.

RADISOGLOU, THEODOROS (2008): „Kommentierte fotografische Dokumentation: Dolmetscher und Übersetzer, ihre Arbeit und Arbeitsbedingungen beim Nürnberger Prozess (20. Nov. 1945 – 1. Okt. 1946)." In: Kalverkämper, H.; Schippel, L. (Hg.), 33-149.

RAMLER, SIEGFRIED (2010): *Die Nürnberger Prozesse. Erinnerungen des Simultandolmetschers Siegfried Ramler*, München: Martin Meidenbauer.

RATHMAYR, RENATE (1996): *Pragmatik der Entschuldigungen. Vergleichende Untersuchung am Beispiel der russischen Sprache und Kultur*, Köln [u.a.]: Böhlau.

RAULFF, ULRICH (HG.) (1987): *Mentalitäten-Geschichte. Zur historischen Rekonstruktion geistiger Prozesse*, Berlin: Klaus Wagenbach.

RECKWITZ, ANDREAS (2004): „Die Kontingenzperspektive der <Kultur>. Kulturbegriffe, Kulturtheorien und das kulturwissenschaftliche Forschungsprogramm." In: Jaeger, F.; Rüsen, J. (Hg.), 1-20.

REHBEIN, JOCHEN (1982): „Biographisches Erzählen." In: Lämmert, Eberhard (Hg.): *Erzählforschung. Ein Symposion*, Stuttgart: J.B. Metzler, 51-73.

REISENZEIN, RAINER (2000): „Einschätzungstheoretische Ansätze." In: Otto, J. H.; Euler, H. A.; Mandl, H. (Hg.): *Emotionspsychologie. Ein Handbuch*, Weinheim: Psychologie Verlags Union, 117-138.

REISENZEIN, RAINER; HORSTMANN, GERNOT (^{3}2006): „Emotion." In: Spada, H. (Hg.), 435-500.

REIß, KATHARINA; VERMEER, HANS J. (^{2}1991): *Grundlegung einer allgemeinen Translationstheorie*, Tübingen: Max Niemeyer.

REITHOFER, KARIN (2014): *Englisch als Lingua Franca und Dolmetschen. Ein Vergleich zweier Kommunikationsmodi unter dem Aspekt der Wirkungsäquivalenz*, Tübingen: Gunter Narr.

RINK, KLAUS (2005): „Episodische Information als Schlüssel zum Verständnis normaler und pathologischer Gefühlsreaktionen." In: Michel, Paul (Hg.): *Unmitte(i)lbarkeit. Gestaltungen und Lesbarkeit von Emotionen*, Zürich: Pano, 93-140.

RÖMER, CHRISTINE; MATZKE, BRIGITTE (^{2}2005): *Lexikologie des Deutschen. Eine Einführung*, Tübingen: Gunter Narr.

ROOS, JEANNETTE (2000): „Peinlichkeit, Scham und Schuld." In: Otto, J. H.; Euler, H. A.; Mandl, H. (Hg.), 264-271.

ROOS, ULRICH (2010): *Deutsche Außenpolitik. Eine Rekonstruktion der grundlegenden Handlungsregeln*, Wiesbaden: VS Verlag für Sozialwissenschaften.

ROST, WOLFGANG (^{2}2001): *Emotionen. Elixiere des Lebens*, Berlin [u.a.]: Springer.

RUCH, WILLIBALD (2000): „Erheiterung." In: Otto, J. H.; Euler, H. A.; Mandl, H. (Hg.), 231-238.

RÜTTEN, ANJA (2007): *Informations- und Wissensmanagement im Konferenzdolmetschen*, Frankfurt/M. [u.a.]: Peter Lang.

Rumprecht, Katrin (2008): „Die Nürnberger Prozesse und ihre Bedeutung für die Entwicklung des modernen Konferenzdolmetschens." In: Kalverkämper, H.; Schippel, L. (Hg.), 151-336.
Russell Hochschild, Arlie (²2006): *Das gekaufte Herz. Die Kommerzialisierung der Gefühle*, Frankfurt; New York: Campus.
Rybalkina, Marina (2011): „Die sowjetischen Dolmetscher bei den Nürnberger Prozessen." In: Andres, Dörte; Behr, Martina (Hg.): *Interpretes Mundi – Deuter der Welt*, München: Martin Meidenbauer, 11-28.
Šachovskij, Viktor Ivanovič (2008): *Lingvističeskaja teorija emocij*, Moskau: Gnosis.
Šachovskij, Viktor Ivanovič (2009a): *Emocii. Dolingvistika – Lingvistika – Lingvokul'turologija*, Moskau: Librokom.
Šachovskij, Viktor Ivanovič (³2009b): *Kategorizacija emocij v leksiko-semantičeskoj sisteme jazyka*, Moskau: URSS.
Sadochin, A. P. (2004): *Teorija i praktika mežkul'turnoj kommunikacii*, Moskau: JUNITI DANA.
Šadov, D. (2009): „Priroždënnych sinchronistov – edinicy." In: Cvilling (Zwilling), Michail Jakovlevič: *O perevode i perevodčikach. Sbornik naučnych statej*, Moskau: Vostočnaja kniga, 4-7.
Sagawe, Helmuth (2012): *Vom Dolmetscher-Institut der Handelshochschule Mannheim zum Seminar für Übersetzen und Dolmetschen der Universität Heidelberg*, http://www.uebersetzungswissenschaft.de/iued-historie.htm [17.02.2015]
Sakharov-Center: *Vospominanija o GULAGe i ich avtory. Solonevič Tamara Vladimirovna, perevodčik*, http://www.sakharov-center.ru/asfcd/auth/?t=author&i=38 [23.02.2015].
Salevsky, Heidemarie (Hg.) (2010): *Die russische Kultur und ihre Vermittlung. Forschungsseminar zur Translationswissenschaft und Fachkommunikation*, Frankfurt/M. [u.a.]: Peter Lang.
Salevsky, Heidemarie (2011): „Dolmetschkultur als Kulturvermittlung und als Erinnerungskultur: Deutsche und russische Dolmetscher über den 22. Juni 1941." In: Engel, C.; Menzel, B. (Hg.), 77-97.
Sandrini, Peter (2011): „Translationswissenschaft." In: Reinalter, Helmut; Brenner, Peter J. (Hg.): *Lexikon der Geisteswissenschaften. Sachbegriffe – Disziplinen – Personen*, Wien: Böhlau, 1195-1100.
Sands, Philippe: „Nuremberg trials interpreter Siegfried Ramler: ‚The things we saw were shocking'." In: *The Guardian*, 22.10.2014, http://www.theguardian.com/world/2014/oct/22/nuremberg-trials-siegfried-ramler-nazis-interpreter-war-crimes [14.09.2015].
Scheff, Thomas J. (1983): *Explosion der Gefühle. Über die kulturelle und therapeutische Bedeutung kathartischen Erlebens*, Weinheim [u.a.]: Beltz.
Schiller, Ulrich: „Der Sohn des Diplomaten." In: *DIE ZEIT* 35/1983, 26.08.1983, http://www.zeit.de/1983/35/der-sohn-des-diplomaten [24.09.2015].

SCHILLER, ULRICH: „Ein Experte mit breiter Brust. Vernon Walters, Soldat und Diplomat, paßt in keine Schablone." In: *DIE ZEIT* 03/1989, 13.01.1989, http://www.zeit.de/1989/03/ein-experte-mit-breiter-brust/komplettansicht [24.09.2015].

SCHMÄHLING, ANGELIKA (2007): „Auf dem Tugendpfad. Die Aufzeichnungen der Freimaurerin A. E. Labzina (1758–1828)." In: Herzberg, J.; Schmidt, C. (Hg.), 147-176.

SCHMALT, HEINZ-DIETER; SOKOLOWSKI, KURT (^{3}2006): „Motivation." In: Spada, H. (Hg.), 501-552.

SCHMID, ULRICH M.: „Mit westlichen Augen. Über das Bild, das wir uns von Russland mach(t)en." In: *Neue Zürcher Zeitung*, 04.10.2003, http://www.nzz.ch/aktuell/startseite/article8ZT10-1.312149 [24.09.2015].

SCHMIDT, CHRISTOPH (2007): „Einleitung." In: Herzberg, J.; Schmidt, C. (Hg.), 7-14.

SCHMIDT, HANNELORE (1999): „Russen sind anders. Deutsche auch." In: *Verbandsnachrichten* Nr. 6, Verband der Deutschen Wirtschaft in der Russischen Föderation, Juli/August 1999, 14-15.

SCHMIDT, PAUL (1949/^{14}1986): *Statist auf diplomatischer Bühne 1923–45. Erlebnisse des Chefdolmetschers im Auswärtigen Amt mit den Staatsmännern Europas*, Wiesbaden: Aula.

SCHMIDT, PAUL (1951): *Der Statist auf der Galerie*, Bonn: Athenäum.

SCHMIDT-ATZERT, LOTHAR (1983): „Ausdruckserscheinungen." In: Euler, H. A.; Mandl, H. (Hg.), 28-35.

SCHMIDT-ATZERT, LOTHAR (2000): „Struktur der Emotionen." In: Otto, J. H.; Euler, H. A.; Mandl, H. (Hg.), 30-44.

SCHMITT, ANNETTE; MEES, ULRICH (2000): „Trauer." In: Otto, J. H.; Euler, H. A.; Mandl, H. (Hg.), 209-220.

SCHNEIDER, RICHARD: „Europäische Verlagsanstalt legt Paul Schmidts Statist auf diplomatischer Bühne neu auf." In: *Übersetzerportal*, 16.02.2005, http://www.ueberssetzerportal.de/nachrichten/n-archiv/2005/2005-02/2005-02-16.htm [24.09.2015].

SCHNEIDER, RICHARD: „,Dolmetscher leisten geistige Schwerstarbeit', behauptet die Welt." In: *Übersetzerportal*, 01.12.2012, http://www.ueberssetzerportal.de/nachrichten/2007/2007-12-01.html [24.09.2015].

SCHÖNPFLUG, WOLFGANG (2000): „Geschichte der Emotionskonzepte." In: Otto, J. H.; Euler, H. A.; Mandl, H. (Hg.), 19-29.

SCHÖNSTEIN, JÜRGEN: „Der Dolmetscher des Massenmörders." In: *Focus-online*, 17.10.2006, http://www.focus.de/politik/deutschland/nuernberger-prozesse_aid_117552.html [24.09.2015].

SCHWARZ-FRIESEL, MONIKA (^{2}2013): *Sprache und Emotion*, Tübingen [u.a.]: A. Francke.

SDOBNIKOV, V. V. (2009): „Predislovie." In: Cvilling (Zwilling), Michail Jakovlevič: *O perevode i perevodčikac. Sbornik naučnych statej*, Moskau: Vostočnaja kniga, 2-4.

SEBAG MONTEFIORE, SIMON (2005): *Stalin. Am Hof des roten Zaren*, Frankfurt/M.: S. Fischer.

SEITZ, HARTMUT (2004): *Lebendige Erinnerungen. Die Konstitution und Vermittlung lebensgeschichtlicher Erfahrungen in autobiographischen Erzählungen*, Bielefeld: transcript.

SELESKOVITCH, DANICA (1988): „Der Konferenzdolmetscher. Sprache und Kommunikation." In: *TextConText*, Beiheft 2, Heidelberg: Groos.

SHIROKOVA, DARIA (2009): *Die Nürnberger Prozesse und die russischen Dolmetscher*, Germersheim: Masterarbeit.

SIEVER, HOLGER (2010): *Übersetzen und Interpretation. Die Herausbildung der Übersetzungswissenschaft als eigenständige wissenschaftliche Disziplin im deutschen Sprachraum von 1960 bis 2000*, Frankfurt/M. [u.a.]: Peter Lang.

SMIRNOV, ANDREJ: „Dolmetscherlegenden." Interview mit Viktor Suchodrev. In: *Lingvotek*, 27.01.2001, http://www.lingvotech.com/suxodrev [24.09.2015].

SMITH, HEDRICK (1976): *Die Russen. Wie die russischen Menschen wirklich leben, wovon sie träumen, was sie lieben und wie ihr Alltag wirklich aussieht*, Bern; München: Scherz.

SNELL-HORNBY, MARY; HÖNIG, HANS G.; KUSSMAUL, PAUL; SCHMITT, PETER A. (HG.) (^{2}1999): *Handbuch Translation*, Tübingen: Stauffenburg.

SNELL-HORNBY, MARY (^{2}1999): „Ausbildungssituation in Europa." In: Snell-Hornby, M.; Hönig, H. G.; Kussmaul, P.; Schmitt, P. A. (Hg.), 31-33.

SNELL-HORNBY, MARY (2008): *Translationswissenschaft in Wendezeiten. Ausgewählte Beiträge zwischen 1989 und 2007*, Tübingen: Stauffenburg.

SOKOLOWSKI, KURT (^{2}2008): „Emotion." In: Müsseler, Jochen (Hg.): *Allgemeine Psychologie*, Berlin [u.a.]: Spektrum, 295-337.

SOLMS, MARK: „Was bleibt von Freud?" In: *SPIEGEL SPECIAL: Die Entschlüsselung des Gehirns* 4/2003, 01.11.2003, http://www.spiegel.de/spiegel/spiegelspecial/d-29045341.html [24.09.2015].

„Solonevič, Ivan Lukjanovič." In: *Librusek*, http://lib.rus.ec/a/20383 [23.02.2015].

SOLONEWITSCH, TAMARA (1937): *Hinter den Kulissen der Sowjetpropaganda. Erlebnisse einer Sowjetdolmetscherin*, Essen: Essener Verlagsanstalt.

SOLONEVIČ, TAMARA (1937): *Zapiski sovetskoj perevodčicy*, Sofia: Golos Rossii, http://www.rulit.me/books/zapiski-sovetskoj-perevodchicy-download-free-12897.html [23.02.2015].

SOMMER, ERICH FRANZ (1991): *Das Memorandum. Wie der Sowjetunion der Krieg erklärt wurde*, Frankfurt/M. [u.a.]: Ullstein.

SOMMER, ERICH FRANZ (1997): *Geboren in Moskau. Erinnerungen eines baltendeutschen Diplomaten 1912-1955*, München: Langen Müller.

SONNENFELDT, RICHARD W. (2003): *Mehr als ein Leben. Vom jüdischen Flüchtlingsjungen zum Chefdolmetscher der Anklage bei den Nürnberger Prozessen*, Bern: Scherz.

SPADA, HANS (HG.) (^{3}2006): *Lehrbuch der Allgemeinen Psychologie*, Bern: Hans Huber.

SPANGENBERG, KURT: „Als der Kalte Krieg am heißesten war: Eine Gruppe antizipiert die Koexistenz." In: *Gruppendynamik. Zeitschrift für angewandte Sozialwissenschaft*, Jg. 9, 1/1978, 304-311, http://www.gesis.org/sowiport/search/id/iz-solis-90005573 [24.09.2015].

SPITZER, MANFRED, http://gedanken-coach.de/media/Infobrosch$C3$BCre.pdf [11.09.2009].

STEHLE, HANSJAKOB: „Klatsch vom dritten Mann. Hansjakob Stehle über Gomulkas Dolmetscher." In: *DIE ZEIT* 39/1970, 25.09.1970, http://www.zeit.de/1970/39/klatsch-vom-dritten-mann [08.07.2015].

STENGEL, KATHARINA (2012): *Hermann Langbein. Ein Auschwitz-Überlebender in den erinnerungspolitischen Konflikten der Nachkriegszeit*, Frankfurt/M.: Campus.

STEPHAN, ANKE (2005): „Erinnertes Leben: Autobiographien, Memoiren und Oral-History-Interviews als historische Quellen." In: *Digitales Handbuch zur Geschichte und Kultur Russlands und Osteuropas*, 1-31, http://epub.ub.uni-muenchen.de/627/1/Stephan-Selbstzeugnisse.pdf [24.09.2015].

STERNBERG, JAN: „Pathos, Melancholie, Wahnsinn." In: *taz*, 22.10.2010, http://www.taz.de/!60121/ [24.09.2015].

STÖBER, JOACHIM; SCHWARZER, RALF (2000): „Angst." In: Otto, J. H.; Euler, H. A.; Mandl, H. (Hg.), 189-198.

STÖLZL, CHRISTOPH: „Was es bedeutet, deutsch zu sein." In: *DIE WELT*, 10.09.2005, http://www.welt.de/print-welt/article164288/Was_es_bedeutet_deutsch_zu_sein.html [24.09.2015].

STOLZMANN, UWE: „Genosse Tito, weisses Veilchen. Der Romancier Ivan Ivanji, Josip Broz' Dolmetscher, erinnert sich." In: *Neue Zürcher Zeitung*, 09.02.2008, http://www.nzz.ch/aktuell/feuilleton/_buchrezensionen_nichtmehrgueltig/genosse-tito-weisses-veilchen-1.667962 [19.08.2014].

STRELKOVSKIJ, G. M. (1979): *Teorija i praktika voennogo perevoda. Nemeckij jazyk*, Moskau: Voenizdat.

STUPNIKOVA, TAT'JANA (²2003): *Ničego krome pravdy. Njurnbergskij process. Vospominanija perevodčika*, Moskau: Vozvraščenie.

SUCHODREV, VIKTOR MICHAIJLOVIČ (²2008): *Jazyk moj – drug moj. Ot Chruščëva do Gorbačëva…*, Moskau: TONČU.

ŠVEJCER, ALEKSANDR (2012): *Glazami perevodčika. Iz vospominanij*, Moskau: R. Valent.

SZAROTA, TOMASZ (1998): *Der deutsche Michel. Die Geschichte eines nationalen Symbols und Autostereotyps*, Osnabrück: fibre.

TAUBMAN, WILLIAM: „Did he bang it?: Nikita Khrushchev and the shoe." In: *The New York Times*, 26.07.2003, http://www.nytimes.com/2003/07/26/opinion/26iht-edtaubman_ed3_.html [24.09.2015].

THUMANN, MICHAEL: „Kaukasiens Schwulst-Meißler." In: *DIE ZEIT* 19/1997, 02.05.1997, http://www.zeit.de/1997/19/Kaukasiens_Schwulst-Meissler/ [14.08.2014].

TIMM, UWE (2009): *Vom Anfang und Ende. Über die Lesbarkeit der Welt. Frankfurter Poetikvorlesung*, Köln: Kiepenheuer & Witsch.
TORČINOV, V. A.; LEONTJUK, A. M. (2000): *Vokrug Stalina. Istoriko-biografičeskij spravočnik*, St. Petersburg: Filologičeskij fakul'tet Sankt-Peterburgskogo gosudarstvennogo universiteta.
TRAXEL, WERNER (1983): „Zur Geschichte der Emotionskonzepte." In: Euler, H. A.; Mandl, H. (Hg.), 11-18.
UEDING, GERT (HG.) (2005): *Rhetorik. Begriff – Geschichte – Internationalität*, Tübingen: Max Niemeyer.
ULICH, DIETER (³1995): *Das Gefühl. Einführung in die Emotionspsychologie*, Weinheim: Psychologie Verlags Union.
ULICH, DIETER; MAYRING, PHILIPP (²2003): *Psychologie der Emotionen*, Stuttgart: Kohlhammer.
Universität Mannheim, http://www.uni-mannheim.de/1/universitaet/profil/zahlen_geschichte/geschichte/ [10.05.2015].
URBAN, FABIAN YORK (2008): *Emotionen und Führung. Theoretische Grundlagen, empirische Befunde und praktische Konsequenzen*, Wiesbaden: Gabler.
USLAR, THILO VON: „Der Dolmetscher am Katheder." *In DIE ZEIT* 08/1967, 24.02.1967, http://www.zeit.de/1967/08/der-dolmetscher-am-katheder [18.02.2015].
VATES, DANIELA: „Befehl und Gehorsam heißt nicht Ja und Amen." In: *Berliner Zeitung*, 23.06.2005, http://www.berliner-zeitung.de/archiv/befehl-und-gehorsam-heisst-nicht-ja-und-amen,10810590,10296028.html [13.08.2014].
VEGESACK, SIEGFRIED VON (1965): *Als Dolmetscher im Osten – Ein Erlebnisbericht aus den Jahren 1942–43*, Hannover-Döhren: Hirschheydt.
VELIČKOVA, LUDMILA (2009): „Prosodie und Emotion in der interkulturellen Kommunikation: Störungsquellen." In: Kalverkämper, H.; Schippel, L. (Hg.), 275-289.
VERMEER, HANS J. (1985): „Was dolmetscht der Dolmetscher, wenn er dolmetscht?" In: Rehbein, Jochen (Hg.): *Interkulturelle Kommunikation*, Tübingen: Gunter Narr, 475-482.
VERMEER, HANS J. (1986): „Übersetzen als kultureller Transfer." In: Snell-Hornby, Mary (Hg.): *Übersetzungswissenschaft – eine Neuorientierung. Zur Integrierung von Theorie und Praxis*, Tübingen: Francke, 30-53.
VERMEER, HANS J. (²1990): *Skopos und Translationsauftrag*, Heidelberg: Institut für Übersetzen und Dolmetschen.
VERMEER, HANS J. (1992): *Skizzen zu einer Geschichte der Translation. 1. Anfänge – Von Mesopotamien bis Griechenland, Rom und das frühe Christentum bis Hieronymus*, Frankfurt/M.: Verlag für Interkulturelle Kommunikation.
VERMEER, HANS J. (2006): *Versuch einer Intertheorie der Translation*, Berlin: Frank & Timme.
VERMEER, HANS J. (2009): Rezension zu „Stolze, Radegundis (⁵2008): Übersetzungstheorien. Eine Einführung." In: *Lebende Sprachen* 54 (2009) 2, 92-94.

VESTER, HEINZ-GÜNTER (1991): *Emotion, Gesellschaft und Kultur: Grundzüge einer soziologischen Theorie der Emotionen*, Opladen: Westdeutscher Verlag.
VOGEL, STEPHAN (1996): *Emotionspsychologie. Grundriß einer exakten Wissenschaft der Gefühle*, Opladen: Westdeutscher Verlag.
VOLKMANN, LAURENZ (2000): „Interkulturelle Kompetenz als neues Paradigma der Literaturdidaktik? Überlegungen mit Beispielen der postkolonialen Literatur und Minoritätenliteratur." In: Bredella, L.; Meißner, F. J.; Nünning, A.; Rösler, D. (Hg.), 164-190.
VOSS, CHRISTIANE (2004): *Narrative Emotionstheorien. Eine Untersuchung über Möglichkeiten und Grenzen philosophischer Emotionstheorien*, Berlin [u.a.]: de Gruyter.
„Waffen gegen Diamanten." In: *DER SPIEGEL* 11/2008, 10.03.2008, http://www.spiegel.de/spiegel/print/d-56151550.html [18.08.2014].
WAHRIG, GERHARD (^{7}2005): *Deutsches Wörterbuch*, neu herausgegeben von Dr. Renate Wahrig-Burfeind, Gütersloh/München: Wissen Media Verlag GmbH.
WALTER, STEPHAN (2013): „Nachruf auf Michail Jakovlevič Zwilling." In: *Lebende Sprachen* 58 (2013) 2, 397-404.
WASSMANN, CLAUDIA (^{2}2010): *Die Macht der Emotionen, Wie Gefühle unser Denken und Handeln beeinflussen*, Darmstadt: Wissenschaftliche Buchgesellschaft.
WATZLAWICK, PAUL: *Die Axiome von Paul Watzlawick*, http://www.paulwatzlawick.de/axiome.html [25.09.2015].
WEBER, HANNELORE (2000): „Sozial-konstruktivistische Ansätze." In: Otto, J. H.; Euler, H. A.; Mandl, H. (Hg.), 139-150.
WEHNER, MARKUS: „Die Russen-Versteher." In: *Frankfurter Allgemeine Sonntagszeitung*, 16.12.2007, http://www.genios.de/presse-archiv/artikel/FAS/20071216/die-russen-verstehernichts-als-sch/SD1200712161481961.html [24.09.2015].
WEIT, ERWIN (1970): *Ostblock intern. 13 Jahre Dolmetscher für die polnische Partei- und Staatsführung*, Hamburg: Hoffmann und Campe.
WELZER, HARALD (HG.) (2001): *Das soziale Gedächtnis. Geschichte, Erinnerung, Tradierung*, Hamburg: Hamburger Edition.
WELZER, HARALD (2004): „Gedächtnis und Erinnerung." In: Jaeger, F.; Rüsen, J. (Hg.), 155-174.
West-östliche Spiegelungen: Russen und Rußland aus deutscher Sicht und Deutsche und Deutschland aus russischer Sicht von den Anfängen bis zum 20. Jahrhundert, Wuppertaler Projekt zur Erforschung der Geschichte Deutsch-Russischer Fremdenbilder unter der Leitung von Lew Kopelew, München: Fink (versch. Bände, 1985 ff.).
WILL, MARTIN (2009): *Dolmetschorientierte Terminologiearbeit. Modell und Methode*, Tübingen: Gunter Narr.
WILSS, WOLFRAM (1999): *Übersetzen und Dolmetschen im 20. Jahrhundert. Schwerpunkt deutscher Sprachraum*, Saarbrücken: ASKO-Europa-Stiftung.
WILSS, WOLFRAM (2000): *Wandlungen eines Universitätsinstituts. Vom „Dolmetscherinstitut" zur „Fachrichtung Angewandte Sprachwissenschaft sowie Übersetzen und Dolmetschen" der Universität des Saarlandes*, St. Ingbert: Röhrig.

WINTER, MIRIAM (2012): *Das Dolmetscherwesen im Dritten Reich. Gleichschaltung und Indoktrinierung*, Frankfurt/M.: Peter Lang.
WIPPERMANN, PETER (1996): „Mit Caspar David Friedrich ins Marlboro Country. Die Deutschen und ihre Sehnsucht nach der Natur." In: Bolz, Norbert (Hg.): *Das Pathos der Deutschen*, München: Wilhelm Fink, 189-205.
WITTE, HEIDRUN (2000): *Die Kulturkompetenz des Translators. Begriffliche Grundlegung und Didaktisierung*, Tübingen: Stauffenburg.
WOLF, HUBERT: „Eichmann-Übersetzerin. Ruth Levy-Berlowitz dolmetschte im Eichmann-Prozess." In: *Westdeutsche Allgemeine Zeitung*, 25.05.2012, http://www.derwesten.de/region/rhein_ruhr/ruth-levy-berlowitz-dolmetschte-im-eichmann-prozess-id6695357.html [28.09.2015].
WOLFE, ROBERT: „Gustav Hilger: From Hitler's Foreign Office to CIA Consultant." In: *Federation of American Scientists: Historians View Newly Released CIA Records*, June 6, 2006, https://www.fas.org/sgp/eprint/wolfe.pdf [28.09.2015].
ŽDANOVA, VLADISLAVA (2009): „*Našim oružiem bylo slovo...* "*Perevodčiki na vojne*. „*Unsere Waffe war das Wort...* " *Translation in Kriegszeiten*, Frankfurt/M. [u.a.]: Peter Lang.
ZEH, JULIE (2013): *Treideln. Frankfurter Poetikvorlesungen*, Frankfurt/M.: Schöffling & Co.
ZHANG, NING (2010): *Grundfragen einer Dolmetschdidaktik im Sprachenpaar Deutsch-Chinesisch*, München: Iudicium.
ZIMBARDO, PHILIP G.; GERRIG, RICHARD J. (^{18}2008): *Psychologie*, München [u.a.]: Pearson Studium.
ZIMMER, DIETER E. (^{2}1994): *Die Vernunft der Gefühle. Ursprung, Natur und Sinn der menschlichen Emotion*, München [u.a.]: Piper.
ZOTOV, ALEKSEJ: „Trudnosti perevoda – unikal'nye istorii o budnjach voennych perevodčikov v gody vojny." In: *Pervyj kanal*, 10.05.2010, http://www.1tv.ru/news/social/153894 [25.09.2015].
ZUMBUSCH, CORNELIA (HG.) (2010): *Pathos. Zur Geschichte einer problematischen Kategorie*, Berlin: Akademie Verlag.
ZWISCHENBERGER, CORNELIA: „Quality criteria in simultaneous interpreting: an international vs. a national view." In: *The Interpreters' Newsletter* 15 (2010), 127-142, http://www.openstarts.units.it/dspace/bitstream/10077/4754/1/ZwischenbergerFoxI N15.pdf [25.09.2015].
ZWISCHENBERGER, CORNELIA (2013): *Qualität und Rollenbilder beim simultanen Konferenzdolmetschen*, Berlin: Frank & Timme.

TRANSKULTURALITÄT – TRANSLATION – TRANSFER

Band 1 Cornelia Zwischenberger: Qualität und Rollenbilder beim simultanen Konferenzdolmetschen. 434 Seiten. ISBN 978-386596527-1

Band 2 Sarah Fünfer: Mensch oder Maschine? Dolmetscher und maschinelles Dolmetschsystem im Vergleich. 150 Seiten. ISBN 978-386596-548-6

Band 3 Dörte Andres/Martina Behr (Hg.): Die Wahrheit, die reine Wahrheit und nichts als die Wahrheit. Erinnerungen der russischen Dolmetscherin Tatjana Stupnikova an den Nürnberger Prozess. 242 Seiten. ISBN 978-3-7329-0005-3

Band 4 Larisa Schippel (Hg.): Magda Jeanrenaud: Universalien des Übersetzens. ISBN 978-3-86596-444-1

Band 5 Sylvia Reinart: Lost in Translation (Criticism)? Auf dem Weg zu einer konstruktiven Übersetzungskritik. 438 Seiten. ISBN 978-3-7329-0014-5

Band 6 Sophia Scherl: Die deutsche Übersetzungskultur in der zweiten Hälfte des 18. Jahrhunderts. Meta Forkel-Liebeskind und ihre Übersetzung der *Rights of Man*. 152 Seiten. ISBN 978-3-7329-0020-6

Band 7 Thomas Kammer: Basiswissen für Dolmetscher – Deutschland und Spanien. 204 Seiten. ISBN 978-3-7329-0035-0

Band 8 Dorothee Jacobs: Basiswissen für Dolmetscher – Deutschland und das Vereinigte Königreich Großbritannien und Nordirland. 192 Seiten. 978-3-7329-0036-7

Frank & Timme

Verlag für wissenschaftliche Literatur

TRANSKULTURALITÄT – TRANSLATION – TRANSFER

Band 9 Sophia Roessler: Basiswissen für Dolmetscher – Deutschland und Italien. 212 Seiten. ISBN 978-3-7329-0039-8

Band 10 Annika Selnow: Basiswissen für Dolmetscher – Deutschland und Frankreich. 192 Seiten. ISBN 978-3-7329-0040-4

Band 12 Alice Leal: Is the Glass Half Empty or Half Full? Reflections on Translation Theory and Practice in Brazil. 334 Seiten. ISBN 978-3-7329-0068-8

Band 13 Kristina Werner: Zwischen Neutralität und Propaganda – Französisch-Dolmetscher im Nationalsozialismus. 130 Seiten. ISBN 978-3-7329-0085-5

Band 14 Larisa Schippel/Magda Jeanrenaud/Julia Richter (Hg.): „Traducerile au de cuget să îmblînzească obiceiurile …" Rumänische Übersetzungsgeschichte – Prozesse, Produkte, Akteure 368 Seiten. ISBN 978-3-7329-0087-9

Band 15 Elena Kalašnikova (Hg.): „Übersetzer sind die Wechselpferde der Aufklärung". Im Gespräch: Russische Übersetzerinnen und Übersetzer deutscher Literatur. 254 Seiten. ISBN 978-3-7329-0097-8

Band 16 Dörte Andres/Martina Behr (eds.): To Know How to Suggest … Approaches to Teaching Conference Interpreting. 260 Seiten. ISBN 978-3-7329-0114-2

Band 17 Tatiana Bedson/Maxim Schulz: Sowjetische Übersetzungskultur in den 1920er und 1930er Jahren. Die Verlage *Vsemirnaja literatura* und *Academia*. 182 Seiten. ISBN 978-3-7329-0142-5

Frank & Timme

Verlag für wissenschaftliche Literatur

TRANSKULTURALITÄT – TRANSLATION – TRANSFER

Band 18   Cécile Balbous: Das Sprachknaben-Institut der Habsburgermonarchie in Konstantinopel. 90 Seiten. ISBN 978-3-7329-0149-4

Band 19   Cornelia Zwischenberger/Martina Behr (eds.): Interpreting Quality: A Look Around and Ahead. 334 Seiten. ISBN 978-3-7329-0191-3

Band 20   Mehmet Tahir Öncü: Basiswissen für Dolmetscher – Deutschland und die Türkei. 232 Seiten. ISBN 978-3-7329-0154-8

Band 21   Marc Orlando: Training 21st century translators and interpreters: At the crossroads of practice, research and pedagogy. 158 Seiten. ISBN 978-3-7329-0245-3

Band 22   Christian Trollmann: Nationalsozialismus auf Japanisch? Deutsch-japanische Beziehungen 1933–1945 aus translationssoziologischer Sicht. 154 Seiten. ISBN 978-3-7329-0281-1

Band 23   Ursula Gross-Dinter (Hg.): Dolmetschen 3.0 – Einblicke in einen Beruf im Wandel. 226 Seiten. ISBN 978-3-7329-0188-3

Band 24   Lieven D'hulst/Carol O'Sullivan/Michael Schreiber (eds.): Politics, Policy and Power in Translation History. 256 Seiten. ISBN 978-3-7329-0173-9

Band 25   Dörte Andres/Julia Richter/Larisa Schippel (Hg.): Translation und „Drittes Reich". Menschen – Entscheidungen – Folgen. 352 Seiten. ISBN 978-3-7329-0302-3

Band 26   Julia Richter/Cornelia Zwischenberger/Stefanie Kremmel/ Karlheinz Spitzl (Hg.): (Neu-)Kompositionen. Aspekte transkultureller Translationswissenschaft. 404 Seiten. ISBN 978-3-7329-0306-1

Frank & Timme

Verlag für wissenschaftliche Literatur

TRANSKULTURALITÄT – TRANSLATION – TRANSFER

Band 27 Barbara den Ouden: Translation und Emotion: Untersuchung einer besonderen Komponente des Dolmetschens. 438 Seiten.
ISBN 978-3-7329-0304-7

Frank & Timme

Verlag für wissenschaftliche Literatur